北大投资课

张卉妍 编著

北京联合出版公司
Beijing United Publishing Co.,Ltd.

图书在版编目（CIP）数据

北大投资课 / 张卉妍编著.—北京：北京联合出版公司，2016.1
（2018.11 重印）

ISBN 978-7-5502-6789-3

Ⅰ.①北…　Ⅱ.①张…　Ⅲ.①投资—通俗读物
Ⅳ.①F830.59-49

中国版本图书馆 CIP 数据核字（2015）第 310443 号

北大投资课

编　　著：张卉妍
责任编辑：杨　青　李　征
封面设计：韩立强
责任校对：胡宝林
图文制作：北京东方视点数据技术有限公司

北京联合出版公司出版
（北京市西城区德外大街 83 号楼 9 层　100088）
北京鑫海达印刷有限公司印刷　新华书店经销
字数 750 千字　720 毫米×1020 毫米　1/16　41 印张
2018 年 11 月第 2 版　2018 年 11 月第 2 次印刷
ISBN 978-7-5502-6789-3
定价：78.00 元

前 言
PREFACE

随着我国市场经济的不断发展，股票债券市场的扩容，商业银行、零售业务的日趋丰富和国民总体收入的逐年上升，投资已不再是政府、企业和富豪的专利，开始走进平常百姓家，尤其近年来，神州大地更是掀起了一股家庭、个人投资的热潮。而投资学也开始成为普通老百姓迫切想了解的一门学问。

投资有两个主要目标，一个是财务安全，一个是财务自由。财务安全是基础，财务自由是终点。投资开始得越早，获得的回报就越多，你也就能越早享受到舒适安全的生活。如果你从今天开始，重视投资理财这个问题，并且掌握科学的、正确的方法，持之以恒地做下去，它将带给你意想不到的巨额财富回报。比如，你的孩子刚刚出生，即使你收入微薄，只要一个月能挤出100元，而年投资回报率是12％的话，你的孩子在60岁的时候就能成为千万富翁。相反，如果你不能通过投资使自己的资产有效增值并超过CPI的增速，那么等待你的只有财富或快或慢地缩水。在1984年，如果你手上有1万元现金，按照每年5％的通胀水平，如今这笔钱只相当于1847元。如果我们不去投资，财富就会被侵蚀掉。这就是经济学中的马太效应：富者愈富，贫者愈贫。正如股神巴菲特所说："一生能够积累多少财富，不取决于你能够赚多少钱，而取决于你是否懂得投资理财，钱找钱胜过人找钱，要懂得让钱为你工作，而不是你为钱工作。"

正是在这样的压力下，很多曾经不知投资为何物的老百姓，正充分发挥自己的智慧来维护和增值自己的财富。然而，投资是一门大学问，涉及财务、会计、经济、投资、金融、税收和法律等多个方面，并且是一个综合的、全面的、整体的、个性化的、动态的、长期的金融过程。在投资过程中，你的财富在面临着或大或小的风险，可以极速暴涨，也可以瞬间消失。收益的大小不仅取决于大环境，更取决于对投资工具的选择和投资技巧的运用。因此，在投资中，如果不具备一定的投资知识，就无异于在大海的惊涛骇浪中盲目行舟。对于投资者来说，掌握必要的投资知识，熟悉必要的操作技巧，是有效规避投资风险的重要前提。有了这个前提，任何时候都有赚钱的机会，既可以用低风险的投资工具稳健赚钱，也可以用高风险的投资工具快速赚钱。投资者必须明白，投资不是一时冲动，不是投机取巧，也不是凭借运气，而是一个需要恒心、需要智慧、需要不断战胜自我的长期过程，是需要每个人通过学习和实践才能掌握的一门学问、一门艺术。投资最大的风险不是市场风险，而是投资者自身的知识和技术风险。所以，我们很有必要下大工夫学习投资学。掌握扎实的投资知识，运用正确的投资理念和投资方法，是老百姓成功投资理财的根本之策。

为了帮助广大不懂投资学的读者朋友全面系统地掌握投资学知识，我们编写了这本《北大投资课》。本书汇集了北大众多专家、学者、教授关于投资的思想、观点、方法和技巧，以培养财富眼光、练就赚钱本事、学会投资理财为出发点，用通俗易懂的语言系统地讲述了与老百姓密切相关的投资知识，为老百姓学习投资提供了切实可行的帮助。书中选取了老百姓最常用的几种投资方式——储蓄、股票、基金、房产、期货、外汇、保险、黄金、收藏、实业进行了详细地介绍，使老百姓能够结合自身特点，选择合适的投资方式，同时借鉴前人经验，更安全、更有效地进行投资。

此外，本书还为读者进行组合投资提供了便利、有效的指导，你可以根据自身的条件和喜好，选择不同的投资工具进行投资组合，尽可能地规避投资风险。我们力争帮助每一个普通人成为精明的投资者，运用简单而有效的投资策略，获得最大程度的投资回报。本书的内容丰富、实用，读者朋友可以在空闲的时候，翻翻几页，每天学一点，相信每次都能从中得到新的收获。衷心希望本书能给读者朋友带来切实可行的帮助。

目 录
CONTENTS

第一章

脑袋决定钱袋，会赚钱更要会投资

理财不仅仅是投股票、基金这么一个简单的金融投资，还涉及人的生老病死、房产、教育、养老、保险、税收、股票、基金、外汇、期货、期权等等，就是各种各样的产品都很多。我们笼统来讲可以分为两大模块，一个是生产理财，就是衣食住行跟教育相关的；一个是投资理财，就是投到金融地产上。

——王在全　北京大学投资理财中心主任

投资不是有钱人的专有游戏

许多人认为投资只是富人的专利，与自己毫无关系，北大投资课告诉我们，其实这种想法是不可取的。投资不在于你钱多钱少，而在于你是否具有投资意识，是否懂投资、愿意去投资。在很多情况下，越是贫穷的人，越应该学会合理地投资。

有不少人在生活中遭遇着资产不断缩水的困惑：自己工作努力、生活节俭，生活压力却变得越来越大，手中的钱不断缩水，就拿买房子来说：原本可以买一套两居室的钱，放在手里，几年之后就买不了当初看中的房子了。虽然看起来每月薪水尚有盈余，随着时间的推移，手头余钱却总也不见增长。出现这种情况，正是因为他们没有学会投资理财，他们不懂得利用手头的钱生钱，从而让自己的钱财在慢慢地贬值。可以说，投资并不是有钱人的专利，通过投资致富，普通人照样可以做得到。

老李是上海一个普通的工薪家庭，在房地产暴涨之前，每每看到别人买房，他都不愿跟风。但他有一个朋友，此人姓张，在某大学主要讲授一些投资学的内容。老李后来说："我买房多亏了张教授，当时他开车带我去看他买的新房，正巧附近的房子有人挂出牌子要出售，他极力动员我买下，于是，我们便成了邻居。"那套房子，当时售价70万元，现在早已经翻了好几倍了。

说起张教授这个人，他也并不是一开始就懂得如何投资。20多年前的张教授刚刚毕业，工资也不高，但他的优点在于，不仅懂理论，还善于实践。短短20年的时间，在拿着他自己的固定工资外，依靠投资他竟然成为了大富翁。

1

1991年年底，股票还是个新鲜事物，当时上海发行股票认购证。一天，年轻的张教授骑自行车到交通银行去购买有奖储蓄，这也是当时的一种投资方式。在回家的路上，他看见有很多人围着一张桌子，他走进人群一看，原来是银行设摊推销股票认购证。

张教授问多少钱一张，回答30元一张。这个价格并不算低，看的人多，买的人少。张教授心里想：难道我只会教书，不会炒股，我为什么不能试试？他战战兢兢地从口袋里掏出300元，买了10张认购证。

张教授认购结束后，正值邓小平南巡讲话发表，上海加快股份制改革的步伐，上海第二批上市的股票就是用这次股票认购证摇号发行的。没有想到，当初的300元竟然疯涨到了至少有五六万。

也许有读者会说，张教授的投资具有时代的偶然性，并不一定每个人都能有他这样的"运气"。事实上，投资是一种理念，相信张教授即使没有这一次的经历，他照样能寻找到适合自己的投资途径。

著名的投资人士杨百万就是一个依靠投资成为著名"股神"的人。杨百万并不是生来就是"股神"，生来就是"百万"。他原名叫杨怀定。1988年以前他是上海铁合金厂的一个普通职工，有一次，他管的仓库被盗，他因出手"大方"，常买烟请厂里的工友们抽而被怀疑是监守自盗，这件事深深地刺激了自尊心很强的杨怀定，他一横心就辞职了。

辞职后的杨怀定没有事做，在那个投资渠道匮乏的年代，杨怀定开始从订阅的几十份报纸信息中埋头搜寻致富的机会。4月的一天，一条"上海将开放国债交易"的消息引起了杨怀定的关注，他在4月21日开市第一天一早，买了10000元3年期国库券。"银行利率5.4%，3年期国库券年利率超过15%，为什么不买？"等到下午，很多人明白过来开始纷纷买入时，价格一下涨到112元，杨怀定抛掉了。半天时间，他赚到了以前一年的工资——800元。

当时，购买国库券是一个投资途径。1989年，赚到了"第一桶金"的杨怀定，转身投入股市。杨怀定的第一只股票是"电真空"。半年后，股票大涨，杨怀定在800元以上价位抛掉，净赚150多万元，"杨百万"的外号，就此不胫而走，从此成了大家耳熟能详的有钱人。

我们可以看到，投资并不是有钱人的专利，通过投资普通人也可以成为有钱人。对于普通工薪阶层的人来说，投资并不是不可能的。太多时候只是我们把自己局限在了现有的生活水平上，其实只要有想法，敢于去实施，没有什么事情是不可以实现的。不论大钱还是小钱，都能用来投资，所不同的只不过是投资方式的选择。对于手里持有的小钱，我们所需要做的只是先将小钱积累起来，逐渐进行投资，任何的成功都是从一点一滴的小事做起的，投资也不例外。当我们对小钱投资都异常精熟时，资金也达到了一定的积累，对于投资的掌控能力也会有很大提升。

　　作为普通老百姓的投资，首先要从端正投资理财观念开始，消除固有的对投资的错误理解，积极了解投资理财的知识，主动寻求合理投资途径，走出投资理财的第一步。在低利率时代，"投资理财"已经成为大多数人的生活内容。

　　投资理财的课程也开始从北大等大学课堂延伸到老百姓的日常生活中，投资理财的人群从以前专业的投资者发展到上班族、家庭主妇、学生等更广阔的人群。随着经济环境的变化，过去传统单一的储蓄式理财方式已无法满足一般人的需求，各种新的投资产品层出不穷，也为投资者提供了多样化的选择。投资无疑成为我们提高生活水平，使自己财富增值保值的最有效途径。

赚钱重要，投资比赚钱更重要

　　我们一般都习惯于打听"你一个月能拿多少薪水"，而很少有人问"你一个月投资获利多少"。

　　很多人的思维还停留在以前的阶段，认为每月拿着固定的薪水，看着自己工资卡里的数字并不少，总感觉高枕无忧。直到年末的时候，才发现每个月的薪水虽然不少，但是不知道跑到哪儿去了。

　　对年轻人来说，赚钱固然重要，但是投资更不可或缺。只会赚钱不会投资，到头来往往还是一个"穷人"。从某种意义上来说，是富人还是穷人，不看你能"挣"多少，而看你会"投"多少。

　　王芳毕业两年后，在北京一家文化公司从事创意工作，现在的月薪是6000元左右，这也不算特别少。可是，每个月她的钱却不够花，每到月底还要向同学或朋友借钱。而她的同学朋友中，许多人没有她挣得多，却从来没有借过钱。原来，王芳只知道挣钱，却不知道怎么花钱，当然更从来也没有考虑过去做一些投资。她花钱大手大脚，比如每次出门都喜欢打的，每次打的的钱虽然不多，但是天天如是，每个月的打的费就需要将近千元。她每次去商场看到喜欢的东西，几乎没有自制力，每次都差不多刷爆卡。虽然也有时候能存下来一点钱，很快就能将存下的钱花完。毕业两年了，她还是没有长远的规划，对她来说，挣4000元是花，挣6000元也是花，反正从来没有考虑过投资的事。

　　王芳只不过是众多年轻人的代表，他们不注重理财、不善于投资，就可能要过拮据的生活。只会挣钱不会投资的人往往遭遇更大的经济压力。

　　北大投资课认为，投资至少有以下好处：

1. 平衡人生的收支

　　人生有很多梦想，这些梦想的实现需要经济上的支撑，例如，累积足够的退休金以安享晚年，建立教育基金是为子女的将来考虑，积累一定的资金购车、买房，或者积累一笔资金用于到世界各地旅游，有些人还打算创立自己的事业，等等。这些目标的实现都需要你不断积累财富，对收支进行控制。

如果一个人在任何时期都有收入，而且在任何时候赚的钱都等于用的钱，那就不需要投资了。但很显然，人的一生不可能都处于这种平衡状态，投资规划对每个人来说都是必需的，因为每个人都要为自己积累财富。

可是实际上，人的一生中大约只有一半的时间有赚取收入的能力。假如一个人能活80岁，前18年基本受父母抚养，是没有收入的；65岁以前，则必须靠自己工作养活自己和家人；而退休后如果不依赖子女，且此时又没有工作收入，那么靠什么来养老呢？如果你有投资意识，在65岁退休以前这长达47年的岁月中，每个月省出200元，购买成长性好的投资品，假设年收益率为12%，那么，47年后会积累多少财富呢？是5453748.12元，接近550万，这是一笔不小的数目，这样的话，你就可以享受比较富裕的晚年生活了。

2. 提高生活的品质

每个人都希望过好日子，而不仅仅是满足于正常的温饱水平。你是否想买一幢或者一套豪华舒适的房子？是否想开辆豪车驰骋在空旷的马路上？你是否想在周末或节假日去豪华餐厅享受温馨浪漫的晚餐？是否想每年出国旅游一次？这些都是基本生活需求以外的想法，但并不是幻想。追求高品质的生活，需要不断投资增加财富而得以实现。

3. 追求资产的增值

劳动创造财富，这是没有错的。我们当然需要努力工作，从而获得正常的财富，这是根本。但人们除了辛勤地工作获得回报之外，还可以通过投资使自己的资产增值，利用"钱生钱"的办法做到财富的迅速积累。对于大多数人来说，在基本的工资收入之外，能通过投资获得一定的收益，是一件幸福的事。

4. 抵御可能的风险

古人云："天有不测风云，人有旦夕祸福。"一个人在日常生活中经常会遇到一些意料不到的事情，如生病、受伤、亲人死亡、天灾、失窃、失业等，这些都会使个人财产减少。现在已经是市场经济时代，虽然住房、养老、教育、医疗、失业等福利已经慢慢健全，但是这些只是基础的福利。要抵御不测与灾害，更重要的在于自己，必须进行科学的投资规划，合理地安排收支，以求做到在遭遇不测与灾害时，有足够的财力支持，顺利地渡过难关；在没有不测与灾害时，能够建立"风险基金"，并使之增值。

5. 提高自己的信誉度

常言道："好借好还，再借不难。"合理地计划资金的筹措与偿还，可以提升个人的信誉，增强个人资金筹措的能力。当然，科学地规划个人的财务也能保证自己的财务安全和自由，不至于使自己陷入财务危机。

赚钱重要，更重要的是利用有限的金钱学会投资理财。赚钱与投资就像是富人的两只手，只有用两只手才能捧住财富。

懂得计算成本与收益

近几年来，我国掀起了一股前所未有的投资热潮，大批的民众涌入股票市场、基金市场，一时间，"谈股论金"成为街头巷尾热议的话题。似乎人人都在谈投资，但是，真正了解它的人又有几个呢？

谈到投资，多数人都理解为一种理财的方式，认为投资就是购买国债，就是买房子或者买股票。而企业家们谈到投资，多数人认为投资就是购置土地、建设新生产线、扩大生产能力等。不同的人对投资有着不同的理解，官方给"投资"的定义是"把金钱转化为资本的过程"。西方经济学家威廉·夏普对于投资的定义是"以牺牲当前的消费来增加未来的消费"。换句话说，人们投资的目的就是获得回报，并且这种回报是要大于投资人初始的投入。

随着时代的发展，个人投资理财的领域日渐宽广，金融机构也为普通民众理财开辟了广阔的空间。民众对于理财的意识不断增强，致使投资热潮不断升温。古人云："工欲善其事，必先利其器。"我们要想做好投资这件"事"，必须要了解投资是什么，有一个充分的投资知识的准备。

个人财富的增值、家庭的收入增加、企业的赢利、国家的经济发展都离不开投资。但是投资市场变幻莫测，只有掌握了投资的知识，熟悉各种投资方式与技巧，才能使自己在市场中立于不败之地。所以北大课堂上的投资学知识，理所当然地受到大家的关注，受到大家的追捧，谁都希望通过学习投资学来掌握投资这个神奇的致富工具。可以说，谁掌握了投资，谁就掌握了生活；谁掌握了投资，谁就掌握了世界。

对于我们普通人而言，当我们准备进行投资时，首先必须要弄清楚，投资的成本是什么，随之而来的收益怎样。这看似简单的问题是投资学中最基本也是最重要的问题，它直接影响着我们投资的选择与决策，并且这种选择会对整个投资过程产生实质性的影响。

"世上没有免费的午餐"，不论我们做任何事情，都要付出代价。这也就是说，牺牲当前的消费，来增加未来的消费，投资的成本就可以理解为我们牺牲的当前的消费。

在很多情况下，成本与收益是对等的。例如，工人辛勤劳动，换取报酬，这时所付出的成本与得到的收益之间确实存在着对等关系。而在有些情况下，这种对等关系是不存在的。成本与收益的不对等才是现实生活中广泛存在的，只有弄清楚这一点，才会使我们真正去认识投资。李嘉诚就是因为掌握了投资的成本和收益的关系，所以早早地收获了大笔钱财。

从 1958 年开始，李嘉诚就有计划地选择购买房地产、地皮。首先，他在香港旺角北购买了一块土地，建筑了一座大厦。接着，他又在紫港购买了地皮建楼，不久顺利出手，赚取较高的利润。

20 世纪 50 年代末，他知道政府将要实行高地价的政策，于是，当机立断，买下了新界屯门乡的一块地皮建造工厂。20 世纪 60 年代初，李嘉诚的发家产业塑胶花生产走向低谷，面对这种形势，李嘉诚下决心改变经营类型，大规模进军房地产业，短短几天内便买下了上百万平方米的地皮和旧楼。不久，香港地价、房价暴涨，李嘉诚由原来的千万富翁一跃跨入亿万富翁的行列，成为香港房地产业的巨人。

到了 20 世纪 60 年代中后期，由于政局不稳，投资骤减，房地产价格猛跌。在这种情况下，大家纷纷抛售地产，而此时的李嘉诚却把全部的资产转化为地产，而且光买不卖。在别人的眼里他简直是愚蠢透顶。结果，李嘉诚的房地产业又进入了第二个高潮时期。到了 20 世纪 70 年代初期，地价再度回升，房价上涨。而此时李嘉诚已经建起了许多漂亮大楼和厂房，不久都全部出售，利润成倍增长。

李嘉诚的成功在于他善于把握时机，懂得算计投资的成本和收益，以其独到的眼光与精准的预见，在大家抛售时低成本买入，在市场繁荣时再高价卖出，得到数倍于成本的收益。

当然，实际生活中的投资不可能这么简单，但我们必须懂得计算投资的成本与收益。对于普通人而言，我们所需要做的就是如何把握时机，使自己手中的金钱能带来最大的收益。

学会投资，实现财富保值增值

投资的内容越来越受到人们的关注，最大的原因在于人们手里的闲钱比以前更多，人们更加迫切地希望手头的钱能持续生钱。

在上世纪 80 年代，如果一个人的年均收入能达到 1 万元，那么可能是当时远近闻名的"万元户"。但在如今，普通居民的人均收入如果低于 1 万元，应该可以列为低收入群体了。

由此观之，30 年前的 1 万元并不等于现在的 1 万元，财富是会贬值的。如果不学会投资理财，你很有可能会由昔日的富翁变成普通人，甚至会变成未来的贫困者。假如 20 年前，你花 10 万元投资一件古董，现在也许值 100 万；15 年前，你如果花 50 万投资房产，现在也许超过 150 万了；20 年前，你要是买 10 万元的万科原始股票，现在就已经是千万富翁了。由此可以看到，合理的投资不仅能帮助我们抵御通货膨胀，还能为我们创造财富。

依靠投资致富的人，到底拥有什么特殊技能使自己的财富不断保值增值呢？那些天天省吃俭用、日日勤奋工作的上班族所欠缺的究竟是什么呢？富人何以能在一生中积累如此巨大的财富？答案无非是投资理财的意识与投资理财的能力。民众理财知识的差距，是造成财富差距的真正原因。

叶青工作生活在某三线城市，月薪 3000 元左右，工资比较稳定，扣除日常开支，每月可以攒下 1000 元。她今年 23 岁，现在与家人同住，希望在 30 岁以前结婚生子。叶青通常把钱储蓄在银行，现在听说购买基金进行长期投资，风险低，回报可观，于是想转变投资方向。除了每月把这 1000 元闲钱储蓄在银行，她有更好的方法实现钱生钱的目的吗？

以叶青的实际情况分析，虽然她月收入并不高，但由于与家人同住，没有供房等方面的压力，每月尚且有 1000 元的储蓄，所以财务情况还是比较乐观的。这笔钱如果叶青不想用于储蓄，做基金定投用于投资，是比较合理的。她可以将 1000 元分成 3 个部分，分别投资于股票型、平衡型和货币型基金。其中，500 元用于投资股票型基金，300 元用于投资平衡型基金。剩余的 200 元，可用于投资债券型基金。如果要寻求更加稳健的回报，则可将投资于平衡型基金的 300 元中，拿出 100 元用于投资货币型基金。

假设每年投资的理想回报率为 12%，叶青今年是 23 岁，7 年后，即当叶青 30 岁时，可以获得一笔 12～13 万的收入，足以满足结婚生子的需要。另外，考虑到叶青的月收入不高，如果没有社保等保障，很难应对个人风险，所以应该想方法增加个人保障。可以将投资于平衡型基金改为投资货币型基金，每月投 300 元，一年后可确保获得 4000 元左右的收入。一年之后，将这笔 4000 元的资金用于购买保险，比如，购买重疾险等。由于是分期缴费，每年 4000 元的资金刚好可以支付一年的保费。

从这个简单的例子中可以看出，实现财富的保值增值，可以让生活过得很轻松，经济上也会富裕很多。挣多少花多少，身边永远没有余钱，一辈子都是穷人。一个月强制拿出 10% 的钱存在银行或保险公司里，很多人做不到。其实换个思维方式，你也许就能转过这个弯。如果你的公司经营不好，老总要削减开支，给你两个选择，第一是把你开除，补偿两个月工资；第二是把你 1000 元的工资降到 900 元，你能接受哪个方案？99% 的人都能接受第二个方案。

那么，你给自己做个强制储蓄，发了工资后直接将 10% 的钱存入银行或保险公司，不迈出这一步，你就永远没有钱花。学会把钱投资在基金、股票、债券、不动产等上面，真正学着做一些投资。

1. 投资积少成多

假定有一位年轻人，从现在开始能够每年存下 1.4 万元，如此持续 40 年，他能攒下 56 万元；但如果他将每年应存下的钱都投资股票或房地产，并获得每年平均 20% 的投资报酬率，那么 40 年后，他能积累多少财富？一般人所猜的金额，多落在

200 万元至 800 万元之间，顶多猜到 1000 万元。然而正确的答案是：1.0281 亿。这个数据是依照财务学计算年金的公式得出的，计算公式如下：1.4 万＋1.4 万（1＋20％）＋…＋1.4 万（1＋20％）^{40}＝1.0281 亿。

这个神奇的公式说明，一个 25 岁的上班族，如果依照这种方式投资，到 65 岁退休时，就能成为亿万富翁了。投资理财没有什么复杂的技巧，最重要的是观念，观念正确就会赢。每一个靠理财致富的人，只不过养成了一般人无法做到的习惯而已。

2. 学会用"钱追钱"

有句俗语叫"人两脚，钱四脚"，意思是钱有 4 只脚，钱追钱，比人追钱快多了。和信企业集团是中国台湾排名前 5 位的大集团，由辜振甫和辜濂松领军。外界总想知道这叔侄俩究竟谁比较有钱，其实，有钱与否和个性有很大关系。辜振甫属于保守型，而辜濂松属于激进型。辜振甫的长子——辜启允非常了解他们，他说："钱放进辜振甫的口袋就出不来了，但是放在辜濂松的口袋就会不见了。"因为辜振甫赚的钱都存到银行，而辜濂松赚到的钱都拿出来投资。而结果是：虽然两人年龄相差 17 岁，但是侄子辜濂松的资产却遥遥领先于其叔辜振甫。因此，一生能积累多少钱，并不取决于你赚了多少钱，而取决于你如何理财。致富的关键在于如何正确理财。

3. 选择合理投资方式

目前，储蓄仍是大部分人的理财方式。但是，钱存在银行短期是最安全的，长期却是最危险的。银行储蓄何错之有？其错在于利率（投资报酬率）太低，不适于作为长期投资的工具。同样，假设一个人每年存 1.4 万元，而他将这些钱全部存入银行，享受平均 5％的利率，40 年后他可以积累 1.4 万＋1.4 万（1＋5％）＋…＋1.4 万元（1＋5％）^{40}＝169 万元。与投资报酬率为 20％的项目相比，两者收益竟相差 70 多倍。

更何况，货币价值还有一个隐形杀手——通货膨胀。在通货膨胀 5％的情况下，将钱存在名义利率约为 5％的银行，那么实质报酬等于零。因此，一个家庭存在银行的金额，保持在两个月的生活所需就足够了。不少理财专家建议将财产三等份：一份存银行，一份投资房地产，一份投资于灵活性较高的理财工具上。不妨使投资组合为"两大一小"，即大部分的资产以股票和房地产的形式投资，小部分的钱存在金融机构，以备日常生活所需。

4. 选择合适的投资策略

理财致富是"马拉松竞赛"而非"百米冲刺"，比的是耐力而不是爆发力。对于短期无法预测，长期具有高报酬率的投资，最安全的投资策略是：先投资，等待机会再投资。

事实上，影响未来财富的关键因素，是投资报酬率的高低与时间的长短，而不是资金的多寡。以那个神奇的公式所讲述的方法为例，若你已经拥有 36 万元，则你可以减少奋斗 10 年，若你已有 261 万元，则可以减少奋斗 20 年，而只需 20 年就可以成为亿万富翁。要想拥有更多的本钱，不妨去借。投资理财的最高境界也正是"举债投资"。而银行的功能，则是提供给不善理财者一个存钱的地方，好让善于理财者利用这些钱去投资赚钱。

有些人认为理财是富人、高收入家庭的专利，要先有足够的钱，才有资格谈投资理财。实际并非如此，每个人都应该学会投资，实现自己财富的保值增值。

财富积累取决于你如何投资理财

作为工薪阶层，大多数人的财富创造是依靠付出劳动来换取的，也就是我们所说的劳动收入。我们强调投资的重要性，并不是否认劳动收入的重要性。在获取劳动收入之余，花费一些精力在投资理财方面，依靠投资理财不断积累自己的财富，这才是真正的成功者。

对于不少人而言，单纯依靠工资永远也富不起来，工资收入在维持日常开销后，总是不见剩余。财富的增长还是需要依靠资本的积累，只有合理进行投资，让"钱生钱"，才能达到致富的目的。

小李今年已经 34 岁，在杭州一家会计师事务所工作，目前正值工作稳定期，每个月的收入也不算少。她是一个持着"今朝有酒今朝醉"的想法的人，在她看来，平时工作太辛苦，根本没时间去研究股票、期货来做投资，有时间也是自己忙里偷闲，不愿再费脑力。谈到理财计划时，小李无可奈何地表示，自己自从从事会计工作后，根本抽不出时间和精力去打理自己的收入。她发现，虽然自己的年收入不算少，到自己的财富却不见有多少增长。

小李的困惑同样是很多人的困惑。可见，不管你多能赚钱，如果你不懂得投资理财，让自己的钱躺在银行卡里"睡觉"，财富积累的速度仍是相当地慢。

不少能拿较高工资收入的人都在抱怨自己入不敷出，事实果真如此吗？作为空中小姐的严敏总是嚷着自己没有钱，殊不知很多人在艳羡她的高收入。

严敏是国内某家航空公司的空姐，她的基本工资再加上加班费和奖金，每月几乎都是上万元。照理说，这么多的钱也不算少，但她总是弄不清自己将钱花在什么地方了？

因为职业的特殊性，要保持良好的形象仪表，所以化妆品和服装方面的花销是必不可少的，也是她每月开销中最大的部分。看着同事们穿的用的都是国际一流品牌，她自然也不能太过于落后，于是她每月光是购买化妆品就得花掉一两千，服饰装扮花掉大约三四千，加上其他方面的开支，每个月入不敷出就在情理之中了。

也许有的人只挣两三千元钱，可是通过合理地安排与打理，不仅餐桌上能够有荤有素，而且家里水、电、煤气费用，孩子的上学费用等都安排得井井有条；而有些人虽然能挣上几千块，却经常被银行的账单"逼债"，弄得手忙脚乱，狼狈不堪。这就涉及到投资的问题。

财富的积累不能光靠工资，还要靠投资。沃伦·巴菲特是国际金融投资界公认的"股神""当代世界上最伟大的投资者"。他靠股票、外汇投资成为顶级富豪的传奇经历，在全球投资界传为佳话，被美国《财富》杂志评为"20世纪8大投资大师"之首，被《福布斯》杂志评为"美国有史以来15大富豪"之一。

巴菲特1930年出生于美国小城奥马哈市，11岁时购买平生第一支股票。1951年哥伦比亚大学硕士毕业以后担任股票经纪人，1956年成立合伙企业——巴菲特有限公司，象征性投入100美元，从此开始投资生涯。他1993年成为世界首富，之后一直稳坐第二把交椅，2008年又重登世界首富宝座，那时他的个人资产就高达620亿美元。

在个人创造财富方面，投资所能带来的财富是无穷的，巴菲特的成功足以证明此点。很多人之所以把精力放在工作换取收入上，是因为打工所要求的条件较低，只要付出劳动，就能获得相应的回报。但是，这种回报是有限的。而投资需要有一定知识基础和技能要求，甚至有一定的风险性，所以人们面对这种不确定性时往往望而却步。其实，每个人都可以成为投资者，通过学习和实践，这不仅是我们可以做到的，也是我们必须要做到的。

需要永远记住，财富的积累决定于你是否投资、如何投资。"一生能积累多少财富，不取决于你能够赚多少钱，而取决于你如何投资理财。"这是巴菲特对投资的看法。很多时候我们在艳羡别人财富的同时，其实我们也可以勇敢地迈出自己的步伐，迈入投资致富的行列。

投资思路决定个人出路

有一句话叫"思路决定出路"，这同样适用于投资领域。在我们的生活中，很多看上去不勤奋的人，事业很成功，但是人们忽略了他的"头脑"；而很多看上去很勤奋的人，却一事无成，这是因为人们只看到了他的"蛮力"。投资致富的人，都是用"头脑"赚钱的人，是真正成功的人。

"穷"和"富"有首先源自思路的差距：穷人穷，是他们的思维造成真正的贫穷，穷人不仅缺钱，更缺一个赚钱的头脑。富人的富不仅仅是因为他们有钱，而是因为他们拥有一个与时俱进的赚取财富的头脑。所以富人和穷人是有着根本区别的：穷人不允许自己的口袋空；富人不允许自己的脑袋空。因为放在口袋里的东西，有一天会属于别人，放进脑袋的东西，则是自己永远的财富。

富人之所以富，并不在于他们的钱袋有多鼓，而在于他们的脑袋有多灵活。有这一则寓言故事足以说明。

在贫困的山区有两个年轻人准备外出打工。一个决定就近去省城，另一个准备去远方特区深圳。他们扛着包裹在寒冷的候车厅等车时，一起等车的乘客议论说，南方人精刁得很，外地人问个路都要收费，还是家门口的人淳朴有乡情，看到吃不上饭的人，还送馒头送旧衣服呢……一番议论改变了两个人的主意：去深圳的人觉得还是在家门口发展比较好，再难也不至于饿死；去省城的人向往深圳，给人带路都能挣钱，真是遍地都是机会啊，于是命运让他们改变了方向。

去省城的人一个月什么都没干，果然没有饿着。渴了喝银行大厅里的免费太空水，饿了品尝大商场里的免费点心。去深圳的人发现在深圳看厕所都可以赚钱，弄盆凉水让人洗脸也可以赚钱，只要愿意干活都可以赚钱。一年后，他居然在深圳拥有了一间小小的门面。两年后，办起一个小公司。如今他的公司已有 150 多个打工仔，业务也由深圳发展到广东和浙江，马上就要覆盖家乡这片天空了。

前不久，他坐火车回家乡探亲。在家乡所在的省城火车站，一个捡破烂的人把手伸到他面前，向他要手中剩下的半杯可乐，就在递瓶时，彼此都愣住了，因为五年前外出打工时候，在候车厅里，他们曾换过一次方向。

观念的不同一定会造成个人命运的不同，可见观念改变我们的命运，影响我们的生活。人太穷的时候，不得不整天为生存而奔波，他的头脑里只有对温饱的追求而没有对财富的渴望，因而也就失去了成为富人的条件。

想要成为一个富人，不但要有智慧的思维，而且要付诸行动。只有这样，才能跻身富人的行列，从中你可以领会到，拥有财富也并非什么难事，只要掌握了好的思路和方法，灵活运用，财富自然滚滚而来。

思路决定出路，观念改变人生。对于一名真正的富人来说，他在任何条件下，都能够通过自己的思考，把智慧变成财富。这就是富人和穷人的区别。想在人生的舞台上取得辉煌成绩，首先要打破常规，敢想敢做，视野前瞻，观念超前。因为具有什么样的观念，就决定了你有什么样的人生。

向贫穷说再见，必须拥有富人的头脑，否则将会一直在贫穷中叹息，永远与财富失之交臂。

在人生舞台上取得辉煌成就的人，莫不是勇于打破常规，具有独特观念的人。古人说得好："一念之差，谬以千里。"

渴望成为富人的人很多，真正成为富人的却很少。只有充分利用自己的大脑，思考出让自己迅速致富的方法，才能真正成为富人。记住：没有富脑袋支撑的富口袋，迟早有一天会变成"穷口袋"的。

投资理财，越早越好

不少年轻人总认为投资是中年之后的事，因为到中年之后也许才有闲钱，甚至到了老年再来投资也不迟。但投资能否致富，与金钱的多寡关联性很小，而与时间长短的关联性却相当大。

古希腊格言讲得好："要种树，最好的时间是 10 年前，其次是现在。"对于投资而言，最好的时间段就是越早越好，千万不要等到以后。有人认为年轻的自己工资收入低，生活压力大，唯有等奋斗个十几年之后，等人到中年再去投资。

人到了中年面临退休，手中有点闲钱，才想到要为自己退休后的经济来源做准备，此时可能已经错过了很多投资的收益。从前文中我们已经了解到，投资的时间不够长，无法使复利发挥作用，要让小钱变大钱，时间越长获利越大。时间太短，无法使小钱变大钱，投资越晚，所丧失的投资机会越多。

为什么非要等以后呢？投资就在当下。正如生活中有些人，他们想出去旅游，经过一番冥思苦想，参考了无数攻略，规划好自己要去哪些景点、吃哪些小吃、路线如何、在哪里住宿，但结果往往是连自己的家门也没有跨出去，那些完美的计划也就没有了任何意义。一个没有行动去支持的目标，就像挂在墙上的画一样，永远成不了现实。只有行动才会产生结果，行动是任何成功的保证。不肯行动的人，只是在做白日梦。这种人不是懒汉，就是害怕挫折，他们终将一事无成，做任何事情都是如此，投资亦然。

人们总是习惯于为自己寻找各种借口。如现在的收入不够高，身边没有闲钱等。实际上，很多时候尽管收入多了，但同时却花了更多的钱去买更大的房子，买更好的车，日子反而比以前过得更紧巴了。长此以往，就形成了一个怪圈。因此，如果你希望跳出怪圈，就应养成良好的投资习惯，尽早实现投资理财计划。

许多人对于投资抱得过且过的态度，总认为船到桥头自然直，但随着年纪的增长，眼见别人的财富逐渐快速增长，才警觉到投资的重要性，此时才开始想投资，可惜因为时间不够，复利无法发挥功能，懂得投资又如何，为时已晚！

投资最重要的是行动。也有人是理论派，说起投资获利头头是道，问他获利多少，答曰还没有投资行动。既然知道投资可以致富，那么我们还应该知道，除了充实自己的投资知识及技能外，更重要的就是即时的投资行动。投资活动应越早开始越好，并培养持之以恒、长期等待的耐心。

另一方面，既然要决定投资，就要尽早学习相关投资知识，毕竟投资是一门学问。而今大多数人不能致富的原因，是不知如何运用资金，达到以钱赚钱、以投资致富的目标。这是我们教育上的缺失，我们的学校教育花大量的时间教导学生掌握谋生技能，以便将来能够赚钱，但是从不教导学生在赚钱之后如何管钱。大学生自我训练理财的途径——投资股票，往往被校方视为投机、贪婪的行为，而不加提倡。面对未来财务主导的时代，缺乏以钱赚钱的正确投资知识，不但使人们致富的梦想难以实现，对企业的财务运作与国家的经济繁荣也会有所伤害。

不要再以未来走势不明确为借口，而延后你的投资计划，又有谁能事前知道房地产与股票何时开始上涨呢？过去每次价格巨幅上涨，事后总是有许多人悔不当初。价格开始起涨前，是没有任何征兆的，也没有人会敲锣打鼓来通知你。对于这种短期无法预测，长期具有高预期报酬率的投资，就像巴菲特认为的那样，最安全的投资策略就是："先投资，再等待机会，而不是等待机会再投资。"

我们要尽快行动起来，克服做事拖拉的习惯，开始犹豫的时候就让自己赶快行动起来。相信自己的能力，不论是成功还是失败都不至于后悔。不要总想等待最佳时机，这样你只会在等待中错失良机。

投资理财，要趁着自己年轻、善于学习而有充足的动力时，及早准备，及早开始行动。古人说得好："千里之行，始于足下。"不要在接近人生旅程的尽头，回顾一生时，说："如果我能有不同的做法……如果我能在机会降临时，好好地利用……"如果你还没有投资行动，那么，赶紧行动起来吧。

"没有钱"不能成为不投资借口

"没有钱，所以没法投资"，这种说法乍听之下确实很有道理，没有钱怎么投资理财呢？但我们细想一下，很多人对自身"没有钱"的判断是不准确的。"有钱""没钱"是相对而言，1000 万元有 1000 万元的投资方式，1000 元也有 1000 元的理财手段。更何况，收入相对较低的人群，更需要把每一分钱都用在有用的地方，更应该运用投资手段，让自己的收入能不断增值。

事实上，"没有钱"不应该成为不投资的借口，能不能投资理财，将在很大程度上影响自己的未来。越是没有钱，就越应该学会投资。

吴师师还没有毕业，在北京一家公司实习，每月只能挣 1600 元。如何在实习期让自己的收入管够自己的开支，她有自己的方法。她与别人合租了一个郊区的平房，扣除房租 500 元外，剩余 1100 元。她的作息很有规律，早起坐公交上班，基本都是自己买菜自己做饭，公交和餐饮就可以省下不少钱，加上买衣服都选择适合自己价位的，周末朋友聚会也喜欢去公园、香山之类的地方，所以她不但不用向别人借钱过日子，每月还能剩余 500 元存入银行。实习一年来，这笔存款被用来买基金产品，比单纯存在银行的收入高多了，这让师师感到十分欣慰。此外，随着实习期的结束，她的工资也在大幅上涨，她现在每个月至少能积余 2000 元以上了，她对今后的投资之路更具信心了。

可见，即使月收入只有 1000 多元的人，只要日常生活规划合理，仍能积攒出一定的资本。师师虽然收入不高，但是如果每个月都能坚持攒下 500 元存入银行，在银行里开个零存整取的账户，抛开利息不说，20 年后，仅本金一项就达到了 12 万元，要是再加上利息，数目就不容小视了。当然，她的收入不可能永远停留在这个水平上。当师师收入适当增加后，她就可以尝试其他的理财方式，比如基金或者涉足股市等，那获得的回报就更加丰厚了。而不少人虽然薪水不低，但几年时间过去，存折上仍然没有积蓄，即使日后有了更好的理财机会，也还是照样认为自己"没钱"，不适宜投资。

很多自认为"没有钱"的人，其实都可以通过日积月累的储蓄方式，攒下人生中的"第一桶金"，为尽早开始投资做准备。

而对于确实收入不高的人来说，储蓄是最安全保险的投资方式。有的人认为应该享受当下，而且认为储蓄很难，要受到各种各样的限制；有的人会认为储蓄的利息甚至追不上通货膨胀的速度，储蓄不合适。然而，事实并不是这样。储蓄是一种积少成多的"游戏"，只需我们拿出每月一部分的零钱，像滚雪球效应一样，点点累积变成洪流，慢慢耕耘结出硕果。相反，把钱放在口袋里，最后都是花掉，可能连花到哪里去都不记得了。很多收入不错的人多年无法积累出自己的"第一桶金"，正在于其不善于理财，不善于通过储蓄的方式，为自己存下本钱。

初入社会的年轻人，应该为自己的生活做出正确的定位，根据自己的薪水合理地规划支出，将理财意识切实渗入到生活中。对于"月薪族"来说，不论收入多少，都应先将每月薪水拨出一定的比例存入银行，而且"不动用""只进不出"，如此不只是为自己存下一定的资金应对突发事件，还能积少成多，方便以后的投资。

这就是"不积跬步，无以至千里；不积小流，无以成江海"的道理。有钱没钱，都要尽早投资，只有根基打好了，才能走好今后的理财之路，不然，无论到何时，都能用"没有钱"的借口搪塞自己。

像热爱游戏一样热爱投资

有人认为，投资跟游戏不一样。但实际上，投资与游戏有许多相通的地方。

投资大师巴菲特从 11 岁起就喜欢玩股票，跟其他孩子喜欢研究飞机模型一样，他喜欢把股价制成表，观察涨落趋势。他把投资股票当作一种喜爱的游戏，几十年热情不减。据说，某一天晚上，巴菲特和他的妻子苏珊受邀去朋友家中吃饭。晚餐过后，朋友架起幻灯机向他们展示金字塔的照片，这时候巴菲特建议朋友给苏珊放照片，而他自己则饶有兴趣地去朋友的卧室读一份年报。读年报是巴菲特的爱好，就像我们很多人下班之后喜欢打游戏一样。

巴菲特如此成功的原因之一就是他对投资的深厚兴趣，把投资当作一种游戏，没有像很多投资者那样被自己给自己施加的压力拖垮，所以在大多数人亏得血本无归时，他却如鱼得水。视投资为游戏，而不仅仅是赚钱，这就是巴菲特。正因为投资是他热衷的游戏，不是养家糊口的职业，所以，他永远有十足的精力投资——就像一个逃学玩电子游戏的孩子那样着迷而专注。

不少世界顶尖的投资大师，之所以在投资领域辛勤耕耘，乐此不疲，是因为他们没有把投资当成繁重的工作，没有沉迷于对金钱的追逐，而是把投资当成一种获得自我满足的游戏，并努力将游戏玩到出神入化的境界。大师们正是完美地做着这个游戏，才使得他们有源源不断的精力和智慧去完成漂亮的投资。

不单是巴菲特，投资大师摩根对于投资的热爱甚至达到了痴迷的程度。他每晚到小报摊上买一份载有股市收盘的晚报回家阅读。当他的朋友都在忙着怎样娱乐的时候，他说："有些人热衷于研究棒球或者足球，我却喜欢研究怎么投资。"他从来不认为投资是很枯燥无聊的事，他经常像小孩研究弹弓一样研究投资，他总是琢磨怎么高效地投资。

投资大师们的投资方式各不相同：有投资股票的，也有投资基金的。但他们都有一个共同的特点，那就是不为金钱而生活，他们甚至不需要金钱来装饰自己的生活。他们喜欢的仅仅是游戏的感觉，那种一次次投资，又一次次地通过智慧赚钱的感觉。

不要把投资变成一种沉重的负担，而应该将其当作一种满足心理的游戏。在投资的时候，你要进入一个游戏的世界，作为游戏的参与者，你要不停地和对手进行较量和角逐，你要采用一切办法和手段来胜过其他的人，你要超越所有的人，才可以赢得最后的胜利。

像热爱游戏一样热爱投资，并非说你对它的态度可以懒散而随便。事实上，玩游戏的人是最专心致志的人。玩游戏让你进入一个张弛有度的良好状态，既不过度紧张，又不完全松散，它让你对投资市场风云变幻洞若观火。所以说要想投资成功，最好的办法就是不要把投资当成单纯赚钱的事，而是把它当成一种游戏融入生活，让投资不再弥漫过重的金钱气味，这样你才会对投资保持持久的兴趣和清醒的认识。

投资是一种可以掌控的游戏，无论你是谁都可以试试。比如，让自己的孩子成为富翁，你可以根据自己目前的经济状况，按照下列游戏规则去做就可以：

假如你的孩子刚刚出生，你打算在他 60 岁时让他成为亿万富翁，则从现在开始每个月只需投资 7744 元，每年的回报率保证在 12％以上，那么 60 年后他的资金将积累到 1 亿元。如果你现在已经给他储备了 2 万元，那么只需每个月投资 5742 元，60 年后他也会成为亿万富翁。

如果你现在已经有 10 万元，而且每年的投资回报率为 12％，那么你不但不需要再投资，而且每个月还得到 2264 元的回报，你的孩子 60 岁时也将成为亿万富翁。

有的父母会说我们每个月节省不了那么多钱，那你每个月节省下来 100 元总可以吧，如果你的年投资回报率是 12％，60 年后你的孩子仍然会成为一个千万富翁。

投资没有什么特别的奥秘，也不需要太复杂的技巧，只要懂得投资游戏的法则，并按照游戏法则坚持玩下去，你就是最后的赢家。

随着时代的发展，我们可以投资的金融产品越来越多：A 股、B 股、封闭式基金、开放式基金、国债、企业债、企业可转债、期货、黄金、外汇、房地产等。面对众多的投资品种，我们需要了解投资的基本常识，熟悉投资的游戏规则，最重要的是培养起投资的兴趣和爱好，这样才能视投资为常态，以游戏的方式在快乐中轻松地收获财富。

保持自信主动的投资态度

成功的投资者之所以能够成功，在很大程度上依赖于他们的信心。成功者对于自己能成功都很有信心，这种信心对许多人来说甚至是顽固不化、不可理喻的。对投资者而言，必须保持自信主动的投资态度。彼得·林奇曾经说过："动用你3％的智力，你会比专家更出色。"

24岁的青年巴鲁克，以普普通通的出身，凭着自己准确的判断和锲而不舍的精神，用借来的5万美元在10年间滚出了亿元身价，铸造了以色列第一财务软件企业的宏伟事业。当时电脑行业正在兴起，随着大量国外品牌电脑的进入，国外大公司开发的各种软件也开始长驱直入，计算机行业再次面临着机会的诱惑，不少人认为国外的计算机无论硬件还是软件均远远超过本国，与其苦苦开发民族软件，不如直接销售推广国外的硬件和软件，这样风险小，来钱快。

巴鲁克仍然潜心致力于民族财务软件的开发、销售，似乎并不在乎国外同行的竞争。在他看来，软件应用离不开技术和服务的本地化支持。国外许多公司可以将软件加以调整推向市场，但其母版是国外的，不可能完全符合本国企业的要求。民族软件业的优势就在这里，不仅完全做到了应用、服务的本地化支持网络，而且从软件设计上一开始就充分考虑到了以色列企业的现状。

也正是凭借这一优势，2000年，巴鲁克击败国外著名公司，以不菲的价格拿下了仅软件服务就达1000万美元的大洋公司财务软件合作项目，巴鲁克的判断力再一次得了高分。

拥有信心对投资商业十分重要，但是这种素质在投资中更重要。建立在科学判断的基础上，就一定要坚信自己的眼光，才有可能拥抱财富。我们要像巴鲁克那样在确定自己的计划之前周全考虑，在计划实施后，坚信自己。投资也是如此，只有坚信自己的眼光，才会避免犹豫不决带来的财富损失。

由于不懂如何面对未知且不确定的投资环境，误以为必须具有未卜先知的能力，或是要有绝对高深的分析判断能力才能做好投资，许多人便习惯性地把投资决策托付给专家。

然而，如同彼得·林奇所说："5万个专业投资者也许都是错的。"如果专业投资者真的知道何时会开始上涨，或是哪一只股票一定可以买的话，他早就已经有钱到不必靠当分析师或专家来谋生了。

因此，以专家的意见主宰你的投资决策是非常危险的，投资到头来还是要靠自己。当然，这并不是说分析师的意见不重要，他们的意见可以为你提供投资参考。

事实上，个人投资者本身有很多内在的优势，如果充分地加以利用，那么他们的投资业绩丝毫不比投资专家逊色，在投资上只要你做好市场调查，坚信自己的决定，你就能成为自己的投资专家。

基于投资知识的匮乏，很多人在投资过程中也缺乏自信与主动。向"钱线"进军的时候，我们要善于把学习相应的知识，更重要的是保持自信主动的投资态度，要向投资大师学习投资赚钱的本领。

自信与主动兼备，辅之以认真的思考和谨慎的行动，我们一定会在投资场上取得成功。

控制自己的恐惧与贪婪

贪婪和恐惧是人类的天性，在投资市场随处可见贪婪与恐惧的情绪。对利润无休止的追求，使投资者表现出贪婪的一面，总希望抓住一切机会，而当股票价格开始下跌时，恐惧又占满了投资者的脑袋。市场是由投资者组成的，因而情绪比理性更为强烈，惧怕和贪婪使股票价格在公司的实质价值上下跌宕起伏。当投资者因贪婪或者受到惊吓时，常常会以不可理喻的价格买入或卖出股票，追涨杀跌是贪婪与恐惧形成的典型后果，也是会将投资者带入无限投资风险的巨大隐患。

我们知道，投资并非零和游戏，也不是只有从别人的口袋中掏钱才能赢利。战胜市场、战胜庄家、战胜基金，是热门投资书籍中经常提到的字眼，而投资市场真正的敌人却很少有人提及。贪婪、恐惧、害怕困难、不能坚持原则、没有信心、没有耐心、没有勇气、没有目标和信念，这些才是投资最大的敌人。

人性的弱点埋藏在灵魂的深处，如果我们不能有意识地进行系统分析，并针对性地防范，同样的错误总会在投资决策中一犯再犯，而犯错的驱动力也永远不能消除。要战胜自己，首先要认清敌人，即清楚自己的弱点所在并克服它，我们才能在投资市场上立于不败之地。

在投资获利的机会面前，很多人变得理智全无，丧失判断力，幻想着能够一夜暴富，甚至幻想着能发生不劳而获、天上掉馅饼的好事，以至于沉迷于不可信赖的事物中难以自拔，最终输得倾家荡产。

家明在一次中了 10 元的彩票之后，就开始迷上了彩票，结果没多久又意外地中了 2000 元，从那个时候开始，家明购买彩票的次数越来越多，金额越来越大，很快就将前两次中奖的钱都赔了进去……但是家明并没有就此停手，相反却越买越上瘾。偶尔中过几次几十元、几百元钱，可大多都是有赔无赚。有时还和同事朋友借钱买彩票，结果几年下来，不但辛勤工作挣来的积蓄全无，甚至还负债几万元，可以说全都是彩票惹的祸。

贪婪是人的本性，但是投资场上一定要克服贪婪。在诱惑面前，投资者会有不同的反应，有的人轻易陷进去，有的则站在旁边犹豫，有的人则坚决地走开。大家需要知道的是：在任何时代，求利须有本，本大则利厚，这里的本并不单单指启动资金，它包罗万象，也包括自己付出的很多东西。由于各人自身因素不同，因而所追求的利润也不相同。看起来一本万利、不劳而获的诱惑背后，往往都蕴藏着巨大的陷阱与风险。

如果有人对你说："我手头有家河南企业的原始股，公司马上就要到美国上市了，5元一股卖给你，上市后可就变成5美元了！"如果你有一位远房亲戚某天突然出现要拉你一起"发财"，你会不会为之心动？千万不要以为这只是个笑话，这种类似的故事正在很多人的身边上演。当你遇到这些发财的机会时，不免要多做一些功课，以免掉入陷阱中。

现在有好多年轻人，心存"一夜暴富"的幻想，从而把"投资"看作是"赌博"，这显然是不正确的。投资并不是"百米冲刺"，可以立竿见影，投资是"马拉松赛跑"，是耐力的角逐。而一夜暴富的财富、一本万利的财富梦想就好比彩票一样，容易使你进入到投资的巨大危险当中。

股神杨百万懂得控制自己的贪婪，但他见过不少人却不懂得控制内心的贪婪，有一个与他一起炒股的人，当初也是几千元起家，几年就赚到了3500万元。杨百万劝他："好了，赚不少啦，拿出500万买套别墅，再存500万元备用，留2500万元在股市里滚也不错了。"可是，那人不听，不仅分文未取，甚至还借了3000万投进去，沾沾自喜地以为，滚一个多月就可以上亿了。结果，股指一下从500多点跌到300点，投进去的钱一半没了，后来这个人一直也没买上房子，还欠着一屁股债。

对许多投资者来说，无论赚多少钱都嫌赚得太少，这时候贪婪便成了成功投资的杀手。不论从长期实际经验看，还是从极小的机会看，谁都无法以最高价卖出，因此，不要使贪婪成为努力的挫折，投资中应时刻保持"知足常乐"的心态。

"炒股还需要宽广的心胸，"杨百万说，"有的人虽然抛了，可是，当这只股票再涨上去时，他又开始后悔、抱怨抛早了，虽然赚了，也不快乐。如果大家调整一下心态，把该赚的赚了，也别赚全部，留点机会给他人，这样心情就快乐了。只要快乐，事情就能做得长了。"

常常有人问杨百万："该买哪只股票？"杨百万说："我最害怕人家问这个问题，股市瞬息万变，击鼓传花，传到你是涨是跌很难说，谁又能给你一个承诺？所以，我只能传授我进出股票的体验。"

杨百万说，这么多年他能不倒，重要的一点是信奉落袋为安，赢了钱就从股市抽出来，而不是全投进去，这需要自己抑制自己的贪欲。

很多人将投资比喻成无底洞，这虽然有些夸张，却也有着一定的道理。如果我们不能遏制住自己贪婪的本性，那么不管多少钱都会进入这个洞中，这样的投资就失去了意义。

金钱只为懂得它的人工作，如果你想获得财富，就应该学会控制自己的恐惧和贪婪。投资是一场理智的博弈，在投资场上，我们只有学会控制自己的"感性"，充分利用自己的"理性"，才能做出最正确的决定。

唤醒正在沉睡的资金

将自己所有的钱都存在银行卡上的人，他们不但不能致富，常常连财务自主的水平都无法达到。选择以银行活期存款作为主要理财方式的人，无非是让自己有一个很好的保障，但事实上，让资金沉睡是最危险的理财方式。

不少人认为钱存在银行比较安全，并且还能有点利息，这样就算是对金钱有了妥善的安排。事实并非如此。诚然，财富的积累需要储蓄，但如果一直储蓄，不思投资，那么钱就成为死钱。事实上，利息在通货膨胀的侵蚀下，实质报酬率接近于零，等于没有理财，因此，钱存在银行等于是没有理财。财富如果闲置了，收益就相当于没有，并且还要支付一定的"折旧费"。

最好的方法就是让钱动起来。高财商的人往往不会把主要的钱财存进银行，钱就像水一样，只有流动起来了，才能创造更多的价值。

小刘是一位普普通通的工薪族，月收入 4000 元左右。因为还没有结婚，花销不算太大，工作三年小刘就攒下了将近 8 万块钱。在同事眼中，小刘是一个眼光独到而且善于规划的人，在别人都还对投资一无所知时，小刘就开始了投资理财。

在小刘眼里，工薪族一定不要认为小钱没用，一定要坚持把自己的小钱变成大钱，只有坚定不移地运用各种投资理财手段，无论是股票、基金，还是国债，只要别让闲钱在活期账户睡懒觉浪费，每年或多或少都会有收益。

小刘认为，工薪族每个月领到工资以后，最好把未来一个月开支放在一边，然后把闲钱投放到理财市场"钱生钱"。他就是这么做的，每个月扣除生活费及房租等开支后，差不多每个月能有 1500 元的"闲钱"，他用这笔钱不断进行投资。

工薪族理财也不能一味地求稳，必要的时候还得搏一把，否则小钱也难变成大钱。小刘说："有时候也不能光靠省钱，如果我没有在股市里赚了一笔，买房子的首付还是有问题的。"他举了一个例子：股市在 2007 年开始走牛的时候，他投入 1 万元，半年不到便赚了 300%。

小刘现在很受同学的羡慕，虽然工资没有一些同学高，但是经过他对自己的规划，达到了比较舒服的生活质量。

一位成功的企业家曾对资金做过生动的比喻："资金与企业的关系如同血液与人体，血液循环欠佳导致人体机理失调，资金运转不灵造成经营不善。如何保持充分的资金并灵活运用，是经营者不能不注意的事。"这话既显示出这位企业家的高财商，又说明了资金流动加速致富的深刻道理。

对于企业家而言，资金的生命就在于运动，对于投资者而言，千万不要让自己的资本"睡懒觉"。资金只有在进行商品交换时才产生价值，只有在周转中才产生价值。失去了周转，不仅不可能增值，而且还失去了存在的价值。如果把资金作为资本，合理地加以利用，那就会赚取更多的钱。

把钱投资在不同的地方，在金钱的滚动中，在资本的运动中，充分发挥你的才智，开启你的财商，你就可能成为新的富豪。

投资者只有放弃自己原来思考问题的方式，去学习那些投资大师的赢利模式，才能够更深入地认识和了解市场的特点，运用大师们成功的秘诀，然后根据自身的情况和特点，选择闲余的资金进行投资，才能实现投资获利的目标。

市场上赚钱的方法有很多种，但任何一种都不是随手可得的，在市场上捞大钱离不开智慧和勤奋。每一位成功者的经验方法都是他们自己凭借数年的时间摸索出的成功投资方法。和投资大师一样，积极地面对投资，将热情积极地投入到投资活动中。

一定要小心投资场上的陷阱

投资是通往财富之城的必由之路，然而许多人只看到了投资路上闪闪发光的金砖，却忽略了脚下重重密布的陷阱。面对各种各样的投资诱惑，我们往往会因为不谨慎的思考或贪小便宜的行为遇到这样那样的陷阱，一旦你不小心落入其中，资金打了水漂不说，甚至会弄得倾家荡产。为了使投资不落入陷阱，每个投资者都要努力练就一双投资的火眼金睛，绕过风险，安稳地赢得财富。

投资陷阱层出不穷，花样不断翻新，但它们的目标都是对准了渴望飞速投资致富的人。虽然投资陷阱花样多，不过任它怎么乔装改扮，在有眼力的投资者面前，它们不过是新瓶装旧酒，只要识破投资骗人的这些伎俩，就会让你少走一些弯路。

想要识破投资陷阱，其实并不是一件很难的事情，比如它们之间大多有着这样的相似点：

1. 无本万利

"一夜暴富""无本万利"是某些不谙投资本质的人的心中所想、梦中所求。骗子们就迎合人们这种心理，制造各种诱人暴富的所谓"投资"项目，并配以鲜活的案例，从而达到请君入瓮的目的。绝大多数的投资陷阱都有这一特点。

2. 少本高利

零风险高收益，这也是每个人投资的目标，它迎合了很多人迅速发财致富的心理。骗子们正是顺应这部分人的需求，制造出所谓"零风险高收益"的投资项目，宣传它们能用最少的钱赚最多的利，比如炒股软件、林业托管。为了增加这些项目的可信度，他们有时候甚至会在项目中引入第三方"担保"，从而让投资者彻底放心，而担保人表面上是某某担保公司，实际上就是他们自己。

3. 先给部分收益

骗子们利用人们总想赚"快钱"的心理，在非常短的时间里让投资者获得所谓的"收益"，从而消除投资者的疑虑，增强投资者的信心，诱使投资者敢于"倾囊而出"。比如，一些非法集资、黑基金都是如此。

4. 披上政策外衣

骗子们大都为自己的项目披上合法的外衣，从而增加投资者的信任度。比如托管造林陷阱就极力宣传"托管造林"的模式是响应中央号召，是国家鼓励社会主体参与林业建设和投资的新模式，从而达到欺骗投资者的目的。

5. 虚张声势

骗子们大都会对自己进行过度包装，经常以"大公司""集团公司"的面目出现，号称注册资本数千万或上亿，业务涉及多种产业，不少人为了骗取投资者信任，甚至还租用高档写字楼，开着高档汽车，以达到骗取投资者信任的目的。

6. 新项目

创新项目意味着投资者没有地方去调查和比较，难以获得充分的信息。海外项目也是一样，普通投资者根本无从查询，骗子们想说什么就是什么。

要想不入投资陷阱，首先要学会以怀疑的态度面对任何投资机会。在面对一个非常诱人的投资项目时，先问自己一个最基本的问题：有这么好的事情，他们为什么自己不干？难道天上真会掉馅饼吗？

在选择一种投资方式之前，一定要问自己这六个方面的问题：

第一，是什么人卖给我产品？这个人有信誉吗？我们这里说的人是"法人"，就是我们常说的公司、企业。除了政府批准设立的金融机构，如银行、保险公司、基金公司、证券公司、信托公司等，对其他的"法人"都不能轻信。

第二，他拿我的钱干什么去了？有人监督资金使用吗？他靠什么赚钱？我们希望"有公信力"的机构监督资金的使用；拿我钱的人不仅要有赚钱能力，还要有完全合法的赚钱途径，否则我就不可能赚钱。

第三，我买到了什么？我赚什么钱？我赚钱有保证吗？我能否赚钱首先取决于他能否赚钱，其次取决于他能不能分给我钱。

第四，投资收益率合理吗？过高的投资收益率基本上都是不可信的，比如每年30％以上。

第五，要问自己，我一旦不想要这个产品了，能卖出去吗？这是要解决投资的流动性问题，一旦没有市场出售，不就赔在自己手里了么？

第六，还要问自己，如果产品卖不出去，我能留着自己用吗？这是投资的底线，最起码产品还有使用的价值，否则这笔投资就赔到底了。

在做任何一项投资时，都应当问自己这六个问题，如果某一个问题的答案是否定的，就要慎之又慎，如果有两个问题的答案是否定的，就一定不能进行投资。当然，为了正确回答上述问题，要进行一些调查研究，收集一些资料，作为决策的依据。

对于投资者个人而言，唯有提高警惕，多做对比分析，才能远离投资陷阱，毕竟用来投资的钱是自己辛辛苦苦挣来的钱。

投资计划紧跟着市场变化

"兵无常势，水无常形"，投资市场时刻都处于变化之中，把投资当作事业的投资者，习惯上都会注意市场的变化，并根据市场变化及时调整自己的投资策略。

比如说，一个人在遇到市场动荡的时候，特别是股票下跌的时候，总是喜欢卖掉正在赔钱的股票，哪怕他曾经对这只股票十分有"感情"。事实上，这是一个投资者关于股市的最为重要的理解之一。一个投资人卖掉正在赔钱并有可能继续下跌的股票是很谨慎的行为，而留下收益显著的股票具有同样的意义，只要它们能够保持基本面的良好。大市不怕升，也不怕跌，升市时有升市的投资法，跌市时也有跌市的投资法。这也就是说，投资计划必须紧跟住市场变化。

迈克尔·沙伊莫提醒投资者，在股市动荡的时候，要注意观察市场，不要轻易卖掉好的股票，不能因为股票上涨就卖掉，好股票涨了还会涨。但总有这样的情况：有人喜欢卖掉不断升值的股票，把自认为已经跌停的股票留下，但是却发现远远没有跌到最低值的一天。须知股价有时并不能代表公司的真正价值。投资者只有既能注意到市价，又能注意到公司本身的价值，根据市场的动向来调整投资组合，才能达到赚钱的目的。

刚进入投资市场的人，大多误以为股市、汇市是金矿，可以随意发掘，几年之内，就能赚够享受一世的金钱。对于投资者而言，期望越高，投资就越大，就越会忽略投资风险的存在。尤其是年轻人，他们坚信赚大钱难免要冒险，当看到一个好机会时就不理会什么风险，把大量资金投进去，甚至没有什么好机会，也乱投资金，10万元家产中有9万元放在投资市场，万一赔了怎么办？

投入多少资金，应当先估量自己的财力，根据自己所拥有的资金，深入了解市场动向调整自己的投资组合。投资1亿元算不算多？在那些拥有几百亿家产的富翁眼中，1亿元并不是什么大数目，他们可以找专人研究、分析，再决定如何利用这1亿元做投资。以他们的财富，就算形势不利，1亿元亏掉几千万，他们依然生活无忧。但是，如果你只有10万元，却投资10万元，假如这10万元全部亏损了，手头的积蓄便成为泡影，甚至连生计也会陷入困难。

所以，投资者应该定期观察或调整自己的投资组合，以规避风险，获取收益，紧随市场变动，时刻关注市场变化，这样才有可能赚大钱。比如，当你的全部资金都用于储蓄投资或者股票投资，当国家银行利率上调的时候，储蓄存款收益率高，风险很小，而股市很可能会面临股价暴跌的风险；而当银行利率下调的时候，储蓄投资的利率风险就会上升，收益率下降，但与此同时，股票的价格却会大幅度上涨，收益率也会上升。根据市场的变化，将资金放到股市或银行，才能保证自己的财富不断升值。

如今的投资产品有很多，不仅有股票、基金和储蓄，还包括保险、珠宝、房产、黄金、古玩、艺术收藏品等，这些都是不错的投资手段，可以根据自己的喜好和兴趣特长去规划投资组合。

根据市场的变化，不要固执地投资于一个品种，而要通过投资组合，随市场的变动而改变投资的对象。进行投资组合的调整是为了及时适应投资需求的变化与市场的变化。而如何进行投资组合的调整需要我们结合各种因素认真思考，这样才能取得更好的投资收益。

寻找适合自己的投资领域

有人说，股票投资最赚钱，也有人说，外汇市场获利最容易。事实上，投资产品种类丰富，且从来没有哪一种是最好的。这样因为，在投资场上，适合自己的永远是最好的，投资也是如此。

优秀的投资者擅长根据自己的特点在市场上寻找属于自己的"地盘"，根据自己的兴趣、所长、资金能力等，合理确定自己的投资领域，从而在投资中实现最大效益的财富收益。就像没有人可以一手遮天一样，也没有人可以独霸所有投资领域，投资者要做的不是随波逐流，而是找到适合自己投资的"地盘"。

有一个名叫拉里的投资者，他在 20 岁的时候身无分文地来到纽约，在华尔街找了一份工作。两年之后，他的投资利润已经达到了 5 万美元。又过了两年，他辞去了他的正式工作，开始全心做投资。他基本上就是自己做风险资本基金，甚至连个秘书都没有。在拉里快三十岁的时候，他已有数百万的财产。拉里擅长在有前途的生物科技创业企业中取得与创办人相当的股权地位。

不仅投资领域如此，约翰·麦肯罗、迈克尔·乔丹、贝比·鲁思和泰格·伍兹，每个人都能在自己擅长的领域成为王者。他们都选择了一个自己最擅长的领域，从而使自身的潜能得到了最大的发挥。设想一下，假如麦肯罗在篮球场上，而贝比·鲁思身处温布尔登网球赛中，那么他们可能会像离开水的鱼一样狼狈。而有些人更是在仔细地选择，进行了领域的调整之后才获得了人生中的巨大成功。

刘翔原来是国家跳高队的一名成员，后来改行跨栏，成为了雅典奥运会上一炮成名的体坛英雄；章子怡原本是学舞蹈的，后来发现自己虽然努力但由于天赋不足，在舞蹈界难以出头，便毅然改行去表演学院，从此才华得以展现，并在以后的人生道路上把握住了机遇，成功地打入世界影坛，成为今日的国际巨星……这样的例子数不胜数，由此可见，不管是在哪行哪业，选择适合自己发展的领地对于成功与否是非常重要的，纵观历史和国内外商业界，每一个成功的投资者都有属于他自己的领地。

即使是巴菲特这样的投资"巨鳄"，也只占据了一小片领地，这样说起来可能有些奇怪。然而，在全世界所有上市企业组成的数十万亿美元的"池塘"中，就算是巴菲特的净资产达 719 亿美元的伯克希尔·哈撒韦公司也只是一条中等大小的鱼。不同种类的鲸鱼都生活在自己的特殊环境中，很少彼此越界。类似的，巴菲特也在投资世界中占据了自己的生态领地。而且，就像是鲸鱼的生态领地与它能吃的食物有关一样，投资者的市场领地也是由他懂什么类型的投资决定的。每一个投资者都应依据自己的实际情况，审查自己了解什么类型的市场，从而找准自己的投资领地。

没有无所不能的投资者，成功的投资者大都把注意力集中在一小部分投资对象中，他们日积月累，不断耕耘自己的"一亩三分地"。这样收获财富的过程不是偶然。成功的投资者，根据自己的投资特长，比如自己懂什么类型的投资，从而划定了他的能力范围，只要不超出这个范围，他就拥有了一种能让他的表现超出市场总体表现的竞争优势。

优秀的投资者，根据积累的经验做出对某投资领域科学的预期和判断，这样就使得他们在该行业的竞争具有了其他竞争者不具备的优势。经验对于投资者来说，是一笔非常重要的财富。

任何人都不可能在所有的投资领域都能如鱼得水，成功的投资者之所以成功，是因为他知道自己的不足之处，而他知道自己的不足之处是因为他划定了自己的能力范围。如果是在熟悉的投资领域里，投资者可以轻松地获利；但如果是面对一个陌生的行业，他们的优势便得不到发挥，就会为投资增添巨大的风险。

坦然面对投资的风险

投资毕竟是一种风险活动，正如一个硬币的正反面，风险总是相伴着投资收益而来。没有人希望投资做亏本的买卖，谁都渴望投入多少成本，就可以获得相应比率的回报。然而，绝大多数时候，这只是投资者一种美好的愿望，因为我们随时都会被四面八方的风险吞没。

想要从投资中取得收益，我们必须先了解投资中都存在哪些风险。在一般的情况下，经常出现的投资风险有以下几种：

1. 财务风险

在金融投资，如股票投资或债券投资过程中，会出现因为发行公司创业不善，使股票价格下跌或无法分配股利，或使债券持有人无法收回本金和利息的财务风险。

2. 市场风险

市场的变化不确定，往往会使经验不足的投资者造成亏损。以股市来说，市场的景气与否往往会使持有股票的价格随之起伏，股票的波动过程中会给投资者造成损失。

3. 利率风险

这是对债券投资者影响最大的风险，利率的上升会使债券价格下跌，造成投资者的损失。

4. 购买力风险

通货膨胀会导致金钱贬值，丧失原有的购买力，也就是居民手中的钱变得不值钱了，在这种情况之下，投资利润如果赶不上通货膨胀率，投资就是在赔钱。

风险是客观存在的，人们可以通过对风险的认识，来降低风险发生的次数和减少损失的程度，但是不可能完全消除风险。风险的存在与客观的环境有关，当客观条件改变时，风险也可能变化。风险伴随着人的行动的开展而存在。所以个人面临的风险既有共性，又有差异。

根据投资者个人状况风险又可以具体细分为：

（1）本金损失的风险：不论是因市场因素或是创业优劣，都有损失本金的风险。

（2）收益损失的风险：投资无法获得预期的收益，如租金收不到或无法分配到股利。

（3）管理风险：以投资房产来说，购买一幢房子来出租，投资者就必须要亲自来管理，若疏于管理，就可能造成亏损。

（4）流动性风险：即急需要钱时，需要将投资品适时变换为现金。一般银行存款、债券和多数股票都可以很快变现，流动风险较低；而房地产和收藏品变现较慢，流动性风险较高。

（5）利率风险：对负有贷款债务的人而言，利率上升会使利息负担增加，除非是固定利率贷款；对靠利息收入维持生活的退休人员而言，利率降低会使收入减少。

面对如此多的形形色色的风险，作为投资者应该如何从容面对呢？

1. 意识到风险永恒存在

就像德国社会学家贝克所说的："风险是永恒存在的。"而在现代的投资环境里，风险的破坏力、影响力和不可预测性都大大加剧了。明白了风险的存在是必然的，我们才能居安思危，建立健全的各种风险的应对机制，这样当某一具有巨大危害性的风险降临时，投资者才不至于丧失理智，不知所措。

2. 认识到风险具有两重性

风险具有两重性，它不仅有其消极的一面，也有其积极的一面。人们通常是从消极的角度去认识和评价风险的，但我们也不能忽视了风险的积极意义。从积极的角度来看，风险的存在给人们提供了选择自己的生活方式和发展道路的可能性和机会，人们可以通过主观上的积极创造去把握这种机会，把理想转化为现实。明白了风险的两面性，有助于我们在投资的过程中更加积极主动地去面对风险，抵制消极情绪。

3. 应对风险保持理智

当风险事件已经发生，灾害降临的时候，大多数人可能会惊慌失措，焦虑不安。这样的紧张情绪、过度焦虑会降低人们应对灾害的心智水平。为此，面对风险的爆发，一定要以积极的方式来调整自己的心理状态，尽快恢复被灾害打乱的正常生活；同时保持乐观自信的理智态度，这样更有助于你对客观形势做出理智的判断，早日渡过难关。

作为投资者，你需要知道，敢于冒险并不等于什么风险都可以去冒，要学会正确地冒险，科学地冒险。比如，我们将资金投资在回报率较高的项目上，并且勇于承担相应较大的风险，以期获取高风险之下的高回报率。但是相反，如果回报率不高的话，这个冒险就是不值得的。因此，你在一次投资中所要承担的风险，是要与其回报率成正比的，不划算的风险千万不要去冒。

作为投资者，必须了解投资可能带来的风险，今日股指大升几百点，明早突然又暴跌几百点，大起大落。在风险面前，必须有充足的心理准备，去坦然面对投资市场中的风风雨雨。

对投资保持恒心、平常心

恒心和毅力是投资成功的必要条件，半途而废，浅尝辄止，成为富人的梦想就会离你越来越远。世界首富比尔·盖茨认为，巨大的成功靠的不是力量而是韧性。想要致富，你有坚强的意志和坚持下去的恒心吗？

如今社会的竞争常常是持久力的竞争，有恒心有毅力的人往往能够成为笑到最后、笑得最好的人。对于很多投资者来说养成坚韧的品格是必须的，它可以成为你迈向财富的敲门砖。

安德鲁是石油界的一位知名人物，不仅仅是由于他成功地开采了石油，还由于他对事业的执着追求，以及面对工作逆境时的坚强乐观。

安德鲁是一个年过 60 岁的老人，他自认为他是一个遭受失败最多的人。他是一个热衷于石油的开采者，他说他一生中每挖 4 口井，就有 3 口是枯井，这样的人生经历似乎足够"可悲"。可是他依然从逆境中走了出来，成了一个身价超过 2 亿美元的富翁。

安德鲁回忆说："当年我被学校开除后，就跑到德克隆斯的油田找了一份工作。随着经验的逐渐丰富，我便想自己当一名独立的石油勘探者。那时候，每当我手里有钱了，我就自己租赁设备，进行石油勘探。在连续的两年里，我一共开采了将近30口井，但全部是枯井。当时，我真的失望极了。"安德鲁的确陷入了困境，都要接近40岁了，他依然一无所获。但是，他没有被逆境难倒，反而更加勤奋努力。他开始研读各种与石油开采有关的书籍，吸取了丰富的理论知识。等理论知识掌握得非常充分的时候，他又开始行动，租好设备，找好地皮，再次进行石油开采。这一次没有遇到枯井，而是汩汩直冒的石油。

在逆境面前，充满希望、保持恒心，才能有机会取得成功。具有坚韧性格的人在遭受挫折打击时，仍坚信情况将会好转，前途是光明的。其实，在投资的过程中，我们会遇到很多困难，身处逆境的时候，关键是看我们怎样处理。有些人在逆境中永远消极，成为一个永远的失败者；而有些人却能够积极地面对逆境，冲出重围，走向成功。

投资过程也许会经历挫折，以一颗健康的心来迎接投资中遇到的困难和挫折，积极寻求正确的投资思路和方向，就有可能反败为胜，赢得属于自己的财富。投资的时候肯定会遇到困难，在遇到困难的时候，不要退缩，相信自己一定能够渡过难关，这样我们就会渐渐地向富有靠近。

当坚韧的品性不仅仅是一种品性，而成为你的一种重要的习惯时候，你就能够在投资中自由地徜徉，在投资中游刃有余地聚集自己的财富。

而另一方面，利用投资创造财富的力量虽然比我们想象的要巨大得多，但是投资所需花费的时间和精力却也远比想象的要多。投资能够缓慢而稳健地致富，若用小钱投资，想在短时间内赚取亿万的财富，任何一位投资大师可能都会斩钉截铁地对你说："那是完全不可能的事情！"投资需要耐心，耐心也是投资者必备的素养之一。

一位优秀的投资者靠投资股票获得了大笔财富。这位富人这样说过："现在已经闯开了，股票涨一下子就能进账数百万元，赚钱突然间变得容易，挡都挡不住；回想30年前刚进股市的那段日子里，费了千辛万苦才赚1万～2万元，真不知道那时候的钱都跑到哪里去了？"

赚大钱需要耐心，但是大钱也是由小钱积累起来的。因此要想赚大钱需要从"小钱"开始。那些不屑于赚取小钱的人，在投资中是不会获得成功的青睐的，因为他们缺乏赚大钱的耐心。"赚小钱"可培养自己踏实做事的态度和正确的金钱观念，这些对日后"做大事，赚大钱"以及一生的财富增长都有莫大的帮助。

这种经历对许多曾经艰苦奋斗、白手起家的人而言，并不陌生。万事起头难，初期奋斗时钱很难赚，为了区区几万元就得费尽千辛万苦，直到在股市耐心奋斗若干年后，才会发现财源滚滚，挡都挡不住。在投资领域，只要有耐心，钱是跑不掉的，反而是操之过急会让到手的钱财变为泡沫。

杰西·利维摩尔曾说："我操作正确，却破了产。情况是这样的，我看着前方，看到了一大堆钞票，我自然就开始快速冲了过去，不再考虑那堆钞票的距离。在到达那堆钱之前，我的钱被洗得一干二净，我本该走着去，而不是急于冲刺，我虽然操作正确，但是却操之过急。"他的言语告诫投资者投资时即使你的操作是正确的，也不能操之过急，一定要保持耐心。

除了耐心与恒心之外，投资中我们同样需要一颗面对失败的平常心。对于悲观者来说，逆境与失败可能会给他们造成灾难性的打击，从此一蹶不振，从而放弃了追求成功的信念。而对于那些最后走向了成功的富人，他们把逆境看作是积累成功经验的一笔重要财富，并且凭借着这种在逆境中的不屈不挠、坚持不懈的精神，走出困境，绝地反弹，最后获得辉煌的成绩。相信每一个人都希望成为意志坚定逆流而上的勇士，而不想被困境击垮，去做他人成功路上的一块小小的基石。因此学习富人是如何面对逆境的，对于我们非常有帮助。

在金融市场上流行着这样一句谚语：没有亏过钱的人是永远赚不到钱的。这句话没有错，因为世界上正确的判断都是从绝望中参悟出来的。对投资保持恒心、平常心，才能为日后的投资胜利做出准备，不要惧怕失败和挫折，那是不可多得的无形资产。

着眼于长期，不要过于关注短期

在投资的各类市场中，很多投资者都需要面对价格的短期波动问题。很多长期投资者因为缺乏长远的战略眼光，一旦市场价格出现波动，便受惊般地选择离场，其实这是一种不正确的认识，很多情况下价格波动都是暂时现象，通过长期持有才能保证投资者的利益最大化。

以炒股为例。利润的最大化和风险的最小化可以说是股市操作中的最大追求，也是炒股的最高境界，同时如何实现这二者的统一，获得最高的投资收益，也是我们每一次操作要实现的最终目标。一方面投资者可以通过严格止损等方式来使我们的风险最小化，但是怎样才能够实现利润的最大化呢？实践证明，只有"长线持有"才是使利润最大化的有效方式。

美国股市有这样一个故事，深刻讲述了频繁交易的巨大弊端。

一位投资者交易标准普尔100指数期权（通常称为OEX指数）上瘾。三年期间，该投资者平均每日交易2次~5次，他的操作也并没有大错误，但是他每年平均损失10000美元。当监管部门停止其行为时，该客户最大的失望不是因为赔了钱，而是因为不能维持最低2000美元股票的保证金账户，被迫关闭账户。

据经济学家统计，目前股市中有超过 60％的投资者处于亏损状态，但是从具体操作情况来看，他们都曾经在股票投资中获得过成功，可是为什么最后却还是亏损了呢？其中最主要的原因恐怕就是没能够长线持有。

事实上，之所以短期操作频繁，在于一个"贪"字。现在许多股评人士和投资专家大多都劝诫投资者们在操作中不要贪心、见利就走。试问：股市风险莫测，许多投资都是冒着倾家荡产的危险，如果不是为了一个"贪"字，有人愿意冒这个风险吗？证券市场的投资者基本上都是"富贵险中求"的赌徒。不过贪是要有度的，要学会科学地去"贪"，这就需要具备良好的风险意识。当我们看准了某只股票，就一定要有"宜将剩勇追穷寇，不可沽名学霸王"的气概，势必要成为最后的大赢家。

不过于关注短期，还需要克服自身性格上的缺点。很多人在操作之前原本是打算长线持有的，但是在经过一些小的获利之后，由于种种不利消息的渐渐出现，想到已经获利在手了，还是落袋为安。投资大户们往往通过刻意制造烟雾，使你因为自身内心的恐惧，匆忙地就全身而退了，因此也与更大的财富失之交臂了。另一方面，还有一些投资者是因为自己的耐心不够，定力不足，分了一杯羹就心满意足，打一枪换一个地方，这也不是投资的良好心态。

当然，我们所说的支持长线持有，是建立在对市场正确的判断基础之上的，并不是要投资者一条道走到黑。如果发现行情将要反转，或者是跟进止损已经到位时，也要果断离场。

国内外的所有纵横股市多年、长盛不衰的投资大师们，恐怕没有一个是以短线出名的，以前没有，恐怕以后也不会有。对于投资者而言，应该着眼于长期，时刻关注短期，这样才是投资赚钱永恒的真理。

投资失败时要及时止损

止损也叫"割肉"，是指当某一投资出现的亏损达到预定数额时，及时斩仓出局，以避免形成更大的亏损。其目的就在于投资失误时把损失限定在较小的范围内。

在金融投资领域里，失败对于投资者来说更可以算是家常便饭了，不但自己随时可能会爆仓，就连自己周围的人也是走马灯似的不断变换：昨天可能还在胜利的喜悦中高谈阔论，明天也许便已经销声匿迹了。个人可以在顷刻之间倾家荡产，企业也有可能转眼关门大吉。据统计，在期货交易中最后能够赢利全身而退的人大约不到 5％。股票、期货等投资凭借其具有高风险和高回报的特性，已经成为一种勇敢者的游戏。面对难以避免的失败情况，倔强地坚持错误的方向无疑是最不可取的一种方式，及时止损才是应有的选择。

止损方法主要有三种：定额止损、技术止损以及无条件止损。

1. 定额止损

这是最简单的止损方法，它是指将亏损额设置为一个固定的比例，一旦亏损大于该比例就及时平仓。它一般适用于两类投资者：一是刚入市的投资者；二是风险较大市场（如期货市场）中的投资者。定额止损的强制作用比较明显，投资者无需过分依赖对行情的判断。

止损比例的设定是定额止损的关键。定额止损的比例由两个数据构成：一是投资者能够承受的最大亏损。这一比例因投资者心态、经济承受能力等不同而不同。同时也与投资者的盈利预期有关。二是交易品种的随机波动。这是指在没有外界因素影响时，市场交易群体行为导致的价格无序波动。定额止损比例的设定是在这两个数据里寻找一个平衡点。这是一个动态的过程，投资者应根据经验来设定这个比例。一旦止损比例设定，投资者可以避免被无谓的随机波动震出局。

2. 技术止损

技术止损法是将止损设置与技术分析相结合，剔除市场的随机波动之后，在关键的技术位设定止损位，从而避免亏损的进一步扩大。这一方法要求投资者有较强的技术分析能力和自制力。技术止损法相比定额止损法对投资者的要求更高一些，很难找到一个固定的模式。一般而言，运用技术止损法，无非就是以小亏赌大盈。例如，在上升通道的下轨买入后，炒汇者等待上升趋势结束后再平仓，并将止损位设在相对可靠的平均移动线附近。就沪市而言，大盘指数上行时，5天均线可维持短线趋势，20天或30天均线将维持中长线的趋势。一旦上升行情开始后，可在5天均线处介入而将止损设在20天均线附近，既可享受阶段上升行情所带来的大部分利润，又可在头部形成时及时脱身，确保利润。在上升行情的初期，5天均线和20天均线相距很小，即使看错行情，在20天均线附近止损，亏损也不会太大。

再如，外汇市场进入盘整阶段（盘局）后，通常出现箱形或收敛三角形态，价格与中期均线（一般为10～20天线）的乖离率逐渐缩小。此时投资者可以在技术上的最大乖离率处介入，并将止损位设在盘局的最大乖离率处。这样可以低进高出，获取差价。一旦价格对中期均线的乖离率重新放大，则意味着盘局已经结束。此时价格若转入跌势，投资者应果断离场。

3. 无条件止损

不计成本、夺路而逃的止损称为无条件止损。当市场的基本面发生了根本性转折时，投资者应摒弃任何幻想，不计成本地杀出，以求保存实力，择机再战。基本面的变化往往是难以扭转的。基本面恶化时，投资者应当机立断，砍仓出局。

止损是控制风险的必要手段，如何用好止损工具，外汇投资者应各有风格。在交易中，投资者对市场的总体位置、趋势的把握是十分重要的。在高价圈多用止损，在低价圈少用或不用，在中价圈应视市场运动趋势而定。顺势而为，用好止损位是投资者获胜的不二法门。

投资有风险，不投资也有风险

相信大部分人都听说过这样一句话："投资有风险，入市需谨慎。"但是作为投资者而言，如果过分看重投资风险，在投资大门前徘徊，事实上也将自己永远关在了投资致富的门外。

那么，不投资是不是就没有风险了呢？答案显然是否定的。

一些人为了避免风险，对投资抱着抵抗态度，不做任何投资。天真地以为只要自己不进行投资，市场再大的变动也与自己无关。事实上，每个人都是社会经济生活的一部分，无论如何也不可避免地受到直接或间接的影响。当股市上涨的时候，不投资的人没有享受到收益，反而无形中受损；当股市崩盘时，不投资的人照样躲不过，会受到间接的冲击。

首先，通货膨胀的风险不容忽视。"蒜你狠""豆你玩"，更让百姓的收入大打折扣，在通货膨胀情况下，不投资其实也存在风险，同样的钱在 3 年前的购买力和现在的购买力是完全不一样的。同样的一套房子，3 年前的价格和现在的价格也完全不同。所以说不投资同样也存在风险。投资的风险与不投资的风险哪个才是我们更能承受的呢？如果一个人拥有 100 万元现金资产而不进行任何投资，在通胀率仅为 3％的情况下，30 年后这笔钱的实际购买力只相当于现在的 40.1 万元，而实际情况比假设的可能还要严重。

另一方面，我们看到身边很多人通过投资赚到钱，然后开始买房、买车、送子女出国读书，生活水平较以前得到了大幅度提高，一家人其乐融融。而那些安于现状的人却背负着越来越多的生活压力，生活水平不断下降，有的甚至出现仇富心理。他们总是希望见到市场大跌，跌得越惨越好，甚至希望大崩盘。这样的心理已经从"吃不到的葡萄就是酸的"变成"只有酸葡萄才是好的"，其实这不过是一种自我欺骗与逃避。一旦市场出现了严重的危机，任何人都不可能置身事外。

把家里的资金理智地进行投资，这种活动是可控风险的活动。问题的关键是，只有具备正确地综合运用避险工具和风险投资工具的能力，才能在私人理财中很好地避免风险。投资人要有一个理智的资产分配头脑和长期投资的理念，应对当前复杂的投资市场，需要赚钱、存钱、钱生钱。做好合理的投资组合，使投资多样化，从而有效避免因为投资市场波动而带来的风险，达到保护自己资产的目的。

为了减少投资风险，投资者"不要把鸡蛋放入一个篮子里"，最好进行一定的投资组合。理智的投资者在安排投资组合时，应该考虑理财工具效应的最优化，必须兼顾安全性、收益性、流动性 3 个方面的要求。投资组合总有某些部分需要根据变化做出调整，必须养成定期检查、监控投资组合的良好习惯，当初的投资组合已不能很好地符合自己的投资目标时，必须对原有组合进行调整。

对投资者而言，投资的风险是存在的，谁都不能保证投资一定会带来财富，但是如果你不投资，就完全没有致富的机会，还会有财富不断贬值的风险。在控制投资风险的前提下，为何不投资呢？

从储蓄思维到投资思维

我们不能死抱着"存钱罐"不撒手，而应该积极寻求新的投资理财产品，让钱快速升值，让我们的财富与日俱增。对于我们而言，必须要将自己的储蓄思维转变为投资思维。

那么，如何才能将自己的财富进行有效投资呢？如何才能确保自己的钱能快速生出更多的钱呢？投资理财中有一个最为根本的原则：不要把所有鸡蛋放在同一个篮子里。一方面，这样可以规避风险，让我们不至于因为一次投资失误而倾家荡产；另一方面，这样也可以均衡收益，让我们有机会在多种投资产品中进行选择，用收益多的平衡收益少的，从而保证我们的财产稳健升值。

在现代家庭理财投资中，有很多投资方式可以选择，如股票、债券、基金、书画收藏等，也可以投资保险、外汇、信贷以及房地产……无论选择投资哪个领域，都是想获取高额的回报率。因此，在投资这些领域之前就必须对其有一个初步的了解，只有做到"知己知彼"，才能真正"百战不殆"。

1. 股票

股票是股份公司发给股东作为已投资入股的证书和索取股息的凭证。股票像一般商品一样，有价格，能买卖，可以作为抵押品进行抵押。股份公司借助发行股票来筹集资金，而投资者则是通过购买股票获取一定的股息收入。因此，股票具有权责性、流通性、法定性、风险性和无期性等特征。另外，由于股票价格常常受企业经营状况以及社会、政治和经济等诸多因素的影响，往往与股票的面值不一致，这也是股票的一大特性。投资股票不仅能够每年得到上市公司的回报，如分红利、送红股等，还能在上市公司业绩增长、经营规模扩大时享有股本扩张收益。另外，股民们还可以在股票市场上进行自由交易，用获取买卖差价的方式收取利益。在通货膨胀时期，投资好的股票还能避免货币的贬值，因此股票还具有保值的作用。

2. 债券

债券是政府、金融机构、工商企业等机构直接向社会借债筹措资金时，向投资者发行，并承诺按一定利率支付利息并按约定条件偿还本金的债权债务凭证。债券的本质是债的证明书，具有法律效力。债券购买者与发行者之间是一种债券债务关系，债券发行人即债务人，投资者（或债券持有人）即债权人。由于债券的利息通常是事先确定的，所以，债券又被称为固定利息证券。从债券的定义中，我们就能看出，债券具有偿还性、流通性、安全性和收益性四大特征。

3. 基金

基金有广义和狭义之分，从广义上说，基金是机构投资者的统称，包括信托投资基金、单位信托基金、公积金、保险基金、退休基金，以及各种基金会的基金。在现有的证券市场上的基金，包括封闭式基金和开放式基金，具有收益性功能和增值潜能的特点。从会计角度分析，基金又是一个狭义的概念，意指具有特定目的和用途的资金。因为政府和事业单位的出资者不要求投资回报和投资收回，但要求按法律规定或出资者的意愿把资金用在指定的用途上，因而形成了基金。

我们通常所说的基金一般是指证券投资基金。证券投资基金是一种间接的证券投资方式。基金管理公司通过发行基金单位，集中投资者的资金，由基金托管人（即具有资格的银行）托管，由基金管理人管理和运用资金，从事股票、债券等金融工具投资，然后共担投资风险、分享收益。证券投资基金具有集合理财、专业管理、组合投资、分散风险、利益共享、风险共担、严格监管、信息透明、独立托管、保障安全等特征。

4. 保险

即商业保险，指投保人根据合同约定，向保险人支付保险费，保险人对于合同约定的可能发生的事故因其发生所造成的财产损失承担赔偿保险金责任，或者当被保险人死亡、伤残、疾病或者达到合同约定的年龄、期限时承担给付保险金责任的商业保险行为。因此，保险具有互助性、契约性、经济性、商品性和科学性等特征。

5. 外汇

外汇通常指以外国货币表示的可用于国际结算的各种支付手段，而外汇交易则是即时购买一种货币以及卖出另一货币的交易。

除此之外，还有收藏、信贷、房地产等投资方式，在以下各章都会做具体介绍。

普通投资者决定将钱财用于投资时，一定要遵循以下几条原则：

第一，要用家中的闲钱来购买投资产品并备足家底，绝不能将所有家产孤注一掷，更不能靠借债投资理财。

第二，尽可能长期持有多种股票，这样一来可以分摊风险，二来也能从多种渠道中收取利润。今日买明日抛或者将所有资金都投到同一种股票上的行为都是不明智的。

第三，投资前一定要对自己所投资的产品进行充分的了解，切不可盲目跟风、随波逐流。

第四，为了减少巨大的投资风险，不要投资于衍生金融市场，不要在某一股票上投入过多的资金。

第二章

向贫穷说再见，投资要及早规划

培养其财富意识是我工作内容之一，当然前提是合理合法致富。自己富了……社会贡献大，也帮助了低收入者，并避免自己、家属及亲属成为社会负担。对高学历者来说，贫穷意味着耻辱和失败。

——董藩　北京大学总裁班兼职教授，经济学家，房地产专家

怀揣致富梦想，稳步追求财富目标

对金钱的合理追求是高尚的行为，通过合法途径致富是值得骄傲的事情。有人说得很有道理："很难相信有谁会把追求财富当作罪恶，事实上，正是因为对财富的追求才使世界变得美丽。"

要想获得财富，首先要怀揣致富的梦想。德国的社会学家韦伯在解释为什么西方社会富翁辈出时指出，正是在宗教改革后，新的教义告诉人们追求金钱是上帝的合理安排，因此人们开始把通过合理渠道和勤奋工作赚钱看成是上帝赋予的事业，亿万富翁也因此不断地涌现了出来。财富对社会、个人都是重要的；财富是有益处的，它把人们从苦难中解脱出来，走向文明与幸福。

任何人都应该心怀致富的欲望，只有致富后才能具备更大的能力去做自己愿意做的事。那些亿万富翁们，在自己享受生活的同时，还通过设立基金，让其他人分享他的快乐。比尔·盖茨是巨富，他设立了世界最大的慈善基金，价值几十亿美元，可以使很多没有钱的人继续上大学。比尔·盖茨通过智慧赚取财富，又把它回馈给社会。追求比金钱更高的价值，这不是很高尚的行为吗？他们会有一种常人无法体会的成就感。

从个人角度来说，财富还在于它能够给人以自信。口袋里有钱，银行里有存款，会使人轻松自在，不必为别人怎样看你而发愁，也不必为几百块钱的消费而过多忧虑，可以潇洒地出入商场和豪华的酒店。如果你还没有财富，请正视自己的处境，仔细研究一下财富的价值，把追求财富当作前进的动力。

当然，要把追求财富当成自己的事业，而不是单纯的享受。如果你把追求财富当作一种事业，就会站在一个更高的角度来看待它，因而也就更容易在生意场上取得成功。对于那些经济成功人士而言，赚钱使他们感到快乐，不在于自己的金钱增加了多少，而在于自己通过赚钱，证明了自己的能力，这种满足感才真正是快乐的源泉。这种满足感使自己在赚钱的时候感觉自己是在从事一种事业，从而极大地激发自己的创造性和幸福感。

不管你出身怎样，只要你愿意掌握自己的命运，你就能够获得财富。如果你投入了必要的精力和决心去追求财富，你就能感受到做投资致富的幸福。

赚取金钱的最大障碍源于内心，首先必须要有致富的愿望。常有人整天眯着眼睛考虑"有没有什么办法赚大钱"，恨不得一天就赚十万八万元。其实，越是这样的人，越不容易赚到钱。

要想致富，成功的要诀是及早发现"赚钱并不是目的，而是一种手段"。预先设计一个路线图，再来实践赚钱的计划。如果只是糊里糊涂地为钱卖命，那又何谈赚钱的意义？

在赚钱之前，必须给自己订立赚钱之后的计划，这样才更有追求财富的动力。

在设定自己的财富计划时，我们必须弄清楚以下几个问题：

我现在处于怎样的起点？

我将来要达到什么样的制高点？

我所拥有的资源能否使我到达理想目标？

我是否有获取新资源的途径和能力？

只有弄清以上几个问题后，才能制定明确的目标并设法达到。有了适当的财富目标，并以此目标来主导进军财富的行动，才能到达幸福的彼岸。

投资之前，必须为自己制定财富目标，没有目标就没有行动、没有动力，盲目行事往往成少败多。在制订财富计划表时，应该把需要和可能有机地统一起来，在此过程中，必须要考虑到以下 4 点要素：

1. 了解本人的性格特点

如何通过投资致富，首先你必须要根据自己的性格和心理素质，确认自己属于哪一类人。对于风险而言，每一个人面对风险的态度是不一样的，概括起来可以分为三种：一种为风险回避型，他们注重安全，避免冒险；一种是风险爱好者，他们热衷于追逐意外的收益，更喜欢冒险；另一种是风险中立者，他们对预计收益比较确定时，可以不计风险，但追求收益的同时又要保证安全。生活中，第一种人占了绝大多数，因为我们都是害怕失败的人。在众人的心中，只追求一个稳定，但是往往是那些勇于冒险的人走在了富裕的前列。

2. 分析个人知识结构和职业类型

投资前首先必须认识自己、了解自己，然后再决定投资。了解自己的同时，一定要分析自己的知识结构和综合素质，从而选择合适的投资机会。

3. 考虑资本选择的机会成本

在制定财富计划的过程中，考虑了投资风险、知识结构和职业类型等各方面的因素和自身的特点之后，还要注意一些通用的原则，以下便是绝大多数犹太投资者的行动通用原则：

（1）适当持有一定数量的股票。采用多种投资方式时，股票类资产必不可少，投资股票既有利于避免因低通胀所导致的储蓄收益下降，又可抵御高通胀所导致的货币贬值、物价上涨的威胁，同时也能够在市道不利时及时撤出股市，可谓是进可攻、退可守。

（2）反潮流的投资。别人卖出的时候你买进，等到别人都在买的时候你卖出。这话说起来容易，实际操作起来并不容易，因为这需要具备超凡的判断力和理性。大多成功的股民正是在股市低迷无人入市时建仓，在股市热热闹闹时卖出获利。

像书画投资，比如热门的名家书画，如毕加索、凡高的，投资较大，有时花钱也很难买到，而且赝品多，不识真假的人往往花了冤枉钱，却得不到回报。同时，有一些现在年轻的艺术家的作品，将来也有可能升值。又比如说，收集邮票，邮票本无价，但它作为特定的历史时期的产物，在票证上独树一帜。目前虽然关注的人不少，但潜在的增值性是不可低估的。

（3）努力降低成本。我们常常会在手头紧的时候透支信用卡，其实这是一种最为愚蠢的做法，往往这些债务又不能及时还清，结果是月复一月地付利，最后导致债台高筑。此外，这还会影响个人的资信，影响个人的信用度。

（4）建立家庭财富档案。也许你对自己的财产状况一清二楚，但你的配偶及孩子们未必都清楚。你应当尽可能地使你的财富档案完备清楚。这样，即使你去世或丧失行为能力的时候，家人也知道如何处理你的资产。

4. 考虑选择财富的分配方式

选择财富的分配方式，也是制订财富计划表中一个不可缺少的部分。首先取决于你的财富总量。在一般情况下，收入可视为总财富的当期支出，因为财富相对于收入而言是稳定的。在个人收入水平低下的情况下，主要依赖于工资薪金的消费者，其对货币的消费性交易需求极大，几乎无更多剩余的资金用来投资创造财富，其财富的分配重点则应该放在节俭上。

个人财富再分配可以表述为，在既定收入条件下对消费、储蓄、投资创富进行选择性、切割性分配，以便使得现在消费和未来消费实现的效用为最大。如果为这段时期的消费所提取的准备金多，用于长期投资创富的部分就少；提取的消费准备金少，则可用于长期投资的部分就多，进而你所得到的创富机会就会更多，实现财富梦想的可能性就会更大。

明确自己是哪种类型的投资者

根据每个人性格和资金条件的不同，我们可以将投资者分为不同的类型。有些人偏向短期投资，有些人偏向长期投资；有些人喜欢冒险，有些人相对保守。只有清楚地知道自己属于什么类型的投资者，才能更加准确地选择适合自己的投资方式和策略。

短期投资，是指能够随时变现并且持有时间不超过 1 年的投资。如果是做一项长期投资，考验的是投资者的眼光和长期的判断力，而短期投资中，考验的就是投资者的方向、速度和决策力了。

相对而言，长期持有是偏好长线投资的投资人的最理想的状态，也是长线投资的魅力所在。巴菲特曾经说过："我认为投资者应尽可能少地进行股票交易。一旦选中优秀公司大笔买入之后，就要长期持有。"巴菲特在 40 多年的投资中，十几只股票使他赚取了大量财富。作为一般的长期投资者，需要耐心地持有他们手中的投资组合，不被别人的短线获利所诱惑。

还有一部分投资者倾向于风险投资。部分冒险投资者基本上实现了财务自由，希望通过高风险投资方式，实现更快的财富积累，享受投资过程中的巨大刺激，以及由此而来的成就感。对这部分人来说，股市和期货市场等风险较大的金融市场则成为了他们通天财技的主战场。

大多数的投资者都属于稳健型投资者。稳健型投资人在制订投资策略上更适合于保本的投资组合，所以，对于这样的投资者来说，储蓄和保险的投资所占的比重相对高一点，债券投资的比重又比基金、股票的投资相对要高。如今，保本型理财产品取代了挂钩股票市场的理财产品，备受广大投资者的青睐。与只盯着基金、追求高回报不同，现在大多数投资者理财都力求"稳中求胜"。与之前普通投资者一味追逐高收益，对资本市场风险认识和预期不足相比，投资者们在经历股市动荡、初尝理财喜与忧之后，投资心态日渐成熟，投资选择趋于稳健，说明投资者们的理财水平有了很大的提升。

另外还有保守型投资人。保守型投资人一般来说收入不是很高，因而对资金的安全性有着很高的要求。因而保障本金的安全是保守型投资人在做投资时首先需要考虑的。保守型投资者更多的还要考虑家庭财务情况，比如接近退休或准备生孩子的投资者，即使风险承受能力高，也不宜投资过多的高风险产品。

别让通胀率侵蚀了你的资产

坐在新买的车里，汪伟才感觉自己真的迈进了白领阶层。"买车的想法已经有两年多了，直到去年这个时候真正把车买了，这颗心才真的落了地。"

但成了有车族后，汪伟的花销也随之增加，这一点让他感到有些担心。根据他的测算，买车一年多来，正值油价大幅上涨，这一年已经上涨了 1.3 元，按照一个月加油 150 升计算，一个月下来仅在汽油方面支出就多了近 200 元。

除了汽油涨价，其他方面物价的上涨也令他感到担忧。由于职业本身的原因，每个月他都有固定的钱用来购买化妆品，他原来购买的套装在 500 元左右，而现在同样的一套已经涨至 700 元，再加上女朋友用的化妆品也涨价了，目前他仅用在购买化妆品上的支出就足足增加了 400 元。

如果说开车、化妆品花销是可以控制的，那么日常生活支出就无法避免了。饮食方面的开支就比同期要高多了。上一年时，一个礼拜出去吃两次饭，100 块钱基本可以下来，但现在吃一顿饭可能就要百八十元，如此算下来一个月也要多出四五百元。按照汪伟的说法，尽管他的月薪已达五六千元，但相对于不断上涨的物价，这些钱还是显得少了些。"现在基本上一天的花费就得 100 元，一个月就是 3000 元，而去年这个时候一个月 2000 元已足够。"汪伟不禁感叹生活费的不断提高。

经济高速发展，物价也在飞速上涨，钱越来越不值钱，这是通货膨胀的现象。我们可以发现，租房的费用上涨，食品也涨价，到餐馆吃饭的价格不知不觉地也在涨。无论是汪伟，还是生活中的我们，都遇到同一个问题：尽管薪水在上涨，但是比起通货膨胀，物价上涨的速度，年年增长的收入似乎总也赶不上。"每月还没等发工资，上月的钱就已经花没了。"不少年轻人都如此慨叹。不少人手中固定的"票子"再也换不回以前满足而且已经习惯的生活物资了，生活在大打折扣。

人们收入增加，支出同样也在增加。从某省统计局获悉的一组数据，虽不是直接体现这个问题，但数字背后的含义耐人寻味。2010 年一季度事关民生的重点商品销售额增长较快，粮油类零售额同比增长 36.6%；蔬菜类零售额同比增长 32.6%，服装类零售额同比增长 48.0%；体育、娱乐用品类零售额同比增长 56.7%；煤炭及制品类同比增长 1.83 倍；汽车类同比增长 30.8%。

增长的速度如此之快，恐怕不全部是人们不断增加的消费量，这与物价上涨有着很大关系。从总体来看，物价上涨的种类很多。所以消费者感到人民币贬值确实不是空穴来风，而且将有可能是长期影响。

这里我们更全面地分析通货膨胀的影响，主要有以下 3 个方面：

1. 不利于经济发展

通货膨胀的物价上涨，使价格信号失真，容易使生产者误入生产歧途，导致生产的盲目发展，造成国民经济的非正常发展，使产业结构和经济结构发生畸形化，从而导致整个国民经济的比例失调。当通货膨胀所引起的经济结构畸形化需要矫正时，国家必然会采取各种措施来抑制通货膨胀，结果会导致生产和建设的大幅度下降，出现经济的萎缩，因此，通货膨胀不利于经济的稳定、协调发展。

2. 加大收入分配差距

通货膨胀的货币贬值，使一些收入较低的居民生活水平不断下降，使广大的居民生活水平难以提高。当通货膨胀持续发生时，就有可能加大收入分配的差距，继而造成社会的动荡与不安。

3. 引起汇率贬值

通货膨胀会降低本国产品的出口竞争能力，引起黄金外汇储备的外流，从而使汇率贬值。另外，通货膨胀导致银行利率上升，其中贷款利率的提高，给百姓购买房子带来了更大的压力，房价将可能继续保持上涨的趋势。

在物价不断上涨的通胀年代，钱更不值钱，这个时候，作为普通人的我们，更要学会投资理财，才能让生活不受影响，才能不降低生活质量。这就是必须学会的生存的智慧，为避免因通货膨胀而受到损害，就要求每个普通人都得努力把自己锻造成理财好手。

通货膨胀率高于银行利率时，就出现了所谓的"负利率"，聪明的投资者不再愿意把钱放银行，而是更愿意把自己的闲钱投向投资收益率较高的证券市场，如股票、基金等。

应对通胀的最好办法是进行投资，如果投资收益超过了通胀，资产就能保值增值，避免缩水。投资实物资产更保值。在通货膨胀的情况下，投资实物资产的资产保值作用比较明显；而投资于一些固定收益类的产品，随着通货膨胀，在一定程度上来说是贬值的，比如，债券。通货膨胀唤醒了百姓的投资理财意识，使得百姓的投资理财的意识越来越普及。

"知己知彼"才能投资致富

"知己知彼，百战不殆"，这是一种军事谋略，也是投资真经。每个人都有和别人不一样的地方，自己适合做哪方面的投资，哪些方面的投资值得去做，这些都是需要投资人考虑到的。要想通过投资致富，就应该首先学会认清自己的才能，认清投资的对象以及当前投资的形势，并将它发挥到最大的功效。

了解自己的性格特点，以及分析自己最擅长的领域，这就是"知己"，接下来要做的就是"知彼"。想在投资中取胜，投资者必须要了解、研究投资工具，选择最适合你的一种投资方式并且熟练地运用它为你赚钱。

投资的工具有很多种，包括定存、基金、股票、期货等等，投资工具无所谓哪个好哪个不好，重点是哪一个最适合你。

那么，应该如何做到知己知彼，选择适合自己的投资方式呢？

1. 从时间的角度

选择什么样的投资方式，首先需要你对自己的情况做一次客观的评估。比如你的空闲时间有多少、资金有多少、风险承受能力有多大等等。有的投资工具需要投入大量的时间去观察分析，比如股票、期货，如果你的空闲时间比较多，可以选择这些类型的投资工具；而有些投资工具只需要投入少量的时间就能掌握其要领，比如基金、房地产、债券等。如果你空闲的时间比较少，那么这类的投资工具相对来说更加适合你。

2. 从投资工具的风险角度

每个人的风险偏好不同，而投资工具的风险也不同。有的投资工具风险小，虽然回报率比较低，但是相对安全，比如债券。如果你的风险承受能力相对较低，则这类投资工具比较适合你。

3. 如何明确自己的目标

如果你追求更高的回报，你就可以选择股票、股票型基金以及期货等工具。

选择一种最适合自己的投资工具不仅能给投资者带来丰厚的收益，同时也会带来投资成功所获得的快乐。

张先生大学毕业已有几年时间，如今在一家事业单位上班，每个月收入比较稳定，大约有 3000 多元，此外还有近 5 万元的存款。然而，手上虽然有一些存款，却不知道该如何去经营。张先生所采用的投资方法非常简单，他一直把钱放在银行里存定期。工作了 3 年多，他发现自己的财富增长非常缓慢，于是张先生便有了利用其他方式投资理财的念头。他希望通过投资，能够让自己的财富更快地增长。

但是，对于张先生来说，他并没有研究过各种投资方式。在刚开始的时候，张先生选择了股票投资，因为他听说股票赚钱快。可是没多久以后，他就发现了重要的问题——股票需要经常关注股市行情，但他根本没有时间，即便他可以通过手机上网来随时查看股市行情，并且买卖股票，但是，他根本没有精力去打理。经过一段时间的股票投资，虽然他从股市中赚了一点小钱，但是与他所耽误的时间相比，这点小钱几乎可以忽略不计。在权衡之下，张先生决定放弃炒股。

放弃了股票投资后，张先生并没有就此放弃投资，他从股票市场转向了基金市场。他做了一些功课后，把手上的基金投资分几部分，30％的股票型基金，40％的债券型基金，另外，他还买了几份保险。

对于张先生这个平时工作比较忙的人来说，自从转向投资基金之后，他就不再为耽误工作而烦恼了。总体而言，他投资的基金产品每年的回报率都比较稳定，这让张先生在赚钱的同时也很有安全感。

每个投资工具都有其利弊，如今市场上存在着各式各样的投资工具，每一种都有可能为投资者带来收益，但是每一种也都存在着风险，关键是在于选择最适合你的一款投资工具。投资市场上最忌从众心理，见到别人投资赚钱了，便也跟着买进、卖出，这样偶尔可能会赚些小钱，但这样费时费力不说，动作稍微慢点，就可能被套或者割肉赔钱。因此投资者一定要有自己的主见，避免盲目从众。

有的人喜欢买国债，认为买国债保险，收益也较高；有的人喜欢做房地产，认为房地产市场套数多、空间大、有意思；还有的人喜欢收藏钱币、古董……投资者在选择时，应结合自己的专长，在各个时段认真分析投资工具的利弊。

可见，投资者首先必须认识自己、了解自己，然后认真分析各种投资工具的利弊，再决定投资什么、如何投资。只有从实际出发，脚踏实地，真正做到知己知彼，才能在投资中得到较好的回报。

投资过程要循序渐进

不少"大妈"早在20世纪90年代就已经涉入投资领域，只不过那时她们的投资渠道主要集中于购买国库券。但正是这批有远见的"大妈"，在以后的投资市场能随处可见她们的踪影，房地产市场、黄金市场、股票市场，她们渐渐玩得风生水起。

随着经济的快速发展，股票、债券、外汇、保险、房地产等投资工具的日益扩大，家庭投资也成为一种时尚，善于投资的家庭，其生活日渐富裕。不会投资的家庭，即便收入不低，也很可能在家庭经济上捉襟见肘。

从"中国大妈"身上，相信大家对投资过程有了感性的认识，下面我们来分析一下投资过程：

1. 做好投资的功课

一般人的观念中都认为"理财"等同于"不花钱"，进而联想到理财会降低消费所得到的乐趣与生活质量。对于喜爱享受消费快感的年轻人来说，心理上总是认为"理财"不是年轻人的事。这是事实吗？答案当然是否定的。年轻人不喜欢理财或是不知道理财，最主要的原因就是漠视"人"与"钱"的差别。普天下的人都知道一个道理"钱能生钱"，西谚叫作"Money makes money"，意即钱追钱总比人追钱来得快捷有效。

那么如何用钱去追钱呢？首先，当然要拥有"第一桶金"——一笔骁勇善战的母钱，然后用这笔母钱产生"钱子钱孙"。但是这第一桶金应该怎么来呢？生活中我们常被"清仓大减价""免年费信用卡"等引诱得控制不住花钱的欲望，一次又一次地错过储蓄"第一桶金"最好的时机。所以只有先下定决心自己理财，才算是迈开成功理财的第一步。

2. 合理支配钱财

有些人会挣钱，但不会让自己的财富增值。挣下的并不是攒下的，攒下的才是挣下的，从这个角度来说，人人都应学会合理支配钱财。的确，如果想致富，同时又不依赖彩票中奖等概率极小事件的话，从支出控制方法里学点小窍门，从每个月的收入中硬性存下一部分钱，也许日的"月光族"们就不必为30年后的养老金过分担忧了。

生活理财起初最常见的方式就是强迫自己每天存一笔钱到存钱筒里，而这个存钱筒最好是透明的，并每天记录下来。透明的存钱筒是为了让你随时查阅理财的成效，记录是让你养成记账的习惯。当你每日的储蓄随着时间的累积，达到一定数量后再转存到存折里，如此日积月累，就可以逐渐养成自己存钱理财的习惯。

生活理财的第二步，是培养记账的习惯。记账的好处在于你可以知道每日所花费的钱都用在什么地方，在财务需要节流时，也知道从何处下手。加上现在许多电脑软件，能帮你分析日常记账的资料，所以记账在现代生活中已不像以往那样是件吃力而没有意义的事了。

3. 实施稳步投资计划

投资理财其实并不是一件简单的事，必须懂得投资的基本知识，在这个过程中有两点要注意。

第一，从事理性的投资。为什么投资一定要强调理性的重要性呢？因为投资不当会导致出现严重负债的问题。理性、正确的投资不但可以将收入大于支出的差距扩大，使你的财务真正独立，并且能协助你达成人生的目标。

第二，理财要交给专家。专家可以全心投入理财的工作中，而且拥有较多的资源和工具，可以有效提高你的投资收益，这些都是专家理财的优势。

但另一方面，我们自己为什么还要学习理财知识呢？因为在你把钱交给专家理财之前，对这个理财专家充满信心，而且确定这个理财专家会以你最大的利益为最终理财的目的，最后还要确定会把你所投资的钱在你指定的时间回到你的口袋中。如果你没有十足的把握，那么你自己学习理财知识就是必要的。

4. 设定个人财务计划

投资者要设定自己的理财目标，理财目标最好是以数字衡量，计算你自己每月可存下多少钱、要选择投资回报率是多少的投资工具和预计多少时间可以达到目标。

因此，建议你第一个目标最好不要定得太高，所要达到的时间以 2～3 年左右为宜。如何才能在最短时间内达成这个目标呢？在不考虑其他复杂的因素下，一般理财目标的达成与下列几个变数有关：

个人所投入的金额：可分为一次投入或多次投入。

投资工具的回报率：投资工具可分为定存、基金、股票、期货、债券及黄金等。投资回报率愈高，相对风险也愈高。

投入的时间：金钱是有时间价值的，投入的时间愈长，所获得的报酬也愈大。

因此，最基本的设定方式为先确定个人所能投入的金额，再选择投资工具。此外，投资工具的回报率要超过通货膨胀，最后随着时间的累积，就可达到所设定的财务目标。

5. 定期检视投资成果

只要根据事前、事中、事后控制的方法，将你之前所做的理财投资步骤做一个整合后，你就可以了解在理财过程中定期检视成果的重要性了。

事前控制：设定理财目标，拟订达成目标再衍生产品市场。以下的问题可以帮助你：衡量目标设定是否合理？有配合你个人人生的阶段目标吗？达成目标的方法可行吗？你有能操作进行的步骤吗？

事中控制："记账"就是在事中控制的工作。你可以从自己的记账记录中得知你个人日常生活金钱运作的状况。若有异常的状况时，可以随时知道并做出应变。

事后控制：计划完成后的得失检讨结果，是另一阶段规划所必须参考的重要资料。

理财规划一定要科学合理

2014 年，郑女士的家庭年收入 16 万元，有房产，但是也有 16 万元左右的按揭，有社会保险，夫妻俩均过而立之年，但没有小孩，近期计划生育，同时还想买二套房和汽车。郑女士这样的情况，该如何做理财规划呢？

从郑女士的家庭财务状况分析，郑女士夫妇家庭年收入为 16 万元，应该说此收入属中上水平，在生育之前就已经拥有房产，并且按揭贷款不多，具备有一定的经济实力。但是，郑女士家庭同时面临三个财务需求：生孩子、买房和买汽车。显然，郑女士家庭的财务显然还未做好应有的准备，存在的问题主要包括：第一，缺少一定的家庭存款，无法应付突发性的家庭支出；第二，家庭资产单一，仅有一处房产，无投资性资产以获取更高收益；第三，家庭保障需增加，以维持家庭财务的安全性。

针对郑女士的家庭财务实际情况，可以给出如下的理财建议：

第一，准备一定的应急资金和生育资金。每个家庭至少需要准备 3～6 个月的备用金，从其年龄和收入状况来说，留存 15000 元左右的资金应该是必需的。按郑女士现在的年龄，首先应该考虑的是要孩子，其生育资金需准备 20000 元左右。35000 元的资金可以一次性投资股票基金，近期的股票基金的收益率较高，而且其收益正处在上升通道中。

第二，可用基金投资来准备育儿、购房、购车的资金，在分散风险的基础上提高投资收益。

（1）郑女士未告知其家庭按揭的具体年限，如果按 10 年期、20 年期来估算，每月的还款额分别不到 1800 元、1200 元。

（2）如果需要再次购房，按 100 平方米的房子来估算，差不多需 100 万的资金，物业维修基金加税大致在 20000 元，按最少 30% 首付，还需按揭 70 万元，最长的贷款期限为 30 年，每月的还款额为 4500 元。

（3）如果要买汽车，即便按 10 万元的车子计算，10% 的税费也需准备 10000 元左右，首付最少 30000 元，另贷款 70000 元，最长 5 年期限，每月需还款 1300 多元（汽车贷款一般执行基准利率），而且购车后每年的保险费在 4000 元左右，每月的纯支出至少也在 1000 元左右。

（4）郑女士生育后，家庭的支出每月将至少增加 1000 元。

综上情况，如果郑女士需全部实现三个目标，首付金额将在 364000 元，每月还款将在 8100 元，占所收入比例的 60.9%，超过了警戒线，在财务不足的情况下，建议此目标暂缓，先实现生孩子和购车两个目标。育儿资金可采用基金定投的方式来投资。基金定投是一种较低风险中等收益的投资工具，按家庭实际情况，每月可定投 3000 元左右，按现在情况来看，定投每年可取得 10% 左右的收益率，一般而言其增长率还是能够覆盖房价的上涨幅度的，做定投最好是股票型基金。

第三，加强家庭的保险保障。根据郑女士的情况，每年可提出 10%，即至少 10000 元的资金投入保险。

通过郑女士的例子，可以看出，每个人可能都有自己的财务目标，但要实现所有的财务目标并不现实，必须学会科学理财：

1. 学习投资基本知识

不管投资股票还是基金，投资以前都一定要知道自己是在做什么。当然，我们不是专业人员，不用了解很多，但至少要懂得一些起码的常识，比如，我将要投资的东西到底代表了什么？它们的价值为何会上涨或下跌？买入卖出时的费率又如何计算？……学会这些常识后，你就能对未来发生的一些状况做出自己的判断，不会因为一时的涨跌而手足无措。

2. 充分了解自己财务状况

投资过程实际上是信息不对称的过程，在实际投资过程中，要完全做到知彼是不可能的，但是如果对自己的财务状况都不明了，就贸然投资，投资获利的风险性就比较大。要多问自己一些问题：我投资的目的是什么？预期收益率是多少？我能投入多少资金？风险承受能力又如何？我打算做一个怎样的投资者？……把这些问题都好好地想一想，和家人坐下来讨论讨论。

另一方面，有些有点经济能力的人，喜欢拿出自己的闲钱来投资，但是在投资上并不专心，因为他们认为闲钱即使输光了也不要紧。这种心态并不可取，投资理财是一种事业，是为了赚钱，千万不要抱着输光了也无所谓的心态来投资。

3. 注意搜集相关信息

投资理财的重要之处在于信息，唯有关注各方面的信息，才能让投资做到有迹可循。我们每个人似乎都会经历这一步，没有人第一次选择的股票或基金是完全靠自己的判断分析得出的。所以平时多留心媒体、专家、朋友的介绍，多采集接收信息，把这些都记录下来，确立一个投资的大范围。

4. 精挑细选，缩小范围

在投资对象较多的大范围中，逐一地进行了解、分析、一层层地筛选，把值得长期投资的目标，长期跟踪，锁定目标。即使经过了层层选拔，留下来的也未必就是对的，长期地观察和全方位地了解——这就是所谓的知彼。当然，要做到完全知彼是不可能的，但一定不能偷懒，尽可能多地去了解，做到心中有数。最后把投资范围缩小到个人资金可承受的范围以内。

5. 等待时机，大胆进入

即使你很看好一个基金、股票，也没有必要急着买入，耐心地等待它的回调，耐心地选择、耐心地等待，然后耐心地持有，千万不要忽视时间的力量。

学会制作财务状况表

财务状况表并不只是公司才能用得着，个人也应该学会制作财务状况表。为自己准备一个账本，记下你生活中的每一笔开支。这个方法看似简单，实则非常有效。平时居家过日子，进进出出的开支非常零散。一日三餐、交通、娱乐等，看上去好像很固定，但总是会有一些额外支出，月底时吓你一跳，不仅大大超出预算，而且思前想后也不知道钱花到哪儿了。

每天记账，每年制作一次财务状况表。通过记账，你可以明确，在这一年当中，你赚了多少钱，花了多少钱，又存下多少钱？你的家庭有多少财富可应用，又有多少债务未还？年终到了，除了家里要大扫除之外，财务也要来个年终结算，为明年做妥善的理财规划。

通过个人财务报表，个人的财务状况一目了然，有多少收入（毛利），多少存款（现金），有没有买房子（资产），有多少贷款（债务），每个月要花多少钱（成本）。完备的个人财务报表能让我们清楚地知道自己的财务状况，少花不该花的钱。当然，制作个人财物报表的时候也要考虑未来的财务状况，将来收入变化、成本变化和风险。将来有没有要花钱的地方，比如失业、医疗、保险、结婚、供养老人小孩等（风险）。

记账很重要，知道如何记账就更重要了。首先，记账必须要忠实记录。一般人最常采用的记账方式是用流水账的方式记录，按照时间、花费、项目逐一登记。若要采用较科学的方式，除了须忠实记录每一笔消费外，更要记录采取何种付款方式，如刷卡、付现或是借贷等。

其次，要特别注意记好资金支出。资金的去处分成两部分，一是经常性方面，包含日常生活的花费，记为费用项目；另一种是资产性方面，记为资产项目。资产提供未来长期性服务，例如，花钱买一台冰箱，现金与冰箱同属资产项目，一减一增，如果冰箱的寿命是 5 年，它将提供中长期服务；若购买房产，同样会带来生活上的舒适与长期服务。

最后，要整理好各种记账凭证。如果说记账是理财的第一步，那么集中凭证单据则是记账的首要工作，平常消费应养成索取发票的习惯。平日在收集的发票上，清楚记下消费时间、金额、品名等项目，如没有标注品名的单据最好马上加注。

此外，银行扣缴单据、捐款、借贷收据、刷卡签单及存、提款单据等，都要一一保存，最好放置在固定地点。凭证收集全后，按消费性质分成食、衣、住、行、育、乐六大类，每一项目按日期顺序排列，以方便日后的统计。

除了记下平时生活花费以外，还要有家庭财产记录。有人不喜欢将自己的财务状况公布给家人，他们甚至开一个秘密账户，与朋友合伙或借钱给朋友等。由于种种原因，借据、凭证或业务上的安排家人都不清楚。如果突然有一天，他突然出事了，借出的钱可能永远收不回来，合伙的财产被别人吞了，怎么办？拥有自己的秘密不是罪过，但如何才不会使我们的钱财不会凭空飞掉，又能保住秘密呢？将自己所有的财产登记入账是非常必要的。

记账只是一种使自己了解财务状况的方法，一种控制金钱的手段。我们所说的记账并不是狭义地记下每天的现金账，而是你各项开支和财产记录。这些家庭财产的实际记录，也许能够帮助你合理地使用每一分钱，从而更有针对性地做一些后续投资。

投资观没有最好，只有最适合

李雯今年 25 岁，单身，刚跨出学校大门不久，她目前在一家报社做记者，她还有读硕士的计划，目前每月收入 4000 元左右，由于没有家庭负担，除去基本生活费用，她每月可剩余 1500 元，并将其全部用作投资。这些资金中，80％用于股票市场，20％用于现金存款。

了解到李雯的近期人生目标，主要是在 5 年内读完一个硕士学位，而结婚买房等都还没有提上日程。但读书之前，也需在资金上尽量多做积累。因此专家建议，她应选择的投资组合方式是：在投资股票时，可以在入市之初稍作攒积，即先积累几个月的资金，再行入市。入市后，可以考虑不同的股票投资组合。股票的组合变化可以有很多，可以将 40％的资金投向那些业绩相对稳定的股票，取其相对稳健的优点；30％的资金投向一些新的上市公司，取其有更大的升值空间的特点；30％投向中小企业板块。在做以上选择时，还应该考虑其股票的行业构造，如相对来说，业绩稳定的传统工业企业，发展潜力巨大的高科技企业，风险和回报率大的服务行业等等，注意各行业之间的投资比例的平衡。

理财业有句行话"没有最好的理财产品，只有最适合客户的理财产品"。同样，

"没有最好的投资观，只有最适合自己的投资观"。比如相同收入但生活费用不同的人，可以有不同的选择，有部分人需要自己租房，有部分人则不需要，可以根据实际情况拟订一个适合自己的计划，而且不要轻易更改这个计划。

尽管目前处于"低利率"甚至"负利率"时代，把储蓄作为首选的老百姓依然占了38.5%，仍处于较高水平。显然，这和中国传统的谨慎、保守的金钱观念是分不开的。要想管好自己的钱袋子，在保有财富的基础上，使之得到最大收益，必须具备如下两点：

1. 树立合理的理财观

一则故事这样说道：有位农夫整天无所事事，日子过得十分贫穷。有人问农夫是不是种了麦子。农夫回答："没有，我担心天不下雨。"那个人又问："那你种了棉花了吗？"农夫说："没有，我担心虫子咬坏棉花。"于是，那个人又问："那你到底种了什么？"农夫说："我什么也没种，因为，我要确保安全。"

现实生活中，很多人就像上述故事中的农夫一样，总是想追求一种绝对安全的获利方式，不敢去投资，怕担风险。其实风险与机遇是共存的，没有投资哪来的收益呢？要想获得财富就必须要有风险承受能力，绝对安全的投资是不存在的，财富管理的核心就是在风险最小化的情况下实现收益最大化。

所以，树立合理的理财观至关重要。这就需要分析以下问题：在未来一两年甚至5~10年的时间里，自己的人生目标是什么？现在从事哪种行业？打算什么时候退休，退休后过怎样的生活？保险规划是否充分分散了风险？目前资产负债情况是怎样的？投资偏好如何？风险承受能力怎样？预期的投资回报率是多少？

从储蓄防老到买房投资，只有做一个合理的规划，才能使自己的财富不断地得到增值。

2. 知晓投资的专业知识

投资过程就是选择的过程，选择何种投资产品需要对投资产品进行综合的评估与分析，力争将风险降到最低，这就需要知晓一些投资理财的知识和及时获取理财产品的信息。

很多人缺乏理财意识，就只能把钱放在银行存着，获得极为有限的一点儿利息。其实，就算是储蓄，如果能操作得当，也能获得更多的利息，比如，长期不动用的活期存款换成定活两便存款。急用时，可以及时取出，获得活期的利息；不用时，到期也会得到定期的利息，远远高于活期储蓄的收益。

有些人虽有投资意识，却不具备投资知识，对基金、股票、黄金、外汇一窍不通，他们经常会问理财师："现在有什么好的股票、有什么好的基金，请推荐给我，我去买。"其实，理财师只是综合市场情况对投资者提出一个购买建议，买或者不买的最终决断权取决于投资者自己。如果投资者自己不会分析和操作，就会陷入盲目投资的境地，毕竟理财师们的建议只能作为参考，决断权在自己。

制订切实可行的投资计划

虽然投资的具体操作说起来很简单，通常只要在投资机构开一个户头，看到什么好的投资项目，便可通过投资机构入市，等到升值了，认为已经升到顶，便可以出货，赚取其中的差额。很多基金项目的投资者，甚至不必去证券所，只要相信基金公司的管理，把资金交到他们手中，付给其一定数额的管理费，他们就会把资金集合起来，做全面性的投资，你就可以赚取一定的回报。

随着投资产品越来越多，投资方式越来越便捷，从表面上看，投资根本不需要什么计划，但事实并非如此，没有计划的投资，一定是失败的投资。做投资，必须为自己拟订投资计划。

投资计划需要考量多种因素，例如，在整个投资计划中，你可以主要倾向于低风险的投资方式。那么，大部分资金便应该放在低风险而回报比较稳定的项目上，如债券等；小部分可选择风险稍高的，如可选择前景看好的新兴创业板上市的科技股。只有这样的计划，投资者才能最大可能规避风险。

投资理念起指导作用。投资策略居于中间位置，起承上启下的作用。投资计划是最具体最实际的。投资大师巴菲特曾说过，他可以大谈他的投资哲学，有时候也会谈他的投资策略，但他绝不会谈他的投资计划。因为，那是最重要的商业秘密，是核心竞争力的集中体现。每个投资者水平如何，业绩差异多大，最终落脚在投资计划上。由此可见投资计划的重要性了。

做好投资计划，第一项工作就是确定投资目标，即选定具体的投资品种。投资目标要经过严格的标准检验。其次，制订买卖计划，在什么价位买入、持有多长时间、什么情况下卖出。再次，资金如何分配，动用多少资金，分几批买卖，等等。这些都要有清晰的具体的明确的说法，最好是形成文字材料，有据可依，有证可查。

制订投资计划，是投资者最重要最经常性的工作之一。但是要明白，做好这项工作要有充分的调查研究，有缜密的推理论证，要自己拿主意。制订投资计划，主要就是为了克服盲目性。如果投资计划不是建立在严谨的科学的基础上，那还不如不做计划。

投资计划若采用高风险的策略，保本的投资比例便会比较少，大部分资金集中在高风险的项目中。这些投资看准了便可以赚大钱，但看错了就可能全部赔光。投资者应给自己留一些后路，譬如，在手中预留大量现金，可以随时调用。这也是一个投资计划，若完全不顾风险，投资血本无归时，后果是难以想象的。

投资计划也包括每一项行动中的细节，例如，止损点的价位如何，止盈点的价位如何，什么时候应该买入，什么时候应该出货等，都应该在入市之前有详尽的分析和结论。

可以说，没有投资计划，投资就像航行在海上没有指南针的船一样。有了投资计划，投资就像有了掌舵人，有了前进的方向，知道自己下一步将会怎样发展下去，还差多少达到目标，离成功还有多远，以及还需多少资源、多少努力才会成功，之后就可以按照需要逐步实现自己的目标了。

具体说来，在投资之前需要做些什么呢？

1. 强制储蓄

到银行开立一个零存整取账户，工资到账后，其中一部分要强制自己进行储蓄。另外，现在许多银行开办"一本通"业务，可以授权给银行，只要工资存折的金额达到一定的数目，银行便可自动将一定数额转为定期存款，这种"强制储蓄"的办法，可以改掉乱花钱的习惯，从而不断积累个人资产。

2. 量入为出

对于"月光族"来说，最重要的就是要控制消费欲望。特别要建立一个理财档案，对一个月的收支情况进行记录，看看"花钱如流水"到底流向了哪，看看哪些是必不可少的开支，哪些是可有可无的开支，哪些是不该有的开支。然后，逐月减少"可有可无"以及"不该有"的消费。同时，可以用工资存折开通网上银行，随时查询余额，对自己的资金了如指掌，并根据存折余额随时调整自己的消费行为。

拳王泰森从 20 岁开始打拳，到 40 岁时挣了将近 4 亿美元，但他花钱无度，别墅有 100 多个房间，几十辆跑车，养老虎当宠物，结果到 2004 年底，他破产的时候还欠了国家税务局 1000 万美元。如果你不是含着金钥匙出生，享受应该是 40 岁以后的事，年轻时必须付出、拼搏，老来穷才是最苦的事情。

3. 抵制诱惑

商家促销的花样越来越多，各种诱惑使不少人患上了"狂买症"，特别是对于精于算计的女性，生怕错过优惠的时机，往往不考虑自己的需求，不顾购物的综合成本，一味疯狂购买。很多"月光族"都会因此血本无归，建议在购物前先考虑一下自己的这种消费是否合理。另外，节省开销也很重要。下馆子是"月光家庭"的主要特点之一，不少家庭的开支有时占到月收入的 1/4。建议家庭成员学习烹饪常识，下班时可以顺便买点自己喜欢的蔬菜或者半成品进行加工，既卫生，又达到了省钱的目的。

4. 不要透支

持卡消费越来越成为时尚的标志，但是并非人人都适合使用银行卡，特别是对信用卡更是需要慎重。另外，贷记卡的透支功能也要慎用，过度透支还会让自己成为"负翁"一族：房奴、车奴、卡奴。中国的"负翁"大多 28～35 岁。想好你是否具备财务能力再买房，否则就会沦为房奴。车奴更甚，车子是持续消费。年轻人不要对未来生活抱着不切实际的幻想。改变生活要从小钱开始。

5. 不要梦想一夜暴富

中国有句俗话"财不进急门"。一年中 40％～50％ 的收益不可信,要想想别人的动机,听起来过于完美的东西往往不是真的。很多中了彩票头奖的人 10 年后还是贫困。当别人给你貌似很好的投资机会时,问自己 6 个问题:谁在卖我东西,对方的信誉如何?我的钱干啥去了?我挣的是什么钱,盈利模式、收益率合理吗?年收益 1％～5％ 是低,5％～8％ 是中等,8％ 以上是高。如果我不投了,卖得出去吗?如果卖不出去,可以自用吗?6 个问题如果有两个以上有疑问,就不大可信。

6. 开支分类

每月除了留下自己必要的零花钱外,将剩余部分全部拿出作为家庭基础基金;列举出当月的基础开支,如水、电、燃气、暖气等费用;列出当月生活费用开支(这里主要指伙食费);再留少部分其他开支。

7. 合理存款

将必要的开支列出后,剩余的钱对于工薪家庭来说还是放在银行里最有保障。最好将这部分钱分为两部分,20％ 存为活期以作不时之需,80％ 存成定期,这样更能约束想花钱的冲动。再有一部分就是意外的大额收入,比如,过年时候的分红、奖金一类的数额较大的收入,这部分一般因金额较大,所以更要计划好如何去存储才最合适,最好不要存成一张定期存单,而是分成若干张,总之动用的存单越少越好。

8. 降低房租

长期租房的人经过自己的争取降低房租,这一点还是有可能实现的。首先,一定按时缴纳房租,要在规定日子提前三四天交给房主;然后,在适当机会和房主谈,请求房租降价。当然要有条件,你需要用你的存款一次付清一段时间的房租,每月也许可以省出 50～100 元。

9. 适时投资

如果自己的积累达到一定金额,而当房地产又具有一定的增值潜力时,就可以考虑按揭贷款购买住房。这样当月的工资首先要偿还贷款本息,不但能改变乱花钱的坏习惯,以这样的方式理财还可以享受房产升值带来的收益,可谓一举两得。另外,每月拿出一定数额的资金进行国债、开放式基金等投资的办法也值得采用。

高效率利用闲置资金

不少参与投资的人,都是利用手头的闲置资金进行投资。如何才能高效率地利用闲置资金,是投资者必须要面对的课题。

除去日常开销、基金股票投资等,你每月有多少闲置的资金(也许是应急资金)?它们随时可能被用到,不适合做定期存款,也不适合投资于股票型、混合型基金,只好放在银行卡里赚着活期利息。你是否觉得这些钱闲置着很不值？国庆节假日期间，沪深证券交易所、上海黄金交易所和上海期货交易所全部休市，空仓资金在节日期间难免要"睡大觉"。此外，计划在国庆节后用于购房、提前还房贷和购车等用途的大额资金也存在过节期间"睡大觉"的问题。

如何让闲置资金过节时不闲置？投资者的资金量越大，就越需要认真考虑这个问题。以股票投资为例，100万元的闲置资金如果趴在保证金账户上不动，利率就不高。然而，如果我们合理运用一些金融工具，收益率可能会高很多。

几乎所有的银行都青睐大资金，例如：农业银行、浦发银行、华夏银行、北京银行和北京农村商业银行推出的"国庆版"的产品，期限为7天至14天，主要投资于债券或货币市场等低风险金融工具，大多承诺保本。其中，针对高端客户的产品预期年化收益率最高达到2.75%。产品说明书显示，银行更青睐大资金。例如，深发展的国庆产品分成3个档次，起始购买金额如果为5万元，则预期年化收益率为1.8%；起始购买金额如果为20万元，则预期年化收益率为1.9%；起始购买金额如果为500万元，则预期年化收益率为2%。浦发银行的国庆产品也将起始购买金额分成3个档次，分别是10万元、100万元和500万元，对应的预期年化收益率分别为2.5%、2.6%和2.7%。

当然，作为投资者要留意理财产品的时间差。比如，国庆节后股市、期市和黄金市场恢复交易时，有的银行理财产品尚未到期，存在时间差。以浦发银行产品为例，收益起始日为9月30日，结束日期为10月11日，而股市于10月8日恢复交易。购买该产品的资金在10月8日无法投入股市。如果投资者希望"无缝对接"，那么可以选择更为灵活的常规性理财产品。

此外，逆回购是高手利器，逆回购是投资高手青睐的工具。个人投资者可以通过证券交易所把资金借给机构投资者，这种操作被称为逆回购。逆回购的风险低，而如果操作得当，收益率可能颇为理想。

负利状况下首重资产保值

张先生33岁，夫妻两人共有30万元存款，无债务，生活开销一般，也没什么需要大笔支出的地方。他认为，这两年房地产投资风险太大，对其他投资方式不太了解，他也不想将钱继续放在银行卡里，银行存款利率太低。他该如何做到保持资产保值增值呢？

根据张先生的情况，理财师提出建议：张先生可以对30万元存款作一资产配置。建议保留3个月的支出作为紧急备用金，以定期存款的形式持有，按照资金的流动情况分别存以3个月、6个月和1年期；假定张先生为稳健型投资者，剩余资金可按5

：3：2的比例分别投资风险资产和无风险资产，其中50％的资金可以投资大盘蓝筹股和股票型基金、债券型基金，30％的资金可以考虑国债或银行人民币理财产品，最后的20％资金可考虑分红型保险产品。其间，建议张先生将每月家庭的结余进行基金定投，长期不懈地投资。

在通胀压力不断升温、楼市吹冷风的背景下，首要的是使资产保值。资产保值可从以下几个方面做起：

1. 购买银行理财产品

银行理财产品的收益容易受到资本市场大环境的影响。在通胀压力比较大的情况下，选择银行产品是有道可循的。但面对众多繁杂的理财产品，投资者要遴选出高收益的品种，策略上应有所侧重。首选挂钩商品类产品，比如，挂钩黄金、挂钩农产品的理财产品。

银行理财产品最近重新受到投资者的青睐，其中低风险、期限短的固定收益品种更受追捧。目前市场上2个月期限短期理财产品，预期年化收益率达到3％左右，半年期产品的收益一般都能达到3.6％以上，一年期产品的收益大多能达到4％以上，远远超出同期的存款利率。

2. 长期可配置抗通胀产品

专家建议人们可以根据自己的资产情况以及风险承受能力配置资产，中长期的资产可选择配置部分能防御通胀的高预期收益资产，如股票、黄金和基金。不过，也有分析人士认为金价中期将走弱，但长期来看仍将迎来上涨行情。对资金量不大的投资者而言，分析人士认为不适宜投资实物黄金；考虑到黄金抗通胀特性以及金价已大幅下跌的现状，看好黄金的投资者可少量配置黄金股抗通胀。由于美元走势对黄金投资影响较大，因此提醒投资者要多关注美国经济数据以及外汇市场的走势。

另一方面，中长期来看，股市上涨可为投资者提供抵御通胀的机会。

3. 定期存款不宜过长

在通胀预期下，将钱存在银行显然不划算。不过，专家也表示，市民短期资产可配置一些债券、存款等，但要结合个人的风险承受能力综合考量，较长期限的存款并不一定是最好的选择。此外，一般来说，家庭存款比例应保持在总收入的20％～40％，具体比例可以根据自己的风险偏好进行调整。

提倡新节俭主义

供职于北京某知名电台的方小姐是名高级翻译，今年刚满26岁，每年都有十几万的不菲收入。可是在她的身上，你几乎找不到任何名牌的痕迹，即使是她钟爱的名牌也是要赶到打折才买的。每天她都要去农贸市场，因为那里的蔬菜和水果会比超市里的便宜将近1/3。

王先生是北京一家世界五百强企业的中方首席执行官，他每月都有不低于3万元进账。然而，王先生有着非常独特的消费方式：首先，他排斥名车豪宅，每逢礼拜六，他都会带着女儿前往附近的大型超市采购食品和生活用品，图个便宜，并尤其关注当天的特价优惠。不光如此，王先生还是一个砍价高手，他最辉煌的"战绩"是在果品批发市场将一箱脐橙以底价拿下。

有些人非常富有，但我们从他们的身上很难发现被奢侈品包装的痕迹，相反，他们在"物有所值"的消费过程上所花的时间和心思，可能比你我还多。关键在于，他们的"吝啬"不是泼留希金式的盲目守财，而是尽量节俭不必要开支，然后尽情为"爱做的事"埋单。其实，他们秉承的是时下在欧美发达国家的富人中非常流行的一种生活方式——"新吝啬主义"。

"新吝啬主义"又称为"新节俭主义"，它的诞生象征着一个全新消费时代的来临。因为这群人一切以"需要"为目的购买，绝不盲目追逐品牌和附庸高雅。作为一种成熟的消费观念，其诞生是人们的消费观发展的必然结果。在商品匮乏年代，人们总认为"贵就是好"，"钱是衡量一切的标准"，但随着商品经济的不断发展，一部分人开始觉醒并有意识地寻找自己真正需要的东西，在这个过程中，消费观念不断与现实生活进行碰撞磨合，最终真正走向了成熟。

财富在于使用，而不是在于拥有。现代创富理念是会赚钱更需会花钱。会花钱是一门学问和艺术，会花钱不同于吝啬，更不同于铺张，会花钱，花上一万是正当；不会花钱，花上一分是浪费。会花钱犹如把好钢用在刀刃上，会花钱能得到效益和回报，能为赚更多的钱开道。

对每个人而言，要在消费上理财，做到智慧消费必须制订一份财务计划。

制订财务计划的方法有许多种，但首先你得做至少3个月的日常费用计划表，否则无论用哪种方法，你的财务计划都不会符合实际。由此看来，你对资金流向要有整体的了解，必须有足够长的时间。你还必须弄清在哪些方面可以节省开支，比如你在工作午餐上花的钱并不少，可你并没有意识到：一顿午餐花20元，对白领单身贵族来说也许算不了什么，但是如果你把1个月的午餐花费加起来，再乘以1年中的12个月，差不多就是5000块钱。再比如，每天抽1盒香烟，按6元钱1盒计算，全年的费用加起来就是2000多块钱。为了实现更大的目标，该放弃什么，选择什么，每个人都应该做到心里有数。

做好消费计划是门学问，细到不能再细才好，包括购物时机和地点，再配合时间性或季节性，就会省下不少开销。比如，你可以把每一段时间需要的东西列一个清单，然后一次性购买，不仅省时，而且利于理性消费。要尽量减少去商场的次数，因为货架上琳琅满目的商品很容易让你的购买欲一发不可收拾，结果便是无限量超支。

有了家庭后居家过日子也一样，若心无计划，有一分花两分，任着性子来，恐怕未到发薪之日，便已捉襟见肘，苦不堪言了。认真做好家庭预算，也是一条理财良策。

那么，家庭预算如何做呢？建议采用此方法之前，最好先有过一段时间的理财体验，知晓家庭日常支出的大体流向，这样会使预算目的清晰，一目了然。

当你拿到本月的工资时，先不急于花掉，将家庭开支分类开列出来，通常的分类是：生活必需品开支、灵活性开支、兴趣开支、投资开支。此类别划分可根据自己的实际情况而定，如喜好结交者可拿出适当现金建立友谊基金，用于朋友间的礼尚往来，喜好打扮的可设"美丽"开支。

在开支类别明确后，可根据主次区别对待，按比例合理安排，由各家的实际状况决定，如：租房者，每月的租金固定扣除，则租房开支为 A 级（必需）；平日生活，必需品开支，也为 A 级；而灵活性开支，一般解决医疗、游玩、服装、交友等突发性事件的开支，则可定为 B 级（次必需）；兴趣开支等可定为 C 级（非必需）。在具体分配时，按市价扣除必需品开支或其他可明确的开支，其余则设定可承受数额，然后，按类别放入几个纸袋中，用时从中支取。另外，若家庭欲投资于住房或其他项目时，可先将投资开支于月初存入银行，最好存定期。若到月末，有的开支袋尚有余额可将其存一个活期，积累两三个月，可拿此款添置换季衣物，或其他大件必需品，也可提取一部分继续存入定期。

总之，有了财务计划，可以大大减少消费的盲目性，会使日子过得张弛有度。

事先做好计划是智慧消费的关键。没有计划，你就会像一只漂于大海上的无帆之船，不知将漂向何方。只有有了事先的计划，你才能驶向财务自由的海岸。

选择相对保险的投资方式

34 岁的王女士是一家研究所的管理人员，她的丈夫是外科医生，他们有一个 6 岁的儿子。由于她丈夫工作很忙，因此家庭的所有理财事务都由她负责。他们 4 年前购买了一套商品房，现在每月须偿还 2000 元贷款，再扣除家庭的基本开销，王女士的家庭每月可以节余 4000 元左右，家庭现在共有 20 万元左右的积蓄，这些钱几乎都是银行存款和国债。

分析王女士的财务状况可以发现，她的投资范围比较窄，没有别的增值手段，所以建议她在没好的投资方向时（收益率低于贷款利率），可以选择提前部分或全部偿还住房贷款，并把存款转为收益较高的凭证式国债。还可以选择一些回报较好的企业债券，这种债券虽然时间较长，但是风险较小，申请上市交易后，流动性也较强，收益高于同期储蓄、国债的收益率。另外，还可进行一部分外汇买卖。

其次，理财专家建议王女士以"定期定额"法，将孩子的压岁钱等资金在每月固定时间买入。而且在"定期定额"法的具体操作中，还要注意使用在价格高时少买一些，价格低时多买一些的简单方法，以便能更有效帮助王女士降低买证券的风险，获得较稳定的收益。由于此方法投资时间较长，其实质意义在于可为孩子的长期教育投入做必要的资金准备。另外，当孩子上小学四年级以后，可以把零存整取改为教育储蓄，好处在于可以享受同档次定期的利率，并且免税。

从王女士的家庭情况来看，她的家庭现在还处于家庭财产积累期，个人资产余额尚不多，抵御风险的能力较差，所以整体上应当执行较为稳健的理财方式，可以将其家庭主要资产投资于风险较小的领域，具体资金分配为：40％储蓄和债券，20％外汇，30％基金和股票，10％保险，这应该是一个比较合理的组合。

从这个例子中，我们也可以看出，有一句最简单的话，鸡蛋不要放在一个篮子里。如果你有一定实力，股票可以买一部分，基金可以买一部分，理财产品可以买一部分，国债可以买一部分，当然也应该适当做一些储蓄和购买一些保险。

其实，最保险的投资就是在市场有波动的情况下，收益不要有太大的波动。投资组合在一定程度上解决了这个问题。投资组合可以是分散投资于股票、基金、国债之类，也可以选择投资组合的另一种形式——基金。

那么，如何才能选择较为保险的投资方式呢？

1. 投资组合

投资组合有很多种，通过投资组合可以分散风险，即"不能把鸡蛋放在一个篮子里"，这是证券投资基金成立的意义之一。第一种是在股票、债券和现金等各类资产之间的组合，即如何在不同的资产当中进行比例分配；第二种是债券的组合与股票的组合，即在同一个资产等级中选择哪几个品种的债券和哪几个品种的股票以及各自的权重是多少。投资者把资金按一定比例分别投资于不同种类的有价证券或同一种类有价证券的多个品种上，这种分散的投资方式就是投资组合。

2. 基金

巴菲特曾说过："让时间自然而然成为投资的朋友。"基金就是具备这样一种性格的投资工具。相较于其他投资工具，基金的风险与报酬处于相对中性的位置，所讲究的正是长期的增值潜力。就像一位基民说的那样："买卖股票，没赚几个钱，天天还提心吊胆。从风险和付出时间等成本来看，基金还是划算的。"

以下我们用通俗的例子来加以说明基金的运作原理。假设你有一笔钱想投资债券、股票这类证券进行增值，但自己一无精力二无专业知识，钱也不算多，就想到与其他 10 个人合伙出资，雇一个投资高手，来操作大家的资金，进行投资增值。但问题又来了，如果 10 个投资人都与投资高手随时交涉，那势必会牵扯过多精力，于是就推举其中一个最懂行的牵头办这事。定期从大伙合出的资产中按一定比例提成给他，由他代为付给投资高手劳务费，有关风险的事要投资高手随时提醒着点，定期向大家公布投资盈亏情况等，也不白忙，提成中的钱也有他的劳务费。上面这些事就叫做合伙投资，将这种合伙投资的模式放大 100 倍、1000 倍，就是基金投资。

3. 储蓄

古语说："小富由俭，错不到哪里。"近年，很多人都着眼于投资而令财富增值，鲜有顾及日常生活审慎理财及储蓄的重要性。要记着，有本钱，才可能有投资赚钱的机会。储蓄不仅可以积少成多，更重要的是，储蓄是最保险的一种投资方式。

向投资大师学习投资诀窍

慌乱的人们左手拿着一个电话，右肩和脸颊夹住另一个电话，右手则用铅笔在白纸上写写画画，眼前的行情机闪烁着绿色荧光，旁边不断传来"做多""做空"和证券代码以及骂人的声音……这些场景是不少电影电视中的投资行的场景。

但与这样的场景不同，投资大师巴菲特的生活与工作则显得悠闲得多，他甚至有大把的时间可以自由支配。他可以从容地为自己做早餐，或者躺在地板上与朋友煲电话粥。然而正是这样一个气定神闲的投资者，却是世界上最伟大的投资家之一。

正是这位慈眉善目的巴菲特，从奥马哈白手起家，仅仅用了 40 余年时间便在华尔街创造出 430 亿美元，这种财富奇迹是怎样被创造出来的呢？其实只要掌握了投资诀窍，投资就是一件很简单的事情。下面主要来谈谈投资诀窍。

巴菲特曾说，两个原则最重要："第一，把股票投资当作生意的一部分；第二，确立安全边界。"巴菲特表示，确立一只股票的安全边界尤为重要，这是保证成功投资的不二法门。"一只股票有其实际的价值中枢，当市场价格已经超过这只股票的实际价值很多的时候，就到了该卖出的时候了。你在'抄底'时也不要指望在已经跌了 95％或者 90％的时候能够买入，这是很难的。"

巴菲特幽默地说老朋友伯克希尔·哈撒韦投资公司的副总裁查理·芒格是使他投资能够保持常年不败的"秘密武器"。"查理总是教会我不要去买那些在统计上看起来很便宜的股票，查理在很多问题上都是很精明的。"巴菲特说。巴菲特发表一年一度的《致股东的一封信》，其中重申了让自己成功的投资"秘诀"：

（1）保持流动性充足。他写道，我们决不会对陌生人的好意产生依赖，我们对自己事务的安排，一定会让我们极有可能面临的任何现金要求在我们的流动性面前显得微不足道；另外，这种流动性还将被我们所投的多家、多样化的公司所产生的利润流不断刷新。

（2）大家都抛时我买进。巴菲特写道，在过去两年的混乱中，我们把大量资金用起来；这段时间对于投资者来说是极佳时期，因为恐慌气氛是他们的最好朋友……重大机遇难得一见，当天上掉金时，要拿一个大桶而不是顶针去接。

（3）大家都买时我不买。巴菲特写道，那些只在评论家都很乐观时才投资的人，最后都是用极高的代价去买一种没有意义的安慰。从他这句话推导，显然是要有耐心。如果人人都在买进时你做到了按兵不动，那么只有在人人都抛售时你才能买进。

（4）价值，价值，价值。巴菲特写道，投资中最重要的是你为什么给一家公司投钱——通过在股市中购买它的一个小部分——以及这家公司在未来一二十年会挣多少。

（5）别被高增长故事愚弄。巴菲特提醒投资者说，他和伯克希尔·哈撒韦公司副董事长芒格不投那些"我们不能评估其未来的公司"，不管它们的产品可能多么让人兴奋。多数在 1910 年押赌汽车业、1930 年赌飞机或在 1950 年下注于电视机生产商的投资者，到头来输得一无所有，尽管这些产品确实改变了世界。"急剧增长"并不一定带来高利润率和高额资本回报。

（6）理解你所持有的东西。巴菲特写道，根据媒体或分析师评论进行买卖的投资者不适用于我们。

（7）防守好于进攻。巴菲特写道，虽然我们在某些市场上扬的年头里落后于标普指数，但在标普指数下跌的 11 个年头里，我们的表现一直好过这一指数；换句话说，我们的防守一直好于进攻，这种情况可能会继续下去。

在动荡年代，巴菲特的这些建议都是符合时宜的。

注重投资的时间性

可以说自人类社会出现货币资本之后，财务自由就成为人们追求的目标。但实现财富自由之路却并不一帆风顺，因为确实有很多人不懂得如何实现财富人生。实现财务自由的确是个大话题。既需要长远规划，又需要每时每刻的有效执行。

许多人虽然自工作以来，一直保持着"良好的现金流"，但一直没有实现有效的增值，也没有尝试过计划性诸如股票、基金类的投资。实现财富人生首先是意识，要有意识地去学习相关的实现财富人生的技巧、知识；接下来，就要严格执行。

开源节流是为了实现财富人生，投资回报也是为了实现财富人生，无论你有 1000元、10000 元，还是 100 万元，都还需要积累。犹豫不决延误的是时间，而时间就是价值。

第一，时间是单向的、不可逆的。所以，人在时间选择上具有唯一性和不可替代性，相反，人在空间的选择上就可以重复。时间会让你有很大的回报，让你有机会而投资获利倍增。

在万通的历史上，曾经有过一段困难的时期，有些旧项目堆在一块确实困难，大家都不愿意做，都想去做新的项目。但实际上，最后人们恰恰是因为做好这些旧项目而获得了最大的收益。所以就一件事情持续地用功，按一个方向投资，在时间上不吝蓄，把时间往同一个方向去追加，就能把事情和时间按量搭配好，收入就能不断地提高，边际收益就会越来越大。十年磨一剑，也是讲这个道理。

显然，时间越长，价值就越高。所以关键就是要把时间掌握好。

第二，从财务回报上来看，时间越长，回报也越高。在投资的问题上，投资时间实际上就是朝一个方向做一件有价值的事情，把时间和事情的价值重叠到一起。时间越长，这个回报率会越高。不能用短浅目光进行储备，而是采取长期投资的方法来进行储备。

沃伦·巴菲特的投资方法非常简单，以至于所有人都能懂，但几乎所有人都做不到他这么成功。他的方法很简单，买一只他认为好公司的股票，然后就放在那儿等着。多数人都不断地在挑股票，买了卖，卖了又买，进进出出个不停。他就买可口可乐，买吉列、纽约时报，还买保险公司，他的财富节节升高。

巴菲特成为大师以后，总结出很多诀窍，特别强调的是两个环节，一个是买对，一个是长期持有。长期是多长呢？甚至是 20 年不动。可是一般来说，做投资的人，特别是华尔街的人，没有人能搁 20 年的，但他就是这么干的，所以他成了世界一级大富翁。

第三，时间投资与投资对象息息相关。在时间投资上的第三个规律，就是要看你投资的对象，或者说是你在一个时间段上所确定的对象是否正确。如果是对象选错了，你投入的时间带来的收益就成了负值，时间越长，灾难越大。所以，事情的性质一方面是由时间决定的，另外一方面也是由投资的对象决定的。

时间投入的对象不同，事物的性质也不同。就投资来看，当时间是一定的时候，投资回报的多少就取决于你投资的对象。举例说，一个商人在 1990 年同时买过两块地，一块在北京，一块在内陆某省。当十几年过去后，内陆某省的地块只涨了不到 5 倍，而北京的地涨了 20 倍以上。显然，同样的时间，不同的投资对象，差别也非常大。花相同的时间及同样的钱，要想有更好的回报，一定要选对你的投资对象，去发掘被投资对象的价值。

由此可知，时间在投资收益中的重要作用。时间永远不会等你，若想人生不为财务状况而忧虑，就从此刻开始行动吧。

第三章

点石成金，投资大师创富的秘笈

一生能够积累多少财富，不取决于你能够赚多少钱，而取决于你如何投资理财，钱找人胜过人找钱，要懂得钱为你工作，而不是你为钱工作。

——沃伦·巴菲特　全球著名投资商，其投资案例多次出现于北大课堂上

价值投资：寻找价值与价格的差异

价值投资理论的创始人是证券分析之父——本杰明·格雷厄姆。在格雷厄姆1934年的原创性论文《证券分析》中首次提出了价值投资理论，奠定了他的"财务分析之父"的地位。

从1928年开始，格雷厄姆开始在他的母校哥伦比亚大学教授证券分析课，讲授他的价值投资理论。本杰明·格雷厄姆或许并不为很多人所知，其实大名鼎鼎的巴菲特是格雷厄姆的得意门生，巴菲特是以杰出的投资业绩与显赫的财富而立名于世，但在投资理念上几乎全部师承了格雷厄姆的学术精华并没有丝毫的超越。

格雷厄姆晚年曾经在一场演讲中说明他自己的价值投资哲学，我们来看看他是怎么说的："我的声誉——不论是现在或最近被提起的，主要都与'价值'的概念相关。事实上，我一直希望能以清楚、令人信服的态度说明这样的投资理念，也就是从获利能力与资产负债表这些基本要素着眼，而不去在乎每季获利的变动，也不去管企业所谓的'主要获利来源'涵盖或不涵盖哪些项目。一言以蔽之，我根本就不想花力气预测未来。"

也就是说，价值投资理论的要诀是：价值投资者先评估某一金融资产的基础价值，并将之与市场价格相比较，如果价格低于价值，并能获得足够的安全边际，价值投资者就买入该证券。格雷厄姆把价格和价值之间的差额称为"安全边际"。

价值投资理论有一定的独特性。例如，价值投资理论并不赞同"市场有效性"假说，并不认为"风险与收益成正比"，而价值投资者的投资实践也证明了他们对这些假说的质疑并非毫无道理。再如，定价是大多数投资理论的核心，它是估计公司实际

价值或内在价值的一项技术。大多数投资者希望购买那些真实价值还没有体现在现行市场价格上的股票。人们一般认为公司的价值是公司为投资者创造的现金流量的现值之和。但是在很多情况下，这种方法要求投资者预测公司未来的现金流，这远远超出了投资者的能力。自格雷厄姆以来的价值投资者更偏好于"已经到手的东西"——银行里的现金及等价物。因此，价值投资者并不相信那些需要对遥远未来的事件和条件进行假设的技术，他们更喜欢通过首先评估公司的资产价值，然后评估公司的赢利能力价值来计算公司的内在价值。只有在个别情况下他们才把成长性作为定价的一个因素。因此，价值投资理论是与证券投资学课程并列的课程，是证券投资分析的另一种理论。

价值投资理论的基本假设是：尽管金融资产价格波动很大，但其基础价值稳定且可测量。价值投资的核心是在市场价格明显低于内在价值的时候买入证券。高额安全边际能够提高收益，同时降低损失的风险。价值投资的投资步骤非常简单：

（1）选择要评估的证券。

（2）估计证券的基础价值。

（3）计算每一证券所要求的合理的安全边际。

（4）确定每一种证券的购买数量，包括证券组合的构造和投资者对多元化程度的选择。

（5）确定何时出售证券。

在这一过程中最重要的就是对所选的证券进行估值，那么在具体对于一种产品进行投资的时候，我们应该如何能进行有效的价值评估呢？

首先，选择正确的估值模型。准确进行价值评估的第一步是选择正确的估值模型。

其次，选择正确的现金流量定义和贴现率标准。

再次，选择正确的公司未来长期现金流量预测方法。

准确进行价值评估的最大困难和挑战是第三个选择，这是因为内在价值主要取决于公司未来的长期现金流，而未来的现金流又取决于公司未来的业务情况，而未来是动态的、不确定的，预测时期越长，越难准确地进行预测。因此说："价值评估，既是科学，又是艺术。"

以价值为基础而采用的投资方法：在低于公司真实价值的价位买进股票，不论利率高低、经济盛衰、货币强弱如何，不为一时市场震荡所动摇，坚持自己的信念，那么必定会有惊人的回报。

当然，利用价值投资理论进行投资也是具有风险的，那么，那些深谙价值投资理论的投资者是如何控制风险的呢？

（1）价值投资者只在自己胜任的范围内进行操作。

（2）对安全边际的要求为价值投资者提供了一个与分散投资不同的风险降低

机制。

（3）利用整体股票市场与事件导向型投资组合之间的相关关系来进行分散投资。

（4）寻求一些可靠的确认方法。如信息灵通人士的购买行为、其他知名的投资者也持有相同的头寸、经常检查自己的投资策略和定价步骤是否存在错误。

（5）头寸限制。

（6）价值投资者回避卖空这种风险管理方法。

（7）市场没有投资机会时的持有现金策略，即默认策略、持有指数基金策略。

一个价值投资者要想成功，就应该对投资和投机保持一种正确的态度。格雷厄姆坚称投机并不是投资，进入投机领域，我们很容易就会被伶牙俐齿的投资专家忽悠，他们想让我们相信：夸夸其谈的收益记录、玄乎其玄的数学公式、闻所未闻的高级概念，这些就是我们把钱交给他们去操作的理由。有时我们甚至会主动陷入自欺欺人的境地中，我们会败给人"好赌"的天性，正如格雷厄姆说的："即使购买证券的潜在动机纯粹只是投机式的贪婪，但人性使然，总是用一些冠冕堂皇的理由，把丑陋的冲动给掩盖起来。"

每一个投资者都应该在财务上与心理上为短期内糟糕的表现做好准备，如果坚信价值最终会升值，就要坚持。举例来说，1973 年到 1974 年之间美国股市下滑，投资者在账面上多有损失，但如果他选择坚持下去，1975 年到 1976 年市场就开始反弹，在这 4 年期间里，他的平均回报率就是 15％。所以说，利用价值投资理论进行投资，除了要正确估值之外，还要有耐心，能够一直等待下去。

总之，无论是从理论的角度还是从实践的角度，价值投资都是一种非常好的方法。从长期来看，价值投资法所创造的投资收益比重点选择法和整体市场法更高。

价值投资人买入上市公司的股票，实质上相当于拥有一家私有企业的部分股权。在买入股票之前，首先要对这家上市公司的私有企业市场价值进行评估。要想成功地进行投资，你不需要懂得有多大市场，现代投资组合理论等，你只需要知道如何评估企业的价值以及如何思考市场价格就够了。

传统或狭义的价值投资，主要指对潜力产业、热门行业的直接实业投资，比如：20 世纪 80 年代初期，商品经济开始活跃，直接投资以消费品加工厂和发展贸易成为热点；90 年代初期内地住房体制改革，众多的直接投资开发，带动房地产业的兴旺；进入 2000 年全球经济快速发展，形成能源瓶颈，石油、煤炭、电力等能源产业成为投资热点等等。而广义的价值投资不仅包括直接的实业投资行为，而且还包括对相关资产的间接投资，即对相关产业上市资产或上市公司的投资。由于长期以来人们对"价值投资"的漠视和误解，往往把上市资产的投资或股票市场投资也理解为高风险投资。一个成熟股票市场的基石和内涵，就在于价值资产。

价值投资不仅是一个正确的投资理念，更是一种正确的投资方法和技巧。人们之所以谈股色变，视股市为高风险场所，根本原因还在于法制不健全、管理与监控的效率缺失、公司治理的薄弱和经济周期与市场的波动对资产价值和投资者心理产生的影响。而价值投资的重点，就是广义概念的证券市场上的价值掘金。

价值投资是基于对上市公司所处市场环境、行业地位和内在价值等基本面的全面认真分析，并通过一定的价值分析模型，将上市资产的内在价值量化，确定合理的价格表达，并通过与市场现行价格的比较，来挖掘出被市场严重低估价值的股票或资产，以适时进行有效投资的过程。简单来说：就是寻求股票价值回归，根据上市公司发展前景、盈利能力和历史表现推估投资股票的价格，进行低买高卖的获利操作，或长期持有，分享资产增值利益。

本杰明·格雷厄姆在所著《证券分析》一书中指出："价值投资是基于详尽的分析，资本金的安全和满意的回报有保障的操作。不符合这一标准的操作就是投机。"格雷厄姆还提出："决定普通股价值的基本因素是股票息率，及其历史纪录、盈利能力和资产负债等因素。"

而将价值投资理论运用得更为娴熟的则是巴菲特，他更注重公司的成长和长期利益，并愿意为此付出合理的价格。格雷厄姆揭示了价值投资的核心，巴菲特则用自己的实践告诉我们如何进行投资。巴菲特将格雷厄姆的价值理念概括为："用 0.5 美元的价格，买入价值 1 美元的物品。"2003 年巴菲特在香港证券市场以 1.6 港元的均价投资"中国石油"股票，按现约 9 港元计已获利上百亿港元，就是最好的例证。

根据《证券分析》一书所阐述的价值投资的原理，上市公司股票价值主要由五大因素构成，即：

1. 分红派息比例：合理的分红派息比例，反映公司良好的现金流状况和业务前景，也是优质蓝筹股票的重要标志。优质资产的派息率应为持续、稳定，且高于银行同期存款利率，企业发展与股东利益并重，如某年香港各大上市公司的派息率：汇丰银行为 4.37％；和黄为 2.38％；中移动为 2.49％；电信盈科达 7.5％。分红派息率过低，说明公司业务缺乏竞争力，股东利益没有保障，股票无吸引力。派息率不稳定，且突然派息过高，又反映公司缺乏长远打算，或业务前景不明朗。

2. 盈利能力：反映公司整体经营状况和每股获利能力。主要指标是公司的边际利润率、净利润和每股盈利水平，该指标越高越好。有价值的公司，盈利能力应是持续、稳定地增长，且每年盈利增长率高于本地生产总值的增长。

3. 资产价值：主要以上市公司的资产净值衡量（净资产＝总资产－负债）。它是资产总值中剔除负债的剩余部分，是资产的核心价值，可反映公司资产的营运能力和负债结构。合理的负债比例，体现公司较好的资产结构和营运效率；较高的资产负债比例，反映公司存在较大的财务风险和经营风险。

4. 市盈率（P/E 值）：普通股每股市价同每股盈利的比例。影响市盈率的因素是多方面的，有公司盈利水平、股价、行业吸引力、市场竞争力和市场成熟度等。每股盈利高，反映市场投资的盈利回报高（市盈率或每股当年盈利/每股股价）；若市场相对规范和成熟，则市盈率表现相对真实客观，即股价对资产价值的表达相对合理，反之则非理性表达，泡沫较大。同时，市盈率也反映市场对公司的认同度，若公司业务具行业垄断、经济专利和具有较强竞争力，则市场吸引力较高，可支撑相对较高的市盈率，即股价表达较高。如：截至 2006 年 3 月底，汇丰市盈率 12.25 倍；中移动市盈率为 15.68 倍。

5. 安全边际：股票价格低于资产内在价值的差距称"安全边际"。内在价值指公司在生命周期中可产生现金流的折现值。短期资产价值，通常以资产净值衡量。买股票时，若股价大幅低于每股资产净值，则认为风险较低；若低于计算所得资产内在价值较多，则安全边际较大，当股价上涨，可获超额回报，扩大投资收益，并可避免市场短期波动所产生的风险。

（1）股票年度回报率＝（当年股息＋年底收市价－年初收市价）/年初收市价×100％

（2）个股回报率＝（获派股息＋股票估出收入－股票购入成本）/股票购入成本×100％

价值投资着眼于公司长远利益增长和生命周期的持续，进行长期投资，以获得股东权益的增值。股东权益的增值，来源于经营利润的增长，长期而言，股票价格的增长，应反映公司价值前景和经营利润；短期看，股票价格会受各种因素（如：利率、汇率、通货膨胀率、税制、国际收支、储蓄结构、能源价格、政治外交和突发性重大事件）影响而波动。

安全边际：对不确定性的预防和扣除

在价值投资理论中，有个重要的概念就是安全边际。安全边际是对投资者自身能力的有限性，股票市场的波动巨大的不确定性，公司发展的不确定性的一种预防和扣除。

有了较大的安全边际，即使我们对公司价值的评估有一定的误差，市场价格在较长的时期内仍低于价值，公司发展就是暂时受到挫折，也不会妨碍我们投资资本的安全性，并能保证我们取得最低程度的满意报酬率。

格雷厄姆曾经给出两个最重要的投资规则：

第一条规则：永远不要亏损。

第二条规则：永远不要忘记第一条。

巴菲特坚持"安全边际"原则，这是巴菲特永不亏损的投资秘诀，也是成功投资的基石。格雷厄姆说："安全边际，概念可以被用来作为试金石，以助于区别投资操作与投机操作。"根据安全边际进行的价值投资，风险更低、收益却更高。

巴菲特的导师格雷厄姆认为，"安全边际"是价值投资的核心。尽管公司股票的市场价格涨落不定，但许多公司具有相对稳定的内在价值。股票的内在价值与当前交易价格通常是不相等的。基于安全边际的价值投资策略是指投资者通过公司的内在价值的估算，比较其内在价值与公司股票价格之间的差价，当两者之间的差价达到安全边际时，可选择该公司股票进行投资。

如何确定安全边际呢？寻找真正的安全边际可以由数据、有说服力的推理和很多实际经验得到证明。在正常条件下，为投资而购买的一般普通股，其安全边际即其大大超出现行债券利率的预期获利能力。

格雷厄姆指出："股市特别偏爱投资于估值过低股票的投资者。首先，股市几乎在任何时候都会生成大量的真正估值过低的股票以供投资者选择。然后，在其被忽视且朝投资者所期望的价值相反方向运行相当长时间以检验他的坚定性之后，在大多数情况下，市场总会将其价格提高到和其代表的价值相符的水平。理性的投资者确实没有理由抱怨股市的反常，因为其反常中蕴涵着机会和最终利润。"

实质上，从根本上讲，价格波动对真正的投资者只有一个重要的意义：当价格大幅下跌后，提供给投资者低价买入的机会；当价格大幅上涨后，提供给投资者高价卖出的机会。

如果忽视安全边际，即使你买入非常优秀企业的股票，如果买入价格过高，也很难赢利。即便是对于最好的公司，你也有可能买价过高。买价过高的风险经常会出现，而且实际上现在对于所有股票，包括那些竞争优势未必长期持续的公司股票，这种买价过高的风险已经相当大了。投资者需要清醒地认识到，在一个过热的市场中买入股票，即便是一家特别优秀的公司的股票，可能也要等待一段更长的时间后，公司所能实现的价值才能增长到与投资者支付的股价相当的水平。

安全边际是投资中最为重要的。它能够降低投资风险，此外它能降低预测失误的风险。

投资者在买入价格上如果留有足够的安全边际，不仅能降低因为预测失误引起的投资风险，而且在预测基本正确的情况下，可以降低买入成本，在保证本金安全的前提下获取稳定的投资回报。

根据安全边际进行价值投资的投资报酬与风险不成正比而成反比，风险越低往往报酬越高。

在价值投资法中，如果你以 60 美分买进 1 美元的纸币，其风险大于以 40 美分买进 1 美元的纸币，但后者报酬的期望值却比较高，以价值为导向的投资组合，其报酬的潜力越高，风险却越低。

举个例子来说，在 1973 年，华盛顿邮报公司的总市值为 8000 万美元，在这一天，你可以将其资产卖给十位买家中的任何一位，而且价格不低于 4 亿美元，甚至还会更高。该公司拥有华盛顿邮报、新闻周刊以及几家重要的电视台，这些资产目前的价值为 20 亿美元，因此愿意支付 4 亿美元的买家并非疯子。现在如果股价继续下跌，该企业的市值从 8000 万美元跌到 4000 万美元。更低的价格意味着更大的风险，事实上，如果你能够买进好几只价值严重低估的股票，而且你精通于公司估值，那么以 8000 万美元买入价值 4 亿美元的资产，尤其是分别以 800 万美元的价格买进 10 种价值 4000 万美元的资产，基本上毫无风险。因为你无法直接管理 4 亿美元的资产，所以你希望能够确定找到诚实且有能力的管理者，这并不困难。同时你必须具有相应的知识，使你能够大致准确地评估企业的内在价值，但是你不需要很精确地评估数值，这就是你拥有了一个安全边际。你不必试图以 8000 万美元的价格购买价值 8300 万美元的企业，你必须让自己拥有很大的安全边际。

在买入价格上坚持留有一个安全边际。如果计算出一只普通股的价值仅仅略高于它的价格，那么没有必要对其买入产生兴趣。相信这种"安全边际"原则——格雷厄姆尤其强调这一点——是投资成功的基石。

技术分析：对市场本身行为的研究

技术分析是以证券市场过去和现在的市场行为为分析对象，借助图表和各类指标，探索出一些典型变化规律，并据此预测证券市场未来变化趋势的技术方法。证券的市场行为就是证券在市场中的表现，是对某个证券在市场中具体表现的说明和描述。简单地说，就是价、量、时、空四个要素，它们从不同侧面反映了证券在市场中的表现。

19 世纪 80 年代，股票市场中的"交易者"使用"账面法"跟踪股票价格，使得第一项分析技术得以出现。经过众多技术分析专家的努力，技术分析方法得到了迅速发展。技术分析最初主要运用于股票市场，后来逐渐扩展到商品市场、债权市场、外汇市场和其他国际市场。在实际应用中，有所谓的长线投资者、中线投资者、短线投资者之分，但对大多数投资者来说，技术分析更多地被应用于预测证券价格的短期波动和帮助投资者获得短期收益。

技术分析作为一种投资分析工具，是以一定的假设条件为前提的。主要有：市场行为涵盖一切信息、价格按趋势变动、历史会重演。

1. 市场行为涵盖一切信息

这条假设是进行证券分析的基础。股票市场上的供求关系已经是一切已经公开发布的信息和未发布的内幕信息作用下的结果，而买卖双方的力量对比决定了价格定位和价格的变化。如果某股票基于基本面分析或者其他分析方法被认为是值得投资的，就会有投资者去买，买方的需求增加，价格就会上升。技术分析师只要观察到这种成交量和价格的变化，就会追随这种趋势进行投资，而不必知道引起价格变动的原因。

因此投资者根据历史价格的变动就可以预测未来的价格了。

2. 价格按趋势变动

这种假设认为股票价格的变动受长期趋势的影响。技术分析理论认为，价格对信息的反应是渐进的，信息不能立即影响市场，而是在一段时间之后才起作用。例如，某一个好消息将促使股票价格上升，达到新的均衡点。技术分析师并不预测这个均衡点的值，但是他们观察到了价格的这种变化，并且相信价格从一个均衡点到下一个均衡点的过程会持续一段时间。这个过程就是趋势。只要在趋势开始的时候，顺着趋势的方向去操作，也就是在上升的趋势中买入和在下降的趋势中卖出，就可以获利。因而技术分析师相信趋势必将持续一段时间。如果价格对信息迅速做出反应的话，那么投资者赶上这种趋势变化的时间很短，就不能从中获益了。

3. 历史会重演

这个假设是从统计学和人的心理因素方面考虑的。根据历史数据对未来做出的概率估计才有意义。虽然投资者不知道某个现象出现的原因，但是投资者相信这种现象的出现不是偶然的，而是必然的。只要未来有相似的情况出现，这种现象就会出现。所以对历史数据的分析是有用的。例如投资者观察到在某一段时期，只要指数上升到某一个点位就会下跌。于是技术分析师就把这个点位当做阻力位，在接下来的投资中，只要指数达到这个水平，就建议投资者卖出，这就是一种技术分析的方法。技术分析师通过对重复出现的现象进行观察和统计，从中发现规律，来指导未来的投资活动。

在历史资料基础上进行统计、数学计算、绘制图表方法是技术分析方法的主要手段。一般来说，可以将技术分析方法分为如下常用的五类：K线分析、切线分析、形态分析、波浪分析、指标分析。

1. K 线分析

K线分析主要是通过K线及K线的组合，推断股票市场多空双方力量的对比，进而判断股票市场多空双方谁占优势。单独一天的K线形态有十几种，若干天的K线组合就不计其数了。人们经过不断的经验总结，发现了很多对股票买卖有指导意见的组合，而且新的组合正不断地被发现、被运用。K线作为一种专业化的证券分析手段日益成熟。目前在全世界证券及期货市场中被广泛应用。

2. 切线分析

切线分析是指按一定的方法和原则，在由证券价格的数据所绘制的图表中画出一条直线，然后根据这些直线的情况推测出证券价格的未来趋势。这些直线就称为切线。切线主要起支撑和压力的作用，支撑线和压力线向后的延伸位置对价格的波动起到一定的制约作用。在切线分析中，切线的画法是最重要的，画得"好与坏"直接影响预测的结构。目前，画切线的方法有很多种，著名的有趋势线、通道线、黄金分割线、速度线等。

3. 形态分析

形态分析是根据价格图表中过去一段时间走过的轨迹形态来预测股票价格未来趋势的方法。在技术分析假设中，市场行为涵盖一切信息。价格走过的形态是市场行为的重要组成部分，是证券市场对各种信息感受之后的具体表现。因此用价格轨迹或者说是形态来推测证券价格的将来是站得住脚的。从价格轨迹的形态，我们可以推测出市场处于什么样的大环境中，由此对我们今后的行为给予一定的指导。价格轨迹的形态有 M 头、W 底、头肩顶、头肩底等。

4. 波浪分析

波浪分析是美国的技术大师艾略特（R. N. Elliott）于 1938 年所发明的价格趋势分析工具。艾略特波浪理论的基础在于，规律性是自然界与生俱来的法则，自然界所有的周期，无论是潮汐的起伏、天体的运行、行星的生陨、日与夜甚至生与死，都会永无止境地不断重复出现。这一规律完全可以应用到股票市场中，因为市场的周期也正是以可识别的模式进行趋势运动和反转。波浪的起伏遵循自然界的规律，价格的波动过程遵循波浪起伏所体现出的周期规律，这个过程就是 8 浪结构。其中上升是 5 浪，下降是 3 浪，数清楚了各个浪就能准确地预见到跌势：牛市将来临，或者牛市已经到了强弩之末，熊市将来临。波浪理论最大的优点就是能提前很长时间预测到底和顶。同时波浪理论又是公认的最难掌握的技术分析方法。

5. 指标分析

指标分析是从市场行为的各个方面出发，通过建立一个数学模型，给出数字上的计算公式，得到一个体现股票市场某个方面内在实质的数字，这个数字叫作技术指标值，指标值的具体数值和相互作用关系，直接反映证券市场所处的状态，为我们的操作行为提供指导方向。常见的指标有相对强弱指标（RSD）、随机指标（KI）、趋向指标（DMI）、平滑异同移动平均线（MACD）、能量潮（OBV）等。

趋势理论：寻找恰当的买卖点

趋势理论是指一旦市场形成了下降（或上升）的趋势后，就将沿着下降（或上升）的方向运行。像我们熟知的道氏理论和波浪理论都属于趋势理论。在技术分析这种研究方法中，趋势理论是绝对核心的内容。

从一般意义上说，趋势就是市场何去何从的方向。在通常情况下，市场不会朝任何方向直来直去，市场运动的特征就是曲折变动，它的轨迹酷似一系列前仆后继的波浪，具有明显的峰和谷。所谓市场趋势，正是这些波峰和波谷依次上升或下降所构成的。无论这些峰和谷是依次递增还是依次递降，或者横向延伸，其方向就构成了市场的趋势。

在详细了解趋势理论之前，必须要了解一下什么是趋势线。趋势线是用画线的方法将低点或高点相连，利用已经发生的事例，推测次日大致走向的一种图形分析方法，正确地画出趋势线，人们就可以大致了解股价的未来发展方向。按所依据波动的时间长短不同，便出现三种趋势线：短期趋势线（连接各短期波动点）、中期趋势线（连接各中期波动点）、长期趋势线（连接各长期波动点）。就趋势的方向来讲，趋势有上升趋势、下降趋势和横向延伸趋势这三种。

在上升趋势中，波峰和波谷都是依次递升的；而在下降趋势中，波峰和波谷都是依次递降的；在横向延伸趋势中，波峰和波谷都是呈水平伸展的状态，常常被称为"无趋势市场"。

短期趋势线一般反映的是两到三周时间的趋势，中期趋势线主要反映的是三周到三个月的趋势，长期趋势线反映的是一年到两年的总的趋势。每个趋势都是其上一级更长期趋势的一个组成部分。

比如说，中期趋势便是长期趋势中的一段调整。在长期的上升趋势中，市场暂缓涨势，先调整数月然后再恢复上涨，这就是一个很好的例子。而这个中期趋势本身往往也是有一些较短期的波浪构成，呈现出一系列的上升和下降，应该反复强调的是：每逢趋势都是其更长期一级趋势的组成部分，同时它自身也是有更短期的趋势所构成。

我们发现在各种趋势图形中，若处于上升趋势，市场波动必是向上发展，即使是出现回挡也不影响其总体的涨势，如果把上升趋势中间回挡低点分别用直线相连，这些低点大多在这根线上，我们把连接各波动低点的直线称为上升趋势线，相反，若处于下降趋势，股价波动必定向下发展，即使出现反弹也不影响其总体的跌势，把各个反弹的高点相连，我们会惊奇地发现它们也在一根直线上，我们把这根线称为下降趋势线。

那么，该如何利用趋势理论来进行投资呢？用一句话来概括就是：顺势而为。只在向上的趋势中操作，有向上的趋势可寻，然后才能取得投资实效。广大的投资者最常犯的错误是：在任何趋势下都在操作。对投资者来说最保守的做法是：当向上的趋势已经明显形成时再操作。那么，具体该如何来操作呢？

首先，要用大量的时间来确认趋势是向上的，在确定向上的趋势的前提下等待调整浪的出现。果断在设定买入点买入。一旦出现错误，及时止损。说到操作就要介绍一下支撑位和阻力位了。市场上的任何趋势图形都是建立在支撑和压力位的基础上的。

我们把"谷"，或者说"向上反弹的底点"称为支撑位。用某个价格水平或图表上某个区域来表示。在这个点位下方，买方兴趣强大，足以抗拒卖方形成的强大压力。结果价格在这里停止下跌，回头向上反弹。通常，当前一个向上反弹的底点形成后，就可以确定一个支撑位了。阻力位也是以某个价格水平或图标区域来表示的。与支撑位相反，在其上方，卖方压力阻挡了买方的推进，于是价格由升转跌。阻力位通常以前一个峰值为标志。在上升趋势中，支撑位和阻力位呈现出逐渐上升的态势。下降趋势中则反之。可以这么说：支撑位是用来跌破的，压力位是用来突破的！

在上升趋势中，阻力位意味着上升的势头将在此处稍息，但此后它迟早会被向上穿越。而在下降趋势中，支撑位也不足以长久的撑拒市场的下滑，不过至少能使之暂时受挫。如果上升趋势要持续下去，每个线相继的底点（支撑位）就必须高过前一个底点。每个相继的上冲高点（阻力位）也非得高过前一个高点不可。

在上升趋势中，如果新一轮的调整一直下降到前一个底点的水平，这或许就是该上升趋势即将终结，或者至少即将蜕化成横向延伸趋势的先期预警。如果这个支撑位被击穿，可能就意味着趋势即将由上升反转为下降。

在上升趋势中，每当市场向上试探前一个阻力位时，这个上升趋势总是处于一个极为关键的时刻。一旦在上升趋势中不能越过前一个高点，或者在下降趋势中无力跌破前一个支撑位，便发出了现行趋势即将有变的第一个警告信号。

其实在现实市场活动中，支撑位和阻力位是可以互换角色的，只要支撑位和阻力位被足够大的价格变化切实的击破了，它们就互换角色变成自身原先的反面。换言之，阻力位就变成了支撑位，而支撑位就变成了压力位。

总的来说，趋势理论注重长期趋势，对中期趋势，特别是在不知是牛市还是熊市的情况下，并不能带给投资者什么明确的投资启示，所以，投资者在利用趋势理论进行投资的时候，还是要区别对待的，看情况而定。

黄金分割线理论：神奇的数字

黄金分割是一种古老的数学方法，被应用于从埃及金字塔到礼品包装盒的各种事物之中，而且常常发挥我们意想不到的神奇作用。对于这个神秘数字的神秘用途，科学上至今也没有令人信服的解释。但在证券市场中，黄金分割的妙用几乎横贯了整个技术分析领域，是交易者与市场分析人士最习惯引用的一组数字。

黄金分割率 0.618033988……是一个充满无穷魔力的无理数，它影响着我们生活的方方面面，它不但在数学中扮演着神奇的角色，而且在建筑、美学、艺术、军事、音乐、甚至在投资领域都广泛存在。

数学家法布兰斯在 13 世纪时写了一本书，关于一些奇异数字的组合。这些奇异数字的组合是 1、1、2、3、5、8、13、21、34、55、89、144、233——任何一个数字都是前面两个数字的总和。任何一个数与后面数相除时，其商几乎都接近 0.618。1、1、2、3、5、8、13 被称作神秘数字；这个 0.618 就是世人盛赞的黄金分割率。

黄金分割率运用的最基本方法，是将 1 分割为 0.618 和 0.382，引申出一组与黄金分割率有关的数值，即：0、0.382、0.5、0.618、1。由经过 0、0.382、0.5、0.618、1 组成的平行线叫黄金分割线。这些平行线分别被称为黄金分割线的 0 位线、0.382 位线、0.5 位线、0.618 位线和 1 位线。这五条线也就是我们在点击黄金分割线快捷键后拖动鼠标形成的五条线。这组数字十分有趣，0.618 的倒数是 1.618。譬如 55/89＝0.618，233/144＝1.618，而 0.618×1.618≈1。

黄金分割率的最基本公式，是将 1 分割为 0.618 和 0.382，它们有如下一些特点：

（1）数列中任一数字都由前两个数字之和构成。

（2）前一数字与后一数字之比例，趋近于一固定常数，即 0.618。

（3）后一数字与前一数字之比例，趋近于 1.618。

（4）1.618 与 0.618 互为倒数，其乘积则约等于 1。

（5）任一数字如与后两数字相比，其值趋近于 2.618；如与前两数字相比，其值则趋近于 0.382。

理顺下来，上列奇异数字组合除能反映黄金分割的两个基本比值 0.618 和 0.382 以外，尚存在下列两组神秘比值。即：

（1）0.191、0.382、0.5、0.618、0.809。

（2）1、1.382、1.5、1.618、2、2.382、2.618。

在证券投资的价格预测中，根据该两组黄金比有两种黄金分割分析方法。

（1）以证券价格近期走势中重要的峰位或底位，即重要的高点或低点为计算测量未来走势的基础，当证券价格上涨时，以底位的证券价格为基数，跌幅在达到某一黄金比时较可能受到支撑。当行情接近尾声，证券价格发生急升或急跌后，其涨跌幅达到某一重要黄金比时，则可能发生转势。

（2）行情发生转势后，无论是止跌转升的反转抑或止升转跌的反转，以近期走势中重要的峰位和底位之间的涨额作为计量的基数，将原涨跌幅按 0.191、0.382、0.5、0.618、0.809 分割为五个黄金点。证券价格在后转后的走势将有可能在这些黄金点上遇到暂时的阻力或支撑。

例如，当下跌行情结束前，某股票的最低价 10 元，那么，股价反转上升时，投资人可以预先计算出各种不同的反压价位，也就是 10×(1+19.1%)＝11.9 元，10×(1+38.2%)＝13.8 元，1×(1+61.8%)＝16.2 元，10×(1+80.9%)＝18.1 元，10×(1+100%)＝20 元，10×(1+119.1%)＝21.9 元，然后，再依照实际股价变动情形进行斟酌。

反之，在上升行情结束前，某股票最高价为 30 元，那么，股价反转下跌时，投资人也可以计算出各种不同的持价位，也就是 30×(1-19.1%)＝24.3 元，30×(1-38.2%)＝18.5 元，30×(1-61.8%)＝11.5 元，30×(1-80.9%)＝5.7 元。然后，依照实际变动情形进行斟酌。

黄金分割率的神秘数字由于没有理论作为依据，所以有人批评是迷信，是巧合，但自然界的确充满一些奇妙的巧合，一直难以说出道理。

黄金分割率为艾略特所创的波浪理论所套用，成为世界闻名的波浪的骨干，广泛地为投资人士所采用。神秘数字是否真的只是巧合呢？还是大自然一切生态都可以用神秘数字解释呢？这个问题只能见仁见智。但黄金分割率在证券市场上无人不知，作为一个投资者不能不加研究，只是不能太过执着而已。

我们都知道中国的证券市场就是在追逐证券价格的价差，就是主力和散户之间的博弈，而对于顶部和底部的判断对任何的投资者来说都是至关重要的，能在顶部卖出，底部买进，是广大投资者梦寐以求的事情。当然顶部和底部的判断是相当难的，想要精确地把握顶部和底部可以说是不可能的。

在许多情况下，将黄金分割律运用于股票市场，投资人会发现，将其使用在大势研判上，有效性高于使用在个股上。这是因为个股的投机性较强，在部分作手介入下，某些股票极易出现暴涨暴跌的走势，这样，如用刻板的计算公式寻找"顶"与"底"，准确性就会降低。而股指则相对好一些，人为因素虽然也存在，但较之个股来说要缓和得多，因此，掌握"顶"与"底"的机会也会大一些。

可错性：投资过程中的犯错可能性

所谓"可错性"观念，实际上是一个具有"索罗斯风格"的说法。这种观念认为，人类对置身其中的世界的认识，与生俱来就是不完整的，亦即人们的思维与客观实在之间永远存在着扭曲，世界上不可能有人掌握了终极真理。关于"可错性"观念的重要性，索罗斯说："可错性不仅是我世界观的基石，也是我所作所为的基石。"

索罗斯的"可错性"观念直接来源于波普的思想，在此基础上，进一步演变成他的"彻底可错性"思想。他认为他的"彻底可错性"思想可明确表述为："所有人类心灵的建构，不论建构局限在我们思维深处或表现为各种学科、各种意识形态或各种体制，都是有缺陷的。"这里的"有缺陷"不是可能"可错"，而是肯定"可错"。他还认为，"彻底可错性"观念也许听起来很消极、悲观，原因是我们都怀有幻想，渴求完美、永恒、终极真理。事实上，我们无法获得完美和不朽，只有死亡才是永恒的。

索罗斯认为，如果承认客观实在与我们对实在的认识之间永远存在着差距（扭曲），那么对这种差距及影响的认识将具有重要的意义。这个观念表明，即使在自然科学研究中，要绝对把思维和实在区分开来也是不可能的；特别是对社会现象的认识来说尤其如此。进而应该认识到，人们的思考一般具有双重作用：一方面总在一定程度上，被动地反映了思考活动所要寻求理解的实在；而另一方面，思考的结果也会或多或少成为实在本身的组成成分。因此，对于人的认识来说，绝对反映客观实在的知识是不存在的。

索罗斯相信，实际上"彻底可错性"观念有非常积极和启示的一面，它打开了我们批判理性思维的大门，隐喻了我们对客观实在的认识有无限的空间，我们的思维或社会有无限改善和发展的余地。而在实际行动中，他则体会到"可错性观念鼓励我寻找每一个情境的缺陷，然后在找到缺陷之后从中受益"。

"彻底可错性"思想实际上已成为索罗斯的基本信念，并由此形成其一系列的重要思想及实际行为方式。

索罗斯曾经这样说："我有认错的勇气。当我一觉得犯错，马上改正，这对我的事业十分有帮助。我的成功，不是来自于猜测正确，而是来自于承认错误。"任何人都会犯错，而且是经常犯错，在生活中如此，在投资中亦是如此。将索罗斯的"可错性"理论推而广之，我们不仅要经常有承认错误、改正错误的决心和勇气，更需要不断地修正自己的观点和行为。

尽管金融投资家们无数次试图使用模型、理论来推演市场的发展，但是"为了能把接触到的信息减少到能够处理的程度，不得不需要借助各种技巧，这些技巧扭曲了所要处理的信息，甚至会把现实变得更为复杂，认识的难度也加大了"。因此，我们会发现这样一个事实，即便是再经典的定价理论、再有力的指标，在实际投资的过程中，更多的是充当"参考值"的角色，它们无法与最终的事实完全契合，这就是"可错性思想"的现实之处。

推及到投资者个人，局限性就更为普遍。知识上的局限性，与专业人士相比较，个人投资者的投资知识更贫乏，难以准确地对市场走势加以判断。一个最简单的例子便是"仓位决定观点"，人们总是习惯于在自己的立场上，对获得的信息进行过滤，他们往往更倾向于自己希望获得的信息，来佐证自己的观点。

"认错的好处，是可以刺激并增进批判力，让你进一步重新检视决定，然后修正错误。我以承认错误为荣，甚至我骄傲的根源来自于认错。"索罗斯这样说。在投资市场上没有绝对的"对"与"错"，然而在投资市场上，"对"与"错"的检验标准直白地体现在"赚"与"亏"上。

因此，"彻底可错性"理论的第一要义便在于，勇敢承认了错误发生的"常态性"，错是一种常态，是不可避免的事实。

人的认识天生就不完美，因为人本身就是现实的一部分，而局部是无法完全认识整体的。人类大脑处理信息的能力是有限的，但实际上需要处理的信息却是无限的。正如索罗斯所说的那样，人的认知天生就不完美，我们并不真正了解我们所处的这个世界。同时，索罗斯最著名的"反身性"理论也说明，人们对于世界错误的认知也同样会对世界产生影响，两者并非完全独立的。

尽管如此，在我们的投资过程中，不断认识到"可错性"，不断对错误进行修正，其效果要强于固执己见，抱残守缺。

资本资产定价：风险资产的均衡市场价格

资本资产定价模型是投资组合理论的均衡理论。主要内容是，理性的投资者总是追求投资者效用的最大化，即在同等风险水平下的收益最大化或是在同等收益水平下的风险最小化。资本资产定价理论所要研究的正是风险资产的均衡市场价格。

美国经济学家马科维茨在 1952 年提出了均值——方差分析方法，为资本资产定价理论奠定了理论框架。在此基础上，夏普于 1964 年首先提出了资本资产定价理论，米勒和斯科尔斯及莫顿也随后对资本资产定价理论加以进一步的完善，使之成为一套完整的理论体系。由于他在投资理论方面的贡献及他所提出的资本资产定价模型，1990 年与马科维茨等人一起获得诺贝尔经济学奖。诺贝尔经济学奖评奖委员会认为资本资产定价模型已构成金融市场的现代价格理论的核心，它也被广泛用于经验分析，使丰富的金融统计数据可以得到系统而有效的利用。它是证券投资的实际研究和决策的一个重要基础，是现代金融市场价格理论的支柱，广泛应用于投资决策和公司理财领域。

资本资产定价模型把"有效"的市场作为分析的前提，是建立在马科威茨模型基础上的，提出了这样一些假设条件：

（1）投资者希望财富越多愈好，效用是财富的函数，财富又是投资收益率的函数，因此可以认为效用为收益率的函数。

（2）投资者能事先知道投资收益率的概率分布为正态分布。

（3）投资风险用投资收益率的方差或标准差标识。

（4）影响投资决策的主要因素为期望收益率和风险两项。

（5）投资者都遵守主宰原则，即同一风险水平下，选择收益率较高的证券；同一收益率水平下，选择风险较低的证券。

（6）可以在无风险折现率 R 的水平下无限制地借入或贷出资金。

（7）所有投资者对证券收益率概率分布的看法一致，因此市场上的效率边界只有一条。

（8）所有投资者具有相同的投资期限，而且只有一期。

（9）所有的证券投资可以无限制地细分，在任何一个投资组合里可以含有非整数股份。

（10）买卖证券时没有税负及交易成本。

（11）所有投资者可以及时免费获得充分的市场信息。

（12）不存在通货膨胀，且折现率不变。

（13）投资者具有相同预期，即他们对预期收益率、标准差和证券之间的协方差具有相同的预期值。

上述假设表明：第一，投资者是理性的，而且严格按照马科威茨模型的规则进行多样化的投资，并将从有效边界的某处选择投资组合；第二，资本市场是完全有效的市场，没有任何磨擦阻碍投资。

CAPM 模型的进步在于，夏普不是用证券收益率的方差作为对资产的风险度量，而是以证券收益率与全市场证券组合的收益率的协方差作为资产风险的度量。CAPM 模型走出了从微观分析到金融资产价格形成的市场分析的关键一步。在他的模型中，夏普把马科维茨的资产组合选择理论中的资产风险进一步分为资产的"系统"风险和"非系统"风险两部分。其计算公式如下：

$$E(r_i) = r_f + \beta_{im}[E(r_m) - r_f]$$

其中：

$E(r_i)$ 是资产 i 的预期回报率

r_f 是无风险率

β_{im} 是 Beta 系数，即资产 i 的系统性风险

$E(r_m)$ 是市场 m 的预期市场回报率

$E(r_m) - r_f$ 是市场风险溢价，即预期市场回报率与无风险回报率之差。

以股票市场为例。假定投资者通过基金投资于整个股票市场，于是他的投资完全分散化了，他将不承担任何可分散风险。但是，由于经济与股票市场变化的一致性，投资者将承担不可分散风险。于是投资者的预期回报高于无风险利率。

按照 CAPM 的规定，Beta 系数是用以度量一项资产系统风险的指针，是用来衡量一种证券或一个投资组合相对总体市场的波动性的一种风险评估工具。也就是说，如果一个股票的价格和市场的价格波动性是一致的，那么这个股票的 Beta 值就是 1。如果一个股票的 Beta 是 1.5，就意味着当市场上升 10％时，该股票价格则上升 15％；而市场下降 10％时，股票的价格亦会下降 15％。这就说明了一个风险投资者需要得到的溢价是可以通过 CAPM 计算出来的。换句话说，投资者可通过 CAPM 来知道自己投资的证券的价格是否与其回报相吻合。

事实上，有很多研究也表示对 CAPM 正确性的质疑，但是这个模型在投资界仍然被广泛的利用。虽然用 Beta 预测单个股票的变动是困难，但是投资者仍然相信 Beta 值比较大的股票组合会比市场价格波动性大，不论市场价格是上升还是下降；而 Beta 值较小的股票组合的变化则会比市场的波动小。

对于投资者尤其是基金经理来说，这点是很重要的。因为在市场价格下降的时候，他们可以投资于 Beta 值较低的股票。而当市场上升的时候，他们则可投资于 Beta 值大于 1 的股票。

对于小投资者来说，没有必要花时间去计算个别股票与大市的 Beta 值，因为据笔者了解，现时有不少财经网站均有附上个别股票的 Beta 值，只要读者细心留意，

一定可以发现得到。

套利定价：证券价格是如何决定的

　　套利定价理论最早由美国学者斯蒂芬·罗斯于 1976 年提出，这一理论的结论与 CAPM 模型一样，也表明证券的风险与收益之间存在着线性关系，证券的风险越大，其收益则越高。

　　虽然套利定价与 CAPM 模型有相同之处，但套利定价理论的假定与推导过程与 CAPM 模型很不同，罗斯并没有假定投资者都是厌恶风险的，也没有假定投资者是根据均值——方差的原则行事的。他认为，期望收益与风险之所以存在正比例关系，是因为在市场中已没有套利的机会，而是试图以多个变量去解释资产的预期报酬率。套利定价理论认为经济体系中，有些风险都是无法经由多元化投资加以分散的，例如通货膨胀或国民所得的变动等系统性风险。

　　套利定价理论是一种均衡模型，用来研究证券价格是如何决定的。它假设证券的收益是由一系列产业方面和市场方面的因素确定的。当两种证券的收益受到某种或某些因素的影响时，两种证券收益之间就存在相关性。也就是在给定资产收益率计算公式的条件下，根据套利原理推导出资产的价格和均衡关系式。APT 作为描述资本资产价格形成机制的一种新方法，其基础是价格规律：在均衡市场上，两种性质相同的商品不能以不同的价格出售。

　　套利定价理论用套利概念定义均衡，不需要市场组合的存在性，而且所需的假设比资本资产定价模型（CAPM 模型）更少、更合理。与资本资产定价模型一样，套利定价理论的假设有：

　　（1）投资者有相同的投资理念。

　　（2）投资者是规避风险的，并且要效用最大化。

　　（3）市场是完全的。

　　与资本资产定价模型不同的是，套利定价理论没有以下假设：

　　（1）单一投资期。

　　（2）不存在税收。

　　（3）投资者能以无风险利率自由借贷。

　　（4）投资者以收益率的均值和方差为基础选择投资组合。

　　CAPM 确定共有风险因素是市场投资组合的随机收益，而 APT 则事先不确定共有的风险因素。若只有一个共有因素是，APT 的表达式为：

　　$E(r_j) = r_f + \beta_{j1}[E(r_{j1}) - r_f]$

　　若共有因素为市场组合与其收益，则 APT 的表达式为：

$$E(r_j) = r_f + \beta_{j1}[E(r_m) - r_f]$$

也就是说，如果共有因素为市场组合与其收益的话，根据套利定价理论，证券或资产 j 的预期收益率为：

$$E(r_j) = r_f + \beta_{j1}[E(r_{j1}) - r_f] + [E(r_{j2}) - r_f] + \cdots + \beta_{jk}[E(r_{jk}) - r_f]$$

举个例子来说明：假设无风险利率为 6%，与证券 j 收益率有关的 β 系数为：$\beta_1 = 1.2$，$\beta_2 = 0.2$，$\beta_3 = 0.3$；市场投资组合的预期收益率为 12%，国民生产总值（GDP）预期增长率为 3%，消费品价格通货膨胀率（CPI）预期为 4%。则根据 APT 模式，证券 j 的预期收益率为：

$$\begin{aligned}
E(r_j) &= 6\% + 1.2(r_m - 6\%) + 0.2(rGDP - 6\%) + 0.3(rCPI - 6\%) \\
&= 6\% + 1.2 \times (12\% - 6\%) + 0.2 \times (3\% - 6\%) + 0.3 \times (4\% - 6\%) \\
&= 12\%
\end{aligned}$$

从上面的公式可以看出，套利定价理论导出了与资本资产定价模型相似的一种市场关系。套利定价理论以收益率形成过程的多因子模型为基础，认为证券收益率与一组因子线性相关，这组因子代表证券收益率的一些基本因素。事实上收益率通过单一因子（市场组合）形成时，将会发现套利定价理论形成了一种与资本资产定价模型相同的关系。因此，更多的投资者认为 APT 是比 CAPM 更一般化的资本资产定价模型，是一种广义的资本资产定价模型，为投资者提供了一种替代性的方法，来理解市场中的风险与收益率间的均衡关系。套利定价理论与现代资产组合理论、资本资产定价模型、期权定价模型等一起构成了现代金融学的理论基础。

有效市场理论：理性市场行为的产物

有效市场理论（Efficient Markets Hypothesis，EMH）是西方主流金融市场理论，又称为有效市场假说，是由尤金·法玛于 1970 年深化并提出的。"有效市场假说"起源于 20 世纪初，这个假说的奠基人是一位名叫路易斯·巴舍利耶的法国数学家，他把统计分析的方法应用于股票收益率的分析，发现其波动的数学期望值总是为零。资本资产定价模型（CAPM）、套利定价理论（APT）以及期权定价模型（OPM）都是在有效市场假设之上建立起来的。

根据尤金·法玛的描述："有效市场是这样一个市场，在这个市场中，存在着大量理性的、追求利益最大化的投资者，他们积极参与竞争，每一个人都试图预测单个股票未来的市场价格，每一个人都能轻易获得当前的重要信息。在一个有效市场上，众多精明投资者之间的竞争导致这样一种状况：在任何时候，单个股票的市场价格都反映了已经发生的和尚未发生、但市场预期会发生的事情。"

1970 年，法玛提出了有效市场假说，其对有效市场的定义是：如果在一个证券市场中，价格完全反映了所有可以获得的信息，那么就称这样的市场为有效市场。

有效市场理论主要包含以下几个要点：

（1）在市场上的每个人都是理性的经济人，金融市场上每只证券所代表的各家公司都处于这些理性人的严格监视之下，他们每天都在进行基本分析，以公司未来的获利性来评价公司的股票价格，把未来价值折算成今天的现值，并谨慎地在风险与收益之间进行权衡取舍。

（2）证券的价格反映了这些理性人供求的平衡，想买的人正好等于想卖的人，即，认为证券价格被高估的人与认为证券价格被低估的人正好相等，假如有人发现这两者不等，即存在套利的可能性的话，他们立即会用买进或卖出证券的办法使证券价格迅速变动到能够使二者相等为止。

（3）证券的价格也能充分反映该资产的所有可获得的信息，即"信息有效"，当信息变动时，证券的价格就一定会随之变动。一个利好消息或利空消息刚刚传出时，证券的价格就开始异动，当它已经路人皆知时，其价格也已经涨或跌到适当的价位了。

当然，有效市场理论只是一种理论假说，实际上，并非每个人都是理性的，也并非在每一时点上信息都是有效的。"这种理论也许并不完全正确，"曼昆说，"但是，有效市场假说作为一种对世界的描述，比你认为的要好得多。"概括来说，衡量证券市场是否具有外在效率有两个标志：

（1）价格是否能自由地根据有关信息而变动。

（2）证券的有关信息能否充分披露和均匀分布，使每个投资者在同一时间内得到等量等质的信息。

根据这一假设，投资者在买卖证券时会迅速有效地利用可能的信息。所有已知的影响一种证券价格的因素都已经反映在股票的价格中，因此根据这一理论，证券的技术分析是无效的。

其实，有效市场有两种定义，一种是内部有效市场，又称交易有效市场，它主要衡量投资者买卖证券时所支付交易费用的多少，如证券商索取的手续费、佣金与证券买卖的价差；另一种是外部有效市场，又称价格有效市场，它探讨证券的价格是否迅速地反应出所有与价格有关的信息，这些"信息"包括有关公司、行业、国内及世界经济的所有公开可用的信息，也包括个人、群体所能得到的所有私人的、内部非公开的信息。要想成为有效市场必须具备以下条件：

（1）投资者都利用可获得的信息力图获得更高的报酬。

（2）证券市场对新市场信息的反应迅速而准确，证券价格能完全反应全部信息。

（3）市场竞争使证券价格从旧的均衡过渡到新的均衡，而与新信息相应的价格变动是相互独立的或随机的。

从中可以看出，提高证券市场的有效性，根本问题就是要解决证券价格形成过程中在信息披露、信息传输、信息解读以及信息反馈各个环节所出现的问题，其中最关键的一个问题就是建立上市公司强制性信息披露制度。从这个角度来看，公开信息披露制度是建立有效资本市场的基础，也是资本市场有效性得以不断提高的起点。

随机漫步理论：涨跌是难以捉摸的

随机漫步理论的起源可能早于道氏理论，是谁提出来的无从考证，但很多投资者信奉这个理论，认为找不到证券市场的走势模式，证券市场的涨涨跌跌是很难琢磨的，所以他们认为道氏理论关于牛市和熊市的论述是错误的，因为证券市场根本就没有规律。

随机漫步理论是一种反对图表的理论。一切图表走势派的存在价值，都是基于一个假设，就是股票、外汇、黄金、债券等所有投资都会受到经济、政治、社会因素影响，而这些因素会像历史一样不断重演。譬如经济如果由大萧条复苏过来，物业价格、股市、黄金等都会一路上涨。升完会有跌，但跌完又会再升得更高。即使对短线而言，支配一切投资价值规律都离不开上述所说因素，只要投资人士能够预测哪一些因素支配着价格，他们就可以预知未来走势。就股票投资而言，图表趋势、成交量、价位等反映了投资人士的心态趋向。他们的收入、年龄、对消息了解、接受消化程度、信心热炽，全部都由股价和成交反映出来。根据图表就可以预知未来股价走势。不过，随机漫步理论却反对这种说法，它认为投资无迹可寻。

随机漫步理论认为，证券价格的波动是随机的，像一个在广场上行走的人一样，价格的下一步将走向哪里，是没有规律的。证券市场中，价格的走向受到多方面因素的影响，一件不起眼的小事也可能对市场产生巨大的影响。从长时间的价格走势图上也可以看出，价格的上下起伏的机会差不多是均等的。

随机漫步理论指出，证券市场内有成千上万的精明人士，并非全部都是愚昧的人。每一个人都懂得分析，而且资料流入市场全部都是公开的，所有人都可以知道，并无什么秘密可言。既然大家都知道，那么证券现在的价格就已经反映了供求关系，或者离本身价值不会太远。

就拿股票投资来说，每股资产值、市盈率、派息率等基本因素并不是什么大秘密，每一个人打开报章或杂志都可以找到这些资料。如果一只股票资产值十元，断不会在市场变到值一百元或者一元。市场不会有人出一百元买入这只股票或以一元卖出。现时股票的市价已经代表了千万醒目人士的看法，构成了一个合理价位，市价会围绕着内在价值而上下波动。这些波动却是随意而没有任何轨迹可寻的。

这是为什么呢？据随机漫步理论来说，造成市场波动的主要原因是新的经济、政治新闻消息随意地流入市场，这些消息使基本分析人士重新估计证券的价值，而做出买卖方针，致使证券发生新变化。因为这些消息无迹可寻，是突然而来的，事前并无人能够预告估计，各种证券的价格走势推测这回事并不可以成立，图表派所说的只是一派胡言。

既然所有证券价格在市场上的价钱已经反映其基本价值。这个价值是公平的由买卖双方决定，这个价值就不会再出现变动，除非突发消息如战争、收购、合并、加息减息、石油战等利好或利淡等消息出现才会再次波动。但下一次的消息是利好或利淡大家都不知道，所以证券现时是没有记忆系统的。昨日升并不代表今日升；今日跌，明日可以升亦可以跌。每日与另一日之间的升跌并不相关。就好像掷硬币一样，今次掷出是正面，并不代表下一次掷出的又是正面，下一次所掷出的是正面或反面，机会各占 50%，亦没有人会知道下一次一定会是正面或反面。

既然证券的价格是没有记忆系统的，企图用证券的价格波动找出一个原理去战胜市场，这样的投资策略必定是失败的。因为证券价格完全没有方向，随机漫步，乱升乱跌，我们无法预知股市去向，无人能成为持久的赢家，亦无人一定会输。至于投资专家的作用其实不大，甚至可以说全无意义，因为投资市场本无规律可循。

根据随机漫步理论，在投资的时候，看太远的走势没有太大的意义，只能从纯粹技术面去推断波动空间，这和算命先生的工作没什么两样，准不准只有天知道。操作上还是要严格按规矩办事，"计划你的交易，交易你的计划"，这可不是句空话，这是投机者在市场安身立命的根本。

投资者分析市场，信息永远是不全面的，用不全面的信息去预测市场，不管你怎么分析，结果都不可能真正准确，市场的表现可能偶尔与你的预测一致，但是请相信这是运气。没有谁能完全了解市场波动的所有影响因素，市场是人构成的，人的行为永远不可能做到真正的理性，市场从某种程度上来说就是大家都在犯错误。

根据随机漫步理论，在市场中，看对是偶然的，看错是必然的，这是投资的定律，不管是股票、基金、外汇都是一样的。投资市场只存在波动，并不存在趋势，趋势只存在于历史的交易中，投资市场未来的趋势谁都不清楚，也就是说市场是随机漫步的。

支持该理论的投资者认为，分析不分析其实所得出的结果差不多，分析之后买进证券并不代表更有机会赚钱，一样会遭受损失，有时甚至是很大的损失，相反不分析买进证券，并不一定会失败，有时可能会赚得更多的利润。

反射性理论：市场行为与个人行为的关联

所谓反射性，它表示参与者的思想和他们所参与的事态因为人类获得知识的局限性和认识上的偏见都不具有完全的独立性，二者之间不但相互作用，而且相互决定，不存在任何对称或对应。在人们活动的政治、经济、历史等领域中普遍地存在这样一种反射性的关联。

索罗斯于 1969 年创立量子基金，在其后不断发展壮大的过程中，为股东赚回了近 35％的年均收益率。这显然已经不能够简单归于他的运气，而更应缘于索罗斯具有其他投机者不具备的更为独到的东西，那就是索罗斯自己的独特金融理论。而索罗斯的核心金融理论就是反射性理论。也有人将其翻译成反身性理论、相互作用关系理论等。

反射性理论指的是投资者与金融市场的互动关系，投资者根据自己获得的资讯和对市场的认知形成对市场的预期，并付诸投资行动，这种行动改变了市场原有的发展方向，就会反射出一种新的市场形态，并继续改变金融市场的走向。

索罗斯认为：人思想的变化对事态发展带来的不确定性，与量子力学中的不确定性很相似。人们不可能准确测量出微观粒子的坐标和动量、时间和能量，但这并不意味着人们不可能准确地掌握微观过程的客观规律。同样的道理，对于金融市场来说，在承认参与者影响的前提下，还是有可能顺应市场运行中的趋势。主流的市场经济学理论大多忽视"有思维参与的历史过程的不确定性"这一因素而导致根本性的缺陷。因此，索罗斯称自己的理论是反射性理论。

具体来说，反射性有两层涵义：其一，目前的偏向会影响价格。其二，在某种情况下，目前的偏向也会影响基本面，使得市场价格的变化进而导致市场价格的进一步变化。

索罗斯认为市场并非永远都是正确的。从市场价格对未来趋势的反映这个角度而言，市场往往总是错的。这种错误所起的作用是双向的，一方面导致市场参与者对市场预期的认识产生了偏差。另一方面，这种偏差也影响了他们的投资活动，从而造成他们对市场发展趋势的错误判断。

也就是说，不是现在的预期符合将来的情况，而是现在的预期造成了今后发生的事件。市场参与者对市场的认识天生具有某种缺陷性，这种缺陷性的认识与实际发生的事件之间存在一种相互联系，二者没有完全的独立性，而是相互作用、互为决定的，不存在任何对应和对称。索罗斯把这种双向的联系称之为"反射性"。

通过这种双向联系，参与者的思想与他们所处的境况、所经历的事件相互影响，相互塑造，形成一种变幻莫测的动态关系。

从反射性理论出发，索罗斯对古典经济学的某些观点提出不同看法。那些认为金融市场有逻辑可循的经济学家坚持"市场永远是正确的"这种观点，他们认为市场价格可以反映出未来的发展趋势。即使这种趋势还没有完全表现出来，但是他们早已清楚未来市场该朝哪个方向走了。

而索罗斯则认为：事实上，这些经济学家们的观点是十分错误的。金融市场毫无理性可言，根本不要妄想能通过理性分析来预测出未来市场的发展趋势。任何对未来的猜想都具有很强的片面性。但是，完全否定这种猜想也是不对的。相反，索罗斯所推崇的反射性理论就是认为人们的猜想将反作用于市场的发展。他深信对未来市场发展趋势的预测不是经由理论分析可得出的结论，而是市场参与者在认识上的偏差和实际发生的情况的双向联系。

大多数投资者都认为金融市场是理性的，股票也是有一定的逻辑性的。他们期望能通过对市场和股票走势的分析，研究出某种运算模式用来预测未来市场的走向。索罗斯觉得这种做法纯粹是徒劳。市场的运作不是靠逻辑，而是靠心理，你必须观察市场往哪里走，确定市场上的投资人在想什么，因为真正能够对市场起作用的正是投资人认识的偏见和事实之间的关系。

索罗斯曾经在《华尔街论坛》上说："假如人们对某种货币丧失了信心，这就是认识上的偏差。这种偏差不管正确与否，都将成为一种自我强化的因素，从一定程度上推进本国的通货膨胀率，并促使股票价格自然而然地下跌。而如果人们对某家公司的经营管理很有信心，于是大量买进该公司的股票，这时自我强化的现象也发生了，使得股价上涨。与此同时，公司管理层在经营过程中也更易于操作，从而也会让投资者的期望更容易得到满足。"这种现象就是认识和现实的双向回馈，也就是"反射"。

由于投资者不可能获得完整的资讯，且投资者会因个别问题影响其对市场的认知，令投资者对市场预期产生不同的意见，索罗斯把这种"不同的意见"解释为"投资偏见"，并认为"投资偏见"是金融市场的根本动力。当"投资偏见"零散的时候，其对金融市场的影响力是很小的，当"投资偏见"在互动中不断强化并产生群体影响时就会产生"蝴蝶效应"，从而推动市场朝单一方向发展，最终必然反转。

正如索罗斯所说："人们一旦开始参与到对某种现象的思考中，这种现象的决定性因素就不仅仅是现象本身了，还包含了人们的观点。所以，现象的发展过程不是从一个事件到另一个事件的直接跳跃，而是从事实到观点，再从观点到事实。"

索罗斯还指出，认识和现实的双向回馈造成了一种过程的发生：先是自我强化、不断发展，然后出现鼎盛时期，接着是情况恶化、呈衰跌之势，最后是大崩溃。例如1987年大崩溃，事实上索罗斯通过他的反射性理论，已经预感到崩溃期的到来，崩溃只是时间早晚的问题。因为量子基金在上世纪80年代中期成长得太快，根据他的理论，这种极度繁荣的情况过后，必然会出现大衰败。果不其然，索罗斯在1987年大崩盘时损失惨重。

反射理论在金融市场最具有代表意义，在证券市场上，市场参与者的意见永远是不一致的，有的看多，有的看空，市场参与者不仅有自己对市场的认知，同时在这种认知的指导下进行操作。当看空者与看多者的力量均衡时，市场也不会有起伏，但是基本上这样的特例是不会出现，更多的情况则是两者不均衡。

市场上看空者与看多者的差额决定这个市场价格的走势，那就是说，市场参与者不仅经常对市场有错误的认知，而且在这种错误认知的诱导下会影响市场的走势，这种错误认知被称为"市场参与者的偏见"，而两方面不同偏见的力量之差就被称为"流行偏见"。这种"流行偏见"以及据此采取的行动会改变整个市场的形势，"流行偏见"是市场走势的决定因素。

在将要"大起"的市场中投入巨额资本引诱投资者一并狂热买进，从而进一步带动市场价格上扬，直至价格走向疯狂。在市场行情将崩溃之时，率先带头抛售做空，基于市场已在顶峰，脆弱而不堪一击，故任何风吹草动都可以引起恐慌性抛售从而又进一步加剧下跌幅度，直至崩盘。此时的索罗斯及时捕捉时机，抢先投资，大赚一把。

索罗斯说："股票市场上也存在反射现象，具体表现就是，市场参与者对市场的认识和理解会出错，这种错误的认识不断影响市场，到了一定的时候，会引起市场行情波动、股价涨跌，而市场也回过头来影响他们的认识，并逐步加深参与者对市场的错误认识，两者相互联系，互相影响，互相强化，市场上就出现了反射回馈过程。"

比如，当人们对某种货币丧失信心时，该货币币值会下跌，下跌持续下去，又会加深人们对它的不信任。当投资者对某公司的管理状况充满信心时，该公司的股价会上涨，而上涨持续下去又会增强投资者的信心。

索罗斯说："应用反射理论观察股票市场，可以轻而易举地看清市场混乱的真相，明白到底是谁影响了谁，从而找到潜在的投资机会。"他还说，"由于反射现象中的双向强化作用，使市场参与者的认识与市场状况互相强化，当两者到达极不平衡的时候，市场就可能出现暴涨暴跌交替的过程。这时，赚钱的机会就来了。"

例如，当人们误解了市场某一股票的价值，以为它会走高，于是争相购买，结果推动该股票价格向上攀升，股价上涨吸引了越来越多的股民参与投资，股价持续攀升，当它达到天价时，下跌之势就不可避免。这时，如果能赶在下跌之前抛售，就可赢得暴利。反之，如果抓不住这一时刻，就会被拖垮，倾家荡产。

事实上，索罗斯的反射性理论并非每个人都理解，甚至他早期的得力助理亚瑟·勒纳直到1994年还说："我一直搞不懂反射这个词是什么意思，到现在我还是不了解，我根本不明白他到底想表明什么观点。"

尽管如此，反射性理论的形成，还是使索罗斯的投资之路走上了一种战略高度。

盛衰理论：盛衰只是一瞬间的事

盛衰的过程是市场浮躁的表现，最初是自我强化，但由于没有办法稳定事态的发展，最后只能任其朝相反的方向发展。所谓物极必反之，讲的就是这个道理。

典型的盛衰过程需经历从初始到衰落的阶段：

1. 初始阶段：这一时期，金融市场的未来发展趋势还没有完全确定。流行趋势和流行"偏见"彼此作用，互相补充。

2. 自我强化阶段：此时的趋势已经确定。随后大家纷纷跟风，于是这种确定后的趋势会被加强，并开始"自我强化"。随着盛行趋势和人们"偏见"的彼此促进，"偏见"对趋势的影响力日益加强。由此，"偏见"的作用力愈来夸大，发展到一定程度时，不平衡状态就产生了。

3. 考验阶段："偏见"和实际情况的差距越来越大，由此，市场发展趋势和人们的"偏见"可能会受到外界各种各样的冲击，这一时期就是对趋势和"偏见"的考验阶段。

4. 加速阶段：如果这些考验过后，趋势和"偏见"依然和开始一样存在，那就表明它们能经受住外界的冲击，从而加强了它的可信度。索罗斯称其是"无法动摇的"。

5. 高潮阶段：随着事态的发展，事实真相逐渐显现出来，认识和现实之间开始出现差距，裂缝也在拉大。此时，人们的"偏见"也越来越明显了。这段时间是真相大白时期，事态的发展基本达到了顶峰。

6. 衰落阶段：顶峰时期过后，就像镜像反射一般，由于自我强化的作用，必定会促成趋势的反转。事态开始走向与原来相反的方向，出现连续上涨或连续下跌的势态。

投资大师索罗斯指出，盛衰过程的走势在刚开始时比较缓慢，之后慢慢加速，达到顶峰状态后便开始走下坡路，最后是全面崩溃。事实上，只有等到事实真相完全显露出来时，人们才会发现，原来的发展趋势和"偏见"是多么错误。不过，要把握一涨一落的发展进程还不算难，最难的是判定盛衰过程的出现。

有人曾问过索罗斯："怎样判断一个盛衰过程的开始？"索罗斯回答道："当你早上看报纸的时候，是不是就有一口警示钟在耳边响起呢？那是怎样一个情形呢？"他认为，盛衰过程并不是每天都会出现。若要正确判断一次盛衰过程，首先必须了解投资者们对事态的基本看法，其次还要从宏观上把握整个金融市场的看法。索罗斯很注意寻找市场上的重大转折点，寻找由盛而衰、崩溃前的拐点等等。

金融市场是不断发展的，其中包含很多不确定因素。因此，盛衰过程随时都有可能发生。只有那些能够发现人们预期之外的发展趋势，并勇于在不隐定状态下下大赌注的人，才会赢得满堂彩。

1981年1月，罗纳德·里根出任美国总统。里根有保守倾向，他一上台便加强整顿国防，但又不提高税收。对此，索罗斯敏锐地发觉其中蕴含着一个盛衰过程的开端，并戏称它是"里根大循环"。"所谓里根大循环，就是一个大圆圈。中央是美好的。而周边，也就是全球范围，却是十分丑陋的，呈现恶性循环。其基础就是坚挺的美元、旺盛的美国经济、不断增多的预算赤字、日益增加的贸易逆差和高高在上的利率。"索罗斯解释说，"虽然有一个自我强化的过程，但却不会长久，最终将朝相反的方向发展。这就是一个盛衰过程。"

1982 年夏，里根的各项新政策发挥出巨大的威力，美国经济呈现出迅猛的发展趋势，整个金融市场股价上涨。按照盛衰理论的解释，这一阶段是盛衰过程中的繁盛时期。不过，索罗斯并没有被胜利冲昏头脑。他清楚地看到一场前所未有的风暴即将到来。里根的保守政策必将导致美国经济的衰落。索罗斯深信盛衰过程中衰的一面必将到来。他坚信盛衰理论的科学性，在今后的某一时期，势必有一场百年不遇的大风暴席卷全球经济。但是，他无法预见这场风暴的开始时间和以怎样的形态出现。

事实证明，索罗斯的预见是正确的。20 世纪 80 年代初期，在里根总统的政策维护下，美元和股票市场的发展一度很好。吸引了不少外国资金，一切似乎都呈现出旺盛的生命力和强劲的发展。然而，索罗斯却不这么认为："其中有诸多不稳定因素，美元的坚挺和实际利率的提高定会削减预算赤字的刺激效果，从而使美国的经济实力大大减弱。"果不其然，1985 年，美元的高汇率使得美国商品的出口受到极大的阻碍，贸易逆差进一步扩大。同时，廉价的日本进口产品充斥着美国市场，构成了对美国本土工业的威胁。事态的发展似乎尽在索罗斯的掌握之中，他决定利用这次"衰面"的到来大干一场。

当时，很多金融分析师都看好周期类股票。然而索罗斯却独具慧眼地看好兼并收购和金融服务类股票。因此，当都会公司收购 ABC 电视网络时，量子基金买进了 60 万股 ABC 股票。1985 年 3 月，都会公司宣布，它将以每股 118 美元的高价购买 ABC 的股票。量子基金通过这次操作，轻松赢得 1800 万美元。1985 年 9 月，索罗斯赌日元和马克会上升。他在这两种货币上建立的多头头寸达 7 亿美元，远远高过量子基金的全部价值。

索罗斯运用他的"盛衰理论"，准确地看到了一个"帝国循环"的到来，并抓住机会大干了一场，取得了举世瞩目的成就。

然而正如"盛衰理论"所说"盛久必衰"，巅峰一过定会出现下坡。尽管索罗斯清醒地意识到衰败即将到来，但仍难逃厄运。1987 年全面崩盘的到来，使索罗斯"溃不成军"。

因为市场经常处于波动和不稳定状态，所以"繁荣——萧条"序列易于产生。赚钱的方式就在于寻找使这种不稳定资本化的途径，寻求意想不到的发展。只有当市场受到紧随的倾向行为支配时，盛衰才会发生。

大起大落理论：羊群效应的副产品

索罗斯的"大起大落理论"是建立在"反射论"基础上的股市波动模式，是他对暴涨暴跌现象的独特认识，又称"荣枯相生"理论。

索罗斯忠告："对荣枯相生周期的清醒认识是评价投机环境和选择投机时机的大前提。简单地说，荣枯相生就是开始是自我推进，继而难以维持，最终走向对立面。观念有缺陷的个体投资者使市场对他们的情绪起到推波助澜的作用，也就是说投资者使自己陷入了某种盲目的狂躁或类似于兽性的情绪之中。这就是群羊效应。市场的不确定因素越多，随波运流于市场趋势的人也就越多；而这种顺势而动的投机行为影响越大，局面也就越不可确定。投资之道其实就是在不稳定态上压注，搜寻超出预期的发展趋势。"

"我靠我的哲学理念来赚钱，而不是靠经济理论。我对市场的看法与大家公认的看法不同。我的第一个看法是，我们并不真正了解我们所处的这个世界，我把这叫作易错性；第二个看法是，我们对世界的了解并不符合真实情况，我把这叫作反思性！"

索罗斯解释道，当一窝蜂的偏见持续一段时间后，会形成一种市场的主流力量，因而令走势与现实差距愈来愈大。从而造成更大的"羊群效应"。以此模式反复膨胀一段时间后，当偏差大得过分明显时，泡沫将会破灭并回归现实，这就是他的"大起大落理论"——当偏见过大，就会成为"大起"，"大起"到了极点，就会"大落"。但若在"大起"完成前适当地调节，就不会出现"大落"这种情况！

当认知和真实的差距很大时，形势往往失去控制。索罗斯得出结论："这种过程刚开始能自我强化却无法持久，因此最后必然反转。"盛极必衰、否极泰来，狂涨带来狂跌，狂跌酝酿着狂升，索罗斯便捕捉市场大起大落间的时机，每次都抢先一步带动投资者行为，为自己创造赚钱的机会。

由以上的分析我们可以看到，股市的暴涨是羊群效应的凸显。索罗斯在此基础上，进一步提出了他的"自我强化"理论。

当市场变得越不稳定的时候，更多的人们就会被这种趋势影响。而这种趋势所投射的影响越大，市场的形式也就越不稳定。最后，当达到一个临界点之后，局势失控、市场崩溃，相反方向的"自我强化"过程又会重新开始。

这种错误会反过来影响市场，使得原先的看法显得相当的准确。例如以外汇为例，当人们对某个国家的货币丧失信心的时候，人们纷纷开始抛售该国货币，造成该国本币汇率下跌和外币汇率上涨；于是该国市场上的进口商品带头上涨，并且带动其他商品价格上涨，结果导致通货膨胀。

索罗斯"狙击英镑，狙击泰铢"大获全胜的一个共同点，那就是两国政府产生偏见，并对自己国家本币升值抱着必然上行的思想，不分析国际大趋势，不分析热钱流进流出后的趋势。盲目做多升值，如此索罗斯经过投石问路，试探性攻击，最后一击致命，大获全胜。每当大盘暴跌时，个股会出现泥沙俱下的场面，这和个股投资价值没关系，也和未来走势没关系，这只是偏见造成的羊群效应而已。

索罗斯说："这种现象为'自我强化'，即最终将成为自我拆台的连锁反应！索罗斯认为'自我强化'必然导致'大起大落'。"

索罗斯指出：完整的"大起大落"过程并不是俯拾即是，事实上它们是难得一见的；而且，大起之后也未必一定是大落。大落必须靠一些事件触发才会发生。

道氏理论：技术分析的重要手段

道氏理论有极其重要的三个假设，与人们平常所看到的技术分析理论的三大假设有相似的地方，不过，在这里，道氏理论更侧重于其市场涵义的理解。

假设1：人为操作（Manipulation）——指数或证券每天、每星期的波动可能受到人为操作，次级折返走势（Secondary reactions）也可能到这方面有限的影响，比如常见的调整走势，但主要趋势（Primary trend）不会受到人为的操作。有人也许会说，庄家能操作证券的主要趋势。就短期而言，他如果不操作，这种适合操作的证券的内质也会受到他人的操作；就长期而言，公司基本面的变化不断创造出适合操作证券的条件。总的来说，公司的主要趋势仍是无法人为操作，只是证券换了不同的机构投资者和不同的操作条件而已。

假设2：市场指数会反映每一条信息——每一位对于金融事务有所了解的市场人士，他所有的希望、失望与知识，都会反映在"上证指数"与"深圳指数"或其他的什么指数每天的收盘价波动中；因此，市场指数永远会适当地预期未来事件的影响。如果发生火灾、地震、战争等灾难，市场指数也会迅速地加以评估。在市场中，人们每天对于诸如财经政策、扩容、领导人讲话、机构违规、创业板等层出不尽的题材不断加以评估和判断，并不断将自己的心理因素反映到市场的决策中。因此，对大多数人来说市场总是看起来难以把握和理解。

假设3：道氏理论是客观化的分析理论——成功利用它协助投机或投资行为，需要深入研究，并客观判断。当主观使用它时，就会不断犯错，不断亏损。我可以再告诉大家一个秘密：市场中95％的投资者运用的是主观化操作，这95％的投资者绝大多数属于"七赔二平一赚"中的那"七赔"人士。

道氏理论包含以下基本观点：

1. 股票市场是商业运行和变化的晴雨表

汉密尔顿在《股票市场晴雨表》中提到：道氏理论有意识地创造了一种科学而又实用的晴雨表规则，认为晴雨表具有预测的特有功能，这是它的价值所在，也是道氏理论的价值所在。股票市场是美国乃至全世界商业市场运行和变化的晴雨表，同时道氏理论告诉了我们如何对它们进行分析。由此可见，道氏理论的基本思想是认为股票市场的变动和兴衰能够对商业市场的运行与变化做出预测。汉密尔顿还认为：股票交易所的交易规模和交易趋势代表了华尔街对市场的过去、现在和未来的所有理解。市场中所出现的任何细微消息都会在整个股票市场的运行和变化中反映出来，同时市场行为对消息的反应也就是市场对消息的理解。同时，道氏理论还认为，市场总的基本趋势（主要趋势）是无法通过人为进行操纵的。

2. 股票市场上平均价格的变化状况能够包容和消化一切因素

道氏理论的追随者认为，市场中平均价格的变动趋势是非常重要的，市场能够反映影响股票价格的所有信息。道氏理论认为股票市场作为一个市场整体，它的运行方式永远是正确的。道氏理论认为市场中平均股票价格包含的信息远远超过了个体投资者对市场的理解，它的运行是市场中所有信息的反映。

3. 关于股票的价值和价格

汉密尔顿认为，股票的"市场价格"就是对公司价值的最好度量，这一观点在他的《股票市场晴雨表》中已经有所体现。在该书中他认为：股票市场的价格在调整中已经反映了当前已知的所有信息。自由市场中在对股票的价格进行评估时会自然而然地想到再生产价值、特许经营权、路权、商誉以及不动产价值等一切能够反应股份公司的信息。由于市场中的信息是层出不穷的，作为一种对资产价值的估计，它在公布的时候甚至在公布的前几个月里都已经是过时的了，即使使用的公布方法是基本公正和有效的。至于股票市场中出现的水分，汉密尔顿是这样解释的，即"股票水分"是股票"预期增长的价值"，随着股票市场的不断运行，这些水分最终会在股票市场中被蒸发掉。可见，道氏理论也包含了股票增长价值的思想，但这一思想并不排斥股票基本价值的概念，而是认为股票价值的决定因素是多方面的。这一思想包含了"有效市场"的概念，这也是道氏理论与其他纯技术分析理论不相同的地方。

另外，汉密尔顿还认为"股票的市场价格等于其价值"这一命题的成立是有条件的，即"市场价格"必须是由通过市场的自由交易而形成的价格，而不是由垄断交易形成的价格，这一思想又包括了"市场并非永远有效"这一含义。汉密尔顿还论述了市场失灵的几种状况，同时他也总结了进行股票投资的两种重要方法，即抛售高潮时买进和相对分散的投资，这种观点与基本分析流派的思想方法以及现代证券投资理论的思想方法是相通的。

4. 股票市场的变动趋势

股票市场的变动趋势是道氏理论的主要组成部分。道氏理论认为，虽然股票市场存在千变万化，但和经济发展的变动状况一样，这种变化具有一定的周期性。道氏理论对趋势的定义是：只要相继的上冲价格波峰和波谷都相应地高过前一个波峰和波谷，市场就处于上升趋势之中，换言之，上市趋势必然体现在依次处于上升状态的波峰和波谷上；相反，下降趋势则依次体现在下降的波峰和波谷的。道琼斯在其1902年发表的著作《运动中的运动》一书中将趋势定义为三类，即主要趋势、次要趋势和短期趋势。

主要趋势是指那些能够持续1年或1年以上的趋势，看起来像一个大潮，也叫做长期趋势、基本趋势。这一趋势包括上升趋势和下降趋势两种，长期趋势大约持续

1～4 年，股票价格上升和下降幅度一般超过 20％，其中上升的股市称为牛市，下降的股市称为熊市。

次要趋势是指那些能够持续 3 周到 3 个月的变动趋势，看起来像一个波浪，也叫中期趋势。次要趋势是对主要趋势的调整，且运动方向表现在与主要趋势相反，对主要趋势起到一定的牵制作用。次要趋势是长期趋势中牛市或熊市的正常整理状态，通常一个长期趋势中会有二到三个次要趋势出现。

短期趋势是指持续时间不超过 3 周的趋势，这一趋势看起来像波纹，其波动幅度比主要趋势和次要趋势更小。一般 3 个或 3 个以上的短期趋势可组成一个次要趋势。道氏理论认为，短期趋势的出现主要是受到偶然因素或者人为操纵的影响，这一趋势在股票市场的运行中并不是一个主要的趋势，可以不予理睬。

在以上三种趋势中，最重要的是主要趋势，这个趋势决定了证券价格的基本变化方向。道氏理论认为，在股票市场的运行中，长期趋势和中期趋势是可以预测的，而短期趋势则变化莫测，难以预测。

道氏理论认为，股票市场的主要趋势通常包括三个阶段，第一个阶段是累积阶段。此时，股票的价格处于盘整时期，聪明的投资者在得到信息并进行分析的基础上开始对股票进行买入。第二个阶段为上涨阶段，这时，更多的投资者根据分析和财经消息开始参与股市，股票的价格快速上扬，许多技术性顺应趋势的投资者开始买入，此时的趋势尽管是上涨的，但也存在股票价格暂时的修正和回落。第三个阶段为最后一个阶段，大量的投资者积极入市，股票市场异常活跃，市场价格达到一个顶峰后又会出现一个积累期，在这一时期，投机性的交易量也会日益增长。

5. 股票市场的周期性变化

道氏理论认为，周期性是股票市场的重要变化特点。汉密尔顿就是一个股票市场周期性的追随者，他认为：由于理论的实用主义基础依赖于人性本身，繁荣会促使人们对股票市场的过度疯狂，并且投资者会最终为这种行为付出代价，由此导致股票市场的萧条。在股票市场的运行中，重新的调整是必不可少的。另外，技术分析学派的学者认为，股票周期运动的模式是不会变化的，但汉密尔顿反对严格的股市周期论，反对按照严格的周期性理论对股票市场的运动进行预测，股票市场是牛市和熊市不断交替的，但周期的长度是无法预测的。在美国股市中，牛市的持续时间和幅度一般都大大超过熊市，牛市是美国股票市场的常态，其总体趋势是向上的。

箱体理论：如何捉摸到触顶与触底

箱体理论，主要描述的是股票在运行过程中，形成了一定的价格区域，也就是说股价是在一定的范围内波动，这样就形成一个股价运行的箱体。当股价滑落到箱体的底部时会受到买盘的支撑，当股价上升到箱体的顶部时会受到卖盘的压力。一旦股价有效突破原箱体的顶部或底部，股价就会进入一个新的箱体里运行，原箱体的顶部或底部将成为重要的支撑位和压力位。因此，只要股价整体上扬，基本符合股民心里所想象的另外一个箱子，就应买进；反之应卖出。

箱体理论的优势在于它不仅仅是以整个的所有K线数据作为研究对象，而且以一天或几天的K线数据为研究对象，因而决策的信息量更大、数据更加准确和详细。箱体理论的精髓在于，股价收盘有效突破箱顶，就意味着原先的强阻力变成了强支撑，而股价必然向上进入上升周期。只要技术指标盘中不即时显示箱顶标志，持仓待涨应该是个不错的选择，尤其当股价势头明显时。同理，当上升中的股价出现箱顶标志后开始出现下跌，以后很可能会下跌或整理一段较长的时间，将时间或精力耗在其中是件不明智的事情，但往往对此前景投资者是无法预测到的。突破（跌破）强阻力（支撑）必然上涨（下跌）寻强阻力（支撑），突破上箱底进入上箱寻顶，跌破下箱顶进入下箱寻底。

箱体理论的基本特征是：股价涨至某一水准，会遇到阻力，跌至某一水准，则遇到支撑。自然而然使股价在某水准间浮沉。股价趋向若确立为箱形走势，每当股价到达高价附近，卖压较重，自应卖出股票；当股价回到低点附近，支撑力强，便是买进机会。这种短线操作可维持至股价向箱体上界限或下界限突破时，再改变操作策略。

股票箱体就是把股票的高点做顶，低点做底，在一个涨跌的周期里画成一个方形的箱，这就是股票箱。箱体整理指股票在箱体内运动时，在触到顶部区（或箱体的高位区）附近即回落，触到底部区（或箱体的底位区）附近即反弹。当上升中的股价在箱顶开始出现下跌，以后很可能会下跌或整理一段较长的时间。箱体都有其头部与底部，头部就是箱形的压力，而底部就是它的支撑。这一套是短线操作法的理论依据，在于不买便宜的股票，只买会涨的股票（要站上箱体之上）。实战中的操作方式是：设定好现在箱体的压力、支撑后，就可以在箱体内，短线来回操作，不断来回进出，从中赚取差价，然后随时留意箱体的变化，并比对上、下两个箱体的位置，亦即支撑与压力会互换，行情往上突破，当初的压力就变支撑，行情往下跌破，当初箱型的底部支撑就变成目前股价的压力，当箱体发生变化之后，投资人必须在新的箱体被确认后，才可以在新的箱体之内短线操作。

谈及箱体理论，美国股市的一位传奇人物，尼古拉斯·达瓦斯不得不提。他在50年代中期，用短短的三年时间，以少量的资金在股市中赚得了200万美元。尼古拉斯·达瓦斯成功的要诀在于，他经历了操作的挫折后，总结出一套行之有效的方法，即箱体理论。

很多投资者可能不以为然，因为在很多投资者眼中，箱体理论并不是一个多么复杂的理论，而且似乎是人人都能理解的理论。人人都懂箱体理论，但很少有人赚钱。这是为什么？因为你的操作是错误的。

箱体理论中，箱底买入，箱顶卖出的操作是错误的吗？是的，是错误的。实际上尼古拉斯·达瓦斯的箱体理论，是按照箱顶买入，而在更高的箱顶卖出的原则来操作的。也就是说尼古拉斯·达瓦斯买入的时候，实际上是在选择突破点。

举例说明：为了方便表述，用五个过程表示一个箱体。①从3元涨至5元，②从5元跌至3元，③又从3元涨至5元，④又从5元跌至3元，⑤又从3元涨至5元。我们分析这五个过程中特定位置的市场情况。受图形造成的心态变化影响，从③开始，3元处买盘变强，5元处卖盘变强，而且越来越强。到⑤中3元处是五个过程中买盘最强，⑤中5元处是五个过程中卖盘最强。尼古拉斯·达瓦斯的操作是选择那些在⑤中5元处，卖压最大但不跌反涨的股票，那表明一定有大资金在此位置承接压力，导致市场买卖双方力量发生变化，上涨的概率极大。正确的操作是在⑤中5元处，观察是否有强势支撑，来决定是否买入。这才是箱体理论的原意。

而箱底买入则仅是对箱体的一种猜测，是一种赌博的心态。箱体理论的最后一个箱顶实际上起到的是缓冲顶部和洗盘清理浮码的作用。箱体理论的熟练运用，需要对市场有较深的理解。由于构筑箱体的股票，通常都是长线个股，主力都实力非凡，可以借助他们预测大盘。

箱体理论将股价行情连续起伏用方框一段一段的分开来，也就是说将上升行情或下跌行情分成若干小行情，再研究这些小行情的高点和低点。上升行情里，股价每突破新高价后，由于群众惧高心理，极可能发生回跌，然后再上升，在新高价与回跌低点之间就形成一个箱子；在下跌行情里，股价每跌至新低价时，基于强反弹心理，极可能产生回升，然后再趋下游，在回升之高点与新低价间亦是形成一个箱子，然后再依照箱内股价波动情形来推测股价变动趋势。由于股价趋势冲破箱形上界限，表示阻力已克服，股价继续上升，一旦回跌，过去阻力水准自然形成支撑，使股价回升，另一上升箱形又告成立。

因此，股价突破阻力线回跌时，自然形成一买点，此时买进，获利机会较大，风险较低。相反，股价趋势突破箱形下界限时，表示支撑已失效，股价继续下跌，一旦回升，过去支撑自然形成阻力，使股价回跌，另一下跌箱形成立。因此股价跌破支撑而回升时就是卖点，而不适于买进，否则亏损机会大，风险同样增加。

量价理论：成交量表现股价趋势

量价理论，最早见于美国股市分析家葛兰碧（Joe Granville）所著的《股票市场指标》。葛兰碧认为成交量是股市的元气与动力，成交量的变动，直接表现股市交易是否活跃，人气是否旺盛，而且体现了市场运作过程中供给与需求间的动态实况，没有成交量的发生，市场价格就不可能变动，也就无股价趋势可言，成交量的增加或萎缩都表现出一定的股价趋势。

量，指的是一只股票的单位时间的成交量，有日成交量、月成交量、年成交量等；价，指的是一只股票的价格，以收盘价为准，还有开盘价、最高价、最低价。一只股票价格的涨跌与其成交量大小之间存在一定的内在关系。投资者可通过分析此关系，判断形势，买卖股票。

成交量几乎总是先于股价，成交量为股价的先行指标。在量价理论里，成交量与股价趋势的关系可归纳为以下八种：

1. 量（成交量）涨价（股价）涨，即所谓的有价有市。

2. 量平价涨，股价创新高，但成交量确没有创新高，则此时股价涨势较可疑，股价趋势中存在潜在的反转信号。

3. 股价随成交量递减而回升，显示出股价上涨原动力不足，股价趋势存在反转信号。

4. 股价随着成交量递增而逐渐上升，然后成交量剧增，股价暴涨（井喷行情），随后成交量大幅萎缩，股价急速下跌，这表明涨势已到末期，上升乏力，趋势即将反转。反转的幅度将视前一轮股价上涨的幅度大小及成交量的变化程度而定。

5. 股价随成交量的递增而上涨的行情持续数日后，一旦出现成交量急剧增加而股价上涨乏力，在高档盘旋却无法再向上大幅上涨时，表明股价在高档卖压沉重，此为股价下跌的先兆。股价连续下跌后，在低档出现大成交量，股价却并未随之下跌，而是小幅变动，则表明行情即将反转上涨，是买进的机会。

6. 在一段长期下跌形成谷底后，股价回升，成交量却并没因股价上升而递增，股价上涨行情欲振无力，然后再度跌落至先前谷底附近（或高于谷底）时，如第二谷底的成交量低于第一谷底，则表明股价即将上涨。

7. 股价下跌相当长的一段时间后，会出现恐慌性抛盘。随着日益增加的成交量，股价大幅度下跌。继恐慌性卖出后，预期股价可能上涨，同时因恐慌性卖出后所创的低价不可能在极短时间内突破，故随着恐慌性抛盘后，往往标志着空头市场的结束。

8. 股价向下跌破股价形态趋势线或移动平均线，同时出现大成交量，是股价下跌的信号。

第四章

钱生钱的密码：滚雪球的投资方法

投资理财更多的是一种投资方式，是一种观念。过去中国老百姓投资的方式就是存银行，已经形成了这种习惯。但是储蓄本身要抵御通货膨胀恐怕很难，投资本身有一个目标就是保值，然后再去增值，然后平衡我们一生的收支。

——王在全　北京大学投资理财中心主任

资金的时间价值原理

所谓资金的时间价值，是指一定量资金在不同时点上的价值量的差额。举例来说，如果你曾经以银行按揭贷款的方式买房或购车，当你还款结束时，你所支付的货币资金之和，将远大于当初你从银行取得的贷款。我们将多支付的这部分资金被称为利息，而利息的存在，则部分反映了资金的时间价值。

资金为什么会有时间价值，我们可以从两方面进行理解：首先，随着时间的推移，资金的价值就会增加。这种现象叫资金增值。从投资者的角度来看，资金的增值特性使资金具有时间价值；其次，资金一旦用于投资，就不能用于现期消费，牺牲现期消费的目的是能在将来得到更多的消费，这也是一种机会成本。因此，从消费者的角度来看，资金的时间价值体现为对放弃现期消费的损失所做的必要补偿。

资金的时间价值，有大有小，而这取决于多方面，从投资者的角度来看主要有：

（1）投资利润率，即单位投资所能取得的利润；

（2）通货膨胀因素，即对因货币贬值造成的损失所做出的补偿。近些年通货膨胀趋势较为和缓，根据国家统计局公布的 2013 年相关数据显示，2013 年全国居民消费价格总水平同比上涨 2.6％，即使如此，通货膨胀因素仍不容忽视；

（3）风险因素，即因风险的存在可能带来的损失所做的补偿。

具体到一个企业来说，由于对资金这种资源的稀缺程度、投资利润以及资金面临的风险各不相同，相同的资金量，其资金时间价值也会有所不同。

财务环节都在强调应收账款中回款的重要性，其中的重要原因是资金对于企业来说具有极大的时间价值，而不仅仅是以按照银行利率所计算的资金占用成本所能够弥补的。

在现实中我们经常会发现，一方面我们存在大量的资金（应收账款）被外单位无偿占用的情况，另一方面一些收益丰厚的项目无钱可投，所遭受的损失是该项投资的收益，以及占用时间内的通货膨胀率等，都是该笔应收账款的时间价值。

同时，应收账款没有及时回收还存在一定的风险性。应收账款作为一项被外单位占用的资产，在收取款项上债务人比债权人具有更大的主动权。应收账款的这种不易控制性，决定了应收账款不可避免地存在一定的风险，这种风险同样是其时间价值的构成因素。

对于企业而言，企业的盈利是靠资金链一次一次地形成和解脱积累形成的。在每一次有利可图的情况下，循环的时间越短越好。要实现利润的最大化，企业追求的应是资金循环的每次效益与资金循环的速度之积最大。

然而，如果企业存在大量应收账款，必然使企业的资金循环受阻，大量的流动资金沉淀在非生产环节，不仅使企业的营业周期延长，也会影响企业的正常生产经营活动，甚至会威胁企业的生存。特别是对于民营企业，由于银行融资相对困难，一旦出现应收账款迟迟不能收回的情况，便很有可能导致资金链的断裂，这时即使企业拥有良好的赢利能力，其生存也会受到严重影响。

不少企业的眼光只是盯住了利润，殊不知资金回款的及时性则关系着企业的生存。作为投资者必须要明确，资金的时间价值绝不仅仅是银行贷款利率所能够完全揭示的。

避免急功近利的短期操作

金融巨鳄索罗斯被认为是短期投资的高手，这往往给别人一种印象，认为索罗斯是标准的投机客，一定很缺乏耐心，专走短线。这其实是一种误区，他的确擅长短线投资，但是他也关注长期。

在投资市场上，需要的是稳健的长期投资，急功近利只会使投资者承担的风险更大。急功近利的短期炒作也许能赚到一点小钱，但却赚不到大钱。

短期炒作的关键在于快进快出，在频繁的交易中迅速地赚取差价。并不是说完全要杜绝短期操作，但在短期操作中盈利，这要求操作者的技术水平非常高。影响股价的因素千变万化，有宏观的、微观的、国内的、国外的。在错综复杂的情况下，任何一个不期而至的消息，都有可能彻底改变股市的走势。假如投资者稍有疏忽，就会掉入股市的陷阱，最终前功尽弃，甚至是血本无归。

短期炒作有其弱点，表现为投资是一个依靠复杂的分析和抉择的过程，在做每一项投资决策前，投资者需要从产品、市场、企业、政策等制约股价走势的各方面进行考虑，这需要付出相当多的时间和精力。要想在短时间内做出周全的考虑几乎不可能，既要频繁进出，又想不耽误日常的事务，必然会掉入自己设置的绳索里。股票投资的最大错误就是幻想着市场会跟自己的意愿运行，万一出现跟意愿背离的走势便没有资金和时间去降低亏损了。导致投资者越陷越深，最后彻底被市场吞灭。

从理论上讲，投资者想要通过短线投资取得良好的收益，必须具备以下条件：一是要准确把握住出入市的时机；二是要跟上市场热点的切换；三是信息要及时、准确；四是要有足够的时间投入。

一个华尔街的投资家曾经说过，短期投资是投票机，长期投资是称重机。短期内出现波动的情况经常存在，频繁地进行买卖，就可能会出现高点买进、低点卖出的局面，影响投资的收益，还增加了被套牢的风险。

但我们会发现，大多数的人还是选择了短期炒作。分析这一原因，就会了解很多的投资者对股市有着极大的恐惧心理，他们认为股市是变化万端的，比如他们在短期内获得一些利润的时候，就会被一种患得患失的心理左右着，这种情绪使他们昼夜难安，始终处于反反复复的衡量和思考中。在这种情绪的影响下，他们往往会抛售股票，以达到规避风险的目的。在他们看来，运用短线操作或者是在股市中频繁出入，是风险最低的投资方式。

事实的确如此，如果对某只股票缺乏足够的认识，那么这种心理就是自然而然的了。投资大鳄索罗斯分析，在实际的投资市场上，投资者由于对投资风险的无知造成对市场的恐惧，时刻对市场的逆转担心。所以短线投资的结果，往往是使投资者对市场整体的把握出现偏差，导致产生买在高处和卖在低处的问题，使最终的利益受损。

不单是索罗斯，在其他投资大师们眼中，短期炒作都应该是投资者尽量避免的行为。巴菲特对短期投资就给了这样的忠告：没有任何一个投资者能够成功预测股市在短期内的波动走向，对股市的短期波动进行预测是一种幼稚的行为，投资者应当尽量避免运用这种投资方式。

当然，我们也不能走向另一个极端，短线炒作就完全不可取吗？不是这样的。要想通过短线操作的方式来获取最大的收益，强势股就成了首选，只有强势股才能给短线操作赢得获利空间，但从价值角度来看，那些强势股票的价格已经都远远地超出其内在价值，越过安全边际的防线，这需要承担更大的风险。如果出现意想不到的利空时，强势股下行空间远远地大于在安全边际附近的弱势股，投资者便会在炒作过程中不知不觉地被卷入股海。

不过，也有投资者认为，短线操作的利润率比长期投资要高。他们把这种短期利润看作是成功的标志，甚至标榜自己的能力超过索罗斯和巴菲特。事实上，超过索罗斯和巴菲特的投资者恐怕并不多。

很多投资家都反对短期炒作行为，认为这是对市场没有益处的做法。一个真正懂得投资的投资者，从来不去追逐市场的短期利润，也从不因为某一个企业的股票在短期内出现涨势就去跟进。索罗斯曾告诫投资者说："希望你不要认为自己拥有的股票仅仅是市场价格每天变动的凭证，而且一旦某种经济事件或者政治事件使你焦虑不安就会成为你抛售的对象。相反，我希望你们将自己想象成为公司的所有人之一。"这个忠告给广大投资者以极大的提醒和震撼。

避免急功近利的短期操作，这是建立在对投资十分了解和胸有成竹的基础上，她能够帮助你在投资市场上培养出冷静理智的投资心理，以应付不断变化的市场。

复利是投资成功的必备利器

复利的通俗说法就是利上加利，是指一笔存款或投资获得回报之后，再连本带利进行新一轮投资的方法。复利的计算是对本金及其产生的利息一并计算，也就是利上有利。本利和的计算公式是：投资终值＝P×(1＋i) n，其中 P 为原始投入本金，而 i 为投资工具年回报率，n 则是指投资期限长短。

有一个古老的故事，说的是印第安人要想买回曼哈顿市，到 2000 年 1 月 1 日，他们得支付 2.5 万亿美元。而这个价格正是 1626 年他们出售的 24 美元价格以每年 7％的复利计算的价格。在投资过程中，没有任何因素比时间更具有影响力。时间比税收、通货膨胀及股票选择方法上的欠缺对个人财产的影响更为深远，要知道事件扩大了那些关键因素的作用。

以股市投资为例，如果投资者以 20％的收益率进行投资，初始投资为 10 万元，来看一下他的赢利情况。

年份	资金额（万元）	累计收益率（％）
1	12	0.2
2	14.4	0.44
3	17.28	0.728
4	20.73	1.07
5	24.88	1.488
6	29.8	1.98
7	35.83	2.58
8	42.99	3.29
9	51.59	4.15
10	61.9	5.19
11	74.3	6.43
12	89.16	7.91
13	106.99	9.69
14	128.39	11.8
15	154	14.4
16	184.8	17.48

上面我们计算了以 10 万元投资作为基数，投资 16 年来的收益情况，如果平均一下，这 16 年的年收益率竟然达到 109％。假如你现在只有 30 岁的话，还有至少 40 多年的投资时间，仍然按照目前的收益率，从 10 万元开始算的话，你 40 多年后的收益就会是相当可观的。

再假如，如果你的初始投资为 10 万元的话，如果你的年收益率是 30％的话，持有 16 年后，你的收益为 678.4 万元，假如再投资 40 年就是 2450.3 亿元，按照目前的汇率 1：7，你就拥有 350 亿美元，假如 40 年后汇率变为 1：12 的话，你就拥有 1225.15 亿美元的财富，这看起来是不可思议的吧。

但问题在于，很少有人有这个耐心。你要坚持投资 50 多年，这期间肯定绝大多数投资者会做其他很多事，比如消费，犯错误。此外寻找长期收益率超过 30％的投资业务也是很困难的一件事。

也许有人会质疑，短线投机的复利力量不是更大吗？答案是肯定的，但是前提是你的短期投机的次数要足够得少，失败的损失要足够得小，但是市场是很难预期的，而短线却恰恰依赖于精确的判断。

每天的投资行情，我们只能靠企业的成长获得可靠的收益，忽略中间的过程，只重视结果。所以短线客大部分都是不能赚钱的，而价值投资者却往往领先这些短线投机者。

如果是一个刚工作的年轻人，每年节省下来几万块钱，放在比较稳健的长线股里，在复利的作用下，就能使个人在中年或老年时轻松积累巨额的财富。如果他能够每年多投入几千元，那么退休时的财产积累将会更多。如果通过个人财富管理能够多获得几个百分点的收益率，最终他的财富将成倍增加。

复利的关键是时间。投资越久，复利的影响就越大。而且，越早开始投资，你从复利的效果中赚得越多。所以，只要拥有耐心、勤勉的投资努力，任何人都能够走上亿万富翁之路。

运用杠杆原理实现投资

用小钱赚大钱，这门技术就运用到了杠杆原理。从某种程度上来说，杠杆原理的使用可以增加你的购买力，使你不断增加自己的财富。

在投资过程中运用杠杆原理，远比你想象得要普通，比如说，当你进行抵押贷款的时候，你实际上是在运用杠杆原理来支付你无法用现金兑付的某样东西，而当你偿付了抵押贷款后，你就可以在资产卖出中获取利润。此外，投资者也可以将杠杆原理运用到股票投资的保证金交易中。在这个场合中，可以用自己的钱加上从股票经纪人那里借来的钱来购买股票。如果股票上涨，你可以卖出而获取盈利，然后将借的钱和借款利息归还，剩余的钱投资者便可以收入囊中了。

　　用自己很少的钱进行投资，使用杠杆原理，你可能会比正常投资所获得的回报更多。举一个例子来说，如果你自己出 5000 美元，又借了 5000 美元做一笔 10000 美元的投资，然后又以 15000 美元出手，那么你赢利的是以 5000 美元赚取了 5000 美元，换句话说，你的投资回报率是 100％。如果没有采用杠杆，你全部用自己的钱来投资，则只是在 10000 美元的投资基础上实现了 5000 美元的赢利，或者说是获得了 50％的回报率。这就是拿银行的钱去赚钱的投资杠杆方法。

　　从投资理财的角度去看，如果你的资产回报率高于你的融资成本的话，你就尽可能地去银行借钱，利用杠杆挣钱。银行的钱有助于你的自有资金发挥四两拨千斤的效果，大大提升你的自有资金回报率，获得远超越市场平均收益率的回报。

　　以房产投资为例，在过去的几年时间里，上海房价平均每年上涨 15％以上，假如你在前几年做了小户型房地产投资，每年的投资回报在 15％，也就是说在买房子时，70 万元的房子，三年后可能价值上涨到 105 万元。如果三年后以 105 万元抛出手上的房产，所获得的毛利是 35 万元左右，扣除税收及费用，获利 30 万元。此外，三年来的房租回报率按 5％算，约在 10 万元左右。加在一起，三年来，你的房产收益可达到约 40 万元。

　　再从投资的角度来看，如果当初你是全部自己付清房款，那么需要付款 70 万元，三年的房产收益约在 40 万元。也就是说，这三年来你的回报率约是 60％，年回报率是 20％。

　　如果你当初是从银行获得 70％的按揭贷款，三成首付，那么你自付资金只是 21 万元，加上税费等也就在 23 万元左右。这与你目前所获得的收益 40 万元相比，你的自有资金回报率接近 200％！也就说，你用 23 万元钱，在三年内赚到了约 40 万元，你的年回报率在 60％！3 倍于你全额付款的投资回报，或者理解为用 70 万元可以买三套同样的房产，投资利润可以做到 3 倍。

　　任何事物都是具有两面性的。虽然在投资中运用杠杆原理会增加投资者的收益，但也会给投资者带来巨大的风险。因为一旦拖欠贷款，即便是你以前一向有规律地支付贷款，贷方也会收回你的房屋。因为投资杠杆一般要求你抵押一定价值的物品来把握你的财务合伙人投入资金数量的风险。如果你卖出的资产总额不足以偿还借贷，那么你仍然应该向贷方支付剩余的款项。

　　如果你以保证金来购买股票，一旦你的股票跌至低于相应的购买价格所预先设定的百分比，你必须上缴一定数额的保证金，以便你的股票经纪人的那笔钱不处于危险之中。况且如果你割肉的话，你仍然必须偿付全额的保证金。这些都是运用杠杆所遇到的可能风险。

　　运用杠杆性投资的波动越大，带来巨大损失的风险性越高。作为投资者，必须要记住，如果遭遇下行，杠杆原理会让你损失的钱会比你的投资还多，而这种情况在没有运用杠杆性投资的时候是不会发生的。

懂得合理避税

关于避税，有些人不太懂，甚至认为这是违法犯罪的事情。守法的老百姓怎么能去做这种事情呢？对避税的问题，需要正面看待。避税，简单来说就是通过一定方式减少税收支付。减少税收支付的手段也有多种多样，例如：偷税、漏税、避税、节税等。避税只是其中一类。偷税、漏税，这是不值得提倡的违法行为。但是，我们所要强调的，是在法律无明文禁止的前提下合理避税。

所要避的税也有不同类型。比如，有政府提倡的，有政府不鼓励的，有政府正在研究对策制定新法律法规制止的。我们在这里主要讲的是前两种。我们所讲的合理避税是指符合政府税收立法意图，以合法的方式比较决策，避重就轻，减少其纳税义务的行为。判断避税是否合法的依据就在于政府是否承认纳税人有权对自己的纳税义务、纳税地点进行选择。通过以上分析，我们就知道了合法避税就是税收筹划。

合理避税有如下特点：

（1）合法性。强调合法性，就是说合理避税只能在法律许可的范围内进行，违反法律规定的任何逃避税收的行为，属于逃税行为。现实生活中，企业在遵守法律的情况下，常常有多种税收负担高低不一的纳税方案可以选择，企业可以通过选择本企业最低的税负方式，以此来降低税收负担。

（2）超前性。纳税行为本身具有一定的滞后性，比如说企业交易行为发生后，才缴纳流转税；企业或个人收益实现或分配后，才缴纳所得税；财产取得之后，才缴纳财产税，这就在客观上提供了事先做出合理避税的可能性。另外，经营、投资和理财活动是多方面的，税收规定则是有针对性的，纳税人和征税对象不同，税收规则也往往不同，这就向纳税人表明可以选择较低的税负决策。

（3）目的性。选择避税具有较强的目的性，这里面包含两层意思：一层意思是选择低税负。低税负意味着低税收成本，高资本回收率；另一层意思是滞延纳税时间（有别于违反税法规定的欠税行为）。纳税期限的推后，也许可以减轻税收负担（如避免高边际税率），也许可以降低资本成本（如减少利息支出），不管哪一种，其结果都是税收支付的节约，即节税。

关于合理避税，很多人容易将它和逃税混为一谈，其实这两者是有本质区别的。合理避税是政府所鼓励和提倡的。逃税是指纳税人故意不遵守税法规定，不履行纳税义务的行为。广义上逃税还包括纳税人因疏忽或过失没有履行税法规定的纳税义务的行为。

法律术语中不包含逃税的名词，广义的逃税，应包括偷税和抗税。后者已经是犯罪，严重扰乱了社会的秩序。偷是秘密的，抗是公开的，但性质无大区别。但依据我国税法及有关规定，可概括出以下几点：

（1）逃税为法律明文规定禁止，它是一种违法行为。

（2）依法纳税是每个纳税人应尽的义务。

（3）扣缴义务人须依法代扣、代收、代缴税款。

（4）对逃税者采取一定的行政措施。

作为投资者，千万要在法律许可的范围内合理避税，不能逃税，做个守法奉公的投资者。

定期定额的投资方法

采取定期定额投资，是指定期用约定的扣款额进行投资，它的最大好处是平均投资成本，避免选时的风险。通过定期定额投资计划购买标的可以聚沙成塔，在不知不觉中积攒下一笔不小的财富。定期定额的投资方式，因为简单不繁复，因而被人称之为"傻瓜投资术"。即使是这种"傻瓜投资"，实际上也没有大家理解中的那么傻，有不少投资窍门可以提高投资效率与报酬率。

一提到定投，人们首先想到的是基金。但事实上，除了基金之外，不少理财产品都已成为定投的对象。比如储蓄，把平时运用到生活必要支出之外的资金积攒下来，以小变大，获得利息收益的同时，通过定投养成良好的投资习惯。以储蓄投资来说，储蓄的方式不仅有定期储蓄，还比如：零存整取储蓄、定活两便等都可以达到定期定额投资的方式。

保险投资也可用于定期定额投资，如寿险有三种定投的类型，它们分别为：寿险储蓄型、寿险保障型、寿险分红型。根据自身及家庭的风险偏好程度选择不同的寿险产品，寿险的产品中既有养老医疗保险，还有子女教育、婚嫁、创业、投资等产品，产品种类丰富，有利于我们进行定期定额的投资工作，而不必费太多的心思。

再比如我们所熟悉的基金定投。开放式基金具有专家理财、组合投资、风险分散、回报优厚、套现便利的特点，定期定额投资开放式基金对于一般投资者而言，不必筹措大笔资金，每月拿出一点闲散金钱投资，不会造成经济上额外的负担。当基金净值上涨时，买到的基金份额较少；当基金净值下跌时，买到的基金份额较多。这样一来，"上涨买少，下跌买多"，长期以来投资者就可以有效摊低成本。

房产投资也有定投的影子。如今，利用房产的时间价值和使用价值获利的投资方式已逐渐被人们所接受，通过银行按揭贷款为家庭购置房产，每月缴纳一定的贷款本息，也可以算是一种不错的定期定额的投资方式。这种投资方式需要注意两点事项，其一房产不能购置太多，一个家庭两套房产比较适宜，自己住一套，一套用于投资，因为不动产投资变现能力较差，投资成本很高，贷款所缴纳的利息很多，所以适合有相当经济实力的投资者做中长期投资。其二房产投资应考虑市场价格、地理位置、周围环境、销售商资质、施工质量、配套设施、升值空间、租赁价格、利息支出等诸多因素，它同时面临投资风险、政策风险以及经营风险。

我们在投资时，一般都会考虑投资时点，而定投相对而言，不用过分考虑投资时点，只要对市场前景看好，就可开始投资，将人为主观判断的影响降到最低。定投的收益有复利效应，本金所产生的利息加入本金继续衍生收益，随着时间的推移，复利效果越加明显。定投适用于长期理财目标，充分体现投资的复利效果，在制定退休养老、子女教育等长期理财规划时，定投可以作为较为理想的投资方式。在投资市场上，一些商业银行推出的理财产品已经具备了这一特点，还采取了更加灵活的投资方式，可以自动按照客户指定的日期、指数、均线按照一定比例的金额进行每月定投申购，既提升定投申购的功能，又提高投资的效率。

定期定额投资可有效克服投资者对市场震荡的焦虑。绝大多数投资者往往是在市场最疯狂的阶段，大量买进；而在市场最低迷的时候，斩仓出局。"追涨杀跌"已经成了家常便饭，往往陷入投资亏损而影响心情乃至生活。而如果采用定期定额的投资方法，只需要每个月固定投资一笔钱在一个定投组合上，市场上涨时，定投会帮我们减少投资的份额，克服人们潜意识里的贪婪；市场下跌时，定投会帮助我们增加投资的份额，克服人们潜意识里的恐惧。假如市场真的是不可预测的，用这种方法没准我们可以捕捉到市场平均成本。假如投资者坚信市场的中长期趋势是向上的，如果我们能在一个估值相对合理的区域开始定投，然后经历市场低估、反弹，最后再在市场高估时选择抛出。那么，赚钱也并非是一件遥不可及的事情。

虽然说定期定额投资具有稳定性，但是当市场不好时，定期定额绩效难免受到影响，尤其是投资人若累积的时间不够长，或市场长久处于表现不佳的情况下，定期定额投资的基金还是会被套牢。这种情况下应该继续扣款，还是应该转移市场？这是很多投资人心中的疑问，尤其是看到报酬率连续几个月都赤字时更焦虑。

投资专家表示，这时可以先厘清以下问题再来确定怎么做：

1. 市场是否处于空头趋势

若是空头趋势，所有的投资资金都有可能同样面临套牢命运，投资者不必停扣，更没有必要转换投资品种从头开始。若为多头趋势修正，表示市场仍处于多头，投资者若因为一时的套牢就停扣，将非常可惜。

2. 该投资产品的基本面

若所投资的产业或区域的股市下跌，属于良性修正，基本面未转坏，投资者应该持续扣款，甚至把握机会利用单笔加码买进。反之，若是基本面出了问题，这时候投资人才应该考虑把手上的套牢投资资金，转换到其他未来较具上涨潜力的投资产品上。

持有时间决定着获利概率

北大投资课认为，优秀的投资者不必进行频繁的操作，他们照样能投资获利。喜欢频繁操作的投资者，在做出投资决策时要么考虑不周，对自己的决策信心不足；要么心理素质不高，容易被外界因素干扰，甚至怀有"这山望着那山高"的侥幸心理。

频繁的操作会给投资带来很多麻烦，甚至会导致整个投资的失败。市场中很多投资者，原本对市场走向判断准确，并且及时出手，抓住了不错的投资机会，却因为频繁地进出市场，而无形中提高了成本，没能获得本应到手的利润。在这些投资者尚未察觉频繁操作的危害时，索罗斯却已经看到了频繁操作的几大害处。

不少投资者容易被市场的价格波动所左右，频繁地买进卖出。更有投资者盲目将频繁的买卖操作当作具有高超投资技巧的一种表现。事实上正相反，频繁的操作正彰显了投资者经验缺乏，技巧拙劣。

其中最为明显的害处就是，频繁的操作会提高投资成本。在金融市场上进行投资活动，毫无疑问，每一个投资者的最终目的都是获取利润。为了利润的最大化，投资时花费的成本当然要尽可能地压低，这是所有投资者的共识。

遗憾的是，许多投资者在进行实际操作时，根本没有意识到节约成本的重要性。许多投资者在进行投资之前都会绞尽脑汁去思考如何降低投资成本，可一旦进入市场，就完全被上下波动的价格走势所左右，将之前计划的成本预算抛诸脑后，不停地围绕着价格进行频繁地买卖操作。他们就在这种无意识地行为中，把本应收获的利润，交给了政府和证券经纪人。当投资结束，投资者想当然地认为自己获利颇丰时，却在最终交割清算时发现，自己获得的投资收益仅仅足够支付交易税款和经纪人佣金，真正到手的实际利润大打折扣，少得可怜。

作为一名足够精明的投资者，会在进行投资决策之前对所要花费的成本进行周密的计算，当然也包括交易成本。所以，每次投资他都会尽量减少操作次数，以避免支付过高的交易费用。每次进入市场，投资者都应仔细分析，绝不能只看着市场行情走好就贸然进入。而即便是他已经找好了投资对象，制定好了投资策略，他也会耐心等待最好的投资价位，在行情到达了最合适的价格上果断出手，大量做空或做多。在他认为最佳的退出时机到来之前，他绝不会被市场正常的波动所干扰，而是静静观察市场走向，绝不贸然行动。在索罗斯的投资生涯中，大多数时候他只进行三次操作，一次用少量的资金探明市场走向，一次大量买进等待获利，最后一次获利了结退出市场。这样简单且没有重复性的操作，就可以把交易成本压到最低，避免一些不必要的损失，使利润达到最大化。

　　除了提高投资成本，频繁的买卖操作还有另一个很大的危害，那就是会导致投资机会的错过。金融市场时刻处于波动之中，要掌握一次真正的投资机会并不容易。所以，相比于交易成本的提高，失去一次不错的投资机会更不能被投资者所容忍。频繁的操作很可能会将原本的投资计划和投资项目全盘打乱，投资者会在频繁的操作中变得患得患失，只顾时刻盯紧证券价格的变化，而忽视了更重要的因素，平白丧失了获利机会。例如有许多投资者经过长时间的分析研究才找到一个好的投资机会，却往往由于在投入资金以后，对证券价格的变化太过敏感，一见有亏损便轻易采取了止损手段，或是在获得了少量回报后就急急忙忙了结退场。这些正是习惯于频繁操作的投资者容易犯下的错误。

　　很多投资者常常是在投资对象小幅升值以后，就开始害怕市场回调，损失已经到手的利润，于是将其持有的证券轻易卖出，觉得这样就可以先小赚一笔利润，同时还可以等价格降低以后再重新投入资金。可市场往往不会给他们第二次机会，价格并没有像他们预想的那样回落，而是在他们卖出以后持续走高。此时如果追高买入，就提高了成本，不但没能赚钱，反而亏蚀不少；如果死等价格回调，更可能就此失去这次投资获利的机会。

　　短线交易的难度其实更大于长线投资，即使运气好，也不过只能挣点蝇头小利。因为投资者缺乏足够的定力，常常在买进几天之后就匆匆卖出，然后再去寻找另外一只股票继续做短线投资。市场上经常可以见到的景象是，某位投资者在卖掉一只股票之后，它的价格很快就开始上涨，然后他就只能对着这只股票懊悔不迭。经过几次这样的交易后，投资者损失的不仅是宝贵的本金和交易成本，还有投资股票的自信。投资者心理上变得越来越脆弱，再也经受不住证券市场的任何风浪。

　　同时，频繁地进出操作还会牵制住投资者过多的时间和精力，使他们无暇顾及市场中的其他机会。优秀的投资者深谙这一道理，所以他们总喜欢将资金一次性大量投入到看好的投资对象，然后就是静待最佳退出时机的到来。在等待的时间里，他们从不会花心思去重复买卖，而是密切关注市场中其他的投资机会。

　　不少投资家都愿意长期持有某项投资品，关于这点，投资大师巴菲特曾这样解释说："如果你在一笔交易中挣了 125 美元然后支付了 50 美元的佣金，你的净收入就只有 75 美元。然而如果你损失了 125 美元，那么你的净损失就达到 175 美元。"

　　因为如果你全部的短期投资中只有一半能够赢利，那么你很可能由于佣金和交易费用的原因在长期中损失自己的全部资金。短期投机交易就失去了它身上的光环。人们已经完全明白骰子只能用于娱乐，你永远也不会通过掷骰子来赚钱。然而依靠时间，却能大大提高你的获利概率，为什么不这么做呢？

　　从上面这个现象可以看出如果投资者想通过短期的交易获得 8％ 的收益率的话，必须要有三次成功的交易才能补的上一次的失败交易。那意思就是，短期投资者必须保证 75％ 的交易是成功的才不至于损失。可见这个概率就变得很小了。因为股票市场是完全随机无法预测的，就像掷硬币游戏出现正面和反面的概率是一样的，下一桩股票交易的价格上升还是下降的概率也几乎完全一样。从长期来看，任何人在这样的游戏中都只有50％的概率能够赢利。

说明这样的情况很简单，假如你有10万元的初始资金，如果你在一年之内交易了100次，按50％的概率来算，平均每笔获利500元，那么意味着另一半每笔遭受500元的损失。到年终的时候，综合一年的赢利就会为零。这是理想的情况，实际上并非如此。假如再把你每笔交易（买卖）的佣金费用（50元）算进去的话，那么到年终时你的资金实际上已经损失了1万元。假如你这一年的眼光不错，投资盈利的概率在60％，那么就意味着你的这100次交易有60％都是赢利的，你还是处于亏损的边缘。假如你想获得10％的收益的话，这就要求你70％的交易都是能够赢利的，如果更有点野心，要达到年收益率到20％的收益，这时候你必须要有80％的交易都保证赢利才可能达到，而这样的投资赢利概率是比较低的。

短期交易会引起股票定价上严重的不一致性，从而导致投资者不理性的行为并滋生投资者对股市的片面理解。"只有理性的股东才能形成稳定的、理性的股价。"1988年巴菲特在给基金股东的一份信中这样写道。从整体的角度去看，股市交易就像是经济体系的一个巨大的抽水机，它将资金从生产领域抽出并投入金融领域。

投资期限越长越好，根据统计，当你一直持有投资，有2/3的时间你是会获利的。长期投资的另一个好处就是减少交易成本，许多人亏损就是因为交易太频繁，获利的部分都被金融机构以交易费的名义赚走了。

巴菲特曾经半开玩笑地说，美国政府应该对持有股票不超过一年的资本交易征收100％的税。"我们大多数的投资应当持有多年，投资决策应当取决于公司在此期内的收益，而不是公司股价每天的波动。"20多年前他曾对《奥马哈世界先驱报》说，"就像当拥有一家公司却过分关注公司股价的短期波动一样，我认为在认购股票时只注意到公司近期的收益一样不可思议。"

巴菲特曾说："考虑到我们庞大的资金规模，我和查理还没有聪明到通过频繁买进卖出来取得非凡投资业绩的程度。我们也并不认为其他人能够这样像蜜蜂一样从一朵小花飞到另一朵花来取得长期的投资成功。我认为，把这种频繁交易的机构称为投资者，就如同把经常体验一夜情的人称为浪漫主义者一样荒谬。"

普通投资者也许能从巴菲特的这些话中得到投资的一些启示吧。

在金融市场上，有一个非常普遍的现象，就是常赚钱者不常操作，常操作者不常赚钱。而索罗斯也曾说过这样一句话："工作量和成功恰好成反比。"这句话包含两层意思，一层是等待投资时机时要有耐心，要经受住时间的考验；另一层就是在投资时要减少操作次数，不要贸然进出市场。所以，频繁操作是投资者的大忌，一定要尽量避免。

有闲钱时是最佳的投资时机

有不少投资者总是寻找最佳的投资时机，实际上对于投资者来说，"有闲钱"的时候就是最佳的投资时机。所谓"闲钱"，指的是多余的、暂时不派用途的钱。这就是说，不要把养家糊口、养老防病、养育子女的钱全部用来投资，更不用说拿住房做抵押、拿银行贷款、拿从亲朋好友处借来的"违规资金"进行投资了。

用来投资的钱一定是"闲钱"，也就是一时之内没有迫切用途的钱。因为，如果投资者以家庭生活的必须费用来投资，万一亏损，就会直接影响家庭生计。或者，用一笔不该用来投资的钱来生财时，心理上已处于下风，因此在决策时亦难以保持客观、冷静的态度，在投资市场里失败的机会就会增加。

有一位李先生，他是一位普通的工薪人士，他的投资经验就很能说明问题。虽然工资收入不高，他却有着令人羡慕的基金投资业绩。自 2009 年 8 月认购上投摩根中国优势基金 3.5 万元，截至 2011 年 11 月 30 日，他的投资回报从最初的 3.5 万元升值为 9.61 万元，2 年零 3 个月的回报率达 177.81%。

如此高的投资回报率着实让人羡慕，对于李先生来说，他只是利用自己的"闲钱"投资，便获得了高额的投资收益。其实现在越来越多的人都意识到投资的重要性，也都想加入到这个队伍中来，但是，不知道自己什么时候进入这个神奇的投资领域中来，不知道什么时候是最佳的投资时机。

谈到投资时机，很多人都认为牛市是最佳的投资时机。确实是这样的，但是，对于还没有进入投资领域的人来说，当前市场是牛市还是熊市想必不好判断。即使是处于牛市，有些人还是不适合进入到投资的市场中来，像现在有不少人卖房炒股、借钱炒股，也要一定在牛市中分一杯羹，这样的冒险行为就不值得提倡。

2011 年 1 月份，在北京工作的高某听说中国宝安股价涨势很好，产生了投资该股的念头。但是他当时刚来北京，并没有什么闲钱，于是就跟朋友借了 5 万元投了进去。当时，中国宝安股价在 2011 年 1 月至 2 月间大幅飙升，短短一个月时间内，公司股价区间最大涨幅高达 91.35%。在此期间，机构席位出现在异动榜多达 12 次。资料显示，机构席位的异动绝非偶然。早在 2010 年年报披露中，中国宝安就是名副其实的基金重仓股，多达 80 只基金、券商机构持有该股，且不乏知名基金机构。高某看到了赚钱的时机，于是借了 50 万元的高利贷投资这只股票。心想着就一年，自己就撤出来，到时赚钱了之后就能把高利贷还上，自己还能有不菲的赢利。

谁曾想到，从 3 月份开始，石墨烯项目不断受到媒体质疑，中国宝安频频发布公告进行澄清。6 月 15 日，中国宝安还受到了深交所、深圳证监局的通报批评。该只股票的价格也急转直下，到 2011 年 12 月 22 日，中国宝安创年内新低，与 2 月 22 日最高时的 25.45 元相比，股价下跌超过六成。高某借钱致富的梦想破灭了，由此还背负了巨额的贷款。

从这个普通投资者的投资经历中我们可以看出，市场是否是牛市和投资产品的涨势如何，跟个人进不进入投资领域是没有直接关系的。具体到个人的最佳投资时机，不仅仅要看淡牛市如否，更要根据个人的资产情况，而不是看市场和投资产品的情况。那么，个人最佳的投资时机是什么时候呢？就是当你有闲钱的时候。

一旦你有闲钱时，就立即投资，而卖出的最佳时机，就是当你需要用到这笔钱的时候。这些年来，我们听过不少因为借债投资而导致投资失败的故事，令人不胜唏嘘。2003 年 9 月 4 日的《安徽商报》有则报道《男子跳楼是因为炒股亏了两百万》。该报道称：曾做过羽绒生意的黎某，将多方筹措来的 200 多万元赔进了股市。他妻子长期患病，一双儿女均未成年。9 月 2 日，黎某来到安徽医科大学附属医院外科大楼，想到背负债务和日后生活，绝望之下草草写了封信交待身后事，便纵身从四楼跳下。

无独有偶，2005 年 7 月 14 日，《重庆晨报》报道了另一位女股民要跳楼的事："昨天下午，在新华路证券公司交易大厅里，一中年妇女因为股票大跌，精神受到刺激，几度寻死……该妇女的丈夫接到消息，赶到了交易大厅。一见面，丈夫就控制不住情绪，想打该妇女。原来，该妇女因为炒股，已经把房子都卖掉了。"

如果你动用了必需的生活费和应急的钱投资，结果自然不够美妙。当你急着用钱时，必然要撤出投资的钱，这样你不但赚不到投资收益，甚至还会赔进手续费。只要不动用必需的生活费来投资，在生活上就不会出现财务危机，也不会在投资的过程中心生恐惧和焦虑。

在投资之前，你都要问你自己：你有多少闲钱可以用来投资？投资的过程是平和快乐的，享受投资收益的过程是愉快和幸福的。

用闲置资金去投资

在日常生活中，我们常常听到这样的话：撑死胆大的，饿死胆小的。正是带着这种侥幸心理，不少中小投资者将家中能收集的所有钱财，都用来投资风险产品，如股票。其实这种做法大错特错，当你购买具有风险的产品时，只有用闲钱投资才不会有心理压力。

生活中有人没有钱投资，甚至抵押出房子来炒股，就连信用卡都拿来套现炒股票，甚至于到超市购物都着急得要用股东卡来结账。他们把生活必需和必备资金拿去投资，这样的行为可以说是一种高度冒险的行为。看似勇敢的一个理财者，却犯了一个明显的错误，那就是走入孤注一掷的理财误区。

事实上，投资者应充分认识到"只要投资就会有风险"这个事实，在投资之前对投资的产品特点、种类等有充分的了解，不要盲目预期过高。事实证明，只有充分了解市场，了解公司和产品的潜力，才可以控制投资者选择的产品所要承担的风险。在这方面，赵先生做得很好。

赵先生家是典型的三口之家，拥有普通而又满足的工作与生活。一直以来，他都在浦东某食品公司从事管理工作，非常忙碌，加班也是常有的事。

"我搞投资，主要是因为自己喜欢，能从中感受到一种乐趣。"赵先生说，"就像有人喜欢玩，或者有人喜欢打牌或搓麻将一样。"平时，他会留意除了银行存款外，有没有其他收益率更高一些的理财产品。"我的理财规划很简单，一半存银行，一半买基金，用来投资的钱都是闲钱，不急着用。"

对于赵先生这样典型的工薪家庭来说，用来投资的钱都是平时的点滴积蓄积累起来的，所以他表示资产的安全性是优先要考虑的。"我的投资，很大成分上也是为了女儿的未来做准备。尽我的努力，为她未来的教育做好至少20万元的准备。"

因此，在2004年9月赵先生认购了上投摩根中国优势基金，当时大盘在1300多点。赵先生希望该基金每年能给他带来20%的收益率，他就很满意了，因为这个数字已是银行存款利息的10倍多。

赵先生表示，投资在基金上的钱本来就是闲钱，只有发现自己所选择的基金不好才要赎回。对于表现很好的基金，就没有必要赎回，因为赎回后还要再去选择其他基金，还不如持有不动更合适。至于低买高卖方面的技术操作，他认为80%不准确，如果准确率高的话，就人人都会发财了。因此，他投资基金的方法就是简单地长期持有，结果取得了远远超过自己当初期望的收益率。

对普通投资者而言，一个不变的投资原则就是"用闲钱去投资"，也就是说这部分资金即便出现了风险，也不会影响正常的生活。对于那些用银行抵押贷款去买股票的投资者来说，一旦市场出现短期波动，就可能面临巨大的资金压力，致使其资产遭受损失。

为此，专家告诫我们：投资一定要理性，要用闲钱，绝不能把生活必需和必备的费用都投入风险产品中。

专注于自己的投资目标

有句谚语是这么说的：智慧的人把复杂的事情做简单，愚蠢的人把简单的事情弄复杂。其实投资市场并没有想象的那么复杂，人生要想获得财富上的成功，必须专注于自己的投资目标，往往最简单直接的方式是最有效的。

哥伦布发现了一个新大陆，当时有很多人都跑来向哥伦布表示祝贺。皇室也特意为哥伦布举办了盛大的庆功宴，请他讲述探险中的一些故事，大家都围坐在一起津津有味地听着，这时一个嫉妒哥伦布的大臣不屑一顾地揶揄道："哼，地球是圆的，任何一个人只要坐船去航行，就可以达到大西洋的那一端，都能发现新大陆，这有什么值得奇怪和炫耀的?"另外几个大臣也随声附和，觉得这个大臣说得也有道理，宴会的气氛有些尴尬。

这时，哥伦布的捍卫者和朋友都为哥伦布辩解，他们知道航海旅行远没有嘴上说的那样轻巧，而是困难重重，不是每个人都可以做到的，但是他们还没开口，哥伦布已经叫人去拿了几个煮熟的鸡蛋过来。

哥伦布把鸡蛋放在大厅的饭桌上，然后邀请刚才对他表示怀疑的几个大臣一起来做一个简单的游戏，人们聚集在他们周围。哥伦布说："这个游戏其实很简单，只要你们谁能把鸡蛋竖在桌面上，谁就是最后的胜利者。"大臣们试验了好几回，每次鸡蛋都无法立起来，他们认为这根本就是不可能的事情，鸡蛋根本就无法立在桌子上。

正当大家都纷纷表示不可能做到时，哥伦布拿起一个鸡蛋，使劲向桌面砸去，鸡蛋的一端被砸碎了，同时也稳稳地立在了桌子上。

这个小故事也给投资者们以一定的启示，只有坚定目标，就一定能设法达到。经过了几百年的发展，至今已经形成了纷繁复杂的投资市场。在投资市场上可供选择的工具五花八门、种类繁多，除了传统的物业、股票、储蓄、债券以外，黄金、期权、期货等投资工具也日益流行起来，以致于初学者刚一接触，往往感到无所适从。他们在面对那些复杂的分析方法时往往走向了两个错误的极端：一个是高山仰止，对于那些所谓专家的专业术语敬仰崇拜，然后用各种理论生搬硬套，唯独放弃自己的清醒头脑；另一个就是干脆放弃学习相关的投资知识，纯粹跟着感觉走。这两种方法对于一个聪明的投资者来说都是不可取的。

一般人都会以为，投资是那些银行家们"聪明的脑袋"设计出来的游戏，听起来越是高深的产品，就越有可能赢取更大利益，其实不然。美国发生的次级房贷风暴就是一个最有力的证明，美国次贷危机带给全世界投资人最大的启示就是：复杂的财务金融工具未必是投资的万灵丹。在投资的过程中，要专注于自己的目标，而不要被复杂的金融工具而绕晕了自己的头脑。

用专注的方式创造财富的奇迹不胜枚举，比如，比尔·盖茨只做软件，成为世界首富；巴菲特专做股票成为亿万富翁；英国女作家罗琳，40多岁才开始写作，只写哈利·波特的故事，竟然也成了亿万富婆。这也可以证明，专注，就有赚大钱的机会。

投资大师巴菲特专注于自己的投资目标，他的专注是他投资获利的重要原因。虽然住在偏远的故乡小镇奥马哈，房间里只有简单的几样东西：报纸数据、年报和电话，但是他却可以做出最精确的市场判断。巴菲特有一个很独特的方法，就是"用脚跟切实地感受市场的温度"。比如在半年以前，到一些餐厅吃饭，需要排上一个小时的队，但是当他不用排队随时去都可找到空位时，显然说明美国的经济比半年前衰落了很多。而巴菲特购买股票的操作策略也再简单不过了："买便宜货"，然后持有，等到价格上涨后再卖出去。巴菲特在一次演讲中，向听众谈到他的致富之道的时候，他只说了几个字：是习惯的力量。只有当你习惯了做一些事情，长期去实施，不断地重复简单的过程就是成功的要诀。关掉外面嘈杂的声音，回归理财的初衷，用自己最熟悉的投资工具，最简单的策略，不管是长期投资也好，低买高卖也好，就会看到专注投资带来的力量。

作为市场投资的初学者来说，每天周旋在看不完的经济数据当中，是不可取的。你会发现看得越多反而越复杂，越不知所措。面对复杂的环境，专注于自己的投资目标，找出适合自己投资性格的简单投资工具，那么就算你面对多么险恶的投资环境，也无法阻碍你财富的稳定增长。

挖掘被忽视的"金矿"

在投资市场上，人人都在寻找金矿，如果可以赶在别人之前找到并挖掘它，则获得的利润将会让旁人羡慕。在金融投资方面，有很多金矿，只不过金矿大多埋藏在深处，需要有眼光的投资者去挖掘，金矿可能就是冷门股票中的某只潜力股。

投资大师就像是一个金矿勘探者，知道自己在寻找什么，并且大体知道自己应该到哪里去找，此外，他还配备有全套的勘探工具。他不仅会在那些大家公认的金矿中与别人一起抢金子，也会把目光投向那些罕有人迹的被人忽视的金矿，在那些被别人认为是"垃圾"的废弃的金矿中，挖出一桶桶的金子。

1996 年巴菲特在致股东的信里写道："当然股东持有股份的时间越长，那么伯克希尔本身的表现与该公司的投资经验就会越来越接近，在他买进或是卖出股份的股票价格相对于实质价值是折价或溢价的影响程度也会越来越小。这正是我们希望能够吸引长期投资者加入的原因之一。总的来说，从这个角度来看，我们做的是相当成功的，伯克希尔公司大概是美国大企业中拥有最多具有长期投资观点股东的公司。"

巴菲特选择投资标的物时，从来不会把自己当作市场分析师，而是把自己视为企业经营者。巴菲特选择股票前，会预先做许多充分的功课，了解这家股票公司的产品、财务状况、未来的成长性，乃至于潜在的竞争对手。他总是通过了解企业的基本状况来挖掘值得投资的"不动股"。

事实上，我们也要学习巴菲特挖掘值得投资的"不动股"的方式，事先做好功课，站在一个较高的视角，提供一种选股思路。我们要发掘的值得长线投资的"不动股"是价值被低估的股票。

金融投资大师索罗斯思想独特，在经济方面有敏锐的直觉，加上几十年如一日、不间断地研究市场，不断强化自己的理论，使他更容易发现常人难以察觉的细微变化。正是通过这些看似平常的信息，索罗斯挖掘到了常人难以想象的金矿。

索罗斯被人们所熟知的是他对避险基金的熟练运用。在 1969 年，他创立了第一个属于自己的避险基金——双鹰基金，即后来的量子基金。他着手避险基金交易投资时，世界对这种投资方式几乎还是一无所知。到 20 世纪 90 年代时，这种情况已经发生变化，索罗斯也因此成为所有避险基金交易投资者中的领袖。量子基金在索罗斯的带领下创造了一次次的神话，创造了巨额财富。在 20 世纪 70 年代，索罗斯还没有像现在一样被世人熟知，也没有被称为"金融大鳄"，当时他和罗杰斯组成了一家公司，他们不停地挖到各种"金矿"。

例如，在 1972 年，索罗斯偶然得知一个消息，根据商业部的一份私人报告，美国经济发展依赖于外国的能源。因为这个消息，索罗斯敏感地意识到能源股票可能会上涨。于是，索罗斯大量收购石油钻井、石油设备和煤炭公司的股票。一年之后，即 1973 年，阿拉伯国家原油禁运，引起能源业股票的飞涨。

1973 年 10 月，埃及和叙利亚武装部队大规模地进攻以色列。以色列由于武器装备落后等原因，处于防御状态。索罗斯由此联想到美国的军事技术很可能也过时，当美国国防部意识到这点时，必然会花大量的经费去更新武器装备。当时，大多数投资者对投资军工企业都没有丝毫的兴趣。因为美国自从越南战争后，军工企业就处于亏损状态，没有人愿意再往里面投钱。但对于索罗斯来说，这可是一个难得的金矿。1973 年、1974 年索罗斯都在密切地关注军事工业。在 1974 年中期，乔治·索罗斯旗下的基金购买了诺斯罗普公司、联合飞机公司和格拉曼公司的股票，即使是面临倒闭的洛克洛德公司，他也进行了赌博性的投资。因为索罗斯掌握了一条关于这些公司的十分重要的信息，它们都有大量的订货合同，通过政府补给资金，在近几年中可获一定利润。果然，索罗斯通过购买这些股票不久便开始获得巨额利润。

索罗斯所购买的股票，通常是我们今天所说的垃圾股，然而这些所谓垃圾股确实不折不扣的金山。因为索罗斯的独具慧眼，让他从垃圾股中获得了丰厚的回报。通常垃圾股的股票价值最容易被低估，投资者往往将这样的公司直接忽略掉。正因为如此，如果选择正确，一旦这些公司转变形象，业绩回升，就会给在低点买进的投资者以丰厚的回报。那么在今天的中国股市上，是否也存在与当年索罗斯很相似的机会呢？答案是肯定的。

在千禧年之前，"ST 通机"（600862，SH）就曾经引起市场的瞩目。此股在 1998 年年初的股价为 4.9 元左右，但是到 1999 年 7 月 30 日达到 38.5 元，翻了 7.8 倍。如果能在恰当的时候买进和卖出，那么利润是可观的。"ST 通机"于 1994 年 5 月上市，公司前身是国有企业南通机床厂。虽然成功上市，但是却因为经营不善，在 1998 年 6 月 5 日，股票简称由原来的"南通机床"变成"ST 通机"。

南通机床被冠以 ST 后不到 20 个工作日内，就与江苏省技术进出口公司进行了资产重组。这次重组使企业起死回生，在 1998 年不仅实现扭亏，同时取得不俗的经营业绩。公司实现每股收益 0.27 元，净资产收益率达 13.54%，并在 1999 年 6 月摘掉 ST 帽子。

分析这只股票为什么能获得这么的涨幅，是有一定的原因的。有分析人士指出，南通机床厂是江苏省的一家重要的国有企业，对地方经济作出过重要贡献，而且它的第一大股东是"南通市国有资产管理局"，所以当它被冠上 ST 后，一定会引起当地政府的高度重视，为它寻找出路，其中资本重组就是一条捷径。

与江苏省技术进出口公司重组后，两者的优势得到充分发挥。南通机床厂是国内机床行业中唯一能批量向发达国家出口数控机床的企业，其设备和技术能力，尤其是数控机床的开发力度，在国内首屈一指，但它缺乏市场观念，不知道该生产什么，产品往哪儿销。江苏技术进出口公司是一家外贸企业，开拓国内外市场是它的强项，两者结合，恰好形成优势互补，所以两者重组后，在短短一年内便创造了奇迹。如果有股民一直在关注这支股票及其公司的话，一定可以嗅出其中的重大变化，及时买进和卖出这支股票，并从中赚得利润。

当然，的确不是所有人都能像索罗斯一样具有发现金矿的能力，这需要足够多的专业理论知识、大量的实战经验、不同于常人的思维方式、不断地突破自我的勇气等素质。对于一般投资者而言，只要多观察多比较，也能发掘金矿。投资者一定要记住，虽然炒垃圾股的获益较高，但其风险远大于大盘股，仅适合进行短线操作。因此，这更需要股民具有敏感的市场嗅觉，必须做到眼疾手快、胆大心细。

事实上，最差的股票一旦翻身，其价值是惊人的。同时由于是在股票最低时购买的，赚取的差价也是既可靠又安全。发现和寻找股票的内在价值，几乎成为一个优秀的投资家必不可缺的能力。

计算投资的机会成本

小周高中毕业后考上了北京一所知名高校，但是他看到身边一些"富二代"同学却放弃了上大学的机会而选择了工作，感到很不可思议。于是，他问这些同学为什么选择工作，一位家里经商的同学拍拍他的肩膀说："这样，我给你算一笔账。"

很快，这个同学找来了一个小本子，一点一点给小周算了起来："我考上的那所大学是一个二流本科，而我所学的专业也不是那所学校里的热门专业，这样一来，即使毕业了就业前景也不是很乐观，这是我放弃上大学的第一个原因。第二，上大学就意味着每年要交 5000 元的学费，四年下来就是 20000 元，而如果我选择不上大学，凭我的能力找一份月薪在 2000 元左右的工作根本不是什么难题，这样四年下来我就能赚取 96000 元，当然，我算的这些钱并没有将衣食住行算进去，因为无论我上不上大学，这项支出都是必需的。这样算来，我上大学的机会成本就高达 116000 元，这个数字实在是太高了，这是我放弃上大学的第二个原因。第三，以未来五年的经济发展趋势来看，我所学的专业如果在我大学毕业后能够找到一份月薪 3500 元的工作就已经算是不错了，这样一来，我需要三年多一点的时间才能赚回我的机会成本，而如果我选择工作，四年以后我的月薪肯定也超过了 3500 元，如此算来，放弃上大学是明智的选择，因为机会成本太高了。"

听了同学的话，小周对他的超前思维佩服得五体投地，同时也萌生了放弃进大学深造的想法。这位同学听了连连摇头，并语重心长地说："你的录取院校是国家'211'工程的重点院校，你所学的专业无论是在这所学校还是在社会发展趋势中都是支柱专业，就业形势一片大好。这样，四年后你大学毕业时在北京找到一份月薪 5000元的工作易如反掌。假设你的机会成本和我一样也是 116000 元，那么你只需两年的时间就能赚回你上大学的本钱，并在十年后赚到 50 万元的资产。而如果你不上大学，顶多和我一样，四年后赚取 96000 元，即使以后涨了工资提高了待遇，十年后顶多赚取 50 万元的资产，但是社会地位却远远不及高学历的人，这样算来，你上大学才是明智的选择。"

小周听了觉得很有道理，于是高高兴兴到北京上大学去了。

这个故事可以说将经济学中"机会成本"的概念诠释得淋漓尽致，让我们得以用一种全新的经济学眼光来看待目前逐渐普及的上大学现象。所谓机会成本，就是指你在做一个选择后所丧失的不做该选择而可能获得的最大利益，因此机会成本也称之为"选择成本"。简单来讲，机会成本是你为了把一定资源投入某一用途后所放弃的在其他用途中所能获得的利益。你选择花钱上大学，就等于放弃了工作赚钱的机会，因此你上大学的机会成本就是你工作赚取的薪水与你上大学的花销之和。你选择在周末看电影而不是打零工，那么你看电影的机会成本就是电影票钱与你打零工挣得的工钱之和。在新的经济环境下，人们多少要有一些财务知识，这就是通常所说的"财商"。而机会成本在财务经济学上是一种非常特别的、既虚又实的一种成本。它是指一笔投资在专注于某一方面后所失去的在其他方面的投资获利机会。

我们在家庭理财中应该注重考虑机会成本的因素，算一算是排很长的队买打折商品合算，还是买不打折商品省下时间做其他事情合算？是自己在家里慢条斯理地做饭合算，还是去吃快餐合算？是将钱存到银行吃利息合算，还是购买债券合算？如此一算，我们就会将家庭理财规划得头头是道，让我们的家庭理财计划不仅实用而且能为我们创造出更多的价值。

从上面一个个的例子中我们还可以看出，在机会成本中存在一种时间成本。"时间就是金钱""时间就是生命"这些耳熟能详的口号同样适用于家庭理财，让时间为我们创造更多的价值。比如，家庭投资就应该多多考虑到货币的时间价值和机会成本，这就要求我们要尽可能减少资金的闲置，能今天存入银行的不要等到明天，能本月购买的债券不拖至下月，力求使货币的时间价值最大化。因为货币是会随着时间的推移而逐渐增值的，也就是说你存款时间越长、购买债券越早，就越能获取更多的价值。另外，现在有很多人都只顾眼前的利益或只投资于自己感兴趣、熟悉的项目，而放任其他更稳定、更高收益的商机流失，这种行为其实是在增加投资的机会成本。因为你选择了某一项目的投资，就相应失去了投资其他项目的机会，而你选择的项目如果并不能给你带来丰厚的利润，那么就等于增加了你的机会成本。因此，我们在投资之前，一定要对可选择项目的潜在收益进行比较分析，以求实现投资回报的最大化。

作为普通老百姓，在投资规划中一定要充分考虑到机会成本和时间成本的因素，不仅要学会用时间换金钱，更要学会用金钱换时间。当我们投资某一项目时，一定要算一算，如果我投资另一个项目的话，我的收益是多少？如果这个项目亏损的话，我的机会成本将增加多少？当我们在挥霍宝贵的时间或者是用大把的时间换一点没多大价值的积分、赠品的时候，我们应该仔细想一想：这样的行为到底有没有收益？我们获取的价值到底能不能弥补我们的亏损？

学会用"钱"赚钱

用"钱"赚钱是一门高深的学问，不能一言以蔽之。市面上理财书籍教的致富方法，大多是以投资工具为媒介，只要懂得善用投资工具，就能实现投资赚钱的目的。

刚参加工作的花明在一家国有企业的工会工作，那几年看到不少同事下海经商，事业有成，她也曾动过心，但毕竟单位的各种保障和福利还不错，她不想轻易丢掉这份工作而去涉足商场的风险。在几番权衡之下，她并没有下海，而是决定利用积蓄投资理财。

有了第一笔积蓄后，她没有"将钱存银行"，而把积蓄买成了国债。结果5年下来，算上利息和当时的保值贴息，她的积蓄正好翻了一番！然后赶上股市当时行情不错，花明又果断地把这笔积蓄投入到了股市中。几年下来，股票总值也收益颇丰！

花明并未被胜利冲昏头脑，而是见好就收，把股票及时扔掉，又买成较稳定的国债。2004年初，她又将到期的国债本息一分为二，分别买了两年期信托和开放式基金，信托产品的年收益为6%，这样的投资回报率虽然不算高，但也算是比较稳定。这样算起来，自2004年以来，短短三四年时间，她的理财收益就突破了10万元，已经远超她的年工资收入了。

我们只有靠自己的大脑，靠钱来赚钱，才能开辟更广阔的财富天空。除非对财经领域已经有点研究，不然一般人最好还是采取较为稳健、不贪心的做法，我们不鼓励用自己的辛苦钱去买经验，否则，失败造成的阴影，恐怕会破坏以后对投资的信心。

投资标的成百上千种，如果不懂该买什么，也没时间看盘，最简单的方式就是

"站在巨人的肩膀上面"，投资稳健、优质的企业，让你的资产稳定增加。

如果每个月您有节余700元，能用来做什么？下几次馆子？买几双皮鞋？700元就花得差不多了吧。您有没有想过，每月投资这700元，您就能在退休时拿到400万元呢？

为什么每月投资700元，退休时能拿到400万元呢？那就是不断投资发挥的重要作用。假如现年30岁的你，预计在30年后退休，假若从现在开始，每个月用700元进行投资，并将这700元投资于一种（或数种）年回报率15%以上的投资工具，30年后就能达到你的退休目标——400万元。如下表：

年龄（岁）	年度（年）	每月投资额（元）	各年度投资本金（元）	每年度回报率15%	总金额（元）
30	1	700	8400	1.15	9660
40	10	700	170551	1.15	196134
50	20	700	860526	1.15	989605
55	25	700	1787461	1.15	2055581
60	30	700	3651859	1.15	4199638
65	35	700	7615277	1.15	8757569

从上表可以看出，只要你从30岁开始每月投资700元，30年后，你的退休生活将会很舒适。这就是利用了复利的价值。复利投资是迈向富人之路的"垫脚石"。

曾经的"零存整取"是普通百姓最青睐的一种储蓄工具，每个月定期去银行把自己工资的一部分存起来，过上几年会发现自己还是小有积蓄的。如今，"零存整取"收益率太低，渐渐失去了吸引力，但是，如果我们把每个月去储蓄一笔钱的习惯换作投资一笔钱呢？结果会发生惊人的改变！这是什么缘故呢？

由于资金的时间价值以及复利的作用，投资金额的累计效应非常明显。每月的一笔小额投资，积少成多，小钱也能变大钱。更何况，定期投资回避了入场时点的选择，对于大多数无法精确掌握进场时点的投资者而言，是一项既简单而又有效的中长期投资方法。

对于普通投资者而言，"用钱赚钱"必须注意如下三点：

第一，树立正确的理财意识。

拥有"第一桶金"后，要建立理财意识，排除恶性负债，控制良性负债。

第二，多看理财类专刊。

没有人天生会理财，建议你多看理财类报刊文章，逐步建立起理财意识与观念，或者认识一些专业的理财人士。

第三，设定个人财务目标。

理财目标最好是以数字衡量。建议你第一个目标最好不要定太高，以2～3年左右为宜。

顺应趋势抓住投资时机

有投资者谈起投资历程，一把辛酸泪："看好不买一直涨，追涨买后变熊样；气愤不过又卖掉，卖后立即又大涨。两只个股选一个，结果必然又选错；一买就跌得心痛，不买又涨得心慌；最终短线炒成中线，中线炒成长线，长线炒成贡献。"

为什么会有这样的情况出现呢？这就是没有把握投资市场的规律，没有顺应趋势地去进行投资的结果。

投资理财行业内流行一句话"投资理财理的就是经济趋势"，这句话真正道出了投资的关键，就像一艘快艇，马力再大，把不好舵也无法驶向成功的彼岸。其实，那些关注投资的人会时常留心各类经济形势分析报告。投资者除了根据自己的实际需求进行合理的理财规划和资产配置以外，更需要研判宏观经济的未来走势，把握在经济发展过程中出现的大投资机会。

认清形势，顺势而为，投资便可有事半功倍之效。顺势投资法又称顺势而为法，是证券投资者顺着证券市场的趋势进行证券买卖的操作技巧。当整个证券市场大势向上时，以做多头或买进证券持有为宜；而证券市场不灵或证券价格趋势向下时，则以卖出手中持有的证券而拥有现金以待时而动较佳。

对于小额投资者来说，谈不上操纵市场，只能跟随市场价格走势做买卖交易，即当价格上涨人们纷纷购买时买入；当价格下跌时人们纷纷抛出时抛出，这样可以获得大多数人所能够获得的平均市场收益。这种跟着大势走的投资做法，似乎已成为小额投资者公认的"法则"。凡是顺势的投资者，不仅可以达到事半功倍的效果，而且获利的机率也比较高；反之，如果逆势操作，即使投资资金极其庞大，也可能会得不偿失。

采用顺势投资法必须确保两个前提：一是涨跌趋势必须明确；二是必须能够及早确认趋势。这就需要投资者根据自己投资产品的某些征兆进行科学准确的判断，就多头市场而言，其征兆主要有：

(1) 不利消息（甚至亏损之类的消息）出现时，投资产品价格下跌；

(2) 有利消息见报时，投资产品价格大涨；

(3) 行情上升，成交量趋于活跃；

(4) 各种投资产品轮流跳动，形成向上比价的情形；

(5) 投资者开始重视纯益、利息；开始计算本益比、本利比等等。

当然把握市场规律，顺势投资法也并不能确保投资者时时都能赚钱。比如股价走势被确认为涨势，但已到回头边缘，此时若买进，极可能抢到高位，甚至于接到最后一棒，股价立即会产生反转，使投资者蒙受损失。又如，股价走势被断定属于落势时，也常常就是回升的边缘，若在这个时候卖出，很可能卖到最低价，懊悔莫及。

这就需要投资者不管进行什么样的投资，在采取顺势投资的时候，首先必须掌握跟随时间分寸，这就是通常说的"赶前不赶后"。如果预计价格不会再涨了，而且有可能回落，那么尽管此时人们还在纷纷购买，也不要顺势投资，否则价格一旦回头，必将遭受众人一样的损失。

长期投资能减少摩擦成本

什么是投资的摩擦成本？巴菲特说："事实上，摩擦成本是存在的，这样导致股东获得的收益肯定要比公司的收益要少。我个人的看法是：如果这些成本越来越高，进而导致股东们未来的收益水平要远远低于他们的历史收益水平。"

由于摩擦成本的存在，股东获得的收益肯定要小于公司的资金积累。如果这种摩擦成本呈现越来越高的趋势，那么这势必会导致投资者未来收益水平的降低，当然也要更低于该上市公司的收益水平。

巴菲特认为，摩擦成本可以消减股东的收益，从而使股东的未来收益要低于他们预期的水平。所以巴菲特支持的是，如果投资者不准备 10 年持有某只股票的话，频繁的买进卖出会大大增加股票投资的摩擦成本，从而变相降低投资回报率。

一个真正称得上长期投资的例子是，道琼斯工业指数从 1899 年 12 月 31 日的 66 点上涨到 1999 年 12 月 31 日的 11497 点，这整整 100 年间上涨了 173 倍，看起来升幅非常大，其实原因很简单，那就是 20 世纪美国的企业经营非常出色。投资者只要凭借企业繁荣的东风，躺在那里持股不动，就可以赚得盆满钵满。

巴菲特总结说，绝大多数投资者都没能赚到这样大的投资回报，这不能怪别人，只能怪自己。因为正是投资者受到了一系列伤害，才在相当大的程度上减少了本该属于他们的投资回报。巴菲特这里所指的一系列伤害，主要是指股票投资中的频繁买进卖出。这不难理解，在大多数情况下，投资者所能得到的投资回报应该和企业在这期间所能获得的收益同步。

也就是说，如果投资者 100％拥有这家公司，而该公司在这 10 年间的积累增长了 10 倍，那么毫无疑问，这 10 倍资金积累都是这位投资者的。同样的道理，如果有 1 万名股东拥有该上市公司，那么这笔资金积累就应该是这 1 万名股东按照持股比例进行分配的。

然而现实是，这 1 万名股东中有的赚到了平均数，有的超过平均数，有的甚至还造成了亏损。投资者 A 通过聪明的买入卖出，能够得到比 B 更多的投资收益，但总体来看，这些 A 们和 B 们的盈亏是相等的。当股市上涨时，所有投资者都觉得自己赚钱了，但其中有一个投资者要抛出该股票，必定需要得到其他投资者的接盘才能实现交易。所以，如果不考虑摩擦成本的话，他们的盈亏是相等的。

巴菲特在伯克希尔公司 2005 年年报中，以美国人最容易理解的一个故事对此进行了解释。他说，你可以想象一下，如果美国所有的上市公司都被某一个家庭拥有，并且这种情形将永远持续下去，姑且称之为 BotrocAs。这个家庭在把投资所得分红纳税后，将会由于这些公司所获得的利润越来越多而变得越来越富有。就目前而言，美国所有上市公司的年利润大约为 7000 亿美元，这就是说，这个家庭每年都有差不多 7000 亿美元的收入。当然，其中必须有一部分要用于生活开支，但这个家庭每年的积蓄还是会以稳定复利不断增长的。并且，在这个 BotrocAs 大家庭里，所有人的财富都会以同样的速度增长，一切都显得协调有序。

现在的问题是，由于摩擦成本的存在，股东获得的收益肯定要小于公司的资金积累。投资的摩擦成本有越来越高的趋势，如果频繁交易，投资者未来的收益水平一定会远远低于过去的收益水平，当然也要低于该上市公司总的收益水平。

在狂升暴跌中获利

多数投资家相信，金融领域是充满理性的，股票价格建立在一种逻辑的基础之上，只要理解这种逻辑，你就能发财致富。这种逻辑，在传统经济学家认为，就是客观存在的经济规律。不少投资家因此认为，金融市场处于均衡状态中。

但投资大师索罗斯有一套"暴涨暴跌"理论对投资者有一定的指导意义。索罗斯认为，金融、股票市场存在暴涨暴跌现象。流行的观点认为，金融市场处于均衡的状态之中，不会发生什么大的变化。索罗斯则认为，由于市场参与者对市场的理解与市场实际情况不一致，当两者差异达到极端，无法控制时，市场就会发生暴涨暴跌交替现象，潜在的投机就存在于这种暴涨暴跌现象的交替过程中。

可以把暴涨暴跌过程分解成暴涨和暴跌两个阶段来理解。在暴涨阶段，表现为投资者看好某企业的发展前景，大量买进该企业股票，当更多的投资者参与进来时，轰轰烈烈的购股热潮加强了该企业的财力，该企业的股价会越涨越高，呈现暴涨趋势。但是，当高饱和与愈来愈激烈的竞争打破了企业集团的前景并且股票变得估价过高时，暴涨阶段就要结束了。随之而来的是暴跌阶段，表现为当某股价达到天价时，与企业的实际情形相距太远，下跌就不可避免，股价呈现暴跌趋势。

暴涨暴跌强调的并非是一个对称模式，它一开始时步伐很慢，逐渐加速，最后才是大崩盘。这一过程主要经历以下阶段：被确认的趋势、自我强化过程的开始、市场向上攀升、进一步强化、达到最高峰、开始朝相反的方向发展。索罗斯认为，由于市场处于波动无常的状态中，暴涨暴跌交替现象在资本交易中是司空见惯的，赚钱的诀窍就在于寻找暴涨暴跌发生的时机并进行投资。

暴涨暴跌理论被索罗斯应用得比较娴熟，他因此而把握市场获得成功的例子很多。60年代末期，索罗斯预测房地产市场将会持续上涨几年时间，因为人们在衣、食问题解决之后，消费热点开始转向改善居住空间，人口相对集中于城市也推动房地产热升温，暴涨阶段不可避免。但这不会一直持续下去，当房地产市场发展到一定阶段后将呈现饱和状态，暴涨阶段结束，转向了暴跌阶段。这时，就要盯紧暴涨暴跌交替的那一刻。1974年，房地产投资果然变得繁荣起来，索罗斯抓住时机投资，赚取100万美元。

索罗斯重视找寻狂升暴跌的时刻，在这个紧要关头采取行动。金融市场不稳，价格会有升市的时候，那便是经过了一轮的暴跌之后，推动价格下跌的沽售力量已尽，便转向升市，而且稍后有机会狂升。不过，当升势到了尽头，也会有狂跌的可能性。投资之道在于能否把握住这个升跌的关键。

然而说易行难，因为要判断升跌势是否已经到了尽头并不容易。市场是混乱的，因为市场走势是由混乱的人心促成的。索罗斯还要留意投资者的普遍心理如何，对当时的市况有什么期望，是预期它会跌还是升。这一期望会形成力量，从而推动大市。在价格升到最高点或跌到最低点时，到底是会升尽见跌，或是止跌回升，要视乎大众。当大众认为可能继续跌，他们的想法会把自己的预言兑现，于是跌完可以再跌。同样，大众认为可能继续升，这一预言也会自行兑现，升完了便再突破，再升一轮。

直到1993年初，索罗斯还没在房地产方面投资。一个时期以来，这一领域极为萧条，80年代由于开发商们过量建筑，使这一领域萎靡不振。现在则出现了危机，但这并没吓倒索罗斯，一夜之间，他对这一领域产生了兴趣。他把危机仅看成是另一个获得时机。当然，进入这一领域对索罗斯来说还比较陌生，他选择了保罗·雷切曼公司作为他的合伙人。

1993年2月8日，索罗斯宣布他建立了拥有2.2亿美元资产的房地产基金，由雷切曼公司进行经营管理。这一新的投资公司被命名为量子房地产投资公司，以代表索罗斯在这一领域进行投资，衰退的房地产市场在不久的将来即会出现新的发展。

当房地产市场大滑坡时，雷切曼兄弟：保罗、阿尔伯特和拉尔夫破产了。在这之前，该家族在加拿大、纽约和伦敦拥有价值几十亿美元的房地产。但是，当其奥匹林亚公司蒙受巨大亏损时，雷切曼兄弟的公司陷入了破产境地。

当时的索罗斯告诉《纽约时报》：他们曾是世界上最成功的房地产开发商，我正想投资，我要与最成功者合作。索罗斯和雷切曼提出新投资公司资本在745万美元到1亿美元之间。大部分资金将来源于量子投资公司。

接下来的9月份，新的索罗斯——雷切曼投资公司做了第一笔生意：购买了特梅勒有限公司无赎回权的房地产和陷入困境的抵押贷款，共计6.34亿美元。这笔买卖是美国房地产史上最大的一宗。

索罗斯则根据他的暴涨暴跌交替理论，认为潜在的投机存在于暴涨暴跌的交替之中。暴涨暴跌在交易过程中有一个转折点，就是从最高点向低点下跌的那一个时刻。能否赚钱就看是否看到并抓住了这个转折点。

对于普通投资者而言，找到暴涨暴跌交替的转折点可不是件容易的事。首先，你得识别市场是否发生了暴涨暴跌现象。然后，你就要想办法了解其他同行是如何洞察经济规律的，看看什么时候人们的期望这到了最高点。"市场越不稳定，越多的人被这种趋势影响；随趋势投机的影响越大，市场形势就越不稳定。当一个趋势继续时，投机交易的重要性就越来越大。"索罗斯说道，"要特别关注趋势的变化，人们是跟着趋势跑还是犹豫不前。如果看到人们随趋势投资，那么，暴涨暴跌的转折点就快出现了。"

所以，投资成功的关键在于确认市场何时开始进入转折点，当这个点被确定之后，投资者就可以知道一个暴涨暴跌的市场阶段即将开始或已经开始了，赚钱的时机就在这里。

虽然暴涨暴跌现象发生时潜伏着无限商机，但这种现象却不会频繁地发生，因为它会直接影响经济的基础，一旦发生，会带有灾难性的破坏。对此，索罗斯说："尽管市场处于不稳定状态，但它只为暴涨暴跌现象的发生提供了一个条件，别想着这一现象会经常发生。"

但是，不管怎样，学会理解并掌握暴涨暴跌理论总有好处，它可以使你有一种意识——市场是不稳定的，商机随时可能出现；它可以使你保持警醒，密切关注市场的一举一动，等待投资良机的到来。

不要奢望一次就能赚钱

看过动物世界或者了解动物的人，想必都知道鳄鱼这种动物。他们捕食猎物的过程是十分隐蔽的。虽然鳄鱼是水陆两栖动物，但它们却比较喜欢待在水中，原因之一就是水能够为他们提供遮蔽效果。当鳄鱼捕食动物的时候，它们并不着急，而是静静地等待时机。等到猎物放松警惕，悠然享受自己的休闲时光的时候，它们才会突然袭击，给对方措手不及，这样就很容易捕获锁定的猎物。即使有时候没有成功，它们也会重返水中，以相同的耐心和状态投入新一轮的猎捕行动中。

其实，享有金融大鳄之称的索罗斯就是如此。虽然很多时候，我们都希望一击必中。固然，这样会令人十分欣喜，但面对变幻莫测的投资市场，更多的是需要耐心，需要颇具远见的宏观性洞察与分析。如此，即使出现一时的失败，也并不影响接下来的既定行动。

下面的这件事就可以很清晰地表明，索罗斯是如何静待时机，运用"放长线，钓大鱼"的投资策略来为自己赢取巨额利润的。

1981 年的 1 月，里根就任美国总统。在里根总统执政的前期阶段，大量外资的流入，使美元市场和资本市场呈现出一派繁荣的景象，刺激了新一轮的经济扩张。而这时，美国决心对抗苏联，在政策上更加开放，欢迎外国投资者参与美国经济的扩张。自信状态的美国自然就吸引了大量国际投资，这又使更多的资金蜂拥而至，美元更加坚挺。

于是，索罗斯开始果断投资。正如索罗斯所预测的那样，在减税和增加国防开支的新政策刺激下，美国经济开始走向繁荣。1982 年索罗斯的量子基金得到了巨大发展。索罗斯渐渐从 1981 年的阴影中走出来。

但是，美国的经济不可能保持持久繁荣，里根政府的债务成本超过重新借债的能力的时候是它能够存在的最后界限。甚至在这之前，许多力量都可能戳破它。于是，美元贬值，大量投机资本外逃，这反过来又导致了经济的衰退，造成螺旋下降的局面。在索罗斯的投资日记中，他也认为美元疲软，利率回升和衰退是不可避免的。

此时，随着石油输出国组织的解体，原油价格开始下跌，这给美元带来了巨大的贬值压力。同时石油输出国组织的解体，美国通货膨胀开始下降，相应地利率也将下降，这也将促使美元的贬值。索罗斯准确把握时机，预测美国政府将采取措施支持美元贬值。同时，他还预测德国马克和日元即将升值。

后来，随着美国经济的发展，美元表现得越来越坚挺，美国的贸易逆差以惊人的速度上升，预算赤字也在逐年增加，此时的索罗斯确信美国正在走向萧条，一场经济风暴将会危及美国经济。而他则决定在这场经济风暴中大大地搏击一番。

从 1985 年 9 月开始，索罗斯开始做多马克和日元。他先期持有的马克和日元的多头头寸达 7 亿美元，已超过了量子基金的全部价值。三周以后，即 9 月 6 日，他并没有得到利润。马克和日元贬值，而索罗斯在这两种货币上的多头生意已达 7 亿美元，超过了基金总值，因此他损失惨重。截止到 9 月 6 日，他手中的马克和日元已接近 8 亿美元，几乎超出基金总值 2 亿美元。

由于他坚信自己的投资决策是正确的，虽然遭受了一些损失，但他又大胆增加了差不多 8 亿美元的多头头寸。索罗斯之所以一直增加投入，是因为他认为浮动汇率的短期变化只发生在转折点上，一旦趋势形成，它就消失了。他要趁其他投机者还没有意识到这一转折点之时，利用美元的下跌赚更多的钱。当然，索罗斯增加投入的前提是他深信逆转已不复存在，因为一旦趋势逆转，哪怕是暂时的，他也将拥抱灾难。

在他的 9 月 6 日的投资日记中，我们可以看到他持有的马克为 4.91 亿美元，日元为 3.08 亿美元，总计 7.99 亿美元，超过基金总值。到 9 月 27 日，马克对美元的汇率从 2.92 : 1 变为 2.68 : 1，升值 9%，日元对美元的汇率则从 242 : 1 变为 217 : 1，升值 11.5%。下大赌注的结果使两种货币的持有量之和从 7.91 亿美元增加到 10 亿美元，但由于股票和石油市场的亏损，整个基金的净利润为 7.6%，也就是说 8% ～ 10% 的利润被其他方面的损失所抵销。到了 10 月 22 日，事情开始有了转机，逐渐朝索罗斯所预测的方向发展了。美国新任财长詹姆士·贝克和法国、西德、日本、英国的四位财政部部长于星期日在纽约的普拉扎宾馆开会，商讨美元贬值问题，并签订了《普拉扎协议》。该协议的出台意味着中央银行必须低估美元价值，迫使美元贬值。

索罗斯及时洞察了这一消息，当天晚上就大量买进日元，他的资产一下子增加了10％，持有量达4.58亿美元。在9月28日的日记里，他将这次财长行长会议协定描绘为"生命中的一次挑战，一周的利润足以弥补四年来货币买卖损失的总和"。接下来的几个星期，美元继续贬值。10月底，美元已跌落13％，且美元兑换205日元。到了1986年9月，美元更是跌至1美元兑换153日元。索罗斯在这场大手笔的金融行动中前后总计赚了大约1.5亿美元。

也许对于很多人而言，4年时间太长了！但索罗斯并不这样认为。相反，这是一场持久战，而且是十分值得坚持下去的持久战。终于，功夫不负有心人，索罗斯成功了，成为名闻华尔街乃至全世界的金融大鳄！

对于普通投资者而言，短暂的亏损现象并不足以害怕，紧盯市场形势与政策的变化，静待时机，就一定能赚钱。

第五章

熟悉数字，投资工具使投资简单化

中国资本市场到现在才 20 多年，比起荷兰的资本市场（400 年），比起英国的资本市场（208 年），比起美国的资本市场（147 年）都是少年，是小弟弟；但中国的经济处于 5000 年来发展最好的时期，中国的人才和劳动力优秀众多；市场巨大；政局稳定；人心思富，拼劲很足；中国正在完成农村城市化过程，中国经济的爆发力及潜力十分巨大……我们投资者要加强学习，认真选股，在资本市场中长期安全地运作、盈利！

——谢百三　毕业于北京大学经济系，我国著名金融证券专家

货币的时间价值

所谓货币的时间价值，简单来说就是指货币随着时间的推移而发生的增值。今天的 1 万元和 10 年前的 1 万元，价值绝对是不一样的，这体现了货币的时间属性。

从投资的角度来说，货币的时间价值就是投资者目前拥有的货币相比未来收到的同样金额的货币具有更大的价值，因为投资者目前拥有的货币可以用来进行投资，在目前到未来这段时间里可以重复获利。一般我们认为，货币的时间价值受到了通货膨胀的影响，但是即使没有通货膨胀的影响，只要存在投资机会，等值货币的现值就一定大于它的未来价值。

从经济学的角度来说，现在的一单位货币之所以和未来的一单位货币的购买力不同，就是因为要节省现在的一单位货币，投资者不将他们用来消费而改在未来消费，那么在未来消费时如果有大于一单位的货币可供消费，就是作为弥补延迟消费的资金，这就是货币的时间价值。

那么，货币的时间价值是如何在漫长的经济发展过程中逐步产生的呢？是哪些因素促成了它的产生和发展呢？

1. 资源稀缺性的体现

在货币经济条件下，货币是商品的价值体现。现在的货币用于支配现在的商品，

将来的货币用于支配将来的商品，所以现在货币的价值自然高于未来货币的价值。市场利率水平的高低是对平均经济增长和社会资源稀缺性的反映，也是衡量货币时间价值的标准。经济和社会的发展要消耗现有的社会资源，而现有的社会资源又构成了现存的社会财富，利用这些社会资源创造出来的将来的物质和文化产品就构成了将来的社会财富，由于社会资源具有稀缺性特征，又能够带来更多社会产品，所以，现在物品的效用要高于未来物品的效用。

2. 信用货币制度下的固有特征

在目前的信用货币制度下，中央银行基础货币和商业银行体系派生存款共同构成了流通中的货币。由于信用货币有逐年增加的趋势，所以货币贬值、通货膨胀成为一种普遍现象，现有货币总是在价值上高于未来货币，说明货币价值随时间的推移而不断降低。

3. 人们更重视当下的反映

由于人在认识上的局限性，人们存在一种普遍的心理就是比较重视现在而忽视未来，因为投资者总是对现存事物的感知能力较强，而对未来事物的认识较模糊。现在的货币能够支配现在商品满足人们现实需要，而将来货币只能支配将来商品满足人们的不确定需要，所以现在单位货币价值总体上都要高于未来单位货币的价值，利息率就是为使人们放弃现在货币及其价值，必须付出的代价。

投资者必须考虑到货币的时间价值，它对于投资产生的广泛作用在于货币的时间价值能反映货币的贬值趋势。所以，在做投资决策时，在评估投资业绩等很多方面，货币的时间价值都是需要投资者全面考虑的因素。另一方面，货币如果降值，物价相对来说则是在上升，生产成本就会增加，但是由于生产者需要赢利，就只能提高产品售价，然而消费群体的经济承受能力和心理承受能力有可能只停留在原来的水平，这就会造成生产者投资回收的困难，迫使生产者提高自己的生产技术，降低生产成本或者达到企业合理并购的情况。这就是国家利用货币的时间价值对生产交易市场的调控的全过程。

无论是企业还是个人，都想使自己的资产保值或增值，这就使得人们采取各种各样的措施，通过各种不同的途径来达到货币保值增值的目的。无论是在财务管理上，还是在企业的投资风险评估中，只要是和一切有关货币交易的方面，货币的时间价值都起到了积极的作用。

供应多少货币

对于货币，相信每一个投资者都非常了解，但是如果想要在投资中取得胜利，投资者还必须清楚地知道货币的流向和供应，这样才能有效指导自己的投资行为。我们经常听到如"货币宽松"等金融词汇，这意味着货币供应量增加，证券专家们就会预测房地产和股市回暖，这充分说明了货币供应量和投资的直接关系，需要广大投资者认真学习。

货币供应量，是指某国在一段时期内为社会经济运转服务的货币存量，它由包括中央银行在内的金融机构提供的存款货币和现金货币两部分构成。世界各国的中央银行货币口径不完全一致，但是划分的基本依据是一致的，就是要看流动性的大小。

所谓货币流动性就是指一种资产随时可以变为现金或商品，并且对持款人又不带来任何损失的数据。货币的流动性程度不同，就会影响在流通中周转的次数，以致于最终形成的货币购买力和对整个社会经济活动的影响也就不一样。

那么，影响货币供应量的具体因素有哪些呢？一般说来，中央银行发行的钞票具有极强的流动性或货币性，随时都可以直接作为流通手段和支付手段进入流通领域，进而影响市场供求关系的变化。此外，商业银行的活期存款的流通性也很强，因为可以随时支取、随时签发支票而进入流通，所以也是影响市场供求变化的重要因素。然而有些资产，例如定期存款、储蓄存款等，虽然也是购买力的组成部分，但只有转换为现金，或活期存款，或提前支取才能进入市场购买商品，因此这些存款的流动性相对较差，它们对市场的影响就不如现金和活期存款来得迅速有效。

总体说来，影响我国货币供应量的因素是相当复杂的，影响货币供应量的主要因素有三个方面：

1. 商业银行的信贷规模

中国人民银行的货币发行权、基础货币管理权、信贷总量控制权、利率调节权虽然得到了强化，但还有少量失控情况，所以要通过商业银行的信贷规模平衡货币供应量。

2. 财政收支

中央银行作为政府的银行，它的重要职能是代理财政金库，财政收支状况以及平衡方法就决定了财政收支对货币供应量的最终影响。

3. 财政赤字

货币供应量的确定主要取决于财政赤字的弥补办法。弥补财政赤字的办法，总体来说有动用历年结余、发行政府债券、向中央银行透支和借款等，但是这些方法对货币供应量的影响是不同的。

具体来说：动用历年结余弥补财政赤字，从现象上看，似乎对货币供应总量没有什么影响，但实际情况却要比我们想象的复杂得多，造成的影响也将非常深远。发行政府债券弥补赤字对货币供应量的影响，主要取决于投资者的类型及其资金来源的性质。政府债券由商业银行、企业、个人自愿认购，一般情况下是不会影响货币供应总量的。但是政府债券由中央银行认购就会增加基础货币供应量，会扩大货币供应量。

从实际经济生活中来看，货币供应量并不能由中央银行完全控制，中央银行在制定相关的政策时不能不考虑多方面因素，从而制定出最符合该国现状的货币供应量。

货币的现值、终值

有一道选择题，今天就给你 10000 元钱和一年以后给你 10000 元钱，你会选择哪一个呢？可能你会毫不犹豫地回答："当然要今天的 10000 元钱。"为什么呢？除了将现金"落袋为安"的因素外，你可能还考虑到一年后的货币贬值因素。因为你可以把今天得到的 10000 元钱做投资理财，如果年收益率为 10%，一年后你就会得到 11000 元钱。当然如果你把这 10000 元钱投资在其他的项目上，一年后你可能会得到更多的钱。我们也可以说今天 10000 元钱的价值要大于一年后 10000 元钱的价值。但是如果今天给你 10000 元钱和 10 年以后给你 20000 元钱，你又该选择哪一个呢？

为了回答这个问题，你现在就需要用某种方法来比较不同时间点上的货币价值。作为投资者，必须要了解经济学的两个概念——现值和终值。所谓现值就是指某项资产现在的价值，也就是未来某一时间点上的一定量现金折合到现在的价值，也就是我们经常说的"本金"。那么终值就是指某项资产在未来的价值，指的是现在一定量的资金在未来某一时点上的价值，也就是我们经常说的"本金和利息的总和"。那么，你是要 10000 元还是要 20000 元呢？要解决这个问题，我们有以下的两种方法：

方法一：如果你今天把 10000 元钱存入银行，假设银行存款利率为 10%，这 10000 元钱 10 年后的价值是多少？即这 10000 元钱 10 年后的终值是多少？

1 年后的终值为：$10000 \times (1+10\%) = 11000$(元)

2 年后的终值为：$10000 \times (1+10\%) \times (1+10\%) = 10000 \times (1+10\%)^2 = 12100$(元)

3 年后的终值为：$10000 \times (1+10\%)^2 \times (1+10\%) = 10000 \times (1+10\%)^3 = 13310$(元)

以此类推，10 年后的终值为：$10000 \times (1+10\%)^{10} = 25937$(元)

那么，我们通过计算可以得知，今天的 10000 元钱的价值等于 10 年后的 25937 元钱的价值，所以如果让你选择的话，你应该选择得到今天的 10000 元钱，而不应该选择得到 10 年后的 20000 元钱。

对于上面的答案投资者需要注意的是，影响你做出选择的关键是利率，如果利率发生变化，你做出的选择就会大相径庭了。比如银行存款的利率如果变为 5%，那么 10 年后的 20000 元钱的现值则变为 12278 元。如果在这种情况下，你就应该选择得到 10 年后的 20000 元钱，而不应该选择得到今天的 10000 元钱。

因为在前面的例子中数额太小的缘故，可能很多投资者并没有发现资金的现值和终值是如何指导我们进行投资的。那么，下面我们就通过两个小例子来说明资金的现值和终值是怎样帮助我们进行投资决策的。

琼在买彩票时中了大奖，但奖金却不是一次性发放的，她可以在今后的 30 年中每年获得 200 万美元，这样一来总金额就为 6000 万美元。但是她却立刻仅以 2100 万美元的价格卖掉了这张彩票，并将钱存入银行，每年得到 10% 的利息收入。听说了这种行为，有很多人都感到很迷惑，也很惊讶，认为琼的这种行为非常愚蠢。

琼是真的很愚蠢吗？现在让我们来计算一下在利率为 10% 的情况下，琼在 30 年中每年获得 200 万美元的现值是多少？经计算，现值为 1885 万美元，琼现在得到的是 2100 万美元，因此，琼的行为并不是愚蠢的，而是明智的。并且我们也可以从另外一个方面算出，如果用 2100 万美元的价格卖掉彩票，按照 10% 的利率算的话，就可以永久性地每年从银行获得 210 万美元的利息收入，而不是仅仅在 30 年中每年获得 200 万美元。这样一来，资金得到了最大程度的利用，这个案例也为投资者指明了一条新的投资道路。

再举一个例子，如果你准备现在为刚刚出生的孩子买一份人寿保险，保险公司需要你缴纳保险金 1 万元，并且承诺在 60 年后，也就是在孩子 60 岁的时候，一次性返还你的孩子 10 万元。如果这是在银行存款年利率为 5% 的情况下，那么这种保险值得买吗？你可以通过上面的计算方法来算一下，从计算结果你就可以知道，这种保险是不值得购买的。因为现在的 1 万元，如果存在银行的话，60 年后的终值是 18.679 万元；60 年后的 10 万元现值是 5353.6 元。如果计算收益率的话，这种保险的年收益率还不到 4%。

这就提醒了投资者不要做出错误的投资判断，一定要在投资前先利用现值和终值正确地估算价格，从而将投资利益最大化。

时刻关注利率调整

中国人民银行决定，2014 年 11 月 22 日起下调金融机构人民币贷款和存款基准利率。其中，金融机构一年期贷款基准利率下调 0.4 个百分点至 5.6%；一年期存款基准利率下调 0.25 个百分点至 2.75%，同时将金融机构存款利率浮动区间的上限由存款基准利率的 1.1 倍调整为 1.2 倍。

这次降低存贷款利率的举动，不仅表明了利率政策是我国货币调控的常用手段，也表明了利率是国家调节经济的一个有力的杠杆。当我们更深入地思考这个问题时，我们就会产生这样的疑问：银行利率的调整会对经济产生什么程度的影响？利率的连续调整又会对投资者在那些哪些方面产生怎样的影响呢？

就表现形式来说，利率是指一定时期内利息额和借贷资本总额的比率，简单来说就是表明了利息的多少。利率通常由国家的中央银行控制，是现在所有国家进行宏观经济调控的重要金融工具之一。利率的调整与国民经济的表现密切相关，每当经济过热、通货膨胀上升时，政府就会提高利率、收紧信贷；而当过热的经济和通货膨胀得到控制时，就会把利率适当地调低。比如 2014 年 11 月 22 日下调利率，就是在经济下行压力较大的背景下推出的，旨在降低社会融资成本，推动经济发展。可见，利率是经济生活中的一个重要的金融变量，几乎所有的金融现象、金融资产都与利率有着或多或少的联系。

改革开放以来，中国人民银行加强了对货币政策中利率手段的运用，通过调整利率水平与结构，改革利率管理体制，使利率政策逐渐成为一个调节我国经济、使其健康稳定发展的重要杠杆。例如，2008 年 9 月 16 日、10 月 8 日、10 月 29 日、11 月 27 日，连续 4 次降息，70 天时间内，大约平均每 20 天降息一次。前三次降息，一年期存贷款基准利率调幅都是相同的，且均为 0.27 个百分点，然而，第四次降息降幅却是最大的，一年期存贷款利率分别同时下调了 1.08 个百分点。连续 4 次累计降息，就是在美国金融危机的背景下实施的，降低利率，一方面有利于刺激民间投资，另一方面有利于引导居民的储蓄从银行走出来，走向消费或投资，包括买房买车、提高居民消费水平。

利率影响国计民生，不仅是政府和银行的工作人员需要了解，作为投资者也必须了解影响利率调整的几个因素，从而能够提前判断利率的调整对投资活动的影响，从而为投资寻找一个合适的时机，实现利益最大化。具体来说，影响利率的因素包括：

1. 物价上涨幅度

利率如果高于同期物价的上涨率，那么就可以保证存款人的实际利息收益超过物价水平的增长，这时存款放在银行就会更加划算；相反，如果利率低于物价上涨率，存款人的实际利息收益就会变成负值，这时存款就等于损失财产。因此，投资者看利率水平的高低更重要的要看是正利率还是负利率，才能判断将资金放在银行是否有升值空间。

2. 企业的利息负担

长期以来，因为国有大中型企业生产发展的资金大部分依赖银行贷款，所以利率水平的变动对企业成本和利润有着直接的重要影响，因此，银行对于利率水平的确定，必须考虑企业的承受能力。

3. 国家财政和银行的利益

在调整利率水平时，必须综合考虑到国家财政的收支状况。通过影响企业和银行上缴财政税收的增加或减少，利率对于我国的财政收支有着巨大的间接性的影响。此外，银行是经营货币资金的特殊企业，银行收入的主要来源就是存贷款利差，利率水平的确定还要保持合适的存贷款利差，保证银行正常经营。

4. 经济环境和社会资金供求状况

利率政策要从国家经济政策的大局出发，并且体现出不同时期国家政策的要求。此外，与其他商品的价格一样，利率水平的确定也要考虑社会资金的供求状况，受到资金供求规律的制约。

除了上面所说的几个因素外，确定利率水平的重要依据还包括期限、风险等其他因素。众所周知，期限越长，利率就会越高；风险越大，利率也会越高。随着金融市场的不断发展以及我国经济开放程度的提高，国际金融市场利率水平的变动对我国利率水平的影响将越来越大，因此投资者要更加关注利率变动对投资活动的影响。

投资老年年金

面对即将来临的老龄化社会，投资者不仅要为自己的中壮年投资，更重要的是为自己的老年的稳定生活进行投资，积极应对老龄化问题，这就有必要了解老年年金的概念。年金就是国家出台的允许投资者对于自己的老年保障进行投资的一种方式。

年金从经济学角度来说，就是将各种形式的现金流量换算为均等年金系列所得的相应年金。简单来讲，年金来源于自由市场经济比较发达的国家，是一种属于企业雇主自愿建立的员工福利计划。简单来说，就是由企业退休金计划提供的养老金。年金从实质上来说就是职工分享企业利润的一部分或者是以延期支付职工劳动报酬的一部分。

年金和企业福利有着很大的区别。其实年金与企业福利有本质上的不同。福利是当时消费，而年金是未来消费，年金的消费权利在退休之后；福利体现公平，但是年金体现效率；企业的福利项目一般与物质条件直接相关，但是和人的地位、级别没有关系，对事不对人。但是年金则不同，年金重点体现效率。企业经济效益好坏、个人贡献大小等都是导致年金水平不同的决定性因素。总体来说年金是一种更好的福利计划，它在提高员工福利的同时，为企业解决福利中的低效率等难题提供了有效的管理工具，真正起到了增加企业吸引力和凝聚力的作用。

企业建立年金的意义体现在树立良好的企业形象，吸引和留住优秀人才；企业根据员工的贡献，设计具有差异性的年金计划，有利于激发员工潜质，形成真正公平合理的分配制度；利用福利沉淀，即服务满一定年数的方法实现切实有效的激励，留住人才；建立年金制度，不仅能够提高员工福利，同时还可以利用国家有关税收政策，为企业和个人合理节税等。

作为一名投资者在投资年金的时候要注重以下几个步骤，从而提高投资准确率。

1. 挑选最可靠的保险公司

仔细查阅保险公司的评价，慎重选择，尽量选择那些有着一流金融评级的公司。如果投资者打算选购的是固定利率年金，那么一般不要选择那些承诺有着最高回报率的年金，因为这种年金的起始利率会很诱人，但在以后各年中他的利率会下降3％以上。因此，投资者在投资年金之前，要仔细考察这种年金过去10年中的付息资料，仔细研究它在较长期限内的表现是否平稳，然后再做出投资决定。

2. 最好选择年费率较低的年金

你应当尽量不要选择那些年费率在 2％ 以上的年金。

3. 注意是否有退出条款

有些年金可以保证，如果你以后认为续存利率太低时，就有权将资金取出，而不必承担任何罚金。

一般提供年金合同的金融机构是保险公司和国债发行机构，像我们缴纳的养老保险其实就是年金合同中的一种。

个人收入和个人支出

作为投资者必须要懂得的重要经济指标，不能忽视这两个指标——个人收入和个人支出。

所谓个人收入指一个国家一年内个人所能得到的全部收入，是个人从各种途径所获得的收入的总和，大体包括工资、租金、股利股息及社会福利等方面的收入。这项数据反映了该国个人的实际购买力水平，可以通过这项数据预示未来消费者对于商品、服务等需求的变化。

一般来说，个人收入的增加总比下降要好，因为个人收入增加代表经济景气，下降当然则是社会经济放缓、衰退的征兆，如果出现这种情况，那么对经济整体走势的影响自然也是不言而喻的。但是如果个人收入上升过急，那么就有可能会引起通货膨胀，央行则会担心经济不稳定，就会考虑加息，如果加息的话自然会对民众生活产生很大的影响。

个人支出包括个人购买商品和劳务两方面的支出，这项指标是衡量居民消费支出的重要指标之一。个人支出是衡量消费货品及服务价格变动的一个重要指标，其中不仅包含了实际及估算家庭开支，同时也包括耐用品、非耐用品及服务数据。

一般而言，一个国家或地区之内所有个人收入总和应当和该国或地区之内所有居民的收入总和是一致的。但是在实际经济运行中存在一些因素会导致个人收入与国民收入数量上的不同，这些因素也是个人收入构成中的重要因素。这些因素具体包括四个方面，分别是：

1. 企业未分配利润的存在

企业未分配利润是指企业为了未来发展的需要，保留在企业手中的原本应该分配给生产要素所有者的利润。

2. 转移支付的存在

在现实经济中，个人还会得到政府发放的以失业救济金、退休金等形式体现的转移支付。

3. 公司所得税的存在

公司所得税是公司赢利而向政府缴纳的税收，缴纳给政府就意味着无法分配给个人。

4. 各种社会保险费的存在

生产要素所有者的收入必须有一部分以社会保险税费的形式上交给有关机构，因此必须进行扣除，无法在个人收入上显示。

个人收入构成是国民收入减去一部分企业保留的本应当作为生产要素报酬支付给个人而没有支付的部分，再加上个人实际获得的不属于生产要素报酬的收入。

可以说，个人收入和个人支出的变化预示着国民生产和消费的变化。通过这些变化，你可以判断出国民经济的走向，从而把握自己的投资方向。

财务数字的写法

掌握一些基础的财务知识，对于每一个要进行投资的投资者来说，是必要的。投资者首先必须要了解财务数字的不同写法，不论参与哪一种类型的投资，都要看懂财务数字，这样才能够方便自己的投资和交易的顺利进行。

在我们的日常生活和工作当中，大家在书写阿拉伯数字的时候，由于书写不规范，譬如"0""6"可能分不清，"7""9"可能辨不清，甚至还有些人将汉字的书写艺术引入了小写数字领域，主张在会计记录中将数字"1234567890"写成美术字。所有这些，都不是合乎规范的书写方法，也不合乎手工书写的正常习惯。

其实，财务数字的书写与数学中或汉字中的书写方法并不一致。在数学和学术研究中我们可以写成各种自己喜欢的字体，但是在财务当中，既不能把这些数字写成刻板划一的印刷体，也不能写成难以辨认的草字体，更不能为了追求书写形式而将它们写成美术体。其写法要求如下：

（1）每一个数字应该书写得大小匀称，笔顺清晰，合乎手写体习惯，流畅、自然、不刻板。

（2）书写数字时，应使每一个数字（7、9除外）紧靠底线且不要顶满格（行）。

一般来讲，每位数字约占预留格子（或空行）的1/2空格位置，每位数字之间一般不要连接，但不可预留间隔；每位数字上方预留1/2空格位置，方便订正错误记录时使用。

（3）正确书写一组数字的方法应该是，按照自左向右的顺序进行，不可逆方向书写；在没有印刷数字格的会计书写中，同一行相邻数字之间应空出半个数字的位置。

（4）除4、5以外的其他单数字，均应一笔写成，不能人为地增加数字的笔画数。值得注意的是整个数字要书写规范、流利、工整、清晰、易认不易改。

（5）对于不易写好、容易混淆且笔顺相近的数字来说，尽可能地按标准字体书写，区分笔顺，避免混同，以防涂改。比如："1"不能写短，且要合乎斜度要求，防止改为"4""6""7""9"；书写"6"字时可适当扩大其字体，使起笔上伸到数码格的1/4处，下圆要明显，以防改为"8"等等。

（6）除采用电子计算机处理业务之外，数字都应该用规范的手写体书写，不适用其他字体。

另外，在投资的过程中，投资者们不仅需要规范地使用阿拉伯数字，还应该适当地掌握数字在汉字大写中的书写方法，尤其是某一些数字的汉字大写值得投资者们注意。有些投资者不常接触数字的汉字大写，往往容易疏忽而产生不应该的错误，更应该对此加以关注。

对于数字的汉字大写主要有以下要求：

（1）汉字大写金额数字，一律用正楷或行书书写，如零、壹、贰、叁、肆、伍、陆、柒、捌、玖、拾、佰、仟、万、亿等易于辨认、不易涂改的字样，不得用0、一、二、三、四、五、六、七、八、九、十，或另、毛等简化字代替，不得任意自造简化字。

（2）大写金额数字到元或角为止的，在"元"或"角"之后应写"整"或"正"字；大写金额数字有分的，分字后面不写"整"字。

（3）大写金额数字前未印有货币名称的，应当加填货币名称（如"人民币"三字），货币名称与金额数字之间不得留有空白。

（4）阿拉伯金额数字中间有"0"时，大写金额要写"零"字，如人民币101.50元，汉字大写金额应写成"人民币壹佰零壹元伍角整"。

阿拉伯金额数字中间连续有几个"0"时，汉字大写金额中可以只写一个"零"字，如¥1004.56，汉字大写金额应写成"人民币壹仟零肆元伍角陆分"。

阿拉伯金额数字元位为"0"，或数字中间连续有几个"0"，元位也是"0"，但角位不是"0"时，汉字大写金额可只写一个"零"字，也可不写"零"字。如¥1680.32，汉字大写应写成"人民币壹仟陆佰捌拾元叁角贰分"。又如¥1600.32，汉字大写应写成"人民币壹仟陆佰元叁角贰分"或"人民币壹仟陆佰元零叁角贰分"。

熟悉净资产报酬率

净资产报酬率作为重要的财务指标，投资者必须了解。净资产报酬率即净资产收益率，又称股东权益报酬率、净值报酬率、权益报酬率、权益利润率、净资产利润率。它是企业在一定时期之内，获得的报酬总额与平均资产总额的比率。一方面它反映了企业资产的综合利用效果，体现了自有资本获得净收益的能力；另一方面它也是衡量企业利用债权人和所有者权益总额所获取盈利的重要指标。

净资产报酬率这一指标反映了企业总资产获取收益的能力。指标越高，说明了企业的资产利用效益就越好，自然也表明了企业赢利能力越强，经营管理水平越高；反之，净资产报酬率越低，说明企业所有者权益的获利能力越弱。

计算净资产报酬率的公式如下：

净资产报酬率＝净利润/净资产×100％

影响企业净资产报酬率的因素主要有总资产报酬率、负债利息率、企业资本结构和所得税率等。

1. 总资产报酬率

净资产属于企业全部资产中的一部分，因此，净资产报酬率必然会受到来自企业总资产报酬率的影响。在负债利息率和资本构成等其他条件不变的情况下，总资产报酬率越高，净资产收益率就会相应地越高。

2. 负债利息率

通常，在资本结构一定的情况之下，当负债利息率变动使总资产报酬率高于负债利息率时，负债利息率就将对净资产收益率产生有利影响；反之，如果在总资产报酬率低于负债利息率时，负债利息率就将对净资产收益率产生不利影响。

3. 资本结构或负债与所有者权益之比

当负债利息率低于总资产报酬率时，提高负债与所有者权益之比，将会使净资产报酬率提高；反之，降低负债与所有者权益之比，将会使净资产报酬率降低。

4. 所得税率

由于净资产报酬率的分子是净利润，即税后的利润，因此，所得税率的变动必将会引起净资产报酬率的变动。通常情况下，所得税率提高了，净资产报酬率会下降；反之，净资产收益率则会上升。

以下这个公式就反映出了净资产收益率与各个影响因素之间的关系：

净资产报酬率＝净利润/平均净资产

净资产报酬率＝（息税前利润－负债×负债利息率）×（1－所得税率）/净资产

净资产报酬率＝（总资产×总资产报酬率－负债×负债利息率）×（1－所得税率）/净资产

净资产报酬率＝（总资产报酬率＋总资产报酬率×负债/净资产－负债利息率×负债/净资产）×（1－所得税率）

看懂财务报表

在纷繁复杂的投资对象中，如何才能洞察企业的经营情况，从而确定自己的投资对象？相信这是很多投资者共同面临的问题。面对这个棘手而又重要的问题，巴菲特则用他的行动作出了回答——阅读财务报表。通过一个企业的财务报表可以让投资者清晰准确地判断出这是一个会让你大失所望的平凡企业，还是一个拥有持久竞争力的企业。通过阅读财务报表，这是投资者判断一个企业是否值得投资的重要工具。

财务报表也被称为对外会计报表，是会计主体对外提供的反映会计主体财务状况和经营的会计报表，包括资产负债表、损益表、现金流量表或财务状况变动表、附表和附注。投资者们经常说的炒股要分析公司的年报、季报、月报，这些年报、季报、月报其实就是财务报表。在投资的过程中，我们离不开公司的财务报表，因为，从财务报表中可以分析出公司的实际经营情况，这样可以为自己的投资决策提供依据。

可能有些人会存在这样的疑惑，那些上市公司的财务报表能相信吗？关于这个问题也是很多投资者关心的问题，随着我国经济发展水平的提高，对财务报表的准确性也有了更高的需要，因此，我国也出台了相关法律，对财务报表做出以下具体、详细的要求：

1. 财务表上的数字要真实

财务报告中的各项数据必须真实可靠，如实地反映企业的财务状况、经营成果和现金流量。这是对会计信息质量的基本要求。

2. 财务报表的内容必须完整

为了达到这点要求，国家相关法律规定，凡是国家要求提供的财务报表，各企业必须全部编制并报送，不得漏编和漏报。这也就为投资者提供了更全面的投资信息。

3. 财务计算要准确

日常的会计核算以及编制财务报表会涉及大量的数字计算，为了确保数字的真实可靠性，只有依靠准确的计算。这就要求编制财务报表必须以核对无误后的账簿记录和其他有关资料为依据，不能使用估计或推算的数据，不能以任何方式弄虚作假，玩数字游戏或隐瞒谎报。

4. 财务报表要及时报送

财务报表信息只有及时传递给信息使用者，才能为使用者的决策提供依据。否则，如果编制和报送不及时，即使是真实可靠和内容完整的财务报告，也会大大降低会计信息的使用价值。

5. 制作财务报表的手续要完备

企业对外提供的财务报表应加具封面、装订成册、加盖公章。财务报表封面上应当注明：企业名称、企业统一代码、组织形式、地址、报表所属年度或者月份、报出日期，由企业负责人和主管会计工作的负责人、会计机构负责人（会计主管人员）签名并盖章；设置总会计师的企业，还应当由总会计师签名并盖章。

大多数投资者当然了解到财务报表的重要性，可是还是担心自己缺少专业知识，不懂财务。其实分析财务报表很简单，只要坚持"六步走"原则，就可以判断企业前景，提高安全投资系数。

第一步：看利润表。

重点看企业的利润，对比企业近几年收入的增长是否在合理的范围内。

第二步：看企业的坏账准备。

有些企业的产品销售出去，但款项收不回来，而它在账面上却不计提或提取不足，这样的收入和利润就是不实的。

第三步：看长期投资是否正常。

有些企业在主营业务之外会有一些其他投资，如果这种投资和主营业务不相关联，那么，这种投资的风险就很大。

第四步：看其他应收款是否清晰。

有些企业的资产负债表上，其他应收款很乱，许多陈年老账都放在里面，有很多是根本收不回来的。如果这些账款过多，投资这样的公司就会增加投资风险。

第五步：看是否有关联交易。

比如有些企业的大股东年中向上市公司借钱，到年底再利用银行借款还钱，从而在年底报表上无法体现大股东借款的做法。

第六步：看现金流量表。

企业的现金流量是否能正常地反映资金的流向，注意今后现金注入和流出的原因和事项。

关注资产负债表

曾经有人问巴菲特："您在阅读财务报表的时候最关心什么内容？最先阅读什么？"巴菲特给出的回答是："我比大多数人更关注公司的资产负债表。"

你可以根据某个公司的资产负债表了解到那个公司的实际经营情况，由此帮助自己做出投资的决策。资产负债表其实也是投资者必须要懂的财务常识之一，这就需要先来了解一下什么是资产负债表。

资产负债表，又被称为财务状况表，表示企业在一定日期的财务状况的主要会计报表。这份报表除了可以用来帮助企业内部除错、把握经营方向、防止弊端外，同时也可让投资者在有限的时间和空间内准确把握企业经营状况，集中体现了公司的经营管理活动的结果。

为什么一份报表就能体现出一个企业的真正价值呢？到底是从哪些方面体现的呢？

1. 揭示公司的资产及其分布结构

投资者可以从流动资产了解到公司在银行的存款以及变现能力，掌握资产的实际流动性与质量；而如果投资者准备长期投资，可以掌握公司从事的是实业投资还是股权债权投资及是否存在新的利润增长点或潜在风险；投资者还可以通过了解固定资产工程物资与在建工程及与同期比较，掌握固定资产消长趋势；通过了解无形资产与其他资产，可以掌握公司资产潜质。

2. 揭示公司的资产来源及其构成

根据资产、负债、所有者权益之间的关系，分析得出，如果公司负债比重高，相应的所有者权益即净资产就低，说明主要靠债务"撑大"了资产总额，真正属于公司自己的财产（即所有者权益）不多。投资者还可以从资产负债表中进一步分析流动负债与长期负债，如果短期负债多，对应的流动资产中货币资金与短期投资净额与应收票据、股利、利息等可变现总额低于流动负债，则说明该公司还债压力较大，并且借来的钱成了被他人占用的应收账款与滞销的存货，反映了企业经营不善、产品销路不好、资金周转不灵，这时投资者就要谨慎投资。

3. 有助于评价公司的赢利能力

结合资产收益率，还可评价公司的资产创利、赢利能力。通常情况下，资产负债率也应当控制在适度的比例，如工业生产类企业应低于60％为宜，不过如果过低（如低于40％）也不好，说明公司缺乏适度负债经营的创新勇气。

4. 通过期初数与期末数的对比

通过这对比有助于投资者对资产负债进行动态的比较，进一步分析公司经营管理水平及发展前景与后劲。

可是在现实中，很多投资者在拿到资产负债表之后不知如何看，对投资判断有用的信息如何才能得到。如果从以下三个方面入手，投资者在面对投资负债表的时候将不再迷茫。

1. 浏览一下资产负债表的主要内容

你可以从对资产负债表的大致浏览中，对企业的资产、负债及股东权益的总额及其内部各项目的构成和增减变化有一个初步的认识。我们都知道企业总资产在一定程度上反映了企业的经营规模，当企业股东权益的增长幅度高于资产总额的增长时，说明企业的资金实力有了相对的提高；相反则说明企业规模扩大的主要原因是来自于负债的大规模上升，进而可以说明企业的资金实力相对降低，偿还债务的安全性亦在下降。

2. 对一些重要项目进一步分析

尤其是期初与期末数据变化很大，出现大额红字的项目进行进一步分析，如流动资产、流动负债、固定资产、有代价或有息的负债、应收账款、货币资金以及股东权益中的具体项目等。

3. 对一些基本财务指标进行计算

投资者在计算财务指标数据的时候主要从以下几个方面入手：直接从资产负债表中取得，如净资产比率；直接从利润及利润分配表中取得，如销售利润率；同时来源于资产负债表利润及利润分配表，如应收账款周转率；部分来源于企业的账簿记录，如利息支付能力。

读懂利润表

投资者要投资某个企业，必须要了解该企业的利润及利润率如何。作为一名普通投资者，可以通过什么途径了解到这方面的信息呢？其实很简单，我们可以从财务报表中的利润表了解到该企业的经营状况。

利润表包含投资者所关心的各种信息，可以反映企业在一定时期内的收入实现情况，例如主营业务收入有多少、其他业务收入有多少。如果投资者将利润表中的信息与资产负债表中的信息进行分析对比和计算，还可以通过收账款周转率或者存货周转率等不同层面，表现出企业资金周转情况和企业的赢利能力和水平，便于投资者判断企业未来的发展趋势，做出准确的经济决策。如果说资产负债表是人体的骨骼，那么利润表就是人体的肌肉。肌肉是否结实，是否能有效地支撑公司的经营，都可以从利润表中准确地反映出来。

投资者在面对一份利润表时，应该如何从利润表中复杂的数据中寻找到最有效的信息？投资者如何读懂利润表，我们推荐四条法则。

1. 要看营业收入和营业成本

看利润表，首先要看营业收入和营业成本的比较。营业收入和营业成本这两项指标就像双胞胎一样，有着惊人的匹配和对应的关系，几乎所有的舞弊公司，都是为了做大营业收入，做小营业成本。投资者要注意，不少上市公司，就是通过做大代理业务、虚拟交易、一次性交易等手段做大营业收入的，投资者一定要提高警惕。

2. 要看毛利率

投资者一定要把毛利率和同行业比较、历史比较以及公司变动情况放在一起进行对比分析。比如软件行业的毛利率超过了50%，原因在于软件行业是智力密集型产业。而化工行业的毛利率却不足20%，原因在于化工企业存在产能过剩，能达到这样的毛利率就很不错了。

3. 要看营业费用、销售费用和财务费用

投资者看到这里一定要注意，这三项费用往往以固定费用的形式出现。然而，很多公司在管理费用中往往充斥大量的无法公开的一些费用，而销售费用和营业收入之间有逻辑对应关系。当你看到一个销售额巨大，却没有销售费用的公司时，一定要明白其中的问题，并做出准确的评价。

4. 要看非经常性损益

非经常性损益，就是跟公司的主营业务不直接相关，仅仅是偶然发生的一次性收益。该指标往往被公司视为救命的稻草。一旦公司管理者发现经营状况不佳，可是又不希望财务报表过于难看时，就会通过变卖股权、出售资产、寻求政府补贴、税收返还等等方式，用来营造一个看上去漂亮的假象，投资者一定要分清楚这其实只是表面好看的利润表，不要被这种利润表蒙蔽双眼，做出错误的投资决定。

关注现金流量表

即使一个企业有赢利能力和广阔前景，但如果现金周转不畅、调度不灵，也会严重影响企业健康的生产经营，并且偿债能力的弱化将直接影响到企业的信誉，最终影响企业的生存。可以说，企业的现金流量在很大程度上决定着企业的生存和发展空间。因此，现金流量信息在企业经营和管理中的地位越来越重要，越来越多地受到企业管理者和投资者的广泛关注。

现金流量表是财务报表的三个基本报告之一，所表达的是在一个固定期间内，一家机构的现金（包含现金等价物）的增减变动情形。投资者通过现金流量表可以对企业的投资活动和筹资活动做出准确的评价，对投资者的投资有着巨大的帮助。

那么，投资者如何从现金流量表中分析出对投资有益的信息呢？

1. 现金净增加额的作用分析

现金流量表分析的基础是观察现金的净增加额。如果一个企业在生产经营正常，投资和筹资规模不变的情况下，现金净增加额越大，就说明企业的活力越强。如果企业的现金净增加额主要来自生产经营活动产生的现金流量净额，可以反映出企业销售能力强，坏账风险小，投资者可以推断这个企业的营销能力一般较强；如果一个企业的现金净额主要是投资活动产生的，甚至是由处置固定资产、无形资产和其他长期资产而增加的，这就反映出企业生产经营能力削弱；如果企业现金净增加额主要是由于筹资活动引起的，意味着企业将支付更多的利息或股利，企业将在未来承受较大的财务风险。

2. 对企业现金流量的分析

投资者在进行比重分析时，应该着重从企业自身创造现金能力的比率、企业偿付全部债务能力的比率、企业短期偿债能力的比率、每股流通股的现金流量比率、支付现金股利的比率、现金流量资本支出比率、现金流入对现金流出比率以及净现金流量偏离标准比率入手，从这些比率的数据的发展和变化中分析企业的经营和问题，从而做出准确的投资判断。

3. 结合资产负债表、损益表

现金流量表只能反映企业一定时期内现金流入和流出的情况，它既不能反映企业的赢利状况，也不能反映企业的资产负债状况。但是现金流量表是连接资产负债表和损益表的纽带，如果投资者将现金流量表的信息与资产负债表和损益表进行对比分析，就能够挖掘出更多、更重要的信息，对企业的生产经营活动做出更全面、客观和正确的评价。

将现金流量表与资产负债表比较分析可以得知企业的偿债能力、赢利能力及支付能力。如果将现金流量表与损益表进行比较分析，就可以得到对企业利润的准确评价。

投资者在运用现金流量表对企业进行财务分析时，如果想要对所分析企业的财务状况得出较全面和较合理的结论的话，就一定要注意与资产负债表和损益表相结合，这样才能使投资者的投资准确率稳步上升。

缴纳所得税

作为一个投资者，就必须要懂得一点税务常识，而关于所得税的知识是投资者必须要懂得的税务常识之一。

所得税是指国家对法人、自然人和其他经济组织在一定时期内的各种所得征收的一类税收。各地政府在不同时期对个人应纳税收入的定义和征收的百分比也不尽相同，有时还分稿费收入、工资收入以及偶然所得（例如彩票中奖）等等情况分别纳税。

所得税这个税种来源于英国。18世纪末的英国正值英法战争时期，英国首相 W. 皮特为了筹措战争经费，创设了一种新税，名为"三级税"，这就是所得税的雏形。但是因为税法的不健全，漏税的人很多，于是在 1799 年废除"三级税"而采用新所得税法，由此奠定了英国所得税制度的基础。由于所得税用纳税人收入的多少作为负担能力的标准，比较符合公平、普遍的原则，并且具有经济调节功能，所以 19 世纪以后，资本主义国家相继效仿，所得税由"临时"变为"经常"，由次要税种发展成为现代西方国家的主要税种。

我国直到清末才提出实行所得税的倡议，但是由于当时缺乏实行所得税制度的社会经济条件，总是无法长期实行。直到新中国成立之后，才废除了旧的所得税制度。经历了长达几十年的发展和磨合之后，我国基本制定出了符合中国现状的所得税制度，为我国经济的腾飞奠定了坚实的基础。

目前，我国现行税制中的所得税包括企业所得税、外商投资企业和外国企业所得税、个人所得税 3 个税种。

通过所得税的征收，更可影响各方面的利益分配格局，客观上也影响纳税人的行为，从而达到一定的调节目的，导致社会财富的再分配。尤其对社会分配不公、收入相差悬殊的现象，所得税更能扮演财富分配的"利器"的重要角色。

近代以来，征收个人所得税的历史要从民国算起。民国时期，曾开征薪给报酬所得税、证券存款利息所得税。1950 年 7 月，政务院公布的《税政实施要则》中，就曾列举有对个人所得课税的税种，当时定名为"薪给报酬所得税"。但由于我国生产力和人均收入水平低，实行低工资制，虽然设立了税种，却一直没有开征。1980 年 9 月 10 日由第五届全国人民代表大会第三次会议通过《中华人民共和国个人所得税法》。1980 年以后，为了适应我国对内搞活、对外开放的政策，我国才相继制定了《中华人民共和国个人所得税法》《中华人民共和国城乡个体工商业户所得税暂行条例》以及《中华人民共和国个人收入调节税暂行条例》。上述三个税收法规发布实施以后，对于调节个人收入水平、增加国家财政收入、促进对外经济技术合作与交流起到了积极作用，但也暴露出一些问题，主要是按内外个人分设两套税制、税政不统一、税负不够合理。

为了统一税政、公平税负、规范税制，1993 年 10 月 31 日，八届全国人大常委会四次会议通过了《全国人大常委会关于修改〈中华人民共和国个人所得税法〉的决定》，同日发布了新修改的《中华人民共和国个人所得税法》（简称税法），1994 年 1 月 28 日国务院配套发布了《中华人民共和国个人所得税法实施条例》。1999 年 8 月 30 日第九届全国人民代表大会常务委员会第十一次会议决定第二次修正，并于当日公布生效。2007 年 12 月 29 日十届全国人大常委会第三十一次会议表决通过了关于修改个人所得税法的决定。

2011 年 6 月 30 日，十一届全国人大常委会第二十一次会议表决通过了全国人大常委会关于修改个人所得税法的决定。个人所得税免征额将从 2000 元提高到 3500 元，同时，将个人所得税第 1 级税率由 5％修改为 3％，9 级超额累进税率修改为 7 级，取消 15％和 40％两档税率，扩大 3％和 10％两个低档税率的适用范围。

如果我们把商品课税和所得税进行比较就能发现，商品课税虽然有效率，但收入再分配能力有限；虽然所得税在效率方面有欠缺，但是却能够较好促进公平。经济学家认为付出一定的征收成本，以改善社会公平状况是非常必要的。从这个意义上而言，所得税对于社会和谐的发展有着至关重要的作用，具体表现如下：

1. 所得税体现公平

所得税具有税基广泛，税率累进的税制特征，加上我国制定的政策对各种税基宽与容、税基范围的免除与扣除项目的设置，可以有效地促进横向公平与纵向公平。

2. 所得税提升效率

所得税可以最有效地合理配置经济资源，给社会带来的负担最小化和利益最大化。而且所得税还可以使税收的征纳成本减到最小程度，给国家带来的实际收入最大，给纳税人带来的额外负担最小。通过所得税实现经济的有效性及提高资源配置效率与效率损失。

3. 所得税调节收入

企业所得税的税后可以支配的收入高低，直接影响企业税后可支配的收入高低，影响企业的投资回报率，最终影响投资行为。

经济世界中有一句名言："经济决定税收，税收影响经济。"所得税极大地促进了经济的稳定，对于一些经济波动较大的国家，都是需要靠所得税将社会和经济的矛盾"烫"平，使社会继续稳步向前发展。在经济增长过程中，消费、投资是对经济增长影响最直接的因素。个人所得税直接影响消费需求，间接影响投资需求。

了解贴现率

贴现率就是指银行承诺兑换汇票的持票人在汇票到期日前，遇到了紧急情况，急需用钱，为了取得资金，持票人贴付一定利息将票据权利转让给银行的票据行为，简单来说就是持票人向银行换取资金的一种方式。

票据贴现分为贴现和再贴现两种类型，商业银行对工商企业的票据贴现业务称贴现，中央银行对商业银行已经贴现的还没有到期的工商企业票据再次贴现，被称再贴现或重贴现。贴现率主要是受到市场资金供求状况变化而自发形成的，而再贴现率则是由中央银行规定的。

举个例子来说明。A银行近期贷款的人非常多，可是偏偏取钱的人也很多，它的金库有些应接不暇，紧急情况下A银行只好向B银行"借钱"，B银行面对这种情况当然不会坐视不管，于是向A银行发放了一些贷款应急。可是问题是，这些贷款不可能白白借给A银行，A银行要给B银行一定的利息。如果B银行提供的贷款利率很高，A银行就会觉得利息太高，难以承受，只能勒紧裤腰带，不再借款，可是这样一来能用于贷款的钱也就少了，A银行所能为社会供给的货币也就少了，一元钱所能创造出的货币也就相应减少。相反，如果B银行提供的贷款利率较低，A银行觉得可以承受，A银行就会用这笔贷款来充实它的金库，这样一来，A银行的准备金就大于没有贷款的时候，这些增加的准备金使A银行创造出更多的货币，同时社会上的货币也就丰富起来。

再举个例子。某投资者持有一张半年到期面额为1000元人民币的期票要求银行贴现，如当时银行的贴现率为年息5厘（5%），银行就按此贴现率扣除利息25元人民币后，将票面余额975元付给投资者，票据到期时，银行持票向最初发票人索回现款1000元。

上面两个例子分别介绍了银行和一个企业或者一个投资者向银行贷款或兑换期票，其实因为投资所需金额的规模和不稳定性，这样的情况在现实投资中经常发生。国家对于经济的调控主要是通过再贴现率，那么哪些主要因素会影响再贴现率的升降呢？

中央银行常常将调整再贴现率视为调节经济和控制市场信用的重要工具之一。政府这样做的目的在于通过使用提高或降低再贴现率的办法来收紧或放松市场的货币，用来控制生产规模和信用规模，缓和或者延续经济危机。所以决定再贴现率的过程是较复杂的，影响的因素也是多样的。

1. 再贴现率受到经济规律的影响

有人认为再贴现率取决于中央银行的意志，其实这是不正确的。由于周期性的经济危机是经济活动中不可避免的，再贴现率的提高或降低必然会受到周期性经济危机的影响。如果经济一旦出现衰退，中央银行就会降低再贴现率，放松银根、刺激社会生产。如果出现通货膨胀，中央银行一般就会要提高再贴现率来抽紧银根，制止通货膨胀。

2. 再贴现率受借贷供求关系的影响

如果借贷的人少，市场上钱多的时候，中央银行可以通过提高再贴现率来紧缩信用；相反的话，如果借贷的人多，经济发展过快，市场利率上涨，中央银行就可以通过降低再贴现率来调节市场。

存款准备金率的作用

中国人民银行宣布，2014 年 6 月 16 日起，对符合审慎经营要求且"三农"和小微企业贷款达到一定比例的商业银行下调人民币存款准备金率 0.5 个百分点。根据标准，此次定向降准覆盖大约三分之二的城市商业银行、80％的非县域农商行和90％的非县域农合行。

所谓存款准备金是指金融机构根据规定将其有关存款和负债按照一定比例缴存到中央银行的部分。存款准备金最初用来保证商业银行对客户的提款进行支付，之后逐渐发展出具备清算资金的功能，现在又发展成为货币政策工具。近二十多年来，在英国、加拿大等国家，出现了存款准备金率为零、存款准备金制度弱化的现象；但是在美国、日本、欧元区国家和众多发展中国家，存款准备金制度依然是一项基本的货币政策制度，发挥着控制货币信贷数量、调节货币市场流动性和利率，促进金融机构的稳健经营、限制货币替代和资本流出入等重要作用。

2011 年以来，由于我国投资过热，导致物价持续攀升，中国人民银行频繁上调法定存款准备金率，用来抑制投资过热现象，并且收效巨大。

当我们回望中国人民银行每一次的上调或者下调存款准备金率时，我们不难发现这些调整都是对民间投资的大方向上的调整，以求达到经济的平稳。所以存款准备金率也是投资者必须要知道的经济指标之一。作为投资者应该对存款准备金率提高保持一定的敏感度，要深入的学习和发掘其中包含的经济原理和内涵，为更有效的经济投资指明方向。

那么在我国，存款准备金制度对金融的调控和金融的稳定发挥着怎样的作用？中央银行通过调整法定存款准备金率以增加或减少商业一的超额准备，来扩张或收缩信用，实现货币政策所要达到的目的。

它的主要作用有以下三点：

1. 保证商业银行等存款货币机构资金的流动性。当部分银行出现流动性危机时，中央银行就有能力对这些银行加以救助，以提供短期信贷的方式帮助其恢复流动性。

2. 集中使用一部分信贷资金。这是中央银行作为银行的银行，这一"最终贷款人"责任，也可以向金融机构提供再贴现。

3. 调节货币供给总量。举个例子，银行吸收了 1000 元存款，存款准备金率是 10%，那么银行同期可用于投资等的最高额度是 900 元，100 块准备金必须存在央行指定的账户上；存款准备金的作用之一是防范挤兑风险，现在被政府好好利用了一把，成了抑制投资的工具之一。

投资者应该认识存款准备金率的作用，提高自身的投资准确率。我们以上调存款准备金率为例，做出分析：

1. 调高存款准备金率有助于降低通货膨胀

从 2009 年 11 月开始，我国的居民消费价格由负转正，同年 12 月，工业品出场价格也由负转正，CPI 和 PPI 涨幅逐渐上升，同时因为受到春节等因素的影响，通货膨胀预期进一步加强。所以中国人民银行提高了存款准备金率，减少社会贷款总量，相应地减少了货币供应量，在货币市场上，货币供应量减少，货币需求就会增加，最终达到降低通货膨胀率的目的。

2. 上调存款准备金率增加银行的抗风险能力

存款准备金是一笔用来限制金融机构信贷扩张在发生金融危机的情况下和保证客户提取存款和资金清算的资金，上调准备金率不仅可以保证金融系统的支付能力，还能增加银行的抗风险能力，实在是一举两得。

3. 上调存款准备金率降低市场流动性

因为新增贷款大幅增加，所以市场流动性很充裕。在这种情况下，中国人民银行在 2011 年六次上调存款准备金率，一方面可以加强对资金的流动性管理，另一方面也可以防止信贷过快增长，保持银行体系内的资金流动基本合理充足，从而使经济平稳较快发展。

失业率对投资的影响

当一个国家出现失业率过高的情况时，说明该国的经济处于低迷状态，应当谨慎投资，保证资金的安全。

失业率是指失业人口占劳动人口的比率，旨在衡量闲置中的劳动产能，是反映一个国家或地区失业状况的重要指标。通过该指标可以判断一定时期内全部劳动人口的就业情况。一直以来，失业率数字是每个月最先发表的经济数据，被视为一个反映整体经济情况的重要指标，所以失业率指标在所有经济指标中被称为"皇冠上的明珠"，它是市场上最为敏感的经济指标之一。

在现实生活中，造成失业率浮动的原因有很多，其中就业结构和变动情况是观察重点。失业可从大体上分为摩擦性失业、结构性失业、季节性失业、周期性失业四类。

摩擦性失业是指人们在寻找工作或转换工作过程中的失业现象。增加职业训练计划与提高信息沟通（使失业者能确实掌握就业机会）可降低这方面的失业。

结构性失业是指市场竞争的结果或者是生产技术改变而造成的失业。

季节性失业是指农业、营建业与旅游业这些特别容易受季节性因素影响而造成的失业。

周期性失业是指由于总需求不足而引起的短期失业，一般出现在经济周期的萧条阶段。

非自愿性失业是指如果工资品的价格相对货币稍有上升，现行货币工资水平下愿意工作的劳动总供给量和在此工资水平下的劳动总需求量都大于现有就业量，那么劳动者就处于非自愿性失业状态。

自然失业率是指在充分就业下的失业率，是摩擦性失业率及结构性失业率加总之和。

一般认为，摩擦性失业、结构性失业和自愿性失业都是在所难免的，它们和经济社会的总需求水平、与经济周期没有直接的关系。所以它们也被统称为自然失业。自然失业与总劳动的比率就是自然失业率，因为摩擦性失业、结构性失业和自愿性失业总是存在的，所以自然失业率一般被认为是经济社会所难以消除的，它与周期性失业、经济运行周期及总需求水平无关，是相对稳定的，能够长期持续存在的最低失业率。当一个国家的经济中不存在周期性失业，所有失业都是摩擦性、结构性、季节性和自愿性失业时，投资者便可以基本判断这个社会达到了充分就业，充分就业既意味着一个国家劳动力资源的充分利用，也意味着一个国家所有经济资源的充分利用。当实际失业率等于自然失业率时，并且一国经济处于长期均衡状态时，表明这个国家所有的经济资源都得到了充分利用，即实现了充分就业均衡。

在全面了解了造成失业的原因之后，投资者又该如何解读该指标，指导自己的投资行为呢？一般情况下，失业率下降，代表整体经济处于健康发展的阶段，有利于货币升值；相反失业率上升，就代表着经济发展放缓衰退，不利于货币升值。若将失业率和同期的通胀指标放在一起来分析，就可以得知当时经济发展是否过热，是否会构成加息的压力，或是否需要通过减息以刺激经济的发展。广大投资者从失业率中分析出这些有用信息后就可以用于指导自己的投资行为，提高投资的成功率。

另外，失业率数字的反面是就业数字，其中最有代表性的是非农业就业数据。非农业就业数字是失业数字中的一个项目，这个项目主要统计从事农业生产以外的职位变化情形，它能反映出当时的社会上制造行业和服务行业的发展及其增长，如果这个数字减少就代表企业减低生产，经济步入萧条。因为当社会经济发展较快时，消费自然随之而增加，消费性以及服务性行业的职位也就增多。当非农业就业数字大幅增加时，理论上对汇率应当有利；反之则相反。因此，该数据是观察社会经济和金融发展程度和状况的重要指标。

CPI 的功能

某知名网站理财频道曾创办了一个专栏，名为"CPI 与你的理财生活"。在这篇专栏中网站设计了两个调查问卷，分别是"你认为通货膨胀期应该如何投资"和"通货紧缩期应该如何投资"。在这项调查中共有 10 万左右的投资者参与，积极投票，统计的结果为 38％的投资者认为通货膨胀期应该投资房产，24％的投资者认为应该投资黄金，15％的投资者认为应该投资股票。而在通货紧缩期，29％的投资者认为应该把钱放在银行，20％的投资者认为应该投资国债。

从资料中可以看出，CPI 的变化导致的通货膨胀或通货紧缩和投资者选择投资项目是息息相关的。

CPI 是消费者物价指数（Consumer Price Index）的英文缩写，是反映与居民生活有关的产品及劳务价格统计出来的物价变动指标，通常作为衡量通货膨胀水平的重要指标。

CPI 告诉人们，对普通家庭的支出来说，购买具有代表性的一组商品，在今天要比过去某一时间多花费多少。在日常生活中我们更关心的是通货膨胀率，它被定义为从一个时期到另一个时期价格水平变动的百分比，公式为 $T=(P_1-P_0)/P_0$，式子中 T 为 1 时期的通货膨胀率，P1 和 P0 分别表示 1 时期和 0 时期的价格水平。如果用上面介绍的消费价格指数来衡量价格水平，则通货膨胀率就是不同时期的消费价格指数变动的百分比。假如一个经济体的消费价格指数从去年的 100 增加到今年的 112，那么这一时期的通货膨胀率就为 $T=(112-100)/100×100％=12％$，就是说通货膨胀率为 12％，表现为物价上涨 12％。

如若在过去 12 个月，消费者物价指数上升 3％，那就代表，你的生活成本比 12个月前平均上升 3％。这也意味着，你的钱不如以前值钱了。

如果消费者物价指数升幅过大，表明通胀已经成为经济不稳定因素，央行会有紧缩货币政策和财政政策的风险，从而造成经济前景不明朗。一般说来，当 CPI＞3％

的增幅时，我们把它称通货膨胀；而当 CPI>5% 的增幅时，我们把它称为严重的通货膨胀。鉴于以上原因，该指数过高的升幅往往不被市场欢迎。例如，某一年，消费者物价指数上升 2.5%，则表示你的生活成本比上一年平均上升 2.5%。当生活成本提高，你拥有的金钱价值便随之下降。换句话说，一年前面值 100 元的纸币，现在只能买到价值 97.5 元的货品及服务。

但是真实的日常生活费用情况 CPI 是反映不出来的，有时我们对物价的感觉与公布的统计数据会有差异。我国 CPI 当中包含八大类商品：第一类是食品，第二类是烟酒及其用品，第三类是衣着，第四类是家庭设备用品和维修服务，第五类是医疗保健和个人用品，第六类是交通和通讯，第七类是娱乐、教育、文化用品和服务，第八类是居住。与居民消费相关的所有类别都包括在这八大类中。在 CPI 价格体系中，食品类权重占到 32.74%。

但忙着理了一年财的人们会发现，跑赢 CPI 也不是那么容易的事。只要对家庭财务进行合理规划，跑赢 CPI 应该不是难事。

贸易顺差和逆差

贸易顺差和逆差也是投资者必须要知道的经济指标之一。那么到底什么叫作贸易顺差，什么叫作贸易逆差呢？这两者到底和投资之间有什么必然联系呢？

贸易顺差就是指在一定的单位时间里（通常按年度计算），贸易的双方甲方和乙方互相买卖各种货物，互相进口与出口，经过统计之后发现，甲方的出口金额大于乙方的出口金额，或甲方的进口金额少于乙方的进口金额，这种差额对于甲方而言，就叫贸易顺差，可是同样的情况下对乙方来说，这种差额就叫作贸易逆差。

那么，究竟是顺差好还是逆差好呢？这需要我们理性的加以分析。

国际收支逆差会导致本国外汇市场上外汇供给减少，需求增加，从而使得外汇的汇率上涨，木币的汇率下跌。如果该国政府采取措施干预，即抛售外币，买进本币，政府手中必须要有足够的外汇储备，而这又会进一步导致本币的贬值。政府的干预将直接引起本国货币供应量的减少，而货币供应量的减少又将引起国内利率水平的上升导致经济下滑，失业增加。

从引起国际收支逆差的原因来看，如果国际收支逆差是由经常项目的逆差所引起的，那么必然导致与出口有关的部门就业机会的减少，导致经济下滑。如果国际收支的逆差是由资本项目逆差所引起的，那么意味着大量资本外流，国内资金供应紧张，推动利率水平的上升，导致失业增加，经济下滑。

国际收支顺差有利于促进经济增长，增加了外汇储备，增强综合国力；也有利于维护国际信誉，提高对外融资能力和引进外资能力；有利于经济总量平衡，加强一国抗击经济全球化风险的能力，有助于国家经济安全。有利于人民币汇率稳定和实施较为宽松的宏观调控政策。

但是国际收支顺差也有弊端。

1. 国际收支顺差使得人民币升值的压力加大，国际贸易摩擦增加。

国际收支顺差使得国内外汇市场上的外币供给大于外币需求，必然产生外币贬值的预期和人民币升值的预期。因此，国际收支顺差产生人民币升值的压力：国际收支顺差越大，人民币升值的压力越大；人民币升值的预期，又加大了外资流入和国际收支顺差的扩大，进一步增强了人民币升值的压力。

国际收支顺差加剧了国际贸易摩擦。我国贸易顺差增加，就意味着与我国进行贸易的国家有逆差，逆差国就会利用 WTO 的规则，限制我国产品进口，保护本国产业。在加入 WTO 后，由于中国与美国贸易逆差比较大，使用反倾销最多的是美国，我国是被反倾销最多的，居 WTO 成员方第一位，并且我国被反倾销案例的数量在逐年增长。

2. 国际收支顺差弱化了货币政策效应，降低了社会资源利用效率。

外汇流入随着国际收支顺差的增加而增多，在固定汇率和外汇结售汇制度下，中央银行要以人民币购买外汇，货币的投放随着外汇流入的增多而递增。随着大量的人民币被动地投入到流通领域，中央银行的基础货币账户更加受制于外汇的流入，不但削弱了中央银行货币政策的效应，还导致物价水平上升。

国际收支顺差与国内居民储蓄相结合，导致社会资源利用效率低下。国际收支顺差引起的大量外汇储备高达 4000 多亿美元，同时，国内居民储蓄高达 11 万亿人民币，两者相加约有 14 多万亿人民币。这 14 多万亿人民币没有形成有效投资，是经济社会中的闲置资金，与这些闲置资金相对应的是生产资料和人力资源的闲置，社会资源利用效率低下。因而，我国出现了经济增长和失业增加并存的现象。

3. 国际收支顺差提高了外汇储备成本，增加了资金流出。

在国际金融市场上进行外汇操作总是有风险的，最明显的是汇率风险。我国实行钉住美元的固定汇率，每当美元贬值和美国国内出现通货膨胀，我国外汇储备都随之贬值，造成外汇储备的损失。国际收支顺差越大，需要到国际金融市场上运营的外汇越多，国家外汇储备的成本越高。

国际收支顺差增加了资金流出。在结售汇制度下，由于流入的外国资金都要转换成外汇储备，外汇储备主要是储备美元、欧元的债券。国际收支顺差越多，外汇储备越多，外国债券越多，资金流出也越多。这两方面形成了内在的矛盾：国际收支顺差引导外资流入，出口越多和外国直接投资越多，资金流入越多；国际收支顺差导致外汇储备增加，外汇储备越多，资金流出越多。

4. 国际收支顺差异致经济对外依存度过高，民族经济发展空间狭窄，出口结构难以调整。

出口和引进外资都是有代价的：一是出口使国内资源被国外利用，而且出口对国际市场依赖性强，出口的数量和结构随国际市场需求而变化；二是外资不论是间接融资还是直接融资，都是有代价的。间接融资，如外国贷款到期要用外汇来还，需要国内有更多的出口产品换取外汇。直接融资，如跨国公司在我国直接投资设立生产和销售企业，那更是直接地利用我国的各种资源，不但其利润要汇回母公司所在地，而且，其产品占领了我国的市场；三是国内经济受制于国际市场，一旦出口受挫，本国经济萧条，外国资本会乘虚而入，控制我国市场和关乎经济命脉的产业，经济发展受制于外国资本，导致经济发展缺乏自主性。

5. 国际收支顺差影响了国内金融业利率市场化进程。

在利率市场化条件下，国际收支顺差意味着国内货币供给增加，在市场对货币的需求增长幅度小于货币供给增长幅度时，货币市场供给大于需求，金融市场的利率下降。目前，国际市场利率比较低，如果我国金融市场利率下降，那么，国内利率与国际市场利率的利差会缩小，这种利差的缩小会减缓国际资本的流入，有利于减少国际收支顺差。然而，利率下降会导致人民币贬值，产生通货膨胀。自 2003 年下半年以来，我国经济正面临通货膨胀的压力，为了防范通货膨胀对经济的消极影响，中央银行不得不维持现行的存款管制利率和贷款浮动利率，从而推迟了利率市场化的进程。

汇率影响投资

汇率又被称为"外汇行市或汇价"，是一国货币兑换另一国货币的比率，是以一种货币表示另一种货币的价格。汇率出现的原因是由于世界各国货币的名称不同，币值不一，所以一国货币对其他国家的货币规定一个兑换率，这种兑换率就叫作汇率。

从短期来看，决定一国的汇率的是对该国货币兑换外币的需求和供给。例如，外国人购买本国商品、在本国投资以及利用本国货币进行投机等行为都会影响本国货币的需求。同时本国居民想购买外国产品、向外国投资以及外汇投机也会影响本国货币供给。从长期来看，影响汇率的主要因素主要有：关税和限额、相对价格水平、对本国商品相对于外国商品的偏好以及生产率。

汇率是两种不同货币之间的比价，因此汇率多少，必须先要确定用哪个国家的货币作为标准。由于确定的标准不同，于是便产生了几种不同的外汇汇率标价方法。

（1）直接标价法

直接标价法，又叫应付标价法，是以一定单位（1、100、1000、10000）的外国货币为标准来计算应付付出多少单位本国货币。就相当于计算购买一定单位外币所应付多少本币，所以就叫应付标价法。在国际外汇市场上，包括中国在内的世界上绝大多数国家目前都采用直接标价法。如日元兑美元汇率为 119.05：1 即 1 美元兑 119.05

日元。

在直接标价法下，若一定单位的外币折合的本币数额多于前期，则说明外币币值上升或本币币值下跌，叫作外汇汇率上升；反之，如果要用比原来较少的本币即能兑换到同一数额的外币，这说明外币币值下跌或本币币值上升，叫作外汇汇率下跌，即外币的价值与汇率的涨跌成正比。

（2）间接标价法

间接标价法又称应收标价法。它是以一定单位（如 1 个单位）的本国货币为标准，来计算应收若干单位的外汇货币。在国际外汇市场上，欧元、英镑、澳元等均为间接标价法。如欧元兑美元汇率为 1∶0.9705 即 1 欧元兑 0.9705 美元。在间接标价法中，本国货币的数额保持不变，外国货币的数额随着本国货币币值的变化而变化。如果一定数额的本币能兑换的外币数额比前期少，这表明外币币值上升，本币币值下降，即外汇汇率下跌；反之，如果一定数额的本币能兑换的外币数额比前期多，则说明外币币值下降、本币币值上升，即外汇汇率上升，即外汇的价值和汇率的升跌成反比。因此，间接标价法与直接标价法相反。

由于直接标价法和间接标价法所表示的汇率涨跌的含义正好相反，所以在引用某种货币的汇率和说明其汇率高低涨跌时，必须明确采用哪种标价方法，以免混淆。

随着经济全球化的发展，世界各国之间的经济往来越来越紧密，而汇率作为各国之间联系的重要桥梁，发挥着重要作用。

（1）汇率与进出口。一般来说，本币汇率下降，即本币对外的币值贬低，能起到促进出口、抑制进口的作用；若本币汇率上升，即本币对外的比值上升，则有利于进口，不利于出口。

汇率是国际贸易中最重要的调节杠杆。因为一个国家生产的商品都是按本国货币来计算成本的，要拿到国际市场上竞争，其商品成本一定会与汇率相关。汇率的高低也就直接影响该商品在国际市场上的成本和价格，直接影响商品的国际竞争力。

（2）汇率与物价。从进口消费品和原材料来看，汇率的下降要引起进口商品在国内的价格上涨。至于它对物价总指数影响的程度则取决于进口商品和原材料在国民生产总值中所占的比重。反之，本币升值，其他条件不变，进口品的价格有可能降低，从而可以起抑制物价总水平的作用。

（3）汇率与资本流出入。短期资本流动常常受到汇率的较大影响。当存在本币对外贬值的趋势下，本国投资者和外国投资者就不愿意持有以本币计值的各种金融资产，并会将其转兑成外汇，发生资本外流现象。同时，由于纷纷转兑外汇，加剧外汇供求紧张，会促使本币汇率进一步下跌。反之，当存在本币对外升值的趋势下，本国投资者和外国投资者就力求持有的以本币计值的各种金融资产，并引发资本内流。同时，由于外汇纷纷转兑本币，外汇供过于求，会促使本币汇率进一步上升。

投资者需要注意的问题是，投资于汇率较高的国家的金融市场可能谋取更多的收益。因此，汇率升值，会增加对金融资产的投资，汇率贬值，就会减少对金融市场的投资。

总体而言，汇率到底能否充分发挥这些作用，到底能够从多大程度上发挥这些作用，还是因各国的经济体制、市场条件和市场运行机制的不同而异。当然，一个国家的对外开放程度也起着非常重要的作用，一般来说，一个国家与国际市场的联系越密切，市场调节机制发育得越完全，汇率的作用就越能有效而充分地发挥。

必须要知道的财产税

有些投资者可能还不太了解，拥有某些财产是要上缴财产税的。例如在中国火爆的投资氛围中，房产投资已经成为近年来投资者的首选。可是在现代健全的税收体系中，无论是房屋的转让和出租都离不开财产税，财产税在近几年已经成为广大投资者关注的重点。所以，财产税也是投资者必须要懂得的税务常识之一。

财产税是以纳税人所有或属其支配的财产为课税对象的一类税收。它以财产为交税对象，向财产的所有者征收。财产包括一切积累的劳动产品、自然资源和各种科学技术、发明创作的特许权等。财产税属于对社会财富的存量课税。它的价值通常不是当年创造的价值，而是来自以前创造价值的各种积累形式。

早在中国的古代，就已经对房产开始征税，这是财产税的早期表现形式。周朝已经开始征收早期的房屋税。到唐德宗建中四年设立"税间架"，以房屋为课税对象，也是一种财产税，但是由于过于苛重扰民，不久就被迫废除。清朝末年开征房捐，一直到民国时期国民党政府都在继续征收。而因为田宅、马牛等财产转移缴的税，起源于东晋。宋、元、明、清和民国时期的国民党政府，也都征收契税。现行的财产税主要有房产税和契税。目前我国财产课税有房产税、城市房地产税等。1950年政务院颁布的《全国税政实施要则》中虽然曾列有遗产和赠与税，但一直到今天也尚未开征。

1. 房产税

房产税是以城市中的房屋为课税对象，按照房价、租价向产权所有人征收的税。房产税的计税标准分为从价和从租计征两种，由于房产的实际价格难以查考，可按照评定的标准房价或租金据以计税，并分别适用不同的税率。房产税一般实行按年计征，征收期限规定为一年或半年征收一次。

2. 契税

契税是对房产在买卖、典当、赠与（包括中奖房产）和交换而订立契约，向产权承受人征收的一种税。契税的征收对象是房屋产权的转移行为，包括房产的买卖、典当、赠与和交换活动，相应的契税可分为买契税、典契税和赠与契税三种，现在的税率分别为买价的 6％、典价的 3％和现价的 6％。

3. 遗产税

遗产税即对死者留下的遗产征税，国外也称为"死亡税"。遗产税有助于加强对遗产和赠与财产的调节，防止贫富过分悬殊。大致可分为总遗产税制、分遗产税制和混合遗产税制三类。开征遗产税可以平均社会财富，减少社会浪费，提倡劳动所得，增加国库收入，补充所得税的不足。

4. 土地使用税

土地使用税是国家对拥有土地使用权的单位和个人，就其使用土地的面积按规定税额征收的一种税。土地使用税由拥有土地使用权的单位和个人缴纳，如果拥有土地使用权的纳税人暂时不在土地所在地，则由代管人或实际使用人缴纳；土地使用权未确定或权属纠纷未解决的，由实际使用人纳税；土地使用权为共有的，则由共有各方分别纳税。

5. 土地增值税

土地增值税是对有偿转让国有土地使用权、地面建筑物及其附着物取得收入而就其增值的部分征收的一种税。凡有偿转让房地产并取得收入的单位和个人，为土地增值税的纳税人。土地增值税采用四级超额累进税率，分别为 30％、40％、50％和 60％。

投资交易中的印花税

2007 年 5 月 30 日凌晨，一条新闻让投资者分外震惊：《证券交易印花税税率由现行 1‰调整为 3‰》。这项政策带来的直接结果是：上调首日，财政部多收 16 亿，股市损失 12000 亿。由此可见印花税的任何调整对我国股市和经济带来的影响都是直接和巨大的。

作为投资者，投资交易过程的印花税是必须要了解的对象之一。简单来说，印花税是指以经济活动中签立的各种合同、产权转移数据、营业账簿、权利许可证照等应税凭证文件为对象所征的税。印花税由纳税人按规定应税的比例和定额自行购买并粘贴印花税票，完成纳税义务。

印花税是一种很古老的税种，公元 1624 年，荷兰政府发生经济危机，当时的统治者摩里斯提出要用增加税收的办法来解决支出困难，但又怕遭到人民的反对，就采用公开招标的办法，用重赏来寻求新税设计方案。印花税的传奇色彩就在于它是从千万个应征者设计的方案中精选出来的"杰作"。印花税的设计者观察到人们在日常生活中使用契约、借贷凭证之类的单据很多，所以税源将很大；并且人们认为凭证单据上由政府盖个印，就会变成合法凭证，在诉讼时可以有法律保障，所以对交纳印花税也非常乐于接受。正是这样，印花税被资产阶级经济学家誉为税负少、税源广、容易办、成本低的"良税"。自从1624年世界上第一次在荷兰出现印花税后，欧美各国竞相效法。它在不长的时间内，就成为世界上普遍采用的一个税种，盛行全球。

印花税属于地方税，由地方税务机关征收（证券交易印花税由国税征收）。与其他税种相比，印花税有以下3种显著的特点：

1. 轻税负、重处罚

印花税分为定额和定率两种征收方式。在定率征收中，税率最高的为千分之一，例如财产租赁合同；而税率最低的仅为万分之零点五，例如借款合同；定额征收的每件只收5元。印花税税负轻微，但是如果纳税人不自觉贴花缴纳税款，一经查实有偷税行为，就会受到严厉的处罚，例如纳税人将已贴用的印花税票揭下重用，税务机关就可对其处以重用印花税票金额五倍或者二千元以上一万元以下的罚款。

2. 征收面广

印花税的征税对象共分5大类13个税目，涉及经济活动的多个方面，具体来说一共有五类：

第一类：购销合同、加工承揽合同、建设工程勘察设计合同、建筑安装工程承包合同、财产租赁合同、货物运输合同、仓储保管合同、借款合同、财产保险合同、技术合同或者具有合同性质的凭证；

第二类：产权转移书据；

第三类：营业账簿；

第四类：权利、许可证照；

第五类：经财政部和国家税务总局确定征税的其他凭证。

3. 实行"三自"缴税方式

印花税实行由纳税人自行计算应纳税额、自行购买印花税票、自行贴花并销花的缴税方式，操作简易。但是与此同时也对纳税人的自觉缴税提出了比较高的要求。如果纳税人经常有纳税义务发生，也可以向当地地税分局申请采用汇总缴纳税款的方法。

第六章

富有一生，不同阶段的投资策略

组合是王道。期待某一个金融产品解决所有的问题不现实也不可能。毕竟各种金融工具都各有利弊，正是因为有彼此的优劣势才需要相互咬合，以期谋求最后更圆满的结果。

——张瑛　北京大学客座教授、国际认证理财规划师

职场新人如何理财

对于不少刚刚大学毕业的职场新人来说，工资不高、开销不小是他们的现实情况。对于这些年轻人而言，他们该如何理财呢。

如果你是这样的情况：单身一人，刚刚开始工作，月收入 2000 元，没有其他的奖金、分红等收入，即每年收入固定在 24000 元左右。如何支配这些钱，来度过职场成长期呢？不妨借鉴下面的做法：

1. 生活费占收入的 30%～40%

首先，你要拿出每个月必须支付的生活费，如房租、水电费、通讯费、柴米油盐支出等，这部分开支约占收入的 1/3。它们是你生活中不可或缺的部分，满足你最基本的物质需求。无论如何，这部分开支属于最基础的开支，请你先从收入中抽出，任何时候都不要动用。

2. 储蓄占收入的 10%～20%

用来储蓄的部分，约占收入的 10%～20%。很多年轻人选择在月初存钱，但是到了月底的时候，手头的钱就被花光了，于是，存进去的大部分又取出来了。在不知不觉中，遇到自己喜欢的衣饰、娱乐或朋友聚会上不加以节制。你要时刻提醒自己，你的储蓄存款能保证你 3 个月的基本生活。要知道，如果你一点儿储蓄都没有，一旦工作发生了变动，你将会非常被动。

3. 活动资金占收入的 30%～40%

剩下的这部分钱，约占收入的 1/3。可以根据自己的生活目标，侧重地花在不同

的地方。譬如，可以安排旅游，服装打折时可以购买自己心仪已久的服装。这样花起来心里有数，不会一下子把钱都用完。

因为收入不高，除去吃、穿、住、行以及其他的消费外，再怎么节省，估计你一年也只有10000元的积蓄。节流只是我们生活工作的一部分，如何让钱生钱是大家想得最多的事情，然而，毕竟收入有限，很多想法都不容易实现，建议处于这个阶段的朋友，最重要的是开源。怎样才能财源滚滚、开源有道，为了达到这个目标，你必须不断进步以求发展，培养自己的实力以求进步，这才是真正的生财之道。

在投资的角度来说，既然有了些许积蓄，也不能让它闲置，建议你把1万元分为5份，每份2000元，分别做出适当的投资安排。你可以采用如下的投资方式：

（1）用2000元买国债。这是回报率较高而又很保险的一种投资方式。

（2）用2000元买保险。以往人们的保险意识很淡薄，实际上购买保险也是一种较好的投资方式，而且保险金不在利息税征收之列。

（3）用2000元买股票。这是一种风险最大的投资方式，当然风险与收益是并存的，只要选择得当，会带来理想的投资回报。除股票外，期货、投资债券等都属这一类。不过，参与这类投资，要求有相应的行业知识和较强的风险意识。年轻人可以在股市小试牛刀，以增强自己今后的投资经验。

（4）用2000元存定期存款。这是一种几乎没有风险的投资方式，也是未来对家庭生活的一种保障。

（5）用2000元存活期存款。这是为了应急之用，如家里临时急需用钱，有一定数量的活期储蓄存款可解燃眉之急，而且存取也很方便。

这样，家庭就不会出现用钱危机，并可以获得最大的收益。当然，每个人根据自己的实际情况，可以灵活选择。

此外，职场新人中很大一部分是"月光族"。"月光族"怎么规划财务呢？

（1）先检查每月全部支出是否占到总收入的60％以上。如果"是"，则检查收入与支出的合理性，看看是否有优化的余地。

（2）关注一下风险转移。也就是保险保障，避免在没有足够积蓄的情况下遭遇健康或意外的突发事件，使自己陷入经济困境。

（3）充电，提高专业水平，增强工作能力。积极寻求升职或转换更高收入的工作，应该是这个阶段最重要的努力方向，而不是为了仅有的几万块钱寻找更高收益的投资方向。

试想，2万元本金，就算年收益10％的品种，1年下来不过2000元收益。不如将精力和智慧用在寻找一个升职加薪的机会，或者努力争取一个好的转换工作机会，更何况10％收益的品种几乎个个都是高风险类的（指本金有机会亏损的品种）。在人生职业生涯初期，我们能够拥有的最大的投资本金，就是自己的时间、精力、智慧和热情。

单身贵族的投资选择

对 20 多岁的单身贵族来说，他们收入不低，还没有进入婚姻的围城，洒脱和自由是他们的标签。如果你也处在这样的情况，那么还是要提醒你，尽快养成理财的好习惯。对不久可能就会组建家庭的你来说，为今后做打算而投资的习惯必须要有，这是为将来做准备。

下面以刘小姐的情况为例进行分析。

刘小姐，26 岁，单身贵族，个性沉稳、有条理。家庭目前状况：供职于上海某装饰装修企业，任设计师及项目主管，收入稳定，有基础社保。自住贷款房一套，投资贷款房一套。刘小姐为独生女，父母在老家，她已经为父母买房一套，无贷款。父母有退休金收入，未来每年会来沪短期居住。

财务收支分析：年收入 15 万元；生活支出 3.6 万元；赡养父母 1.2 万元；自住房贷款 2.64 万元。第二套房产每月贷款 3600 元，2014 年 4 月拿到该房，一直出租以减轻还款负担，所以，现金流不会有太大变化。另外，没有商业保险。

未来生活预期：希望未来 3~5 年结婚，则现居住房有可能出租或出售，以增加现金流，或增加整笔现金资产。对目前收入满意，但工作强度过大，很伤身体，非常辛苦，希望有两全的解决办法。

根据刘小姐的财务状况，有以下投资建议：

1. 房产投资分析结论

经计算，目前刘小姐仍在还贷的自住房，每月相当于支付租金 1244 元。如果出租，按房产出租的收益底线一般不应该低于 5%，应设定净租金在 2000 元以上，否则，不如卖掉变现获得房产增值收益，然后转投资于其他相匹配品种。

经计算，才交付的第二套投资房，如果自住，每月相当于支付租金 2586 元；如果出租，应设定净租金在 4300 元以上。

另外，上海市 3500 元以上租金的房产由中介出租时，业主需付出 1 个月租金做中介费，则该房产每月租金应再提高，而该地区租务市场暂时达不到此水平，则建议短期可出租（不以收益为目的，只以减低贷款负担为目的），而未来则以自住比较有价值。

2. 保险规划

第一，规划大额健康、意外赔偿品种，以对应个人负债较高阶段防灾的需求。

第二，规划小额养老金储蓄品种，开始修建资产配置中无风险、长期储蓄类别蓄水池。

3. 短期结余资金规划

建议预留 3~6 个月生活费在活期账户，其余结余现金，都可以放入灵活存取的短期金融品种。如中短期债券基金、货币市场基金，目的是在2～3年后累积足够额度，交由专家打理，去投资一些高风险、高收益品种。

4. 职业发展规划

刘小姐既不希望收入降低，又希望转换稍微轻松一些的岗位，关于职业发展的问题，可以确定这样一个方案：

（1）3～5年内，保持目前工作的稳定，目的是能获得理想的资金累积。3～5年后，当资金累积到30～50万元时，可以委托专家打理，投入年收益超过10％的风险类投资品种，以获得3～5万元以上的年度投资收益。

（2）在3～5年内，积极寻求本行业自由职业的机会，包括相关市场、客户的积累，虽然自由职业的年收入比现在岗位的收入稍低，但由于其他金融品种的投资收益已经可以弥补收入降低的缺口。而且，投资收益逐年再投入，弥补缺口能力越来越强，生活整体水平就不会有太大波动。刘小姐的工作强度困扰可以基本解决了。

月光族的投资策略

"80后"随着年龄的增长，相继步入婚姻的殿堂，生儿育女。如今的他们正陆续背负起家庭的责任，面临着买房难买车难看病难生孩子难和上有老下有小的经济压力，承担的压力不小。

那么，该如何巧妙理财，让钱生钱，使自己变得富有，真正做到三十而立呢？我们不妨看看下面这个例子。

吴虹雨生于1986年，大学毕业后在一家医药公司做业务代表，月收入3000元。小吴在花销上算不上大手大脚，甚至可以说为了减轻房租压力，和同事合租了一套房子；为了节省生活费开支，常常和朋友一起等到晚上8点吃打折的洋快餐；在穿衣打扮上，小吴也没有过多的奢侈，极少买名牌，基本上都是常换常新的"大路货"……虽然如此"节俭"，但到了月底，小吴的工资依然花得光光的，毫无结余。总不能月月都成为"月光族"啊，怎样才能改变这种毫无积蓄的处境呢？

分析：从小吴月收入3000元依然"月光"的例子来看，其原因并非收入少所致，在实习期1000多元照样能生活过来。小吴存不下来钱，根源是个人的理财、消费观念有偏差，以及没有掌握一些必备的理财技巧。可以肯定，小吴的花销缺乏条理性和计划性。小吴花钱虽然不是"大手大脚"，但也算不上"精打细算"。比如，她和朋友经常等到晚上8点吃打折的洋快餐，看上去似乎很"节俭"，但洋快餐即使打五折，能赶上自己做饭便宜吗？小吴买衣服虽然没买名牌，但买衣服的频率肯定很高，有时贪图便宜打折，今天买一件，穿不了两天就扔到一边，明天再买。这样还不如按"少而精"的原则适当购买经典款式、能体现个人风格的较高档服装，从而延长淘汰周期，达到省钱目的……类似的花钱误区还可以找出很多。

针对"80后"月光族，我们给出相应的投资理财建议：

1. 量入为出

"月光家庭"首先应建立理财档案，对一个月的收入和支出情况进行记录，看看"花钱"到底花到了什么地方。然后对开销情况进行分析，哪些是必不可少的开支，哪些是可有可无的开支，哪些是不该有的开支。俗话说"钱是人的胆"，没有钱或挣钱少，各种消费的欲望自然就小，手里有了钱，消费欲立马就会膨胀，所以，"月光家庭"要控制消费欲望，特别要逐月减少"可有可无"以及"不该有"的消费。

2. 强制储蓄

发了工资以后，可以先到银行开立一个零存整取账户，每月发了工资，首先要考虑到银行存钱；如果存储金额较大，也可以每月存入一张一年期的定期存单，一年下来可积攒12张存单，需要用钱时可以非常方便地支取。另外，现在许多银行开办了"一本通"业务，可以授权给银行，只要工资存折的金额达到一定数额，银行便可自动将一定数额转为定期存款，这种"强制储蓄"的办法，可以使自己改掉乱花钱的习惯。

用别人的钱投资赚钱

善用别人的钱赚钱，是获得巨额财富的一条捷径。富兰克林、尼克松、希尔顿都曾用过这个方法。威廉·尼克松说："百万富翁几乎都是负债累累。"富兰克林在1784年《给年轻企业家的遗言》中说："钱是多产的，自然生生不息。钱生钱，利滚利。"

用别人的钱投资赚钱，不仅仅存在于证券市场中。一个人创业阶段，不可能单凭自己的资本，还必须吸纳别人的资本投入。争取你的投资人，形成多点支撑，就能使自己的事业稳如泰山、如日中天。因此，争取别人对你的事业的投资就显得极为重要。

公司获得发展的捷径是吸引投资，市场上有无数投资者，如何吸引投资者使其对你留心，进而使其对你的公司的发展前途和潜力拥有信心，从而对本公司注入资金产生兴趣，真心采取投资行为呢？你面临的是广大投资群体，这些投资群体包括银行、其他大型投资公司等。然而，什么样的策略才能抓住这些投资者呢？可以分以下三步走。

（1）从制订一个完备的经营计划入手。要吸引投资者，而没有一个备录完全，内容翔实的经济计划可供潜在的投资者参考或进一步研究，这简直就是空中楼阁。一份详尽的经营计划，就是一块事业成功的敲门砖，或者，就是投资大门的门票。

（2）寻找恰当的投资人。企业经营者为了吸纳投资，认真地拟写营运计划书，对计划书追求完美，最终是希望能提出一个最完备的计划书，达成吸引投资者的目的。可是别忘记了，拥有一套完美的计划并不意味着资金已经唾手可得。好的经营方略虽然不一定需要让大众知道，但却需要让所有潜在的参与投资者明白，此时更需要进一步去找寻投资可能性高的投资者，然后加以介绍解释，以获取信任，赢得信心，才能达到吸引投资的目的。所以，好的经营计划应在最适合的时机，以最得意的方式，展现给最适当的对象。所有的条件具备，则这场吸引投资的争夺战就可以说是立于不败之地了。

那么，哪些是值得争夺的潜在投资人呢？我们认为主要有以下三类。

第一类：专业的投资公司。这种投资公司在西方很多见。伴随20世纪80年代企业国际化与跨国公司的发展，资金的需求量越来越多，单一商人或少数人的资金因其举债能力已无法应付企业扩充所需的资金，于是专业投资公司应运而生。

第二类：次于专业投资公司规模的较小的投资基金。投资基金略具公司雏形，不过规模较小，资金也较少，尽管亦属专业投资，但因其资金财力不能和专业投资公司相比，所以其平均每笔投入的资金额都小于投资公司。因投资规模较小，所以投资的风险也较小。

第三类：非正式投资人。非正式投资人，这个名词，最早是由美国一位商学院的教授提出来的。他对这个名词的定义是，具有雄厚财力的个人或群体，并不是正式地等待投资机会，而是被动地采取或参与投资行动。这些投资人的资金规模不能对大公司进行投资，所以他们是中小公司争取的较为理想的对象。

（3）与投资者面洽。获得别人的投资，这是最后一步，因此要做充分的准备。不妨问自己几个这样的问题：

投资还将着重考虑哪些要素呢？

商人及其相关人员对此次要谈的经营计划是否有充分的准备？

面谈解说有关产品简介与市场分析时，是否清晰准确，是否与经营和计划所写相符合？

商人如何评价该公司经营理念与取得投资人的信赖？

商人对其公司人员经营管理背景与专长的了解程度如何？

他们回答投资人提问的速度、深度与广度怎样？

投资人本身对该企业的直观感觉如何？对该商人的个人印象如何？

作为要创富的你必须首先从这几方面做准备，才能确保投资成功。

三口之家的投资计划

孙女士的先生是一家大型民营公司的部门经理，今年32岁，年薪18万。孙女士刚刚研究生毕业，26岁，孩子刚出生不久，准备在家做两年全职太太。家庭现在月开支大约在2500元左右，此外还有有5万左右的债务和40多万（15年）的房贷，房子目前市价50多万元。双方父母都在60岁以上，没有养老保险，需要孙女士夫妇赡养。

先生所在公司竞争激烈，他又不是很年轻，他具有很强的危机感，而且将来孙女士重新工作的收入也不确定，因此孙女士夫妇觉得家庭经济压力比较大。先生对股票投资兴趣很大，准备在半年内还清 5 万元债务，然后将全部资金投进股市。

对于孙女士三口之家的这种情况，专家替她分析：丈夫的工资是家庭唯一的收入来源，虽然收入颇丰，但家庭负担很重，而孙女士两年内无就业打算。此外，孙女士家中无存款，且债务负担过于沉重，建议孙女士尽快调整收支计划。

值得指出的是，双方家庭一共有 4 位老人需要照顾，由于年龄太大，现在再买保险已不合算，因此需要平时从家庭开支中预留出一部分资金作为应急备用金，专门为老人看病或应付家庭临时开支储备。

孙女士的学历是研究生，将来找到的工作收入应至少在 3000 元以上。按照其家庭目前每月 2500 元的支出来说，这一收入水平至少可以满足一家人正常生活。因此，孙女士有必要在两年之内尽快找一份工作，以减轻家庭负担。

另一方面，孙女士的家庭负债过多，且没有存款。其中 5 万元的债务可在半年内还清。这样，40 多万元的房屋贷款是一个需要考虑的负债问题。

假设这笔贷款的金额为 45 万元，每月孙女士需要偿还 3500 多元；家庭每月日常生活支出为 2500 元；赡养 4 位老人，每人每月按 500 元计算，共需支出 2000 元；另外，商业保险费应占家庭收入的 10%～20%，每月保险费支出 3000 元较为合适。

根据分析，专家建议：孙女士家庭每月有 5000 元左右的收入节余，年节余 6 万元，其中 1 万元作为应急备用金存于银行，其他资金则可以投资收益较高的项目。

孙女士的先生想把家中所有资金都投入股票市场，这是极其危险的，俗话说"不能把鸡蛋放在一个篮子里"，一旦股票被套，家庭应付突发事件的能力将大大降低。建议多元投资，分散风险。由于孙女士的先生已经 30 多岁，正处于上有老下有小的时期，各种开销都会不断增加，因此应采取稳健投资的策略。

所以，股票投资份额应控制在总投资金额的 50% 以下，其余部分可投资于股票型投资基金、货币型投资基金和债券，比例分别为：20%、20%、10%，也可选择一些银行的理财产品，收益相当于货币型基金及债券。另外，信托产品风险不大，年收益率可达 4% 左右，这也是不错的选择。

除此之外，孙女士的先生是家庭收入的唯一创造者，一旦发生意外，家庭将会陷入财务困难，因此要加大对他的投保力度，保额的确定可以以 6 个月的家庭生活开支数额为标准，主要投保意外伤害保险和大病医疗保险。

中高收入阶层的投资计划

家庭年收入在 10 万元以上的许多中国城市家庭，可以被称作"中高收入家庭"。其中有很多家庭拥有 12 万元以上的存款，这一"富裕"客户群，实际占中国商业银行个人存款总额 50％以上，且贡献了整个中国银行业赢利的一半以上。

中国中高收入者投资态度和投资行为方面，比其他阶层具有显著的不同。首先表现在"富裕"客户愿意在挑选个人金融服务产品时进行多方比较。在调查中，有 73％ 的受访者认为值得投入精力去挑选个人金融服务产品，而这一比例在亚洲的总体水平仅为 56％。同时，这些"富裕"客户愿意通过付费来获得好的个人金融服务的比例也高于亚洲总体水平。换句话来说，中国的中高收入者比较愿意为享受好的金融产品和服务付出相对高的价格。

此外借款方面，中高收入阶层也有自己的特点。人们越来越愿意向银行贷款，受访者中 62％的人表示愿意贷款消费，这其中并不包括按揭产品，年轻受访者持此观点的比例竟高达 93％。然而，目前中国银行不能满足这些贷款需求。麦肯锡的报告指出，中国中高收入者对目前金融机构的满意度比较低，仅有 65％的受访者对目前金融机构满意，低于亚洲 75％的总体水平，这一比例在亚洲受访国家和地区中排在倒数第三位。这些"富裕"的中高收入阶层已日益被外资银行吸引。

根据分析，中高收入家庭的投资规划一般集中在个性化的金融服务上，各种新型的金融产品和金融工具都是他们青睐的对象。

对于终稿收入阶层而言，可考虑下面的建议：

（1）储蓄。一般以每月 15％的比例来安排自己的收入。

（2）股票和基金。有了较安稳的规划后，财务也必须日趋稳定，你应用其中不大于 40％的部分来投资股票和基金，减少相对风险。

（3）债券。可稍微提高此项投资的比例，可选择在 25％左右。由于其风险较小，你即便多投些资也无妨。

（4）保险。此项投资比例可为 5％。因为你的身体此时仍十分健康，突发疾病的可能性也较小，所以，适量保险即可。

（5）留下孩子的教育基金。可每月存 5％～10％，以为孩子的发展早做准备，以免孩子的到来将生活秩序打乱。

（6）若仍有余钱，可适当考虑投资房产等。

高收入阶层的投资计划

月收入高于 1 万元，一般就可认为是高收入阶层。高收入家庭在制定消费规划时，首先考虑的是汽车、住房、教育等。另外，高收入层次结构的人愿意把收入大部分用于投资。有数据显示，无论现有投资或未来投资，高收入家庭都把目标瞄准证券投资，如国债和股票。

陈真是一家公司的副总经理，他的家庭月薪大约有 10000 元。为了能尽快拥有自己的流动资金，他将每个月约 20％的收入存入银行，其他的自由支配，一年后，他就有了 24000 元的流动资金。

陈真将这笔钱分成如下几类：

（1）买股票：大约 6000 元。因为他觉得，虽然股票投资风险较大，但收益与之是并存的，只要他抓准时机，挑好种类，就能带来高额的投资回报。

（2）买保险：大约 2000 元。与他同龄的年轻人对保险的认识都很肤浅，他却认为，保险对于保障自己和财富的安全至关重要。再者，购买保险也是一种较安全的投资方式。根据国家的税务规定，保险赔偿金不征收个人所得税，相对来说能享受到一些优惠。

（3）买债券：大约 3000 元。在他眼中，国债几乎没有风险，收益也不错。自己并不是太偏好风险投资，不想将太多的钱投资到股市上，但都存到银行又觉得浪费。拿这笔钱来投资债券刚刚合适。

（4）定期存款：大约 5000 元。他觉得，自己虽然收入很多，积累多，但也要有固定的资本，所以就选择了定期存款。通过计算，他发现短期的利率低，长期又怕资金活动受限制，而中期定期存款的利率比较合适，又能满足自己的需要，就将一部分资金定存。

（5）活期存款：大约 5000 元。他的收入高，但社交活动也多，花销也大，因此，他将这 5000 元留作自己的活动经费。如遇到紧急情况，可解燃眉之急，且存取又很方便，能及时解决问题。

（6）剩余的资金：大约 3000 元。他想用于自身投资。平时想买些与职业相关的书籍，接受一些新的培训。另外，他还想考个注册会计师证，以方便自己以后的管理工作。这 3000 元钱就派上了用场。

结合陈真的案例，针对高收入阶层，有以下投资建议：

（1）股票基金投资

由于他的资金相对来说比较充足，所以，他可以优先考虑风险投资，以积蓄的 30％～40％做风险投资。此处陈真选择的是股票，当然他也可以选择基金等其他投资产品。

（2）保险

可根据个人情况，放入大约 10％左右的资金投入到保险中。这是人生各个阶段都不能少的一项生活保障，所以一定要固定下来。

（3）债券

若你和陈真一样是风险厌恶者，则可以尝试多买些债券，收益比储蓄要高，且风险较小，你可以投资大约 15％的资金。

（4）存款储蓄

即使拥有较高的收入，存款储蓄也是基本的投资方式。要知道，很多富豪都是从积蓄一点一滴开始，才有了自己的一份事业。为了你的"钱途"，必须要有适当的存款储蓄，大约可以占资金的20%~40%，根据个人情况而定。

（5）投资其他

可以投资自己，进一步提高自己的能力，也可以投资房地产、黄金等市场，总之，让闲钱流动起来，好为你换来更多的收益。

而立之年如何进行投资

当从二人世界过渡到三口之家，一般已进入而立之年，夫妻有了爱情的结晶后，那么个人的生活从此进入到了崭新的阶段。养儿育女是人生的一项伟大工程，把一个婴儿抚育长大，可真是一件不容易的事情。除了费心费力外，各种教育开支，比如，参加补习班、兴趣班，教育经费高得惊人。

有人统计说，子女教育支出大约占个人总收入的20%以上。但对孩子进行教育投资究竟花多少钱，很难一概而论。准备子女教育金要尽早预算、从宽规划。由于孩子教育的持续性，从孩子出生开始就要一直进行教育投资，孩子年龄较小的时候费用较低，随着他年龄的增长，所需要的费用会越来越多。

因此，要想使孩子受到良好的教育，从孩子一出生就必须进行教育投资规划。

当小孩来到你的家庭后，家庭结构已经稳定，家庭成员的年龄都在增长，家庭的最大开支是保健医疗费、学前教育费、智力开发费。同时，随着子女的自理能力增强，父母精力充沛，又积累了一定的工作经验和投资经验，父母个人的收入能力一般也处于增长的区间。这一阶段，你应进行积极的投资，将资金合理分配于基金、保险和国债等各个投资渠道。保险应考虑定期寿险、重大疾病险及终身寿险。随着收入的增加，每年应保持年收入10%的比例投入保险才算合适。

因为稳定的收入做保障，父母在投资方面可考虑以创业为目的，如进行风险投资等。购买保险应偏重于教育基金、父母自身保障等。与此同时，处于这一阶段子女的教育费用和生活费用猛增，财务上的负担通常比较繁重。那些理财已取得一定成功、积累了一定财富的家庭，完全有能力应付，故可继续发展投资事业，创造更多财富。而那些投资不顺利、仍未富裕起来的家庭，则应把子女教育费用和生活费用作为投资的重点。在保险需求上，父母的收入可能稳定甚至还处于上升的区间，但人到中年，身体的机能明显下降，对养老、健康、重大疾病的要求较大，应该加大这方面的保险投入。

成长期的家庭每月可能还要还房贷。如果处于房贷利率不高的年代，有钱并不一定急着还贷，完全可以利用房屋的杠杆效应，获得比房贷利率更高的投资回报。不少父母有了孩子后会考虑买车。购车要根据经济承受能力，不可冲动。应估算自己每月节余多少钱，是否有能力养车。车子并非越贵越好。购新车困难时，可考虑二手车。一般情况下，只要新车一"落地"，价值上就会打七折。

此外，对于这些年轻的父母来说，如果你不想整日拼命工作仅仅是为了生活需要和应付购买奢侈品的储蓄，那么你应该先用你的收入去投资，再以投资的收入去购买奢侈品。这样购买奢侈品的欲望不但不会成为你财务危机的原因，反而会是增加财富的动力。

不惑之年如何投资理财

"三十而立，四十而不惑"，40 岁之后的人已经步入不惑之年。此时，家庭、工作和生活都已经进入正轨，而子女通常处于中学教育阶段，这一阶段孩子的教育费用和生活费用开销很大；自己的父母又面临年龄增大，需要准备就医等资金。在"上有老下有小"的情况下，40 岁人的家庭与年轻家庭相比，往往难以承受较大的风险和动荡。

分析 40 岁年龄这个群体，他们经历了半辈子的努力，大多处于事业稳定的阶段，他们如今大都上有老、下有小。肩负责任除了自身的事业外，还须面对儿女教育、老人赡养等一系列问题，可谓担子不轻。因此，对他们而言，理财多以稳健为主，决不能贸然投资，随意进入风险性较大的行业。毕竟人生尚有几十年，倘能合理规划、理性投资，最终小有收获，那么当属"成绩可以"。

大多数人对 40 岁这个群体的印象是，他们比较踏实。与年轻一代相比，他们是一个复杂的群体。他们成长于计划经济之下，受益于市场经济，人生的丰富阅历，无意间亦使他们少了些自我，多了一些兢兢业业，甚至过于谨慎。但毕竟此时的他们正身处人生发展的黄金期，他们中的不少人事业有成，生活较为稳定。

由此，基于珍惜眼前所拥有的事业，急需承担起家庭育儿养老之重任，进入不惑之年之后，他们的理财之道，多给人以保守感觉。事实上，他们大多数人所遵循的原则就是 4 个字——稳扎稳打。

杨阿姨已经将近 50 岁，因所在单位效益不好，加上身体状况欠佳，她两年前便待岗在家。尽管自己的工作没着落，但杨阿姨的丈夫早些年已辞去厂里公职，同友人一起下海经商，几年下来倒也收入不错。因此，一家人生活水平和生活质量都还说得过去。

不过，杨阿姨家里虽然算是"小富"，可一说到理财，杨阿姨却明显没有做到激进的念头。经历了下岗经历的她，在她看来钱放哪儿都有风险，只有存在国有大银行，才是最保险的，虽然利息收入并不高。

虽然这几年老公的生意还不错，但他挣点钱也不容易，辛辛苦苦常往珠海那边飞，一去就是个把月。家里的生计、孩子的学费，基本都靠杨阿姨的丈夫辛苦赚来。

都说投资有风险，所以她一直认为，把钱存在银行里收利息最安全。在杨阿姨眼里，有了余钱就存银行，这是她多年来唯一的理财经验。

"现在不少年轻人都在谈理财，可我过惯了穷日子。直到这几年老公的生意做起来，经济状况开始好转。好不容易有点积蓄，拿出来做投资，万一亏了怎么办。所以，我自己不炒股，老公也听我的没有'冲'进去。想想看，当年股市从 2200 点一路跌到不足 1000 点，要是套在里面，最终不得不'割肉'就惨了。"

杨阿姨也有自己的理财经："20 年前，根本就没有证券公司和基金公司，金融机构除了银行就没有其他的了。大家有点钱，除去日常开销都拿去储蓄，延续到现在也没啥不好嘛。只可惜现在的存款利息太低。如果存个活期，还真拿不到多少利息。"在储蓄存钱方面，杨阿姨可是个行家。

虽说进入不惑之年后，不少人的理财观念都较为保守，但拿杨阿姨的理财观来说，显然有点保守过了头。其投资理念以"本金安全，适当收益"为宗旨固然不错，但只把鸡蛋（资金）放在一个篮子（银行储蓄）里的做法，未免有点过于谨慎了。

其实，像杨阿姨夫妇这样的准退休族，要实现在风险控制的前提下获得稳定收益，可以选择一些风险较低的其他投资方式。除了存款储蓄，杨阿姨可以购买一些各大银行推出的相对收益稳定的理财产品，以适当提高投资收益。此外，国债、货币市场基金等也不失为比较好的选择。更重要的是，既然杨阿姨已经面临提前退休的境地，但年龄还不算大，那么买一份保险就显得相当重要，她可以考虑选择一些"实惠"的险种投保。更何况当今保险所具备的功能，除了保障外，亦可做储蓄、投资、避税之用，何乐而不为？

现年 42 岁的汪先生，在某金融机构工作，目前月薪 1 万余元。妻子 33 岁，任职某公司职员，月薪 4000 余元。夫妻俩每月合计收入约 1.5 万元。年收入税后达到 20 万元。两人都缴纳三险一金，住房公积金每月合计 3000 元。

在金融机构工作的王先生对于理财有自己的一套理念。但是，汪先生夫妇是标准的"稳健"一族，他俩严格遵循"不把鸡蛋放在一个篮子里"的原则，实行分散投资。目前，夫妇俩名下已有 50 万元左右的金融资产，包括 10 万元国债、1 万美元的 3 年期外汇理财产品（预期收益 3%）、30 万元的 2 年期信托产品（预期收益 4%），及大病保险（保额每人 10 万元/年）和意外保险（保额每人 50 万元/年）。

汪先生夫妇的金融资产配置几近完美，称得上是这个年龄段人群的理财"模范"，其理财亮点在于合理规划。

虽然收入不菲，但多年来王先生夫妻两与汪先生父母合住，一直没有购置自己的房产。最近，他们开始考虑购房，为此王先生也做了充分的前期规划。在一番计划下，夫妇俩最终把购房时间定在了两年后，或是国债和信托都到期后。

王先生对家庭的整个财务状况做了一番分析，夫妇两人的年收入 20 万元，目前年支出约 7.2 万元。因从未购房，每年可积累公积金 3.6 万元，合计每年有 16.4 万元结余，且金融资产大都属中期投资产品。两年后，夫妇俩又可结余 32.8 万元。其次，目前的楼市正处微妙调整阶段，后市可望企稳。两年后，楼市走向当基本明朗，适宜出手，届时也可以有较大的挑选余地。

汪先生夫妇打算购买 120 平方米左右的三室两厅。假设房产单价为 10000 元，总价约 120 万元。若购房利率水平和现在相差无几，则把所有到期金融资产本息约 53 万元加上这两年结余的 32.8 万元，留出半年日常支出所需现金 3.6 万元，剩余 82 万元用作首付，其余就办理 38 万元的按揭贷款。假定贷款期限 10 年，采用等额本息还款法，每月还款 4000 元左右，不到家庭收入的三分之一，对生活水平当然不会造成很大影响。

可以看出，汪先生的投资规划非常稳健。不过，即便如此，投资专家也认为王先生的投资显得有点保守有余，灵活不足。其实，国债、信托、外汇理财都属中长期低风险产品，收益率较低，均未超过 5%。以汪先生夫妇的年纪和收入情况，在稳健之余，亦可考虑投资股票型基金，甚至可买些大盘蓝筹股。

40 岁之后的人群，已经具备了相当的财务基础，这时还不理财，不为家庭和今后做一些打算，就算是比较失败了。

对于进入不惑之年的这个人群而言，要做到以下几点：

1. 清晰理财目标

40 岁以后，即将面临着退休的压力，不可能再像以前那样冒险投资并且也没有多余精力分析太多的融资渠道。因此为了保险起见，必须明晰化自己的理财目标，一般可以分成 4 种：第一种用于储备养老金；第二种用于准备大病费用；第三种用于旅游休闲；第四种用于为儿孙存留资产。

2. 稳健为主

40 岁时投资理财产品应该以稳健为主，稳步前进。对于此前已经通过投资积累了相当财富，净资产比较丰厚的家庭来说，可以抽出较多的余钱来发展其他投资事业，比如，再购买一套房产等。对于经济不甚宽裕，工作收入几乎是唯一经济来源但家庭拥有一至两套住房的家庭来说，在投资选择上要更加稳健。

3. 控制理财风险

投资理财是有风险的，合理控制投资风险，是必须要考虑到的。就投资理财类产品而言，房产投资是较为保值、升值的，所以风险相较于其他投资类产品像股票、债券等要小很多，风险控制也相对容易些。

4. 提前规划投资

比如说，如果要在 40 岁时投资房产，应注意的是在贷款买房时其贷款年限与成数可能不及年轻人那样高。另外，有什么样的收入水平就有什么样的支出水平，无论贷款者目前的家庭财务状况多么好，如果不能做一些提前规划的话，仍有可能达不到真正的"财务自由"境界。

40 多岁要追求稳健投资

40 多岁是人生的黄金阶段，事业也好，家庭也好，都处于人生的巅峰状态。在经历了 20～40 岁这 20 年来的春耕夏种，已届不惑之年的人们，必须通过投资让自己的财富保值和增值，否则就可能来不及了。

对于 40 多岁的人来说，稳健投资是摆在第一位的。在稳健投资的基础上，也需要追求更高的资金使用效率。

既想稳健投资，又想获得一定的投资收益，不妨投资证券投资基金。具体来看，作为养老金的投资工具，无论是投资风险还是投资期限，指数基金和平衡型基金都可以登上推荐榜的首位。投资于股指类基金，不仅获取了投资一揽子蓝筹股的机会，而且减少了为选个股而伤脑筋的事情。

此外，投资者还可以考虑的基金品种就是平衡型基金。这种基金，动态地配置于股市和债市之间，所以能更加充分地发挥股票和债券两方面的投资优势。进可攻，退可守，在养老金的投资组合中，能起到提高长期投资收益的作用。

对于不少 40 多岁的人群来说，养老可能是退居其次的，子女的教育是摆在第一位的。实际上，只要注意积累，多数 40 岁的中年人都可以攒下相当可观的养老金。但是不少 40 岁的人却并没有这样做，主要的原因可能是积累养老金与筹划子女的教育经费发生了冲突。

目前绝大部分 40 岁的人，把自己的眼光更多地投向了高生活质量的追求，把更多的资金储备用于子女的未来教育。"目前，还是把子女教育作为家庭财务的首要任务吧。在人才竞争激烈的社会，不在子女的教育上多花点成本，以后他们怎么立足社会啊？个人养老的事情还远着呢，不如等子女念完书再想这个问题。"

这代表了很多 40 岁的人的观点。他们把自己的财务天平倾向了子女教育金的筹划上，自己的养老账户则成了一个留到以后再说的话题。

这反映了一个问题，平衡子女教育金与养老金困扰着大多数 40 多岁的人群。对于收入比较有限的 40 岁人的家庭，不妨扳回自己的财务天平，可以更多地倾向于自己的退休养老账户。而子女的高等教育费用甚至留学费用，不妨鼓励孩子通过银行助学贷款、打工等形式获得。还有，鼓励孩子去争取金额更高的国家奖学金、学校奖学金和企业赞助的奖学金、助学金。通过孩子的努力，可以让孩子也养成奋斗的习惯以及理财的理念。

除了通过投资让自己未来的退休金账户长大，40 岁的人如果还没有充分的人身保障，那么此时也该赶快动起来了。

相对个人通过储蓄和投资计划自备养老金，商业养老保险有一个很大的好处，就是它具有强制储蓄的功能。所以，这类保险也可以作为退休金配置计划中的一部分。

任何人都无法预知自己的生命到底有多长，因而难以清楚地把握该存多少钱才能够用，为了应对这种"活得太久"的风险，可以通过终身支付型的商业养老保险，养老金领取到身故为止。这样，如果你活得越久，领取的养老金就越多，从前缴纳的养老保险费就越划算。

对于目前经济比较宽裕的 40 岁的人，可以做些"重大疾病保险＋住院补贴型医疗保险＋费用报销型医疗保险"，以预防生病带来的损失；预算比较拮据的 40 岁的人，则可以省去医疗费用报销型保险，在保障大病医疗金的基础上节约一定的当前支出。无论选择哪些品种，40 岁的人都要明白，过了 50 岁基本上就很难买到医疗类保险了，到时候买也不划算了，不如趁现在及早规划。

现如今的房价一直比较高，也有不少 40 多岁的人群因机缘错过了买房的机遇，但手头还有一些积蓄，他们转而想在火爆的资本市场中试一试身手，博取一些投资收益。不妨看下面的一个案例。

李先生，某公司部门主管，夫妻双方均收入稳定，但一直没有买房，有一个不到 10 岁的孩子。最近李先生家有一笔 50 万的定期存款到期，由于暂时不想买房子，因而想拿这笔钱做一些投资。

面对这种情况，理财专家建议：

（1）李先生的家庭收入稳定，但因为一直没有买房，所以买房必定是将来无法回避的一笔大额开支。再加上孩子今后的教育开支，以李先生目前的情况，即使是属于中等收入家庭，其风险承受能力也是有限的。因此，李先生首先需要注意的是控制投资风险。首先，家庭应急备用金及应付意外等大额开支的资金要留足，剩余资金再考虑投资。

（2）李先生可采取分散投资的方式，风险较低的理财产品如债券型基金和银行理财产品等，至少要占投资组合的 20％，基金组合中可适当配置指数型基金和封闭式基金。关于孩子教育基金，可采取教育储蓄和基金定投的方式来解决，为孩子积累大学教育金。

（3）李先生可以将剩下的钱适当购买必需的保险，如夫妻二人的健康险、重大疾病险、意外险等；在孩子身上的投入除了购买一些儿童住院保险、医疗保险和意外保险外，还可以每年大概投入 8000 元左右，为孩子购买一份教育基金。

40 多岁的人经历了不少世事，在稳健投资方面比其他年龄的人群具有更深的体验。需要注意的是，投资理财不是暴富的手段，如果将投资作为致富的唯一途径，是一个严重的误区。

理财不是一夜暴富，而是一种生活方式，不要看着别人在股市中赚钱就眼红。对于绝大部分人来说，应更着眼于长期增值，抵御生活风险，保护和改善未来的生活水平，达成多年后养老、子女教育等长期财务目标。

李钠今年 43 岁，是一位个体经营户，妻子 38 岁，经过多年打拼，他目前的年收入约 30 万元，他同样面临"上有老下有小"的境况。每月全家支出约 5000 元。此外，没有购买任何商业保险和人身保险。目前现有资产包括存款 40 万元，各种股票 20 万元，基金 10 万元。

李钠的情况也具有一定的代表性，针对此类人群，有以下理财建议：

1. 选择合适保险险种

李钠和妻子都没有保障，建议他和妻子预留年收入的 10%～20% 资金作为家庭保障的支出，选择缴费 10 年，风险保额高，并有重大疾病且分红，既理财又兼顾保障的双重产品。

对于从事个体经营的这个年龄段人群，身处"上有老人要孝敬，下有子女要培养"的阶段，社会竞争压力加剧，平时体力透支巨大。可以考虑直接投保意外伤害保险。上了年纪容易因为摔倒等意外事件导致住院，含有骨折的意外保障是非常合适的一个产品。不少保险公司都有专门针对此推出的意外险种。

保险专家建议，这个年龄段父亲的保险需求除了意外、健康之外，还有理财的需求。投保健康险时，要考虑"有病治病，无病养老"的终身保障型险种，这类险种具有长期投资回报、可灵活支配的特点。

2. 做好教育规划

对于中年人群来说，子女教育投资是不可或缺的投资，所选产品应具有收益可预见性、获利性和抗风险性等特点。建议选择交费 3～5 年、收益性高的分红产品，通过红利分配、复利获得较高的收益。

此外，投资基金可选择风险相对较小的配置型基金，如保康消费品基金。养老金因期限较长，风险承受能力稍强，可在配置型基金之外搭配部分股票型基金。股票投资宜调减为 10 万元，作为有风险的收益增长点。与众多理财产品相比，信托是一项比较稳定、高效的理财方式。可以 15 万元认购信托产品，期限 2～3 年的基本建设项目信托产品可作为赡养金投资，一般预计年收益 5%。

房产投资的策略

胡先生，40 岁，一家国企的资深员工，月薪 6000 元，年终奖金 10000 元。胡先生的妻子刘女士，38 岁，私企员工，月薪 2000 元，年终奖金 3000 元。他们有一个女儿，10 岁。

胡先生一家是普通的工薪家庭，现有银行存款 45 万；家庭住房一套，两居室 60 平方米，价值 36 万，购房贷款已全部还清。胡先生单位为其缴纳了三险一金（养老保险、医疗保险、失业保险和住房公积金），刘女士公司为其购买了三险，均没有购买商业保险。目前，胡先生想要购置一套房产作为投资。

以胡先生为例，我们分析一下其投资策略。

胡先生和刘女士每月收入比较稳定，且没有负债，每月开支控制在2500元以内，不到总收入的30％，算是比较节俭的家庭。每年对孩子常规教育费用1000元和特长教育3000元左右的支出也是比较合理的，家庭年节余7万，积蓄能力较强。

胡先生家庭净资产为81万，其中房产占44.4％，剩余55.6％都是银行存款，资产组合太过单一。

由于胡先生家处于家庭成长期，是负担最重的时期，上有老下有小需要照顾，所以胡先生家庭投资的风险承受能力将大大下降。目前，胡先生家庭投资理财的重点依次是：资产增值管理——家庭财务安全保险规划——子女教育投资规划——应急基金储备和其他金融产品投资。

胡先生想选择房产投资方式作为家庭资产增值管理的主要途径，不妨参考以下意见：

在当前的市场情势下，房产投资存在一定的风险，并且收益率也不如前几年高。针对胡先生的家庭情况，最好选择房产投资中风险较低的投资品种。新房因为配套设施较新，所以购买和出租的价格较高，但是其物业费、采暖费昂贵，使得房屋的运营成本较高。同时随着楼龄的增加，价格的下降较为明显。二手房购买和出租的价格较低，物业费大多数情况下没有或很低，运营成本较低。并且由于本身的租金较低，租价下降的空间非常有限，租金收入相对稳定，在正常情况下，租金呈缓慢上升趋势，其风险是最低的。

如果选择二手房投资，应尽量选择面积小的房子，如果按照当前价格，租价为每月1500元左右的房子多为此种情况，出租率都非常高；另外，交通方便、靠近主干道路或繁华商圈的房子也容易租得一个好价钱。所以建议胡先生购买一套50平方米左右小户型的市中心区域位置较好的二手房，房屋价格不超过30万。

如果将房屋用于出租，该房产每月租金为1800元左右，扣除可能的空置情况和房屋维护修缮费用，平均一年中每月租金收入1500元，每年租金收入为1.8万元，平均年收益率可达到6％。由于胡先生目前没有别的高收益投资项目，所以支付方式可选择一次性支付房款，这样会省下贷款利息等费用。

另外，可安排以下保险规划：胡先生作为家庭的经济支柱有一定的社会医疗保险，但保障能力仍然不足，建议追加购买商业保险。每年支付3000元左右购买20年期的分红型终生寿险产品主险和附加险，获得14万元的保额，其中重大疾病保障2万元，意外伤害保额4万元。

在子女教育上，胡先生家计划让女儿在国内读完大学后到加拿大继续研究生教育，那么萱萱的教育费用大约为本科4年每年1.2万元～1.5万元，硕士两年每年15万元，共计35万元左右。所以胡先生应该为女儿开设教育储蓄账户，从现在开始为孩子进行为期12年的教育储蓄，每年投入2.5万元，到女儿大学毕业时取出。教育储蓄作为零存整取储蓄将享受整存整取利息,利率优惠幅度在 25％以上,而且享受利息免税优惠政策。

在其他投资方面,一般来说,胡先生家应准备 3 万元的应急基金以备不时之需,分为银行活期存款 1 万元,1 年期存款 2 万元。剩下的资金可以选择一半投资于记账式国债;另一半投资于好的平衡型基金产品。

另一位 40 岁的张先生是另一类型的家庭,我们看看他应该如何投资理财。

张先生,刚刚才 40 岁,在一家小广告公司任部门经理,月薪 7800 元,业余帮助别人做些小广告文案,赚些外快。目前已积蓄 30 万元的资金。张先生没有什么经济负担,除了每月支付 1000 元的房租后,开支项目就是日常的生活费用 1500 元。所以,他将自己定位为高风险承受者,决定做一项高负债的投资。

张先生的投资目标是通过融资杠杆(即借款投资)将 30 万元自有资金得到最大限度的放大投资,扩大投资金额,增加投资收益。

下面将以张先生为例,分析其房产投资策略。

张先生想利用融资杠杆来负债投资,扩大投资金额,是一个正确的想法。负债投资一个最主要的方式就是向银行借款投资,而负债投资不仅能扩大投资金额,还能提高投资收益率。

例如,有 A、B 两人都想进行一项相同的 100 万元的投资。A 有自有资金 50 万元,向银行贷款 50 万元;B 有自有资金 100 万元。一年后,获得投资收益 20 万元。但两人的自有资金的投资收益率是完全不同的,A 实现的投资收益率为 35％,而 B 只有 20％。

可见,A 利用负债投资,将 50 万元的资金做成了 100 万元的投资,同时也提高了投资收益率,比不利用负债投资的 B 多出 15 个百分点的投资收益。

但如何负债投资,也就是说通过怎样的负债形式,才能最大限度地扩大投资金额呢?从目前来看,只有投资房产,通过办理银行住房按揭贷款才能达到"最大限度地扩大投资金额"的目的。一般来说,购房的资金可以分为两个部分,一部分是自有资金,一部分是银行贷款。投资首套商品房,自有资金通常为总价的 20％～30％。以 30％的首付款比例来计算,30 万元的自有资金就可通过银行贷款购买 100 万元的房产,投资规模放大了 3.33 倍。

张先生目前正好没有房产,还租房子住,所以投资房产最合算。从长远看,房产的投资收益是可以预期的。具体来说,张先生购买房产,不仅能享受今后房价上升带来的增值收益,仅就目前来说,就省了每月 1000 元的租金,省下的也就是赚到的,也就是说每年也赚了 1.2 万元。

组合投资房产有以下注意事项:

1. 投资房产要适合自身情况

张先生现有 30 万元的自有资金,按 30％的首付款,他可以购买 100 万元的房产。

但所购买的房产最好是现房，因为选择现房比较合算，而且购买现房还能马上居住，可节省租房费用。

2. 合理规划房贷期限

目前张先生的月收入是 7800 元，扣除租房及生活费用后剩余 5300 元。因此，张先生的月供最好控制在 4000 元以内，这样贷款的年限比较长，当然，以后张先生的收入提高了，每月的余钱多了，可以到银行申请缩短还款期限。

3. 部分出租增加收益

在大城市，由于房子租金较高，一般的工薪阶层很难承受，所以合租房屋就成为一个潮流。按目前 100 万元商品房的户型来说，应该有 3 个房间。因此，张先生购房后，可另找两位房客来租住，每月可以增加不少的房租收入。

而立之年如何投资理财

古人云："五十知天命。"走过人生最高潮、最精彩的阶段，50 岁过后的人们慢慢走向人生的收获期，期待着美丽的人生夕阳，他们的生活状态有一些共同特点：

50 多岁年龄段的人们，他们与时代"同呼吸、共命运"，经历过社会巨大的变迁。他们中有不少人都上山下乡插过队，他们经历了中国社会的巨大变迁，几乎经历了建国以来所有的大事件，他们生活经历丰富，具有这一代人所独有的特点。

他们的前半辈子，为祖国建设和改革牺牲小我，为子女成长委屈自己，唯独没有想过为自己的老年生活留下点什么。辛苦工作几十年，经历了丰富而动荡的人生，他们其实更需要较为安逸的晚年生活。可以说，他们是目前各类在职人群中最迫切需要通过各种途径做好养老规划的人群。但综合各方面状况来看，他们又都还没有什么成形的养老计划，他们对于退休养老的规划意识比 20 世纪 60 年代出生的人，甚至比 70 年代出生的人群都还要低得多。

经历过动荡岁月，如今的这个群体大多享受安稳生活。并且随着儿女们的逐渐成长、自立甚至组建起自己的小家庭，年过半百的人们处于从家庭稳定期逐步走向空巢期的阶段。在事业上，50 岁上下的人们一般工作能力、工作经验、收入水平都已达到了高峰状态，退休之前的 5～10 年，无论是职位还是薪水，一般人已经不会再有大幅提高；家庭经济状况上，债务一般也已逐渐减轻甚至全部偿还，生活开销基本不愁。

在这种较为稳定的生活状态下，50 岁人的养老规划可以遵循"查清现有基础，规划将来状态，调整现有方式，积极增加储备"的步骤来进行。当然，由于现有基础不同，对将来生活的目标追求不同，高中低不同收入档次的"准退休族"在理财上也要有所侧重。

50 多岁的人群，由于已经进入或即将进入退休阶段，他们靠工作来累积财富的过程即将结束，因此 50 岁左右的高收入人群可以扩大投资，依靠投资性行为来增加自己未来的非劳动性收入。对于基础较好，收入较高的 50 岁人群而言，为了不至于"坐吃山空"，可以从现有积蓄中腾出一部分资金进行"大钱生小钱"的增值活动。但又因他们已进入人生后期，风险承受能力低，所以应多选择风险小、收益稳定的投资品种，少进行风险大的项目。

对于高收入、高储备，以及一些中等状态的 50 岁人群而言，其投资项目应该以国债和货币市场基金为主，尽管这些产品的收益可能仍旧无法完全抵御通货膨胀，但其收益稳定、风险较小、利于变现的特点比较适合老年人。尤其是货币市场基金，这个作为储蓄替代产品的投资项目其收益率通常高于银行存款利率，而且可以随时取现，是保守投资的首选工具。

不少人在 50 岁时就已经办理了内退或各种形式的退休，生活重心一下子没了着落，于是很多人选择了股票或外汇投资作为自己业余生活的主要寄托，同时希望从中多多筹备一些养老费用，但是这却存在着一定的风险。对于中低收入的准退休家庭而言，切忌进行股票、外汇等风险性较高的投资行为。在证券营业部或者银行的外汇交易大厅里，熙熙攘攘的常是退休工人的身影。但实际情形是，过去几年股市低迷至今让许多老人非但没有"赚到小菜钱"，反而把自己的养老金深"套"其中。而汇市的高风险性，以及对于专业知识的高要求性，也常常让老人成为为别人"抬轿子"的典型。

本来养老储备就不充足，实在不宜将这些辛苦积攒的钱都拿去炒股。对于中等基础的人群而言，目前拥有一套便于出租和变现的小户型房产还算是一个比较好的养老储备渠道。

张小强今年 55 岁，和妻子两人的银行存款共 15 万元，股市上有 10 万元，亏损20％左右。有 50 万元贷款给亲戚做生意，每年 10％的利息收益。两人除了单位的基本保险外分别购买了意外保险。张小强目前每月工资 6000 元左右，妻子 3500～4000元，家庭每月水电吃穿共消费 2000 元左右，现在居住三室一厅，108 平方米，目前市价在 70 万元左右。

张小强的儿子和其未婚妻开始上班，两人每月共有 5000 元左右的收入，如今，张小强夫妇开始为儿子准备结婚事宜。

张小强的理财目标是：

（1）为儿子购置新房。

（2）准备儿子婚事所需的花费。

（3）做好老夫妻俩的退休规划准备。

家庭情况分析：

财务状况：月均收入 9500～10000 元，月均基本支出 2000 元资产情况：有一套市价 70 万元左右的自住房，银行存款 15 万元，股市市值 8 万元，生意投资 50 万元，回报率 10%。

投资建议：

张小强的投资方式不是很多，而且其中借给亲戚做生意的资金占了 50 万元，比例较大，不利于分散投资风险。张小强夫妻俩的月均收入比较可观，基本支出只占收入的 20%，但是夫妻俩目前处于一个很特殊的人生阶段——前空巢阶段，孩子即将成婚，有大笔的婚前支出预算。

张小强一家为准备儿子的婚事承受了巨大的财务压力，买房和婚礼筹备的支出迫在眉睫。张小强的儿子和未婚妻也已经有了稳定的月收入，可以为父母减轻部分压力。所以张小强一家的理财规划重点应侧重在以下两点：儿子婚前包括购房规划、婚礼筹备的一系列财务规划，以及儿子婚后老夫妻俩自身的退休规划。

而对于收入更低的人群而言，手中的存款数额可能连房产投资的首付款都还不够，但也不能让这些存款在银行账户里干等，可以转为比较稳妥的货币市场基金或时下新开发的"人民币理财产品"，让资产保守增值。

退休前更要注重理财

对于 50 多岁的人而言，退休已经是近在咫尺的事情。在准备退休的过程中，以下 4 点是需要他们加以注意的：

1. 对自己要"自私"

不少 50 多岁的人，他们最大的问题就是对子女过于"慷慨"，一切都为下一代着想，子女的吃喝拉撒睡都由他们保障，甚至在子女工作后还要资助他们买房。当自己有了孙辈后，还要帮着子女照顾小孩。在照顾下一代的过程中，他们把时间、精力、金钱都义无反顾花到儿孙身上。但是，对自己却过于"吝啬"，只要是子女有需求，当父母的总是有求必应，而用在自己身上的钱则少得可怜。

对于多数的 50 岁的人群而言，他们是从低工资时代走过来的，积累并不多，面对日益高涨的医疗费用和养老费用，没有足够的资金储备，就势必要走上"养儿防老"的传统养老模式。但由于不少的"准退休族"只有一个子女，完全寄希望于子女来负责自己的养老问题显得不现实。因此，"准退休族"现在就应该"自私"一点，先安排好自己的养老金，再去帮助子女解决困难。只有自己不成为子女的负担，才是对子女最大的帮助。

2. 投资要安全

在投资方面，50 多岁的人已经经不起折腾，一定要遵循安全第一的原则，因为他们手里的资金是未来的养老钱，如果因为投资失败而受到损失，将影响到退休后的生活。由于距离退休的时间不长了，他们缺少像二三十岁的年轻人能够从头再来的机会和时间。

对于50多岁的人来说，债券是一个值得关注的品种，尤其是国债，由于收益稳定，又能够保底，选择合适期限的国债进行投资，可以获得高于银行储蓄的收益。货币市场基金作为一种新的理财工具，在现金管理上具有优势，对厌恶风险的投资者来讲也是一个不错的投资品种。另外，资金比较充裕的"准退休族"还可以考虑投资一些租金收益较高的房产。

3. 身体要健康

如果到退休的时候，病魔缠身，有再多的钱也无法享受。俗话说："有什么别有病，没什么别没钱。"反过来讲，如果不生病，就可以节省大量的医药费开支，相应也减少了对养老金的需求。

和二三十岁的年轻人相比，"准退休族"在身体条件方面明显处于劣势。而在工作方面，"准退休族"承受的压力并不比年轻人轻。如果不承认现实的差距，仍然像年轻时一样忘我地工作，其结果就是落下一身的病。

50多岁的人在工作中更应注意劳逸结合，保养好自己的身体，为退休后的生活奠定基础。

4. 技能要多掌握

在"准退休族"中，最不怕退休后没钱花的就是那些有一技之长的人，因为当他们需要钱的时候就可以通过自己的技能获得财富。

技能的储备和资金的储备同样重要。有句话叫"活到老，学到老"讲的就是这个道理。

养老投资两不误

不少人都有这样的疑问，未来一个人要准备多少钱才够养老？曾有经济学家算了一笔账，在2027年退休的职工，需要一笔约为300万～500万元的积蓄，才能安心度过余生，而一线城市则需1000万元，这还未必够。

这样的数字足以让人触目惊心，养老问题是每个人需要面对的现实问题。一般说来，养老的费用主要由两部分组成，一是日常开支，二是医疗费支出。究竟准备多少钱才够养老呢？国际上常用的计算方法是：通过目前年龄、估计退休年龄、退休后再生活年数、现在每月基本消费、每年物价上涨率、年利率等因素来计算。

需要准备的养老金＝退休后每月基本消费×估计退休后生活年数×12，其中，退休后每月基本消费＝现在每月消费×(1＋每年物价上涨率)的N次方。(N＝估计退休年龄－现在年龄)

虽然年轻人离退休还早，但考虑养老问题却并不早。举例说，如果你现在的年龄是 25 岁，估计退休年龄 55 岁，估计退休后再生活年数 25 年，现在距离退休还有 30 年。假设你现在每月基本消费 1000 元，每年物价上涨率 5％，年利率 3％。退休后的每月基本消费（保持相当于现在 1000 元的消费水准）为：1000×4.322＝4322 元，退休后再生活 25 年所需养老金总额为：4322×12×25＝1296600 元。（备注：4.322 是根据 30 年来累计物价上涨率计算得出，1.05 的 25 次方就是 4.322）

每个人都可以参照上述公式，根据自己的年龄和消费情况，计算出你可能需要的退休金，然后把退休时可拿到的社保金算出来，这两者之间的差额，就是自己要准备的退休金。由于经济发展和医疗费用的不可预知，上述公式只是一个普通生活状态下的大概养老费用。如果要考虑重疾风险，再增加一些高消费支出（如旅游、出国、社交费用等），所需养老金肯定要远远高出上述的计算。

社会保险中已经包括了养老金保险，但是这给我们提供了最基本的养老金，由于中国实行的是"保而不包"的政策，要想退休后能尽享天年，年轻时就必须重点规划好未来的养老金并存妥养老费用。这样等你到年老时不会让你的生活过得没有意义和色彩。

近年来，中国每年至少保持 3％以上的通胀率。在养老压力中，通货膨胀对养老金的侵蚀作用也是不可不考虑的。因此，中青年人的养老理财，应注重通过各种投资途径让自己和家庭的资产保值增值，以便抵抗通货膨胀带来的危害。

中青年人在准备养老金方面，有两件工作要做：一是手头的资金如何投资，二是每月的结余如何利用。如果能将这两部分资金用好，积累足够的养老金并不是一件难事。

43 岁的孙先生和他妻子王太太同龄，两人收入丰厚，年薪加起来 26 万余元，年终还有总共 50 万元的奖金。女儿今年念初中，准备 6 年后出国深造。家庭每月开支在 8300 元左右，夫妻俩分别投有寿险和意外险，女儿也投了一份综合险，加上家庭财产险等，每年的保费总支出为 3 万元。除去其他各种不确定费用 3 万元左右，每年能有约 44 万元的现金流入。

孙先生现有一套现值为 150 万元的房产，用于自己居住。夫妻俩基本不炒股，也没有买过基金或债券，几乎所有的余钱都存进了银行，现有活期存款 5 万元，定期存款 40 万元。夫妻两人对养老生活要求较高，希望至少不低于现在的生活质量，并且由于两人身体都不好，他们希望 10 年后能够提前退休。

在处在中年时代的孙先生家庭，无疑还处于成长期，他们的工作和生活已经步入正轨。对于此前已经通过投资积累了相当财富、净资产比较丰厚的家庭来说，不断增长的子女培养费用不会成为生活的负担，一般性的家庭开支和风险也完全有能力应付。因此可以抽出较多的余钱来发展大的投资事业。孙先生应该努力通过多种投资组合使现有资产尽可能地增值，以不断充实自己的养老金账户。但是养老规划总的来说应该以稳健为主，稳步前进。

以孙先生家为例，针对于这一年龄阶段的特点，专家指出，应该分三步制定未来的养老计划。

1. 估算将来需要储备多少养老金

日常开支：孙先生家庭目前每月的基本生活开支为 8300 元。假定通胀率保持年均 3％的增长幅度，按年金终值计算法，退休后孙先生家庭要保持现在的购买力不降低的话，届时孙先生家庭此项开支，总共需要支付 167 万元的费用。

医疗开支：由于孙先生夫妇两人身体都不好，又没有购买任何商业保险，因此医疗方面的开支将是他们最重要的一项开支。假定两人退休后平均每人每年生病 4 次，每次平均花费 3000 元，那么 27 年看病的总花销就是 64.8 万元。身体不佳，每月的护理更是少不了的，假定每人每月护理费为 1000 元，那么 27 年总共需要的护理费是 64.8 万元。如此一来，孙先生夫妇的养老金中仅医疗需求就达到了 130 万元。

旅游开支：假如平均一年旅游 2 次，每次平均花销 1.5 万元，总共需要的旅游费用为 81 万元。

因此，孙先生家庭需要的养老费用大约是 378 万元。

2. 估算退休之前能积累多少养老金

我们不妨计算一下，孙先生和王太太从现在到 80 岁总共能拥有的资金用作养老资产：

孙先生夫妇的收入来源比较简单，主要来源于以下两个方面。

工资收入：孙先生和王太太目前离退休还有 10 年，10 年中能积累的工资收入为 22000 元×12 月×10 年，即 264 万元，加上 10 年的年终奖金 50 万元×10 年，即 500 万，总共是 764 万元。

存款收入：假定年平均利率为 3％，按照复利计算，孙先生的定活期存款 45 万元存 37 年后本息总计为 134 万元。

分析孙先生家庭的收入和支出，可以看到，孙先生夫妇的收入虽然比较高，但是，支出也较人，还有女儿留学等大笔资金需要支付，因此，我们假定上述 943 万元的总收入当中有 30％可以留存下来用作养老，那么，夫妇两人能够为自己积累的养老金也就 283 万元。

另外，孙先生夫妇目前住的房子虽然市值高达 150 万元，但因为该套房仅用作自住，并非是投资性房产，所以，不计入养老费中。

3. 估算养老金的缺口

孙先生夫妇需要储备的养老金减去能够积累的养老金，得出的结果相差 95 万元。

从上述的案例中可以看出：孙先生一家虽然资产雄厚，但要高质量养老，仍有不小的资金缺口。

我们再看另外一个案例。老于是一家公司中层管理人员，他的太太是一家国企的营销人员，两人均面临退休和内退问题，虽然他们知道退休后的养老保险金可能每人每月只有一两千元，但由于家底殷实，他从未担忧过自己的退休生活，目前他的月工资及奖金收入为 13000 元，年末有 3 万元分红，妻子月收入 4000 元；20 岁的女儿在上大二，3 万元的年末分红恰好足够支付她一年的教育费用。除去家庭月支出 8000 元和保费月支出 1000 元，每月可有 8000 元的节余。

他现住房价值 55 万元，按揭已还清，目前手中持有市值 30 万元的股票和 50 万元的定期存款。为了两年后女儿出国留学，他还准备了 3 万欧元（折合人民币 29 万元）。于先生已经为退休之后的生活做好了规划，尤其对养老金进行规划，等到于先生年老时，他和他太太生活会比一般人生活得幸福些，肯定会有一个高兴的"夕阳红"。

这就提醒我们，无论你目前的家庭财务状况多么好，花钱不愁，但如果不能做一些提前规划的话，仍有可能达不到真正的"财务自由"的境界。尤其对于中青年来说，做好将来的养老规划，一定要"量入为出"，有什么样的收入水平就有什么样的支出水平。

做好自己的养老规划

与其他阶段性的理财需求不同，养老规划是一个长期规划，越早开始越好，即使开始规划的时间晚了，也总比等到退休才考虑养老问题要强得多。

在不同的人生阶段，总会面临不同的理财需求和理财目标。对于中青年人来说，养老规划是人生理财规划中最重要的一部分，在理财规划中排在首位，是每个人都要面对和必须考虑的事情。

年轻人需要未雨绸缪，在未老的时候就要考虑年老后的生活，如果在退休后要想过富裕、有尊严的生活，必须尽早开始养老规划。

在开始养老规划前，不妨先问问自己以下 3 个问题，将有助于进行合理的养老规划。

（1）自己能活多久？几乎每个人人都希望长寿，但生老病死是自然规律，每个人都会步入死亡。做养老规划时，不妨将寿命预计久些，假定 100 岁。

（2）退休时间有多长？虽然目前普遍上是 60 岁或 55 岁退休，但真正的退休时间可能取决于你想什么时候退休。很多人希望早日实现财务自由的目标，无须工作还有足够的收入，尽情投入自己喜欢做的事情。假定 50 岁退休，用 100－50＝50 年，数字很诱人，然而这个数字越大，你要承担的退休成本就越多。

（3）退休后享受什么样的生活？毫无疑问，退休后的生活与工作时是不一样的，用于休闲的时间将会大大增加。退休后应酬费、服装费和交通费等项目会减少，而医疗费会相应增多，如果想在退休后维持现在的生活水准，这个数字还是蛮大的。假定包括生活成本、医疗费用等等在内，每月的生活成本约为 5000 元，则每年平均需要 6 万元。当然，如果你想有更多的旅行、满足更多的爱好，这个数字会更多。

让我们简单算一下未来 50 年的退休生活需要多少钱：即 $50 \times 6 = 300$ 万元。如果考虑通货膨胀的因素，这个数字会更多。假定每年 3% 的通货膨胀率，24 年后通胀将把你的 300 万吞掉一半，最终的实际购买力将只有 150 万元。问问自己以上 3 个问题，算一下退休后需要多少钱是很有必要的。

随着我国社会保障体制改革的不断深入，过去"养儿防老"的传统观念逐渐转变为依靠社保养老金保障老年生活。可是，世界银行却公布了一份关于中国未来养老保障金收支缺口的研究报告，报告指出，按照当前的经济运行情况和制度模式，到 2019 年，我国养老保障金的缺口将高达 6 万亿人民币，而到了 2075 年，这个缺口将继续扩大甚至超过 10 万亿元。

同时，我国 60 岁以上的人口已超过 14%，65 岁以上的人口超过 10%，按照国际社会标准，我国显然已经跨入了老龄化社会的门槛。目前，"4+2+1"（4 位父母，夫妻 2 人及 1 个孩子）的倒金字塔式家庭结构正逐渐成为主流，越来越多的人开始意识到，让一个年轻人在未来负担起 6 个老人的生活，根本就是不现实的。

如果你计划 60 岁退休，预计寿命为 80 岁，假设你在退休前的工资收入为 6000 元，若你希望在退休后过上与退休前一样的生活，你需要为自己准备多少养老金？按退休后 1 个月 4200 元的生活费计算，到 80 岁，你的基本生活费就需要 101 万元，加上可能出现的医疗支出约 24 万元（按每月 1000 元计算），在不考虑通货膨胀的条件下，至少需要 125 万元才能过上安稳的晚年生活。需要明确的是，这种计算方式是十分简单的，很多退休之后可能发生的费用并没有算在内。

不同的人计算养老费用，有不同的结果，但是预期的养老费用一定是惊人的。如何面对自己的养老问题呢，答案就是：及早规划。很多人想早点退休，但同时他们发现，很难为退休做打算，房子、孩子的教育费用等占据了日常收入很大的比例。到了 40 岁，甚至更晚的时候，他们才突然意识到养老必须被提上日程安排，可惜为时已晚，"越早开始为退休做储备，付出的成本越少"。

千万不要等到几十年后自己退休时，才临时考虑自己的养老问题。到时候，让你拿出一大笔钱来养老可能非常困难，正所谓"冰冻三尺，非一日之寒"，如果大家从年轻的时候就开始把未来老年生活的需求纳入家庭理财计划。年轻的时候就可以购买一些适合自身情况的商业保险或理财产品，"也就是少吃一口饭的钱，就可以让你的将来天天有饭吃"。其实你每天只需要 40 元左右，相当于零存整取的方式，只要能坚持，将这样的方式持续 10 年至 20 年，"到老的那一天，你一定会佩服自己当初的先见之明"。

年轻人应尽早树立养老的规划，养老金的规划和打理必须专款专用，千万别在积累的过程中突然将这笔钱抽离，一定要让这些钱真正成为未来晚年生活的储备，到了一定的年龄之后才使用，而不是作为股票投资或其他有风险存在的投资行为的临时备用金。只有做到专款专用，养老金的储备才能在若干年后成效斐然。

老年人投资注重安全

用"坐吃山空"这句话来说明老年人也需要理财的重要性是最好不过了。老年人退休以后，无非主要有两种经济来源，存款或者退休养老金。老年人理财把握的大原则当然是投资安全，防范风险。

年轻人投资理财可以经受大起大落、承受大风大浪，但老年人经不住那些折腾。老年人理财，很重要的一点就是安全。别看"财"不大，却是他们一生的心血。既要让这点小财生财，又不能冒太大的风险。因此，老年人投资应以"稳"为主。购买理财产品时，最好选择那些有保本特色的产品。但是当前适合老年人可以选择的理财方式有多少？老年人理财的市场环境又怎样？老年人应怎样配置自己的资产？

刘大爷是一名退休职工，有 70 岁了，和老伴月收入共 3000 元。自 2000 年退休后，老两口省吃俭用有了 15 万元积蓄，他们用其中的 50％买了国债和定期储蓄，另外 50％从 2007 年开始投资股票基金。可是，2008 年股票基金不断下跌，刘大爷心想总有一天会涨上来，谁知越套越紧。后来，他听朋友说，老年人最好买债券基金和货币市场基金，其风险小，收益比银行定期利息高，而且不扣利息税。刘大爷听后忍痛赎回股票基金，改买债券基金和货币基金。投资股票基金共亏损了 5000 多元，这让刘大爷心疼不已。

理财专家认为，50％投资于股票或者股票基金对老年人来说比例过高，即使股市有反弹也不合适，转投债券基金和货币基金的方向是正确的，另外理财专家建议刘大爷可以将每月收入分为 4 块：

一是月收入的 40％，即 1200 元，以现金方式作为生活费开支；

二是月收入的 20％，作为医疗费及日常活动费用，较理想的是以"钱生钱"的方式储备，灵活两用；

三是月收入的 20％，即 600 元的资金用来开立专门投资账户，投资渠道可选择国债、债券型开放式基金等风险低、稳定性强的理想投资方式；

四是对于月收入剩余的 20％（即 600 元）储蓄，用于应付自己的临时状况，也能在关键时刻起到帮扶晚辈的作用。

对于老年人来说，根据他们的风险承受能力、年龄等，他们的资金配置方案可选择如下：

（1）激进型：投资股市占总金融资产约 30％，投资债券、基金（可以考虑偏股型基金）占 20％，投资保险占 20％，储蓄占 30％。此方案适于 65 岁以内，身体健康

（尤其是无心脏病和高血压）、心态平衡的老年人。

（2）均衡型：投资股市约 20％，投资债券、基金占 30％，投资保险占 20％，储蓄占 30％。此方案适于 70 岁以内，身体条件允许、心理素质较好的老年人。

（3）保守型：投资债券、基金（只考虑债券型或者货币型基金）占 25％，投资保险占 25％，储蓄占 50％，不入股市。此方案适于大部分老年人。

一般来说，老年人可遵循以下的投资规则：

（1）为了安度晚年，就要避免冒险的投资行为，拟订安全的理财计划。

（2）拿积蓄的 50％作为"养老备用金"，在急需时有钱应急。

（3）积蓄在 3 万元以下的，最好不要去投资赚钱。

（4）如果积蓄较多，可以考虑投资门面房等不动产，稳稳当当地收租金过安乐日子。

（5）剩下的 50％积蓄应该多买债券，少买股票，慎买基金。要尽量买债券，不做股票之类的高风险投资，对基金购买也要清楚其"来龙去脉"。

此外，老人除日常消费外，医疗保健是最大的支出。调查显示，看病吃药约占这笔费用的 80.9％，他们很需要一种保险产品来保障他们的晚年生活。保险就成为老人晚年的重要保障。

为养老做准备，有多种方式可供选择，但养老计划最基本的要求是追求本金安全、适度收益、有一定强制性原则，需要将养老计划与其他投资分开，商业养老保险作为养老保障体系的重要补充，是养老规划的一个不错选择。

而在面临理财市场上品种如此之多，风险大小不一的理财产品时，老年人应该如何选出适合自己的理财产品呢？主要从以下几个方面进行：

1. 选择适当的储蓄品种

老年人不必将退休金都存在活期储蓄账户上或是直接放在家中，而应该通过适当的操作使利息最大化。比如，通过零存整取的方式增加利息收益。如果预期将来某个时候可能要用一笔很大的资金，可以选择将这部分资金进行"通知存款"。"通知存款"的优点是取用都很方便，而且收益高于"定活两便"及半年期以下的定期存款；当然还可以去定存半年，哪怕只定存 3 个月，它的收益也比活期存款利息要高些。

2. 进行保险投资

老年人应购买一定合理的保险品种，特别是针对老年人的保险，如意外伤害险和疾病保险，以增强抵抗意外及重大疾病风险的能力，把可能产生的损失降到最低。老年人也可以购买一些保险理财产品，这样既能预防风险，也增加了收益，但理财产品的投资比例以不超过自有资金的 30％为宜。

3. 进行风险投资

老年人一般都不能承受过大的风险，如果将少量资金用于购买股票或基金，比例最好不要超过自有资金的 10％，避免遭受过大的损失。其中，基金投资要以保本型基金为主。另外，老年人可选择将资金用于购买银行的人民币理财产品，但要以容易变现的短期产品为主，不要投资收益比较高的理财产品，因为收益高的产品风险也比较大。可以试着选择货币市场基金。

和储蓄相比，货币市场基金具有一些优点。一方面，我国的存款利息收入要缴纳20％的利息税，但持有货币市场基金所获得的收入可享受免税政策。另一方面，对于收益稍高的银行定期储蓄来说，储户急需用钱时往往不能及时取回，能随时存取款的活期储蓄税后利息又极低。而货币市场基金却可以在工作日随时申购、赎回，一般情况下，申请赎回的第二天就可取到钱，收益率一般也要大于一年期的定期存款。

4. 进行健康投资

对于老年人来说身体健康十分重要，对不可预测疾病的发生，一定要做好先期投入，购买一份保险很有必要。这样既可以增加自己的风险抵抗力，也能减轻儿女的经济压力。可以选择购买一些特别针对老年人的险种，如意外伤害险和疾病保险。同时，还可以选择定期购买一些老人健康保健品，用以保养身体。另外，还可以选择经常出门短途旅游和参加适当的健身活动。

这4种理财方式尽管收益不高，但属于风险很低，安全系数很高的投资，手中有闲钱的老年人不妨一试。

风险承受能力相对较强的少数老年人也可适当进行多元投资。尝试"安全投资＋风险投资"的组合式投资，但切不可把急用钱用于这类投资。在选择投资组合的比例上，可考虑储蓄和国债的比例占70％以上，其他部分投资选择分布于企业债券、基金、股票、保险、收藏以及实业投资等之上。

经济危机带来投资的良机

对于投资者来说，危机就是机会。每一次危机皆有一批巨无霸型的企业或倒闭或衰败，雷曼兄弟和通用汽车就是现实的案例，但这些百年老店的陨落，恰恰给创业者的崛起带来了机遇。对于这一点，联想控股总裁柳传志在参加第八届中国创业投资年度论坛时指出，中国现在也处于经济危机之中，但长远看来，实际上却给投资人带来了良好的投资机会。

许多世界富豪都是抓住了危机所带来的机会，从而成就了自己的事业。人们耳熟能详的财富标杆人物巴菲特、李嘉诚的财富新起点都是在20世纪70年代的危机时代，如同巴菲特所言：买在"市场先生"害怕时，而不是"市场先生"大胆冒进时。2007年无疑是"市场先生"大胆冒进时，人们可以看到巴菲特、李嘉诚选择了撤退；而现在经济危机肆虐，已是"市场先生"害怕时，那么创业者的机遇也正慢慢临近了。

巴菲特在 1973 年危机时刻投资华盛顿邮报的典故为人熟知，但是鲜为人知的是李嘉诚也是在同时期借助危机之机获得了事业的转折，20 世纪 70 年代初正处于冷战高峰期，当时的危机比现在的危机更令人喘不过气来，其时香港地区的英资企业出现了迁册撤资的高潮，不少华商也紧随英资撤退步伐，大户撤离这就给当时李嘉诚这样的小户带来了逆风向上的机遇，李嘉诚反其道而行之，毅然"小虾米吞下大鲸鱼"从汇丰银行手中买下了和记黄埔的股权，并且进一步增持股票最终获得了经营权，现在李嘉诚已经被人誉为财富"超人"。

在 20 世纪 70 年代的危机之前，无论是巴菲特还是李嘉诚都仅是千万级的富人而已，远远不为人所知，不仅仅是李嘉诚在 20 世纪 70 年代初的收购行动被人视作是小虾米，巴菲特在 1973 年购买华盛顿邮报股票时也被人反复追问巴菲特是谁？可见，每一次危机都是诞生创业英雄的良机。

人们可能要问：巴菲特、李嘉诚是创业者，但是普通人可能终生依赖工薪为生，这危机只有困难哪有良机可言？巴菲特 2008 年 10 月 16 日投稿《纽约时报》，提醒投资者长期持有现金的风险，而且宣示加码股票投资。虽然至今全球股市仍处于筑底过程之中，巴菲特现在增持股票就与过去减持股票一样广受非议，但是最终"姜还是老的辣"，房利美和房地美近 20 年来一直是巴菲特下属哈撒韦公司重点持有的股票，但是在美国次级债危机爆发前的一年巴菲特以看不清基本面为由清仓了，而 2007 年借国际油价攀高每桶 90 美元之际清仓中石油 H 股也可谓经典，人们必须关注到在 2007 年之前全球资金流动性泛滥，"市场先生"大胆冒进的两年，巴菲特始终在抛售股票囤积现金，至 2008 年上半年累计囤积超过 400 亿美元现金。但是现在当"市场先生"害怕时，巴菲特已至少将 2/3 的现金变成了股票型资产，巴菲特的理由就是："政府为缓解危机而实行的政策势必引发通胀，现金是注定会贬值的，这时投资才是最好的策略。"

对于普通投资者来说，最主要的投资品种就是股票和房产。从长线来看，人类的货币史，就是一部通货膨胀史，通货紧缩时间很短，通货膨胀占了绝大部分时间。2008 年中国资产价格的调整给普通投资者投资 A 股指数和购置自住房产带来了极佳良机，现在如果战略上漠视投资机遇，那么未来将会极度扼腕叹息。

其实所谓危机，可以理解为险境降临，也可以理解为危境中的机会。当股市陷入最低迷的时候，正是抄底的大好时机；当整个社会经济低落时，真正的英雄正可以大显身手。

通货膨胀时期的投资

对于现在我国的物价上涨，投资者应该一点也不陌生。无论从商品原料还是到生活必需品，几乎所有东西的价格都在一路飙升。不管经济学家的分析怎样，是否承认现在我国所面临的经济问题，但是毋庸置疑的是，我们已置身于一个通货膨胀的时代。那么在这样的时代大背景下，广大的投资者到底应该如何投资，手里的股票债券如何处置，又该如何进行消费呢？

下面我们就来逐一为大家讲解在通货膨胀时期如何进行股票投资、债券投资、地产和黄金投资。

1. 股票投资

巴菲特在他的投资生涯中有自己选择股票的方法，只要他认为这家公司有发展前景，只要他认为价钱合适就会选择买进，他从不害怕他所投资的公司行业的周期性。例如，他会在糖价上涨的时候依然买进可口可乐的股票。但是这样一个胆大心细的人对于通货膨胀却表现得相当敏感。因为他认为通货膨胀实际上增加了股东对上市公司的收益的期望，公司必须加倍努力，以获得更高的收益来抵消投资者们在纳税方面和高通货膨胀方面带来的损失。

传统的经济学家认为，通货膨胀时期公司成本会被其产品的售价涨幅所覆盖，投资者也盲目地相信公司会把成本的上升成功地转嫁到消费者或者下游企业上。但是统计数据显示却并不是这样。根据美国联邦贸易委员会的数据显示，20 世纪 60 年代美国制造业税前利润为 8.6％，在通货膨胀严重的 20 世纪 70 年代，这个数据却变成了 8％。这说明通货膨胀在一定情况下也会直接作用于公司，使公司的收益从正变成负，对公司造成严重的后果。

我们把目光回到国内的股票市场，以 A 股市场为例，目前的通货膨胀要弱于巴菲特所描述的当时的美国市场，出现这种情况有很大一部分原因在于中国企业很多没有自由调价的权利，例如，基础的石油、电力、煤炭、钢铁冶炼等都受到一定程度上的价格管制。而且在通货膨胀时期，银根紧缩，财务杠杆价格提高，这样会使企业的负担变得更重，这些因素都会直接影响企业的收益情况。

巴菲特曾经对广大投资者提出这样的忠告：需要大量固定资产来维持经营的公司在遇到通货膨胀的事情时往往受到的伤害最大，但是一些信誉较高的企业在通货膨胀中受到的伤害却最小。如果投资者在通货膨胀时期不能准确地判断时代背景和公司情况，最好不要进行股票投资，以免造成资金损失。

2. 债券投资

债券基金的主要收益来自于基金投资者债券的利息收入和投资买卖债券所获得的差价收入。简单来说就是债券基金把一定的资金投入二级市场或者用在一级市场投资新股获得的基金收益的主要部分。这种投资在股票市场好的时候的确会挣到超额收益，但是在股票市场不好的时候，也会付出一定的损失。

对于在通货时期的投资者而言，投资债券基金可能成为你投资的一种累赘。因为高收益的债券基金存在很大的不稳定性。当股票市场不好的时候，基金的经理们都在为管理基金而头疼，你能指望他们为你获得盈利吗？

对投资债券基金有需要的投资者，可以尝试投资纯债基金。如果有的投资者希望得到股票二级市场的利益，购买一些股票型基金和投资新股的银行理财产品就可以。债券投资的准则就是让专业的人做专业的事，这样肯定会收到事半功倍的效果。

3. 地产与黄金

一般来说，在通货膨胀时期，投资地产应该是保值能力较强的项目。但是中国房价的快速上涨和政府政策的变化，也提醒了投资者，在投资地产的时候要小心谨慎。但是总体来说，投资房地产业不失为一个抵抗通货膨胀的重要手段。

至于黄金投资一直都被人们普遍看好，也可以成为投资者的另一种不错的选择。

通货紧缩时期的投资

与通货膨胀时期对应的就是通货紧缩时期，投资者只有同样学会在通货紧缩时期如何理财，才能对任何经济背景下的投资活动游刃有余。在通货紧缩时期，社会商品、能源、劳务等供过于求，价格会持续下降，人们工资收入水平也受到很大影响，企业赢利水平也将处于下降趋势。

尽管通货紧缩带来了商品价格的下降，但是由于人们的工资水平同时下降，所以消费仍然处于消极的时期。这样的情况无论是对企业还是个人都不是好现象。那么，通货紧缩时期到底应该如何理财？股市还可以投资吗？固定收益产品会有风险吗？现金真的能"为王"吗？对此我们将从四个方面为您详细分析解读。

1. 通货紧缩时期"现金为王"

在通货膨胀时期，银行存款的利息收入低于物价上涨幅度，所以投资者可能更愿意拿钱来寻求更好的资产增值渠道，例如购买房产黄金等用来抵抗通货膨胀。但是一旦进入通货紧缩时期，投资者就更愿意将钱存入银行，"现金为王"的观念会占据上风。在银行存款也是有技巧的，由于央行可能进一步降息刺激经济，因此短期资金可考虑收益相对较高的通知存款。

2. 尽早购买信贷类产品

在中国目前的经济市场上可投资的渠道较少，银行发行的理财产品数量不多。据不完全统计显示，商业银行某周仅发行 3 款信贷类理财产品，并且这类低风险理财产品发行数量减少，有的投资者即使有意愿购买也未必能买得到。在通货紧缩时期，随着银行进一步降息预期，信贷类理财产品风险也在增加，信贷类理财产品的收益也将持续下降。因此投资者在基于平衡风险与收益的基础上，提前购买信贷类产品不失为较好的投资选择。

3. 混合型基金投资正当时

在通货紧缩时期，投资者可适时留意混合型基金，并根据行情的变动随时调整投资份额。

但是混合型基金有50％～60％的股票投资比例，具有一定的风险性，这种类型的基金比较适合有一定风险承受能力的人，投资者在投资前还应该注意观察基金过往业绩情况，选择优秀的基金经理，降低投资风险。

4. 规划保险保障先行

通缩时代往往伴随着银行的持续降息，所以投资者应该更关注资产增值。因此投资者一定要注意到传统保障型产品保障性强的特点，所以无论是通货膨胀时期还是通货紧缩时期购买保险应是首要考虑因素，正所谓：保障先行，其他靠后。因此对于保障不全面的投资者而言，应首先考虑意外、健康险，其次是传统寿险或养老险。

对于有投资需求的投资者来说，也可考虑分红、万能险。分红险和万能险的投资渠道相似，均为国债、企业债、大型基建项目等，分红险和万能险都有保底收益，投资风格较为稳健，但是万能险只适合希望长期投资的投资者，短期投资者并不适合购买，对于短期有资金需求的人来说，可考虑分红险。

第七章

保持理性，做投资场上的理性巨人

经济学总是假设人是理性的，会自觉不自觉地按成本—收益原则来行事。绝大多数情况下也的确如此。但这个世界上还有大量用理性经济学原理无法解释的现象。

——梁小民　毕业于北京大学，著名经济学家

用理性思考取代跟风的做法

在投资市场上，投资者往往会因身处其中而被迷惑，绝大多数投资者以跟风替代了理性思考，这也是大多数人最终赚不到钱的根本原因。很多投资者并非不具备扎实的市场知识和丰富投资经验，但遇到市场高潮来临时，也往往无法控制自己的跟风行为。

关于金融市场中的非理性行为，金融学家用羊群效应来表述。具体表现为在某个时期，大量投资者采取相同的投资策略或者对于特定的资产产生相同的偏好。羊群效应在股市的表现相当明显。遇到熊市，如果行情持续低迷，基金经理们也会几乎采用相同的策略，购买几乎完全相同的防御性股票。而到了上涨阶段，基金经理同样会倾向于购买一些大致相同的股票。尽管由于股市整体上涨，基金经理这样的行为依然可以盈利，但其业绩总体仍会输于大盘。

投资市场中的"羊群效应"并不难以理解，因为所有人的心理都是趋利避害的。实际上，与普通投资者相同，孤身作战同样会让人感到不安，很少有人可以做到像索罗斯、巴菲特那样的投资大家，他们即使被所有人嘲笑也会坚定不移地执行自己的投资决策。大多数投资经理在投资那些不被市场普遍看好的股票时都会感到惴惴不安，而投资的成败关系着他们的事业是否成功，也关系到基金的业绩表现，这就更会让基金经理不敢做出特立独行的行为。相反，如果投资与别人类似的股票，即使业绩不佳，基金经理也不会有太大的心理负担，反正大家都在亏损。不过，当机构投资者和个人投资者像羊群一样盲目地跟随市场追涨杀跌时，他们忽视了理性思考的力量。

　　被称为"华尔街教父"的本杰明·格雷厄姆，他曾讲过一个寓言，来描述市场上的投资者具有相当的盲目性。一个勘探石油的人死后要进天堂，圣彼得在天堂门口拦住他："你虽然有资格进入天堂，但留给石油业者居住的地方已经爆满了，我无法把你安插进去。"这一位听完，想了一下提出一个请求：进去跟那些住在天堂里的石油业者说一句话。圣彼得觉得这个要求不过分，就答应了。于是他对着天堂里大喊一声："地狱里发现石油了！"话音刚落，天堂大门顿开，里面所有人都疯狂冲向了地狱。圣彼得吃惊之余请这位石油业者进天堂，但他迟疑了一会儿说："不，我想我还是跟那些人一起到地狱去吧，传言说不定是真的呢！"

　　为什么有这么多人放弃了独立思考，转而去相信这些所谓的传言呢？从上面例子我们可以看出，有时候市场的传言往往是毫无根据的，但是却有越来越多的人选择相信。而随着越来越多的人相信这一点，就会催动投资者整体的"羊群效应"，使得市场的趋势波动更为频繁，更为剧烈。

　　在证券交易过程中，很多人总是设法获取所谓的内幕消息，如果能获取证券交易的内幕消息，也就意味着能在证券市场获得超额收益。于是，很多投资者在股市市场中，不去关注上市公司的基本面情况，甚至不想看一下披露的上市公司财务信息，而是热衷于打探各种所谓的内幕消息。事实上，得到的所谓内幕消息往往是不可靠的。首先，不论这条信息的真假，当这条消息传到投资者手里时，之前不知有多少人已经提前知道了这条消息。这时的内幕消息已经变成了"公开消息"，不仅变得毫无价值，甚至还会相当有害。格雷厄姆曾这样说过，不费力得来的消息，多半都是坏建议。

　　对投资者而言，要分辨市场上的一些消息来源，一些别有用心的人故意制造一些假消息。比如某一年中国股市券商借壳成为一大热潮，制造了巨大的财富效应，一时间市场上关于券商借壳上市的消息四处散发。比如某家业绩很烂的公司股价突然暴涨，接着就有传言说某证券公司有意借壳。于是这样的公司一下从无人问津变成了抢手货，很多知道了"内幕消息"的人甚至没有来得及思考一下就争先恐后入市。等到事后，证明这只是一场谣传，该公司股价就开始暴跌。制造谣言的人早就在暴跌之前抽身，而听信了传言的投资者还没有反应过来，就成了被别人利用的工具，最后只能眼睁睁看着股价暴跌，亏得一塌糊涂。

　　遇到所谓的内幕消息，投资者应该理性思考其可靠性。股市中的确存在着依据内幕消息而投机获利的情况，但是这种情况可遇而不可求。投资者要保持理性思考，千万不可以存有侥幸心理，将希望寄托于这些虚无缥缈的所谓内幕消息上。

　　在股市上操作，投资者在经过研究分析，确定看好某一股票时，投资者应该做的就是执行自己的决策，然后耐心等待市场验证。任何人的看法都代替不了市场，不要受其他人看法所左右，投资者应该多花心思提高自己的分析能力和操作经验，毕竟盈利和亏损都是自己负担的。

入市前做好心理准备

进入投资市场准备投资时，投资者必须更好地认识自我，战胜自我，做好相应的心理准备，这是投资成功必须经过的一道门槛。每个投资者都有自己的风险偏好，但作为一个整体，人类的风险偏好具有某些共性，导致某些共有的行为特征和决策偏差。

人们在做出选择时并非是理性的，有关实验揭示了人们风险偏好的规律。在赢利和亏损的不同情况下，人们同样有着不同的风险偏好：当股票价格高于买入价（即主观上处于盈利）时，投资者是风险厌恶者，希望卖掉锁定收益；而当股票价格低于买入价（即主观上处于亏损）时，投资者就会转变为风险喜好者，不愿意认识到自己的亏损，进而拒绝卖掉实现亏损。在投资组合中，也存在着较早卖出盈利股票，而将亏损股票保留的现象。回避实现损失，这就是所谓的"处置效应"，机构投资者也不例外。

可以说，"处置效应"是投资的大敌，违背了股市中"顺势而为"的原则，针对处置效应的唯一有力武器就是：斩断亏损。所谓"斩断亏损"就是及时止损，学会止损是投资者必修的一课，应该从以下几个方面来做好心理准备：

第一，自负盈亏的心态。

投资者的心理素质，是愿赌服输、自我担当的心态。也就是说，如果听取朋友意见，购买了某只股票，那么即使之后出现状况，也绝不会跑去埋怨别人，而是自己对自己的行为负责。只有担当起自己投资行为的负责人，才有心理能量去玩投资游戏。

第二，建立高度安全感的"心情免疫投资模式"。

据研究发现，投资本金的20%，是一个人心理能承受的损失极限。也就是说，如果你投资1万元，心理停损点就定在2000元，赚了2000元就出手，赔了2000元就清仓。当然，也有人用10%定损，这取决于投资者的心理承受能力。

一旦建立起这个模式，投资操作就变成了理性的、基于数据的行为，而不是凭感觉的情绪性行为。即使发生天大的事情，也还有80%的资本在那儿，风险指数就大大降低了。

第三，自律和果决。

建立起心情免疫的投资模式后，就借助电脑工具，买进卖出都按照预设的心理线位。不要犹豫不决，心存侥幸，在涨时想多赚一点，跌时期盼回升少亏一点。你不是基金经理人，没有丰富的信息源，博弈也极小可能赛过机构，所以应遵守和自己约定的游戏规则，赚少量但安全的钱。根据理财心理学研究，自律性越高的人，越容易从投资中获利。

此外，"投机"需具 5 字心理要诀：

1. 稳

所谓稳，当然不是随便跟风潮入市，要胸有成竹，对大的趋势做认真的分析，要有自己的思维方式，而非随波逐流。所谓稳，还要将自己的估计，时时刻刻地结合市场的走势不断修正，并以此取胜。

投资者在涉足股票市场时，要细心学习了解各个环节的细枝末节，看盘模拟做单，有几分力量做几分投资，不可急躁，投资不要超出自己的能力。要知道，证券投资具有较高的风险，再加上资金不足的压力，患得患失之时，自然不可能发挥高度的智慧，取胜的把握也就比较小。换言之，投机者需要灵活的思维与客观的形势分析相结合，只有这样，才能够使自己立于不败之地。

2. 忍

股票市场的行情升降、涨落并不是一朝一夕就能形成，而是慢慢形成的。多头市场的形成是这样，空头市场的形成也是这样。因此，未形成之前决不动心，免得杀进杀出造成冲动性的投资，要学会一个"忍"字。小不忍则乱大谋，忍一步，海阔天空。

3. 准

所谓准，就是要当机立断，坚决果断。如果总是犹犹豫豫，投资的机会往往转瞬即逝，犹豫之后的结果往往是错失投资机会。如果遇事想一想，思考思考，把时间拖得太久肯定是很难谈得上"准"字的。当然，我们所说的准不是完全绝对的准确，世界上也没有十分把握的事。如果大势一路看好，就不要逆着大势做空，同时，看准了行情，心目中的价位到了就进场做多；否则，犹豫太久失去了比较好的机会，那就只能望看板兴叹了。

4. 狠

所谓狠，有两方面的含义。一方面，当方向错误时，要有壮士断腕的勇气认赔出场。另一方面，当方向对时，可考虑适量加码，乘胜追击。股价上升初期，如果你已经饱赚了一笔，不妨再将股票多抱持一会儿，不可轻易获利了结，可再狠狠地赚一笔。例如，在台湾，1977 年初买股票，到 7 月时已赚进 30%，如果你这时出货，那么，两个月后当它涨幅超过百分之百时，你就会捶胸顿足，后悔不已！

5. 滚

跑在股票市场投资中，赚八分饱就走，股价反转而下可采用滤嘴原理即时撤兵，股价下跌初期，不可留恋，要壮士断腕，狠心了结。

当空头市场来临，在股票筹码的持有上应尽可能减少，此时最好远离股市，待多头市场来临时，再适时进入。

关于稳、忍、准、狠、滚 5 字心理要诀，在整体策略使用上，准还是其次，稳才是最重要的。因为在任何一种技艺中，准需要靠天赋，稳则靠策略及资金，进而可通过管理的手段来达到。

不做那个最大的笨蛋

1908～1914 年间，经济学家凯恩斯拼命赚钱。他什么课都讲，经济学原理、货币理论、证券投资等。凯恩斯获得的评价是"一架按小时出售经济学的机器"。

凯恩斯之所以如此玩命，是为了日后能自由并专心地从事学术研究而免受金钱的困扰。然而，仅靠讲课又能积攒几个钱呢？

终于，凯恩斯开始醒悟了。1919 年 8 月，凯恩斯借了几千英镑进行远期外汇投机。4 个月后，净赚 1 万多英镑，这相当于他讲 10 年课的收入。

投机生意赚钱容易，赔钱也容易。投机者往往有这样的经历：开始那一跳往往有惊无险，钱就这样莫名其妙进了自己的腰包，飘飘然之际又倏忽掉进了万丈深渊。又过了 3 个月，凯恩斯把赚到的利和借来的本金亏了个精光。投机与赌博一样，往往有这样的心理：一定要把输掉的再赢回来。半年之后，凯恩斯又涉足棉花期货交易，狂赌一通大获成功，从此一发不可收拾，几乎把期货品种做了个遍。他还嫌不够刺激，又去炒股票。到 1937 年凯恩斯因病金盆洗手之际，他已经积攒起一生享用不完的巨额财富。与一般赌徒不同，他给后人留下了极富解释力的"赔经"——更大笨蛋理论。

什么是"更大笨蛋理论"呢？凯恩斯曾举例说：从 100 张照片中选择你认为最漂亮的脸蛋，选中有奖，当然最终是由最高票数来决定哪张脸蛋最漂亮。你应该怎样投票呢？正确的做法不是选自己真的认为最漂亮的那张脸蛋，而是猜多数人会选谁就投她一票，哪怕她丑得不堪入目。

投机行为建立在对大众心理的猜测之上。炒房地产也是这个道理。比如说，你不知道某套房的真实价值，但为什么你会以 5 万元每平方米的价格去买呢？因为你预期有人会花更高的价钱从你那儿把它买走。

凯恩斯的更大笨蛋理论，又叫博傻理论：你之所以完全不管某个东西的真实价值，即使它一文不值，你也愿意花高价买下，是因为你预期有一个更大的笨蛋，会花更高的价格，从你那儿把它买走。投机行为关键是判断有无比自己更大的笨蛋，只要自己不是最大的笨蛋，就是赢多赢少的问题。如果再也找不到愿出更高价格的更大笨蛋把它从你那儿买走，那你就是最大的笨蛋。可以这样说，任何一个投机者信奉的无非就是"最大笨蛋理论"。

对中外历史上不断上演的投机狂潮最有解释力的就是最大笨蛋理论：

1593 年，一位维也纳的植物学教授到荷兰的莱顿任教，他带去了在土耳其栽培的一种荷兰人此前没有见过的植物——郁金香。没想到荷兰人对它如痴如醉，于是教授认定可以大赚一笔，他的售价高到令荷兰人只有去偷。一天深夜，一个窃贼破门而入，偷走了教授带来的全部郁金球茎，并以比教授的售价低得多的价格很快把球茎卖光了。

就这样郁金香被种在了千家万户荷兰人的花园里。后来，郁金香受到花叶病的侵袭，病毒使花瓣生出一些反衬的彩色条或"火焰"。富有戏剧性的是病郁金香成了珍品，以至于一个郁金香球茎越古怪价格越高。于是有人开始囤积病郁金香，又有更多的人出高价从囤积者那儿买入并以更高的价格卖出。1638 年，最大的笨蛋出现了，持续了五年之久的郁金香狂热悲惨落幕，球茎价格跌到了一只洋葱头的售价。

始于 1720 年的英国股票投机狂潮有这样一个插曲：一个无名氏创建了一家莫须有的公司。自始至终无人知道这是什么公司，但认购时近千名投资者争先恐后把大门挤倒。没有多少人相信它真正获利丰厚，而是预期更大的笨蛋会出现，价格会上涨，自己要赚钱。饶有意味的是，牛顿参与了这场投机，并且不幸成了最大的笨蛋。他因此感叹："我能计算出天体运行，但人们的疯狂实在难以估计。"

投机者的目的不是犯错，而是期待一个更大的笨蛋来替代自己，并且从中得到好处。没有人想当最大笨蛋，但是不懂如何投机的投资者，往往就成为了最大笨蛋。那么，如何才能使自己在投资和投机时避免做最大的笨蛋呢？其实，只要猜对了大众的想法，也就赢得了投机。

所以，要想知道自己会不会成为最大的笨蛋，除了需要深入地认识自己外，还需要具有对别人心理的准确猜测和判断能力。

只要有钱在手，就要拿它消费，不要害怕风险。在投资时不要有任何顾虑，也许你的钱投进去了，你就赚了，但你要是总在犹豫里徘徊，把钱攥得紧紧的，那你将永远赚不到钱。只有你把钱投进去了，才可能会有更大的笨蛋出现，要是你不投钱的话，那么发财的机会就永远是别人的，你就是最大的傻瓜了。

投资需要坚韧的耐力

彼得·林奇说："投资成功的关键——耐力胜过头脑。"彼得·林奇作为一代大师，在投资方面对耐力有着特别的见地和推崇。巴菲特说："不要试图在短期操作中运用集中投资，你至少愿意在某只股票上花 5 年或者是更长的时间。在实行集中投资战略时，长期的投资能体现出企业的真实价值，并增加投资的安全性。"

巴菲特的成功使他成为一个令人敬仰的人物，可是你有没有想过，其实他成功的最大原因之一就是他的耐心。投资是一门艺术，在当前的金融危机下，具有一颗善于等候的心，才可能在投资中稳操胜券、胜利在握。

对于投资者来说，只有耐心等待才能保证投资获得成功。例如，投资股票，短期内利率的变化、通货膨胀等因素都会影响股价。如果我们把时间跨度拉长，反映公司基础商业经济状况的趋势线会逐渐主导股价的起伏。

巴菲特认为，他买某只股票就是想永久拥有它，而绝不是因为感到它要上涨。很多时候我们不能测定一只股票的真正价值，不过一旦我们发现自己认为值得购买的股票就要果断地买下来，并且无须每天都盯着计算机屏幕猜测股价下一步的变动方向。你要相信，如果你对某个公司的看法是正确的，而且你正好在一个合适的价位买下了它的股票，你只需耐心地等待便可以了。

价格波动是集中投资的必然副产品。不管从学术研究上还是从实际案例史料分析上，大量证据表明，集中投资的追求是成功的。从长期的角度看，所持公司的经济效益定会补偿任何短期的价格波动。巴菲特本人就是一个忽略波动的大师。另一位这样的大师是巴菲特多年的朋友和同事查理·芒格。查理是伯克希尔·哈撒韦公司的副总裁，那些倾心钻研并酷爱伯克希尔·哈撒韦公司出类拔萃的年度报表的人都知道巴菲特与查理彼此支持、互为补充，二人的观点有时如出一辙。查理与巴菲特在态度和哲学观念上亦丝丝相扣，互为影响。

大多数投资者不可能像巴菲特那样，将持股的期限定为"永远"，他自己当然也不太可能做到这一点。不过，巴菲特所认为的5～10年的持股时间，相对于那种第一天买进、第二天卖出的持股时间来说，可能也算得上是永远了。从高周转率走向零周转率，就像从一个极端走向另一个极端，是非常不明智的做法，因为你可能会因此丧失更好的机会。很少有投资者能做到持股5～10年，因为在这一漫长的时间段里，股价的波动可能会极为剧烈。利率、经济景气指数及公司的管理层都有可能发生很大的变化，进而影响到股价的波动。对大多数投资者而言，股价的波动将大大地刺激他们的神经。在传统的多元化投资组合中，不同个股的波动将最终产生某种平均化的效果，其带来的后果可能被抵消。但集中投资的特性，使得股价波动将可能产生巨大影响。所以，那些实行集中投资策略的投资者，更需要加倍的耐心与智慧来应对由股价波动所带来的巨大冲击。

有些投资者好不容易选中了一只股票，买入后却发现别的股票上涨，它却一直不动。一开始还有些耐心，心想下次也许就轮到它涨了，可是一等再等，它就是"瘟"在那里，而别的股票却涨个不停。这时也许你就没有耐心了，一气之下将它抛掉。可是一段时间后，它又使劲往上涨，叫你后悔莫及。

其实，成百上千只股票，不可能要涨一齐涨，总有个先后。而且，一只股票涨，也总有个能量积蓄过程。所以，当牛市来了，只要你所选的股质地好、价位低，公司基本面没有发生问题，别的股票都涨了，它就不可能永远不涨，这时你只需要有耐心，考量自己当初选它、买它的理由是否发生质的变化。相反，在等待中，别的股都涨上去了，你再将便宜筹码拱手让人而去追高，到头来往往是得不偿失的。

因此，对集中投资者来说，耐心是必备的素质，要想得到超出市场平均值的回报，你必须以超常的耐心等待，不要被短期行情所影响。只要你相信自己是对的，就一定要坚持。

理想的时间期限应当是多长呢？对于这点，并没有一个硬性的规则，它的目的并不是让你不要转手。要知道，非东即西的想法是愚蠢的，因为那样当机会来的时候，你就会错过它。作为一个一般的规则，我们可以考虑把转手率界定在10％～20％。10％的转手率表明投资者持有股票10年，20％则表明持有5年。

投资不是"投机"游戏

投机和投资的最终目的都是为了获利，都是通过交易的手段。因此，经常被人们混淆。但两者的交易原理和理念有着本质区别，必须遵循各自的规则，才可能实现交易目标，如果交易者对此没有明确认识，容易造成资产的损失。

二者的本质区别：

投机交易的核心是关注价格的相对变化，不考虑价值。

投资的核心是关注价格与价值的相对关系，不考虑价格的相对变化。

很多时候人们所说的"投资"其实都是投机行为，比如说"投资黄金""投资房产""投资郁金香"……人们认为自己是投资者，其实对自己"投资"对象的价值从未去设法了解，只是根据其价格的变化进行交易。因此，从本质上是投机交易。优秀的投机交易必须遵循一定的规则：入场、目标价格区间、获利出场、止损出场，必须要制订明确的交易计划并严格执行，才可能在投机市场取得长久的收益。投机交易是一种充满智慧和技巧的交易方式，交易者需要长时间的训练才能达到稳定获利的水准。

在炒股的时候，很多投资者始终不明白这样一个问题，做股票到底是投资还是投机？这是一个很实在的问题，不过并不是一个很复杂的问题，关键在于投资者要把问题理清楚。

投资就是长期持有股票，分享公司成长带来的收益。结合现在的市场，投资的概念还可以再缩短一些，只要是持有期限在一年以上的差不多可以算是投资了。投机就是通过二级市场的差价获取收益，持有期限比较短，甚至可以短至一个交易日。

不同的投资者会选择不同的方式。有些投资者启动资金很少，但又希望通过炒股而成为富人，那就只有投机才有可能达到目标。

假设有资金5万元，用投资的方法，而且抓到了一家罕见的10年涨10倍的股票，那么10年后的资金是50万元，离富人的目标还相当遥远。同样是投入5万元，投资者用投机的方法每年翻一倍，这样5年后就是160万元。接着再进行投资，假设年收益率很低，只有30％，这样再过5年资金将近600万元。两种方法的差异在10倍以上。当然，其中的关键是如何在前几年中使资金快速增值，这是投资者必须攻克的一个难题，所以还必须做好以下几点：

首先是要保证有足够的时间和精力用于看盘，其次是必须自己琢磨出一套研判主力动向的方法，最后还要结合一些短期的基本面因素进行决策。其中研判主力的动向难度比较大，但只要工夫到了总是会有收获的。要坚定不移地坚持下去，要相信自己能够获得最终的成功。

大势对于投机并不重要，投机只看重个股，否则的话，手里拿着5万元永远也圆不了富人的梦。也一定会有人讥笑投机很累。但投资者都知道，所有的成功者都是累出来的。累也许不一定能获得成功，但不累肯定是不能获得成功的。

如果投资者只是为了资金的保值、增值，或者手头资金非常多，那么可以远离投机。

诱惑面前保持自制力

投资必须要有自制力。我们没有必要比别人更聪明，但我们必须比别人更有自制力，必须能控制自己，不要让情感左右理智。

对个人而言，投资是一种自由度很大的投资行为，没有人监督、管理和限制你的操作，很多投资行为都是靠自己的决策来实施。

但是对于不少人来说，保持自制力是听起来很简单但做起来很困难的事情。投资是极其枯燥无味的工作，有的人也许会把投资当成一件极其刺激好玩的事，那是因为他把投资当成消遣，没有将它当成严肃的工作。

每天收集资料，判断行情，将其和自己的经验参照，定好投资计划，偶尔做做或许是兴奋有趣的事，但常年累月地重复同样的工作就是"苦工"。如果不把"苦工"当成习惯，无论是谁，成功的希望都不会太大。

自制力可以帮助投资者排除干扰，坚定地执行合理的投资原则和操作计划，并顺利实现赢利。巴菲特认为，在投资中要清楚自己的行动范围，这样才能尽量避免犯重大的错误。

不同的人理解不同的行业，最重要的事情是知道你自己理解哪些公司的业务，以及什么时候是你正好在自己的能力圈内进行投资。清楚地知道自己的能力圈边界，并且以很强的自制力限制自己的行为，任何时候都清楚地知道自己该干什么和不该干什么，是投资成功的最关键因素。

成都股民陈先生就是这样一位有自制力，等待机会来临的人。

在长达4年的熊市折磨下，大多数股民心境悲凉，有的甚至已经麻木。不过，成都股民陈先生却是少有的"幸运儿"之一：从1993年到2001年，他竟把5万多元变成了近70万元。

陈先生，憨厚的外表显得比实际年龄大。他是计算机专业的大学生，从 1993 年起就开始炒股，并辞去工作成为职业股民。

1999 年初，陈先生把做销售和原先炒股积累下来的 30 多万元投进股市，2001 年高位全线清仓，账户上的资金将近 70 万元。前几年行情好，有 30％以上的年收益，接下来的几年还是稳赚，年年收益超过 10％，赚了 20％。"炒股还是比打工强得多。"陈先生感叹道。

大盘 2005 年下跌 8.21％，陈先生的收益率是 20％，不仅把大盘远远甩在身后，还超过了绝大多数基金经理的理财水平。他有什么绝招呢？

他的绝招说起来其实很简单：控制与耐心。

陈先生从不把炒股当赌博，而当成投资一家公司。他只关注基本面，不太注意每天的涨涨跌跌，去年取胜就靠天地科技和石油大明两只股票。

陈先生眼光精准，选股首先看行业，比如，天地科技是国内著名的煤矿安全设备生产厂家，石油大明则拥有油田，这两只股票同属于 2005 年市场上非常火爆的能源股。天地科技做过两次波段，累计赢利 40％，石油大明 5.95 元买，7 元多卖，赢利同样丰厚。

陈先生的操作频率非常低，首先是品种少，一年就在两三只股票上买卖。其次是动作非常缓慢，慢慢买、慢慢卖。比如，他在石油大明上建仓，前后花费半年，还不包括选票的时间。陈先生很在意买点，从来不追涨，一直等到石油大明市价跌破每股净资产后，才出手买进。为何缓慢买进呢？陈先生解释道："不可能每次都能买到大牛股，比如，2005 年买的新华医疗，买后走势很弱，遇到这种情况，我就不加仓，趁反弹时亏损 10％出局。"

与多数股民光注重选股不同，陈先生非常重视控制仓位。陈先生说："很多股民的亏损原因主要是没有管好仓位。连续几年，我都能做到在高点以现金为主，低点以股票为主。资金安排最好采用'倒金字塔'形式，指数越低仓位越重，指数越高仓位越轻。"

如果投资者希望像陈先生那样成为赢家，首先要做的便是学会控制自己、培养自制力。具体到操作上，我们要依据客观现实控制自己的投资行为，不要让投资行为反过来控制自己的投资思路。在情绪上，要排除投资市场涨跌的影响、排除个人盈亏的干扰，控制自己的情绪，才能胜不骄、败不馁，这是获得成功的基础；在思维上，可以进行创造性思维，可以运用反向思维，但不能人云亦云，要保持自己的独立思维；在节奏上，不需要像蜜蜂那样忙个不停，投资市场具有独特时令季节和快慢节奏的特点，投资者在对整个大势走向有一定把握的情况下，要懂得准时参与、适时休息。稳健的投资者应该注意"安全第一"，不要参与超过自己承受能力的炒作。

看过狮子是怎样捕猎的吗？它耐心地等待猎物，只有在时机适合的时候，它才从草丛中跳出来。成功的投资者具有同样的特点，例如，他绝不会为炒股而炒股，他等待合适的时机，然后采取行动。

等待时机也如种植花草。无论你多么喜欢花，也不能在冬天把种子播入土中。你不能太早，也不能太迟，在正确的时间和环境做正确的事才有可能得到预想的效果。不幸的是，对业余投资者而言，他们不是没有耐心，也不是不知道危险，他们也知道春天是播种的时机，但问题是，他们没有足够的知识和经验去判定何时是春天。

所有这些都需要漫长且艰难的学习过程，除了熬之外，没有其他的办法。当投资者经历了足够的升和跌，投资者的资金随升跌起伏，投资者的希望和恐惧随升跌而摆动，逐渐地，投资者的灵感就培养起来了。

喜欢冒险，却不轻易冒险

在偌大的市场里，风险的确无处不在，如果投资者希望得到较高的回报，首先要具备的素质就是敢于冒风险。否则机会就与你擦肩而过。

索罗斯在二战中的坎坷遭遇，更奠定了他日后打拼国际金融市场的基本原则：首先，冒险是正确的；其次，冒险不能孤注一掷。"我渴望生存！"1992 年，在索罗斯事业的巅峰时刻对媒体表示："冒险，但不要冒毁灭性危险！"

索罗斯的很多投资行为看起来就是一种冒险的行动。提到"冒险"两字不少人感到可怕，感到十分的不安。但对于那些很多投资者避之不及的危险，索罗斯却感到亲近和兴奋。他对股市中"股市有风险，入市须谨慎"这句话不以为然。他认为，在股市中冒险还是非常必要的——它会带给你成功和机遇。消极被动可能更加危险，冒险的风险反而更小。

索罗斯在 20 世纪 90 年代末期对东南亚各个国家的金融市场实行大扫荡，造成泰国、马来西亚、印尼等多个国家的经济倒退，直接导致当年的亚洲金融危机。他把东南亚各国的金融体系搅得天翻地覆，并且从中成功获取高达 20 亿美元的投资回报。在 1992 年，索罗斯曾在一个月内就将 15 亿美元的利润收入囊中。他事先看准投资机会，于是大量购买德国马克，他不但投入量子基金的 10 亿美元，而且还大举借债来投资。巨大的风险令量子基金的所有人都感到窒息。但索罗斯在这项投资中，不仅取得了辉煌战绩，而且也淋漓尽致地验证了风险越大收益越大的理论。

索罗斯在看到一个有利的投资时机时，敢于把整个量子基金 80％的资金投入其中，甚至还向外借款。这种魄力是不可想象的，在世界投资大师中也不多见的。索罗斯说过，正是股市中的巨大风险给他带来了强烈的刺激，而他喜欢这种感觉。在风险中投资，对他来说，具有很大的吸引力，丝毫约束不了他的性情。他十分关注投资者都不喜欢的高风险投资，并且在投资游戏中寻求变化，完善个人的投资风格。

别人认为是冒险的事情，他却不觉得恐怖。针对风险问题，索罗斯曾经对投资者说过："证券经营是一种最残酷无情的事业，没有人知道它的好景会多长。历史证明所有的经营者都将最终退出，我也是毫不例外。"索罗斯认为，害怕风险就不要进入投资行业，在这个特殊环境中。要是消极等待。不如冒险一赌。

也正是因为有了这种无所畏惧的勇气，加上其独具一格的投资方法，还有对金融市场准确的把握，才成就了索罗斯，使他成为投资大师中的巨鳄。几十年来，动辄数十亿美元乃至上百亿美元的资金投入，索罗斯运用自如。很多投资者认为，他的投资行为近乎豪赌，但这些在索罗斯心中却是波澜不惊。索罗斯有句名言常常为很多投资者信服。他说："在非常时期，要想活下去，就要机智而且胆大。不能够老想着会不会被人揭穿秘密，也不要想自己会不会被处死，而是要坦然地面对现实。在特殊时期，谁机智大胆，谁就能够活下去。"

索罗斯甚至不喜欢与那些不愿冒险的人交往。他认为，敢于承担风险和一个人的品质有很大的关系。他在选择员工时，也把冒险精神作为重要的考核内容。只有爱冒险的投资者才适宜从事高风险的投资事业。

但是，如果你以为索罗斯仅仅是一个敢于冒险的人，那就大错特错了。索罗斯喜欢冒险，却从来不轻易冒险。索罗斯的投资实践颇似冒险，但其思路却颇为缜密，他特别推崇"与矛盾共生"的准则。他的投资行为并不是胡乱操纵，他有着自己的理论依据，任何投资都需要符合他的基本条件。索罗斯清楚，股市有众多的因素影响着它的发展，股市也是很多因素作用的共同体。例如：一方面美国股市牛气冲天，另一方面石油价格跌势不止。石油价格的下跌会抵消通货紧缩的作用。面对这种令大多数投资者困惑的情形，索罗斯采取了既不放弃过去行之有效的交易模式，在不同的股市情况下，需要采取不同的交易形式，情况变化了，交易方式也必须随之变化。这种同时以两种相反的理论作为指南的策略看来不可思议，实际上却十分明智。它也是索罗斯"不冒毁灭性危险"的现实体现。

索罗斯不会轻易冒险，同时他也不会消极被动。他明白，只要你进入了投资市场，风险就不可能完全避开。换一个角度讲，在金融市场上，假如真的规避了所有的风险，也就无利益可言了。索罗斯每一次的冒险也充分考虑到安全因素，绝不会一意孤行。他总会为自己日后能够东山再起留足资本，不会将全部的资本注入到一项投资中。对于投资要冒多大的风险，收益和亏损会是多少，他事前都会精心计算。

有很多次，索罗斯在投资进行一半时，发现难以达到预期目标，就及时撤出资金。这样即使损失一部分资金，但还是较好地保存了实力。索罗斯在风险巨大的投资中，一样有过很多次的失败经历，甚至有着惊人的亏损，但他总能坦然接受。他认为，敢于冒险和敢于接受失败都是投资者必须具备的素质。

索罗斯不赞成人们在投资中去冒没有把握的风险，他告诫投资者，不能够失去理智。应该看到，索罗斯的所有投资行为都是一种理智的冒险。他在冒险投资中，也给自己留有充分的余地，不会孤注一掷。所以，这位以冒险著称的投资家收获多于损失。

股市没有带头大哥

在股市的海洋里，无数股民希望跟着"股神"们慢慢实现自己的暴富梦想。有了"股神"，炒股才有希望。由于中国股市很年轻，中国股民心态极不成熟，总幻想着"一夜暴富"，所以很多"大师"才有可乘之机。其实美国的大师级人物巴菲特平均每年的业绩增长只有22％，索罗斯的年利润只有10％。

在不少股民的眼中，价值投资、技术分析都一无是处，只有跟着自己的"股神"炒才能够赚钱。跟着"股神"炒赚钱不用愁。买啥啥涨，还不是涨一点，而是连着涨停，这就是"股神"曾经的风范。"股神"并不是一个人，而是遍布大街小巷，各个证券交易大厅内包括网上，都有股民们公认的"股神"。

牛市是一个造就"股神"的时代，在股市如日中天的时候，到处都有"股神"为股民们大荐股票，大胆预测。但在大跌之时，"股神"突然消失，在股民最需要帮助时，没有人出来为股民们指明方向。

其实，所谓的预测只是"股神"的谎言。股神一贯的操作手法是，先推荐几个成长性较好的股票，让听消息的股民们小赚一笔。然后，他们立即会转变成庄托的身份，大力推荐某一股票，目的就是让对他们深信不疑的散户跑去接股，只要吸引了一定的量，庄家就会在高位全身而退，让散户们流血。所以，这一类的股票，往往会在推荐的第二天高开低走，庄家在高位出货，接招的散户就被全线套牢。

美国著名投资家巴菲特告诫人们："永远不要试图预测市场，因为没有一个人能准确预测股市的走向。"既然我们无法预测股市，那么最好的办法是放弃预测股市，寻找有投资价值的公司，坚持炒股的根本核心：股价是不可能被预测到的，但是公司的价值是可以预测的，股市想挣钱只能投资不能投机。所谓股评，很多都是正确的废话。看似正确，但是也没用。在股市中，什么样的专家言论你都可以去听，但是，要有自己的分析和判断。

早在2007年6月，一个名为"带头大哥777"的荐股博客迅速蹿红。"我要是天下第二，没有人敢自称天下第一""我的预测准确率超过90％"，这些是"带头大哥"的宣言。

他自2007年2月以来，开始在网上设群传授股票经验，因其自称对股票预测准确率超过90％，又自诩为"散户的保护神"。因此许多人通过缴费方式申请加入了"带头大哥777"的QQ群。股民缴费最少的每人每年3000元，最多的竟达3万多元。"黄金群是1.3万一年，铂金群2.7万一年，白金3.9万一年。"

"带头大哥777"姓王，他喜欢把"777"作为自己的幸运数字缀在自己的绰号"带头大哥"后面。然而，疯狂追捧"带头大哥777"的股民万万没有想到，在司法机关的调查下，王某非法敛财的真实目的终于浮出水面，即先在博客上编造"辉煌"的过去，然后再利用 QQ 群最终谋取利益。

"不论他是'带头大哥 777'、还是'带头大哥 888'，我以后都不会再相信了。"受到诓骗的某散户小吴认为，那些收费的荐股博客和 QQ 群就是为了收费盈利，推荐的股票根本就不准。

此前，小吴不但曾经加入过"带头大哥 777"的以收费为目的的荐股 QQ 群，而且在"带头大哥 777"入狱之后，她还加入过其他几个以收费为目的的荐股 QQ 群。虽然花费了一万余元，但是最后不但没有跟着这些所谓的专家赚到什么钱，反而亏损超过 30％。

"当时宁可交费加入这些 QQ 群，不就是为了在股市中赚点钱吗？谁成想是'偷鸡不成蚀把米'，最后不但白交了不少会员费，自己的操作也弄得一塌糊涂。"小吴说，"'带头大哥'们真的不可信，以后再也不能信了。"

股市上很多被奉为"股神"的人，貌似有着各种传奇经历。但实际上，都是他们杜撰的故事。等他在股市中走红后，他的身后就有成千上万的散户崇拜者，赚散户的钱才是他们唯一的目的。

要知道，股市中根本不可能存在什么带头大哥，那些"股神"不过是一个个为股民所设的特大陷阱，只会让你越陷越深。如果股民需要参考荐股，最好是看传统媒体的建议，比网络荐股可靠得多。对于炒股博客，股民们最好只当其是参考意见。

从质疑市场价格开始

总有投资者认为，资本市场总是正确的。他们认为，市场价格能反映股票价格涨跌的发展趋势。即使这种发展趋势还不明朗，但人们可以根据价格分析未来市场的走向。

事实上，市场价格不仅不会正确地引导人们，往往还会误导人们。因为，人们在偏信市场价格能反映市场供需时，忽略了它在未来可能会造成一定的影响。正确的说法是：市场价格总是错误的，带着人们对未来的偏见而错误地反映市场趋势。

投资大师索罗斯绝对质疑市场价格的正确性，在他看来，任何对未来市场的发展进行解释的观点都带有个人主观性，是片面的、存有偏见的。人们总是目光短浅地看待市场，市场价格高就跟进，市场价格低就抛售，往往会忽略市场价格对未来发展可能造成的影响——人们愈跟进，市场价格就愈高，价格攀升得愈快，人们赔钱的速度就愈快，赔钱的可能性就愈大。因此，索罗斯认为，市场总是错的，它所反映的并不是未来的市场走向，而是投资者的期望走向。毫无疑问，投资者带着赚钱的期望进入市场，他们偏颇地希望自己购买的股票价格会大幅攀升，当人们将期望付诸行动时，其炒作的股票价格就真的上升了。但这个上升并不是受市场的正常影响而产生的波动。而是受投资者主观愿景的影响所产生的繁荣假象。

"但是曲解总是在正反两方面同时起作用。"索罗斯辩证地解释这个问题，"并不只是市场参与者在操纵市场交易时带有片面性；同时，他们的片面性也会反过来影响交易过程的未来发展，他们互为作用与反作用力。这可能使人们产生这样的印象，即市场能先期预料未来的发展，并且相当准确。然而事实却是：并不是眼前的期望符合未来的事件，而是未来的事件为眼前的期望所影响。从本质上讲，市场交易者的感觉本来就是曲解、错误的；同时，在交易者曲解错误的感觉和实际事物的过程之间，有一个双向的联系，导致它们之间缺乏一致性。"

根据索罗斯的观点，投资者一旦对股票市场产生片面认识，就会导致股市的涨跌（积极认识导致股票价格上涨，消极认识导致股票价格下跌），人们的这种自我强化意识一旦付诸行动，就会影响股市；而股市客观存在的潜在发展趋势，反过来又影响投资者的期望值，两股力量交织在一起，产生股市的波动，刺激散户的疯狂。

因此，股价并不能正确的反映市场，人们也不能从客观市场发掘价格的信息，相反的，它是投资者对市场感觉的结果，在产生的结果中，人们丰富的情感和冰冷的数据所起的作用是相同的。正如索罗斯所言：当（股票）活动拥有能用头脑思考的人时，那么交易活动的主要内容就不只在事实的范围内，还包括交易活动参与者的感觉。那么这一活动的因果链也不是直接的从事实到事实，而是从事实到感觉，从感觉到事实。

想要在投资中获利，先要抱着一种怀疑的态度参与交易。只有这样，才能在价格无法支持价值，崩盘出现之前，做出正确的投资策略，避免"投资变成股东"的情况出现。

从自己的错误中学习

有人曾以美国成功投资家为研究对象，发现那些成功的投资家普遍具有两个特点：第一，从不抱完美主义。第二，对于投资失败从不放在心上，只专注于未来的挑战。

由于高报酬率的投资机会一定伴随着高风险，失败是投资人必经的过程，而且也是成功投资的一部分，大多数成功投资家都是经历数次失败方能累积出成功的心得。如果有人对你说："我自投资以来还不曾赔过钱。"那么这只有两种可能：他是在骗你，或者他根本就没有投资过。

曾经有人访问美国一位职业棒球的打击王成功的秘诀，他的回答是："我挥棒落空的次数比别人多。"的确，想成为一位优秀的棒球选手，只有靠不断地苦练，在练就高打击率之前，他必然比别人挥过更多的棒，也尝过更多挥棒落空的滋味。如果细读成功人士的传记，常可体会一句话："成功的人所经历的失败，比失败的人还要多。"失败乃成功之母，这句话是放之四海而皆准，投资理财也不例外。

成功投资的入门条件便是要经得起亏损的考验，一个未曾失败过的人成不了大器；一个未受过损失、经历洗礼的人也别想赚大钱。如果你要求自己每次投资都不能损失，或每次损失就悔不当初而自责，久而久之，你会发觉最佳的策略就是极度保守，不冒任何风险，这样一来，投资理财无法成功也就不足为奇了。

诚如索罗斯所说："最失败的一种投资结果就是从来没有败过。"投资不犯错，就永远没有成功的机会。获取成功最佳的途径就是先失败，并要学会怎样利用失败，且投资人千万不要忘记败绩，因为那是得胜之论。成功的投资者不会因为失败而怀忧丧志，而是回过头来分析、检讨当初的投资决策，并从中吸收经验。

索罗斯的成功使人们奉他为神灵，美国华尔街一度赞誉索罗斯为"投资之神"，索罗斯自己也试图把自己想象成一位上帝，一位能拯救俄罗斯于金融危机的上帝，索罗斯自己管理的基金会被称为"索罗斯帝国"。然而，索罗斯也有失败的时候，在港币会战、俄罗斯金融危机中，索罗斯损失惨重，祸不单行。自从索罗斯败走俄罗斯后，又连连失手，其旗下的对冲基金亏损 20.15％，1998 年上半年损失两成。1998 年初，仅此一役，索罗斯就亏掉了约 20 亿美元，整年度其旗下基金整体损失达 20.15％，约 30 亿美元，元气大伤。

因此，即便金融大鳄索罗斯也并非永远都是正确的，但有些人往往只看到他创造的无尽财富，便盲目崇拜，认为索罗斯说的每一句话都是金玉良言，从不出错。事实上，索罗斯认为这种想法非常可笑。他说："坦白地说，我和其他投资者一样会犯很多错误，但因为我的业绩，人们会认为我屡战屡胜。事实上，这是一种误导。我觉得我的不同之处就在于能够先别人一步认清自己的错误。"的确，俗话说："亡羊补牢，犹未晚矣。"既然人非圣贤，又孰能无过呢？只要能够及时发现自己的错误，进而采取措施予以修正，同样能达到预期的目的。

只有从错误中才能获取投资经验。如果你想教一个人骑自行车，你会怎么做？给他一本参考书？带他去听一段冗长的演讲，让他了解骑自行车的物理原理，了解保持平衡、转弯、起步和停车的方法？还是给他几点指示，让他骑上车子，轻轻推他一下，让他一次次的跌倒，直到他自己领会了骑车的技巧？

我们都知道试图从书本上或演讲中学会骑自行车是荒唐可笑的。其实所有的人都只有一种学习方法：犯很多很多的错误，然后从错误中获取经验。纵观索罗斯的投资生涯，当然也不乏一些失败和遭遇挫折的情况发生。但是，他之所以能将量子基金越做越大，并非会神机妙算或比别人判断得准确，而是因为他比别人更善于发现自己的错误并及时纠正。事实上，很多时候不是我们没有发现错误，而是出现错误后没有从中吸取经验。这样一来，一旦出现了严重的后果，我们便会说："早知道……"可是世上没有卖后悔药的，等到事态恶化了，再好的补救方法都无济于事了。这正如身患癌症一样，如果发现及时并马上进行治疗，或许还有治愈的希望。但是，如果一拖再拖，延误了治疗的最佳时机，就算用再好的药物也回天无力了。所以，无论是投资还是做其他事情，第一时间发现错误并及时获取经验以指导日后的行动，总是有百益而无一害的。

如何在第一时间来发现这些错误，索罗斯有他一套独特的方法，值得我们大家借鉴。这套方法就是通过理论和身体本能的结合来寻找错误，具体来讲：

第一，问问自己想正确投资或者说是必须正确的时候，会产生哪些感想。若自认为正确却出现不断地亏损，是否会产生"市场有问题"的想法？

第二，暂时将交易情况抛到脑后，闭上你的眼睛，问自己："现在我的身体内部感觉如何？"一般有两种答案：一为"内部"有挤压感，二为"内心舒坦"。

第三，如果对自己最初的分析判断信心十足，自认为市场"前途光明"，因而拼命为亏损去补仓，交易最终如愿以偿，你是否还会坚信自己的分析判断？

第四，回想交易最糟糕的时候，问自己当时正确时的身体感受，然后在内心感觉一下，身体是否有不同的感受？当我们怀着"正确"的态度去交易，我们的执着会产生某种情绪化的东西。回想那种状态，直到你感受到这种情绪。

如果你能准确地捕捉到自己的身体对这些感受的反应，并对它们进行描述，那么你在面对市场中的错误时定能坦然自若。

判断自己的风险属性

小王、小李、小丁同去买基金，小王是低风险偏好者，小李是中等风险偏好者，小丁是高风险偏好者。

正好赶上新推出了以下三种基金：

银华稳进和双禧 A 都是类固定收益产品，可以在保值的基础上适度实现增值。

兴业合润分级基金的杠杆比率、交易机制的设计都使得该基金特别适合于中等偏下和中等偏上的风险偏好投资者。

银华深证 100 分级基金和国联安双禧基金本身就是属于指数型基金，股票仓位较高，适合喜好风险的投资者。

小王较为合适的是分类基金中的份额 A。其中，银华深证 100 中的银华稳进和国联安双禧基金的双禧 A 皆为此类基金。两只基金的收益分别为一年定存＋3％、一年定存＋3.5％。

因此，投资者可以认购银华深证 100 或者国联安双禧基金，分离后，可以卖出银华锐进或双禧 B，保留银华稳进或双禧 A。另外，投资者也可以在基金上市后再伺机买入银华稳进或双禧 A。

　　小李适合低风险份额合润 A。它兼具零息债券（基础净值 1.21 元以下时只有本金）和可转债券（基础净值 1.21 元以上时恢复）。而高风险份额合润 B 只是在基础净值 1~1.21 元之间获得杠杆放大效应，放大倍数也限定在 1.67 倍，因此，可以说是一种有限度的放大。

　　合润 A 尤其适合那些不愿承担高风险，但也不愿限制享受低收益的低风险偏好投资者；下跌风险有限，上涨收益较大，攻守兼备，兼具债券和股票型基金的双重特征。而合润 B 则适合于那些希望提高收益，但又不过分承担风险的积极型投资者。

　　小丁可以认购银华深证 100 分级基金和国联安双禧基金后持有；也可分拆后卖出银华稳进和双禧 A；或者可以等上市后，买入银华锐进或双禧 B。一般来说，银华锐进的杠杆相对于双禧 B 来说更高，因此更加激进，适合高风险偏好投资者。

　　风险承受能力与投资成败有着直接的关系。不同的风险偏好，即使对同一投资结果所获得的快乐也是不一样的，而风险承受能力即投资属性直接关系着对投资成败的判断。如上例，给小王推荐高风险的，给小丁推荐低风险的，显然，他们都不能获得该有的投资成就感，会直接导致投资的不成功。

　　不同的人应该选择不同的投资产品，因为有不同的风险偏好，也就是说，他们是属于不同的投资属性的。投资属性指的是投资者对于风险的态度，不同的人对风险的感知是不一样的，以此产生的决策也是大大的不同。性别、年龄、投资经验、职业等决定了不同投资者的决策行为。一般来说，年轻人更偏好高风险、高收益的投资；中年投资人则追求低风险。随着年龄增长，投资者会越发保守，越看重长期增值，而年轻者更青睐于短期操作。此外，男性较为慎重，女性较为激进；资产规模大的、做实业出身的投资者尤其重视风险控制，而自由职业者基本上不进行长期投资，以短期操作为主；相对来说，企业职工和机关工作人员进行长期投资的比例较大……

　　根据个人的条件与个性，面对风险表现出来的态度基本有三种：积极型、稳健型、保守型。积极型的人愿意接受高风险以追求高利润；稳健型的人愿意承担部分风险，志在谋取高于市场平均水平的获利；保守型的人则为了安全并获取眼前的利益，宁可放弃可能高于一般水平的收益，只求保本保息。人类的个性与行为模式往往互为因果，例如，急躁的人走路比较快，说话像机关枪一样停不下来；温吞的人比较容易拖拖拉拉，很难下决定。对照在投资方面，胆小的人害怕赔钱，所以显得保守谨慎；大胆的人想要多赚一点，所以变得冒险；还有中庸的人则采取稳健的方式，追求稳定成长。

　　长久以来，很多搞不清自己投资属性的人，用错了投资方式，选错了投资工具，所以得到了很凄惨的下场，不是血本无归就是认赔出场。主要的原因就是许多投资属性相当保守的朋友，在媒体的吹捧与理财经理的怂恿下，常常做出不该属于他的投资决策。因为我们常常忽略了高报酬率的金融产品背后的两件事，其一是高报酬也伴随高风险，其二总是认为自己不应该那么倒霉就被套住。

投资人在投资时，最重要的是了解自己对风险的承受度，也就是所谓的"风险属性"，然后依据自己的风险属性，做出最适合自己的投资规划、资产配置，这才是正确的投资观念。

大多数投资人的决策过程是由心理因素来决定行为判断的，因此，明了自己的投资个性后，才能拟定投资战略，在理财的领域中好好发挥。正所谓知己知彼，百战不殆，不论积极型还是保守型的投资人，都有一套适合他们的让资产稳定增长的必胜策略。

因此，你只有先了解自己，才能在理财的过程中获得财富，个人理财应遵循以下6个原则：

（1）了解自己理财的目的：赚钱与赚多少钱。

（2）没有明确的理财目标一定会迷失理财的方向。

（3）不要高估报酬。

（4）不要低估风险。

（5）设定获利的满足点与赔钱的停损点。

（6）拒绝在股海中浮浮沉沉。

以上6个原则都有助于避免错估投资属性、对理财不适当的期望。

银监会已经再三表示金融机构在销售金融产品或推荐各类投资产品给客户之前，一定要了解客户的投资属性，不可以推销不符合客户需求的产品，更不可以夸大投资产品的绩效，其目的就是要保护投资人的基本权益并告知投资人潜藏的投资风险，以免投资期望与实际获利出现太大的落差。

其中的缘由在于投资人常常无法确定自己投资时对风险能够忍受的程度，以及对投资报酬率的需求，因此，需要用"投资性向分析"来帮助自己建立投资组合。投资性向分析通过询问了解投资人该资金的运用期限、对投资风险的忍受度、相对投资报酬率的情形、过去的投资经验、投资金额的大小等等，了解这些基本资料后，再对个人投资组合做出建议和规划。

投资开始时，就要设定好退出条件

市场上总存在着这样的投资者，他们并没有自己的一套投资方法，而是随机行动，根据市场走势和自己当时的心理状态来采取决策。他们对于证券获利时是否该继续持有以及亏损时是否该及时止损，并没有明确的标准，所以他们无法判断什么时候应该果断处理掉一些赔钱的头寸，而一个正在赚钱的证券又有多少获利空间。

通常这样的投资者的一个共同特点是极度不理性，他们的心情随着市场的波动而变化，做出的投资决策也是没有经过深思熟虑的草率决定。市场的波动很容易影响他们的心理状态，无论是获得利润还是遭到损失，他们都非常紧张。当他们的投资小有赢利时，他们就开始担心眼前的利润是不是只是股价下挫之前的"海市蜃楼"，究竟应不应该马上将股票抛出以求落袋为安。结果当他真的把一只将要大涨的股票卖掉之后，看着一路上扬的价格又懊恼不已。

而当他们面对损失时，他们会固执地相信那只是一般的小幅调整，只要继续持有，价格总是能够涨上来的。然而往往事与愿违，所谓的"小幅调整"往往引来的是股价的一路下跌。直到他对股价完全绝望的时候，他才会抛出手中的股票，往往这个时候价格跌到了底部了。

如果一个投资者没有自己的投资标准和固定的退出法则，那么他往往就会遇到这样的情况。赢利的时候急急抛出，而遭受损失的时候又没有及时止损，最终结果就是一系列的小盈利被一个大额损失所抵消，得不偿失。

真正的投资专家从来不会犯这样的错误，每一位投资专家都有自己的一套投资标准和退出机制。索罗斯也一样。不少优秀的投资家都认为，不管在一次投资中投入了多少时间、精力和金钱，必须事先制定好退出策略，并严格按照标准执行。无论投资过程中获取了多少暂时的账面利润，如果没有及时止损的清醒认识，那么很容易在一个大的崩盘中将以前的利润损失殆尽，导致满盘皆输。

"保住资本和本垒打"即"甩掉损失，让利润不断增长"，就是教育投资者如何辨别持有头寸的时机，以及抛出头寸的时机。在每次投资之前他都会预先设定一个假设，他的退出法则与这个假设也直接相关。

例如索罗斯在1992年狙击英镑时，索罗斯一早就判定，英镑的疲软是受英国经济低迷的原因所导致的，而英国经济不可能短时间内复苏，所以英镑的汇率下跌趋势不可能依靠政府一时的挽救行为而被遏制住，甚至最终因为不能维持与德国马克的固定汇率而退出欧洲联合汇率机制。最后果然如他所料，英国不景气的经济令英镑不断贬值，也使得在国际金融市场上大量做空英镑的索罗斯获利丰厚。直到英镑最后被迫退出欧洲汇率机制，其假设条件完全成为现实，他才从容退出这次投资，并从中获得了10多亿美元的利润。

索罗斯虽然是投资大师，他的假设也会有错误的时候，这种时候他也必定会遭受损失。可一旦市场证明他的假设不符合市场趋势的时候，他会在自己的退出法则的指导下，马上忍痛退出，接受损失。从事投资就必须接受错误，错误是不可避免的。而及时的止损离场可避免小错成大错，免得泥足深陷。投资过程中有的意外足以致命，如果能小心利用止损点，就可保住本金，以等待下次卷土重来。

索罗斯无法避免错误的产生，但他知道如何投资和退出。只有严格遵循自己的退出法则进行操作，才能够在判断正确获利时争取到最丰厚的利润。而在判断失误不得不遭受损失时能够及时保全自己的资本。所以，要做成功的投资者，想在金融市场上获利丰厚，就必须学会制定自己的投资标准，更重要的是从投资一开始，就要设定好这次投资的退出条件。

事实上证明，从一开始投资，就设定好退出的条件，是非常有必要的。正是因为索罗斯知道自己的底线，所以他非常坚决地放弃了一部分收益。

即使是在1987年这个不同寻常的年份中，因为索罗斯的当机立断，到年末的时候，量子公司的财富仍上升了14.1%，增长高达18亿美元。实际上，股市暴跌虽然使索罗斯蒙受损失，但是并未伤及筋骨。当《金融世界》杂志发表了华尔街所获报酬最高人的年度概览时，索罗斯名列第二。尽管股市暴跌使他的量子基金损失很多，但是他在1987年的收入仍为7450万美元。这很大一部分得益于索罗斯能够迅速地承认失败，并且迅速地采取了补救措施。

大师的出色业绩和惨痛的教训都证明，有几点值得每个投资者严格遵守。第一，必须在入市前设定止损点，之后才可安心视察市势发展。第二，设定止损点后，千万不可随意取消，或在失利情况下将止损点退后。第三，将止损点远离一些重要价位，避免被一网打尽。最后，入市方向正确时，可以将原定的止损价位，跟随市势的发展逐步调整，保证既得利益的同时尽量赚取更多利润。这时候，经调整的止损点可称为止盈点，可以将止盈点逐步降低，保证既得利润和尽量多赚。

学会运用投资组合

一般来说，根据投资组合实施时所依据的主要条件的不同，投资组合可以分为3种方式，即投资工具组合、投资比例组合、投资时间组合。

1. 投资工具组合

投资工具组合即投资者并非把全部资金都用来进行一种投资，而应该将资金分成若干部分，分别选择不同的投资工具，进行不同领域的投资。

市场环境相同时，投资工具不同，其风险程度也不同，有的甚至是截然相反的。例如，在国家银行利率上调时，储蓄存款收益率高，风险很小；而股票市场则面临股价狂跌的风险，不仅收益率很低，甚至还会成为负数。当银行利率下调时，储蓄投资的利率风险增大，收益降低。但是，此时的股票市场则会因股价大幅上涨，收益率获得空前提高。

如果把资金全部用于一种投资工具，如全部用于储蓄投资或全部用于投资股票，投资的回报率受市场变化影响波动很大，或者是大赚，或者大赔，风险很大。但是，如果投资者将资金分别投资于储蓄和股票，当利率上升时，储蓄获利会抵消股票投资上的损失。当利率下降时，股票投资上的收益又会弥补储蓄上的损失。将资金分别投资于储蓄与股票，形成组合投资模式，使得投资风险降低，收益维持在一定水平上。

投资者经常使用的传统投资工具组合一般采用"投资三分法"，即将资金分成三部分：一部分用来储蓄、购买保险；一部分投资股票、债券等；还有一部分用于房地产、黄金、珠宝等实物投资。

2. 投资比例组合

投资比例组合是指投资者在实际投资时，使用不同的投资工具在数量、金额上存在着一定的比例关系。

分散投资工具并非是将投资资金机械地、完全均等地分配到各种投资工具上。由于投资工具不同，其风险和收益水平不同，流动性也不同；同时，由于投资者对收益的期望和对风险的偏好不同，投资者所选择的投资组合的比例就有所不同。一般来说，敢于冒险的人，追逐较高的投资收益，其投资重点偏向于高风险、高收益的外汇以及期货等投资工具；追求平稳的人则将大部分资金用于储蓄、债券等收益基本稳定、风险较小的投资工具。

3. 投资时间组合

投资时间组合即投资者并非把全部资金一次性地用于投资，而是将资金分次分批，有计划地进行投资。一般情况下，不同投资工具在期限上应是长期、中期、短期相结合。

一次性投资全部资金，若市场预测与实际行情有所不符，投资者将会承受较大风险；或者会因手中无备用资金用于追加投资，而丧失获取更高收益的机会；或者会承受该投资环境下无法避免的系统风险。

另外，从投入资金的时间价值来看，投入时间越长，收益率越高；从资金流动性角度考虑，资金投入时间越短，变现能力越强。个人投资组合既要求较高的收益，又要保持一定变现能力，以应付突然的现金需求，因此，长、中、短期投资应结合起来。

投资者使用什么样的投资组合，要视具体情况而定，还应遵循以下原则：

1. 资金原则

在投资市场中资金丰裕的人可以选择风险较大的投资工具，即使损失掉这笔钱，也不会给自己的工作、生活造成多大影响；相反，资金少，尤其是靠省吃俭用、积攒投资资金的人，千万不要选择风险较大的投资工具，而应选取风险较小的投资组合。

投资者到底应该拿出多少资金用于市场投资，这没有一个绝对的界限，而要视投资者的自身情况而定。

2. 时间原则

投资不仅仅是一种金钱的投资，更是时间的投入。从投资准备、信息搜集、做出决策直至交易结束，所有的投资过程都需要时间。不投入时间就想取得收益是不可能的。而且，各种投资工具的特点各不相同，对投资者的知识、技能要求也不同，投资者从了解认识到熟练地掌握、运用一种投资工具，都需要花费一定的时间。因此，投资者在投资组合中选取的工具越多，就越需要投入更多的时间。投资者在确定投资组合时，必须考虑自己能用于投资的时间有多少。

3. 能力原则

投资者的知识越丰富，技能越高超，决断力越强，就有越多的获胜机会。

然而，投资者的能力都是有限的，投资工具如此之多，能够样样精通的人很少。兵法上讲究集中力量，力量越集中，杀伤力越强，越容易制胜。投资者也要发挥和集中自己的能力，如果投资者能力强，可以考虑较多投资工具的组合；如果投资者能力弱，则应选择较少的工具组合。同时要牢记一点，投资组合中的工具选择应是自己比较熟悉、力所能及的。

4. 心理原则

不同的人，心理承受能力是不同的。心理承受能力强的人，可以选择高风险、高收益的投资组合，因为他们能够冷静地面对投资中的波折与失败，不会惊慌失措；相反，心理承受能力弱的人，则不宜选择高风险的投资组合，因为他们总担心赔本、失败，总是惴惴不安，惶惶不可终日，一遇波折，顿时六神无主，无法做出正确的决策，导致损失愈来愈大。如果彻底失败，他们很容易陷入极度悲伤与绝望之中，甚至走上绝路。

这并不意味着心理承受能力强的人就可以去冒险，去追求高风险、高收益的投资组合；而心理承受能力弱的人，就永远与高收益无缘。事实上，经过投资实践的锻炼，大多数投资者都趋向于稳中求进，采取适度收益与风险的投资组合。

选择适合自己的投资组合

投资者进行的投资应该是一种理性投资，以不影响个人的正常生活为前提，把实现资本保值增值、提升个人的生活质量作为投资的最终目的。因此，个人投资首先必须使财产、人身有一定保障，无论采取什么样的投资组合模式，无论比例大小，储蓄和保险都应该是个人投资中不可或缺的组成部分。所以，要选择适合自己的投资组合模式。

由于投资者类型和投资目标不同，一般个人投资组合可以分为 3 种基本模式：

1. 冒险速进型投资组合

这一投资组合模式适用于那些收入颇丰、资金实力雄厚、没有后顾之忧的个人投资者。其特点是风险和收益水平都很高，投机的成分比较重。

这种组合模式呈现出一个倒金字塔形结构，各种投资在资金比例分配上大约为：储蓄、保险投资为 20% 左右，债券、股票等投资为 30% 左右，期货、外汇、房地产等投资为 50% 左右。

投资者要慎重采用这种模式，在做出投资决定之前，首先要正确估计出自己承受风险的能力。对于高薪阶层来说，家庭财富比较殷实，每月收入远远高于支出，那么，将手中的闲散资金用于进行高风险、高收益组合投资，更能见效。由于这类投资者收入较高，即使偶尔发生损失，也容易弥补。

2. 稳中求进型投资组合

这一类投资组合模式适用于中等以上收入，有较大风险承受能力，不满足于只是获取平均收益的投资者，他们与保守安全型投资者相比更希望个人财富能迅速增长。

这种投资组合模式呈现出一种锤形组织结构。各种投资的资金分配比例大约为：储蓄、保险投资为40％左右，债券投资为20％左右，基金、股票投资为20％左右，其他投资为20％左右。

这一投资模式适合以下两个年龄段的人群：从结婚到35岁期间，这个年龄段的人精力充沛，收入增长快，即使跌倒了，也容易爬起来，很适合采用这种投资组合模式；45～50岁之间，这个年龄阶段的人，孩子成年了，家庭负担减轻且家庭略有储蓄，也可以采用这种模式。

3. 保守安全型投资组合

这一类投资组合模式适用于收入不高，追求资金安全的投资者。保守安全型投资组合具有以下特点：

市场风险较低，投资收益十分稳定。其选择基本上是一些安全性较高，收益较低，但资金流动性较好的投资工具。

保守安全型的投资组合模式呈现出一个正金字塔形结构。各种投资的资金分配比例关系大约为：储蓄、保险投资为70％（储蓄占60％，保险10％）左右，债券投资为20％左右，其他投资为10％左右。保险和储蓄这两种收益平稳、风险极小的投资工具构成了稳固、坚实的塔基，即使其他方面的投资失败也不会危及个人正常生活，不能收回本金的可能性较小。

当然，这只是几种具有典型代表性的模式，分别反映出高、中、低3种投资目标层次。事实上，在实际操作中，各种投资工具的选择及其比例并没有严格的限定，也没有必要尝试每一种投资工具。投资者主要是根据自己的实际情况，确定投资组合，适当增加或降低风险及收益水平。

不要过度迷信分析工具

分析，对投资者而言是非常重要的。即使是睿智、果断的金融大师索罗斯也不敢完全漠视投资分析工具的作用和价值。投资者应该对这些分析方法有某种程度的熟悉，至少能够看得懂股市图表和曲线。

金融市场上有很多技术分析工具可供选择，使用这些工具的人也很多。常见的分析工具有费波南兹级数原理、黄金分割律原理、艾略特波动原理、RSI 相对强弱指标、平滑异同移动平均线等。通过运用这些技术分析工具，可以形成一个对股市的基本看法。一般来说，投资基金、股票、期货的分析工具，有基本面分析和技术分析两个类别。

投资者选择股票时，基础分析工具拥有很大的用处。通过对企业各方面资料数据的收集，投资者可以对公司的未来发展潜力和当前盈利状况进行分析，能够判断出企业是否具有投资的价值。索罗斯十分清楚分析工具的作用，也十分重视分析工作，为了指导自己的投资策略，他会从政治、经济、军事等几乎所有的领域广泛收集资料，然后进行详细的分析。

优秀的投资者习惯于使用分析工具，但也是适度使用。对他们而言，运用投资工具只是一种必要手段，却不是做出投资决策的最终凭依。技术分析有一个十分明显的缺陷，那就是把市场走势当作一种机械化的规律。无论多么复杂精准的分析工具，都只能分析看得见的数据，将它们带入模型中运算，并得出结果。而一些不能量化的因素，比如市场中投资者的主观意识或信心，其作用则无法通过数据表现出来。过度依赖分析工具，便会忽视了市场走势是由人的意识推动的这一道理，因而优秀的投资者只是把技术分析工具作为一种参考。在他们的投资世界里，他不相信这些方法。

事实上正是这样，没有任何分析工具可以绝对准确地推测股市的走向。任何一种分析工具都有它的缺陷和不足，都有它不能准确反映的因素，因为股市行情根本不可能完全依赖推测。

但是生活中，仍然有很多投资者对复杂精深的分析工具十分崇拜，过度迷信于分析工具所判断出来的结果。很多投资者都希望通过研究反映证券市场趋势的图表，或衡量公司业绩的各种指标，能够帮助自己预测市场的动向，更不乏有人企图寻找普遍适用的万能公式。然而，遗憾的是，市场本身受各种因素影响，就是毫无规律可循的。市场永远不会按照既定规则出牌。很多投资者运用分析数据预测市场走向，多数下情况无法得到预期后果，导致他们损失惨重。

股市上流行的科学量化方法，是计算股票在什么时候可以上升到多少点，最高点将在哪里停止。这些模型或指标，从头到尾都只是数字运算，看上去似乎"无懈可击"。但是再好的模型也只是模型，在使用分析工具指导投资时，投资者应该想到，这些方法也是人创造出来的。按照索罗斯的"人的认识不可能完整的观点"，这种方法必然存在某种缺陷或不足，必然不能顾及所有的影响因素。对有缺陷的东西生搬硬套盲目跟从，而放弃了自己的独立思考和判断，就只能失败。

索罗斯警告投资者说，依赖一些并非完美的工具，去推测难以捉摸的金融市场，结果必然是徒劳无功的。因此，索罗斯建议投资者不要迷信技术分析，切勿人云亦云，要时刻保持独立的判断力，最好可以形成自己的投资方法。对一切主观的分析工具，要学会取舍，有选择地运用，投资者如果希望在市场中生存下去，就要学会适应市场形势。

索罗斯认为自己能在金融市场上取得一次又一次的成功，是因为他吸取了失败的教训。相比于其他投资者，他更相信自己的头脑。他凭借自己对某一行业的发展前景和市场总体经济趋势的分析，及个人独立思考做出的决策，而不是靠技术分析决定购买何种股票。市场之所以让许多投资者倾家荡产血本无归，原因就在于这个市场充满了不确定因素，各种风险互相干扰，且又充斥着许多不正确的投资观念和误导决策的信息。

索罗斯最后建议投资者说，如何养成判断正确信息和独特的思考方式，远比学会技术分析要重要得多。

通常，股市上很多的技术分析工具和技术分析方法投资者可以学习、了解，做到这一点并不难，有中等智力的人都能做到。难的是如何在实际操作中运用这些方法。

技术分析工具是死的，而股市是经常变化的。投资者运用这些工具时，不能机械化。要明白，股市不会按照什么公式、定律或理论而波动。

事实上，任何分析工具只能作为投资参考。最后的投资决策，要根据市场的实际走势做出。盲从技术分析工具是纸上谈兵，是不合实际的。

在大多数情况下，股市变化是遵循一般规律的，这些时候把技术分析工具作为投资指南基本不会出错。但股市总有违背规律的时候，如果投资者盲目相信技术分析工具，不根据市场的实际走势调整投资策略，事情就会相当糟糕。

现在，靠股市分析吃饭的人很多，这些人被称为股评家或股市分析、预测家。他们每年都会根据股市的变化情况，写出股市分析报告，列出股市投资风险计算方式，点出哪种股票呈走高之势，哪种股票呈走低之态。由于他们中有部分资深专家对股民的投资有时会起到"一针见血""一投就赚"的神奇作用，所以又有人称他们为"点石成金"专家。股民们都不同程度地依赖这些股市专家和他们的方法。

股市上流行的科学量化方法，是计算股票在什么时候可以上升到几点，最高点将在哪里打住。还帮你计算出投资一个股票的风险度有多大。从头到尾都是些数学模式，看上去很科学，实际上是存在缺陷的。如果照搬照套有缺陷的东西，结果只能失败。

在股市上没有人愿意输掉自己的全部财产，你尽可分析股市专家的投资报表，并以之作为投资指南，但不要过分相信他们，而要对你自己的市场直觉和分析报有信心。

合理评估投资回报率

正确的估计投资回报率会引领我们走向成功。反之，不正确的期望，不准确的估计投资回报率必然会使我们的投资处于高风险中。

比如，房地产投资的回报率比较高，风险很低，有的朋友会有一些疑问，如租金会那么高吗？还有没有办法增加回报等？

这是一位朋友几年前的亲身经历：

"我"特别走访了一家中介。"我"的要求：地点在海淀区中关村附近（可以租给学生），一居室 40～50 平方米（小，好出租），民房（没有物业费，只有取暖费）。

经过一番搜寻，中介给"我"介绍了一个在北京师范大学附近的房子。这是一间民房，向南，共 6 楼，它在 3 楼，46 平方米，1989 年的房（不用 5.5% 的营业税），房主有本，无贷款，要价每平方米 10000 元。总价 46 万元，已有租户但是每月租金没告诉"我"。

"我"告诉中介"我"要投资，中介说他们可以代理，就是"我"买了以后出租给中介，他们再租给别人，与"我"无关。中介每年收一个月的手续费，然后保证"我"月入 1600 元。"我"可以只管收钱，他们与房客打交道。

"我"回来以后用商业贷款和公积金贷款两种方式计算了一下：

商业贷款回报：11.71%。

公积金贷款回报：14.82%。

在预付金低的情况下，每月的现金流为负。

这个案例说明：

（1）每月的现金流为负，也可能回报很好。

（2）用公积金贷款，可以压低首付，降低利率，从而大大增加回报率。

最后，买投资房，是要算回报率的。要讨价还价，在买的时候赚钱，而不是卖的时候。

上面例子的应用方法，其实无论是投资买房，还是投资其他，正确评估回报率是非常重要的，它直接导致我们的投资是赚钱还是赔本，决定了我们的投资活动是否有效的。

投资回报率（ROI）是指通过投资而应返回的价值，企业从一项投资性商业活动的投资中得到的经济回报。它涵盖了企业的获利目标。利润和投入的经营所必备的财产相关，因为管理人员必须通过投资和现有财产获得利润。投资报酬率能反映投资中心的综合盈利能力，且由于剔除了因投资额不同而导致的利润差异的不可比因素，因而具有横向可比性，有利于判断各投资中心经营业绩的优劣；此外，投资利润率可以作为选择投资机会的依据，有利于优化资源配置。

但是只有正确估计了投资回报率，才能准确地预测，这样的投资会收获丰盛。而一旦预测错误，该投资的没有投资，不该投资的却投资了，造成巨大的损失自是情理之中的事情。

另外，这里还需指出的是，在了解投资属性之后，接下来就是认识风险承受度。还是一句老话："清楚自身风险偏好，提高风险管理能力。"个人的理财行为和决策经常是在有风险的环境中进行的，冒风险就要要求得到与风险相对应的额外收益，否则就不值得去冒险。可惜的是人们最容易犯的错误是专注与收益率的比较，对相匹配的风险则视而不见或关注甚少。不同的人由于多种因素的影响，其风险偏好也会各有不同，因此清楚自己的风险偏好，显得尤为重要。有一些自以为保守的投资人，当问到理想的投资回报率的时候，他们告诉我们的数字居然高达 20％ 以上，而且喜欢对冲股票、买卖期货，实在让我们吓一跳，可见不了解自己的投资人不在少数。

债券、基金、股票、期货的风险属性通常是越来越高的，什么样的个性最好搭配什么样风险程度的理财工具；不然，不正确的期望会导致错估投资回报率，这对投资活动会造成一定的不良影响。

遵循量力而行的原则

很多投资者在操作的时候总是希望尽可能的赚取利润，尽可能利用市场时机。这样的想法并不可取，实际中也很难做到。索罗斯严格遵循"量力而行"的投资原则，不做自己力所不及的投资。他说："从事股市交易，大胆、敢冒险是对的，但不要过了头，明知自己的资金实力不能使股市发生逆转，还要投入进去，就是以卵击石，自讨失败。"

股票市场总是充满着赚钱的诱惑，投资者往往听说身边的某人赚了钱，就以为股市里赚钱非常容易，轻而易举就能获得大笔利润，而冲动进入市场。这种情况在牛市的时候非常明显，当呈现牛市时，许多原本对投资一窍不通的人也纷纷加入股民行列，争相买入股票。然而股民的疯狂涌入只是加剧了市场的波动，而大多数人都会亏损的事实也证明，股市并不是表面看起来的那样简单。

投资大师索罗斯是一个精力旺盛的人，对投资可说是乐此不疲，但是他从不贸然进入市场。他对市场中的诱惑有着精准的判断力，知道哪些是虚幻的繁荣表象，哪些股票才是真正的藏在垃圾中的黄金。而他一旦持有股票的时候，也懂得在合适的时机抛出，绝不会贪恋市场中所形成的"涨潮"。

市场中，常常可以见到一些好大喜功的投资者，他们怀有强烈的虚荣心，总是幻想着一夜暴富。有些股民在股市只露出一点点上涨的苗头时，就急不可耐地把所有资金全部投入，甚至幻想可以左右市场。但他们的资金实在少得可怜，而且选择的时机不对，根本不足以撼动市场发生逆转，最后自然是遭遇惨亏，甚至连本金也被套牢了。

1995 年巴林银行的倒闭就说明了这一点。从 1994 年底开始，巴林银行的交易员李森认为日本股市将大幅上扬，在已购进价值 70 亿美元的日本日经股票指数期货后，李森又在日本债券和短期利率合同期货市场上做价值约 200 亿美元的空头交易。不幸的是，日经指数在 1995 年 1 月就降到了 18500 点以下，在此点位下，每下降一点，就损失 200 万美元。

优秀的投资者，他绝不会等着最后的暴跌来临才放手。他会在意识到自己犯了错误之后就将所有的头寸抛出，收回资金，以待日后的反击。他更不会妄想通过大笔买入来操纵市场，使跌势转为涨势。然而遗憾的是，李森根本没有意识到错误的严重性。他为了促使日经指数上升，再次大量买进，但还是失败了。随着日经指数的进一步下跌，李森越亏越多，眼睁睁地看着 10 亿美元化为乌有，而且整个巴林银行的资本和储备金只有 8.6 亿美元，最终导致巴林银行破产清算。

市场的运行，往往是不能尽如人意的。就算有人可以准确预测到市场的走势，也不可能精确到某个点位。对此，索罗斯说："一等再等是股票投资的大忌，只要你觉得可以出手了，就抓紧时机买进或卖出。如果抱着等一等的心态，去等待那可望而未必可及的最低价和最高价，往往会让赚大钱的机会从手中溜走。"

曾有个优秀的投资人在股市也曾经取得过很好的投资收益。投资同一个项目的时候，由于选择的投资时机和持有时间长短的不同，肯定会出现不同结果，但他总是难以解脱自己的情绪。有一次，在中途发生变故时，但他还抱着侥幸心理，想要等待转机到来，希望一段时间之后股价重新上涨。然而最后，发行股票的上市公司被国家处罚，被长期停牌。他亏了一大笔钱。

市场始终波动频繁，所以，如果投资者没有很好的风险承受能力，最好不要固守一隅，只为获取更大的利润。因为你永远不知道股价下一步会上涨还是下跌，与其在一个项目里苦苦等候，不如及早获利了结，再去搜寻下一个目标。

所以，一般的投资者不要奢望能够在股市里榨尽每一分利润，贪得无厌的人永远没法赚钱。投资者若不能控制住贪婪的欲望，那么再好的选股技巧和进出时机，都不能帮助你获得收益。

总而言之，投资者应该对自己的实力有清楚了解，有多少资金赚多少钱。幻想一夜暴富的人通常会赔得血本无归。你可以一次争取赚到更多的钱，但不能期望赚到最多的钱，更不要妄想赚尽所有的钱。

掌握投资的 12 个法则

其实，理财界也有"适者生存，优胜劣汰"的金融达尔文哲学，市场不可能容许屡赔不赚的投资工具生存下去。也就是说，不同工具的游戏规则虽然不同，投资任何工具都有风险，但只要掌握大原则，谨慎操作，仍有获利的可能。下面介绍一些投资法则：

1. 多头空头都能赚到钱，小心贪心让你破财

一旦你的投资标的达到自己设定的目标价，就应该停利卖掉，尽快落袋为安，否则妄想获得超额利润，让贪婪击垮理性，就很难保证下次你会不会这么幸运了。

2. 精算净值、看准时机、分批进场

如果你想要购买某档投资标的，不妨慢慢将资金分批进场，不要一次就全部买进。如果市价跌破净值就多买一点儿，反之，就少买一点儿，这样一来，平均持股价格降低了，最终你拥有的会更多。

3. 买跌不买涨

有很多很棒的投资标的，其价值会被不公平地低估，通常都是因为市场对于若干坏消息反应过度。多做功课，留意有哪些投资标的是暂时性下跌，在"涨"声响起之前买进。不要浪费时间推测体质不健全的投资标的的翻身的可能性，应该寻找价值被不合理低估的好对象。

4. 分散投资是千古不变的定律

如果你只投资单一股票或某个产业，一旦发生风险，你就可能赔得一塌糊涂。因此，唯一能够让你保持获利，并且不会危及老本的方法就是"分散投资"到数个优质标的上面，避免孤注一掷。

5. 持股数量不要超过能追踪的范围

上市的股票共有 2000 档左右，你每天能够拨出多少时间关心其中一档的营运状况与市场行情呢？你固然需要拥有多只股票来分散投资风险，但也不能多到无法掌握的地步，理想的持股数量应该介于 3～5 只股票之间，千万不要超过自己能追踪的范围。

6. 买进后继续研究

投资人每周都应花上一定的时间和精力，阅读研究报告、分析产业的重要指标等，定期检视、研究手上的投资标的是否值得继续持有。

7. 投资绩优股，永远都值得

普通的投资人总是想买到便宜又大方的货色，但是实际的获利率却不见起色，反观专业的投资人，他们大多愿意多花一点儿钱买优质股票。多存点儿钱让你的选择变多一点儿，学学专业经理人投资市场上知名龙头股的策略，即使要花比较多的钱，但毕竟股票买了还可以卖，跌太多或涨不动，可是会让你亏本的。

8. 基本面比消息面更实际

消息面往往会制造利多假象，引诱你掉入陷阱，当你听到某家公司很快就会被并购，你会因为想抓住接下来的行情，而奋不顾身地购买该公司的股票吗？最好不要这样。如果要买，就要买进那些经过基本分析之后，发现价格被低估，但前景很好的公司。

9. 握有现金退场观望，等待出击时机

你不必随时都把所有的钱投入市场。许多时候市场就是停滞不动，没什么好操作的。股市下跌时，现金可能是非常好的投资。如果你能够在市场突然向上反转时卖掉股票，抱着现金坐在场边观望，直到你中意的股票跌到谷底再买进，这就是最高明的操作。

10. 市场修正反而是进场好时机

市场偶尔会出现窄幅震荡，有些人会因此不敢面对变化，而不愿意接触投资，这未免太消极了。周期性的市场修正是健康的，也是可以预料的。一旦发生时，不要惊慌，要利用这个机会买进那些你仔细研究过，而且跌破净值的优质股票。

11. 赚钱的标的继续持有，亏钱的标的快点卖掉

理财的世界很残酷，表现好的就能赚钱，表现差的几乎很难翻身，但没有经验的投资人总是会把手中最好的标的卖掉，然后把钱拿来买进最烂的标的。为什么会这样？他们的理由居然是"好标的有的赚，我可以拿来补贴买其他标的的钱"。千万不要落入这个陷阱。如果你手中投资标的的基本面在恶化，必须马上认赔卖掉。接着把手中资金拿来买基本面好的标的，然后继续操作。

12. 保持改变投资方向的弹性

谁说投资市场必须一直保持多头或空头操作？如果你的研究显示市场景气趋缓，不要犹豫，马上转买为卖；相反的，景气上扬，也要看准目标，积极扫货。经济趋势瞬息万变，你对投资标的的未来的看法也应该随之调整。

防范投资中的陷阱

现在，中国投资市场异常火热，在投资过程中，投资者还要防范下面的几种陷阱，以防被诈骗。

1. 不要盲目跟随"炒股博客"炒股

股市火暴带动各种"炒股博客"如雨后春笋般涌现，投资者若盲目跟随"炒股博客"炒股，将可能面临财产损失求告无门的法律风险。同时，"炒股博客"可能成为"庄家"操纵市场的工具，股民若盲目将"炒股博客"上获取的所谓"专家意见"当成投资依据，只会大大增加投资风险，很有可能血本无归。

2. 谨防委托民间私募基金炒股

从 2006 年下半年股市逐渐升温以后，新入市的投资者有相当一部分对股票、基金等一窍不通，这就让民间私募基金有机可乘，他们常常以咨询公司、顾问公司、投资公司、理财工作室甚至个人名义，以委托理财方式为其提供服务。但事实上，民间私募基金本身并不是合法的金融机构，或不是完全合法的受托集合理财机构，其业务主体资格存在瑕疵。其次，民间私募基金与投资者之间签订的管理合同或其他类似投资的协议，往往存在保证本金安全、保证收益率等不受法律保护的条款。更有部分不良私募基金或基金经理存在暗箱操作、过度交易、对倒操作、老鼠仓等侵权、违约或者违背善良管理人义务的行为，上述做法都将严重侵害投资者的利益。

3. 不要私自直接买卖港股

调查显示，内地居民私自直接买卖港股的方式有两种，即内地居民利用"自由行"等机会到香港开立港股证券交易账户，投资港股；或者由证券公司协助开立港股证券交易账户进行投资。根据我国有关法律规定，除商业银行和基金管理公司发行的QDII（合格的境内机构投资者）产品以及经过国家外汇管理局批准的特殊情况外，无论是个人投资者还是机构投资者都不允许私自直接买卖港股。内地居民通过境内券商和其他非法经营机构或境外证券机构的境内代表处开立境外证券账户和证券交易都属于非法行为，不受法律保护。如果私自买卖港股，投资者的风险无形之中就将大大提升。

4. 谨防非法证券投资咨询机构诈骗

有些非法证券投资咨询机构利用股市火爆，趁机对投资者实施诈骗活动。例如，深圳有关执法机构就曾联合查处了罗湖和福田两区8家非法证券投资咨询公司的非法经营行为。这些公司通过电话、电视和网络等方式大肆向全国各地做广告，宣称推出了新的理财方式，会员无须缴纳会员费，只要将自己的资金账户、证券账户及交易密码告知公司的业务员，公司就可代会员进行股票买卖，联合坐庄，保证每年100%或者更高的收益，赢利后按约定的比例收取咨询费用。但实际情况却是，这种公司取得投资者的资金账户、证券账户和密码后，会以对坐庄个股保密为由，立即修改密码，然后将账户中的股票全部卖出或将资金全部转走。

总而言之，投资是自己的事，用的也是自己的钱，投资人在投资过程中务必谨小慎微，否则一个不小心，就可能给自己带来巨大的资金风险。

投资中的几类错误观念

无论是投资者个人进行的投资行为，还是作为一个企业进行投资，无时无刻不在和风险进行抗争，稍有不慎就会使资金惨遭重创，难以重振雄风。毫不夸张地说，投资的失误是致命的。因此，哪怕是微小的投资失误都可能造成企业的猝死。经济学家在经过了缜密的调查研究和数据统计后发现，中国海外投资的亏本率高达70%，同时在国内有70%的上市公司的投资项目是不赢利的，中国企业亏损的比重高达70%左右。虽然这三个"70%"有一定巧合的成分，但是由此我们也可以推断出，中国企业投资的安全程度并不高。

投资者在投资中经常出现的问题包括不善于规避风险、不注重投资安全和不注意建立一个保障投资安全和防范风险的控制体系。这些错误的行为都会导致投资者的投资行为遭到破坏，但是我们在研究了几百个投资失败的案例之后，惊奇地发现，大多数投资失败都源于错误的投资观念。我们在这里一共总结了十二个投资中常见的错误观念，希望给广大投资者敲响警钟，不要再重蹈前人的错误，顺利到达成功的彼岸。

1. 没有自己的主见，盲目跟风

盲目跟风经常出现在投资者的投资初期，因为专业知识不健全等因素，不知道应该投资什么项目，只好盲目地跟着别人投资，不考虑自身的资金情况和项目前景。这样的投资导致的结果经常是资金投进去了，但是赢利的风头也过去了，辛苦就不用提了，连创业资本也只能打了水漂，这都是盲目跟风这种投资行为引起的。

只有冷静地去审视你的投资方案，才有可能正确的选择真正稳妥的投资项目。如果不知道应该如何审视的话，那么在确定投资之前，你一定要问自己这样几个问题：谁会购买你的产品？谁是你的主要竞争对手？你的产品有多大市场？你的优势和劣势在哪些地方？最好把你的投资方案送给银行、咨询机构、投资合伙人等相关人士那里审查，听取他们的改正意见，在他们确认你的方案真的可行时，你不妨再开始行动。这样的投资是理智的，同时成功的概率也会大大上升。

2. 没有理智的判断，总是跟着感觉走

很多投资者在投资时容易产生自大情绪，只相信自己的判断，跟着自己的感觉走，不可否认的是，有时跟着感觉走，误打误撞也能赚到钱，但如果投资者每一次都只跟着自己的感觉走，把偶然当成必然，那么离投资失败的日子也就不远了。

3. 眼高手低，操作不当

很多投资者有这样的疑问：有的投资项目，经过缜密的分析和研究，看上去有很好的赢利空间，风险也不大，但实际操作起来，却无法达到预期的效果。其实出现这种情况的原因就在于，投资者在投资前就没有对投资过程中遇到的难题进行预见，所以当投资实行的过程中出现问题的时候，投资者会感到无力应对，这其实就是犯了眼高手低的错误。

4. 认为特许经营是最保险的

特许经营就是指特许者将自己拥有的商标、商号、产品、专利和专有技术、经营模式等以合同的形式授予被特许者使用，被特许者在特许者统一的业务模式下从事经营活动，同时向特许者支付一定费用的一种经营模式。这种投资方式的最大好处就在于可以立即获得一个成熟的赢利模式，大大减少投资风险。遍布全球的肯德基和麦当劳就是这样的经营模式，也有人把特许经营看作投资者最便捷和稳定的投资方式。

但是没有一种生意是可以稳赚不赔的，即使在特许经营最为发达的美国，特许经营的失败率也高达45%，在特许经营的投资中也会出现多种类型的陷阱，如果投资者不加以警惕，同样会遭遇重大损失甚至血本无归。例如盟主夸大产品受欢迎程度，目的在于圈钱；特许方在合同中承诺的管理跟不上，导致投资者在管理中出现问题，难以维持；特许品牌水土不服，并不能受到当地顾客的喜爱等等。

5. 认为新产业都具有大好前途

新产业是一个相对概念，一部分是真正意义上的新兴产业，另一部分是指在某一地区范围属于新兴产业领域。如果投资者准备投资时不冷静，受到新兴产业的赢利前景的诱导，就很可能做出一些不明智的投资决定，影响投资的准确性。

6. 只要有新政策出现就都是机会

尽管中国的经济发展很快，但是不可否认的是，中国仍然是一个正在转型中的国家。这样的情况导致了在中国政策性投资机会很多，如果能够抓住这样的机会当然是企业获得发展的捷径。但是这些新出台的投资性政策并不稳定，经常可能出现变动，很有可能对投资者的决策产生正面或者负面的影响。因此投资者应该对这些政策执行中的不确定性有所预测，才能有所准备。尤其是要对国内政策、法律制定及执行中普遍存在的有法不依、执法不严的现实问题有充分的估计。

7. 为了落袋为安，进行短期投资

短期投资指的是上市公司购入各种能够随时变现，并且持有时间不超过一年的有价证券，以及不超过一年的其他投资。一般来说，短期投资的主要目的是利用投资者暂时闲置的资金，谋取高于银行存款利息的收益。现在许多投资者都热衷于短期投资，但是财经界人士普遍认为，短期投资的膨胀往往潜藏着巨大的投资风险，因此在这里提醒投资者不要盲目相信短期投资，注意规避风险。

8. 相信广告的宣传

中国有一句古话叫："酒香不怕巷子深。"可是在现代经济社会中，广告是必不可少的投资。一个企业在广告上的投入虽然不是一个独立的投资项目，但是确实是一项不小的投资。但是当广告投入被一个企业当作主导经营方针的东西时，广告主导的陷阱也就形成了。

从企业的长期经营和发展来看，广告并不能形成企业的核心能力，因为广告并不能从根本上区分产品的不同和优劣，因此它也不能创造稳定的顾客价值，所以许多在广告和促销上取得开拓性成功的企业（如巨人、亚细亚、孔府宴、中华鳖精等）后来都陷入了困境，无法自拔。

9. 连锁经营

连锁经营投资是投资零售、餐饮企业扩张经营规模的很好的形式，尤其是连锁经营中的特许经营，更是拥有品牌的零售企业低成本迅速扩大市场占有率、挤垮竞争对手的良好形式。但近些年来，一些超市相继倒闭，供应商与商业企业间出现多起纠纷，引起了市场和舆论的注意。这样的投资陷阱出现的问题多为：经济不规模、"形"连而"神"不连等等。

10. 多元化投资

多元化投资实际上是证券投资组合理论的一种，后来被广泛应用于实业投资中。简单来说就是分散企业经营风险，和中国古话"不把鸡蛋放在一个篮子里"是一个意

思。然而遗憾的是，在长达十多年的时间里，我们很难找到真正成功实现多元化的企业，相反倒是有许多企业因推行多元化经营而陷入财务危机甚至导致破产。

多元化陷阱的恶性后果主要表现在主辅业不分，企业核心竞争能力弱化乃至丧失、资金短缺，调度困难、管理失控等方面。

11. 兼并与收购

兼并与收购是企业迅速进入一个新产业或扩大既有市场份额的两个毋庸置疑的重要手段。但是也有经济学家认为，对企业来讲，真正的扩张成本不是指兼并时付了多少钱，而是兼并以后未来能赚多少钱，这才是最重要的。投资者在进行企业兼并和收购的时候一定要将并购对象的债务、机构和人员等问题都搞得非常清楚，尤其是要搞清楚这个企业是不是你真正需要的，是否具有发展前景，是否有利于企业未来的发展，不能见便宜的就买。

12. 海外投资

随着经济全球化的发展，中国政府的一个政策导向就是鼓励企业"走出去"进行海外投资。从投资者的角度而言，如果企业发展到了一定规模，必然要产生海外投资的欲望，因为资本有它的逐利特性，哪里有利润，它就会流向哪里，并且在国际市场上融资，对企业也具有一定吸引力。

但是不少专家学者还是提醒投资者，我国企业"走出去"的时机还处于萌动阶段。因此，对于海外投资，投资者一定要先进行详尽的考察和研究再做决定。

对于我国的投资者来说，进行海外投资主要有两方面的障碍：第一个障碍是政府一系列严格的管制政策，这些政策极大地限制了中国企业"走出去"的热情，对民营企业构成了事实上的歧视。第二个障碍是企业自身发展规模过小、研发水平低、缺乏技术优势，在国际舞台上无法和国外完善发达的企业同台竞争。

投资获利的智慧

从某种意义上来说，赌博和投资并没有严格的分界线，这两者收益都是不确定的。同样的投资工具，比如期货，你可以按照投资的方式来做，也可以按照赌博的方式来做——不做任何分析，孤注一掷；同样的赌博工具，比如赌马，你可以像通常人们所做的那样去碰运气，也可以像投资高科技产业那样去投资——基于细致的分析，按恰当的比例下注。

赌博的心态在投资中经常出现，有时候可能人们觉得投资本身就是赌博，有的人投资就能赚钱，有的人投资却总是赔钱，就认为是运气的因素。其实不然，除了运气外，还有一个因素就是理智的分析能力，很多人投资赔钱就是因为被赚钱的欲望冲昏头脑，失去理智造成的——而那些能够在投资中赚得盆盈钵满的投机商们，靠的不是运气，而是他们的投资智慧。

美国著名经济学家萨缪尔森是麻省理工学院的教授，有一次，他与一位同事掷硬币打赌，若出现的是他要的一面，他就赢得 1000 美元，若不是他要的那面，他就要付给那位同事 2000 美元。

这么听起来，这个打赌似乎很有利于萨缪尔森的同事。因为，倘若同事出资 1000 美元的话，就有一半的可能性赢得 2000 美元，不过也有一半的可能性输掉 1000 美元，可是其真实的预期收益却是 500 美元，也就是 $50\% \times 2000 + 50\% \times (-1000) = 500$。

不过，这位同事拒绝了："我不会跟你打赌，因为我认为 1000 美元的损失比 2000 美元的收益对我而言重要得多。可要是扔 100 次的话，我同意。"

对于萨缪尔森的同事来说，掷硬币打赌无疑是一项风险投资，不确定性很大，无异于赌博。

有人做过一个标准的掷硬币实验，结果显示，掷 10 次、100 次与 1000 次所得到正面的概率都约为 50%，不过掷 1000 次所得到正面的概率要比扔 10 次更加接近 50%。重复多次这种相互独立而且互不相关的实验，同事的风险就规避了，他就能稳定地受益。当我们在投资的时候，也要像萨缪尔森的这位同事一样，要稳扎稳打，而不要抱着赌徒的心态去冒险。

无论是巴菲特还是索罗斯，他们投资都有着自己的智慧，有着自己的投资理论，他们不是在靠运气赚钱，而是在靠智慧赚钱。投资者在投资之前必须做好以下几个准备：

第一，应该审查一下家庭和个人的经济预算。如果近期要等钱用的话，最好不要投资股票，哪怕是被认为的最优股也不宜购买。因为股票即使从长期来看是好的，但两三年内股价是升是降还很难说。只有在不等钱用的时候，或者即使损失了本钱，生活也不至于受影响的时候，才能投资。所以，投资者应有充分的银行存款足以维持一年半载的生活以及临时急用。除了购买公债没有风险外，其他投资都有风险。

第二，不应在负债的情况下投资。应将债务先偿清，或在自己还贷能力绰绰有余时再投资。因为投资的收益没有 100% 保障，所以投资者不宜借贷投资。

第三，在投资前应有适当的保险，如人寿保险、医疗保险、住宅保险等。

第四，投资应从小额开始，循序渐进。投资过多是大多数投资者失败的原因之一。不把所有的鸡蛋放到一个篮子里，分散投资，使投资多元化，也是规避风险的重要手段之一。

让财富增值，就需要投资，有投资就有风险。风险是由市场的变化引起的，市场的变化就像一个陷阱，会将你投入的资金吞没。变化之中，有你对供需判断的失误，也有合作方给你设置的圈套。股票市场，一不小心就会被套牢；谈判桌上，一不小心，就会受制于人；市场竞争，一不小心就会被对手挤出市场。

投资组合就是由投资人或金融机构所持有的股票、债券、衍生金融产品等组成的集合，它的目的在于分散投资风险。投资者选择适合自己的投资组合，进行理性投资，以不影响个人的正常生活为前提，把实现资本保值、增值、提升个人的生活质量作为投资的最终目的。因此，个人投资首先必须使财产、人生有一定保障，无论采取什么样的投资组合模式，无论比例大小，储蓄和保险都应该是个人投资中不可或缺的组成部分。

如果没有一定的心理素质和辨别能力，随时都有可能跌入陷阱，你必须眼观六路，耳听八方。你要不断地提升你自己，才能应对突如其来的变化，才能避开风险，走上坦途。

第八章

精明存贷款，稍加留心就能让财富积少成多

就理财而言，专家很难给老百姓出主意，因为这涉及个体的风险偏好问题。最稳妥的方式当然是存银行，银行的理财产品也是可以选择的，相对风险较小。

——曹凤岐　北京大学金融学教授，经济学家

任何时候都要积谷防饥

在人们的投资项目中，一个最基础也是最重要的投资方式就是储蓄。储蓄是一种积少成多的"游戏"，中国人深谙"积谷防饥"的概念，储蓄在中国人眼中并不陌生。

有别于东方文化，西方不少国家的储蓄率并不高，美国的人均储蓄率是负数，意思是美国人整体上没有储蓄，反倒先使用未来的钱，不少人利用信用卡大量消费，到月底发工资时才缴付信用卡账单，有些更已欠下信用卡贷款。

我们为什么要储蓄呢？从微观的角度来说，我们普通居民存款的目的是攒钱应付日常生活、购房、购物、生老病死、子女上学等预期开支；从宏观的方面来看，伴随着国民经济的日益发展，储蓄在社会经济活动中的作用已经十分重要，而我国居民储蓄存款更是在近些年来出现了大幅度增长趋势，一方面为缓解资金供求矛盾，调节货币流通，促进经济建设发挥了积极作用，另一方面也对稳定经济，稳定物价，稳定金融，抑制通货膨胀，实现治理整顿的目标也起到了良好效果。

储蓄也许相对于其他投资方式而言，收益率并不高，但却是最保险的投资方式。每个人都在自己能赚钱的年龄段为自己准备好"粮食"。人的一生中有一段赚钱的黄金高峰期，大约是 40 岁前后的 20 年时间，之前是刚开始工作的时间，收入有限且不稳定；之后的开支及家庭负担较大，赚钱能力也随着年龄而倒退。对于大多数人来说，赚钱的高峰期就是筹备一生中如置业、子女教育及退休等重大开支的最佳时期，每个人应好好把握。

储蓄只需每月一部分的零钱，点点累积变洪流，长时间的储蓄好像滚雪球效应，可变成很大的收成。以每月储蓄 1000 元为例，储蓄 20 年，每年的回报以 3% 计算，

预期总回报也是一个不小的数字。

每一个月储蓄多少没有一个定律，各人的收支情况都不同。可按每月收入扣除开支所剩下的余钱作为参考，把这余钱的一半作为储蓄已很不错，其他的拨作应急基金，以应付不时之需。

储蓄是一种习惯，是一种积少成多的"游戏"。每一个月开始之前先把预定的金额存起来，在不影响日常生活的前提下，口袋里的财富逐步累积；相反，如果没有储蓄概念，花费往往没有节制，等到急用钱时，往往会手头拿不出钱。

储蓄宜早不宜迟，越早储蓄，你就会越早得到积累的财产。千万再相信那句"今朝有酒今朝醉"的名言了，它带给你的只会是得过且过的平庸生活。所以，马上开始储蓄吧！

怎样才能养成储蓄的习惯？

1. 银行储蓄

你需要强迫储蓄，在不影响基本生活的前提下，每个月拿出薪水的 25％存起来，长期以来，就可以发挥很好的效果。当然，方式可以不加限定，但你务必要在规定的日子里把钱存到银行，以形成储蓄的习惯。

2. 为储蓄设定目标

把存钱的目的写到纸上，然后把它放到易看到的地方，使自己能时时看到目标，以起到提醒的作用。为自己拟定储蓄目标，尽量在该节省的地方节省。

3. 积攒小钱

很多人从小时候开始，就有很多零钱，但是却不会想到要储蓄，总是把这件事延迟。在平时就应该把那些所谓的小钱存起来。

4. 不时回顾

不时地看到自己的储蓄在一点点增加，体会数字逐渐变多的喜悦。时间久了，你便会感受到金钱得来不易。这些钱都是自己辛苦节省来的，一定要珍惜，不能随意地支配。

储蓄是投资之本

很多投资者都认为，储蓄并不重要，如果有其他的投资方式，为什么还要采用这么古老的投资方式呢。实际上，合理储蓄在投资中是很重要的。储蓄是投资之本，尤其是对于一个月薪族来说更是如此。如果一个人下个月的薪水还没有领到，这个月的薪水就已经花光，或是到处向人借钱，那这个人就不具备投资的资格。

随着时代的发展，很多人不再视储蓄为必须。有的人不喜欢储蓄，认为投资可以赚到很多的钱，所以不需要储蓄；有的人认为应该享受当下，而且认为储蓄很难，要受到限制；有的人会认为储蓄的利息没有通货膨胀的速度快，储蓄不合适。然而，事实并不是这样。

首先，不能总是等收入提高再储蓄。有些人往往错误地希望"等我收入够多，一切便能改善"。事实上，我们的生活品质是和收入同步提高的。你赚得愈多，需要也愈多，花费也相应地愈多。不储蓄的人，即使收入很高，也很难拥有一笔属于自己的财富。

其次，要合理规划自己的储蓄。我们可以将每个月收入不低于10％的部分拨到另一个账户上，把这笔钱当作自己的投资资金，然后利用这10％达到致富的目标。也许，你会认为自己每月收入的10％是一个很小的数目，可当你持之以恒地坚持一段时间之后，你将会有意想不到的收获。也正是这些很小的数目成为了很多成功人士的投资源泉。

小白工作已经有5年的时间，从一名普通的职员，慢慢做到公司的中层，薪水也一直稳中有升，月薪已有近万元，比上虽然不足，比下却有余。可是昔日的同窗，收入未必高过小白，可在家庭财富方面已经把他甩在了后面。

随着小白的逐渐进入了"而立之年"，可还一直没有成家。父母再也坐不住了，老两口一下子拿出了20万元积蓄，并且让小白也拿出自己的积蓄，尽快买套房子交首付，为结婚做打算。可是让小白开不了口的是，自己所有的银行账户加起来，储蓄也没能超父母的积蓄。

其实，小白也觉得非常困惑。父母是普通职工，收入并不高，现在已早就退休在家。可是他们不仅把家中管理得井井有条，还存下了不少的积蓄。可是自己呢？虽说收入不算少，自认为用钱不算多，可是工作几年下来，竟然与"月光族""白领族"没有什么两样。不仅是买房拿不出钱来供首付，而且前两年周边的朋友投资股票、基金也赚了不少钱，纷纷动员小白和他们一起投资。小白表面上装作不以为然，其实让他难以开口的是，自己根本就没有钱用来投资。

让小白出现这种情况的很大一部分原因就是他缺乏合理的储蓄规划。虽说储蓄在很多老年人看来是理所当然的事，然而在不少年轻人中间这却始终没有储蓄的概念。很多像小白这样的年轻人，收入看上去不少，足够应对平时生活中的需要，可是他们就是难以建立起财富的初次积累。原因就在于，他们在日常生活中没有合理的储蓄规划，花钱也是东一笔、西一笔。开支没有节制，乱七八糟的费用加起来，最后得到的节余几乎为零。对于处在事业起步阶段的人来说，出现"月光"的状况可以理解。可是如果收入已经渐进稳定，依然保持着零储蓄的生活，你就该好好反省一下自己了。

身边的不少例子足以证明，储蓄不再是可有可无的了。尤其对于年轻人来说，需要为自己的将来多做打算，就要尽早储蓄。下面我们就来详细地剖析一定要储蓄的理由：

1. 储蓄积累投资基金

有人认为，储蓄的投资回报率太低，选择股票投资等方式，会使自己自然而然地变得越来越富有。然而事实上并非如此，不少投资者可能会问：为什么投资股票不一定使自己变得富有呢？

这是基于风险的考虑，股票等投资方式投资收益的确比较高，但风险也比较大。一旦投资失败，就有可能影响正常生活。通过持续的储蓄，为自己积累参与其他投资的基金，让投资风险适当降低。

2. 储蓄让自己逐渐致富

每个月将收入的固定一部分（可能是 10％或者 15％）存入自己的账户，这样一来，优秀的投资者们就可以利用这笔钱达到致富的目标。

3. 储蓄积累原始资本

储蓄还能够帮助优秀的投资者进行原始资本的积累。优秀的投资者们可以用固定的一部分收入来进行这种资本的投入。假设这部分资本金的固定额度是家庭总收入的10％，那么优秀的投资者们应该如何累计这部分资本呢？首先，优秀的投资者需要开设一个存储账户，每个月初，将收入的10％存入这个账户；要把持住自己，任何时候都不要轻易动用这个账户里的钱；找到适当的机会，用这个账户里的钱进行投资；当这个账户里的金额越来越多时，优秀的投资者们将得到更多的投资机会和安全感。

最重要的几种储蓄方式

储蓄几乎是每一个人要遇到的事情，它是人们把手中的货币存入银行等金融机构的一种信用活动。通俗点来说，储蓄就是把钱存到银行，虽然看起来容易，但是储蓄却对我国的宏观经济以及个人和家庭的发展有着十分重要的作用。比如，一方面根据货币的流通规律，市场上的货币流通量必须与投入流通的产品价格总额相互适应，从而稳定物价；同时通过储蓄，能够推迟一部分现实购买力或使货币直接掌握在国家的手里，保证了国家能够根据商品流通的实际需要，有计划地调节市场货币流通量，完成宏观调控，从而缓和了商品供求矛盾，保持了市场物价的稳定。另一方面，作为对使用储户存款的报酬，银行付给储户利息，从储户的角度来看，通过参与储蓄，他们获得了比本金更多的收入，使自己的货币得以保值。因此储蓄在我国乃至世界范围内成为个人投资的主要渠道之一。当然，这也就关系到我们下面给大家介绍的居民如何储蓄生息，实现利息最优化的问题。

目前，我国城市居民的个人储蓄存款种类包括活期储蓄和定期储蓄两大类。其中，定期储蓄又细分为定期储蓄和存本取息定期储蓄。除此之外，还有一种处于两者之间的折中品种——"定活两便储蓄"。

定期储蓄，是指客户在存款的时候就和银行约定储蓄期限，一次或者在存期内按期分次地存入本金，整存或分期分次地支取本金和利息的一种储蓄方式。定期储蓄根据不同的存、取款的方法和付息方式，又可以分为零存整取定期储蓄、整存整取定期储蓄、存本取息定期储蓄、贴水定期储蓄、整存零取定期储蓄、大额可转让定期存单和专项储蓄 7 种。

根据人们对储蓄的需求，我们可以选择不同的储蓄种类，以下重点介绍几种储蓄方式，下面我们就简而言之地给大家列举一些。

1. 存本取息定期储蓄

存本取息定期储蓄是一次存入整笔资金，在约定的存期内分次支取利息，然后到期一次性支取所有本金的一种储蓄方式。这种储蓄约定期限内不动用本金，只按期支取利息。支取利息的期次，一般可以是一个月、三个月或六个月，适用我国境内的个人居民。存本取息定期储蓄的特点是存款金额大、稳定性好、收益良好，适应本金不动、只按期支取利息的大笔款项存储。

开办存本取息定期储蓄时，要一次存入金额，约定好需存款的期限和支取的次数，银行签发给存单，储户凭存单，按约定日期就能支取利息。存单到期时可支取全部本金。例如，你父母有较大一笔 20 万元的存款，而且在相当长的时间内别无他用，但要定期旅游之类，这种存本取息的储蓄方式不失为他们的最佳选择。

不同的储蓄银行，存本取息定期储蓄的起点存储金额也是不同的，一般为 3000 元到 5000 元人民币，无上限。存款的期限有一年、三年、五年三种。支取利息的期次，由储户自己决定。储户可以根据自己的具体情况来决定支取利息的期间。需要注意的是，如果你到了取息日仍不提取，以后也随时可以支取，但是逾期不计算复利；如果你要提前支取，要扣回已经分期支取的利息，计息原则基本同上。此外，在存款原订存期内，国家调整利率，仍然是分段计算利息，如果是过期支取时，其过期部分利息照以上规定进行支付。

例：储户张先生于 2011 年 7 月 1 日存入 1 万元存本取息储蓄，定期三年，利率年息 7.47％，约定每月取息一次，计算利息总额和每次支取利息额为：

利息总额＝10000×3(年)×7.47％＝2241 元。

每次支取利息＝2241÷36(月)＝62.25 元。

2. 定活两便储蓄

定活两便定额储蓄，是一种事先不约定存期，一次性存入，一次性支取的储蓄存款，它介于定期与活期之间，也可称是定期与活期储蓄的"折中"产品——定活两便储蓄的利息根据实际存期，分别按活期利率或整存整取定期储蓄同档利率计算。这种储蓄以固定面额存单为存款凭证，存期不限，面额固定，存单不记名、不挂失，可以在同一个城市内通存通兑、随时支取。比如，当你手头的资金有较大额度的结余，但在不久的将来要随时全额支取使用时，就可以选择"定活两便"的储蓄存款形式。

定活两便储蓄的计息方式为：三个月以内的储蓄按活期计算；三个月以上的，按同档次整存整取定期存款利率的六折计算；存期在一年以上（包含一年），无论存期多长，整个存期一律按支取日定期整存整取一年期存款利率打六折计息。公式为：

利息＝本金×存期×利率×60％

因定活两便储蓄不固定存期，支取时极有可能出现零头天数，出现这种情况，适用于日利率来计算利息。下面举例来说明定活两便储蓄的计算方法：

例：储户刘女士于 2008 年 2 月 1 日存入定活两便储蓄 10000 元，2008 年 6 月 21 日支取，她应该能获得多少利息。我们首先算出这笔存款的实际存期的天数 140 天，应按支取日定期整存整取三个月利率（年息 2.88％）打六折计算。

应获利息＝10000 元×140 天×0.8％（日利率）×60％＝67.2 元。

正是因为具备了灵活、方便、保密等多方面的优点，定活两便储蓄方式的适应范围较广。具体分析，它既适合一些存期、用途尚未确定，又对利息、保密的要求比较大的一些款项的存储，也能适应储蓄投资者对通存通兑的需要。目前也有一些银行开始记名储蓄，如有丢失，用户可以凭借身份证等证明自己合法身份的证件去办理挂失。

3. 零存整取定期储蓄

零存整取定期储蓄，简称"零整"，它是一种按月存储，到期一次提取本金和利息的定期储蓄。零存整取具有"积零为整，积小钱办大事"的特点，并且每月存入不多，不会影响我们的正常生活，长期积累还可以形成一笔可观的积蓄，这也符合我们多数人投资消费的细水长流的心理。

此外，零存整取的存款期限分为 1 年、3 年、5 年三种，一般银行不对储蓄金额做出限制。但一般来说要求每月需要存入固定金额（往往开户金额，有些银行会收取卡费、工本费等），中途如有漏存，可以在下月补齐，但是如果在第 3 个月未补齐，则会被视作违约，到期银行会按活期利率计付利息。零存整取储蓄的适应面非常广，一般的家庭和个人都适用，尤其是对那些计划在一定时期后实现特定目的如购房、支付子女教育费用等的投资者则显得更加合适。

零存整取定期储蓄计息方法有几种，一般家庭宜采用"月积数计息"方法。其公式是：

利息＝月存金额×累计月积数×月利率，其中：累计月积数＝（存入次数＋1）÷2×存入次数。

据此推算一年期的累计月积数为（12＋1）÷2×12＝78，以此类推，3 年期、5 年期的累计月积数分别为 666 和 1830，储户只需记住这几个常数就可按公式计算出零存整取储蓄利息。

下面我们列举具体的例子给大家介绍一下零存整取定期储蓄在实践中的应用。

例：王女士于 2011 年 9 月 1 日开立零存整取户，约定每月存入 300 元，定期一年，开户日该储种利率为月息 3.5‰，按月存入至期满，其应获利息为：

应获利息＝300×78×3.5‰＝81.9 元。

4. 通知储蓄存款

通知存款是指储户存款不约定存期，但在支取时提前通知银行，并约定支取存款日期和金额才能取得存款的一种存款。通知存款通常采取记名存单式，能够办理挂失，手续简单、安全。起存金额为 50000 元。个人通知存款是不论实际存期长短，通常都按存款人提前通知的期限分为一天通知存款和七天通知存款。前者必须提前一天通知约定支取存款，后者则必须提前七天通知约定支取存款，利率分别为 0.95％ 和 1.49％（2011 年 4 月 9 日起执行）。

接下来我们给大家总结一些通知存款的特征：具有活期储蓄的便利和高于活期储蓄的利率；适合大额资金存期很难固定，存取款较频繁的客户；在股市低迷，或者在法定节假日、短期内不用钱的时候，选择了中国银行的通知存款，可获得更大的收益；通知存款的币种多样，目前我国通知存款的币种有人民币、港币、英镑、瑞士法郎、澳大利亚元、美元、日元、欧元等。

关于通知存款的起算金额。人民币通知存款最低起存金额为 5 万元，单位最低起存金额是 10 万元，而个人和单位的最低支取金额分别为 5 万和 10 万元。外币最低起存金额为 1000 美元的等值外币。此外，通知存款的使用对象有：中国居民、港澳台居民、居住在中国境内外的外国人、外籍华人和华侨，凭实名制认可的有效身份证件在中国银行各营业网点都可开通通知存款账户。

下面我们给大家介绍一些关于使用通知存款的技巧。首先，因"通知存款"银行是采取了"候款服务"与"高回报"的服务方式，故也对该"通知存款"的储户存、取款做出了一些特殊规定——"通知存款"遇下列情况时将按活期存款利率计息：

（1）如果没有提前通知银行支取而取款的。

（2）虽已办理通知手续（电话或书面通知），但在实际取款时逾期或者提前支取的。

（3）实际存款期限不足通知期限的。

（4）支取金额不足或超过通知约定金额的那部分存款的。

（5）支取金额不足该存款规定的最低支取金额的。

倘若你计划储蓄的金额超过 5 万元，那么"通知存款"定是你的不二之选，因为选择该储种可获得最多的利息。还要提醒你注意的是，如果预计存款期限超过 3 个月，尽量选择通知存款之外的其他存款。此外，通知存款是允许多次取款的，但是单次取款金额和账户余额必须不少于 50000 元人民币或者是 6250 美元，即必须符合最低账户余额的要求，取款后银行给客户签发新的存款通知书，余额的利息将从原存款存入日开始计算，并沿用原存款利率。

下面举个例子来向大家解说一下：

朱先生（个人）手头上先后集资 500000 元现金，拟于近期用作缴纳购买房子款项，余款他打算在股市行情好时投入股市，为此他决定把这笔钱存入银行，等待具体缴款日期。向银行内专业人士咨询后，他认为把这钱存 7 天通知存款较合算，既符合通知存款的起存金额要求，也符合自己在这笔钱使用时间上的要求，可谓利益可观。

又如，资深股民黎女士在股市低迷期间，将 100 万炒股资金存入 7 天通知存款，2 个月后，黎女士即可获取比活期存款多：100 万×60 天×（1.62％－0.72％/360 天＝1500 元的利息，既保证了用款需要，又可享受活期利息 2.25 倍的收益。

5. 教育储蓄

所谓教育储蓄，是指自然人按国家有关规定到指定银行开户、在规定的期限内存入规定数额资金、专门用于教育目的的一种专项储蓄，更是一种专门为学生支付非义务教育所需教育金的专项储蓄，凡在校的中小学生（小学四年级以上），为应付将来上高中或大学等非义务教育开支的需要，都可以在其家长帮助下，参加教育储蓄。教育储蓄采用实名制，开户时，客户要持本人（学生）户口簿或身份证到银行以学生的姓名开立存款账户；而到了到期支取时，储户需凭存折及有关证明一次支取本息。

教育储蓄最低起存金额为 50 元，能够多存，但每次月存金额不得超过开户月的存款额。例如，六年期每月存 277 元，6 年到期本金就是 19944 元；或者可每月存 5000 元，四个月后即已存满，但也须六年后方到期。最后，每一账户到期本金合计最高限额为 20000 元。在存期方面，教育储蓄存期有 1、3、6 年期共三档。

下面我们给大家介绍一下教育储蓄的利率。教育储蓄可以在同档整存整取定期储蓄利率的基础上按有关优惠利率计息，并按实际存期计算利息。教育储蓄各档次利率为：1 年期按开户日中国人民银行公告的一年期整存整取定期储蓄利率计付利息；3 年期按开户日中国人民银行公告的 3 年期整存整取定期储蓄存款利率计付利息；6 年期按开户日中国人民银行公告的 6 年期整存整取储蓄存款利率计付利息，同时享受教育储蓄优惠利率。此外，教育储蓄在存期内遇到利率调整时，按存折开户日挂牌公告的相应储蓄存款利率计付利息，不分段计息。如果你是逾期支取教育储蓄的话，可凭存折和本人的居民身份证或户口簿到开户储蓄所办理提前支取业务，其超过原定存期的部分，按支取日挂牌公告的活期储蓄存款利率计付利息。

初次办理教育储蓄存款时，可以办理预存分期存款。在办理时要分笔进行，每笔金额相等，但预算总额不得超过 20000 元。如某储户带现金 5000 元要求办理教育储蓄，可有两种方法办理：一是选择期限，一次全额办理；二是选择期限，多次办理。

还有一点与其他储蓄方式不同的是，教育储蓄在利息所得税方面是被免征的，因而利息收入又可少扣 20％，加上享受的有关优惠利率所多得的利息，合起来与普通零存整取储蓄利息收入的差额超过 50％。以 3 年期教育储蓄为例，经计算比普通零存整取储蓄利息收入高出 56.2％。

值得注意的是，教育储蓄中的违约是指教育储蓄在分月存入过程中，中途若有漏存，次月又未补齐的情况。时隔 2 个月后的存款都按照银行挂牌公告的活期储蓄存款利率来计息，而没有违约的部分按教育储蓄规定计息。如某储户在分期计入 1 年期教育储蓄存款的过程中，第 7 个月没有存入固定存额的 100 元，到第 9 个月存入各 100 元，那就构成了我们所说的违约。这样的话前 6 个月按公告的 1 年定期储蓄存款给付利息，以后的存款都作为公告的活期存款利率计息。

说了这么多，接下来我们给大家介绍一些关于教育储蓄的实用技巧。确定一个合理的约定存款金额，在同一存期内，每月约定存款数额越小，计息的本金就越小，续存次数就越多，计息天数也相应越少，所得利息与免税优惠就越少；反之，计息的本金就大，计息天数就多，所得利息与免税额就越多；其次，尽量选择 3 年期、5 年期教育储蓄存款。

说了这么多，我们可以清楚看到教育储蓄给国家和个人都带来了很大的好处，比如税务优惠，按照国家相关政策规定，教育储蓄的利息收入可凭有关证明享受免税待遇；积少成多，适合为子女积累学费，培养理财习惯。

针对不同储种的储蓄技巧

在储蓄存款低息和储蓄仍然是家庭投资理财重要方式的今天，掌握各储种的储蓄技巧就显得尤其重要，掌握了这些技巧将使家庭的储蓄存款保值增值达到较好的效果。

有人纠结于银行存款活期好还是定期好。作为普通大众的我们，这倒也的确是个问题，我们先来看一下什么是活期存款和定期存款。

所谓活期存款是一种无固定存期，随时可取、随时可存，也没有存取金额限制的一种存款。而定期存款是指储户在存款时约定存期，开户时一次存入或在存期内按期分次存入本金，到期时整笔支取本息或分期、分次支取本金或利息的储蓄方式。它包括整存整取、零存整取和存本取息 3 种方式。

存款时是选择活期还是定期，具体要看你的资金对流动性要求如何。如果你的钱长期不用，可以存定期，而且最好分存为几张等额存单，这样就算有急用，也可以解存部分定期，不至于损失全部利息，而且存期越长，利率越高，肯定要比活期好。反之，如果你的钱很可能随时会用到，那还是活期比较好。

如果定期存款全部提前支取，你的存款只能按照活期的利率计算，与同档次定期存款利率相比，你将损失不少利息收入。因此，最好在存款时做好计划，合理分配活期与定期存款，大额定期存款可适当化整为零，这样既不影响使用，也不减少利息收入。目前银行开办的储种可谓种类繁多，面对不同的储种，是否都有与其相对应的储蓄技巧呢？答案当然是肯定的。

1. 有关活期储蓄的技巧

对于活期储蓄来说，没有太多可供深究的技巧可言，家庭只需了解对于活期储蓄银行一般规定 5 元起存，由银行发给存折，凭折支取（有配发储蓄卡的，还可凭卡支取），存折记名，可以挂失。它的特点是利息于每年 6 月 30 日结算一次，前次结算的利息并入本金供下次计息。

活期储蓄适合被普通家庭运用在日常开销方面，因为它的特点是灵活方便。但是由于活期存款利率较低，一旦活期账户结余了数目比较大的存款，家庭就应及时把其转为定期存款。另外，家庭在开立活期存折时一定要记住留存密码，这不仅是为了存款安全，而且还方便了日后跨储蓄所和跨地区存取，因为银行规定：未留密码的存折不能在非开户储蓄所办理业务。

2. 有关定期储蓄的技巧

定期储蓄中又包含许多储种，它们的特点各不相同，因此在使用时的技巧也会有所不同。

整存整取是定期储蓄中历史最悠久的储种，它适用于家庭中节余的较长时间不需动用的款项。在高利率时代，储蓄的技巧是期限分拆，即将 5 年期的存款分解为 1 年期和 2 年期，然后滚动轮番存储，这样做可以达到因利生利的效果，使收益最佳。而在如今的低利率时期，家庭都应该明白，其储蓄的技巧除了尽可能地增长存期外，别无他法。这就要求家庭能存 5 年的就不要分期存取，因为低利率情况下的储蓄收益特征是存期越长、利率越高、收益越好。此外，家庭还要能够善用我们在前文中提到的部分提前支取、存单质押贷款等方法来避免利息损失。

零存整取也是许多家庭非常熟悉的一种储蓄方法，它适用于较固定的小额余款存储，因为其积累性较强。目前银行一般规定零存整取定期储蓄 5 元起存，存期分为 1 年、3 年、5 年 3 个档次，尤其适合收入不高的家庭生活节余积累成整的需要。它的规定比较严格，存款开户金额由家庭自行决定。很明显我们可以看出，这种储蓄方法不具有很强的灵活性，有一些家庭存储了一段时间后，认为如此小额存储效果并不明显，因此放弃者不在少数，其实这种前功尽弃的做法对家庭来说往往损失很大，因此采用这种储蓄方式最重要的技巧就是"坚持"。

存本取息是定期储蓄中的另一个储种，目前银行一般规定存本取息定期储蓄是 5000 元起存。要使存本取息定期的储蓄效果达到最好，最重要的技巧就是把这种方法与零存整取储种结合使用。

3. 有关定活两便储蓄的技巧

目前银行一般规定定活两便储蓄 50 元起存，可随时支取，既有定期之利，又有活期之便。这种储蓄方法的技巧主要是要掌握支取日，确保存期大于或等于 3 个月，这样做可以减少利息的损失。

4. 有关通知储蓄存款的技巧

目前银行一般约定通知储蓄存款 5 万元起存，一次存入，可一次或分次支取，存期分为 1 天和 7 天两个档次。支取之前必须向银行预先约定支取的时间和金额。这种储蓄方式最适合那些近期要支用大额活期存款但又不知支用的确切日期的家庭，例如，个体户的进货资金、炒股时持币观望的资金或是节假日股市休市时的闲置资金。

5. 有关教育储蓄的技巧

教育储蓄作为国家开设的一项福利储蓄品种，目前银行一般规定教育储蓄 50 元起存，存期分为 1 年、3 年、6 年 3 个档次。存储金额由家庭自行决定，每月存入一次（本金合计最高为 2 万元）。因此，教育储蓄具有客户特定、存期灵活、总额控制、利率优惠、利息免税的特点。由于教育储蓄是一种零存整取定期储蓄存款方式，在开户时家庭与金融机构约定每月固定存入的金额，分月存入，但允许每两月漏存一次。因此，只要利用漏存的便利，家庭每年就能减少了 6 次跑银行的劳累，也可适当地提高利息收入。

另外，除了上述对应不同储蓄类型的技巧外，就家庭储蓄本身而言，还是存在许多额外技巧的。在对待储蓄的态度上有的家庭会觉得花钱总是一种愉悦的享受，而储蓄却好似一种痛苦的惩罚。如果有这样的想法，那么，家庭大可以把储蓄看作是一个游戏，一旦意识到这个游戏充满着智慧的挑战，那么就会取得成功。对于刚刚建立的新家庭而言，从小额储蓄起步是很正常的。家庭可以拿出月收入的 10% 到 15% 来进行储蓄，最重要的是制定目标后要持之以恒。另外，家庭还可以采取定期从工资账户上取出 20 元、50 元或 100 元，存入新开立的存款账户中的方法，家庭会发现这种手中可支配现金比以往减少了的生活不会和从前有什么差别，一旦适应之后，家庭就可以逐步从工资账户中增加每次取出的金额，存入新的存款账户，这样你就会发现，银行账户上的钱会比想象得多。我们还有一个相似的办法，就是每天从钱包里拿出 5 元或 10 元钱，把它们放在一个自己看不见的地方，也可以当作是被小偷偷走了，然后每月将这些积攒到一定数目的钱存入银行存款账户中。家庭仍然会感觉到，其实每天可支配的钱少了 5 元或 10 元并不会对生活产生什么影响，然而如果每天存 5 元，每月就是 150 元，一年就居然可以买得起一台电视了！

我们必须承认，储蓄也是需要动力的，它更是考验一个人自制力的最好方法。如果家庭成员对自己的自制力不那么自信，不如就把储蓄的目标贴在床头、冰箱门、客厅的墙上等家中醒目的地方，时常提醒自己，以增加储蓄的动力吧。

家庭一旦养成了储蓄的良好习惯，并能坚持下去，再配以一种或几种适合家庭的投资理财方式，以获得较高的投资回报，将来家庭的前途一定不可限量。储蓄永远都是一个家庭的坚实基石，有了它，家庭就可以无忧无虑地进行投资、享受生活了！

设定科学合理的储蓄方案

家庭作为一个基本的消费单位，在储蓄时也要讲科学、合理安排。一个家庭平时收入有限，因此对数量有限的家庭资本的储蓄方案需要格外花一番工夫，针对不同的需求，家庭应该分别进行有计划的储蓄。

我们的建议是把全家的整个经济开支划分为 5 大类。

1. 日常生活开支

在理财过程中，每个家庭都清楚建立家庭就会有一些日常支出，这些支出包括房租、水电、煤气、保险、食品、交通费和任何与孩子有关的开销等，它们是每个月都不可避免的。根据家庭收入的额度，在实施储蓄时，家庭可以建立一个公共账户，采取每人每月拿出一个公正的份额存入这个账户中的方法来负担家庭日常生活开销。

为了使这个公共基金良好地运行，家庭还必须有一些固定的安排，这样才能够有规律地充实基金并合理地使用它。注意不要随意使用这些钱，相反的，要尽量节约，把这些钱当作是夫妻今后共同生活的投资。另外，对此项开支的储蓄必不可少，应该充分保证其比例和质量，比如，家庭可以按照家庭收入的 35％或 40％的比例来存储这部分基金。

2. 大型消费品开支

家庭建设资金主要是用于购置一些家庭耐用消费品，如冰箱、彩电等大件和为未来的房屋购买、装修做经济准备的一项投资。我们建议以家庭固定收入的 20％作为家庭建设投资的资金，这笔资金的开销可根据实际情况灵活安排，在用不到的时候，它就可以作为家庭的一笔灵活的储蓄。

3. 文化娱乐开支

现代化的家庭生活，自然避免不了娱乐开支。这部分开支主要用于家庭成员的体育、娱乐和文化等方面的消费。设置它的主要目的是为了在紧张的工作之余为家庭平淡的生活增添一丝情趣。比如，郊游、看书、听音乐会、看球赛，这些都属于家庭娱乐的范畴。在竞争如此激烈的今天，家庭难得有时间和心情去享受生活，而这部分开支的设立可以帮助他们品味生活，从而提高生活的质量。我们的建议是：这部分开支的预算不能够太少，可以规划出家庭固定收入的 10％作为预算，其实这也是很好的智力投资，若家庭收入增加，也可以扩大到 15％。

4. 理财项目投资

家庭投资是每一个家庭希望实现家庭资本增长的必要手段，投资的方式有很多种，比较稳妥的如储蓄、债券，风险较大的如基金、股票等，另外收藏也可以作为投资的一种方式，邮币卡及艺术品等都在收藏的范畴之内。我们认为，以家庭固定收入的 20％作为投资资金对普通家庭来说比较合适。当然，此项资金的投入，还要与家庭个人所掌握的金融知识、兴趣爱好以及风险承受能力等要素相结合，在还没有选定投资方式的时候，这笔资金仍然可以以储蓄的形式先保存起来。

5. 抚养子女与赡养老人

这项储蓄对家庭来说也是必不可少的，可以说，它是为了防患于未然而设计的。今后家庭有了小孩，以及父母的养老都需要这笔储蓄来支撑。此项储蓄额度应占家庭固定收入的 15％，其比例还可根据每个家庭的实际情况加以调整。

上述 5 类家庭开支储蓄项目一旦设立，量化好分配比例后，家庭就必须要严格遵守，切不可随意变动或半途而废，尤其不要超支、挪用、透支等；否则，就会打乱自己的理财计划，甚至造成家庭的"经济失控"。

应对低利息的存储策略

由于目前银行利率已经降到历史最低，那么对于储蓄这种依靠利息增值的理财方式来说，对每个家庭的冲击非常大，家庭辛辛苦苦存下来的钱眼看就要无法增值了。

面对这种情况，我们要保持清醒的头脑，通过适当的方法达到存储利益的最大化，只有这样才能减小低息对储蓄的直接影响。

1. 选择合理的存期

一般来说，在币值稳定、通货膨胀率低的情况下，存期越长，利率越高，实际收益越大。我们认为，目前人民币存款利率已达到或接近谷底。近年来连续的几次降息对经济回升起到了明显的作用。由此我们建议在当前阶段，家庭的储蓄策略应以"中短期"为主，尤其是大额资金，应基本控制在 2 年期内，这样在利息率回调的时候家庭才不会因为储蓄年限的不协调而错过机会。

2. 善用通知存款

通知存款是银行近年来推出的新储种，许多家庭还都不太熟悉。它是指家庭在存入一笔钱时不约定存期，而支取时只要提前通知银行约定支取存款的日期与金额即可，提前通知银行的日期可以是一天也可以是七天。这种储蓄方式适用于大额短期存款，因为它方便灵活，利率又高于同期的定活两便储蓄，无疑是家庭大额闲置资金的最佳储种选择。

3. 活用外币存储

从小额外币存款利率看，在相同的存期内，不少外币存款利率要远远高于人民币存款利率，比如，美元、英镑、港币等。由此，在低利率时代，家庭可以考虑适量存储一些外币来弥补人民币利率过低所造成的利息损失。

4. 投资"教育储蓄"

教育储蓄作为新兴的储蓄项目对于刚刚建立的新家庭来说是颇具吸引力的。这种储蓄利率优惠，而且国家免征利息税。它的另一个好处是存贷结合，家庭一旦参加了教育储蓄，今后孩子升学若遇到资金困难，还可向开户银行申请"助学贷款"，银行将会优先给予解决。

在这里我们提醒家庭应该注意的是：不要选择"存本取息＋利息零存整取"配套储蓄。因为央行的多次降息，大大地缩小了各存期档次间的利差，"存本取息＋利息零存整取"配套储蓄已无利可图，其组合利息收入反而低于同期限的定期存款利息。

如何实现存款利润最大化

家庭理财中储蓄获利是最好的一种选择。那么，如何实现储蓄利润最大化呢？根据自己的不同情况，可以做出多种选择。

1. 压缩现款

如果你的月工资为10000元，其中5000元作为生活费，另外节余5000元留作他用，不仅节余的5000元应及时存起来生息，就是生活费中的5000元也应将大部分作为活期储蓄，这会使本来暂不用的生活费也能养出利息。

2. 尽量不要存活期

一般情况下，存款的存期越长，利率越高，所得的利息也就越多。因此，要想在家庭储蓄中获利，你就应该把作为日常生活开支的钱存活期外，节余的都存为定期。

3. 不提前支取定期存款

定期存款提前支取，只按活期利率计算利息。若存单即将到期，又急需用钱，则可拿存单做抵押，贷一笔金额较存单面额小的钱款，以解燃眉之急；如必须提前支取，则可办理部分提前支取，尽量减少利息损失。

4. 存款到期后，要办理续存或转存手续以增加利息

存款到期后应及时支取，有的定期存款到期不取，逾期按活期储蓄利率计付逾期的利息，故要注意存入日期，存款到期就取款或办理转存手续。

5. 组合存储可获双份利息

组合存储是一种存本取息与零存整取相组合的储蓄方法。如你现有一笔钱，可以存入存本取息储蓄户，在一个月后，取出存本取息的第一个月利息，再开设一个零存整取储蓄户，然后将每月的利息存入零存整取储蓄。这样，你不仅得到存本取息储蓄利息，而且利息在存入零存整取储蓄后又获得了利息。

6. 月月存储，充分发挥储蓄的灵活性

月月储蓄说的是12张存单储蓄，如果你每月的固定收入为2500元，可考虑每月拿出1000元用于储蓄，选择一年期限开一张存单，当存足一年后，手中便有12张存单，在第一张存单到期时，取出到期本金与利息，和第二期所存的1000元相加，再存成一年期定期存单。以此类推，你会时时有 12 张存单。一旦急需，可支取到期或近期的存单，减少利息损失，充分发挥储蓄的灵活性。

7. 阶梯存储适合工薪家庭

假如你持有 3 万元，可分别用 1 万元开设 1～3 年期的定期储蓄存单各一份；1 年后，你可用到期的 1 万元，再开设一个 3 年期的存单，以此类推，3 年后你持有的存单则全部为 3 年期，只是到期的年限不同，依次相差 1 年。

8. 4 份存储减少不必要的利息损失

若你持有 1 万元，可分存在 4 张定期存单，每张存额应注意呈梯形状，以适应急需时不同的数额，即将 1 万元分别存成 1000 元、2000 元、3000 元、4000 元的 4 张 1 年期定期存单。此种存法，假如在一年内需要动用 2000 元，就只需支取 2000 元的存单，可避免需取小数额却不得不动用"大"存单的弊端，减少了不必要的利息损失。

9. 预支利息

存款时留下支用的钱，实际上就是预支的利息。假如有 1000 元，想存 5 年期，又想预支利息，到期仍拿 1000 元的话，你可以根据现行利率计算一下，存多少钱加上 5 年利息正好为 1000 元，那么余下的钱就可以立即使用，尽管这比 5 年后到期再取的利息少一些，但是考虑到物价等因素，也是一种很经济的办法。

保守型投资者该如何储蓄

花大妈手头有 50000 元，打算都存成定期获得利息，但是她又害怕这期间会有什么突发事件让她被迫中止存款，那样自己将会损失很多的利息。

于是，本着保险起见，花大妈将这 50000 元分成了 5 份，并分别以存期 1 年、存期 2 年、存期 3 年、存期 4 年、存期 5 年为期限存入银行。一年后，花大妈又将其中到期的 10000 元转存了 5 年期的定期存款，两年后，花大妈又将另一个到期存款转存，并也以 5 年期的定期存入银行。以此类推，5 年后，花大妈的所有账户都将变成 5 年期的定期存款，到期时间也都相差一年，这样，一旦花大妈急需用钱，就可以取出距离到期日期最近的一张存折，将利息损失降至最低。

这种储蓄策略就叫作阶梯式储蓄，它适合于保守型的投资者，是一种风险小、利益损失较低的储蓄投资方式。

虽说现在是微利时代，钱存银行，利乎其微。不过相比较现在的投资渠道而言，储蓄仍旧是最基础和最稳妥的理财方式。

怎样存着才能获取高利息，又不失流动性，适应国家对利率的调整呢？不妨采用"阶梯式储蓄理财法"。

这种方法对于"月光族"来说尤为有用，既可以安排日常生活的开支又不至于太浪费，同时还能最大限度地获取定期利息。

王小姐，26 岁，在某中学任教，月收入 3500 元左右。每月生活开销 1000 元，逛街买衣服每月 2000 元，交通费每月 500 元，是彻彻底底的"月光一族"。单位提供"三险一金"。父母均有退休金和医疗保障，身体健康。

专家认为，像王小姐这样消费欲望特别强的年轻人，要想摆脱"月光女神"的"光环"，就要尽量压缩不必要的开支，例如：交际应酬、购买奢侈品。建议王小姐使用记账的理财方法，坚持一个月，就会逐渐养成不乱花钱的好习惯。

对于王小姐来说，可考虑阶梯式组合储蓄法。在前 3 个月时，根据自身情况每个月拿出收入的 30％进行理财。理财的前提是有财可理，首先要"节流"攒钱。最开始可将 900 元存 3 个月定期，从第 4 个月开始，每个月便有一个存款是到期的。如果不提取，银行可自动将其改为 6 个月、1 年或者 2 年的定存；之后在第 4 到第 6 个月，每月再存入一定资金作为 6 个月的定存。这样的"阶梯式"操作，不仅保证了每个月都有一个账户到期，而且自由提取的数目也在不断增长。

十二存单法让闲钱生息

很多人习惯将每月的节余积攒到较大数额再存定期，其实闲钱放在活期账户里利率很低，积攒过程中无形损失了一笔收入，不妨利用"十二存单法"，让每一笔闲钱都生息。

亚维和老公今年都刚过 30 岁，每人每个月只有 2000 多元钱的工资收入。以前，觉得挣的钱少，不值得理财。后来两家老人经常生病住院，亚维夫妻俩为了老人花了不少钱。在这种情况下，夫妻俩还是买了房子，这多亏亚维充分利用了"十二存单法"。

亚维认为，除了必要的开支之外，剩余的钱对于工薪家庭来说放在银行里是最有保障的。她将这部分钱分作两部分，25％存为活期以备不时之需，75％存成定期，而且是存一年的定期。

对于这样存钱，亚维有自己的想法。第一，是一年期的定期与零存整取相比起来利息要高一些。第二，一旦急需用钱，动用零存整取就意味着前功尽弃，而每张的定期存单你都可以根据你需要用钱的数目及存单到期的先后顺序去考虑动用几张及动用哪几张，这样就不会使其他的定期存款受影响。第三，到期时，零存整取意味着相对的一大笔钱到期，这时会很容易让人产生购物的冲动，定期一年的存单，因为每笔的数额都不大，这种冲动就小多了。第四，零存整取是一次性到期，除了那个月有点惊喜，其他时间应该就没有什么感觉了吧。定期的存单可不一样了，到了第二年每个月都有存单到期，每个月都有惊喜。

　　然后，从第二年起，亚维就每个月再把当月的75％和当月到期的存单一起再存成一年的定期。

　　除了固定的工资收入之外，过年过节的分红、奖金一类的数额较大的收入，更要计划好如何去存储。亚维的做法是不要存成一张定期存单，而是分成若干张，例如：1万元存一年，不如分成4000、3000、2000、1000元各一张。为什么？当然也是为了应付不时之需了，需要1000元时，就不要动其他的，需用5000元时就动用4000加1000元（或3000加2000元），总之动用的存单越少越好。

　　亚维理财成功主要是因为合理地规划了家庭开支，还有，她的存款方式合理。其实，亚维的存款方式就是"十二存单法"，它在实际生活中会收到意想不到的效果。

　　这种储蓄方式很适合年轻家庭，操作起来简单、灵活，既能有效地累积家庭资产，又可以应对家庭财务中可能出现的资金短缺问题。李庆和赵林也是巧妙利用"十二存单法"的受益者。

　　李庆和赵林是一对结婚不到两年的夫妇，两个人每个月的工资合起来有6000块钱左右。以前还没结婚时，两个人花钱大手大脚，到月底基本上没什么节余，所以一直觉得没钱，谈不上理财。但结婚时花了不少钱，而且贷款买了套小房子，每月要还房贷，以后还要准备生孩子、自己还要准备养老费用等，一盘算下来，两人脸都白了：要花钱的地方多的是，不得不开始存钱了！

　　小两口坐下来仔细算了算，两人的公司福利不错，上下班有班车接送，中午有免费工作餐，不定时还发点鸡蛋、牛奶、花生油之类的，除去日常生活费用和1000多元的月供，两人每月实际上可以余下2000块钱。但是说起怎么存钱，两人又犯了难：如果把节余的2000块钱放在工资卡里不动，只能算活期利息，不划算，而且说不定什么时候又取出来花掉了。如果把钱存成定期，万一突然有急用临时取出来，利息还是只能按活期算，那也划不来。怎么办呢？小两口经过学习了解后，心中有了周密的打算。

　　首先，两人决定拿出两个月的节余4000元钱，作为应急准备金，购买了货币型基金，这样收益比活期存款的利息高，赎回也很方便，如果有什么急事要用钱可以及时赎回。然后，从第三个月开始，把每月节余的2000元钱都存定期，存款期限设为1年。1年后两人手里就会有12张2000元的定期存单，而且每个月都会有一张存单到期，不需用钱的话，可以将到期的存单自动续存，并将每月要存的2000元添加到当月到期的这张存单中，继续滚动存款。这样两人手里始终有12张存单，并且每个月都有一笔资金可以动用。

　　李庆和赵林对这种存钱方式很满意，一来，一年期的定期与零存整取相比起来利息要高不少；二来，若急需用钱，可以根据用钱的数目及存单到期的先后顺序去考虑动用哪几张。这样就不会使其他的定期存款受影响，不像零存整取，一旦要提前支取利息就只能按活期计算了。

如果开通自动转存业务，约定当活期账户资金达到 2000 元时，银行自动将该笔资金转存为 1 年期的定期存款，更能免去了每月跑银行的麻烦。以后，还可以考虑将定存期限适当延长，这样可以提前锁定收益所得，避免因利率下调而带来的利息损失。

提前支取定期存款的技巧

生活中常常都有意想不到的事情发生，如果你存了一笔定期储蓄，在还不到期时急着用钱怎么办？

一般来说，定期储蓄在存入时约定存期，没有到期一般不得支取，但储户如遇特殊情况确需支取的，银行也准予办理。储户办理提前支取时要带存单和身份证件，凭印支取的还要加盖预留印鉴，然后到银行办理提前支取手续。如果由他人代办，代办人还要带上自己的身份证件。

提前支取定期存款，损失是不可避免的，但可以运用一些技巧使利息损失减少到最低程度。提前支取的利率按支取时挂牌活期储蓄利率计息。假若储户不打算全额提前支取，也可以办理部分提前支取，剩余部分银行另开给新存单，并按原存款日期和利率计算利息，不会影响这部分存款利息收入。那么，有什么好办法既可以解用款的燃眉之急，又可以将利息损失降至最低呢？具体可参考以下方法：

1. 办理部分提前支取

银行规定，定期存款的提前支取可分为部分和全额支取两种。你可根据自己的实际需要，办理部分提前支取，这样剩下的存款仍可按原有存单存款日、原利率、原到期日计算利息。

2. 办理存单抵押贷款

假如你因急用钱需要全额提前支取 1 年期以上的定期储蓄存单，而支取日至原存单到期日已过半，在这种情况下，你可以用原存单做抵押申请办理小额抵押贷款手续，这样可减少利息损失。

3. 交替存储法

比如你有 5 万元现金，可以将 5 万元分为两份，每份为 2.5 万元，分别按半年、1 年的存期存入银行，1 年期存款设为自动转存。

若在半年期存款到期后，有急用便取出，若用不着，则也转为 1 年期定期存款，并设立自动转存功能。这样两笔存款的循环时间为半年，若半年后有急用，可以取出任何一张存单。在适当时候也可根据需要，使用定期储蓄存款部分提前支取功能，这样一来，存款便不会全部按活期储蓄存款计算利息，从而避免了损失掉不应该损失的利息。

要学会利用贷款

迫于生活的压力，越来越多的人开始求助于贷款，越来越多的人加入到还贷的行列中。不过，仍有人对贷款知识一窍不通。下面简单了解一下银行贷款的相关知识。

1. 个人贷款种类

（1）个人住房贷款。个人住房贷款是银行提供的用于支持个人购买、大修住房的贷款项目。目前其主要是指抵押加阶段性保证个人住房贷款，即通常所称的"个人住房按揭贷款"。贷款的额度最高为所购（大修）住房全部价款或评估价值（以低者为准）的80％，期限一般最长不超过30年。

（2）个人汽车贷款。个人汽车贷款是银行提供的用于支持个人购买汽车的贷款项目。若所购车辆为自用车的，贷款金额不能超过所购汽车价格的80％，期限不超过5年。

（3）个人消费品贷款。一般是指生活中的耐用品贷款。即银行提供的用于支持个人购买日常生活中耐用消费品的贷款项目。耐用品是指单价在3000元以上（含3000元）、正常使用寿命在2年以上的家庭耐用商品，如家用电器、电脑、家具、健身器材等，期限一般为5年。

除上面的以外，各个银行还可能开设不同的业务，如建设银行还有个人助业贷款。

2. 贷款的一般流程

（1）向银行提出贷款申请。个人贷款一般需要携带下列物品：户口本、婚姻状况证明、身份证、收入证明、房地产权证以及担保人的相关证明等有关材料。另外还要支付相关的一系列费用。

（2）银行受理后，对相关材料进行调查评估。银行在收到相关材料后，将对这些内容进行初审，对借款人进行资信调查和客户评价，对于符合贷款条件的客户申请进行审批，不符合的不审批，并说明理由。

（3）签订借款合同，并开立账户。银行审批通过，就可以签订相关贷款合同，再由个人在银行开立账户，如此，则一切就绪。

（4）银行支用贷款。最后一个步骤，就是银行向申请人发放贷款。

3. 贷款的学问

贷款，不仅仅是向银行申请填个表格，这其中还有很多内容。不想变成"房奴"，不想变成"负翁"，你就必须研究贷款里面的知识。

1. 自我评估的学问

在贷款之前，你要学会的第一件事就是评估自己的经济实力。然后根据综合评估的数据，来确定首期付款金额和比例。经济实力一般包括不动产和动产两大部分。

2. 收支预算的学问

为了将来能更好更快地还清贷款，你必须对家庭未来的收入及支出做出合理的预期。这其中一定要考虑各种可能的影响因素。一般来说，高学历的年轻人个人收入预期较高，还款的日期就可以适当加快。

3. 计算可贷额度的学问

为了能确定自己的可贷额度，以免过度增加自己的还贷压力，你应当根据自己的收支情况，按照每月的家庭收支余额来计算可贷额度。而且，在计算的过程中，还要考虑到家庭收支情况的变动，避免出现财务真空。

4. 规定借款年限的学问

很多时候，你会发现，有的人怕自己到时候还贷会有压力，于是就选择尽可能长的贷期。其实，这样不一定合适。如果你的收入没过多久就有了较大幅度的增长，于是你有了相当一部分还贷款的能力，甚至可以还清全款。那就没必要等到几年甚至十几年后再来还款。不过若此时你提前还贷，就要浪费一笔违约金，对你十分不利。所以，对于大多数工薪族来说要慎重考虑借款期限。不过对于一般人来说，15 到 20 年就足够了。

质押贷款和抵押贷款的办理

银行贷款的种类中，质押贷款和抵押贷款是最主要的贷款形式。我们简单了解下这两种贷款的办理过程。

1. 质押贷款的办理

在我国，个人也可以办理质押贷款。个人质押贷款因其办理时间短、手续简便、贷款额度高等特点正受到越来越多人的青睐。

（1）个人质押贷款的申请条件

①在中国境内居住，具有完全民事行为能力。

②具有良好的信用记录和还款意愿。

③具有偿还贷款本息的能力。

④提供银行认可的有效权利凭证做质押担保。

⑤在银行开立个人结算账户。

⑥银行规定的其他条件。

（2）借款人申请办理个人质押贷款需要提交以下资料：

①申请人本人的有效身份证件，以第三人质物质押的，还要提供第三人的有效身份证件。

②有效质物证明。以第三人质物质押的，还须提供受理人、借款申请人和第三人签署同意质押的书面证明。

③银行规定的其他资料。办理个人质押贷款时，银行经办人要验看申请人的身份证件、名章，《借款申请书》是否真实有效，质押物是否已被冻结等。

根据《个人质押贷款办法》规定，贷款期限在1年（含）以内的，采用一次还本付息的还款方式；贷款期限超过1年的，可采用按月（季）还息、一次还本，或按月等额本息、等额本金的还款方式。当借款人无法按借款合同约定如期偿还贷款本息时，银行有权处理质押物，用以抵偿贷款本息。

2. 抵押贷款的办理

抵押指债务人把自己的财产押给债权人，作为清偿债务的保证。而抵押贷款是指借款者以一定的抵押品作为物品保证向银行取得的贷款。

办理抵押贷款时能作为抵押品的通常包括有价证券、各种股票、房地产，以及货物的提单、栈单或其他各种证明物品所有权的单据等。

抵押贷款最基本的形式是动产抵押贷款和不动产抵押贷款。动产抵押贷款是指以车辆、船舶、有价证券等做抵押品的贷款。不动产抵押贷款是指以不动产做抵押品的贷款。能够作为抵押品的不动产主要有住房、仓库、办公楼、厂房及土地等。

抵押贷款到期，借款者必须如数归还，否则银行有权处理其抵押品。

抵押贷款一方面使商品、票据、有价证券等提前转化为货币现款，这对于加速资本周转、刺激经济增长再生产，起到一定的作用。但是，另一方面，这种贷款容易造成虚假的社会需求，助长投机活动。因此，我国各大银行在对抵押贷款进行审核时都非常慎重。

如何办理个人住房贷款

住房，对一个人或一个家庭来讲，恐怕是头等大事，但是要解决住房问题需要很多金钱，这可不是一个小数字，对许多人来讲都有一定的难度，这时我们就需要求助于银行。

现在，银行一般都开设了个人住房贷款业务。有了个人住房贷款，就算你还没有足够的财力购买一套房子，也可以凭借你的信用，通过个人住房贷款来实现安居梦。

下面是关于个人住房贷款的一些基本政策：

1. 贷款金额

按照中国人民银行的规定，个人住房贷款最高不超过房价的70%，也就是说，购房者至少要准备30%的首期付款。

2. 贷款方式

个人住房贷款主要有3种方式，分别是个人住房商业性贷款、住房公积金贷款和个人住房组合贷款。个人住房商业性贷款是银行用信贷资金发放的贷款。住房公积金贷款的资金来自于职工缴存的住房公积金存款，因此这类贷款只贷给那些住房公积金缴存人，但有金额上的限制。个人住房组合贷款是上述两种贷款的组合。

3. 贷款利率

个人住房商业性贷款利率与公积金贷款利率一般也会随时调整，理论上将使用这种利率的贷款称为浮动利率贷款。浮动利率的具体调整方式由借款人与商业银行在签订贷款合同时协商确定。近年来，一些商业银行推出了固定利率的住房贷款。所谓固定利率贷款，指的是在一定时间内，不管国家如何调整利率，贷款人只根据贷款合同中规定的贷款利率支付利息。固定利率贷款和浮动利率贷款各有利弊。如果未来利率上调，选择固定利率贷款比较划算，可少付利息；如果未来利率下调，选择浮动利率贷款更合适。

4. 还款方式

个人住房贷款一般有 3 种还款方式：一是一次性还清本息，这种方式比较少见；二是等额本息，就是每月以相等金额偿还本息，每次数额明确，便于购房者安排收支，适合未来收入稳定的购房者；三是等额本金，就是每月等额偿还本金，利息按月计算，这种办法的利息总额支出比前一种方法小，但前期还款压力较大。

5. 贷款期限

个人住房贷款的最长期限为 30 年。购房者可以提前还款，不过需要向银行提出书面申请，征得银行同意。

个人住房贷款的操作流程

了解了关于一些住房贷款的政策后，在实际生活中如何办理个人住房贷款呢？办理个人住房贷款的整个过程大致分为 3 个阶段：

第一阶段，提出申请，银行调查、审批。

借款人在申请个人住房贷款时，首先应填写《个人住房贷款申请审批表》，同时须提供如下材料：

1. 借款人材料

（1）借款人合法的身份证件。

（2）借款人经济收入证明或职业证明。

（3）有配偶借款人须提供夫妻关系证明。

（4）有共同借款人的，须提供借款人各方签订的明确共同还款责任的书面承诺。

（5）有保证人的，必须提供保证人的有关资料。

2. 所购房屋材料

（1）借款人与开发商签订的《购买商品房合同意向书》或《商品房销（预）售合

同》。

（2）首期付款的银行存款凭条和开发商开具的首期付款的收据复印件。

（3）贷款人要求提供的其他文件或资料。

第二阶段，办妥抵押、保险等手续，银行放款。

贷款批准后，购房人应与贷款银行签订借款合同和抵押合同，并持下列资料到房屋产权所辖区房产管理部门办理抵押登记手续。

（1）购房人夫妻双方身份证、结婚证原件及复印件。

（2）借款合同、抵押合同各一份。

（3）房地产抵押申请审核登记表。

（4）全部购房合同。

（5）房地产部门所需的其他资料。

房地产管理部门办理抵押登记时间一般为 15 个工作日。抵押登记手续完成后，抵押人应将房地产管理部门签发的《期房抵押证明书》或《房屋他项权证》交由贷款银行保管。

第三阶段，按约每月还贷，直到还清贷款本息，撤销抵押。

借款人未按借款合同的约定按月偿还贷款，贷款银行根据中国人民银行有关规定，对逾期贷款按每日计收万分之二点一的罚息。当发生下列任何一种情况时，贷款银行将依法处置抵押房屋。

（1）借款人在贷款期内连续 6 个月未偿还贷款本息的。

（2）《借款合同》到期后 3 个月未还清贷款本息的。

公积金住房贷款的办理

住房公积金一直是人们比较关注的。随着房产在人们生活中的比重越来越重，住房公积金和人们的生活日益密切。对于公积金，很多准购房者不清楚怎么使用才合法有效。那么，办理公积金住房贷款有哪些注意事项呢？

1. 申请条件

符合我国国土资源和房屋管理局规定的定向销售经济适用房购买条件；申请贷款前应连续足额缴存住房公积金满 6 个月；未负有住房公积金贷款债务；具有完全民事行为能力。

2. 贷款期限

公积金住房贷款的最长贷款期限为 20 年。

3. 自筹资金

公积金住房贷款需要支付不低于所购住房全部价款 30% 的自筹资金。

4. 担保方式

必须采用本市住房公积金管理中心和贷款银行认可的保证担保。

5. 需要提供的借款人资料

借款人身份证；本市户口簿，或蓝印户口簿或暂住证；借款人住房公积金储蓄卡，支行凭借款人住房公积金储蓄卡打印《住房公积金查询单》，并加盖支行业务印章；借款人正楷人名章；加盖房地产管理部门登记备案章的买卖合同和预售款专用收据等市住房公积金管理中心和贷款银行要求提供的其他资料。同时，使用配偶额度的还须提供：配偶身份证；配偶住房公积金储蓄卡；支行凭配偶住房公积金储蓄卡打印的《住房公积金查询单》，并加盖支行业务印章；结婚证或民政部门开具的结婚证明文件，或与借款人同户籍户口簿；配偶同意借款人用其住房公积金贷款额度申请贷款的《承诺书》。

6. 贷款流程

（1）借款人持贷款所需资料到贷款银行提出申请。

（2）贷款银行进行贷款审查，借款人与贷款银行签订借款合同及相关的合同或协议。

（3）办理担保手续。

（4）住房公积金管理中心对贷款材料进行审批。

（5）借款人到贷款银行办理划款手续。

7. 贷款银行

申请个人住房公积金贷款购买定向销售经济适用住房的职工，应到所购房屋座落区的建设银行支行办理有关贷款手续。

个人汽车贷款的办理

你不仅可以贷款买房，还可以贷款买车，提前变成"有车族"。个人汽车贷款是指贷款人向借款人发放的用于购买汽车的贷款。在一般情况下，申请个人汽车贷款也需要提供住房、有价证券等形式的担保。

1. 关于个人汽车贷款的基本政策：

（1）贷款对象及条件

①具有完全民事行为能力的自然人。

②具有当地城镇常住户口或有效居留身份，有固定和详细的地址。

③有正当的职业和稳定的收入，信用良好，具备偿还贷款本息的能力。

④持有与汽车经销商签订的汽车购买协议或合同。

⑤已支付不低于首期付款数额的购车款，并以愿购车辆作为抵押。

（2）贷款额度

①以贷款人认可的有效权利质押或银行、保险公司提供连带责任保证方式的，贷款最高额不超过质押物面额的 90％或购车费用的 90％。

②以所购车辆或其他经贷款人认可的财产抵押申请贷款的，贷款最高额不超过抵押物价值的 70％。

③以除银行、保险公司以外第三方保证方式申请贷款的，贷款最高额不超过购车费用的 60％。

（3）贷款期限

贷款期限一般为 3 年（含），最长不超过 5 年（含），如采用贷款到期一次性还本付息的，贷款期限控制在一年（含）之内。

（4）贷款利率

贷款利率原则上按照中国人民银行规定的同期同档利率执行，如遇贷款利率调整，贷款期限在 1 年（含）以下的，执行合同利率，不分段计息；贷款期限在 1 年以上的，实行分段计息，于下一年度 1 月 1 日开始，执行同期同档贷款新利率。

（5）还款方式

个人汽车贷款的还款方式和住房贷款类似。常见的也是两种：一种是等额本息还款，另一种是等额本金还款。可以申请提前归还贷款本息，也可申请贷款展期。不过，只能申请一次展期，展期期限不超过一年。

2. 个人汽车贷款的程序

（1）咨询：客户到银行营业网点进行咨询，网点会为用户推荐已与银行签订《汽车消费贷款合作协议书》的特约经销商。

（2）选购汽车：到经销商处选定拟购汽车，与经销商签订购车合同或协议。

（3）贷款申请：到银行网点提出贷款申请，必需的材料有：

①个人：贷款申请书；有效身份证件；职业和收入证明以及家庭基本状况；购车协议或合同；担保所需的证明或文件；购车协议或合同；贷款人规定的其他条件。

②法人：贷款申请书；企业法人营业执照或事业法人执照，法人代表证，法定代表人证明文件；人民银行颁发的《贷款证》；经会计（审计）师事务所审计的上一年度的财务报告及上一个月的资产负债表、损益表和现金流量表；抵押物、质押物清单和有处分权同意抵押、质押的证明，抵押物还须提交所有权或使用权证书、估值、保险文件，质押物还须提供权利证明文件，保证人同意保证的文件；贷款人规定的其他条件。

（4）资信调查：银行在受理借款申请后有权对借款人和保证人的资信情况进行调查，对不符合贷款条件的，银行在贷款申请受理后 15 个工作日内通知借款人；对符合贷款条件的，银行将提出贷款额度、期限、利率等具体意见，及时通知借款人办理贷款担保手续，签订《汽车消费借款合同》。

（5）办理保险：借款人在银行指定的保险公司预办抵押物保险，并在保单中明确第一受益人为银行，保险期限不得短于贷款期限。

（6）银行向经销商出具《汽车消费贷款通知书》，借款人同时将购车首期款支付给经销商。

（7）经销商在收到《汽车消费贷款通知书》及收款凭证后，协助借款人到相关部门办理缴费及领取牌照等手续，并将购车发票、各种缴费凭证原件及行驶证复印件直接移交到银行。借款人以所购汽车做抵押的，其保险单、购车发票等凭证在贷款期间由银行保管。在合同期内，银行有权对借款人的收入状况、抵押物状况进行监督，对保证人的信誉和代偿能力进行监督，借款人和保证人应提供协助。

银行贷款要量力而行

有很多这样背负贷款的人，都被巨额的还贷压力压得喘不过气，就算累得腰酸背痛，也要咬着牙硬挺。虽然贷款买房已经是很普遍的事情了，但是一旦你贷款的钱超过了你所能承受的范围，那它就成了痛苦和负担了。所以，银行贷款要量力而行，不要盲目求多，否则后果就会比较严重。

天下没有免费的午餐。从银行贷款，自然就得承担利息的重负。因此，要理性运用贷款，还要知道贷款过程中的一些注意事项，这样才能避免因为还贷压力而给自己的生活造成的不良影响。

1. 切合实际的借贷

在贷款之前，你最好注意到你的贷款数额以及每次还贷的数额一定要与你的资产状况相符合，要适度合理地借贷。这点你必须要有清楚的认识。如果你所借的数额远远超过了你的偿付能力，那以后将不可避免地要成为"债奴"。

2. 杜绝过度消费

你借的钱，贷的款，并不是为了满足你无止境地消费。在花钱的时候，你并不觉得奢侈，可是偿还的时候该怎么办？你必须改掉过度消费的错误习惯。否则，小钱就会变巨款，总有一天你会吃到自己为自己种下的苦果。

3. 警惕各种风险

在一波波的购房热后，不少家庭都看到，即便买了房，由于对自己的还贷能力估计过高，对金融市场上的隐性风险没有过多认识，从而忽略了利息风险、个人意外风险和财产风险，结果，当被忽略的风险突然冒出来的时候，借贷者很快就感到力不从心，越来越还不起了。

目前，银行发放的中长期贷款的还款方式有两种。

1. 逐年逐月调整利息还款

这种方式要求逐年甚至逐月调整利率的计息方式，万一贷款利率调整，贷款买房的人就要从下一年度开始按照新的贷款利率还贷。

2. 固定利率的房贷

固定利率一般情况下都会高于现行利率，这其中高出来的部分就是贷款者规避利率风险（未来利率上调）的代价。对于借款人来说，当市场处于加息周期时，固定利率房贷对借款人有利；如果市场处于非加息周期甚至是处于降息周期，那么锁定住房贷款利率无疑对银行有利。借款人要综合分析各种情况，得出自己对利率走势的分析和判断，因为一旦签署固定利率住房贷款合同，想修改合同或者提前还贷，就要向银行付出一定数量的违约金。

在借贷投资方面，很多人认为善用别人的钱赚钱，是获得巨额财富的一条捷径。事实也的确如此，很多成功人士如：富兰克林、尼克松、希尔顿都曾用过这个方法。用银行的钱来购买一些实物资产、金融资产或者做一些生意投资，并在一定时期内获得资产增值和一定的收入预期，确实是一种很好的投资方式。富兰克林在 1784 年《给年轻企业家的遗言》中说："钱是多产的，自然生生不息。钱生钱，利滚利。"在有优惠回报的前提下，用别人的钱是正当的、诚实的，但绝不能背叛道德和良知。

所有的收益和风险都是并存的，借贷投资可以带来巨大的利润，同时也可以使投资者破产，在我们还不上贷款的时候，银行决不会心慈手软。所以为投资而贷款时更应把握好自己，充分考虑风险的存在，量力而行。

第九章

炒股赚钱，高风险与高回报的宠儿

我认为，股票市场实际上是一个交易平台。它是企业之间的交易平台，我们不做过多的，不去更深一步看它是投资还是投机……我认为中国经济好了，我们投资中国最赚钱的公司，就不会有错。

——林园　毕业于北京大学，被誉为"民间股神"

如何选择一只好股票

股票市场上有很多种股票，这些股票有升有跌，即使是升值的股票，有的升值幅度大，有的升值幅度小。面对多只股票，投资者即使拥有最雄厚的资金，也不可能同时购买自认为能升值的所有股票。如何选择风险小、收益大的某只或某几只股票进行投资，实在是一件难事。

在眼花缭乱的大量股票中选择合适的股票，这对普通投资者而言，显得非常不容易。正因为如此，不少人慨叹选股票实在是一件费心费力的难事。

不过，如何选择一只好股票，并非毫无策略可言，下面介绍一些选股的基本方法。

1. 根据公司业绩选股

股票交易价格的变化首先反映公司业绩的变化，可以说，公司业绩是股票价格变动的根本力量。公司业绩优良，其股票价格必将稳步持续上升，反之，则会下降。因此，长线投资者应首先考虑公司业绩进行选股。投资者衡量公司业绩的最主要指标是每股赢利及其增长率。有投资专家认为，根据我国经济和公司经营现状，如果每股税后赢利0.8元以上且年增长率在25%以上者，具有长期投资价值。

2. 根据经济周期选股

经济繁荣与经济萧条阶段的股票表现往往也不同，不少公司股票在经济周期的不同阶段，其市场表现大不一样。有的公司对经济周期的变化极为敏感，经济繁荣时，公司业务迅速扩张，赢利也极为丰厚；反之，经济衰退时，其业务规模萎缩，业绩也明显下降。当然也有极少数公司受经济繁荣或衰退的影响则不大，繁荣时期，其赢利不会大幅上升；衰退时期亦无明显减少，甚至还可能更好。对投资者而言，在经济繁荣时期，最好选择前一类股票；而在经济不景气或衰退时，最好选择后一类股票，不过这类股票可不容易找到。

3. 根据每股净资产值选股

每股净资产值体现股票的"含金量"，它是股票的内在价值，是公司资产中真正属于股东的且有实物或现金形式存在的权益，它是股票价格变动的内在支配力量。通常情况下，每股净资产值高于每只股票的面值，但通常低于股票的市价，因为市价总是包含了投资者的升值预期。在市价一定的情况下，每股净资产值越高的股票越具有投资价值。因此，投资者应选择每股净资产值高的股票进行投资。如果市价低于每股净资产值，其投资价值极高。当然，净资产值低而市价也低的股票，也可适当选择。但需要投资者注意的是，最好不要选择净资产值低于股票面值的股票。

4. 根据股票市盈率选股

市盈率是一个综合性指标，长线投资者可以从中看出股票投资的翻本期，短线投资者则可从中观察股票价格的高低。一般地说，投资者应选择市盈率较低的股票。但市盈率长期偏低的股票未必值得投资者选择，因为它不活跃一定有其理由，可能不被大多数投资者看好，股票的价值是由大众行为决定的，因此，长期市盈率偏低的股票价格一般很难攀升。至于市盈率究竟在何种水平的股票值得选择，并没有绝对标准。从我国目前经济发展和企业成长状况来看，市盈率在 20 左右不算高。

5. 根据股票的市场表现选股

股票的净资产、公司业绩是该只股票的价格基础，但两者并非完全对应，比如净资产值高的股票，其市价不一定都有良好的表现，相同或相近净资产值的股票，其市价可能有较大差异。因此，对短线投资者而言，市场价格如何变动，即其波动幅度大不大，上升空间广不广，这也是选股的重要依据。一般地说，短线操作者最好选择那些短期内有较大上升空间或市价波动幅度大的股票，这些股票提供的短期获利机会较大，这时候更要关注股票的短期市场表现。

6. 根据个人情况选股

大多数投资者不可能选择到市场上所有类型的股票，通常他们对某些股票有所偏好，这可能是因为对这类股票的公司业务较熟悉，或是对这类股票的长期表现较易驾驭，或是操作起来得心应手，等等。根据个人情况选股，就是要全面考虑自己的资金、风险、心理、时间、知识等方面的优劣势及承受能力。比如，有的股票经常大起大落，变动无常，就不宜作为在上述方面承受能力不强的投资者的选择。

7. 根据股价涨幅超前与否选股

通常同一行业中最好的两三只股票会有强劲的走势，而其他的股票则表现较为平稳。前者被称为"领导股"，所谓"领导股"也是涨幅超前股，是投资者应选择的对象。如何发现同行业的这些"领导股"呢？一个简易的方法是股票相对价格强度测定法。所谓"相对价格强度"，是指某种股票在一定时期内涨价幅度与同期的股价指数或其他股票的涨幅度的比值。通常认为，相对价格强度在80以上的股票极具选择价值。

8. 根据多头市场的4段行情选股

根据相关投资理论，多头市场的行情走势通常可分为4段行情。

第一段行情为股价急升行情，整个市场的升幅极大，通常占整个多头行情的50％。在这段行情内，大多数股票从空头市场过度压抑的水准下反弹时，几乎所有的股票都会上涨。在这期间可以选择高风险股票。当空头市场转向，公司破产的威胁减少，这类股票会回复到较正常的水准，其升幅将有优良的表现。

第二段行情也是相当有利的，股价指数的升幅超出整个多头行情的25％。通常，在这段行情中，成长股开始有好的表现。投资者普遍看出经济发展的未来美景，并且寻找参与成长的方式。在这种投资气候里，成长股会更快地升高价位，此时的绩优成长股走势也相当好，其可能涨幅比股价指数还要高。因此，在这一段行情内，最好选择成长股的绩优股。

第三段行情的涨幅明显较小，一般少于整个多头行情的25％，而且只有极有限的股票继续上升。对这段行情的可能策略是，投资者慢慢卖出次等成长股，转移部分资金用于具有在多头市场里维持价位能力的绩优成长股，以及购进那些能在未来经济困境中特别获益的顺应大势的股票。总之，此段行情内必须开始对空头市场做准备。

第四段行情是多头市场即将完结的行情，此时该涨的股票都已涨得差不多，只有绩优成长股以及可在经济困境中获利的少数股票，才可能继续上升。因此，这段行情的选股是最困难的，因为通常这时应是准备撤离市场的时候。但空头市场究竟何时来临很难确定，故此时全部清盘未必明智，最佳的保障办法是维持某些绩优成长股，而不要全部空仓。

买卖股票的基本原则

股票投资当然比较复杂，但是股票投资中也有一定的规律，如果遵循正确的原则和买卖纪律，投资股票可以让高收益和低风险得以并存。

比如，投资者可以选择长线投资，其理论依据是价格围绕价值波动，价值引导资金和决定股价长远走势。投资者应判断股票的价值及成长性，选择交易冷淡的底部介入，跟踪个股的价值变化情况，耐心等待，以时间换取空间；短线投资注重趋势，如果趋势改变，就要止损，切忌把短线做成长线，让亏损无限制扩大。中线应在20日或30日均线介入，当均线系统破坏时就出局。

投资者在股票买卖过程中，应遵循买卖股票的基本原则：

（1）大盘原则：大盘下跌时尽量空仓或轻仓，大盘盘整时克服自己的贪欲，当达到10％或以下的利润就考虑平仓，大盘上攻时选择最强势的个股持有。

（2）板块原则：大盘上攻时，不少个股呈现板块轮涨的特征，投资者判断某一时期的主流板块，可选择板块中的龙头追入。记住，资金有获利回吐的特性，没有永远的热点，努力寻求新的热点，在热点形成时迅速介入。

（3）价值原则：选择未来两三年能实现价值增长的股票，至少未来一年能实现价值增长。股票价值永远是决定股票价格的首要因素，股票投资中的波浪理论和江恩理论等说明了这项法则的正确性。

（4）资金流原则：资金流入该股票，慎防股票的获利回吐。

（5）趋势原则：尽量选择股价呈现向上波动趋势的股票。

（6）资金管理：不要永远让资金放在股票里。现金永远是最安全的，定期清仓，保障资金的主动性，等待机会，选择合适的时机重新建仓。

（7）共振原理：价值趋势向上，价格趋势向上，股票价格短线、中线、长线趋势向上，基本面和技术面都无可挑剔的股票一定是最好的股票。

（8）努力避免浮亏：股票被套是痛苦的事情，如何避免浮亏是一件难事。正确地选择买点和卖点是避免被套的良方，写下买进和卖出的原因，严格地遵守买卖纪律，就能保障资金的主动性，虽然有时候要付出微亏的代价。

选择股本收益率高的公司

作为投资者，如果你能估计公司未来的股本收益率，那么你就可以估计股本价值在年度间的增长。并且，如果你能估计股本价值的增长，你就能合理地预测取得每一年年终股本价值所需的赢利水平。

不少投资家认为，在公司的股本收益率走势和未来赢利走势之间存在着某种相关关系。如果年度股本收益率上升，赢利率也应该同样上升。如果股本收益率的走势稳定，那么赢利率走势就很可能会同样稳定，并且具有更高的可预见性。

你得到过股息吗？股票价格上升了吗？你的总收益率是多少？巴菲特说："当股价走到了相对于其赢利增长以及股本收益率具有吸引力的水平时，才应当购买它们。"这是取得成功的一个要诀。

作为一个股票投资者，应该把注意力集中在具有高水平股本收益率的公司上，因为股本收益率高的股票直接关系着你投资获利的多少。你应该主要关心投资收益，或者从股票中获得的现金流。

投资收益在对某只股票进行分析时发挥着重要作用，它把股票价格和股票价值水平置于一个恰当的关系之中。许多投资者都把注意力集中在公司过去的及预测的赢利增长上。即使顶尖的分析师们一般也非常关注盈亏底线的增长，把它们作为衡量成功的标准。然而，一个公司使投资者的资本获得高收益的能力，对于长期增长同样是至关重要的。

在某些方面，投资收益或许是衡量公司表现的一个更加重要的尺度，因为公司可以借助众多的手段来改变它们的会计利润。

股票投资者的收益包括股息支付加上投资者在股票持有期内所经历的股票价格的上升部分（减去下降部分）。市场只关注股票持有者的年收益，通常用收入或者损失的百分比来表示，并且通常以日历纪年为基准期来计算收益。股票持有者的收益指的是年收益，等于股息与股票价格净变化的和除以股票的初始价格：

股票持有者收益率＝（股息＋股票价格变动)/股票初始价格

例如，如果一只股票的年初价格是 100 美元，随后的一年中发放 1 美元的股息，年终股票价格是 109 美元，其持有者的收益率就等于（1＋9)/100＝10％。关于收益率的计算并不复杂。

股票价格的升跌可能因为宏观环境的影响而有所变化，诸如较高的利率、较低的赢利预测、通货膨胀或紧缩恐慌、地缘政治情况——比如伊拉克恐怖主义恶化、俄罗斯货币危机等。突如其来的市场下跌力量可能会推动你的股票一起下跌，上市公司对股票价格的反向运动也无能为力。所以这可以解释，即便公司的运营和赢利前景都非常良好，股票持有者的收益率也可能是负数。

与这种情况相反，在公司的运营没有亮点甚至称得上糟糕的时候，股票投资者的收益率可能非常好。股票市场可能因为某种积极的经济事件而上扬，比如央行释放了流动性、通货膨胀预期降低、失业率降低等。另一方面，糟糕的公司运营状况可能会使公司进入被收购的候选名单，股票价格的上升可能是对这个公司股票收购要约的结果。例如，1997 年，所罗门兄弟公司在交易中遭受很多损失，这导致旅游者集团旗下的史密斯——巴尼公司以远高于当时市价的溢价水平收购了所罗门公司。

当一家公司取得了高水平的股本收益率时，表明它在运用股东们提供的资产时富有效率。因此，公司就会以很快的速度提高股本价值，由此也使股价获得一个同样快速的增长。

那么，关于股本收益有没有一个标准呢？标准—普尔 500 指数代表公司的股票收益，在 20 世纪的大部分时间里，平均水平达到 10％～15％之间。然而到 90 年代却发生了急剧增长。到 90 年代末，公司的股东收益超过了 20％。考虑到这是 500 家公司的平均水平，20％的水平确实是一个惊人的速度。不少上市公司在 90 年代的股本收益都持续地超过了 30％。许多生产消费品的公司如可口可乐、菲利浦·莫里斯，以及某些制药公司，如华纳·兰伯特（Wamer Lambert）、艾博特实验室还有默克公司，它们的股本收益都超过了 30％。由于公司为股东持有的股票（或者账面价值）创造了如此高的收益，投资者们愿意为其股票支付一个相对于账面价值来说很高的溢价。在20世纪的大部分时间里，股票价格一般为股本价值的1～2倍，而这些公司的平均股票价格到1999年后期却超过了股本价值的6倍。

投资大师巴菲特开始质疑公司能否以超过20％的速度持续地提高股本收益。在20世纪90年代，美国公司不再慷慨地分派红利，而越来越多地保留了当年的赢利。此外，美国经济似乎只能维持一个3％～4％的年增长率，在这些条件下，公司无限期地保持一个20％的股本收益增长速度几乎是不可能的。

买卖股票时机的判断

低买高卖是人人都懂得的股票买卖时机，但是由于在股市中，投资者相互冲突的理论、风险的恐吓性应用、投资收益的机会、认识多头市场和空头市场、识别行情中的技术骗术、识别市场中言论的真伪、识别主导市场走向的主力机构的"诡计"、投资者自身的投资理念及与投资行为相匹配的知识与技巧，加上人心中存有的自身很难控制的贪欲……多种因素融合在一起，要想让投资者判断最佳的买卖时机，恐怕是非常难的事。

但是，对于投资者而言，追求最佳的买卖时机，仍有迹可循。

1. 最佳的买入时机

我们可从以下方面进行分析判断：

（1）股价已连续下跌3日以上，跌幅已逐渐缩小，且成交也缩到底，若成交量突然变大且价格上涨时，表示有大户进场吃货，可以买进。

（2）股价由跌势转为涨势初期，成交量逐渐放大，形成价涨量增，表示后市看好，可以迅速买进。

（3）市盈率降至20以下时（以年利率5％为准），表示股票的投资报酬率与存入银行的报酬率相同，可以买进。

（4）个股以跌停开盘，涨停收盘时，表示主力拉抬力度极强，行情将大反转，应迅速买进。

（5）6日RSI在20以下，且6日RSI大于12日RSI，K线图出现十字星，表示反转行情已确定，可迅速买进。

（6）6日乖离率已降至-3～-5且30日乖离率已降至-10～-15时，代表短线乖离率已在，可买进。

（7）移动平均线下降之后，先呈走平势后开始上升，此时股价向上攀升，突破移动平均线便是买进时机。

（8）短期移动平均线（3日）向上移动，长期移动平均线（6日）向下转动，二者形成黄金交叉时为买进时机。

（9）股价在底部盘整一段时间，连续两天出现大长红或 3 天小红或十字线或下影线时代表止跌回升，可买进。

（10）股价在低档 K 图出现向上 N 字形的股价走势及 W 字形的股价走势便是买进时机。

（11）股价由高档大幅下跌，一般分三波段下跌，止跌回升时便是买进时机。

（12）股价在箱形盘整一段时日，有突发利多向上涨，突破盘局时便是买点。

（13）收盘价比 5 日均价低 4％，确保信号发生在跌势。

（14）开盘价低于昨日最低价 1％。

（15）收盘价反弹至昨日最低价以上。

2. 最佳的卖出时机

当某只股票的价格已经达到它的实质价值时就是卖出的时机。因为一旦股票的交易价格超过其实质价值，就几乎不具有潜在利益，投资人最好再寻找其他价格被低估的股票。

实际上，一般投资者也可当股票的价格达到一定程度时获利卖出。这也就是通常我们所说的止盈卖出。

止盈就是保护赢利的意思。主要是针对买股票后，股票价格走高，自己有一定的浮动赢利，如卖出股票又担心该股价格会继续上冲，赚不到最丰厚的股票盈利；不卖出又担心股票价格快速回落，使自己的赢利化为乌有。止损主要是针对投资者买入股票亏损后，防止损失进一步扩大。止盈强调既有的赢利不会再失去，甚至可以使自己的赢利尽可能的最大化，避免出现"赚了芝麻，丢掉西瓜"的现象发生。

许多投资者都有这样的经历：当自己在 10 元左右买入某股，价格升到 12 元，自己认为该只股票差不多已赢利 20％时，立即就卖出；但谁知该股却直线上扬，升到 18 元，自己后悔不迭，埋怨自己只得到蝇头小利，失了大利。还有一种情况，就是 10 元买了某只股票，当价格升到 15 元时，不想卖出，谁知该股却跌回 13 元，50％的利润没有赚，最后却只赚了 30％，离场又不心甘；但是股票继续跌到 11 元，想想再不走就有亏损可能，只好勉强了结，最终自己白忙活一场。

从以上事例可以看出：此现象与投资者本身没有选准获利时机卖出有极大的关系。

作为投资者，选准获利时机卖出时可遵循以下准则：

（1）树立止盈的观念

许多投资者都有止损观念，都知道亏损时卖掉股票认赔，却从来却没有止盈的观念。有时投资者赢利后看到股票略有下挫就及时出局，全然不顾该股上升势头良好，仍可看高一线的情况，错失后面一大截的利润。或者只知道先落袋为安，不清楚有止盈这回事。因为有了止盈观念，才可能会有止盈的计划，也才可能让赢利充分增长。

当然不少投资者会有这样的疑问："我都不知道赢利多少，怎么制订止盈方案？"制订止盈的计划，一般以现在的赢利数的8％以内作为标准。就是说，当自己买入股票后，该价格走高，自己已赢利30％，则该股开始回落；回落了约8％，就立即卖出，以防止该股继续下跌，吞了自己已有的赢利。一般来说，一只个股能从高位回落8％以上，就有可能继续回落20％～30％以上；如果回落幅度在8％以内说明该股仅是暂时调整之后会重拾升势，不必急于出局，以争取更大的赢利。

（2）时刻注意大盘的走势

一般来说，在大牛市时，个股震荡起伏空间较大，因此止盈幅度可适当放大。因为牛市时，尽量以持股为主，偶尔出现大回调，也会逐渐走高，因此放宽条件后，就不会被震荡出局，而会错失后市回稳的机会。而面临大熊市时，止盈幅度可适当收窄。因为在熊市时个股大多难逃下跌的厄运，即使有强庄进驻的个股，也往往会有走跌的可能，或者是价格也不会升幅太大，因此一旦上升乏力，自己就及时出局为上策，避免出现止盈止不住的情况。

（3）卖出后不要后悔

有时个股走跌或回落，其价格正好触及自己的止盈价格，然后又步入升途，如不设止盈单，则就会出现赚得更多的情况，但这时不应有后悔心理，或认为不必要设止盈单。这个时候，不应把精力放在后悔上，而应想想可能自己设置的止盈幅度不合理，要持续改进。另一方面，自己止盈出局，毕竟也赚了钱，不要因为自己少赚而自责，同时，也可及时想办法进行补救，仍然具备获利机会。

（4）要适当调整

由于许多个股在上升过程中，或者由于主力洗筹，或由于外来突发因素会使该股价格出现意料不到的变化，在此时要适当地调整止盈幅度，赢利越大则止损幅度可适当放宽，如8％调整为10％、15％；赢利幅度不大时，则止盈的幅度也应适当的缩小，如5％，这样可以尽可能地保护住已获得的盈利。也许有人会说："我如有8％的赢利，肯定早已卖出了。"其实这种做法有一定的危害性，因为尽管股市上个股极多，但真正在一段时间内，个股有较大升幅的不多，能买到应说非常地走运。赚了一点儿就出局，一是交易成本大，二是出局后，总希望该股回落到自己卖出股票的价格以下，但往往是该股不会再回落，只好在更高价格追入，从而导致赢利减少。

选择好的卖出时机

为了避免股票投资发生大的损失，投资者首先需要把握如何卖股票。对投资者来说，如果买了好的股票，未能选择好的卖出时机，将会给股票投资者带来诸多遗憾。

不少投资者都采用目标价位法，目标价位法是指投资者在买入股票时，已经给这一只股票定好了一个赢利目标价位。一旦这个股票的价格达到这一目标价位，投资者便抛出股票。一般来说，运用这一投资策略的投资者大多数都是运用基本分析的方法，通过对股票基本面的分析，包括对公司财务状况、业绩增长前景等因素的考虑，确定出一个他们认为合理的目标价位，然后就是希望该股票能够达到这一目标价位。当然，目标价位法也可能采用的是技术分析方法，比如，黄金分割线等。目标价位法是世界上许多成功的投资者与基金经理运用的方法。

运用目标价位法，通常投资者首先必须掌握一套对公司基本面进行分析的方法，对公司的经营情况、市场环境都相当了解。投资者所判断出来的目标价位只有在此基础上才能是合理的，否则目标价位可能被定得太高，实际的股价永远也达不到这一高度，投资者只能一直持股。反过来，投资者也可能定得太低，结果导致实际价位涨得很高，投资者白白错失大量收益。当投资人决定买入某一股票时，投资人所设定的"目标价位"肯定要高于其当前的市场价，否则，投资人不会买。但凭什么投资人就比其他投资者聪明，人家认为只值目前这个价格，而投资人却知道其目标价位更高呢？很显然，投资人必须有超过其他大多数人的消息或分析判断能力。所以，除非投资人在股票投资上有自己的独到之处，否则，投资人可能会因设定了错误的"目标价位"而陷入困境。

此外，事先并不给自己的股票确定一个目标价位，直到其股价显示出有见顶迹象时才抛出股票的方法称为顺势探顶法。一般而言，采用这一卖出策略的投资者通常采用的是技术分析法，他们判断见顶迹象主要是从股价走势的角度。具体来说，他们所关注的见顶迹象主要包括"最后的疯狂"与"后劲不足"。很多投资者相信，当股票价格持续稳步上升了一段时间后，如果某一天忽然放量大涨的话，往往是显示有最后一批投资者冲了进去，或者是主力准备拉高出货，后续空间已经不大，所以称之为"最后的疯狂"。而"后劲不足"则反映在股票价格的走势逐渐趋缓，后续买盘不足，也是将要见顶的迹象。尤其是当股价在上升过程中小幅回调后，第二次上涨又无法突破前期高点时，很多投资者相信这是到了必然要卖出的时候。当然，运用顺势探顶法的投资者也有可能运用基本面的分析方法，不过，这时候他关心的不是股价的走势，而是公司利润的增长是否会有见顶的迹象，以决定是否要卖出。

投资人可以选择其中某一种也可以把这两种策略结合起来运用。

对投资者而言，以下就是卖出股票的原则：

1. 低于买入价 7%～8%坚决止损

投资最重要的就在于当你犯错误时迅速认识到错误并将损失控制在最小，这是7%止损规则产生的原因。通过研究发现：40%的大牛股在爆发之后最终往往回到最初的爆发点。同样的研究也发现，在关键点位下跌 7%～8%的股票未来有较好表现的机会较小。投资者应注意，不要只看见少数的股票大跌后大涨的例子。长期来看，持续地将损失控制在最小范围内，投资将会获得较好收益。

　　股价下跌至买入价的7%～8%以下时，就应迅速止损，卖掉股票！也许在卖出时需要咬牙承受损失，但是承担小的损失，将让你获得更多的补偿。当然，使用止损规则时有一点要注意：买入点应该是关键点位，投资者买入该股时判断买入点为爆发点，虽然事后来看买入点并不一定是爆发点。

　　2. 股票见顶之后卖出

　　如何判断一只牛股将见顶而即将回落到合理价位？一个最常用的判断方法就是当市场上所有投资者都试图拥有该股票的时候。一只股票在逐渐攀升100%甚至更多以后，突然加速上涨，股价在1～2周内上涨25%～50%，从图形上看几乎是垂直上升。不过，持股者在高兴之余应该意识到：该抛出股票了。这只股票已经进入了所谓的高潮区。一般股价很难继续上升了，因为没有人愿意以更高价买入了。在突然之间，对该股的巨大需求变成了巨大的卖压。根据研究，股价在高潮后很难再回到原高点，如果能回来也需要非常长的一段时间。

　　3. 获利20%后抛出股票

　　不可能股票会永远不断上涨的，许多投资者往往选择在股价上涨20%以后卖出股票。如果你能够在获利20%后抛出股票，那么你投资4次对1次就不会遭受亏损。对于这一规则，华尔街最顶尖的资深投资人威廉·欧奈尔给出了一个例外，他指出，如果股价在爆发点之后的1～3周内就上涨了20%，不要卖出，至少持有8周。他认为，这么快速上升的股票有股价上升100%～200%的动能，因此需要持有更长的时间以获得更多的收益。

　　4. 当突破最新平台失败时卖出

　　一只股票的走势也有类似于春夏秋冬的循环。这些股票经历着快速上涨和构筑平台的交替变化。一般来讲，构筑平台的时间越长，股价上升的幅度越大。但这也存在着股价见顶的可能，股价有可能大幅下挫。通常，股价尚未见顶时，赢利和销售增长情况非常好，因为股价是反映未来的。无疑，股价将在公司增长迅速放缓之前见顶。当有较大的不利消息时，如果预计该消息将导致最新平台构建失败，投资者应迅速卖出股票。

　　买入股票后就应该时刻保持警惕，在符合卖出规则的情况发生时坚决卖出股票。严格执行卖出规则，不仅可以帮助你避免大的损失，而且将帮助你增长财富。股票和股票市场都是遵循一定规律的，成功地卖出股票的要诀在于毫无例外地简单执行我们以上总结的规律。

牛市中如何选股

　　有人把牛市划分为3个阶段：牛市初期、牛市中期和牛市末期。在不同的牛市时期，股票投资者要针对市场的变化，可以采取不同的操作策略。

1. 牛市初期赚钱法则

熊市末期、牛市初期这是一个过渡期，股市呈现恢复性上涨，大部分股票都会上涨，这是对熊市过分下跌的修正。牛市初期，会产生由几只大盘蓝筹股为代表的上涨行情，而且这些龙头股的上涨会贯穿整个牛市。

熊市末期和牛市初期时，买入并持有最能赚钱的优质公司（其中含有大市龙头个股），这期间采取"乌龟政策"，就是只买进不卖出。选取看好的几只股票，静候不断升值，这样会把利润赚饱、赚足。

2. 牛市中期操作方法

行情如果进入牛市中期，市场中会出现一批较为优质的公司股票的上涨，而且市场会给它们轮流上涨的机会，这时换股炒作会变得很重要。

从牛市初期逐步向牛市中期演变，这可能需要一段时间。于是，需要抓紧调研一批较优质的公司，作为进入牛市中期可能选择的"猎物"。当然，这批公司多数已经进入你的视野多年，牛市中期来临前，你的首要任务就是把这些公司彻底搞清楚，为牛市中期的大决战做好充分的准备工作。

3. 牛市末期操作方法

到牛市末期，市场中大多数股票都会上涨。

根据过去的实战经验，到了牛市的中后期，才是最赚钱的时期。正所谓行情不等人，投资者必须时刻做好准备，待有利时机到来时，立即介入。

在牛市行情中，新股更是受到投资者的青睐。新股在牛市时上市，往往会使股价节节攀升，并带动大势进一步上扬。因为在大势看好时新股上市，容易激起投资者的投资欲望，使资金进一步围拢股市，刺激股票需求。

选购新股，没有历史走势可以进行技术分析，有一定的难度，但是从以往的经验看，还是有一定规律可循的。具体可参照以下几点：

1. 看新股上市时大盘的强弱

新股和大盘走势之间存在非常明显的正相关关系，并且新股的涨和跌往往会超过大盘。在熊市中，新股以短炒为主，做长庄的情况很少出现；而在牛市中，新股以长期为主，主力往往倾向于中长线操作。

2. 看新股的基本面

除了公司经营管理和资产情况外，还应从发行方式、发行价、发行市盈率、大股东情况、每股收益、每股公积金、每股净资产、募集资金投向、公司管理层情况、主承销商实力等方面综合分析，最重要的是要看它是否具有潜在的题材，是否具有想象空间，等等。

3. 看比价效应

对比与新股同类的个股的定位，发现新股价值被低估带来的炒作机会。

4. 观察盘口

量是根本，以往的统计数据显示，新股首日上市最初 5 分钟的换手率在 16％以下，表明主力资金介入还不明显，短线投资获利机会仅有 20％左右。而如果换手率在 16％以上，短线投资获利的机会可达到 80％以上。若 5 分钟换手率达到 20％以上，则短线投资获利机会高达 95％以上。

新股炒作讲究题材和时机的把握，值得注意的是，过分追随被爆炒的新股，即使在牛市中，也会遭受损失。

熊市中如何选股

投资者希望年年都是牛市，因为牛市中可以轻松赚钱。但是，有牛市就有熊市，投资者不必懊恼，在熊市中照样能赚到钱，关键就是你如何在熊市中选择股票。

熊市首要的任务是保本，其次赚钱。熊市中操作股票，首先要忍痛"割肉"，意思就是说，你在高位买入的股票，一旦遇到熊市，就应当果断地、速战速决地、极早地将它抛出，如果股票继续下跌，就可少亏一部分。

熊市中购买股票，可采用逐次平均买进法，多至 6 次，少至 3 次。以 3 次为例，每次各投资三分之一，算出均价，在股价反弹后上升到你购入的平均价，并除去各种费用后抛出，就可获取利润。

熊市中购买股票，可采用加倍买入摊平法，就是在第一次用三分之一资金买进后，如继续下跌，则第二次用三分之二的资金投入，以求摊平成本。如资金宽裕，也可用三段加倍买进平摊法，即将资金分成 8 等份，第一次至第三次分别投入八分之一、八分之三和八分之四的资金，这个办法在第三次买进后，股票价位回升到第二次买进的价位，再除去各种费用后抛出，亦有利可图。

另外，熊市选股要将重点关注股价走势。这不能不仔细研究 K 线图，K 线图是一种记录股价走势的特殊语言，每一条日 K 线相当于一个短语，描述了当天的股价变化情况：由许多条 K 线构成的图形则相当于一个语句。精通 K 线图的人会从图表上读到"看涨语句""看跌语句"及"不明朗语句"。在读到"看涨语句"时进，读到"看跌语句"及"不明朗语句"时在场外观望。必能在跌势中保存实力，同时又能赚一点儿短线差价，只是 K 线图这门语言相当深奥，需下工夫去研究。不过，为了利润，多下点儿工夫是值得的。当然，除 K 线图外，其他的技术分析工具也需参考。

股价不会永远上升，也不会永远下跌，股市最悲惨之际就是最佳入货时机，因此不要因亏损而乱了方寸，应审时度势，在跌势中保存实力，股价见底时大胆出击。股市是一个风险市场，因此入市者应对所面临的风险进行细致地推敲，并预先想好对策，做到这一点才能在亏损时不慌不乱。胜败乃兵家常事，为将者在逆境中应保存有生力量。以图有朝一日重整旗鼓，东山再起，卷土重来。

有投资专家认为，在熊市中最好的操作就是不操作。但是有些人总是已经习惯了不断买卖股票，他们不断地买卖，不断地进出。

对投资者而言，在熊市中并不是没有股票可做，有些股票在熊市中也有不错的市场表现。所以，在熊市中硬是要操作的话，还是有股可选的。但怎样才能选到这种熊市的大牛股呢？

第一，坚持价值投资，做有业绩持续增长的股票。要做好基本面分析和经济分析。符合政策导向和市场趋势的股票一般比较有爆发力，比如，节能环保类股票逆市上涨就是一个例子。

第二，要做趋势向上的，并且有成交量的配合。没有成交量什么股票都很难涨。趋势向上体现在 K 线上就是要做顶在顶上的股票：K 线一个底部比一个底部抬高的股票，逢低买进，逢高卖出。

第三，技术指标要有所反映。在熊市中选股是很难的，技术指标不是唯一的参考因素，但是投资者应该重点关注如下几个技术指标，一般 macd 趋势向上的，0 轴刚出现红柱的比较保险；kdj 的 j 低于 0 才能逢低阴线抢反弹。

第四，控制仓位。熊市最好的方法是空仓休息。如果你想操作，无论你买什么股票都要严格控制仓位，最高不超过半仓，可以是 20%～30% 的仓位。这样的话，你是进可以攻退可以守。不要担心赚不到钱，资金安全才是第一位的。

第五，工作线原则。只有指数站上工作线才可以持股，否则，只能短线操作，快进快出。

避免错误的选股思路

对于股民来说，选股是很重要的，我们都是选好了股票，等着拉升获利。但是，在选股时，很多人会出现错误的选股思路。

以下错误的选股思路，你也会犯吗？

1. 所选股票太多

很多投资者在选股时，看到哪只股票上涨就买哪只股票，资金总共不超过几十万，结果买入的股票有几十只。

作为投资者，其个人精力是有限的，每天盯着这几十只股票察看盘口就会令投资者忙得晕头转向。何况每只股票的走势各异，有的上涨，有的下跌。过多的股票，让投资者无暇顾及，对每只股票的走势也不会烂熟于心。

同时，所选的股票数量过多，会直接导致投资者的目光无法集中，很容易看走了眼，也无法周全地照顾到每一只股票，这样就会错失一些重要信息，也就不能够在第一时间内果断地做出买卖决策。

有人认为，多投资一些股票，能够分散投资风险。实际上，投资几十只股票看似分散了风险，实质上也铺摊了利益。在市场一味向好的时候，这是有些人所不能接受的，尤其是新手，看到自己股票的平均收益才有 5％多点，看到另外的股票收益有 20％、40％，甚至更高，于是心内蠢蠢欲动想换掉手头持有的股票。他们在 3 个月或者更短的时间里，卖掉自己手里的股票，买上自己观察所发现表现更好的股票，以此来赢取更大的收益。

投资的目的就是为了获取更大的收益，这样的做法本无可厚非，但往往会事与愿违。

在实际操作中，如果投资者能够通过将自己的投资范围限制在少数几个易于操作的公司中，一个聪明的、有知识的、勤奋的投资者就能够以有效且实用的精确程度判断投资风险，并且获得更多的投资回报。

2. 买底部股

不少投资者谈起自己的选股经时会说：低吸高抛，买底部股。但这个"底"到底在哪里呢？相信很多投资者都有下面这个投资者这样的经历：

有位股民小 A，入市不久发现有一只股票从 10 元跌到 6 元，认为这只股票已经跌了将近一半，是底部了，便大胆买入。一个月后，这只股票又跌到 4 元多，心想：这回应该是底部了，又筹集资金进行补仓，没想到还没出一个月，这只股票又跌去 1 元多，于是他心里就没底了，害怕这只股票继续跌下去，在 3 元附近忍痛割肉出局。

这其实就是许多散户朋友"抄底运动"的真实写照。很多投资者认为都很难捉摸到这个"底部"究竟在哪，的确如此，大多数人难以捉摸到真实的底部在哪。在买底部股时，一定要沉得住气。

3. 只买低价股

大部分投资人都倾向于买进低价格的股票。他们认为，用同样的钱与其买 50 股较昂贵的股票，不如买 100 股或 1000 股较便宜的股票。事实上，这样的操作手法并不值得提倡。投资者应该购买价格较高、公司营运状况较佳的股票。投资者应该注意的是不在于你可以买多少股票，而在于你能投资多少钱，以及这笔钱所能买到的最好商品。

股票的基本面是非常重要的，如果不对个股的基本面做出充分的分析研究，不管个股是否具有上升潜力，不分青红皂白地随便抓只股票就长线投资，极有可能没有收获，甚至是负收益。

买便宜货是人的正常心理行为，但买股票并非像买白菜那样越便宜越好。股票投资是买公司的未来，良好的赢利能力和成长性是支撑股价上涨的内在动力，所以说，并不是低价股就是好股。每股 2 元、5 元或 10 元的股票看起来好像便宜，然而大部分股价低于 10 元的公司，要不是营运状况不好，就是经营体制不健全。

另外，大量买进低价股所负担的佣金也比较多，风险也比较高，因为低价股下跌 15％～20％的速度远高于高价股。

4. 迷信股评荐股

很多投资者都具有以下两个弱点：所掌握的信息少之又少，即使那些公开的信息也不能清楚地了解；分析能力有限，无法对股票的未来走势进行准确的预测。

这些方面的不足使投资者没有信心对股市进行独立的判断和预测，于是开始希望外界某种神奇力量能够给自己指明方向，选到好股。不少投资者把目光集中于股评家。毋庸置疑，股评家的专业素质和投资赚钱能力的确很高，远远高于普通投资者。问题是有些投资者对股评家产生了某种崇拜的情绪，迷信股评所荐的股票和所进行的后市预测。不管其观点对不对，所选股票适不适合自己，也不管当前位置是不是买入的好时机，便盲目买入，到头来很多时候都是惨败而归。

投资者不能过于迷信股评，在参考股评的基础上，加上自己的合理判断，才有可能不断盈利。

如何选择大盘股和小盘股

不少投资者都热衷于盘子较小的股票，小盘股更受到很多投资者的欢迎。但随着机构投资者的壮大，太小盘子的股票已经容纳不了他们巨大的身躯，他们开始将投资目标转移到那些超级大盘身上，特别是大盘蓝筹股。

无论是大盘股还是小盘股，都有一定的选股策略。

1. 如何选择大盘股

投资者要花费相当大的精力，以全新的视野来筛选大盘股，从中找出精品股。大盘股最大的优点就是大盘的走势无法对它们产生巨大的牵制力，往往能够顶住大势的重压而走出一波独立行情，它们是大市指数的中流砥柱。

一般说来，选择最佳大盘股应该具备以下几方面的特征：

（1）行业处在景气周期内，并且还将持续一段时间。

（2）成交萎缩到极点。

（3）绝对涨幅不大，应该少于 50％。

（4）行业的低谷周期即将结束，股价徘徊底位已经有相当长的时间。

（5）媒体开始大谈价值投资观念。

（6）短线升幅不大，经过一定时间的调整。

（7）短线出现回调，产生难得的低位区。

在不少投资者眼里，大盘股能产生令人惊讶的回报，但并不是说在大盘股里遍地是黄金。实际上，只有少数的大盘股才能助你在股市中赚大钱，这需要投资者用自己的慧眼去识别。

2. 如何选择小盘股

小盘股一向深受投资者的追捧。因为，小盘股与大盘股相比有以下优点：

（1）振荡幅度大，这本身就能让投资者获得更大的投资获利机会。

（2）只需较小规模的资金便可将股价推高，因而可以吸到大大小小的庄家介入。

（3）潜在的题材较丰富。

（4）股权变更较容易。

（5）重组也易进行。

（6）很多黑马股都出身于小盘股。

（7）主营业务转型难度相对较小。

所以投资者在选择股票时，选择流通盘小于 1 亿的小盘股，更容易在股市中赚大钱。

但是，要选择最佳的小盘股，需要具备以下几个条件：

（1）绝对价格应该小，最好小于 15 元。

（2）盘中主力的获利尚不大，最好小于 50％。

（3）成交量进入密集区。

（4）股权分散。

（5）国家股和法人股等非流通股比例小。

（6）公司业绩尚可，绝不能连续 3 年亏损，绝不能有退市风险。

不同类型股民的选股技巧

每个投资者都有自己的个性，不同类型的股民在投资上会表现出不同的特点。按照自己的个性选股，是比较稳妥可靠的方法。

1. 稳健型投资者

稳健型的投资者都很强调本期收入的稳定性和规则性，因此，通常都选择信用等级较高的债券和红利高而且安全的股票。如果投资组合中无风险或低风险证券的比重较大，那么投资者的投资姿态是稳健型的。所以，选股时应把安全性当作首要的参考指标。具体应注意以下几个方面：

（1）上市公司经营状况和赢利能力都比较稳定。

（2）股票的市盈率较低。

（3）红利水平较高。

（4）股本较大，一般不会有市场主力光顾。

为了兼顾本期收入的最大化，稳健型投资者可将股票、基金和债券融合在一起，共同组成投资组合。另外，证券投资基金作为一种由专家管理的金融工具，也不失为一种较好的投资对象。

2. 激进型投资者

激进型投资者的目标是尽量在最短的时间内使其投资组合的价值达到最大。因此，其投资对象主要是震荡幅度较大的股票。

激进型的投资者通常运用技术分析法，认真分析市场多空双方的对比关系、均衡状态等情况，而不太注意公司基本面的因素，并以此为依据做出预测，选择有上升空间的股票。激进型的投资者在选择股票时要参考以下几条标准：

（1）股票以往表现较为活跃。

（2）最好有主力资金的介入。

（3）有炒作题材配合。

（4）量价关系配合良好。

（5）技术指标发出较为明显的讯号。

激进型投资的优点是重视技术分析的运用，往往能在短期内取得较大的收益，缺点是忽略了基本分析，是一种不全面的分析方法，因此预测成功率通常不会很高，风险系数也较大。

3. 进取型投资者

进取型投资者介于激进型投资者和稳健型投资者之间。进取型投资者讲究的是在风险尽可能小的前提下，使利润达到最大化。当然，其风险系数要高于稳健型投资，而低于激进型投资者。

进取型的投资者在选择股票时，通常采用基本分析法，深入了解各公司的竞争力、管理水平、产品特点、销售状况等情况，并以此对各公司的赢利和红利做出预测，从而根据各股票的内在价值与市场价格的对比，选择价格被低估的股票。可参考以下几点进行分析：

（1）赢利和红利的增长潜力大。

（2）红利水平较低。

（3）预期收益率较高。

（4）赢利增长率较高。

进取型投资最大的优点在于其基本分析，投资者通过对公司基本资料和国家政策的分析，往往能预测出将来市场行情的变化。如果投资者预测大盘由熊市走向牛市，就应加大高风险股票在投资组合中的比重，也就是说转成激进型投资者；若投资者预测大盘由牛市走向熊市，则应提高低风险股票在投资组合中的比重而转为稳健型投资者。

由于股票市场是一个高风险的市场，投资者往往追求高收益而忽略其风险因素，大多数股票投资者都可归纳为激进型和进取型的投资者。

主升浪行情中，如何选股

投资主升浪行情中，需要确认个股是否有继续上涨的动力，这时关键需要选好股。个股的持续上涨动力，来自于各种市场客观条件的支撑。具体而言，在主升浪行情中，宜选择以下几种类型的个股：

1. 有价值支持的个股

价值与价格之间的关系很重要，如果个股的股价严重背离其价值，则股价的上涨将缺乏价值的支撑。目前沪深股市中仍有不少个股市盈率处于相对合理的水平，值得投资者参与，不过这类股票需要投资者慢慢万挖掘。

2. 有业绩增长支持的个股

业绩优良、有良好分配方案的股票，不断受到主流资金的追捧和炒作，这类股票具有更好的上涨动力。

3. 有市场热点支持的个股

热点的深化炒作，往往是个股得以持续性上涨的原动力。对于个股是否处于市场热点的中心，有两种分析方法：一是看该股是否属于市场热门的板块，二是观察涨幅榜、成交量等，看有没有大量与该股同属于一个板块的个股。

4. 有增量资金支持的个股

股价的上涨，归根结底离不开资金的推动，增量资金介入的踊跃程度，是对股价最有力的支持。对于增量资金的分析，不能仅仅局限于观察成交量的大小，更关键的是要分析增量资金的性质，有时候即使个股成交量突然剧烈增长，但如果资金只是属于短线流动性强的投机资金的话，那么，行情往往并不能持久。所以，投资者必须对增量资金的4个方面进行综合分析，这4个方面包括：资金的规模与实力、资金的运作模式、资金的运作水平、资金的市场敏锐程度。

主升浪行情中，投资者需要结合上涨的趋势来操作。一旦趋势转弱，要立即卖出股票。而且即使看好后市行情，投资者也不宜满仓追涨。稳健的方法是：可以用半仓追涨，另外半仓根据行情的波动规律，适当高抛低吸做差价。由于手中已经有半仓筹码，投资者可以变相地实施"T＋0"操作，在控制仓位的同时，以滚动操作方式获取最大化的利润。

投资者追涨的过程中，需要依据市场行情的变化设定赢利目标，到达赢利目标位时，要坚决止盈，这是克服贪心和控制过度追涨的重要手段。

股票支撑位、阻力位的买卖点选择

支撑位也叫作抵抗位。支撑位起阻止股指、股价继续下跌的作用。当股指、股价跌到某一点位附近时，股指、股价停止下跌，甚至还可能回升，这是多方在此价位买入造成的。

阻力位也叫压力。阻力位起阻止股指、股价继续上升的作用。当股价上涨到某一价位附近时，股指、股价会停止上涨甚至回落，这是空方在此价位抛售造成的。

在下跌行情中，压力线对股价的反弹起反压作用；在上升行情中，支撑线对股价的回档起依托作用。由于在下跌行情中人们关注的是会跌到什么价位，所以关注支撑线多一些；在上升行情中人们更关注能涨到什么价位，所以关注压力线就多一些。

股指、股价的运动有其自身趋势，要维持这种趋势，保持原来的运动方向，就必须不断地冲破阻力线或抵抗线。如维持下跌，必须突破支撑线的阻力，创出新低；要维持上升，必须突破上升压力线的阻力，创出新高。

支撑线和压力线都有被突破的可能，它们不可能长久地阻止股指、股价保持在一定的水平之上或之下，只不过是使它暂时保持稳定而已。支撑位和压力位之所以能起支撑和压力作用，很大程度上是由于市场心理因素所致，两者的相互易位转换也是如此。

股市中必然包括多头和空头两股力量。如果股指、股价在一个区间停留一段时间后开始向上运动，那么在此点位买入股票的多头肯定认为自己的判断和操作是对的，并因自己没有多买入而感到后悔。在该点位卖出股票的空头也认为自己错了，他们希望能在股指、股价再跌回原先卖出的价位时，将原先卖出的股票再买回来。总之，不论是多头或空头，此时都有买入股票成为多头的愿望。支撑位的支持表明大盘或个股的走势将会向上运行。

正是由于多头和空头都决定要在这个买入时机和价位买入，所以股指、股价稍一回落就受到关注，多空双方迟早会进入股市介入该股，使价格还未下降到原来的位置，上述多空双方自然又介入，把价格推上去，使该价位成为支撑区。

众多股票的实际走势表明，除非庄家恶意操纵，一般情况下在支撑位成交越多，表明很多的股票投资者在这个支撑位有切身利益，这个支撑区就越重要。

盘整市中如何选股

盘整市是一种股价在盘整中逐渐下沉的低迷市道，即通常所说的"牛皮偏软行情"。处于盘整市中的市场既不可能持续下跌，也不可能持续上涨，只能是反复震荡。

一般，盘整市的成交量都很小，因此，"逢低吸纳、逢高派发"也就成为在盘整市中最基本的操作原则。

对于股票投资者来说，盘整市期间是招兵买马、整顿旗鼓的大好时机。也就是说，在股价偏软、交投清淡的时候，不宜太迷恋市场，在市场中搏杀。盘整市期间，而应当趁此机会做一些细致的研究工作，包括对上市公司的调查和比较，对宏观经济情况的分析以及对一段较长的时间以来大市所走过的历程的详细的图表分析。通过这些研究工作，可以使自己比较清楚地了解到大市所处阶段以及发现一些潜质好的上市股票，以便下一个机会到来时能准确地抓住战机。

那么，假如当市场进入"牛皮偏软"的盘整状态时，投资者还没有来得及从市场上脱身，该如何操作呢？

这要分几种不同的情况来对待：

1. 盘整市出现在股价相对高位时

一般来说，在相对高价位区，股价横向盘整是盘不住的。尤其是在人气逐日消散、成交渐渐疏落的情况下，走势非常危险，后市很可能在连续几天的阴跌之后出现向下的加速运动。所以，投资者这时的操作策略应当是坚决离场。当然，有一种情况是例外的：那就是大多头市场中的强势调整，在强势调整中也会出现股价的高位横盘和成交量的萎缩，调整之后股价却会继续上升，这期间显然不能采取坚决离场的策略。

强势调整容易与高位的牛皮偏软行情区分开来，区分的办法是观察三方面因素，第一观察成交量萎缩的程度。牛皮偏软行情中对应的成交量是极度萎缩的。而强势调整期间成交量虽大幅萎缩，但由于人气未散，会比较活跃，成交量不会太小。第二是市场对利好消息反应的敏感度。在强势调整过程中，市场对利好消息的反应仍然相当敏感，个股的利好消息往往会相当强烈地体现在其股价的波动上。而在高位的牛皮弱市期间，市场对于利好消息反应相当迟钝，有时甚至根本不理睬市场上的利好传闻，个别情况下还有可能把实际上是利好的因素当作利空来对待。第三，强势调整一般不会历时太长，而在高位的牛皮弱势则可能会维持比较长的时间，直到股价磨来磨去，把多头的信心磨掉之后，股价就会跌下来。

2. 盘整市出现在中间价位时

作为一般性的原则，在中间位的横盘向上突破与向下突破的可能性都有。因此，应当在看到明确的有效突破之后再顺势跟进。不过，这只是一般性的原则，在多数情况下，发生在中间价位，牛皮弱势往往最终会向下突破，其原因一方面可归结为弱势的惯性；另一方面，由于人气已散，市场上看好后市的资金不多，如果没有一个较大的跌幅出现，持币者是不肯在此价位轻易追高入市的。反弹行情中，成交量在低价位投机股上的分布较多；而向上的有效突破应当是一线优质股价升量增，并且这种价升量增的程度须是远远大过二三线股。在一般性原则的基础上，还应当注意不要轻易追高进货，见反弹及时减磅。在此期间，区分反弹与向上有效突破不是很难。

3. 盘整市出现在低价区时

在低价区出现牛皮偏软行情时，在此期间斩仓操作是不明智的，大额投资者可以趁机吸纳。因此，较好的做法是每次见低时分批次地少量吸纳，见高不追。也就是说，可以当成短线来做，如短线因无出货机会而被暂时套住则可越跌越买。吸纳的对象宜以优质股为主，手中如还有长期被套的投机股也最好将其换成一线优质股。

股票投资如何抄底

作为短线投资者，判明股票是否进入一个短期底部也就成了一项重要工作，因为短期底部一旦确认，随之而来的就会是一波反弹的机会。短期底部，是指股价经过一段不长时间的连续下跌之后因导致短期技术指标超卖，从而出现股价反弹的转折点。投资者如何才能成功抄底，这可以算得上是最高深的炒股操作了。

短期行情以 V 形居多，发生行情转折的当天经常在日 K 线图上走出较为明显的下影线，在探到底部之前，常常会出现 2～3 根比较大的阴线。也就是说，每一次加速下跌都会探及一个短期底部。在短期底部前几天的加速下跌之中，一二三线股的跌幅差不大。

短期底部之后，将是一个历时很短的反弹，这一反弹的时间跨度多则三五天，少则一两天，反弹的高度在多数情况下很难超过加速下跌开始时的起点。在反弹行情中，一般以低价位的三级股表现最好，而一线优质股则波幅不大。

在股票操作上，应严格控制资金量，并坚持按照止损纪律进行操作，那种逢低便抄的投资者必然损失惨重。

另外，短线抄底的投资者还必须有以下几点认识，否则，极可能造成操作失败。

1. 不要指望抄到最低点

大部分股民认为反弹即是底部，担心错过买入时机，次日无法追高，但由于抢反弹是高风险的行为，建议股民千万不要希望能买到一个最低点。等待底部形态成熟后再大量买进，这样才能避免在跌势中被最低点套牢。

2. 不要迷信量

价跌量缩，大家都知道，但量缩了还可以缩。所以，只有等待大盘指数走稳后，6 日均量连续 3 日增加才能确认。

3. 不要认为底部是一日

俗话说，"天上三日，人间一年"，就是这个道理。

4. 底部确认的标准

底部的确认有阶段性的不同考虑，一般而言，底部出现必须符合 3 大条件：

（1）各种技术指标必须向上突破下降趋势线。由于各阶段其下降趋势线均有所不同，一般以 25 日平均线为准。

（2）从形态上看，以前的最低底部都是参考点。如果在一年内有几次都是在某一最低位置反弹上升的，那么该位置即可认为是一处中期的底部。

（3）在 KDJ 和 RSI 的周线已成多头排列时，6 日均量连续 3 日猛增。在技术面，技术线指标已严重超跌，走势上也出现有利于多方的形态。

抓准有发展潜力的公司

股票表现是由未来公司发展的潜力决定的，巴菲特就认为，行业的性质比管理人素质更重要。毕竟，人心莫测，管理人可以"变质"，但整体行业情形一般不会那么容易变相。

在巴菲特的眼里，股票市场是非理性的，所以在买入股票时要非常注重公司是否具有差异化竞争优势。他认为，非常难以模仿的产业竞争优势，再加上该公司管理层在业务经营和资本配置方面拥有的高超技巧，这样的上市公司最值得理性投资者投资。我们不妨通过巴菲特的投资实例看看他是如何投资的。

巴菲特曾投资政府雇员保险公司，这家公司是美国第七大汽车保险商，主要为政府雇员、军人等成熟稳重而又谨慎的顾客提供汽车、住房、财产保险服务。几十年来，该公司在汽车保险业务方面声誉鹊起，赢得了大批的忠诚客户。

巴菲特看中这家公司的股票，主要是看中两点：一是它的良好信誉，尤其是那些安全驾驶的司机在这里投保能够得到低成本、高质量的服务，所以再保险率非常高；二是这家公司的销售方式比较特别，能够大大降低销售成本——其他保险公司都是通过代理商卖保险，为此不得不付出 10%～20% 的保险代理费，而它主要采取直销方式，把保险单直接寄到司机家里，这样既能加强与客户之间的直接联系，又能节省不菲的销售费用。

政府雇员保险公司创建于 1936 年，20 世纪 60 年代取得蓬勃发展，可是 1974 年出现了首次亏损，亏损额为 600 万美元；随之而来的 1975 年亏损额骤然高达亿美元，迫使公司出现了严重的财务危机，甚至到了破产边缘。

大多数公司历经亏损后往往就意味着走下坡路。巴菲特当然也了解大多数公司的经营轨迹，可是巴菲特于 1976 年拜访了政府雇员保险公司的管理层后，他改变了看法，他认为，这家公司应当除外。在此以前，他曾经直接间接地接触了几十个产业中的几百家公司，他已经具备相当的眼力。

巴菲特在调查中发现，政府雇员保险公司虽然出现了严重的财务危机，可是并没有从根本上动摇它的竞争优势。所以巴菲特相信，它和 1964 年发生色拉油丑闻事件的美国运通公司一样，都只是出现了暂时的财政危机。如果在这个时候进行投资，将来一定会有丰厚的回报。

有了这样的打算，巴菲特所在的伯克希尔公司1976年投资410万美元，买入政府雇员保险公司130万股股票。接下来，政府雇员保险公司发行了7600万美元的可转换优先股，伯克希尔公司购买了其中的1969953股，相当于其发行总量的25%，投资额巨大。紧接着，巴菲特又在1980年投资1890万美元买入147万股股票。

到1980年末，伯克希尔公司就完成了对政府雇员保险公司的收购任务，共持有该公司股票720万股。而事实证明巴菲特的投资眼光是超前的，伯克希尔公司所拥有的这些股票市值已经上升到亿美元，相当于股价已经上涨了1倍以上。

巴菲特选择这只股票的理由再简单不过：过去令人吃惊的低成本运作竞争优势依然保存完好，1976年上任的新总裁领导的是一个确实卓越的公司管理层。两者结合，这样的公司必定会死而复生。

他把这比作人身体上出现的一个肿瘤，只要这个肿瘤没有扩散至要害部位，并且又有一位高明的医生出面切除，这个人的身体仍然可以很健康。

果然，通过大力提供低成本保险服务，千方百计增收节支，仅仅一年后的1977年，政府雇员保险公司就盈利5860万美元。

巴菲特对这项投资非常满意。1980年，政府雇员保险公司年收入亿美元，净利润6000万美元，按照持股比例计算，伯克希尔公司应当分得的利润为2000万美元。要知道，伯克希尔公司拥有这些股票的购买成本只有万美元，持股比例为33%。而如果要通过谈判方式购买一家年盈利能力高达2000万美元的企业，至少需要2亿美元代价。这就是说，伯克希尔公司相当于用亿美元实现了2亿美元的价值。

在这个投资案例中，巴菲特让伯克希尔公司在政府雇员保险公司上的投资比例高达整个投资组合的20%，成为当时伯克希尔公司投资比重最大的一只股票，比排名第二的华盛顿邮报的投资比重高出10%，这充分体现了巴菲特的集中投资策略。1985年，伯克希尔公司在政府雇员保险公司上的投资比重更是高达49%。

从1983年到1992年的10年内，政府雇员保险公司由于采取直销策略，公司费用与保险费收入之比平均为15%，只有全行业平均水平的一半，从而奠定了它的平均税前经营利润率在同行业中的领先地位，而且一直是最稳定的。

直到1995年末，政府雇员保险公司一直在回购自己的股票，这时候的伯克希尔公司已经持有其50%的股票。1996年初，伯克希尔公司继续出资23亿美元，买下了政府雇员保险公司另外50%的股票，从而使得政府雇员保险公司成为一家私营企业，退出股票市场。

事后的经营业绩完全证明了巴菲特的前瞻性。随之而来的是，政府雇员保险公司的股票市值大幅升值，到1992年时已达46亿美元。这成为巴菲特投资获利的经典案例。

选择能持续获利的股票

投资者需要注意的是，只要对经济大势和股市的未来看好，你就应该坚持长期投资的策略。作为一种中长期投资理财方式，投资者真正需要关注的是股票长期的增长趋势和业绩表现的稳定性，而对应这种特点的操作方式就是长期持有。

并不是所有买入的股票都要长期持有，具有持续获利能力的股票值得长期持有。表现优秀的公司，能在各种市场环境下都能保持长期而稳定的获利能力，好业绩是判断一家公司优劣的重要标准。不少投资大师判断持有还是卖出的唯一标准是公司具有持续获利能力，而不是其价格上涨或者下跌。投资大师巴菲特曾经买入过数十只股票，其中大部分持有期限长达数年，也有一些股票持有时间较短，但只有可口可乐、GKI－CO、《华盛顿邮报》、吉列等少数几只股票自买入后一直持有长达10多年甚至20多年。

既然是否长期持有股票由持续获利能力决定，那么衡量公司持续获利能力的主要指标是什么呢？最佳指标是透明赢利。透明赢利由以下几部分组成：报告营业利润，加上主要被投资公司的留存收益（按一般公认会计原则这部分未反映在我们公司利润里面），然后扣除如果这些留存收益分配给我们时本应该缴纳的税款。为计算透明赢利，投资人应该确定投资组合中每只股票相应的可分配收益，然后进行加总。

如果企业的获利能力短期发生暂时性变化，但并不影响其长期获利能力，投资者应继续长期持有。但如果公司长期获利能力发生根本性变化，投资者就应毫无迟疑地卖出。每个投资人的目标，应该是要建立一个投资组合，这个组合在十年左右将为他带来最高的预计透明赢利。这样的方式将会迫使投资人思考企业真正的长期远景而不是短期的股价表现，这种长期的思考角度有助于改善其投资绩效。当然无可否认就长期而言，投资决策的计分板还是股票市值。但股价将取决于公司未来的获利能力。除了公司赢利能力以外，其他因素如宏观经济、利率、分析师评级等等，都无关紧要。

作为投资者，你的目标应当是以理性的价格买入你看中的一家公司的部分股权，而且你可以确定在从现在开始的5年、10年、20年内，这家公司的收益实际上肯定可以大幅度增长，当然这种判断建立在科学分析的基础上。在相当长的时间里，你会发现只有少数几家公司符合这些标准，所以一旦你看到一家符合以上标准的公司，你就应当买进相当数量的股票。你还必须忍受那些使你偏离以上投资原则的诱惑：如果你不愿意拥有一只股票10年，那就不要考虑拥有它10分钟。把那些获利能力会在未来几年中不断增长的公司股票聚集成一个投资组合，那么，这个组合的市场价值也将会不断增加。

如果持股时间足够长，公司价值一定会在股价上得到反映。不少投资家通过研究也发现，持股时间越长，其与公司价值发现的关联度就越高：

1. 当股票持有 3 年，其相关性区间为 0.131～0.360（相关性 0.360 表示股票价格的变动有 36％是受公司盈余变动的影响）；

2. 当股票持有 5 年，相关性区间上移至 0.574～0.599；

3. 当股票持有 10 年，相关性区间上升至 0.593～0.695。

这些数字反映了一个相当有意义的正相关关系，其结果也在很大程度上支持了投资获利的可能性，即一家公司的股票价格在持有一段足够长的时间后，一定会反映公司基本面的状况。不过值得指出的是，虽然获利与股价在一段时间里会有较强的相关性，但股票价格何时反映基本面的时机却难以精确掌握。

选择安全的股票

投资者在进行长线择股时，应选择安全性的股票，这类股票即使股价跌了也无妨，只要耐心等价，股价一定会再上涨的。无论将资金购买何种股票，如果没有安全系数的保障，非但得不到投资的预期收益，还会出现赔本的可能。

相对来说，人的预测能力是非常有限的，很容易出现预测失误。有了较大的安全边际，即使我们对公司价值的评估有一定误差，市场价格在较长时间内仍低于价值，公司发展受到暂时的挫折，都不会妨碍我们投资资本的安全性以及保证我们取得最低程度的满意报酬率。这就是安全边际原则的精髓所在。

不少优秀投资者在进行一项投资时，寻找那些他相信在从现在开始的 10 年或 20 年的时间里实际上肯定拥有巨大竞争力的企业。至于那些迅速变迁的产业，尽管可能会提供巨大的成功机会，但是，它排除了寻找的确定性。他们试图寻找到那些在通常情况下未来 10 年或者 15 年或者 20 年后的企业经营情况是可以预测的企业。因为这些企业具有安全性。

事实上，安全的企业，经常是那些现在的经营方式与 5 年前甚至 10 年前几乎完全相同的企业。当然管理层决不能因此过于自满。企业总是有机会进一步改善服务、产品线、生产技术等等，这些机会一定要好好把握。但是，一家公司如果经常发生重大变化，就可能会因此经常遭受重大失误。推而广之，在一块总是动荡不安的经济土地之上，是不太可能建造一座固若金汤的城堡似的经济特许权，而这样的经济特许权正是企业持续取得超额利润的关键所在。

在 1977～1986 年间，《财富》杂志统计世界 500 强的 1000 家企业中只有 25 家能够连续 10 年平均股东权益报酬率达到 20％，且没有 1 年低于 15％。

这些超级明星企业同时也是股票市场上的超级明星，在所有的 25 家中有 24 家的表现超越标准普尔 500 指数。这些企业有两个显著特点：

1. 其中大企业只使用相对于其利息支付能力来说很小的财务杠杆。真正的好企业常常并不需要借款。

2. 除了一家企业是高科技企业和其他几家是制药企业之外，绝大多数企业的业务一般都非常平凡普通。它们大都出售的还是与 10 年前基本上完全相同的、并非特别引人注目的产品。

作为普通投资者，为了确保投资安全，你最好先从不同的角度全面地分析了解企业的情况，尽可能地选择这样一些企业进行投资：基础扎实，资金雄厚，有持久发展趋势；企业规模宏大，经营管理水平先进，产品专利性强，商标知名度高，有较强的生产能力和市场竞争优势；企业资产分配合理，流动资金与流动负债保持合理的比率；赢利率高，有丰富的原料来源和广泛的市场，或者其股票是国家重点发展和政府积极扶植的股票。

股票投资的风险性，让你不得不首先考虑投入资金的安全性。股票投资风险来源于企业、股票市场和购买力三个方面，投入资金的安全与否首先取决于企业的经营状况。无论将资金购买何种股票，如果没有安全系数的保障，非但得不到投资的预期收益，还会出现赔本的可能。

以下是投资者需要注意的选择安全股票的技巧：

1. 公司业绩每年增长 15％左右，这是我们选择股票的第一要求。要达到这个要求其实并不困难。中国的 GDP 年增长率每年可以达到 9％～10％，而国内很多行业的增长速度远远高于这一水平，例如奶制品行业每年可以增长 30％，商业零售业可以增长 20％多。

2. 除了看上市公司的历史业绩，一家优秀的公司还应具备：

(1) 优秀的管理层。管理层包括公司的治理结构、管理能力以及管理团队等内容。

(2) 时间足够长的成长或景气周期。这也是我们判断一家公司成长空间有多大的重要因素。

(3) 企业的核心竞争力。核心竞争优势体现在：一是技术，二是管理，三是品牌，四是营销，五是成本控制，六是其他一些因素。

(4) 所处的行业需求稳定增长，而不是暴涨暴跌的行业。

(5) 有良好的业绩和分红记录。

(6) 估值相对较低。主要考虑公司的成长性是否突出、是否持续，成长预期是否合理。

3. 判断在中国具有投资价值的公司。首先，要与中国的宏观经济发展相呼应，在一个中短期内受益于国内经济政策及规划；其次，受益于人民币升值，其资本、人力、产品价值都会因此得到提升；再次，重大题材带来投资机会；最后，实质性资产重组。

4. 综合评估这几个方面，把同类型、同行业的公司加以仔细分析，货比三家，最后在一个合理的价位做出投资决策。

发掘高成长性的股票

在投资过程中，投资者要重视具有高成长性的股票。投资者在选择股票投资时，一定要尽量发掘具有高成长性的股票。一般来说，高成长性的公司赢利迅速增长，扩张性极强。投资于这类股票往往可以将你的选股风险化为无形，保证投资者获得超额的利润。

美国的成长投资理论之父费舍特别崇尚成长股，在他的代表作《怎样选择成长股》中，费舍开宗明义地指出：投资者不论出于何种原因，通过什么方法，当他购买股票时，目标只有一个，寻找成长股。按照他的解释，假如你用800万美元买下市场价值为1000万美元的公司股票，如果你以当时的市场价格出售，那么，你将获利丰厚。但是，如果公司的经营状况很差，并且你在10年后才出售，那么，你的收益可能在平均水平以下。他说："时间是优秀公司最好的朋友，是平庸公司的敌人。"除非你能帮助清算这个效益很差的公司并从公司的市场价值和购买价格的差价中获利，否则，你的收益将和这家业绩很差的公司一样悲惨。

一般来说，具有高成长性的企业，通常具有以下三个方面的特点。

1. 公司的产品或服务具有广阔的发展前景

不少公司的发展处于朝阳行业，他们正经历着强劲地增长。股票投资者必须抓住当前正处于成长性的行业和公司。进入21世纪，国内的生物工程、电子仪器以及有关高科技产业均属于成长性行业。政府的扶持会使某个行业和地域的企业快速成长。国家扶持企业的措施有多种，如各项税收、物价、银行信贷的优惠政策，赋予直接融资功能，优良资产的注入等。

2. 公司有值得投资的利润回报率

从投资者的立场来看，上市公司只有不断增加企业利润时，才有投资价值。如果一个公司多年的销售增长没有带来相应的利润增长，那么该公司就不是最佳的投资对象。考察利润的第一步是分析测算公司的利润率。投资者可以测算每一元钱的销售能够实现多少经营利润。进行这样的测算，必须以连续多年的数据为基础，不能只考察一个年度。一般而言，那些多年来利润较高的公司其利润总额也较大，他们所在的行业总体上是业绩相当突出，呈现出繁荣景象。低成本运营的公司，在景气年头，利润率也有所增加，但幅度不是很大。

3. 公司有新的利润增长点

投资者及时发现企业的利润增长点，这是公司得以持续发展的基础动力，投资者进而使股票投资在较短的时间内获得较大的收益。国内深科技新项目的投产使其利润大增就是明显的例子。原料市场的变化使轮胎得以降低单位产品原材料成本，经济效益大幅度提高。而产品市场的变动给企业成长带来的推动作用更是不可低估。比如，铜、铝、锌等资源性产品一旦在全球范围短缺，企业的利润会直线上升。中国加入世界贸易组织会促进我国产业优势明显的纺织业、轻工业企业的发展，同时给金融、外贸、港口、仓储业带来难得的机遇。

投资者在选股时应研究上市公司的成长性，做到去伪存真，去粗取精，牢记成长是"金"。如果投资者没有很好的选股方案，可以根据以上三个方面来考核股票是否具有高成长性。另外，成长股并不是一成不变的，投资者要根据实际情况更换成长股。

竞争优势是企业成长的关键

有些投资者在寻找投资目标时，通常都只关注股价是否便宜。实际上，选择企业时应关注企业现在的业务经营状况以及企业的升级计划、核心业务的逐步强大，也就是说重点关注该企业的竞争优势。具有突出竞争优势的企业，具有超出产业水平的超额赢利能力，长期来说，能够创造远远高于一般企业的价值增值。

在市场上寻找这样非同一般的好公司并用合理的价格买入要比用较高的价格买来的一般公司明智得多。其中有一些公司，凭着自身规模大、实力强，其在股票市场上的表现令人瞩目。

巴菲特曾说过："对于投资者来说，关键不是确定某个产业对社会的影响力有多大，或者这个产业将会增长多少，而是要确定任何所选择的企业的竞争优势，而且更重要的是确定这种优势的持续性。"因为只有长期持续的竞争优势才能为公司创造良好的长期发展前景，也才能成就基业常青的优秀公司。上市公司竞争能力的强弱，与其业务经营情况具有密切的关系。上市公司的竞争能力，往往表现为具有规模优势、产品质量好、经营效率高、技术有创新、熟悉市场情况、注意产品需求动态、营销技巧高明等。投资者投资具有竞争优势的公司自然有很好的回报。

上市公司在同业中的竞争地位究竟是强是弱，评定的标准有以下几个方面：

1. 考察年销售额或年收入额

上市公司年销售额的大小，是衡量一个公司在同行业中相对竞争地位高低的一个重要标准，用公司销售额在全行业销售额中的比重来表示，更能反映这种情况。在同行业的激烈竞争中，占总销售额比重较大的公司，一定是竞争能力强大的公司，公司的赢利主要来自销售收入，收入越大，利润越多。所以投资者首先应该选择的是行业中领先的上市公司。

2. 考察销售额或收入额的增长

投资者所投资的上市企业，不限于著名的上市公司，还有那些既有相当规模，其销售额又能迅速增长的上市公司，因为能迅速扩张比规模宏大更为重要。高增长的销售额往往带来高增长利润额，由此使公司的股价不断提高，股息不断增加，达到投资者进行股票投资的预期利益。

3. 考察销售额及盈利的稳定性

在正常情况下，稳定的销售收入伴之而来的是比较稳定的赢利，如果销售收入时多时少，变动太大，既给上市公司的经营管理带来很大的不利，也使付给股东的股息、红利有无、高低的不确定性增加，因此投资者尽量选择那些具有稳定性增长的上市企业。

在市场经济的竞争规则下，优胜劣汰是存活于市场上的法则，一旦选择了没有竞争优势的企业，其股票表现必然表现颓势。没有竞争优势的企业必然会伴随着时间的推移而逐渐萎缩乃至消亡，只有确立了竞争优势，并且能够不断地通过技术更新、开发新产品等各种措施来保持这种优势，公司才能长期存在，公司的股票才具有长期投资价值。

注意股市最大的风险

投资者在踏入股市中，就必须对股市风险有所预期，股市风险几乎无处不在。在股票的投资活动中，由于市场信息的不可靠性、投资人的知识和认识的差异性、经济领域知识的专门性、股市分析技术的复杂性、股票市场的投机性和被操纵性、股价变化的随机性、千百万投资者的参与性等因素的存在，使投资者决策行为的实际结果与预期结果出现偏离，从而导致投资者收益的落空，造成资本金的损失。

股市风险主要包括系统风险和非系统风险。系统风险是指市场上的某一种原因或因素会给市场上的所有证券参与者带来损失的可能性，如政策风险、利率风险、突发性利空消息风险、上市公司倒闭风险和股灾风险。这些风险是投资者无法避免的，但可以减少损失。非系统风险是指某些因素对个股造成的损失风险，这些风险属微观层面。如操作失误风险、内幕交易风险、投机垄断风险、投机诈骗风险、上市公司摘牌风险、财务报表风险、信用风险、经营管理风险等，投资者通过提高自身的素质和加强投资理论的学习，这些风险是可以避免的。

对少数赢家来说，股市是一座金矿，在股市中驰骋让他们的财富不断增长。股市最大的风险来自投资者自身的素质差异和由于人性弱点而产生的操作失误。我国股市已经有了20多年的发展，市场的投机操纵性仍然相当严重，真正能在股市赚钱的只是极少数人。在大部分输家中，又有一部分人伤痕累累，输了又输，最后倾家荡产。

这充分说明投资者素质还不高，对股市的规律不甚了解，他们仍然不能克服自身人性的弱点，在与庄家斗智斗勇的过程中总是败下阵来。对于他们来说，股市是一口陷阱，不断地挖掘会使他们愈陷愈深。

从表面上看，股市似乎是投机家和冒险家的天堂，实际上它却是智者、勇者的投机场所。投资者需要的是知识、勇敢、智慧、灵活，要能够承受挫折和失败的煎熬，同时又不能被胜利冲昏头脑，要胜不骄、败不馁，做到理智投资。

此外，投资者还要不断地总结经验和教训，善于探索股市的客观规律，准确把握股市的脉搏，踏准股市运行的节奏。当然，这并不是一朝一夕就能做到的，入市者只有不断地学习、摸索和实践，付出千辛万苦的努力，经受股市多次涨跌的洗礼才能真正成为股市赢家。

良好的仓位控制技巧

在股市中，投资者只有重视和提高自己的仓位控制技巧，才能在股市中有效控制风险，并且争取把握时机反败为胜。良好的仓位控制技巧可谓是投资者规避风险的武器。

当市场行情处于强势上升中时，投资者必须注意掌握以下仓位控制要点，提高投资的安全性。

（1）投资者应该以 1/3 资金参与强势股的追涨炒作。

（2）以 1/3 资金参与潜力股的中长线稳健投资。

（3）留下 1/3 资金做后备资金，在大盘出现异常变化时使用。

（4）强市中最适宜的资金投入比例要控制在 70% 以内，并且需随着股价的不断上升适当地进行变现操作。

在市场行情处于疲弱态势中，投资者必须注意掌握以下要点：

1. 持仓比例

在弱市中要对持仓的比例做适当压缩，特别是一些仓位较重的甚至是满仓的投资者，要把握住大盘下滑途中的短暂反弹机会，将一些浅套的个股适当清仓卖出。在大盘连续性的破位下跌中，仓位过重的投资者，其资产净值损失必将大于仓位较轻投资者的净值损失。股市的非理性暴跌也会对满仓的投资者构成强大的心理压力，进而影响到投资者的实际操作。而且熊市中不确定因素较多，在大盘发展趋势未明显转好之前也不适宜满仓或重仓。所以，对于部分目前浅套而且后市上升空间不大的个股，要果断斩仓。只有保持充足的后备资金，才能在熊市中应变自如。

2. 仓位结构

当股市处于下行空间时，大盘和个股接二连三地表演"高台跳水"时，投资者不要被股市这种令人恐慌的外表吓倒，跌市中非理性的连续性破位暴跌，恰是调整仓位结构、留强汰弱的有利时机。投资者可以将一些股性不活跃、盘子较大、缺乏题材和想象空间的个股逢高卖出；选择一些有新庄建仓、未来有可能演化成主流的板块和领头羊的个股逢低吸纳。这种操作方式如果利用得好，它将是决定投资者未来能否反败为胜或跑赢大市的关键因素。

3. 分仓程度

当股市处于下行趋势时，大盘和个股接二连三地表演"低台跳水"时，我们也不要被这种令人恐慌的外表吓倒，依据当前的股市行情，前期曾经顺利逃顶和止损的空仓投资者要敢于主动逢低买入。但是要把握好仓位控制中的分仓技巧：

（1）根据资金实力的大小分仓，资金多的可以适当分散投资，资金少的可采用分散投资操作。这样容易因为固定交易成本的因素造成交易费率成本的提高。

（2）当大盘在熊市末期，大盘止跌企稳，并出现趋势转好迹象时，对于战略性补仓或超低型的买入操作，可以适当分散投资，分别在若干个未来最有可能演化成热点的板块中选股买入。

（3）选股的思路如果是从投资价值方面选股，属于长期的战略性建仓的买入，可以运用分散投资策略。如果仅是从投机角度选股，用于短线的波段操作或用于针对被套牢个股的盘中"T＋0"的超短线操作，不能采用分散投资策略，必须采用集中兵力、各个击破的策略，每次波段操作，只做一只股票。

市场中充满着各种不确定因素，无论多么看好某只股票，都不要一次性满仓买入，应以适当的部分资金先完成早期建仓。当确认分析正确时，不断顺势增加买入；当发现分析有误时，则及时果断退出。股市中真正影响你投资思维的是你的仓位状况。为了能够控制风险，处于赢利状态时，可以逐渐地分期分批获利了结。

大盘高位下的风险

没有单边上升的市场，也没有永远上涨的股票。在牛市中，投资者最担心的一个问题无疑是大盘的高位回调，尤其是一段疯牛行情之后的暴跌，不仅将大批散户在前期牛市中辛辛苦苦赚来的财富一笔勾销，甚至会上演牛市被套牢的悲剧。大盘高位如何规避牛市中的回调风险，成为中小投资者需要补上的重要一课。

对于投资者而言，如果没有足够的风险意识和科学的规避方法，在大盘高位时持有错误的股票，就会遭受惨重的损失——尤其是中小散户，在大盘回调中成为股市震荡的受害者。

股市的上涨固然离不开资金的推动，但本质上还是取决于市场整体经济环境和上市公司的经营业绩。即使是在牛市行情中，当股价上涨速度过快，价格远离自身投资价值合理波动区间的时候，也会不可避免地面临调整。同时，在牛市环境下，正常的大盘主动回调不仅有利于释放高位风险，化解技术上的调整压力，抑制市场结构性风险的进一步膨胀，也能有效地释放市场短线获利浮筹，为后市的进一步拉升积蓄能量和动力。

防范回调风险，首先要解决的就是投资者的投资心态问题。我们常说：股市忌贪。当一个投资者以投机甚至是偷鸡的心态进入股市，那么他的风险就已经被最大化了。股市是一个投资场所而不是一个赌博的地方，"十赌九输"在股市中同样是颠扑不破的真理。

那么，中小投资者应该怎样规避大盘的回调风险呢？从基本面上说，应该选择质地优良、赢利能力突出、资产质量较好、成长性高的价值投资型股票，这类股票往往是大盘调整风浪中的"避风港"；从技术分析上看，散户应该选择主力控盘强、席位资金正向流入、股价平稳上涨、均线支撑有力的股票，而对于已经经过前期市场热炒同时在形态上急涨急跌、异常放量的股票则应避免介入。由于基金和机构投资者拥有资金、信息渠道、研究能力和风险控制等方面的优势，通过监测其仓位成本和资金流向，投资者同样可以有效地规避风险，在市场回调中实现投资收益。

不要过于迷信股评家

对于众多股民来说，由于不可能知道上市公司的内幕，也不具备进行技术分析的条件，听股评家的评论显得必不可少。可是，几年下来，一些股民开始对股评家的权威产生了怀疑，不少人完全照搬股评操作，不是被套就是踏空。

确实，有不少股评家是利用别人的资金为自己"抬轿"，甚至更有黑心的人为庄家出货做"吹鼓手"，煽动别人高价买进，让主力成功出逃，获取暴利，被广大中小股民斥为"黑嘴""庄托"。但是，那些为了谋取一己私利，而甘愿充当"黑嘴""庄托"的股评家，毕竟只是少数。相对而言，大多数股评家还是诚实正直的，他们用自己所学的知识为投资人提供服务。

那么，作为投资者而言，不要过于迷信股评家，此外，还应该识别股市"黑嘴""庄托"，鉴别股评家的意见：

1. 神话级的股评家不能过于迷信

世界上是没有神的，股市中同样也没有神。

此外，还有一类股评家喜欢用十分精确的预测获取投资者的信任。我们知道股市从市场长远趋势看，股价大致运行规律等方面是可以预测的，但具体到特定时间、价位的精确预测是不可能的。如果有这样的股评家能够精确地预测股价在未来的某日，甚至是某时将产生拐点，将能涨跌到具体某个价位，对这样的股评，投资者大可置之一笑。

极少数股评家之所以能成为"黑嘴"，最主要的是要股民信任他，甚至是崇拜他的预测能力。于是，他们往往会与庄家联手，制造种种神话，博取股民的信任。对于那些自言获利惊人或推荐股票极为精确的神话级股评家，投资者千万不能过于迷信。

2. 和个股有利害关系的股评家不可信

某些股评家平时发表股评，也比较规矩，但是，一旦所做的股评与自己所在的单位有利益冲突，或与自己有利害关系时，往往就难以遵守职业道德了。

此外，除了极少数的股评"黑嘴"以外，也存在一些滥竽充数的股评。有些股评家水平极低，只要一推荐股票，该股十之八九要下跌。这些水平低的股评家如果不积极提高水平，只是一味乐此不疲地每日推荐跌幅"黑马"，那将误人不浅。

对于滥竽充数的股评家，如果因为其推荐的股票给股民造成损失，就硬说人家是"庄托""黑嘴"，说人家与庄家勾结等，是极不负责任的。还有，在没有确凿证据的情况下，要人家赔偿损失，也是不合情理的，股市有风险，股评家毕竟只是人，不是神。至于随意谩骂或攻击股评家，就更是一种不道德的违法行为了。

那么，是否因为股评没有主观欺骗，就可以任由股评在股市中散播谣言，增加股民的投资风险呢？事实上，迷信股评家最关键的还是在于个人，正所谓"谣言止于智者"。要知道，在股票市场，没有任何人可以控制风险。因此，股民最重要的是要相信自己，提高自己的分析能力，而不要轻易就被股评家所鼓动。

千方百计避免被套

进入股市，投资者最害怕的就是被套。根据性质不同，股市被套牢可以分为好几种，有热门股套牢和普通股套牢，以及被动性的高位套牢和一般的中位套牢。对于投资者来说，要想化被动为主动完全解套，就需要转换一下思路。

1. 热门股被套牢

热门股套牢以后怎么办，和普通股套牢以后怎么办，这是不同的。前者往往根据成交密集区来判断该股反弹所能摸高的位置，根据量价关系来判断该股反弹的时机。

（1）热门股涨得快，跌得更快。由于高位追逐热门股被套，首先必须确立一个宗旨：是救自己而不是再谋求赢利，因为第一步已经走错，千万不能走错第二步，不然"洞"越补越大，以后"翻身"的日子都没有。比如说该股下跌10%，此时还不宜补仓，更不用说在同一成本增仓，因为一旦过早补仓，往往"弹尽粮绝"。

（2）在以后的大盘反弹或上升趋势中，原先热点很可能已经沉寂，即使大盘逐波走高，原热点题材很可能像普通股走势一样，随波逐流，所以采取的措施既不要急又不能拖。

总的来说，这种方法不是唯一的解救办法，但其套牢以后的应对策略是值得首肯的。

2. 普通股被套牢（一般的中位套牢）

普通股套牢，不像热门股套牢那样揪心，但解套周期较长，除了一般的接球，还可以通过互换，缩短套牢周期。

大多数"普通人"买"普通股"，既然是普通股，更需要耐心和毅力，只要买的不是冷门股，没有必要冒普通股换成热门股的风险。

3. 高位被套牢

首先，变高位套牢为中位套牢。当大盘瀑布式直泻后，许多股票回到其长期构筑的平台，由于市场平均成本及中期负乖离率，一般来说，迟早会有一波次级行情出现，许多中小投资者往往此时买一些，抱着买套的心理介入，这时不能说不会再跌，而是中期上扬空间大于短期下跌空间。如股价出现反弹，可将补仓筹码获利回吐，从而降低上档套牢筹码成本。再进行一次循环，则上档套牢筹码就变为中档套牢筹码。更何况在涨跌停板制度下，迅速地、持续地无量下跌，此时不买点放着，将来必会出现无量上涨，而那时往往以涨停板的情况出现，想补仓或者建仓都不能如愿了。

其次，既可参照"中位套牢以后怎么办"，也可把剩余资金投入潜力股。后者一旦成功，前者即斩仓，这样，手中又拥有大量资金，可以从容选股。

被套实际上是可以防备的，做好以下 8 点，基本上就可以避免被套。

1. 有备而来

无论什么时候，买股票之前就要盘算好买进的理由，并计算好出货的目标。做好相应的准备，千万不可盲目地进去买，然后盲目地等待上涨，再盲目地被套牢。

2. 一定设立止损点

凡是出现巨大亏损的，都是由于入市的时候没有设立止损点，而设立了止损点就必须执行。即便是刚买进就套牢，如果发现错了，也应卖出。做长线投资的必须是股价能长期走牛的股票，一旦长期下跌，也必须选择卖出。

3. 不怕下跌，怕放量

有的股票无缘无故地下跌并不可怕，可怕的是成交量的放大。尤其是庄家持股比较多的品种绝对不应该有巨大的成交量，如果出现，十有八九是主力出货。所以，对任何情况下的突然放量都要重点予以关注。

4. 拒绝中阴线

无论大盘还是个股，如果发现跌破了大众公认的强支撑，当天有收中阴线的趋势，都必须加以警惕。尤其是本来走势不错的个股，一旦出现中阴线，可能引发中线持仓者的恐慌，并大量抛售。有些时候，主力即使不想出货，也无力支撑股价，最后必然会跌下去，有时候主力自己也会借机出货。所以，无论在哪种情况下，见了中阴线都应该考虑出货。

5. 只认一个技术指标，发现不妙立刻就溜

如果信任技术指标的方法，给你 100 个技术指标也没有用，有时候把一个指标研究透彻了，也就完全把一只股票的走势掌握在心中了，发现行情破了关键的支撑后马上就走。

6. 不买问题股

买股票要看看它的基本面，有没有令人担忧的地方，尤其是几个重要的指标，防止基本面突然出现变化。在基本面确认不好的情况下，谨慎介入，不要轻易买问题股，哪怕暂时的行情在持续上涨。

7. 基本面服从技术面

股票再好，形态坏了也必跌；股票再不好，形态好了也能上涨。即使用特大资金做投资，形态坏了也应该至少出 30％以上，等待形态修复后再买进。对任何股票都不能迷信，哪怕是曾经给你带来好运或盈利的股票。有人 10 年前买的某只股票到今天还没卖，这是不足取的。因为如果真的看好它，应该在合适的价格抛出，在合适的价格再买进。始终持股不动，是懒惰的体现。

8. 不做庄家的牺牲品

有时候有庄家的消息，或者庄家外围的消息，在买进之前可以信，但关于出货千万不能信。出货是自己的事情，任何庄家都不会告诉散户投资者自己在出货，所以出货要根据盘面来决定，不可以根据消息来判断。

巧用补仓法提前解套

投资者被套后该如何解套呢？补仓是被套后的一种被动应变策略。补仓本身不是一个解套的好办法，但在某些特定情况下它是最合适的方法。

股市中没有最好的方法，只有最合适的方法。只要运用得法，它将是反败为胜的利器；如果运用不得法，它也会成为作茧自缚的温床。

战略性补仓在时机的选择方面要遵循以下原则：

1. 熊市初期不能补仓

炒股的人都懂这个道理，但大多数投资者都无法区分牛熊转折点，更无法认清何时是熊市初期。这里有一个很简单的办法：股价跌得不深坚决不补仓。如果股票现价比买入价低 5％就不用补仓，因为随便一次盘中震荡都可能解套。要是现价比买入价低 20％～30％以上，甚至有的股价被腰斩时，就可以考虑补仓，后市进一步下跌的空间已经相对有限。

2. 大盘未企稳不补仓

大盘处于下跌通道中或中继反弹时都不能补仓，因为股指进一步下跌时会拖累绝大多数个股一起走下坡路，只有极少数逆市走强的个股可以例外。补仓的最佳时机是在指数位于相对低位或刚刚向上反转时。这时上涨的潜力巨大，下跌的可能性最小，补仓较为安全。

3. 在大盘处于下跌通道中时坚决不补仓

这个道理比较容易理解，股指的进一步下跌往往会拖累绝大多数个股一起走下坡路，其中仅有极少数逆市走强的个股可以例外。所谓的"抛开大盘选个股"的做法是不切实际的。战略性补仓的最佳时机是在熊市末期，大盘处于相对低位时或大盘探底成功后刚刚向上反转时。这时往往上涨的潜力巨大，下跌的空间最小，补仓较为安全。

4. 弱势股不补

特别是那些大盘涨它不涨，大盘跌它也跌的无庄股。因为补仓的目的是希望用后来补仓的股的赢利弥补前面被套股的损失，既然这样大可不必限制自己一定要补原来被套的品种。补仓补什么品种不关键，关键是补仓的品种要取得最大的赢利，这才是要重点考虑的。所以，补仓就补强势股，不能补弱势股。

5. 大盘处于下跌中继反弹时不能补仓

所谓："反弹不是底，是底不反弹。"反弹现象本身就说明了市场中仍有多头在负隅顽抗，间接地说明后市仍有进一步下跌的可能，在这种情况下仓促建仓是不合适的。

6. 把握好补仓的时机，力求一次成功

所谓逐级补仓是在为不谨慎的买入行为做辩护，多次补仓，越买越套的结果必将使自己陷入无法自拔的境地。首先，普通投资者的资金有限，无法经受多次摊平操作。其次，补仓是对前一次错误买入行为的弥补，它本身就不应该再成为第二次错误的交易。

战术性补仓时机的选择：对于以短线操作为主的战术性补仓来说选择的范围较大，不论投资者现在是处于深套或浅套状态中，都可以考虑补仓。只要大盘不是正好处于加速下滑途中时，都可以积极参与战术性补仓操作，关键是要把握好个股到达阶段性底部的时机。

学会果断止损

有一条"鳄鱼原则"，该法则源于鳄鱼的吞噬方式：猎物越试图挣扎，危险就越大。假定一只鳄鱼咬住你的脚，而你试图通过手臂把脚解救出来，则你的脚与手臂将会被鳄鱼的嘴巴同时咬住。你越挣扎，便陷得越深。所以，万一鳄鱼咬住你的脚，务必记住：你唯一的生存机会便是牺牲一只脚，以最小的损失逃脱险境。

这项原则就是：当你知道自己犯了错误时，立即了结出场！不可再找借口、理由或有所期待！对于投资者来说，必须要做到如下几点。

1. 了解止损的必要性

止损远比赢利重要，因为任何时候保本都是第一位的，赢利是第二位的，建立合理的止损原则相当有效，谨慎的止损原则的核心在于不让亏损持续扩大。

波动性和不可预测性是市场最根本的特征，这是市场存在的基础，也是交易中风险产生的原因，这是一个不可改变的特征。交易中永远没有确定性，所有的分析预测仅仅是一种可能性，根据这种可能性而进行的交易自然是不确定的，不确定的行为必须得有措施来控制其风险的扩大，止损就这样产生了。

止损是人类在交易过程中自然产生的，并非刻意制作，是投资者保护自己的一种本能反应，市场的不确定性造就了止损存在的必要性和重要性。成功的投资者可能有各自不同的交易方式，但止损是保障他们获取成功的共同特征。世界投资大师索罗斯说过，投资本身没有风险，失控的投资才有风险。学会止损，千万别和亏损"谈恋爱"。

2. 设置止损点并坚决执行

了解止损的重要意义是每位投资者必须弄明白的常识，然而，了解并不是目的。事实上，投资者设置了止损而没有执行的例子比比皆是，市场上，被扫地出门的悲剧几乎每天都在上演。

止损为何如此艰难？原因有三：其一，侥幸的心理作祟。某些投资者尽管也知道趋势上已经破位，但由于过于犹豫，总是想再看一看、等一等，导致自己错过止损的大好时机。其二，价格频繁的波动会让投资者犹豫不决，经常性错误的止损会给投资者留下挥之不去的记忆，从而动摇投资者下次止损的决心。其三，执行止损是一件痛苦的事情，是一个血淋淋的过程，是对人性弱点的挑战和考验。

其实，每次交易投资者都无法确定是正确状态还是错误状态，即便赢利了，投资者也难以决定是立即出场还是持有观望，更何况是处于被套状态下。人性追求贪婪的本能会使每一位投资者不愿意少赢几个点，更不愿意多亏几个点。

3. 将损失控制在持有成本的7%～8%内

个人投资者一定要很明确坚持这样一个原则：每只股票的最大损失要限制在其初始投资额的70%～80%之内。由于投资额较大和通过投资种类多样化降低总体风险，大多数机构投资者在迅速执行止损计划方面缺乏灵活性。对机构来说，很难快速买入卖出股票，但快速买卖股票对它们执行该止损准则来说又是非常必要的。所以，对于个人投资者来说，这是一个相对于机构投资者的极大优势。

如果投资者把限额定在7%或8%，平均受损总额要更少一些，也许是5%或6%。如果投资者能将所有失误和损失控制在平均5%或6%的水平上，投资者就会变成一支让对手无法向前运球的球队。

现在这里有个秘诀：如果投资者用图表使买入时间与正确的买入时机精确地吻合在一起，或是使买入点和图表所示的区域（价格巩固区）相吻合，股票很少会从买入价下跌 8％。这是在未来取得成功的关键之处。

记住，7％或 8％是绝对的止损限额。投资者必须毫不犹豫地卖出那些股票——不要再等几天，去观望之后会发生什么或是期盼股价回升；没有必要等到当日闭市之时再卖出股票。此时，除了投资者的股票下跌 7％或 8％这一因素外，就不会有什么东西会对整个行情产生影响了。一旦赚了钱、获了大利，投资者就可以针对正常的股价波动给予比 7％或 8％限额多一点的空间。不要卖掉那些从股价最高点下跌 7％或 8％的股票。区分两者十分重要。一种情形是，投资者的出发点有可能错了。股票的走势并非如投资者所预期的那样，投资者开始损失掉辛辛苦苦挣来的钱，也可能损失更多。另一种情形是，出发点是正确的，股票走势很好，你赚钱了。投资者用的是赚来的钱，所以投资者可以给予股价波动大一点儿的空间，也不会因为正常的 10％～15％的价格波动而提心吊胆。关键是要精确地在突破点时购入股票，从而使股价下跌 8％的可能性最小化。

另外，设立止损点并不是说投资者一定要等到每只股票损失达到 7％或 8％时才可以把它们卖出去。有时，投资者会感觉到整个股市指数处于卖出压力之下，或是自己所持的股票走势不对，自己的出发点不对。在这些情况下，或许一只股票只下降了 1 个或 2 个百分点，投资者就可以更早进行止损。

有一句投资谚语是这样说的，入市的第一次损失是最小的。进行投资决策的方法就是始终（毫无例外地）迅速进行止损，而股票赚钱时则要耐心一些。

第十章

选择基金，让专业人士为投资保航

这么多年来，有资格被称为投资大师的人并不少，譬如沃伦·巴菲特、彼得·林奇（麦哲伦基金经理）和乔治·索罗斯（量子基金经理）。但相比规模庞大的投资专家队伍而言，有着超凡业绩（以及超凡运气）的基金经理仍属沧海一粟。

——欧阳良宜　北京大学经济学院副教授

基金的真面目

这里我们所说的基金不同于福利基金、慈善基金、助学基金等，而是专指用于投资获利的证券投资基金。到底什么是证券投资基金呢？

证券投资基金是指通过发行基金单位，集中投资者的资金，由基金托管人托管，由基金管理人管理和运用资金，从事股票、债券、外汇、货币等金融工具投资，以获得投资收益和资本增值的一种共享收益、共担风险的集合证券投资方式。那么，证券投资基金究竟是怎样发展起来的呢？

19世纪60年代，证券投资基金起源于当时最发达的英国。当时，随着第一次产业革命的成功，英国生产力水准得到了巨大的提高，国内资金充裕，公债利率较低。投资者对国内投资缺乏兴趣，纷纷在国外寻求发展。当时正逢美国大规模兴建铁路，发展纺织、通讯等行业，资金需求非常旺盛，而且美国的公债利率比英国高1倍，另外，拿破仑战败后，重建欧洲需要巨额资金，欧洲各国为此发行了大量高利率债券。在这种情况下，英国资金大量流入美国和欧洲，然而出乎投资人意料的是，美国铁路建设很快冷却，投资美国这些事业的投资者损失惨重。惨痛的教训让投资者认识到，对外投资需要进行严格的考察，不能盲目跟进，而且应尽可能将众多小额资金汇集起来增强力量，共同运作、分散投资以减少投资风险。在这样的背景下，1868年，英国政府出面成立了专门投资于欧洲大陆、殖民地、美国的世界上第一家证券投资基金，即"国外及殖民地政府信托基金"。这就是现代证券投资基金的雏形。

证券投资基金在不同国家或地区的称谓有所不同，美国称为"共同基金"，英国和香港称为"单位信托基金"，日本和我国台湾称为"证券投资信托基金"。然而，虽然称呼不同，但是各个国家和地区的证券投资基金一般都包含五层基本含义。

第一，证券投资基金专门从事股票、债券等有价证券的投资，投资领域仅限于金融市场。

第二，证券投资基金的基础是现代信托关系。投资者们将资金委托给基金管理人或投资顾问公司进行运作，并且委托基金托管人（一般为银行）管理基金资产，并监督基金管理人对基金资金的运作。

第三，证券投资基金运行的基本原则是共同投资、共担风险、共享收益。

第四，证券投资基金是一种将社会上闲散资金集中起来进行投资的独立核算机构，是一种特殊的投资组织形式。这不同于一般股份有限公司，也不同于商业银行和一般的非银行金融机构。

第五，证券投资基金通过发行证券投资基金单位募集资金。基金单位性质类似于股票，是一种代表基金持有人对基金的一定数量所有权，并且借此获取投资收益的权益凭证。

随着科技的发展，全球金融市场的关联性日益加强，现在基金的投资领域不再局限于某一国的金融市场，而是进入国际金融市场，资金来源更为广泛，投资目标也日趋多元化。某些庞大的基金可以动用旗下资金，在全球范围内任意进行资源配置，因此基金不仅影响一国的金融市场，甚至还会影响全球的金融市场。这方面索罗斯的量子基金就是一个典型的例子。

量子基金动辄动用几十亿，上百亿美元的资金，在国际金融市场进行大笔的做空做多交易，以此对某种货币发起攻击。1992年量子基金成功地上演了"英镑狙击战"，使得索罗斯在一个星期内赚了10亿美元。1997年，索罗斯牵头发动"泰铢狙击战"，号召近百亿美元的国际游资攻击泰铢，导致泰铢一夜之间汇率狂跌，索罗斯从中获利近20亿美元。泰铢的贬值引起连锁反应，东南亚各国不约而同受到影响，引致了"东南亚金融风暴"。

虽然量子基金规模庞大作风凶狠，在国际金融市场上动辄掀起惊天巨浪，听起来似乎遥不可及。然而事实并非如此，基金离我们并不遥远，现在基金已成了大众投资者惯常使用的一种重要的投资工具。

按照不同的分类标准，基金可分成不同的类型：

根据组织形式的不同，基金可分为契约型基金和公司型基金两种。契约型基金也称为信托基金，它是按照契约原则，通过发行带有受益凭证的基金证券而形成的投资基金；公司型基金筹集资金的手段是通过发行股份筹集，是以投资营利为目的，具有独立法人资格的股份有限公司。

根据基金单位能否加增或赎回，基金分为封闭式基金和开放式基金。开放式基金是指基金发起人在设立基金时，基金份额总规模不固定，可视投资者的需求，随时向投资者出售基金份额，并可应投资者要求赎回发行在外的基金份额的一种基金运作方式；封闭式基金是指基金规模在发行前已确定，在发行完毕后和规定的期限内，基金规模固定不变的投资基金。

根据投资风险偏好与收益偏好的不同，基金可分为成长型基金、收入型基金和平衡型基金。成长型基金以资本长期增值为投资目标，其投资对象主要是市场中有较大升值潜力的小公司股票和一些新兴行业的股票；收入型基金是指以能为投资者带来高水准的当期收入为目的的基金，主要投资于可带来现金收入的有价证券；平衡型基金是指以支付当期收入和追求资本的长期成长为目的的基金。

根据投资对象的不同，基金可分为股票基金、债券基金、货币市场基金、期货基金、期权基金、指数基金和认股权证基金等。股票基金是指以股票为投资对象的投资基金；债券基金是指以债券为投资对象的投资基金；货币市场基金是指以国债、大额银行可转让存单、商业票据、公司债券等货币市场短期有价证券为投资对象的投资基金；期货基金是指以各类期货品种为主要投资对象的基金；期权基金是指以能分配股利的股票期权为投资对象的基金；指数基金是指以某种证券市场的价格指数为投资对象的基金；认股权证基金是指以认股权证为投资对象的基金。

另外，基金按区域进行分类，可分为国际基金、海外基金、国内基金、国家基金和区域基金等。除此之外，基金还包括伞型基金、基金中的基金等类型。

在世界范围内，短短几十年间，证券投资基金就得到了迅速而广泛的发展？相比于股票和债券，基金究竟有什么不同之处？

首先，基金投资人的资金受到多重保障。

基金托管人是一个独立的第三方机构，其存在不受基金公司的影响，任务是单独为投资者保管资金，并且监督基金管理人的运作是否合规。

在投资过程中，基金经理向基金托管人（一般是商业银行）汇报投资策略，并向经纪人发出操作指令，基金托管人核查此项交易是否符合双方的规定，是否符合基金经理的权限，并负责对盘与经纪人结算。基金经理不仅不能直接接触到资金，而且在职业操守上也有严格的规定。

其次，基金可以通过证券组合投资，以降低投资风险。基金市场上的投资风险分为系统性风险和非系统性风险。其中，系统性风险是指由于全局性的共同因素引起的投资收益的可能变动，这种因素以同样的方式对所有证券的收益产生影响。非系统风险又称非市场风险或可分散风险。是指只对某个行业或个别公司的证券产生影响的风险。它通常是由某一特殊的因素引起，与整个证券市场的价格不存在系统、全面的联系，而只对个别或少数证券的收益产生影响。例如，公司的工人罢工，新产品开发失败，失去重要的销售合同，诉讼失败或宣告发现新矿藏，取得一个重要合同等，都是隶属于非系统性风险的范畴。

确定投资目标

投资目标表明该基金投资所具有的风险与收益状况，因此在募集基金时，募集单位必须在基金招募说明书中对投资目标加以明确，以供投资者选择。

投资目标不同，主要投资工具则不同，基金获取收益的方式也不同。收入型基金会有较高的当期收入，平衡型基金在分配到利息和股利的同时也能够实现一定的资本利得，成长型基金只注重长期的资本利得，对当期的股利和利息收入并不注重。

每一只基金都会有自己的投资目标。投资目标明确了该基金日后具体的投资方向，在股票和债券上面的选择依据，等等。根据投资目标，投资者也可以了解到基金投资所具有的风险与收益状况。

以个人投资者的偏好而言，个人投资者的投资目标很多，比如，教育、养老、购房等，这些目标所能够承受的风险是不同的，养老是低风险承担水平，教育是中等风险承担水平，而购房一般属于高风险承担水平，即使收益率要求相同，也需要投资不同类型的基金才能够实现正确的投资。

对于个人而言，投资目标并不是一成不变的，所有的目标都是动态的。在不同的阶段，理财的目标也是不一样的，它应该有长期、中期、短期之分。在设定具体目标时，有几个原则必须遵循：一是要明确实现的日期；二是要量化目标，用实际数字表示；三是将目标实体化，假想目标已达到的情景，这样可以加强人们想要达到目标的动力。

例如，三种常见的投资目标——养老金储备、教育储备及应急储备和其他短期目标。许多个人投资基金是出于长期理财目标，尤其是储备养老金。据测，如果个人退休后的生活质量要与退休前相差不大，那么其退休后收入至少应该有他退休前的税前收入的70%～80%。如果你计划在60岁退休，那么你至少要准备22年的养老金，因为对60岁的人而言，平均寿命预期是82岁，而且呈上升趋势。最理想的状况是，个人通过多种途径来储备养老金，比如，社会保险金、企业养老金和个人储蓄（包括个人养老账户投资理财）。

许多父母或者祖父母投资基金是为孩子将来上大学的费用做准备。对教育储备而言，投资期限格外重要。如果你在孩子一出生就开始储备，那意味着有18年的投资期限。

应急储备是为了满足难以预料的紧急支出需求。许多投资者用货币市场基金来做应急储备。单独投资货币市场基金，或者同时投资于债券基金，都是短期投资的理想选择。

投资期限对于正确估计投资风险和进行适当的投资配置十分重要，投资期限较长便可以采取相对积极的投资方式，比如，选择成长型股票基金；反之，就需要选择货币市场基金等近似无风险的基金品种。一般而言，在其他条件相同的情况下，建议投资者选择较长期限的投资方式，以期取得较好的投资效果。

除了考虑投资期限，我们还需考虑投资成本。

投资者可以从以下 5 个方面充分考虑基金投资的成本：

第一，基金购买价格上的成本。不同的基金产品，其净值是不同的，从而决定了其价格的不同，直接影响到投资者购买的成本。也就是说，是否能够运用最少的资金购买较多的基金份额，或者运用最少的资金创造最高的收益。

第二，基金进场时机上的成本。影响基金净值高低的因素众多，而不同的市场环境下，不同的投资时机，基金的购买成本是完全不同的。如在证券市场的阶段性高点购买基金及在证券市场的阶段性低点购买基金的成本是完全不同的，即使是同一基金产品，也会存在很大的差异。

第三，基金基本面成本。由于不同的基金产品，采取不同的投资策略和资产配置特点，也就呈现出了基金管理人不同的管理和运作基金的能力，从而造成基金运作上的净值差异化。这种潜在的投资成本是投资者所不能忽略的，也是决定一只基金成长性，是不是能够有效补偿基金成本的重要因素。

第四，基金投资的时间成本。作为一种专家理财产品，基金管理人管理和运作基金的能力直接决定着基金净值增长的幅度，同时也影响着投资者持有基金的时间成本。净值增长较快，将使投资者的投资周期得到缩短，从而创造更多的累积利润。相反，基金的净值增长缓慢，收益受到影响，也会在一定程度上延长投资者持有基金的时间成本。

第五，基金的创新成本。可以说，这是一种投资者容易忽略的成本。主要表现为通过基金管理人对基金产品、交易制度、收益分配创新而带来的投资成本的变化。如基金通过大比例分红、复制和拆分而带来的基金份额的变化和投资者重新选择的成本。

成本总是越小越好的，要比较大小，首先就要量化成本。基金不一定赚钱，但一定要缴付费用。比如，基金交易费用是多少，基金托管费用是多少，有没有成本更低的以及自己为这些收益所支付的成本是不是值得。对于投资者而言，至少投资收益要与支付的成本成正比。投资人要想得到专业理财服务，必须缴付申购费、认购费、赎回费、转换费等费用，但是费用过高，也不合算。这些费率水平每年基本维持不变，但基金投资于股票和债券的回报却是起伏不定的。你无法控制市场突如其来的变化，也无法控制基金组织的投资操作，但是你可以控制费用。

共同基金和对冲基金

市场的投资基金主要有两种类型：共同基金和对冲基金。现在我们从不同的角度，对其作一番考察。

1. 共同基金和对冲基金的不同特点

共同基金是由基金经理的专业金融从业者管理，向社会投资者公开募集资金以投资于证券市场的营利性公司型证券投资基金。共同基金购买股票、债券、商业票据、商品或衍生性金融商品，以获得利息、股息或资本利得。共同基金通过投资获得的利润由投资者和基金经理分享。共同基金涵盖的种类比较广，我们经常提到的开放型基金、封闭型基金、股票基金、债券基金、成长型基金、平衡型基金都是从不同角度对共同基金的分类。

对冲基金起源于20世纪50年代初的美国，其英文名称为 Hedge Fund，意为"风险对冲过的基金"。其操作的基本宗旨，在于利用期货、期权等金融衍生产品以及对相关联的不同资产进行实买空卖、风险对冲的操作技巧，这在一定程度上可规避和降低证券投资风险。

经过几十年的演变，金融衍生品市场逐渐发展兴旺，对冲基金已失去其初始时保守的风险对冲的内涵。如今的对冲基金已成为一种新的投资模式的代名词，即基于最新的投资理论和极其复杂的市场操作技巧，充分利用各种金融衍生产品的数倍放大的杠杆效用，承担高风险、追求高收益的投资模式。对冲基金与共同基金相比，具有以下几个特点：

（1）投资效应的高杠杆性

对冲基金的证券资产流动性极强，使得它可以利用基金资产更为便利地进行抵押贷款。一个资本金只有1亿美元的对冲基金，可以通过反复抵押其证券资产的方式，借贷到高达几十亿美元的资金。这种杠杆效应，使得在一笔交易完成后扣除贷款利息，净利润远远大于仅使用1亿美元的资本金运作可能带来的收益。有些规模较大的对冲基金往往利用银行信用，以极高的杠杆借贷方式，在它原始基金量的基础上几倍甚至几十倍地扩大资金，以尽最大可能获取投资回报。

反过来，投资交易的高收益就意味着高风险，也正因为这种杠杆效应，对冲基金的风险在操作时也被数倍放大，一旦出现失误时，往往也面临着巨大的超额损失。

（2）投资活动的复杂性

近年来，世界金融市场上各类金融衍生产品层出不穷，花样不断翻新，如期货、期权、远期、利率互换等。相应的，金融衍生品也就成为对冲基金的主要操作对象。面对日趋发达的金融衍生品，对冲基金利用它们进行复杂的投资操作并获利。

不少金融衍生产品本来是为对冲风险、套期保值设计的，由于它们成本低、风险高、回报高的特性，也适应了对冲基金的复杂操作技巧的要求。对冲基金将这些金融工具进行复杂的组合设计，分别设定投资权重和投资方向，根据市场预测进行投资，预测准确时就可以获取巨额利润。或者利用金融市场短期内的波动而产生的非均衡性设计投资策略，从而在市场恢复正常状态时获取差价收益。

（3）操作的隐蔽性和灵活性

对冲基金与面向普通投资者的证券投资基金相比，在资金募集方式、基金投资者、受监管程度和资讯披露要求上存在很大差别，而且在投资活动的灵活性和公平性方面也存在很多差别。对冲基金的高收益性和高风险性，决定了它的进入具有高门槛。只有那些资金实力雄厚而且对风险的承受力较高的个人投资者或者机构投资者，才比较适宜对冲基金进行投资。

普通的证券投资基金一般在投资工具的种类选择和资金分配比例上有确定的方案，即有较明确的资产组合定义。如平衡型基金在投资组合中股票和债券数量大体各半，成长型基金则侧重于高增长性上市公司股票的投资。

另外，共同基金在投资工具的选择上有一定的范围规定，比如不能利用信贷资金进行投资。而对冲基金则完全没有这些方面的限制，可尽可能利用一切可用的金融工具发展投资组合，最大限度地利用信贷资金，以获取明显高于市场平均回报的超额赢利。由于对冲基金高度的隐蔽性和灵活性以及杠杆放大的效应，它在现代国际金融市场的投机活动中扮演了重要角色。

（4）筹资方式的私募性

对冲基金大部分都是私募基金，其组织结构一般是合伙人制。基金投资者主要提供大部分资金入伙，但不参与投资活动。基金管理者负责基金的投资决策，以自己的资金和技能入伙，例如索罗斯就将自己的资产投入到量子基金中进行交易。

由于对冲基金多为私募，从而规避了美国法律对公募基金资讯披露的严格要求。由于对冲基金的高风险性和复杂的投资手段，一些西方国家都不允许对冲基金向公众公开招募资金，以保护普通投资者。而为了避开美国的高税收和美国证券交易委员会的监管，投资美国市场的对冲基金一般在一些税收低、管制松散的"避税天堂"进行离岸注册，并仅限于向美国境外的投资者募集资金。例如著名的量子基金就是在库拉索离岸注册的。

2. 共同基金与对冲基金的各自优点

目前，共同基金已经成为中产阶级的主要投资工具，共同基金之所以如此受欢迎，自然有其特殊的优点。

（1）低手续费

个体投资者投资共同基金所需要支付的交易费用，比投资个别股票或其他金融证券时所支付的费用低很多。共同基金一般只需要支付相当于个体投资者从事交易时所需支付费用的 10％左右，这些较低的费用再在每一个投资者身上进行平摊。

（2）共同基金没有破产风险

在大多数投资者心目中，银行和保险公司因为背后拥有政府的支持，几乎是无风险行业。但单个银行和保险公司都有破产的风险，因为银行和保险公司的负债可能超过他们自身的资产数额。共同基金的投资总数永远不会超过投资者投资共同基金的投资总额。对于投资者投入的每一美元，共同基金必定有相对应的可赎回的金融证券。

但这并不意味着共同基金不会亏损，投资共同基金最坏的情况就是在卖掉共同基金股份时收到的现金少于当初购买基金股份时所支付的现金，但绝不会出现血本无归的情况，因为共同基金所购买的证券价值不可能全部降为零。

相比之下，对冲基金的优点主要有以下几点：

（1）追求绝对报酬率

对冲基金最主要的精髓在于以最小风险追求绝对报酬，其所设定的预期报酬率不受指标指数多空表现影响。

（2）大部分对冲基金不受某一国的证券监管机构管辖，在操作手法上限制较少，比较灵活、富有弹性。对冲基金常设立在免税且法律规定不太严格的国家或地区，即所谓"避税天堂"，以保证它能够使用尽可能多的操作手法，并且尽量节约交易成本。

（3）利用空头仓位配合多头仓位平行作业

对冲基金为了创造最佳的报酬和适当分散风险，将风险最小化，报酬最大化，常利用空头仓位配合多头仓位双面反向操作，而且也常交换使用期货、选择权或其他策略来降低仓位的波动性。

（4）管理人可以收取绩效奖金

由于对冲基金需要运用多种复杂的操作手法，对冲公司的经理人必须具备丰富的专业知识、高度的投资智慧和熟练的操作技巧，来灵活运用这些金融工具，并善于分析金融环境与市场趋势。因此对冲基金的管理人挑选更加严格，经理人的报酬也更多。传统基金经理人只收取固定年费或管理费，对冲基金则会从基金获利中提取固定百分比给经理人，当作绩效奖金。

3. 共同基金与对冲基金的投资方式对比

（1）投资范围

虽然共同基金可以随意投资对冲基金所投资的大部分证券，但是一个共同基金投资的范围要比一个对冲基金小得多，而且对冲基金持有的资产类型不经常变化。

（2）计算净值

共同基金成立时，对资讯披露的要求很高，通常需要每天计算并公布他们股票的净资产价值（NAV）。而对冲基金在这方面相对自由，在有投资者退出或进入时，才计算净资产价值，并且不对外公布数据。共同基金会每季度详细公布一次他们的持仓情况，包括证券的数量和种类，而对冲基金几乎不对外公布这些投资信息。

（3）进入或退出的时机限定

大部分共同基金允许投资者在一年中的任何工作日进入或退出基金。而对冲基金只允许每月或一个季度选择进入或退出基金。对冲基金对投资者往往增加限定条款，在一段时间内禁止退出。

（4）对杠杆效应的应用

共同基金投资时很少运用杠杆效应，只有一小部分共同基金使用杠杆交易增加收益，而且比例很小。并且只有少数情况下共同基金才会进行做空交易。对冲基金却可以充分运用杠杆的放大作用，只有少数对冲基金不采用杠杆交易。对冲基金的杠杆交易比例一般为 2：1 到 10：1，有的甚至超过 100：1。然而，杠杆比例的高低不等于风险的大小。虽然一些对冲基金要比一般的共同基金的波动大得多，但一般的对冲基金要比投资于不使用杠杆交易的标准普尔 500 指数的波动小。

投资封闭式基金的切入点

封闭式基金是一种适合稳健型投资者的投资方式，由于其交易价格长期低于净值，曾经走向边缘化。但自 2005 年至 2007 年，封闭式基金在高折价、净值增长、到期概念、分红预期等动力驱动下又走向繁荣，使其投资价值逐步得到了投资者的认同。

虽然历史数据表明封闭式基金净值与大盘基本同步，但是自从 2005 年下半年以来，基金净值表现明显超过大盘。

首先，封闭式基金估值水平仍然偏低，反弹要求交易价格向净值回归。其次，到期套利与制度创新是未来几年保持高度活跃的重要题材。由于前期封闭式基金普遍涨幅较大，未来封闭式基金净值增长与相对估值水平更多是取决于 A 股走势。

假设上述两个因素不变，我们引入"内部收益率"指标，该指标即是假设基金净值不变，持有基金到期的投资收益，那么，未来封闭式基金到期选择的方案不同，投资者超额收益水平将有一定区别。

在到期清算情况下，基金管理公司需提前进入清算状态，根据国际平均水平，到期清算成本在 5％左右，因此投资者所获超额收益水平为理论内部收益率扣除清算成本部分。封转开情况下，在方案实施的过程中，二级市场交易价格已经基本向净值回归，转为开放式基金后，赎回套利空间已相对较小，与其他开放式基金一样仅保持相对固定的赎回比例，对市场的冲击力度也较小，投资者所获的超额收益率水平与理论内部收益率相差无几。

如果方案是在到期日前提前进行封转开，那么就与基金到期日的远近无关了，投资高折价的大盘基金获利空间就较大；如果方案是到期才进行封转开，则只有到期日近的小盘基金能够在较短时间内实现超额收益，到期日远的大盘基金只能在类似效应下，寻求二级市场交易价格的反弹机会。目前大批封闭式基金折价率普遍在 40％以上，一旦有封转开方案的出台，高折价基金将加速回归，投资者有望获得超过理论内部收益的超额收益。

在封转开情况下，方案实施的时点不同，对投资者超额收益的影响也不同。分析表明，美国封闭式基金实施封转开时，持有基金的折价与内部收益成正相关。但是没有封转开预期的高折价基金，其折价与内部收益没有明显的关系。联系到我国封闭式基金封转开下的套利机会，可见方案实施的时点不同，具体基金品种的套利空间则不同，投资者所获的超额收益也是不同的。

我们建议投资者进行封闭式基金投资时，抓住以上两大切入点，即在关注净值增长潜力的同时，兼顾折价率水平，从而获取较高超额收益。

按照我们对影响封闭式基金价格的各要素分析，投资者该如何挑选封闭式基金具体品种，思路就已经跃然而出了。

（1）寻找有较强股票投资管理能力的基金管理公司旗下的品种。更强的战胜市场的能力、更强的基金净值增长能力仍是封闭式基金市场价格上涨的重要力量。

（2）寻找高折价、高净值的基金品种。股指期货一旦成为现实，封闭式基金折价可能迅速下降，在同等情况下，折价越高意味着涨幅越大。高净值基金则表明该基金存在更高的分红预期，而关于分红因素的作用，我们前面已经分析得很清楚了。

（3）投资者利用"时间差"，积极投资即将到期的封闭式基金。比如，2007年2月9日，基金普华的折价率是7％，其到期日是当年的5月28日，若投资者此时买入并持有到期，待其"封转开"后赎回，可接下来投资7、8月份到期的基金，包括基金裕华、基金安久等，之后可以再投资11、12月份到期的基金，包括基金同德、基金兴安、基金隆元、基金景阳等。这样如果每次都能成功获取6％左右的收益，一年下来收益有机会超过20％。

需要注意的是，如此短线操作易受大盘波动的影响，投资者需要根据市场变化及时调整策略。

下面是封闭式基金的投资亮点：

1. 大规模分红是重大利好（分红进一步扩大折价率）

封闭式基金分红潮使得投资者面临一个很好的投资时机，封闭式基金分红成为了封闭式基金持有人的特大利好。一方面，可以按净值赎回部分份额；另一方面，由于分红进一步提高的折价率也为基金价格上涨提供了一个契机。

2. 提前转开放预期不断增强

创新型封闭式基金正不断逼近，但如果现有的封基折价率还超过15％，创新型封闭式基金是很难被推出的。

3. 股指期货助推大盘蓝筹股

股指期货、融资融券等一系列政策将进一步提升大盘蓝筹股的估值水平，进而带动市场重心上移，对封闭式基金的净值无疑也会起到正向作用。在股指期货推出之后，封基存在很大的套利机会，相信大多数机构是不会放弃的。

4. 折价率将逐步降低

股指期货将改变封闭式基金普遍高折价的历史。可以预期，包括保险资金、社保资金和 QFII 在内的机构投资者入市限制将会得到大幅度的放宽，其他风险厌恶型投资者入市的积极性也会提高，甚至即将阳光化的私募基金也表现出了极大的兴趣，上述几种投资者绝不会对高折价率的套利机会无动于衷，套利交易将取代传统的封转开等因素成为降低封闭式基金折价率的主要动力。

重视折价率的同时也不能忽视其他因素，折价率确实是投资基金时必须参考的因素之一，但对基金的赢利能力分析更重要。打个比方，现在有两只基金都是 3 年后到期，前一个基金折价率是 20%，其每年的赢利率能达到 10%，后一个基金折价率是 30%，但每年亏损 10%。等到期的时候，到底哪一只基金的累计净值高和更有价值呢？不用说，当然是前一只基金了。所以，单单看折价率来投资是不行的。

货币基金：收益高于定期利息

货币基金是指投资于货币市场上短期有价证券的一种基金。该基金资产主要投资于短期货币工具，如国库券、商业票据、银行定期存单、政府短期债券、企业债券、同业存款等短期有价证券。

货币基金的特色是安全性好、流动性高，因为其投资的货币市场工具大多数风险较低，易于变现。货币市场基金往往被投资人作为银行存款的良好替代物和现金管理的工具，享有"准储蓄"的美誉，而其收益水平通常高出银行存款利息收入 1～2 个百分点，所以又被称之为"高于定期利息的储蓄"。

货币基金单位资产净值通常保持在 1 元。尽管这种"1 元净值"并不是硬性规定和保底要求，但由于其投资的短期证券收益的稳定性，使基金经理得以经久不变地把单位净值维持在 1 元的水平，波动的只是基金支付的红利水平。

倘若你有 1000 个基金单位，那么你的基金净值就是 1000 元，衡量该基金表现的标准是收益率，体现在红利的多少。例如，上述投资 1 年后的收益率为 6%，而且你选择了红利再投资，则届时你就拥有 1060 个基金单位，净值 1060 元。

上述保持 1 元净值的一般属于收益分配型的基金，即投资人可以选择红利再投资或者现金分红。另一类为收益积累型基金，即把红利自动转为再投资，该类型的基金中有一部分基金的净值可能在分红后调整到 1 元以上。

选择投资货币基金，要注意以下 3 个问题：

首先，要考虑流动性。一般来说，份额越大的货币基金流动性越好。以南方现金增利为例，基金份额高达 410 亿份，流动性风险相对较小。另外，也要综合考虑赎回后资金的到账时间早晚。

其次，要考虑安全性能。对货币基金来说，自 2005 年 4 月 1 日估值新规实行后，投资的安全性得到极大提高。选择时应尽量选择每天收益相对稳定的基金品种，同时还要用一段时间的累计收益来进行比较。

最后，要考虑的才是收益性。由于投资对象的同一性，除了少数几个基金外，大部分的投资收益均不相上下。考虑到货币基金 20％的融资比例，合理的应在 2.8％～3％之间。

股票型基金：与股票市场息息相关

所谓股票型基金，是指以股票为投资对象的投资基金，是基金的主要种类。股票型基金的主要功能是将大众投资者的小额投资集中为大额资金，然后将其投资于不同的股票组合，是股票市场的主要机构投资者。

不论是与其他基金相比，还是与投资者直接投资于股票市场相比，股票型基金都能具有吸引投资者的目光。

第一，流动性强、变现性高。与其他基金相比，股票型基金具有上述特点。股票型基金的投资对象是流动性极好的股票，基金资产质量高、变现容易。对投资者来说，股票型基金经营稳定、收益可观。不仅如此，封闭式股票基金上市后，投资者可以在交易所交易获得买卖差价。合约期满后，享有分配剩余资产的权利。

此外，与其他基金相比，股票型基金还具有在国际市场上融资的功能和特点。就股票市场而言，其资本的国际化程度比外汇市场和债券市场低。一般来说，各国的股票基本上在本国市场上交易，股票投资者也只能投资本国上市的股票或在当地上市的少数外国公司的股票。在国外，股票型基金则突破了这一限制，投资者可以通过购买股票型基金，投资于其他国家或地区的股票市场，从而对证券市场的国际化具有积极的推动作用。从海外股票市场的现状来看，股票型基金投资对象有很大一部分是外国公司股票。

第二，分散风险、费用较低。与投资者直接投资于股票市场相比，股票型基金具有如上特点。对一般投资者而言，个人资本毕竟是有限的，难以通过分散投资种类而降低投资风险。但若投资于股票型基金，投资者不仅可以分享各类股票的收益，还可以通过投资于股票型基金进而将风险分散于各类股票上，大大降低了投资风险。此外，投资者投资了股票型基金，还可以享受基金大额投资在成本上的相对优势，降低投资成本，提高投资效益，获得规模效益的好处。

当然，风险与收益总是如影随形。股票型基金的收益高，但也不能因此而忽略了其风险。投资股票型基金，我们需要注意以下几个问题：

首先，看投资取向。基金的不同投资取向代表了基金未来的风险、收益程度，因此应选择适合自己、收益偏好的股票型基金。看基金的投资取向是否适合自己，特别是对没有运作历史的新基金公司所发行的产品更要仔细观察。

其次，看基金公司的品牌。买基金是买一种专业理财服务，因此提供服务的公司本身的素质非常重要。目前，国内多家评级机构会按月公布基金评级结果，尽管这些结果尚未得到广泛认同，但将多家机构的评级结果放在一起也可作为投资时的参考。

最后，面对国内市场上众多的股票型基金，投资者可优先配置一定比例的指数基金，适当配置一些规模较小、具备下一波增长潜力和分红潜力的股票型基金。

指数型基金：紧跟指数变化

沃伦·巴菲特曾经说过："大部分机构投资者和个人投资者都会发现，拥有股票最好的方法是收取最低费用的指数型基金。投资人遵守这个方法得到的成绩，一定会击败大部分投资专家提供的结果。"

那么，所谓的指数型基金到底是什么呢？它有何特点？我们该如何投资指数型基金？指数型基金是一种以拟合目标指数、跟踪目标指数变化为原则，根据跟踪标的指数样本股构成比例来购买证券的基金品种。

与其他类型基金相比，指数型基金不主动寻求取得超越市场的表现，而是试图复制指数的表现，追求与跟踪标的误差最小，以期实现与市场同步成长，并获得长期稳定收益。

指数型基金具有以下特点：

1. 低成本性

指数型基金的低成本性，是指其往往具有低管理费及低交易成本的特性。由于指数投资不以跑赢指数为目标，只需根据指数成分变化来被动地调整投资组合，不需支付投资研究分析费用，因此可收取较低的管理费用；另一方面，指数投资倾向于长期持有买入的股票，相对于主动式管理因积极买卖形成高换手率而必须支付较高的交易成本，指数投资不主动调整投资组合，换手率低，交易成本低。

2. 具有透明度

由于指数投资完全反映投资组合及投资报酬率，因此基金的投资组合内容非常明确且公开，投资人较易明了组合特性并完全掌握投资组合状况，做出适当的预期。

3. 可以分散投资

被动式投资组合通常较一般的主动式投资组合包含较多的标的数量，随着标的数量增加，可减低单一标的的波动对整体投资组合的影响程度，同时通过不同标的对市场风险的不同影响，得以降低投资组合的波动程度。

指数型基金虽然具有低投入高回报的优点，但是我们在投资指数型基金时，仍然要注意一定的投资策略。

依据市场行情把握投资时机。对投资时机的把握是难之又难的，即使是专业的投资分析师也难以对时点进行准确的判断。但投资指数基金时，仍需对大势做出判断，如果判断为牛市行情，即可选定一个相对低的点位买入并长期持有，将会获得与市场相近的回报。但如果只是想做短线投资，则需更为慎重，低吸高抛的目标无法实现时就会给投资者带来很大的损失。

立足于选择一个好的指数来选择指数基金。结合市场行情，看指数有没有很强的赢利能力，是否有较高的投资价值。对市场主要指数进行比较和选择主要从以下几个方面进行：

第一，市场指数的代表性。这主要通过总市值和流通市值来比较。

第二，市场指数的发展前景。这主要通过每股收益、净资产收益率、税后利润、资产负债比率和市盈率等指标来比较。

第三，市场指数的风险收益特征。这主要通过对指数的收益和风险指标来比较。

选择对指数跟踪效果好的指数基金。我们可以观察指数基金跟踪指数的偏离度，偏离度越小，跟踪误差越小，其有效性越好。举例说，假设指数涨了20％，但是跟踪误差偏离了5％，这样可能你只赚了15％，相当于少赚了5％。

这里还要提醒投资者，从指数基金本身的特点来看，产品更加适合于进行长期投资，投资人应在对产品有了充分的了解后进行资产配置。

债券型基金：稳中获利

所谓债券型基金，是指以债券为主要投资标的的共同基金。除了债券之外，尚可投资于金融债券、债券附买回、定存、短期票券等，绝大多数以开放式基金形式发行，并采取不分配收益方式，合法节税。

根据投资股票的比例不同，债券型基金又可分为纯债券型基金与偏债券型基金。两者的区别在于，纯债型基金不投资股票，而偏债型基金可以投资少量的股票。偏债型基金的优点在于可以根据股票市场走势灵活地进行资产配置，在控制风险的条件下分享股票市场带来的机会。

目前国内大部分债券型基金属性偏向于收益型债券基金，以获取稳定的利息为主，因此，收益普遍呈现稳定增长。

一般来说，债券型基金投资具有以下优点：

第一，不收取认购或申购的费用，赎回费率也较低。

第二，风险较小。由于债券收益稳定、风险也较小，相对于股票基金，债券基金风险低，回报率也不高。

第三，收益稳定。投资于债券定期都会有利息回报，到期还承诺还本付息，因此债券基金的收益较为稳定。

第四，注重当期收益。债券基金主要追求当期较为固定的收入，相对于股票基金而言缺乏增值的潜力，较适合于不愿过多冒险，谋求当期稳定收益的投资者。

如果你不想把投资都放在股市中，就可以考虑在组合中纳入现金或者债券。对于基金投资人来说，就可以买一些债券型基金。但投资之前至少需要关注以下几点：

第一，了解债券型基金的持仓情况。

在国内，债券基金的投资对象主要是国债、金融债和企业债等固定收益类品种，也可投资可转债甚至少量股票。为了避免投资失误，在购买此类基金之前，前需要了解自己债券基金的持仓情况。

要想了解债券型基金的持仓情况，我们可以从两方面入手：利率敏感程度与信用素质。债券价格的涨跌与利率的升降成反向关系，利率上升的时候，债券价格便下滑。要知道债券价格变化，债券基金的资产净值对于利率变动的敏感程度如何，可以用久期作为指标来衡量。久期越长，债券基金的资产净值对利息的变动越敏感。假若某只债券基金的久期是 5 年，那么如果利率下降 1 个百分点，则基金的资产净值约增加 5 个百分点；反之，如果利率上涨 1 个百分点，则基金的资产净值要遭受 5 个百分点的损失。

第二，选择适合的费率方式。

国内不少债券型基金都提供多种费率模式供选择。以工银强债券基金为例，该基金推出了 A、B 两类收费模式，两类模式对应的基金代码也不一样。主要区别是，A 类有交易手续费，收取认购、申购、赎回费用，可选择前端或后端收费模式；B 类则免收交易手续费，但需从基金资产中每日计提销售服务费（年费率为 0.4％）。A 类与 B 类仅仅是在收费方式上有所区别，在基金运作方面，如投资管理上，两类基金份额是合并运行、完全一致的。只不过，由于 B 类按日计提销售服务费，在公布基金净值时，会出现 A 类基金份额净值稍高于 B 类的情况。对此，投资人可根据自己不同的需求来选择适合自己的费率方式，能够起到降低成本、提高收益的作用。

具体来说，投资人在选择收费类型时可参考以下建议：

如果购买金额不大、持有时间不确定（两年以内）适宜选择 B 类。

如果购买金额在 100 万元以下、持有时间超过两年的投资者，适宜 A 类的后端收费模式。因为 B 类需向投资者收取每年 0.4％的销售服务费，而选择 A 类的后端收费模式，仅收取一次性 0.4％的认购费用（两年以上赎回费为零），则成本更低。

如果是 500 万元以上的大额投资者，适宜 A 类的前端收费模式。对一次性购买超过 500 万元以上的客户，选择 A 类的前端收费模式，仅需缴纳 1000 元每笔的认（申）

购费，成本最低。

投资债券型基金时除了应该关注其持仓情况和收费标准之外，投资者至少还应该关注债券基金的业绩、风险、基金经理是谁等，这些对于投资赢利都有很大影响。

混合型基金：综合各家所长

通过前面的分析，不论是货币基金、股票型基金还是指数型基金、债券型基金，都是有利有弊，投资者如果对它们都有所疑虑怎么办？这里有一个折中的方案——混合型基金。

混合型基金是指投资于股票、债券以及货币市场工具的基金，股票投资可以超过20％（高的可以达到95％），债券投资可以超过40％（极端情况下可以达到95％）。混合型基金的风险和收益介于股票型基金和债券型基金之间，股票投资的比例小于股票型基金，因此在股票市场牛市来临时，其业绩表现可能不如股票基金。但是由于仓位调整灵活，在熊市来临时，可以降低及规避风险。

根据美国投资公司协会 2001 年对共同基金家庭持有的调查显示，34％的持有人拥有混合型基金。随着中国债券市场的发展和成熟，混合型基金投资机会在国内也逐渐出现。譬如 2005 年债市走牛使得当年的债券基金收益一举超过了股票型基金，而债券市场吸引力的不断增强也为混合型基金树立了良好的财富效应，促进了其快速发展。

混合型基金与传统基金相比具有相当大的优势，主要体现在：

第一，牛市可以积极加大股票投资，熊市可以加大债券投资。换言之，它根据时机的不同，可以成为最积极的股票基金（股票投资比例可以达到净资产的80％），也可以成为最纯粹的债券基金（股票投资比例为0）。在国外成熟市场，混合型基金在投资人的资产结构中占据了相当的比例。

第二，风险更小、收益更稳定。由于混合型基金关于股票投资下限的规定，一般会远远低于股票型基金，这样基金经理可以通过更为灵活的资产配置策略，主动应对股指的高波动。在股市走牛时，基金可以加大股票投资力度、降低债券配置，以获取更大的投资收益；在股市下跌中，又可以反向操作，调低股票仓位，回避风险。因此，混合型基金被认为具有"进可攻、退可守"的特性，可以根据市场趋势进行大类资产的灵活配置。

值得投资者注意的是，由于混合型基金具备投资的多样性，因此其投资策略也具备灵活性。譬如在股市走牛时，可采取加大股票投资力度以获取更大投资收益；在股市下跌中，则将采取调低股票仓位的方式应对股市下跌。因此，混合型基金尤其适合那些风险承受能力一般，但同时又希望在股市上涨中不至于踏空的投资者。

如何评估基金业绩

评价基金的业绩如何，投资者可以根据基金的业绩比较基准进行判断。拥有同样的资产配置状况却可能导致不同的盈利能力，而基金的业绩是投资者需要评估基金是否值得投资的最终标准。

业绩比较基准是基金评估中一个极为重要的工具。每只基金在发行时都会确认自身的业绩比较基准，基金业绩比较基准是衡量基金业绩相对回报的一个重要指标，也是反映基金收益状况和风险控制能力的重要指标。从根本上说，设定基金业绩比较基准即是确定了基金的风险收益特征，基金管理的主要目标则是超过业绩比较基准。

比较基准选择的首要条件是必须与将要评价的基金高度相关，两者投资类型和投资结构要相似或者相同。

一般有两种选择基准的做法。一种是以市场指数为基准，另一种是以类似基金为基准。

在投资市场上有许多现存的指数，这些指数可以直接拿来作为基准，但是不同基金选择的指数是不一样的，即使是同一类基金选择的基准指数也是不一样的。

选择类似基金为基准时，必须注意的是确定基金的不同类型。在美国通常有三种区分类似基金的标准，即：招募说明书投资目标、利普基金分类法、晨星基金分类法。根据不同的分类标准划分出来的基金类型不一样。

除了利用业绩比较基准，投资者还可以通过以下方法来评估基金的业绩：

第一，将基金的当期收入与历史收益进行比较。只有稳定的业绩才能显示出基金的真正水准，投资者在评价基金业绩的时候，应该放在一个较长的时间段进行综合评估，而不能被短期利益所诱惑。投资者在寻求基金收益的时候，不应只关注于短时间内具有突出表现的基金，而应该注重基金获益的可持续性。只有具有稳定获益能力的基金，才可以在风云变幻的市场中站稳脚跟。而且稳定的业绩，也反映了基金背后运营团队的强大操作实力，反映了基金公司的雄厚背景。比如索罗斯的量子基金，就因为拥有索罗斯、罗杰斯、德鲁肯米勒等一批优秀的基金经理而受到投资者追捧，他们的存在就是投资者信心的保证。

第二，投资者应该将基金收益和自己的预期做比较。根据基金的投资原则和基金经理的操作理念，考察基金的表现是否符合自己的预期。投资者对基金应建立起自己的评判标准，从收益大小、风险水平、资金回流速度、资产种类等多个方面进行评判，尽量选择自己熟悉的领域进行挑选，而不应该随便听从基金经理或是交易经纪人的言语就妄下评论。

第三，应该将基金收益与其他同类基金的收益比较。从长期来讲，风险越高、操作手法越急进，就容易产生越高的收益。投资者应该将不同类型的基金区别对待。而从前面所说的来看，用基金比较基准作为参照，分析基金业绩的时候也需要按照不同的类型来分别看待，不同类型的基金不能混为一谈。

另一个预测基金业绩的方法是通过证券的投资组合。证券投资基金主要通过组合投资、分散风险的方式，来获取比银行存款利率和国债更高的稳定收益。因此，投资者为必须对证券投资基金的投资组合有所了解。投资组合的关键是分散风险，将资金"分散在不同的篮子内"，但对于一个投资者来说，评估一家基金公司的投资组合是否在获取最大收益的同时也做到了最大限度的分散风险，就必须了解基金公司投资组合的运作，从而预测出整只基金未来的获利前景。

一个基金公司的投资组合成败与否，是关系到基金公司未来前景的重大问题。如果该投资组合没有最大程度的分散风险，就会影响到投资者资金的未来收益情况。

那么，应该怎样评价基金公司的投资组合呢？我们可以运用特雷诺测度的方法进行衡量。

1965 年，杰克·特雷诺提出了一种对投资业绩进行评估的的业绩，首先需要一个衡量基金业绩的基准。只有在一个的基础上比较，才能知道该基金的业绩到底怎样。

如果甲、乙基金的业绩分别为 8％和 10％，那么哪个基金的业绩更好呢？表面上看来，应该是乙基金，实际上也许并非如此。作为投资者，必须首先确定甲基金和乙基金分别是什么类的基金。假定甲基金为债券基金，乙基金为股票基金。债券基金同期平均收益率是 6％；股票基金同期平均收益为 1.5％，那么，很显然乙基金的业绩不如甲基金。

最后，投资人在选择基金时，最显著的考察指标要算基金的业绩。但是投资人仅仅依靠单独一个指标来选择基金是不够的。

所以，投资人在选择基金时，还要注意其他以下指标，比如基金的规模。一般来讲，基金规模越小，抗风险的能力就越弱。但小型基金也有自身优势，小型基金对市场变化的反应比较敏锐，往往在一段时间的业绩并输给大型基金。因此对于那些对风险不是很厌恶的投资人来说，也可以适当考虑投资小型基金。

通过基金公司来看基金的发展潜力

随着购买基金热潮的兴起，市场上可供投资者选择的基金越来越多。投资者想要挑选出具有发展潜力的基金，就要密切关注基金背后的基金公司，从各个方面考察公司的可靠程度，从而判断出基金的价值。那么，一家优秀的基金公司具有哪些特点呢？

第一，重视公司的管理。良好的基金公司，其内部必定有一套完善的管理制度。而公司的管理是否规范、管理水平如何，会直接影响到基金持有人委托管理的资产保值增值情况。规范的管理和运作是基金管理公司必须具备的基本要素，是基金资产安全的基本保证。一般来说，有一套完善的管理制度、注重集体管理、分工明确及配合协调的基金公司，在决策程序上往往较一致，行动起来目标也较为明确。判断一家基金管理公司的管理运作是否规范可以参考以下几方面的因素：一是基金管理公司的治理结构是否规范合理，包括股权结构的分散程度、独立董事的设立及其地位等。二是基金管理公司对旗下基金的管理、运作及相关信息的披露是否全面、准确、及时。三是基金管理公司有无明显的违法违规现象。

索罗斯所管理的基金公司有自己独特的管理风格。首先，索罗斯十分信任自己的下属人员，对他们给予充分授权。他曾多次鼓励自己的员工说，如果看好一项投资项目，并且对自己的眼光信心十足，那么就对所投资的金额进行加码，放手建立大的头寸。朱肯德米勒在回忆起索罗斯时也曾说过，索罗斯对他的批评从来不是因为对市场趋势判断失误，而是在判断准确时没有尽可能建立起大的仓位，导致与获利良机失之交臂。他在与下属人员的沟通方面没有特规矩，实行完全开放式沟通，所以他的员工有不同意见时，会勇敢地反驳索罗斯。

索罗斯在管理上也做到权责明确。有一次，有一位交易员在索罗斯不知情的情况下进行了一笔货币交易。这笔交易虽然赢利了，但是索罗斯最终解雇了这名交易员，因为这名手下并不能对自己的投资行为负责，这种不诚实的品质是索罗斯不能容忍的。正是因为索罗斯如此重视公司的管理，他的基金公司才会在投资市场中不断胜出。

第二，是否拥有强大的实力。俗话说"大树底下好乘凉"，投资者在选择基金管理公司的时候，也要考虑公司是否拥有深厚的金融背景、实力雄厚的股东。尤其是基金经理人的投资经验和业务素质、管理方法及信托人、会计师、核算师的资历和经验，都会对基金的业绩表现产生重大影响。只有实力雄厚的基金公司，旗下的基金才会有一个比较好的运营和发展平台，也更容易在复杂多变的市场中赢利。所以，挑选基金公司时，大投资机构或金融机构管理的基金相对而言是更可靠的选择。

第三，基金管理公司的持续发展能力。一个基金管理公司是否具有持久的发展能力对旗下基金的发展潜力也有大的影响。基金投资属于长期性投资，因此一般的基金管理公司必须能够存在5年以上。而判断一个基金公司是否具有长远发展能力，投资者应该对这个基金管理公司的背景有深刻了解。投资者需要考虑的因素，包括所有制结构、大股东名单、成立的重大新闻背景、历史财务状况、成长速度等，并进行综合分析和考察。

第四，公司管理的基金业绩是否突出。毋庸置疑，基金公司的业绩可以在很大程度上反映某段时期基金管理公司的经营人员的业务素质、管理水平以及分析预测能力的高低。所以，在比较基金管理公司的时候，可以对基金管理公司管理过的各类其他基金的业绩进行考查。如果此公司以往的基金业绩较差，则说明此公司的管理能力较弱，这样的公司并不能给投资者带来高回报，甚至还有可能遭受亏损；如果此管理公司有着良好的历史基金业绩，说明该管理公司的经营管理能力较强，能够保证基金资产价值的持续增长，保持基金份额的稳定，会给投资者带来较高的投资收益。

衡量基金公司的经营业绩状况的指标最通用的是投资报酬率的高低。其计算公式为，投资报酬率＝(期末净资产价值－期初净资产价值)/期初净资产价值。投资报酬率越高，基金公司的业绩越突出，投资者就越可能获得高的利润。

第五，交易人员的操作经验是否丰富。一流的投资分析人员是一个好的基金管理公司必备的团队，这是投资者判断一个公司的基金管理能力及持续性的判断依据。一个良好的投资分析人员需要拥有足够的理论知识储备、丰富的实战经验，并且对市场有敏锐的判断力和洞察力，在实际的市场操作中可以做到游刃有余。索罗斯在1982年为他的基金寻找接班人的时候就非常注重对他们理论知识和实战经验的考查。他非常看重基金管理人的素质，因为这会影响到投资者对基金公司的信心，影响到基金公司未来的发展方向。

第六，公司的基金投资组合能力。市场中一个较为常用的分散风险的方法就是进行投资组合，投资者要避免风险，就必须学会投资组合分析。因为只投资于某一行业的某种基金往往会带来较高的风险，投资者的资金盈亏状况完全取决于这只基金的业绩，所以投资者在选择基金公司的时候，为稳妥起见，可以尝试选择进行分散投资的基金公司。

第七，公司的基金规模状况。不同规模的基金各有自身的优缺点。一般来说，小规模的基金弹性大、运作手法灵活，在投资品种转移上较为迅速，建仓和出货都较为简便。规模较大的基金可通过分散投资来降低风险，同时由于交易的金额较大，在政策和交易费用上往往会有更多的优惠，从而可以降低基金的交易费用和相关税费，并且大规模的基金支付经营管理费用的能力较强，更有可能获得良好的经营管理。

第八，基金价格是否稳定。基金价格的变化会对投资者的收益产生直接的影响，同时也反映着基金的风险水平。所有的投资者都不希望所投资的基金价格波动幅度过大。投资者可以根据在市场行情看涨和看跌两种情况下基金的表现，来确定基金的价格波动情况以及大致的浮动范围。

那么，普通投资人又如何选择一家优秀的基金管理公司呢？一般可以下从几个标准来进行筛选：

1. 看公司股权结构是否稳定。股权频繁发生变动的基金公司，会削减公司和团队的长期竞争力，尤其是股东变更影响到管理层变动时，就不可避免会影响基金的运作，影响到基金的长期发展情况。

2. 看内部管理及风险控制制度是否完善。严格的风控制度和完善的内部管理才能对基金的投资运作形成一道安全护栏，只有始终坚持稳健、规范运作并将风险控制置于首位的基金公司，才能最大力度保障投资者利益不受威胁。

3. 看基金业绩表现是否有持续性。基金短期表现的参考价值不大，要考察公司的实力，必须要长时间看公司的基金管理团队的整体基金业绩。国际权威评级机构晨星对目前国内公募基金的星级评定标准规定，必须运作三年以上的基金方有资格参与评定。

无论以什么样眼光选择基金公司，总之，是否可以长时间维持整体基金业绩优异、股权稳定、管理完善，这才是投资选择优秀基金公司的重要参考依据。

通过基金经理来看基金的发展潜力

投资者购买基金，关注基金经理是毋庸置疑的。因为基金的发展潜力，在很大程度上依赖于基金经理的个人能力，基金经理的素质如何决定了基金的未来投资方向和业绩表现。如果说基金像一艘巨轮，那么基金经理便是那位掌舵的船长。

基金经理的决策水平、投资理念、操作策略、投资风格和投资经验的积累，甚至个性特征都会影响到基金绩效的优劣和资产的盈亏。这就是有的基金以前业绩一般，但在更换了基金经理，实行新的投资策略后，业绩出现了快速上升的趋势，而有的基金业绩本来不错，但在更换基金经理后，业绩持续走低的原因。索罗斯的量子基金之所以能成为业内最久负盛名的基金，作为基金掌门人的索罗斯当然是其成功的最重要原因。

所以，要选择一支优秀的基金，首先要挑选一位优秀的基金经理。想要在市场中辨识出适合自己的基金，以求获得良好的投资回报，投资者就必须对基金经理的个人能力和投资特点仔细研究，并做出筛选。

首先，投资者要观察基金经理的投资理念。基金经理的投资理念是衡量其能力大小的重要指标，投资理念影响着基金经理是否能够指导投资者在不断变化的市场中规避风险、取得稳定的业绩。如果基金经理没有明确的、与市场环境相适应的投资理念，仅仅依靠运气，那么他是无法在变幻莫测的投资市场上立足并获得盈利的。

作为一名成功的基金经理，索罗斯就有着自己独特的投资理念。他对金融市场形成了一套自己的哲学理论，并将这种哲学理论运用于投资事业中。他的思想既超越于普通的追随趋势的投资者，又带有明显的反传统特征，甚至对传统经济学的一些结论做出了质疑。比如，当时在华尔街流行的一句说法就是市场永远是对的。对此，索罗斯说："我的立场刚好相反。我假定市场往往都是错的，即使我的假设确定有误，我也会利用这些假设作为所谓的作业假设。"

其次，基金经理要有较高的综合素质。如果基金经理只注重理论研究，不注重投资的实际情况，那么这样的基金经理只会"纸上谈兵"，他即便对基金的某一方面研究得再透彻，也不能保证能取得良好的收益。只有那些在研究和投资实务操作等各方面都优秀的经理才能管理好基金，取得优异的业绩。

在各种素质中，从事投资经历的长短是影响基金经理综合素质的重要因素，唯有亲身经历过市场盛衰的过程，具备充分的投资实战经验。这样的基金经理才能判断出市场转变的信号，分辨出高涨和衰落的分界点，并且处变不惊，从容地进行投资。假如一个经理只经历过空头时期，他可能会因为对市场的悲观态度，而采取过度保守的策略，在市场高涨时也畏缩不前，丧失获利良机；而一个只经历过多头时期的经理，可能会因为对市场的看法过于乐观，而采取过度积极的投资策略，忽视了规避风险的重要性。

为了较为容易地选择那些综合素质较好的经理，投资者可将目光集中在明星经理身上。这些基金经理之所以会成为明星，是因为他们经验丰富，风格稳健，管理的基金业绩突出，因此也容易受到其所在公司的重视。明星经理的背后，通常是有最精干的团队和强大的投研力量作为支撑，在基金操控上也会赋予他们较大的自由权力，为他们提供一展所长的广阔空间。

第三，基金经理的人品怎样。基金经理所掌管的资金，动辄数十亿元，其人品信誉自然是相当重要的。投资大师索罗斯非常看重一个人的人品，在他的团队里，员工之间的投资作风可以完全不同，但人品一定要可靠。他认为，金融投机需要冒很大的风险，而人品不好的人不愿承担风险，不愿意对自己的行为负责，这样的人是不适宜从事高风险的投机事业的。

每一个投资者都愿意将资金交给那些信誉良好的基金经理管理，但是公司外的普通投资者不容易了解到基金经理的诚信如何，大部分的基金公司只有在年度考核时才会对这项条件做出评判。那么投资者怎样了解某个基金经理是否讲究诚信呢？这就需要投资者要对基金经理的个人背景及从事交易的经历多加了解，看看他们以往有没有违反诚信原则的事件出现，以此辨别他们是否是将投资者的利益放在第一的位置。

第四，过分个性化的基金经理不要选择。一只基金能否成功运作，靠的是基金经理背后团队的整体力量，甚至是整个投研团队在支撑。基金经理的职责就是指挥和引导好基金团队的运作，以便发挥集体的凝聚力。如果基金经理的个性太过突出，过分强调自己的作用，就会增大投资的风险。因为基金经理个人的能力再大，所发挥的作用再重要，也不能代替整个团队的作用。

基金业绩的好坏与基金经理的投资风格和能力固然是密不可分的，但是基金的投资不仅仅是基金经理一个人决定的，与其背后的投研团队也是密不可分的。很多基金管理公司都推行明星投研团队而不是明星基金经理。所以，基金业绩的好坏不仅与基金经理有关，与基金公司和基金经理背后的团队关系也很大。投资者在选择基金的时候，切不可盲目迷信于明星基金经理的作用。

第五，基金经理的创新意识。具有创新精神的基金经理，往往对市场有着较为深刻的洞察力，对市场有全面的认识，善于发现潜在的市场漏洞，从而发掘出获利机会，给投资者带来丰厚回报。而那些缺乏创新精神、单纯模仿别人、单纯跟随市场趋势的基金经理，他们的思想容易僵化，固守成规地进行投资，这样的人不能适应变幻莫测的证券市场，也很难把握市场的最新趋势，更别说创造较高的业绩了。

许多基金经理恰恰在这方面做得不够，不少基金经理机械地学习索罗斯的成功经验——"只管总体金融面，不从事证券分析"。他们忽视了传统的基本面分析的重要性，甚至连上市公司的年度财务报表也不看。这种做法是非常片面的，所以他们不但不能像索罗斯那样取得成功，反而会带来失误。因为索罗斯虽然看重宏观经济大势，但是从不会忽略对市场中微观个体的分析，索罗斯在选择投资对象的时候也会深入研究公司的各方面背景和财务数据，甚至从报税单中寻找公司的隐蔽资产。

第六，基金经理须具备长远的眼光和果断的作风。基金经理所做出的判断，往往是基于对目前形势的了解和对未来形势的预测。因此，了解投资基金经理对未来形势的估计，可大致看出他的投资决策和交易风格。另外，基金经理要有果断出手的胆略，如果对投资机会犹豫不决、瞻前顾后，就有可能丧失掉大好行情，这样的基金经理是无法取得大的投资收益的。

要想有果断的作风，基金经理对本身情绪的把控能力、抗压能力也是同样重要的，我们很难想象一个无法承受市场压力的基金经理能取得丰厚的投资回报。

第七，避免选择独立负责基金的经理。有的基金公司将一只基金交给一个基金经理管理，这就是单经理制；有的是将一只基金交给多个基金经理共同负责，这就是多经理制。相比较而言，因为单个基金经理存在着操作理念、投资风格、市场看法等各方面的局限；而多个经理负责有利于基金的长期稳定性，降低投资风险。所以投资者应选择多经理制的基金。

选择适合自己的基金

被华尔街誉为"金融巨鳄"的索罗斯认为，选择基金时，投资者不但要从其业绩效益、风险大小囊费率方面来考虑，还应该根据其自身的实际情况来做出相应的判断。但是，在实际的操作当中，许多投资者在选择基金品种时，仍然感到茫然失措，完全不知道应该怎样来选择适合于自己的基金或产品的组合配置。索罗斯建议，投资者并不需要将它想象成一件十分艰难的事情，因为投资者可以采用独立的专业机构的基金评价体系来指导自己，以挑选出最适合自己的基金。

投资者应该像索罗斯一样对自己的投资目标、资金规划、风险承受能力进行准确的定位，然后根据基金的投资定位选择最适合自己的基金品种。

在索罗斯早年的投资当中，他总是将选择一个信誉度高的基金公司作为首先考虑的方面，他认为，从长久的观点出发，基金公司的诚信度和经理人的职业素质的作用往往是超过其短时间内的业绩效益的。同时，一家真正值得投资者将资金托付其管理的基金公司必须要具备较高的诚信度和强大的投资能力等优点。

在实际的投资当中，索罗斯总是会根据自己的实际状况来观察和分析来制定出最终的投资决策。他认为，投资者可以从以下几个方面来选择适合自己的基金：

第一，选择信誉度较高的基金公司。基金公司的信誉度并非短时期内便能建立起来的。比较正规的基金公司大多会以投资者的最大利益作为首先考虑的方面，因而其内控机制相对完善，产品线较丰富，并且其所发行的基金绩效也不错，服务质量高。除此，基金公司的信誉度与经理人专业素质的重要性远远大于基金的绩效。所以，投资者在选择基金品种时，应执行层层筛选之后，再将自己的资金托付给真正可靠的基金公司来管理，这是做出正确投资决策的第一步。

第二，要结合自己的实际情况来选择适合于自己的基金品种。投资者在选择基金产品时，如果只是从其产品绩效、风险大小以及费率来考虑的话，是无法做出正确的选择的。因为所有的基金都有其各自的投资定位，有的是以稳定的收益为目标，有的是以迅速上涨为目标，所以对于投资者而言，更加应该对自己投资目标、资金的规划、风险的承受能力进行准确的定位，然后根据基金的投资定位选择最适合于自己的基金品种。比如，如果你是属于典型的保守型投资者，即当市场处于混乱状态时，夜晚就无法安然入睡，那么在资产配置当中，你应该将稳定收益类的基金产品作为主要的选择对象，其占有比重应该较大一些。

第三，准确掌握市场的变化趋势，要在大环境背景下选择基金的品种。投资者应该分清市场兴衰循环的过程，即市场回升期、市场扩张期、市场高涨期和市场衰退期。不同种类的基金在每个阶段当中会有不同的表现，因而投资者可以结合市场兴衰循环的状况对自己的投资组合进行适当的调整。如果当时的市场正处于衰退期的话，投资者可以将债券基金、货币基金等一些风险基金的比重提高；如果市场处于复苏期的话，则可以提高股票基金的投资比重。与此同时，投资者还要结合政府的某些政策来选择基金品种。

第四，选择适合于自己的投资方式。从通常情况上来看，投资基金的方式大致分为两种，既定期定量与一次性购买。这两种方式都有其各自的优势，投资者可以根据自己的需要、风险的承受能力以及预定支付的投资金额数大小，并根据市场的发展状况来确定合适的投资方式。如果无法明确判断出当前市场的趋势的话，投资者可以运用定期定量的投资方式；当市场处于回升趋势时，便可以运用一次买进的方式。此外，投资者也可以将这两种方式结合起来使用。但是，无论投资者最终选择了哪一种基金或投资方式，都应该对其进行定期的分析和调查，或者使用基金转换。以避免错失最佳的获利或停损机会。

投资大师索罗斯还认为，各种类型的基金因为交易时间、净值等差异，往往存在非常大的差别，就算是类型相同的基金，也会因为发行的时间不同、最终交易的时间不同和净值大小的不同等等，而存在巨大的差异。所以，索罗斯从来不将基金的价格是否便宜作为衡量其价值的标准。在他看来，投资者的最终获利大小是由基金公司的管理能力所决定的。而并非与单位净值大小有直接的关系。

市场是在不断变化的。投资者只有适应了这个随时都在变化的市场，才能够保证投资的成功。因此，为了适应市场，投资者应该学会观察和分析那些新的投资信息，并积极地寻找一些还未被其他投资者察觉的商机。只有具备与众不同的思维方式的投资者才能不盲目跟随市场潮流行动。如果投资者仅仅重复已经存在的结论或者模仿别人的方法来选择基金是绝对不够的，而应该结合原本的结论和方法，然后添加自己的观点，这样才能适应不断变化的市场趋势。

投资市场的发展趋势是随时不断变化的，基金的业绩效益也会出现不同程度的波动，市场上任何一种类型基金的绩效都将会在某一段时间当中处于上升或者下降的情况。在实际的操作当中，当索罗斯在对某两支基金的业绩效益进行比较时。一般会以长期的业绩效益作为比较。所以他不容易被某支基金短期的突出表现所蒙蔽。

当然，不论是何种形式的分析方法和操作手段，都有其各自的缺陷和优势。最关键的是，投资者必须结合自己的性格特征、风险的承受能力等因素来选择最适合自己的基金。

把握开放式基金的赎回时机

基金投资者经常被教育要"长期投资"，但是这里的"长期投资"是以某种特定的市场状况未发生改变为前提的。一旦情况发生了改变，我们就需要把开放式基金赎回。

与股票卖出的点位决定其收益类似，基金的赎回也是大有技巧可讲的。一般说来，对于开放式基金的赎回时机要把握以下几个原则：

1. 考虑换手

（1）股票型与混合型的换手。从理论上讲，股票型基金是以高仓位为特征的，这样才能在牛市中跑得更快。但高仓位的问题在于，一旦市场出现大的调整，很难留有足够的现金在低位建仓。而混合型或平衡型基金由于仓位留有余地，或者把仓位减下来也相对容易，在震荡市中常常能抓住低位建仓的机会。因此，牛市转到震荡市时，某些平衡型基金有可能比股票型基金表现好，值得把表现相对落后的股票型基金换成平衡型基金。

（2）偏股型与偏债型、货币型的换手。当市场由牛市或震荡市转入节节下跌的熊市时，任基金经理的能力再强，也很难挣钱。这时即使很不情愿，也必须将偏股型基金转为偏债型、货币型，后者也是"股市的避风港"。这在 A 股市场不好且境外市场也很糟糕时适用。

（3）A 股基金与 QDII 的转换。如果 A 股不好了，而境外存在正处大牛市或高速成长的市场，境内又刚好有投资该市场的 QDII，那更好的选择可能是将 A 股基金换成 QDII。

2. 赎回前考虑成熟

在基金赎回以前，你需要考虑各方面的因素。如果符合以下其中的一条，说明你选择赎回基金的时机已经成熟。

（1）你有更好的投资渠道。譬如：购房、购买汽车等，或你还有其他令你赢利更多的投资项目。

（2）你手里持有的基金出现了你不喜欢的变故。譬如：分红、拆分或扩募等你不情愿的事件发生；抑或是你非常信任的基金经理辞职（变更）和调整，使你对该基金的未来很迷茫；更或者本来非常吸引你的该基金的要素条件发生了明显的变化，使基金成长的基本条件大不如前的增值或速度趋缓，或业绩随基金理财方式与方法的改变而走下坡路，这时你可以考虑将该基金转换成其他的基金或赎回。

3. 赎回时设立止盈点

基金赎回时必须设立止盈点，基金的止盈在市场处于高位时尤其重要。如目前的 A 股，市场有很大可能继续往上涨，但没人敢说一定不会在哪一天突然崩溃，这时就要考虑对基金设立止盈点了。由于基金止盈前往往已经有大额浮盈，很多基民都很难接受像炒股那样，把止盈位设在盈亏平衡点（考虑申购赎回费用），这时可以接受的止盈点是基金现有获利 50％ 的位置，或是基金净值从当前净值下跌 20％ 的位置，因为这时市场往往跌破 1/3，大势已去，必须赎回了。

基金定投有什么优势

基金定期定额投资，简称基金定投，是指投资者通过有关销售机构申请，约定每期扣款时间、扣款金额及扣款方式，由销售机构于每期约定扣款日在投资者指定银行账户内，自动完成扣款及基金申购申请的一种投资方式。

这种投资方式，俗称"懒人理财术"，又称"傻瓜理财术"，顾名思义，就是适合那些没有时间、没有金融专业知识的大众投资者的简易投资方式，它借鉴了保险"分期投保、长期受益"的营销模式，就是每隔一段固定时间（例如每月 1 日）以固定的金额（例如 2000 元）投资于同一只开放式基金或一个预定的基金组合。比如，你决定投资 2 万元买某只基金，那么按照定期定额计划，你可以每月投资 2000 元，连续投资 10 个月，也可以每月投资 1000 元，连续投资 20 个月。

对广大投资者而言，选择定期定额业务的好处是分散风险、减轻压力。在不加重投资人经济负担的情况下，做小额、长期、有目的性的投资。

第一，定期投资，积少成多。定期定额投资的金额虽小，但累积的资产却不可小觑，长期投资下来，其获利将远超过定存利息所得。而且投资期间愈长，相应的风险就越低。一项以台湾地区加权股价指数模拟的统计显示，定期定额只要投资超过 10 年，亏损的几率则接近零。

这种"每个月扣款买基金"的方式兼具强迫储蓄的功能，比起自己投资股票或整笔购买基金的投资方式，更能让花钱如流水的人在不知不觉中每月存下一笔固定的资金。让你在三五年之后，发现自己竟然还有一笔不小的"外快"。

第二，懒人理财，手续简便。股票市场涨跌变化快速，一般的投资大众没有大量的时间观盘，也没有专业的水平判断走势。在这种情况下，采用定期定额投资的方式不失为好的选择，这些投资者可以通过效率投资获得专业级的投资回报率。

基金定投虽然被称为"懒人理财术"，但是投资者在选择具体的基金对象时却不能偷懒，选好种子才能使财富的成果更加丰硕。

货币基金和中短债基金是首选品种。在定投业务中，货币基金和中短债基金收益比较低、风险相对小，从投资安全的角度考虑，这两者是工薪阶层首选定投的对象。

一般债券型基金和偏股型品种是提高收益不可缺少的组合。货币基金和中短债基金产品流动性、安全性较高，但收益也相应较低。为了提高收益，能承担较高风险的投资者可选择一些债券型基金和偏股型基金。对于这些品种，由于有一定的费率，更有必要精选，要多考虑基金的净值增长率、分红比率、波动等方面。

第三，平均成本，分散风险。定期定额投资计划的最大特点就是利用"逢低加码，逢高减码"的平均成本投资概念，长期不断地分期投资，也免去选择投资时机的麻烦，分散投资风险。

平均成本法就是定期投资固定金额的投资产品，分散投资时点，可因平均投资成本的效用而避免套牢亏损，避免在时机未成熟时一次性买入投资单位。用"平均成本法"来分散投资时机，只要市场未来有上涨的机会，无论下跌趋势持续多久，投资者都没必要担心回报（据统计，国际上基金长期投资平均收益率为8%）。举例来说，若你每隔两个月投资 100 元于某一只开放式基金，1 年下来共投资 6 次，总金额为 600 元，每次投资时基金的申购价格分别为 1 元、0.95 元、0.90 元、0.92 元、1.05 元和 1.1 元，则你每次可购得的份额数分别为 100 份、105.3 份、111.1 份、108.7 份、95.2 份和 90.9 份，累计份额数为 611.2 份，则平均成本为 $600 \div 611.2 = 0.982$ 元，而投资报酬率则为 $(1.1 \times 611.2 - 600) \div 600 \times 100\% = 12.05\%$，比起一开始即以 1 元的申购价格投资 600 元的投资报酬率 10% 更佳。

经验证明，定期定额回报率不比一次性投资差，当市场一路上涨，定期定额的回报率比一次性投资略差。当市场一路下跌，定期定额的回报率一定比一次性投资好。当市场先跌后升，定期定额的回报率大大高于一次性投资。当市场波动频繁，定期定额的回报率也可能比一次性投资高。因此，定期定额的优点主要是可以借着分批进场降低市场波动风险，比较适合长期投资理财计划，是可以随时开始的比较便利的一种投资工具。

基金定投的投资策略

收入不稳定的投资者应该慎用定期定额投资。这种投资方式要求按月拿出一定资金供基金公司扣款。按基金公司规定，扣款日内投资者账户资金余额不足，即被视为违约，超过一定的违约次数，定期定额投资计划将被强行终止，由此可能会给投资者带来一定的损失。所以，收入不稳定的投资者应尽量采用一次性购买、多次购买等方式来投资基金。

另外，采用定期定额的方式申购基金必须要有长期投资的打算，如果投资人在定期定额买进基金后，因某种原因而办理赎回，就无法体现"长期均摊成本"的优势，也就难以达到定期定额的投资效果。

一般来说，以下投资者适合定期定额买基金：

第一，领固定薪水的上班族，尤其是那些刚走入社会的年轻上班族。上班族一般无法亲自在营业时间到金融机构办理申购手续，刚上班的青年也没有更多的积累，选择以小额资金去购买基金，采用定期定额投资计划，每月自动于银行账户中扣款，既省时又省力。

第二，有特殊需求者，如需筹备子女的教育基金、退休养老基金等。提早以定期定额投资基金，不但不会造成经济上的负担，更能让每月的小钱在未来变成大钱，不必为未来大额的资金需求烦恼。

第三，退休族。老年人最好不要将退休金都存在活期储蓄账户上或是放置在家中，要通过适当的操作实现利息最大化。比如，通过定期定额买货币基金以增加利息收益。

第四，不喜欢承担过大投资风险者，觉得股票市场起起落落、投资风险太大，难以忍受。

对于以上定期定额投资者来说，既可有效地管理自己的资产，又达到了预期的效果，所以说"定期定额投资基金"是相当省时省力的投资方法。

投资者到基金代销网点办理基金定投业务申请时，会与销售机构签订约定定期定额投资合同，合同中规定每月执行申购的时间及申购金额，由销售机构于每月约定申购日在投资者指定资金账户内自动完成扣款和基金申购申请。

销售机构每月在约定日扣款一次，如果当日余额不足，则申购不成功，即使第二天补足金额，也不能办理；如果在扣款日因投资者选择了多只基金扣款，但资金账户余额不足，则银行按基金代码从小到大的顺序依次扣款，无法扣款的基金按交易失败处理。

基金定投理论的逻辑推理是这样的，当市场呈现上涨走势时，基金单位价格（即基金净值）相对较高，此时同额度资金买到的基金单位数量相应较少；而当市场呈现下跌走势时，基金单位价格降低，此时能够买到的基金单位数量增加。从一个较长时间段看，总投资由大量相对低位的基金份额和少量高价基金份额组成，摊薄的结果是每一单位的平均成本将会比单笔投资的单位成本低，这就减少了套牢的风险。

上面的逻辑推理似乎非常严谨，可以推导出基金定投是空头市场中很好的防御性投资方式的结论。但投资者不能忽视的一点是，是否能够取得收益在根本上仍然取决于所选择基金的投资能力；而且不同类型的基金实施定投后，也会出现明显的分化。

实践证明，并非每只基金都适合定期定额投资，只有选对投资标的，才能为投资者带来理想的回报。

1. 定期定额投资最好选股票型基金或者是配置型基金

债券型基金等固定收益工具相对来说不太适合用定期定额的方式投资，因为投资这类基金的目的是灵活运用资金并赚取固定收益。投资这些基金最好选择市场处于上升趋势的时候，市场在低点时，最适合开始定期定额投资。只要看好长线前景，短期处于空头行情的市场最值得开始定期定额投资。

2. 定期定额投资最好选择波动大的基金

一般来说，波动较大的基金比较有机会在净值下跌的阶段累积较多低成本的份额，待市场反弹可以很快获利。而绩效平稳的基金波动小，不容易遇到赎在低点的问题，但是相对平均成本也不会降得太多，获利也相对有限。

3. 依财务能力调整投资金额

随着就业时间拉长、收入提高，个人或家庭的每月可投资总金额也随之提高。适时提高每月扣款额度也是一个缩短投资时间、提高投资效率的方式。

4. 达到预设目标后需重新考虑投资组合内容

虽然定期定额投资是需要长时间才可以显现出最佳效益，但如果投资报酬在预设投资期间内已经达成，那么不妨检视投资组合内容是否需要调整。定期定额不是每月扣款就可以了，运用简单而弹性的策略，就能使你的投资更有效率，早日达成理财目标。

5. 要活用各种弹性的投资策略，让定期定额的投资效率提高

投资者可以搭配长、短期理财目标选择不同特色的基金，以定期定额投资共同基金的方式筹措资金。以筹措子女留学基金为例，若财务目标金额固定，而所需资金若是短期内需要的，那么就必须提高每月投资额，同时降低投资风险，这以稳健型基金投资为宜；但如果投资期间拉长，投资人每月所需投资金额就可以降低，相应可以将承受的投资风险度提高。适度分配积极型与稳健型基金的投资比重，使投资金额获取更大的收益。

彼得·林奇与索罗斯的投资理念

基金公司的投资目标表现出了基金公司的投资特点，基金经理的个性、投资偏好是评估某只基金投资特征的重要因素。而基金经理的投资风格与他们的投资理念紧密相连，我们可以通过两位投资大师——彼得·林奇与索罗斯的比较，来说明这个问题。

彼得·林奇是富达公司的经理、投资领域的传奇人物，1977 年，他接管麦哲伦基金。到 1990 年时，麦哲伦基金的总规模成长了 2700％，年复利增长 29.2％。十几年间，凭借他出色的管理手段和投资策略，麦哲伦基金的资产数额足足翻了 27 倍。彼得·林奇取得了如此辉煌的成就，使他被评为美国第一理财专家。

林奇的投资理念基本上是以价值为中心，他认为逻辑是在证券市场进行投资时最有益的学问，虽然股市的走势经常毫无逻辑可言。他比较注重对投资企业的价值量化分析，运用各种计量和统计工具分析企业股票的价值。尽管他也看重企业包含的非量化的内在价值，比如企业的管理能力进一步加强，新产品推向市场等。林奇在购买某个企业股票之前，总是对该企业进行非常充分的调查研究，而且他的理论是"十比一"，即在十家企业中筛选一支优质的股票。

鉴于这种投资理念，林奇的投资风格可说是非常谨慎稳妥的。林奇坚决不使用杠杆交易，在他的 30 年投资生涯中，也从未涉足期货、远期、互换等金融衍生品的交易，因为他认为期货交易完全是一个零和的游戏，不太符合价值理论。

而索罗斯与林奇的投资理念完全相反，投资风格也大相径庭。索罗斯认为世界是不可知的，人类对世界的认识总有局限性和片面性。在这种哲学观的基础上，他提出了著名的反身性理论。反身性理论的主要内容是：参与者的思想与他们所参与的事件都不具有完全的独立性，两者之间相互作用、互相影响，彼此决定着未来的发展趋势。而且在政治、经济、历史等领域中，也普遍地存在着这样一种反身性的关联。

具体来说，在证券市场中，反身性包含两层含义：目前市场的偏向影响着股票的价格，在某种情况下，目前的市场偏向会影响上市公司的基本面数据，而股票价格的进一步变化会对市场偏向造成扰动，导致市场趋势的进一步变化。就市场价格表达未来偏向的含义而言，市场的运行并不存在逻辑，是毫无规律毫无理性可言的。简而言之，就是"市场总是错的"。而且这种错误在两个方面起作用，不仅市场参与者的预期存在偏向，而且他们的偏向也影响着投机交易的进程，这可能会造成市场的行情按投资者的预期而发展的假象。

换言之，股市出现某种趋势的本质，不是目前的预期与将来的情况相符合，而是未来的情况由目前的预期来塑造。股票的价格与市场的关系就是"我是什么"与"我认为我自己是什么"的关系，两者之间互相影响，并且互为因果。

因此，索罗斯在意识到市场的有效性十分有限时，他从不花大量的时间研究经济走势，也不花大力气研读大量的股票分析报告。他往往通过订阅报纸杂志，学习研究一些自己不熟悉的行业或领域，运用自己的哲学思想，结合分析宏观政治和军事形势，寻找投资机会。

索罗斯有他独特的投资策略，根据他的理论，既然目前的偏向能影响基本面，从而导致市场价格的变化，那么只要找到这其中的价格拐点，依据当时的形势巧妙做出空头多头的转换，就可以在短期内获得巨大的回报。正是由于他善于短线投资，善于抓住某个市场拐点，索罗斯总是能在多次投机活动中赚取丰厚利润，大捞一笔。

投资者在了解了不同经理人的投资风格之后，就可以根据自己的投资偏好选择基金了。以上面的两位投资大师为例，林奇和索罗斯都是非常出色、战功彪炳的基金经理，在20世纪90年代初，索罗斯可能在业绩上稍逊于林奇，但林奇并不是适合每一个投资者。对于那些想在短期内获得丰厚回报同时又不惧怕风险的投资人来说，索罗斯是他们最理想的选择。

通过投资目标和管理人来评估基金

若要获取高额的投资收益，首先应该对基金的价值有全面的了解，并学会如何在投资之前评估这些基金。在基金价值评估方面，分析基金投资目标和基金经理人是首先需要了解的两个方面。只有对这两个方面同时兼顾，才能保证将前期准备做到万无一失，进而在下一步工作中取得预期效果。

市场上有各种各样的基金供投资者选择，而每个投资者都希望通过自己的购买策略而获取收益。这样，怎样挑选正确的基金进行投资就显得至关重要。

证券基金公司资产的管理是以基金的投资目标为导向进行资金分配的。投资者在选择基金公司时，首先要明确该公司的投资目标，要做到"有的放矢"。可以想见，不同的基金投资目标决定着不同的基金类型，而不同类型的基金在资产配置、资产品种选择和资产权重分配上又存在着多种差异。所以投资者明确基金投资目标，是选择基金公司的先决条件，投资目标影响着基金公司的整体投资战略和具体的投资策略。

基金的投资目标是多种多样的，有的把追求资本的长期成长作为投资目的，有的以能够带来高额的当期收入为目的，有的以支付当期收入和追求资本的长期成长为目的。以第一种为追求目的的基金属于成长型投资基金，它又包括最大资本增益型、长期成长型和成长收入型。投资者通常会将这类基金的每一期的当期收益，如利息、股息收入、资本增值部分等，再次注入基金用作资本，这样通过复利循环来获得更高的长期收益。

以第二种为追求目的基金属于收入型基金，它是将当前投资获得的股息、利息或资本增益按月或按季度全部发放给投资者，相当于每一期都有固定的收益。与第一种基金相比，这种基金可以迅速使资金回流，投资的时间成本较低，因而风险也相对较小。

以最后一种为追求目的的基金属于平衡型基金。其特点就是将资金分散投资于股票和债券，兼顾基金组合资产的收入和成长，总体呈平衡发展趋势。

虽然基金的种类繁杂多变，但是索罗斯认为，无论是哪种类型的基金，投资者都可以通过以下两个方法来考察基金公司的投资目标，进而做出投资决定。

第一，本金是否安全。作为一个投资者，在进行投资活动的时候，本金的安全性无疑是决定投资成功与否的根本。而包括"金融大鳄"索罗斯和"股神"巴菲特在内的许多成功的投资大师，也都始终不忘强调本金的重要性。本金安全包括两方面的含义，一方面是指投资结束时的本金数额与初始投资时投入的金额相等，这是名义上的本金安全；另一方面是实际上的安全，即保持本金原有的购买力与价值。而要做到实际上的本金安全，就不能仅仅维护本金的表面价值，而要获取一定的收益，来弥补本金在投资过程中耗费的时间成本，甚至连通货膨胀因素也应该考虑进去。

不管投资者打算投资哪种类型的基金，也不管此类型基金的投资目标怎样，盈利能力如何，本金安全这一点是首先应该关注的。如果一种基金连本金也不能保证，那么无论它的收益率多么高，资金回流的速度多快，索罗斯也绝不会选择。而且与名义上的安全相比，投资者更应该注重本金实际上的安全，即维持本金的实际价值。

第二，基金收入的稳定性。一般来说，与收益浮动较大的基金比，收益稳定的基金更能获得长期的回报，也有更小的风险。投资者在投资之前，应该认真分析影响基金稳定性的因素，而不能受表面上的高收益率的诱惑和误导，选择收益稳定的基金公司。

除了通过基金投资目标来评估基金的价值之外，基金经理人也是评估基金时的重要参考因素。与股票、债券等其他投资手段不同的是，基金经理人的个人性格、投资偏好与投资理念，与基金公司的重大决策有着直接的关系，对基金公司的发展前途起着重要的作用，进而也会对基金的收益产生举足轻重的影响。因此，投资者在选择基金进行投资时，也必须对基金经理人的投资理念进行深入的考察，基金经理人的投资理念一定程度上反映了他的投资方法，这样就可以判别出基金经理人的投资方法是否能够帮助他在市场的起伏波动中取得较为稳定的业绩。

投资者在选择基金经理人时要考虑哪些因素呢？

第一，基金经理人的相关素质。基金经理人的个人素质是至关重要的，投资者应该对基金经理人的背景、财力、规模、信誉和管理方式都有所了解。特别是基金经理人的投资经验、业务素质、管理方法及治理结构，这些都足以影响到基金的运营情况，影响到基金的实际价值。一个好的基金公司都会注重管理，常常拥有一套完善的管理制度，其决策程序非常一致，实际操作时也比较有针对性。为了了解基金经理人的管理水平，投资者应该主动加强与基金经理人的沟通与交流，对基金管理人的各方面素质有尽可能的了解。对于那些短期取得极高的净值增长排名而治理结构欠缺的公司不应盲目轻信，更不要进行投资。

第二，基金经理人是否严格遵守证券从业和基金管理的法律法规。如果这家公司受到短期利益的诱导而随意操作，缺乏风险控制的能力，随意违反基金契约规定，投资者就很可能因为基金公司的管理不善而蒙受利益上的损失，甚至连本金也受影响，所以投资者在选择购买基金时，应睁大眼睛仔细观察，尽力避免投资这样的公司。

第三，基金经理人的投资风格是否鲜明。能够持续获得超额投资回报的基金经理人都会有着非常明显的投资风格。这样的基金经理人一般拥有多年的实际操作经验，自己形成了一套完整的投资系统，并且会依据自己的投资程序严格执行。如果基金经理人缺乏投资风格的话，这样的经理人一般资历尚浅，投资也只能获得市场的平均利润，这样的基金业绩平平，并无多大价值可言。

总而言之，投资者在购买基金之前，只有对基金公司的投资目标和基金经理人首先进行全面了解，才可能对基金价值做出正确的评估，淘汰掉不合格的基金公司，再进行进一步选择。只有选择了正确的基金，投资者才能长期持有其旗下的适合自身投资需求的基金，并最终在投资中取胜。

通过资产配置来看基金的赢利能力

从某种意义上说，基金也就是所谓的"商品"，大家买东西的时候都知道不买贵的只买对的，那么投资者要怎样做，才能从众多基金"商品"中挑中适合自己的那一款呢？

在判断基金的获利能力时，优秀的投资者往往会注意观察基金公司的资产配置状况。

那什么是资产配置呢？资产配置就是将所要投资的基金在各大类资产中进行分配，这是决定基金获利能力的关键。美国学者吉布森1986年发表于《金融分析家杂志》上的一篇名为"组合绩效的决定"的文章表明：投资收益的91.5％由资产配置决定。也就是说，别除资产配置所产生的收益，具体的投资产品品种选择、择时操作以及其他因素所带来的投资收益所占比重不足10％。简单来说，就是：长期来看，做出进入或退出金融投资市场的决定，就决定了投资收益的90％以上，而具体购买哪一只基金、买卖的具体时点如何、操作手法如何，并不是决定收益如何的重要因素。而国内，由于市场机制尚不及美国市场成熟，有效性也要打个折扣，因而相关研究的结论普遍支持 70%左右的投资收益来自资产配置。

广义上讲，资产的种类主要分为三大类：第一是权益类资产，以股票为典型代表，投资收益主要由买卖之间的溢价以及红利组成，包括以此为主要投资标的的各类理财产品（如股票基金等）；固定收益类资产，包括各类债券、存款以及以此作为投资标的的理财产品（如债券基金、货币基金等）；其他个人资产，包括其他不动产和动产以及无形资产等。资产配置就是根据投资者本身要求的收益、自身的风险承受能力，以及市场形势的分析和判断进行有效的大类资产比例划分。而在某类资产中具体选择哪个品种进行投资，进入和退出的具体时点选择以及操作方法，并不是资产配置所关注的重点内容。

投资者可以通过基金公司大体的资产配置了解一下，公司倾向投资于哪些种类的资产，各大类资产中的资金配比的权重如何，以此来判断该公司基金获利能力的强弱。

基金资源配置方法，包括战略性资产配置和战术性资产配置。战略性资产配置是基金获利能力的重要影响因素。战略性资产配置是根据投资者的风险承受能力，对个人的资产做出一种事前的、整体性的规划和安排。例如，如果投资者仅投资于股票和债券，那么两类资产的大致比例应该如何。而战术性资产配置则是在大类资产比例基本确定的基础上，深入到特定资产的内部，进行更为完善的细节构造，同时根据对市场趋势的判断以及不同资产的收益变化，对组合进行适时调整。

如何判断一项战略性资产配置是否具有较好的赢利能力呢？基金经理人做出战略性基金配置后，会总体上估计一下各项投资的预期回报率和风险水准。所以，投资者可以在这些基础上，自我判断一下该资产的配置是否科学，风险水平如何。但是更为重要的是，要依据市场形势，结合宏观经济环境一起考察。这就离不开投资者对国际政治局势的观察，以及对各种宏观经济政策的关注。因为投资结果如何，基金的获利能力如何往往会受到国际政治局势的影响，如果政治形势变动，会在很大程度上影响着某一行业的发展前景，更不要说某个单独的上市公司产品结构的调整，上市公司的业绩和盈利能力了。

战略性资产配置和战术性资产配置的不同之处表现在：

1. 对投资者的风险承受力和风险偏好的认识和假设不同。与战略性资产配置过程相比，战术性资产配置策略在动态调整资产配置状态时，需要根据市场形势的改变重新预测不同资产类别的预期收益情况，但未再次估计投资者偏好与风险承受能力是否发生了变化。在风险承受能力方面，战术性资产配置的前提是，投资者的风险承受能力不随市场和自身资产负债状况的变化而改变。

2. 对资产管理人把握资产投资收益变化的能力要求不同。战术性资产配置的风险收益特征要求随着市场进行适时调整，因而与资产管理人对资产类别收益变化的把握能力密切相关。如果资产管理人能够准确地预测资产收益变化的趋势，并采取及时有效的行动，则使用战术性资产配置将带来更高的收益。但如果资产管理人不能准确预测资产收益变化的趋势，或者能够准确预测但不能采取及时有效的行动，则投资收益将劣于准确地预测并把握市场变化时的情况，甚至很可能会劣于购买并持有最初的投资组合时的情况。

在资金的配置战略上，投资大师索罗斯涉及的领域非常广泛，既有比较普通的股票、债券，也有构成较为复杂的金融衍生品，例如利率期货和外汇期货等。其上个世纪 90 年代后的投资重点为金融衍生产品。索罗斯的资产配置，适用于那些闲散资金较多，而且又倾向于投资国际外汇市场的大型投资者。

通过基金评价来评估挑选基金

随着人们个人财富的积累，越来越多的投资者开始重视个人理财手段，越来越多的人加入到了投资基金的行列。市场上各种基金公司对自己旗下基金产品的宣传广告，看起来的确让人眼花缭乱，许多没有接触过基金的投资者初始时便会感到茫然和困惑，不知如何从中挑选出想要的基金组合。

金融市场上有独立的机构，专门从事基金评价，从他们那里获取信息是快速辨别基金质量好坏的便捷方法之一。因为，这些机构在评价基金时，往往以独立第三人的身份出现，不受基金公司影响，立场相对客观。而这些机构多采用定量分析的方法，结果也较为准确。所以，投资者在挑选基金时，可以多参考基金评价系统的意见。并可以通过这些机构的基金评价系统来判断基金的风险程度和预收益。

投资者通过基金评价挑选基金，要做好以下几个方面：

首先，投资者应该弄清基金的品种。最简单的方法就是看基金的投资标的，看看该基金是投资股票，是投资债券，还是投资货币市场基金。

弄清基金的品种，是投资者选择基金之前必做的功课。曾经有人询问一名记者说："我花了 20 万元买了一只基金，都半年多了怎么一直不涨，感觉和银行存款似的，这只基金是不是不好啊？"于是记者问他是哪只基金，他回答说是"南方多利"，记者无奈地告诉他："这是一只债券型基金，收益自然偏低，你当时买的时候不知道吗？"这位投资者回答说："我以为所有基金都差不多呢。"就因为不肯做一些基本功课，这位投资者错过了大好投资时机。

不同的基金品种，在不同的投资时期和市场环境下有着不同的基金风险和收益水平。根据不同的基金类型，对比分析不同基金之间的赢利表现，有助于投资者发现哪些是真正优质的基金。而明确了基金的分类之后，投资者便可以根据自己的投资目标、风险承受能力和投资偏好，挑选出与自己的需求相吻合的基金品种。例如，如果投资者希获得长期稳定的回报，风险较低、收益稳定的平衡型基金较为合适；如果投资者希望获得较高的短期收益，而且风险承受力较高，便可以选择成长型基金。

其次，投资者在获取基金评价机构的参考信息时，可以看一下基金评价系统对基金的星级评定。以晨星星级评价为例，晨星把每只具备 1 年以上业绩数据的基金归类，在同类基金中，基金按照"晨星风险调整后收益"指标由大到小进行排序：前 10％被评为 5 星；接下来 22.5％被评为 4 星；中间 35％被评为 3 星；随后 22.5％被评为 2 星；最后 10％被评为 1 星。晨星提供基金一年、两年、三年、五年和十年评级，并将在下阶段推出综合评级。晨星星级评价以基金的过往业绩为基础，进行客观分析，旨在帮助投资人找出值得进一步研究的基金，而并非代表买卖基金的建议。

星级评定反映了某只基金的历史表现，就像股票市场上的公司财务报表一样，具有一定的参考价值。但要注意的是，星级评价是动态调整的，这种变化并不一定表示基金业绩表现变差，也可能是其它同类基金表现转好所致。不管怎样，星级评价只能作为投资者挑选基金的参考资料，而不能对其深信不疑，把其作为买卖基金的唯一根据。

再次，投资者可以利用基金评价系统列出的其他信息进行挑选，比如各时期的基金业绩排名，或者份额净值增长率，以此对基金的绩效进行评估。基金的操作绩效等于买这只基金的投资报酬率。报酬率分为累积报酬率和平均报酬率两种。其中基金过去的年均报酬率可以较真实反映基金过去的表现，可以作为基金未来报酬率的重要参考，进而帮投资者做出正确的决策。

需要注意的是，比较基金收益率的差异时，不能只看收益率大小，还要结合基金所属的种类，和其业绩比较基准做比较。每只基金在发行时都会确认自身的业绩比较基准，基金业绩比较基准是衡量基金业绩相对回报的一个重要指标，也是反映基金风险收益状况的重要指标。原则上来说，设定基金业绩比较基准即是确定了基金的风险收益特征，基金管理的主要目标则是超过业绩比较基准。因此业绩比较基准就是衡量基金表现的重要依据。

关于老基金的历史业绩，市场上也会有专门的基金评价机构对各只基金进行排名，这其中比较权威的有美国晨星的中国分公司和中国银河证券基金研究中心。值得注意的是，将业绩比较基准作为选择基金的参考时，应先明确基金的风险收益状况同基准是否基本吻合，以及是否符合投资者自身的风险偏好。比如，2009 年大幅跑赢业绩基准的长城安心回报、海富通强化回报等，业绩表现却位于中等偏后水平。

第四，观察基金的风险等级。基金的风险等级反映了基金投资组合应对市场风险的能力与资产的变现能力。某些基金评级机构会定时提供业绩排行榜，对各家基金公司旗下管理的基金进行逐一业绩计算和风险评估。投资者通过这些第三方信息，就可以很方便地了解到各类基金产品自身所承受的风险水平。通过比较基金的风险评价、波动幅度和风险系数，对于投资者选择何种基金组合进行投资，以及制定具体的投资策略，具有重要参照作用。

一般来说，基金同金融市场上的大多数投资产品一样，都是风险越大，收益越大。一只基金的业绩表现越稳定，其风险也就越低。投资者可以更多地关注已经表现出很好的收益持续性的基金，因为长期的稳定收益可以更好地反映出基金经理人的投资水平和管理能力。为了判断基金的风险等级，投资者不仅应该将基金的收益与其他同类基金进行比较，还要将当期收益与历史收益比较，从横向和纵向两个方面来综合评判基金的业绩表现。

如何在网上买卖基金

如今，各基金公司都推出了网上直销基金的业务，从而免去了客户在银行柜面等候的时间，确实比较方便。不过，互联网虽然快捷方便，但也存在许多安全隐患，如病毒、黑客攻击等。经常听到一些投资者"很不幸"地在网上"丢了钱"的事情。

那么有没有什么好的招数防止"失窃"？下面将为大家讲讲在网上买卖基金时要注意的几个问题：

1. 登录正确的网址，将正确网址添加至您的收藏夹，直接访问，不通过其他网站链接进行访问，防止不法分子将网址链接到其他非法网站窃取资料。

2. 保管好您的账号和密码，设置复杂的密码至少8位数，字母和数字混合，而且字母必须要有大写和小写的混合，一段时间过后还要强制改变密码，或者选择银行提供的数字证书。

3. 保证您的计算机安全，要留意以下几点：

（1）设置由数字、字母（大、小写）构成的不易被破译的开机密码。

（2）定期下载安装最新的操作系统和浏览器安全程序或补丁。

（3）将您计算机中的 hosts 文件修改为只读。

（4）安装个人防火墙，可以防止黑客入侵您的计算机。

（5）安装并及时更新杀毒软件。养成定期更新杀毒软件的习惯，防止新型病毒入侵。

（6）使用网上银行的电脑不作为资料、文件共享等类型的服务器。

（7）不要开启不明来历的电子邮件。

（8）养成良好的上网习惯，不要去一些乱七八糟的网站，以免碰到恶意网页。尽量不要玩网络游戏，这很容易出问题。

4. 增强安全意识。随着科技的发展，金融网络犯罪手法越来越多，但所有的金融网络犯罪根源为盗取客户的账号和密码。尽管银行在安全方面采取了各种措施，保障了银行交易系统的安全，但您的账号和密码的保管也有赖于您的安全风险意识和行为。因此，我们要做到：

（1）不要在公共场所使用网上银行，防止他人偷看密码。

（2）不要在网吧、图书馆等公用网络上使用网上银行，防止他人安装监测程序或木马程序窃取账号和密码。

（3）每次使用网上银行后，及时退出。

（4）在其他渠道（如 ATM 取款、自助终端登录）进行交易时，注意密码输入的保护措施，防止他人通过录像等方式窃取到您的账号和密码。

（5）切勿向他人透露您的用户名、密码或任何个人身份识别资料。

（6）如果您的个人资料有任何更改（联系方式、地址等有变动），请及时通过银行系统修改相关资料。

（7）定期查看您的交易，核对对账单。

其实，基金网上交易系统具有相当高的安全性、可靠性。因为基金公司在技术上采用了国内外先进的多重网络安全防护措施：投资者的交易数据被加密传输、登录基金公司的网上交易必须输入网上交易密码和附加码，在进行认/申购时还必须输入银行卡的卡密码。多重数据加密和交易密码保证了投资者通过基金公司的网上交易系统进行交易是安全可靠的。而且基金公司在业务模式上采用了将投资者用于网上交易的银行卡账号和基金公司网上直销专户捆绑的方式。这样，投资者就可以不必担心银行卡上资金会被划拨到除基金公司网上直销专户以外的其他任何账户！

购买基金的钱是保管在托管的银行里，如果银行卡不开通转账功能即使别人破解了你的基金账号和密码，他在网上赎回你的基金，钱也会回到你的银行卡上，他一分钱也得不到。但最好是办理网银数字证书，通过证书来支付。

只要做好相关的防护措施，在网上买卖基金还是比较安全的。

如何构建合适的基金组合

在坚持长期投资的前提下，把不同类型的基金搭配在一起进行投资可以在一定程度上防范风险。配置好自己所投资的基金，要将收益、风险、成本、时间等因素综合在一起来考虑。

在坚持长期投资的前提下，应该选择基金组合，即把不同类型的基金搭配在一起进行投资，目的是在防范风险的基础上，追求适当的收益率，这也是投资基金的本质。

在构建基金组合时需要注意以下几个事项：

1. 国债＋基金：低风险的投资理财组合

很多投资者认为没有相关的专业知识和经验，很难选择低风险且有稳定收益的投资组合。不过，无论是采用哪种投资方式，都会遇到不可避免的一个话题：既然是投资，就要面对风险，那么，有没有风险相对较小且又能赚钱的投资项目呢？答案是：有！国外较普及的国债和投资基金便属于这一类。

基金分为以投资货币为主的货币基金、以投资国债为主的债券型基金、以投资股票为主的股票型基金三种，三种基金的回报和风险都和所要投资的类型有直接的关系。相对而言，债券型基金的风险与收益都要小于股票型基金和货币基金。

同样，投资不同的基金收益率也是不等的，以这几年的情况来看，大体在 1％～10％，相应的收益面临相应的风险。比较之后就不难看出，投资国债安全性要高许多，目前国内发行的国债年收益率都能保证在 3％左右，因此如果想选择稳健的投资，这是个不错的选择。当然，要选择什么样的投资方式，还要根据自己的目标计划和承受能力来定。

因此，在没有什么资金的情况下，最好的办法就是购买国债或者是投资基金，虽然回报不算高，但相对股票和房地产等而言却是稳健的投资项目，其风险小，回报率又比银行存款利息要高。此外，还可考虑附带买一些适合自己的有分红或者是返还等性质的保险产品，也算是较稳健的投资项目。

2. 巧用基金构建完美投资组合

近年来，内地基金品种日益丰富，涵盖了积极型、适度积极型、保守型、适度保守型等，各种投资者完全可以通过不同的基金轻松建立起适合自己的投资组合。特别是 2007 年投资海外市场的渠道开放以后，内地投资者还可以通过基金将投资触角扩大到海外，掌握世界各地的基金获利机会。

投资者比较熟悉的积极型基金品种当属股票型基金。此类基金投资分散在很多股票上，比起单纯的股票投资已大幅分散了风险。但股票型基金仍然存在风险，遇到股市整体下跌，即使投资于不同股票也无法避免损失，所以在构建组合时要配置一些相对保守的品种。股债平衡型基金属于适度积极型投资品种，一部分投资股票，其他部分则投资于固定收益工具，如债券、可转债等，以获取稳定的收益。债券型基金属于适度保守型投资品种，主要投资于国债、金融债、企业债，收益率相对稳定，并且高于银行定期存款利率，近期较火爆的短债基金收益率在 2％～2.5％。货币型基金属于保守型投资品种。

投资者可根据自身情况来选择基金品种，进而构建投资组合。投资者可以将个股投资分成两部分：第一部分侧重收益，投资于股票型基金或平衡型基金；第二部分则侧重安全，投资于货币市场基金、短债基金和活期存款。各类投资的比重要根据自身具体情况而定，配置于第一部分的资产比重主要取决于个人风险偏好和理财目标，如果能够承担一定风险且短期内无较大资金支出计划的，则可提高该部分的配置，但建议该部分比重不要超过 50％。第二部分投资建议以货币市场基金为主，目前货币市场基金赎回方便，良好的流动性足以应付那些急需的日常支出。

一位美国学者曾对大型退休基金的投资组合进行了长期研究，发现长期投资的成功与否，有九成取决于投资者如何进行资产配置。一般投资人非常重视的选股策略，对于投资成功的影响反而只占5％，买卖时机选择的贡献只占2％。了解了这些，构建投资组合的好处自不待言。

对于普通投资者而言，基金组合有以下方法：

1. 选择3～4只业绩稳定的基金作为你的核心组合

先选择3～4只业绩稳定的基金，此后逐渐增加投资金额，而不是增加核心组合中基金的数目，这样的方法将使你的投资长期处于一种较稳定的状态。大盘平衡型基金尤其适合作为长期投资目标的核心组合。

2. 注重业绩的稳定性

制定核心组合时，应遵从简单原则，注重基金业绩的稳定性而不是波动性，即核心组合中的基金应该有很好的分散化投资并且业绩稳定。投资者可首选费率低廉、基金经理在位时间较长、投资策略易于理解的基金。此外，投资者还应时时关注这些核心组合的业绩是否良好。

3. 投资可多元化

在核心组合之外，可以再买进一些行业基金、新兴市场基金以及大量投资于某类股票或行业的基金，以实现投资多元化并增加整个基金组合的收益。小盘基金适合进入非核心组合，因为比大盘基金波动性大。如果核心组合是大盘基金，非核心搭配应是小盘基金或行业基金。非核心组合基金具有较高的风险性，需要对它们加以控制，以免对整个基金组合造成太大影响。

4. 用分散化投资分散风险

在整个投资组合中，以多少只基金为佳？

这虽然没有定规，但要强调的是，组合的分散化程度远比基金数目重要。如果持有的基金都是成长型的或是集中投资于某一行业，即使基金数目再多，也难以达到分散风险的目的；相反，一只覆盖整个股票市场的指数型基金，可能比多只基金构成的组合更能分散风险。

在投资组合确定以后，要定期观察组合中各基金的业绩表现，将其风险和收益与同类基金进行比较。假如在一定时期，如3年之内，一只基金的表现一直落后于同类其他基金，则应考虑更换这只基金。

在当前市场价值整体被高估，系统性风险依然显著的市场中，要学会根据不同的时点"见风使舵"，选择买入不同类型的基金，开好顺风船。

第十一章

玩转债券，兼顾安全性和收益性

过去我们可能用外汇储备购买美国的国债，它的收益率相对比较低，风险比较小。现在我们考虑是不是拿出来一部分给基金去做，然后投资到国外去，就是风险相对高一点，但是收益率和回报率可能也会高一点。这个就是理财。

——王在全　北京大学投资理财中心主任

债券投资的特点

十几年前，时常还能在邻居中听到这样的谈话："你买今年的国债了吗？"这里谈到的国债就是一种债券。

在投资领域，债券是政府、金融机构、工商企业等直接向社会借债筹措资金时，向投资者发行，承诺按一定利率支付利息并按约定条件偿还本金的债权债务凭证。债券的本质是债的证明书，具有法律效力。

我国的国债历史可追溯到晚清政府时期。1894年清政府为支付甲午战争军费的需要，由户部发行的，当时称作"息借商款"，发行总额为白银1100多万两。甲午战争后，清政府为交付赔款，又发行了公债（当时称"昭信股票"），总额为白银1亿两。自清政府开始发行公债以后，旧中国历届政府为维持财政平衡都发行了大量公债，北洋政府、伪满政权、武汉国民政府以及蒋介石政府先后发行了数十种债券。

为了让大家更好地理解债券的含义，我们来打个比方：如果你做生意缺钱，你找别人借钱，并且承诺在一定期限内按约定的支付利息还给他本金和利息。为了证明你们的借贷关系，你给他一张欠条，这张欠条也就是我们说的债券，也可以说是一种债务的证明书。

如果将一个人换成一个国家或者企业，那么就变成国家或者企业向别人借钱，大家就可以把自己暂时用不到的钱借给国家或者企业，国家和企业就给你"债券"这个凭证，你可以选择借出年限，然后到期连本带利收回。

具体来说，债券包含了以下四层含义：

（1）债券的发行人（政府、金融机构、企业等机构）是资金的借入者。

（2）购买债券的投资者是资金的借出者。

（3）发行人（借入者）需要在一定时期内还本付息。

（4）券是债的证明书，具有法律效力。债券购买者与发行者之间是一种债权债务关系，债券发行人即债务人，投资者（或债券持有人）即债权人。

我国债券市场的规模与美国债券市场的规模相比存在着巨大的发展差异。美国的证券化产品在金融市场中超过 80％，我国还不到 10％；债券余额，美国相当于 GDP 的二倍，我国却仅接近 30％。由此可以看出我国债券市场的规模，还有进一步发展的空间。目前，我国国债品种较为单一，今后在促进债券市场品种的多样化，满足不同发行主体的融资需要等方面需要做出努力，诸如积极发展地方政府债券市场；扩大和引导发行企业债券；增加短期债券及短期回购品种；建立基准国债及衍生产品等。

自从债券投资这个概念出现以来，数以万计的投资者参与其中。不少退休在家的老大爷、老大妈是债券投资的忠实拥趸。债券投资为什么会有如此大的魅力？因为它是一种能让投资者进退自如的投资，是一种风险性极低、安全度极高的投资工具，拥有一些其他投资方式所没有的特点，具体体现在以下几点：

1. 安全性高

债券作为有价证券，一般由国家和大企业进行担保，不会出现所谓的破产倒闭等情况，是十分安全的。由于债券发行时就约定了到期后偿还本金和利息，故其收益稳定、安全性高。特别是对于国债及有担保的公司债、企业债来说，几乎没有什么风险，是具有较高安全性的一种投资方式。

如果债券票面价格上涨，债券投资者就能得到利息和票面价格差价的双重收益；如果票面价格下跌，投资者只需继续持有，最差也能赚到购买时发行人承诺的利息，收益能有保障。总体来看债券既能赚到比存款更高的固定收益，又能规避股市价格大涨大跌的风险。

2. 收益稳定

投资于债券，投资者一方面可以获得稳定的利息收入，另一方面可以利用债券价格的变动，买卖债券，赚取价差。国家的固定利率就是债券投资最稳定的保障，虽然对于那些喜爱风险，希望从中获取很大利润的投资者而言，债券投资可能在收益稳定的同时，收益却并不高。但保险型的投资理念为大多数人所接受，此外，债券投资作为最稳妥的投资方式，应该是很多人选择债券投资最重要的理由。

3. 流动性强

那么，到底什么是流动性？流动性本身指的是市场能够进行迅速低成本交易的能力。上市债券具有较好的流动性。当债券持有人急需资金时，可以在交易市场随时卖出，而且随着金融市场的进一步开放，债券的流动性将会不断加强。试想如果债券的流动性不高，那就相当于你的投资只换来了几张普普通通的纸而已，人们选择投资，很看重购买力。然而只有现金才真正具有购买力，要是你在关键时刻需要现金时，发现手中有的仅仅是几张不能兑现的纸，那么你一定会后悔自己的投资选择。选择债券投资，很大程度上就可以解决这个你所担心的问题。

4. 偿还性好

债券本身是一种投资凭证，购买者和发行者之间实际上是一种债权人和债务人的关系，是债的证明书，具有法律效力，不用担心到了偿还期限却拿不到钱的问题出现。债券拥有一定的偿还期限，债务人必须如期向债权人支付利息，偿还本金。

我们可以了解到，债券是一种让人很放心的投资选择，从时间上看：不论长期还是短期的债券投资都有到期的时间；从发行单位看：分国家债券、金融债券、企业债券等；从收益方面看：稳定性较强，风险小；从权力方面看：它无权参与被投资企业的管理。可以说，正是因为有了这些特点，债券才具有了那么大的魅力。

那么，这是不是代表着任何情况下购买债券都是最好的选择呢？答案是否定的。主要是看投资者自己对风险的态度以及资金的用途。如果是长期规划，如需要为自身养老，为未来孩子的教育储蓄的话，购买债券确实是一种相对稳妥的办法。

了解债券的种类

我国现代意义上的债券市场从 1981 年国家恢复发行国债开始起步，经过 30 多年的发展，经历了实物券柜台市场为代表的不成熟的场外债券市场为主导、上海证券交易所为代表的场内债券市场为主导、银行间债券市场为代表的成熟场外债券市场为主导的三个阶段的发展过程。

债券的种类繁多，且随着人们对融资和证券投资的需要又不断创造出新的债券形式，在现今的金融市场上，债券的种类可按发行主体、发行区域、发行方式、期限长短、利息支付形式、有无担保和是否记名等分为九大类。

1. 按发行主体分类

根据发行主体的不同，债券可分为政府债券、金融债券和公司债券三大类。

政府债券，由政府发行的债券称为政府债券，它的利息享受免税待遇，其中由中央政府发行的债券也称公债或国库券，其发行债券的目的都是为了弥补财政赤字或投资于大型建设项目；而由各级地方政府机构，如市、县、镇等发行的债券就称为地方政府债券，其发行目的主要是为地方建设筹集资金，因此都是一些期限较长的债券。在政府债券中还有一类称为政府保证债券的，它主要是为一些市政项目及公共设施的建设筹集资金而由一些与政府有直接关系的企业、公司或金融机构发行的债券，这些债券的发行均由政府担保，但不享受中央和地方政府债券的利息免税待遇。

金融债券是由银行或其他金融机构发行的债券。金融债券发行的目的一般是为了筹集长期资金，其利率也一般要高于同期银行存款利率，而且持券者需要资金时可以随时转让。

第三类是公司债券，它是由非金融性质的企业发行的债券，其发行目的是为了筹集长期建设资金。一般都有特定用途。按有关规定，企业要发行债券必须先参加信用评级，级别达到一定标准才可发行。因为企业的资信水平比不上金融机构和政府，所以公司债券的风险相对较大，因而其利率一般也较高。

2. 按发行的区域分类

按发行的区域划分，债券可分为国内债券和国际债券。国内债券，就是由本国的发行主体以本国货币为单位在国内金融市场上发行的债券；国际债券则是本国的发行主体到别国或国际金融组织等以外国货币为单位在国际金融市场上发行的债券。

如最近几年我国的一些公司在日本或新加坡发行的债券都可称为国际债券。由于国际债券属于国家的对外负债，所以本国的企业如到国外发债事先需征得政府主管部门的同意。

3. 按期限长短分类

根据偿还期限的长短，债券可分为短期、中期和长期债券。一般的划分标准是指期限 1 年以下的为短期债券，在 10 年以上的为长期债券，而期限在 1 年到 10 年之间的为中期债券。

4. 按利息的支付方式分类

根据利息的不同支付方式，债券一般分为附息债券、贴现债券和普通债券。附息债券是在它的券面上附有各期息票的中长期债券，息票的持有者可按其标明的时间期限到指定的地点按标明的利息额领取利息。息票通常以 6 个月为一期，由于它在到期时可获取利息收入，息票也是一种有价证券，因此它也可以流通、转让。贴现债券是在发行时按规定的折扣率将债券以低于面值的价格出售，在到期时持有者仍按面额领回本息，其票面价格与发行价之差即为利息。除此之外的就是普通债券，它按不低于面值的价格发行，持券者可按规定分期分批领取利息或到期后一次领回本息。

5. 按发行方式分类

按照是否公开发行，债券可分为公募债券和私募债券。公募债券是指按法定手续，经证券主管机构批准在市场上公开发行的债券，其发行对象是不限定的。这种债券由于发行对象是广大的投资者，因而要求发行主体必须遵守信息公开制度，向投资者提供多种财务报表和资料，以保护投资者利益，防止欺诈行为的发生。私募债券是发行者向与其有特定关系的少数投资者为募集对象而发行的债券。该债券的发行范围很小，其投资者大多数为银行或保险公司等金融机构，它不采用公开呈报制度，债券的转让也受到一定程度的限制，流动性较差，但其利率水平一般较公募债券要高。

6. 按有无抵押担保分类

债券根据其有无抵押担保，可以分为信用债券和担保债券。信用债券亦称无担保债券，是仅凭债券发行者的信用而发行的、没有抵押品做担保的债券。一般政府债券及金融债券都为信用债券。少数信用良好的公司也可发行信用债券，但在发行时须签订信托契约，对发行者的有关行为进行约束限制，由受托的信托投资公司监督执行，以保障投资者的利益。

担保债券指以抵押财产为担保而发行的债券。具体包括：以土地、房屋、机器、设备等不动产为抵押担保品而发行的抵押公司债券、以公司的有价证券（股票和其他证券）为担保品而发行的抵押信托债券和由第三者担保偿付本息的承保债券。当债券的发行人在债券到期而不能履行还本付息义务时，债券持有者有权变卖抵押品来清偿抵付或要求担保人承担还本付息的义务。

7. 按是否记名分类

根据在券面上是否记名的不同情况，可以将债券分为记名债券和无记名债券。记名债券是指在券面上注明债权人姓名，同时在发行公司的账簿上做同样登记的债券。转让记名债券时，除要交付票券外，还要在债券上背书和在公司账簿上更换债权人姓名。而无记名债券是指券面未注明债权人姓名，也不在公司账簿上登记其姓名的债券。现在市面上流通的一般都是无记名债券。

8. 按发行时间分类

根据债券发行时间的先后，可以分为新发债券和既发债券。新发债券指的是新发行的债券，这种债券都规定有招募日期。既发债券指的是已经发行并交付给投资者的债券。新发债券一经交付便成为既发债券。在证券交易部门既发债券随时都可以购买，其购买价格就是当时的行市价格，且购买者还需支付手续费。

9. 按是否可转换分类

按是否可转换来区分，债券又可分为可转换债券与不可转换债券。可转换债券是能按一定条件转换为其他金融工具的债券，而不可转换债券就是不能转化为其他金融工具的债券。可转换债券一般都是指的可转换公司债券，这种债券的持有者可按一定的条件根据自己的意愿将持有的债券转换成股票。

债券的核心要素

通俗地讲，债券就是发行人给投资人开出的"借据"。由于债券的利息通常是事先确定的，因此债券通常被称为固定收益证券。作为证明债权债务关系的凭证，一般会呈现为具有特定格式的票据，那么，作为"借据"的债券在票据上必须具备哪些构成要素呢？

一般来说，债券的核心要素应该包括四个：票面价值、债券价格、偿还期限、票面利率。下面我们就来具体解释一下这四个要素：

1. 债券的票面价值

债券的票面价值就是债券的面值，是指债券发行时设定的票面金额，由以下两个基本内容组成：

（1）票面价值的币种，即以何种货币作为债券价值的计量标准。

（2）债券的票面金额。票面额较小，使得小额投资者也可购买，持有者分布面广，但票券印刷及发行工作量大，可能增加发行费用；票面金额过大，则购买者仅为少数大投资者，一旦这些投资者积极性不高、不予认购，往往可能导致发行失败。

2. 债券的价格

债券的价格包括债券的发行价格和债券的交易价格。债券的发行价格是指债券原始投资者购入债券时应支付的市场价格，它与债券的面值可能一致也可能不一致。从理论上而言，债券的票面价值应该等于债券的发行价格，但事实却并非如此。由于受到市场供求关系的影响以及债券发行者的各种考虑，债券的价格和面值往往会产生不符的情况。债券发行价格高于面值时，称为溢价发行；低于面值时，称为折价发行；等于面值时，称为平价发行。

债券的交易价格就是债券的成交价格，分为收盘价、开盘价以及成交价三类。通过行情的波动各自得名。虽然债券的面值是固定的，其价格却是波动变化的。发行者根据债券的面值计息和还本，投资者也是根据面值获取利息。

3. 还本期限与方式

债券的偿还期限即从债券发行日起至偿清本息之日止的长短时间。具体来说是在某一个时间段内，以债券的发行日期为起点，偿还日期为终点进行计算。根据债券的偿还期限划分，一般将债券划分为短期债券（偿还期限在 1 年以内的）、中期债券（偿还期限在 1 年以上、10 年以内的）、长期债券（偿还期限在 10 年以上的）三种。一般而言，债券的偿还期限和利率是呈反比关系。期限越长的收益率越高，越短的则收益率越低。投资者可以根据自己的实际情况，选择所购买的债券种类。

债券常用的还本方式有如下 3 种：

（1）到期还本，即在债券期满时一次全部偿还本息。

（2）分期偿还，即在债券发行期内，每年或每半年偿还一定金额的本息，直至债券期满还清。

（3）任意还本，即发行者有权随时偿还全部或部分债券的本金，当偿还时，须在 30 天至 60 天内通知债权人。

4. 票面利率

票面利率又简称利率，是指债券发行者每年支付给投资者的利息与债券面值的比例。投资者获得的利息多少就是票面利率乘以债券面值。利率分为固定利率和浮动利率两种，受其影响债券可以分为固定利率债券和浮动利率债券。

顾名思义，固定利率债券的利率是固定的，直到还本期满，利率保持不变；浮动利率债券的利率是变化的，在还本期限内，定期进行调整，通常是每 3 个月或每半年调整一次。

债券投资的原则

和所有的投资方式一样，投资债券既要获得收益，又要控制风险。因此，进行债券投资的时候，必须要把握一定的原则，才能达到最初的投资目的。

那么，进行债券的投资应该遵循怎样的原则呢？根据债券的特点，债券投资必须遵循以下的原则：

1. 收益性原则

收益性原则应该说是从投资者的目的出发的，谁都不愿意自己的投资血本无归，都希望能够有所回报，所以这个原则就排在了第一位。我们很容易理解，不同种类的债券收益大小不同，例如，国债是以政府的税收做担保的，具有充分安全的偿付保证，一般认为是没有风险的投资；而企业债券则存在着能否按时偿付本息的风险，但是也就是因为存在着这种风险，才使得企业债券的收益必然要比政府债券高，也可以说高出来的这部分收益正是对于那些敢于冒险的投资者最好的回报。因此，投资者可以根据自己的实际情况选择自己买入何种债券进行投资，毕竟适合自己的才是最好的。

2. 安全性原则

相比于其他投资工具而言，投资债券实际上要安全得多，但这也仅仅是相对而言，其安全性问题依然存在。就拿企业债券和政府债券相比较而言，一旦企业出现经营不善或者倒闭的情况，投资者就有很大的可能血本无归；但是政府发行的债券因为其依托性，所以信用等级很高，甚至与国家信用相当。债券的安全性受到经济环境、经营状况、债券发行人的资信等级等许多因素的影响，所以也不是一成不变的。因此，投资债券还应考虑不同债券投资的安全性。

一般来说，政府债券的安全性是最高的，企业债券相对比政府债券的安全性低一些；对抵押债券和无抵押债券来说，有抵押品做偿债的最后担保，其安全性就相对要高一些。对可转换和不可转换债券，因为可转换债券有随时转换成股票，作为公司的自有资产对公司的负债负责并承担更大的风险这种可能，所以可转换债券比不可转换债券的安全性要低一些。

3. 流动性原则

流动性原则主要指的是债券回收本金时候的速度快慢。影响其流动性的主要因素是债券的期限，期限越长，流动性越弱；期限越短，流动性越强。另外，不同类型债券的流动性也不同。流动性强意味着债券能够以比较快的速度兑换成货币，对于那些著名的大公司和那些经营状况十分好的公司来说，它们所发行的债券的流动性本身是相当强的，也受到很多投资者的热烈追捧；反之对于那些规模和经营状况都不尽如人意的公司来说，它们发行的债券流动性就要差很多。所以当投资者选择债券时，所选择债券流动性的强弱与否也是必须要考虑的一个问题。因此在投资者选择投资对象的同时，应该尽可能地去了解公司的业绩以及别人对于该公司债券的评价，这对于投资者能否投资成功是一个很重要的因素。

具体到在债券投资的实际应用中，投资者应综合考虑影响债券收益的各种因素，包括债券种类、债券期限、债券收益率（不同券种）和投资组合等多方面的信息，从而做出适合自己的选择。

债券投资的风险

相比较于其他投资方式，债券投资的风险较小，但是任何投资的风险都是普遍存在的，债券投资也不例外。与其相关的所有风险我们称之为总风险，总风险有两种表现形式，分别是可分散风险和不可分散风险。

1. 不可分散风险

不可分散风险又被称为系统性风险。指的是市场上的某些因素对所有债券造成一定的经济损失的可能性。具体来说又分为四个方面，分别是税收风险、政策风险、利率风险以及通货膨胀风险。

（1）税收风险。所谓税收风险是指对于那些免税政府债券的投资者而言，他们将可能面对税率下调的风险。

（2）政策风险。所谓政策风险是指政府对债券市场采取了一定的重要举措，或者出台了相应的法律法规，使得相关政策发生了很大的变化，从而给投资者带来的风险。通常情况下，政府对于债券市场发展有一定的政策，旨在加强对市场的管理和监控力度。为了保证债券市场平稳有序的发展，政府制定的证词和法规应该是具有很强稳定性的，至少在一定时间内不会轻易改变。政府可以用经济、法律、行政管理三种手段结合，从而保证债券市场健康繁荣地发展。

（3）利率风险。所谓利率风险是指市场利率的变化可能给投资者带来一定程度的经济损失。利率和债券的购买时间有关。一般而言，投资者所购买的债券距离其还款日越长，利率变动的可能性越大。不过对于固定利率的债券来说，如果市场利率上升，债券价格将下跌，因为债券的需求减少；如果市场利率下降，那么债券价格将上涨，因为债券的需求增加了。利率和市场的调节紧密相连。

（4）通货膨胀风险。在通货膨胀的条件下，货币会出现贬值，与此相对应会造成债券价格虚高，从而使投资者忽略通货膨胀风险的出现。归根结底还是与市场的调节作用有关。如果通货膨胀率上升超过了债券利率的水平，那么债券的购买力就会下降，从而造成本金的损失。如果通货膨胀率等于债券利率的水平，那么债券的购买力不变，也不会造成本金损失。如果通货膨胀率小于债券利率的水平，那么投资者便可以从中获得实际的收益。

2. 可分散风险

可分散风险又被称为非系统性风险。指的是单个债券本身受到某些因素影响从而遭受经济损失的可能性。有五种表现形式，包括信用风险、赎回风险、转让风险、可转换风险以及再投资风险。

（1）信用风险。国债一般无信用风险这一说，信用风险主要体现在公司债券中，指的是由于发行债券的公司当债券偿还期截止时无法对投资者进行还本付息，从而使投资者遭受经济损失。这种风险是相当可怕的，很可能使得投资者最终血本无归。并且需要注意的是，发行公司的经营状况与实际的财务状况没有必然的联系，有时就算表面上公司的经营状况良好，也有可能出现财务状况不佳的情况。此时必然会产生信用风险，从而损害投资者的利益。

（2）赎回风险。赎回风险指的是具有回收性条款的债券在市场中利率下降，投资者却在此时收取债券利息，从而有可能被发行公司强制收回债券的风险。发行公司为了避免自己受到损失，从而提前收回债券，损害了投资者的利益。

（3）转让风险。转让风险又被称为流动性风险，指的是如果出现某些意外情况使得消费者急于出手手中的债券兑现时，就不得不以低于债券票面价值的价格将其出售。当然由于受到市场价值规律的影响，这种损失是不可避免的。投资者的这种行为可能造成的损失就被称为转让风险。

（4）可转换风险。可转换风险指的是投资者本身购买了可转换债券，有权将其转换成股票。若是投资者真的将其转换成股票以后，由于股市的风险性和收益率都与债券不同，如果遭遇市场波动，股票受到的影响会大于债券，因此产生了可转换风险。

（5）再投资风险。一旦短期债券到了还款日期，投资者将其兑现时发现此时利率下跌，想再次等到利率上涨的机会出现，就变得不是那么容易，这就是再投资风险。再投资风险只可能出现在那些购买了短期债券的投资者身上。因为债券的兑换期限和利率息息相关。虽然债券本身的安全性相对其他投资方式而言比较高，但是有些谨慎的投资者为了进一步减少受到损失的可能性会选择购买短期债券。

债券投资不同于储蓄

债券投资与储蓄存款是有相似之处的。以至于在许多投资者的眼中，债券和储蓄存款，特别是储蓄中的定期存款没什么两样，都是把钱存到一定的时间然后再取出来，只是所得的利息不同而已。

债券投资与储蓄存款都体现一种债权债务关系；两者都有规定的期限，到期后都要归还本金；都可以事先确定适用利率或计算方法，到期后取得规定的利息收入。这是它们的相同之处。那么，它们又有什么区别呢？

总的来说，它们的区别主要反映在下面的几点上：

1. 安全性不同

从整体上看，储蓄存款安全性高于债券。政府、金融机构和企业三者构成了债券投资的主体，而储蓄存款债务人是银行和其他金融机构。债务人的不同使两者安全性存在差异。因为我国银行信用程度很高，有国家和中国人民银行严格的监管及自身的风险防范预警机制，银行倒闭的风险极小，所以，银行存款是最安全、可靠的一种资金增值方式。

债券投资的安全性与其发行主体有密切关系。投资主体不同，相对应的债券安全性也不一样：政府债券因为其发行人是政府，以财政做担保，所以其安全性最高。金融债券的发行基础是银行信用，其安全性与储蓄存款基本相同。而企业债券发行者为各类企业，数量众多，不同企业的资金实力、经营状况不同，其安全性相对较差，投资者要承担因企业亏损、破产而不能及时或按规定条件还本付息的风险。

当然，国家对于企业发行债券的标准有一定的要求以及规章制度，使得企业债券的风险得到了严格的控制。一般是规模较大和资信级别较高的公司或企业，经过有关部门审查批准后才准予发行。

总体上来说，债券的安全性较高，债券持有人的收益相对固定，不随发行者经营收益的变动而变动，并且可按期收回本金，其风险并不大。尽管如此，投资者购买债券尤其是购买企业债券时，树立风险意识是非常重要的。

2. 期限不同

债券一般比储蓄的期限长。储蓄存款的期限通常较短，定期存款期限最长为 8 年，而债券的存储期限则分为 1 年以内、1 年到 10 年、10 年以上三种，有的投资者投资期限甚至长达几十年。我国近年来债券发行比较频繁，品种多样，长、中、短期相结合，适应了投资者不同期限的投资需要。

3. 流动性不同

储蓄分为活期存款和定期存款。相比较而言，活期存款流动性非常强，随时可以到银行转化为现金；定期存款则缺乏流动性，储户若急需现金而到银行申请取款时，不管需要多少，全部存款只能一次性支取，并按照活期存款利率计息。存款越多，期限越长，利息的损失越大。

在流动性方面，债券比定期储蓄存款具有较大的优势，债券具有较强的流动性。债券投资者若急需现金，可以根据需要的多少将手中持有的债券在市场上进行转让，转让价格为市场价格，债券按规定利率和已持有期限应计而尚未支取的利息收入已包含在市场价格之中。当然，债券的流动性依赖于一个比较完善、成熟和发达的债券市场，也与债券本身的质量相关。

4. 收益性不同

储蓄存款投资者的收益来源是利息收入。对于储蓄投资者而言，储蓄期限越长，利率越高，储蓄期限越短，利率越低。存款时每笔存款的利率即已确定，因此可以精确地确定得到的利息收入。存款利率如遇利率调整，除活期存款外，不会发生改变。

债券投资收益的构成相对复杂一些，虽然其最基本的部分是利息收入，但买卖债券时由于价格的变化还可能得到资本收益。若考虑复利，则分期支付利息的附息债券投资收益还应计入利息的再投资收入。

债券的实际利率一般较同期限的定期存款利率高。我们可以将其归结为两方面的原因：一是债券融资和银行存款在资金循环中的位置不同。债券融资是资金的最终使用者向最初的资金供应者融资，中间不需要经过任何环节，节省了融资成本；而银行存款属于间接融资，资金存入银行以后，必须由银行发放贷款，资金才能到达最终使用者手中，所以资金最初供应者与最终使用者之间存在银行这一中间环节。

如果出现了债券融资的情况，那么资金最终使用产生的利润由使用者和资金提供者两家分割；而在间接融资的情况下，资金最终使用产生的利润由资金使用者、银行和资金最初提供者三家分割，银行的存贷款利差一般为3%～4%。因为这些原因，所以使得债券的实际利率高于同期限的存款利率成为可能。

另外，从市场配置资源的一般要求来说，投资的风险越大，要求的报酬率越高。投资债券的风险性高于储蓄存款，所以其收益自然要比银行存款多。

影响债券投资收益的因素

债券投资收益可能来自于息票利息、利息收入的再投资收益和债券到期或被提前赎回或卖出时所得到的资本利得三个方面，而与之对应的息票利率、再投资利率和未来到期收益率是债券收益率的构成因素。

影响债券投资收益率包括基础利率、发行人类型、发行人的信用度、期限结构、流动性、税收负担等多方面。其中，基础利率是投资者所要求的最低利率，一般使用无风险的国债收益率作为基础利率的代表，并应针对不同期限的债券选择相应的基础利率基准。

债券收益率与基础利率之间的利差反映了投资者投资于非国债的债券时面临的额外风险，因此也称为风险溢价。可能影响风险溢价的因素包括：

第一，发行人种类。不同种类的发行人代表了不同的风险与收益率，他们以不同的能力履行契约所规定的义务。例如，实业公司、金融机构、外国公司等不同的发行人发行的债券与基础利率之间存在一定的利差，这种利差有时也称为市场板块内利差。

第二，发行人的信用度。债券发行人自身的违约风险是影响债券收益率的重要因素。如果国债与非国债在除品质外其他方面均相同，则两者间的收益率差额有时也被称为品质利差或信用利差，反映了国债发行条款与其他债券发行条款之间的差异。债券发行人的信用度越低，投资者所要求的收益率越高；反之则较低。

第三，提前赎回等其他条款。如果债券发行条款中赋予发行人或投资者针对对方采取某种行动的期权，这一条款将影响投资者的收益率以及债券发行人的筹资成本。一般来说，如果条款对债券发行人有利，比如，提前赎回条款，则投资者将要求相对于同类国债来说较高的利差；反之，如果条款对债券投资者有利，比如，提前退回期权和可转换期权，则投资者可能要求一个小的利差，甚至在某些特定条款下，企业债券的票面利率可能低于相同期限的国债利率。

第四，税收负担。债券投资者的税收状况也将影响其税后收益率，其中包括所得税以及资本利得税两个方面。不同的债券条款对于不同投资者来说意味着不同的税后收益率。例如，零息债券没有利息支付，其面值与发行价格之间的资本利得需要缴纳资本利得税，而与投资者所处的所得税税收等级无关；国债利息一般不需要支付所得税。

第五，债券的预期流动性。一般来说，债券流动性越大，投资者要求的收益率越低；反之，则要求的收益率越高。

第六，到期期限。由于债券价格的波动性与其到期期限的长短相关，期限越长，市场利率变动时其价格波动幅度也越大，债券的利率风险也越大。因此，到期期限对债券收益率也将产生显著影响，投资者一般会对长期债券要求更高的收益率。

怎么算债券收益率

人们投资债券时，最关心的就是债券收益有多少。对于附有票面利率的债券，如果投资人从发行时就买入并持有到期，那么票面利率就是该投资者的收益。

很多债券投资者所希望持有的债券拥有变现功能，这样持有人不仅可以获取债券的利息，还可以通过买卖赚取价差。在这种情况下，票面利率就不能精确衡量债券的收益状况。人们一般使用债券收益率这个指标来衡量债券的投资收益。债券收益率是债券收益与其投入本金的比率，通常用年率表示。决定债券收益率的主要因素有债券的票面利率、期限、面值和购买价格。

通常我们可以通过媒体和交易所的网站查询某只债券在以当天的收盘价计算的到期收益率，它的计算公式较复杂，除了考虑到本金投资的因素外，还充分考虑到获得利息进行再投资的因素。人们往往将其称为复利收益率，对于大资金运作的专业机构，用这种收益率计算方式较为科学。但对于中小投资者而言，由于各方面条件的限制，运用复利收益率在操作上有一定的难度，下面介绍一种简单的债券收益率计算公式：

债券收益率＝(到期本息和－发行价格)/(发行价格×偿还期限)×100％。

通过这个公式，我们便很容易计算出债券的收益率，从而指导我们的债券投资决策。

必须要了解的"国库券"

国库券这个名词对于很多人来说已经不是熟悉的概念，但不少比较保守的理财人群对这个名词还深有印象，十几年前，"国库券"可是最流行的投资产品之一。不过，后来随着金融改革，"国库券"退出了人们的视野。

我们口中的"国库券"其实是国债的一种形式，直到1981年我国恢复发行国债后，才又一度掀起购买国债的浪潮。人们之所以这样欣赏它，主要是因为它的低风险，以及确定期限，持有人可以到期收回本金和利息。这在那个追求安稳的年代，无疑是投资的上好选择。时代发展到今天，国债还是有它独特的魅力，依旧受人追捧。

国债又称政府公债，是政府举债的债务，具体指政府在国内外发行债券或向外国政府和银行借款所形成的国家债务，中央政府向投资者出具的、承诺在一定时期支付利息和到期偿还本金的债权债务凭证。

它是国家信用的主要形式，在国家资金紧张或者需要进行经济上的宏观调控时，都会发行国债。例如，在通货膨胀的时候，政府为了减少流通中的货币，就可能采取财政上的措施，发行大量的国债。由于国债有国家财政信誉做担保，信誉度非常高，历来有"金边债券"之称，为稳健型投资者所喜爱。

目前，我国个人投资者可购买的国债共分两大类：一类为可上市国债，包括无记名国债和记账式国债两种；另一类为不可上市国债，主要是凭证式国债。

记账式国债又称无纸化国债，通过交易所交易系统以记账的方式办理发行。投资者购买记账式国债必须在交易所开立证券账户或国债专用账户，并委托证券机构代理进行。因此，投资者必须拥有证券交易所的证券账户，并在证券经营机构开立资金账户才能购买记账式国债。和凭证式国债不同，记账式国债可上市转让，价格随行就市，有获取较大利益的可能，也伴随有相当的风险，期限有长有短。

凭证式国债类似储蓄又优于储蓄，通常被称为"储蓄式国债"，是以储蓄为目的的个人投资者理想的投资方式。凭证式国债并非实物券，各大银行网点和邮政储蓄网点均可购买，由发行点填制凭证式国债收款凭单，内容包括购买日期、购买人姓名、购买券种、购买金额、身份证号码等。凭证式证券不能上市交易、随意转让，但变现灵活，提前兑现时按持有期限长短取相应档次利率计息，各档次利率均高于或等于银行同期存款利率，没有定期储蓄存款提前支取只能按活期计息的风险，价格（本金和利息）不随市场利率而波动。

凭证式国债和记账式国债特点各异，投资者可结合自身情况进行取舍。但有业内专家指出，后者实际上比前者收益更高。

首先，从利率（收益率）来看，凭证式国债虽然比银行利率高，但却比记账式国债低。其次，从兑取成本来看，假定记账式国债在交易所流通的手续费与凭证式提前兑取的手续费同为2％，但记账式国债可以按市价在其营业时间内随时买卖，而凭证式国债持有时间不满半年不计利息，持有1年以后按1年为一个时段计付利息，投资者如提前兑取，须承担未计入持有时间的利息损失。

此外，还有无记名国债。无记名国债为实物国债，是我国发行历史最长的一种国债。投资者可在各银行储蓄网点、财政部门国债服务部以及承销券商的柜台购买，缴款后可直接得到由财政部发出的实物券或由承销机构开出的国债代保管单。有交易所账户的投资者也可以委托证券经营机构在证券交易所内购买。无记名国债从发行之日起开始计息，不记名也不挂失，一般可上市流通。

了解了以上几种国债，投资者可以按照自己的偏好和风险承受度来选择适合自己的国债品种。

购买国债也并非如人们想象的那样只赚不赔，如果操作不当，不仅不能获利，而且还可能带来一定的经济损失。假设一投资者5月1日购买当年二期凭证式国债，他选择3年期共购进10000元。半年后，因急需用钱，该投资者持券到原购买点要求提前兑付。根据有关规定，应按年利率0.81％计算，可得利息41元，再扣除按2％计收的手续费20元，实际回报21元。与同期银行储蓄相比，他实际少收入28.5元。凭证式国债持有期越短，相对"损失"就越大。仍以上述投资者为例，假设他于6月1日购买，一个月后提前兑付，根据有关规定，购买期限不满半年不予计息，而且仍应向银行支付手续费20元，与同期银行储蓄存款相比较，投资者实际损失已近30元。就凭证式国债而言，投资期限在一年以内的，都不如选择同期银行储蓄存款。

必须要了解的企业债券

企业债券，通常又称为公司债券，代表着发债企业和投资者（债券持有人）之间的一种债权债务关系，是公司依照法定程序发行，约定在一定期限还本付息的有价证券。

企业债券与股票一样，都是证券，可依法自由转让。企业债券持有人是企业的债权人，不是所有者，无权参与或干涉企业经营管理，但有权按期收回本息。企业债券由于与国债相比具有更大的信用风险，因而本着风险与收益相符的原则，其利率通常也高于国债。但我国在交易所上市的公司债券基本是 AAA 级，相当于中央企业级债券，信用高，风险低。

企业债券于国债相比，具有较大的风险，因此企业债券的收益率通常也高于国债。企业债券风险与企业本身的经营状况直接相关。如果企业发行债券后，经营状况不好，连续出现亏损，可能无力支付投资者本息，投资者就面临着受损失的风险。所以，在企业发行债券时，一般要对发债企业进行严格的资格审查或要求发行企业有财产抵押，以保护投资者利益。另一方面，在一定限度内，证券市场上的风险与企业债券收益成正相关关系，高风险伴随着高收益。

国务院 1993 年颁布的《企业债券管理条例》规定，企业债券是指在中国境内具有法人资格的企业发行的债券。

中国发行企业债券始于 1983 年，主要有地方企业债券、重点企业债券、附息票企业债券、利随本清的存单式企业债券、产品配额企业债券和企业短期融资券等。地方企业债券，是由中国全民所有制工商企业发行的债券；重点企业债券，是由电力、冶金、有色金属、石油、化工等部门的国家重点企业向企业、事业单位发行的债券；附息票企业债券，是附有息票，期限为 5 年左右的中期债券；利随本清的存单式企业债券，是平价发行，期限为 1～5 年，到期一次还本付息的债券，各地企业发行的大多为这种债券；产品配额企业债券，是由发行企业以本企业产品等价支付利息，到期偿还本金的债券；企业短期融资券，是期限为 3～9 个月的短期债券，面向社会发行，以缓和企业流动资金短缺的情况，企业债券发行后可以转让。

根据中国的实际情况，参与企业债券运作的中介机构主要应有信用评级机构、证券公司、会计师事务所、律师事务所。企业债券作为一种信用工具，能否发得出去，到期能否及时兑付，关键在于发行人的信用级别的高低，投资者判断某种企业债券是否具有投资价值，信用评级公司做出的评级结果是其最重要的依据。

国际上著名信用评级公司——标准普尔评级公司和穆迪投资服务公司的每一项评级结果都直接影响了国际资本市场的投资决策。作为会计师事务所，在企业债券发行过程中的重要作用是核查审计发行人的财务状况，让投资者对发行人的财务状况有一个全面的认识。律师事务所的作用是不言而喻的，企业债券发行章程作为一种契约，是一种法律文件，其是否合法，需要由律师把关。投资银行作为企业债券的承销机构，其主要工作任务是将企业债券发行出去，并且代理发行人兑付企业债券本息。

企业债券的种类很丰富，有很多不同的分类标准，由此可以分出很多不同的种类，最常见的分类标准有以下几种：

1. 按期限划分

企业债券根据期限分为短期企业债券、中期企业债券和长期企业债券。根据企业债券的期限划分，短期企业债券期限在 1 年以内，中期企业债券期限在 1 年以上 5 年以内，长期企业债券期限在 5 年以上。

2. 按债券有无担保划分

企业债券可分为信用债券和担保债券。信用债券指仅凭筹资人的信用发行的、没有担保的债券，信用债券只适用于信用等级高的债券发行人。担保债券是指以抵押、质押、保证等方式发行的债券，其中，抵押债券是指以不动产作为担保品所发行的证券，质押债券是指以其有价证券作为担保所发行的债券，保证债券是指由第三者担保偿还本息的债券。

3. 按是否记名划分

企业债券按是否记名可分为记名企业债券和不记名企业债券。如果企业债券上登记有债券持有人的姓名，投资者投资和领取利息时要凭印章或其他有效的身份证明，转让时要在债券上签名，同时还要到发行公司登记，那么，它就称为记名企业债券，反之称为不记名企业债券。

4. 按债券票面利率是否变动划分

企业债券按票面利率是否变动可分为固定利率债券、浮动利率债券和累进利率债券。固定利率债券是指在偿还期内利率固定不变的债券；浮动利率债券是指票面利率随市场利率定期变动的债券；累进利率债券是指随着债券期限的增加，利率累加的债券。

5. 按债券可否提前赎回划分

企业债券按是否可以提前赎回可分为可提前赎回债券和不可提前赎回债券。如果企业在债券到期前有权定期或随时购回全部或部分债券，这种债券就称为可提前赎回企业债券，反之则是不可提前赎回企业债券。

6. 按发行人是否给予投资者选择权划分

企业债券按发行人是否给予投资者选择权可分为附有选择权的企业债券和不附有选择权的企业债券。附有选择权的企业债券，指债券发行人给予债券持有人一定的选择权，如可转换公司债券、有认股权证的企业债券、可返还企业债券等。可转换公司债券的持有者，能够在一定时间内按照规定的价格将债券转换成企业发行的股票；有认股权证的债券持有者，可凭认股权证购买所约定的公司的股票；可退还的企业债券，在规定的期限内可以退还。反之，债券持有人没有上述选择权的债券，即是不附有选择权的企业债券。

7. 按发行方式划分

企业债券按发行方式可分为公募债券和私募债券。公募债券是指按证券主管部门批准公开向社会投资者发行的债券；私募债券是指向特定的少数对象发行的债券，发行手续简单，一般不能公开上市交易。

如何办理债券开户

债券交易既有场内交易又有场外交易。场外交易没有一个专门的账户，只需要在交易的时候填写申请书和委托单就可以了。所以一般投资者所说的开户都是指场内交易的开户。

场内交易也叫交易所交易，证券交易所是市场的核心，在证券交易所内部，其交易程序都要经证券交易所立法规定，其具体步骤明确而严格。

债券投资者要进入证券交易所参与债券交易，首先必须选择一家可靠的证券经纪公司，并在该公司办理开户手续。那么，普通投资者该如何办理场内交易的开户手续呢？

1. 订立开户合同

开户合同应包括如下事项：委托人的真实姓名、住址、年龄、职业、身份证号码等；委托人与证券公司之间的权利和义务，并同时认可证券交易所营业细则和相关规定及经纪人商业同业会的规章作为开户合同的有效组成部分；确立开户合同的有效期限，以及延长合同期限的条件和程序。

2. 开立账户

上海证券交易所规定，投资者开立的现金账户，其中的资金要首先交存证券商，然后由证券商转存银行，其利息收入将自动转入该账户；投资者开立的证券账户，则由证券商免费代为保管。

在投资者与证券公司订立开户合同后，就可以开立账户，为自己从事债券交易做准备。在我国上海证券交易所允许开设的账户有现金账户和证券账户。现金账户只能用来买进债券并通过该账户支付买进债券的价款；证券账户只能用来交割债券。因投资者既要进行债券的买进业务又要进行债券的卖出业务，故一般都要同时开立现金账户和证券账户。

以上是进行场内交易时的开户程序。那么，如果进行场外交易又该如何开户呢？它跟场内交易有什么不同呢？

场外债券交易就是证券交易所以外的证券公司柜台进行的债券交易，包括自营买卖和代理买卖两种交易方式。首先为大家介绍一下自营买卖债券的程序。场外自营买卖债券就是由投资者个人作为债券买卖的一方，其交易价格由证券公司自己挂牌。自营买卖程序十分简单，具体包括：

（1）买入、卖出者根据证券公司的挂牌价格，填写申请单。申请单上载明债券的种类，提出买入或卖出的数量。

（2）证券公司按照买入、卖出者申请的券种和数量，根据挂牌价格开出成交单。

成交单的内容包括交易日期、成交债券名称、单价、数量、总金额、票面金额，客户的姓名、地址，证券公司的名称、地址，经办人姓名、业务公章等，必要时还要登记卖出者的身份证号。

（3）证券公司按照成交单，向客户交付债券或现金，完成交易。

场外代理买卖就是投资者个人委托证券公司代其买卖债券，证券公司仅作为中介而不参与买卖业务，其交易价格由委托买卖双方分别挂牌，达成一致后形成。场外代理买卖的程序包括：

（1）委托人填写委托书。内容包括委托人的姓名和地址、委托买卖债券的种类数量和价格、委托日期和期限等。委托卖方要交验身份证。

（2）委托人将填好的委托书交给委托的证券公司。其中买方要交纳买债券的金额保证金，卖方则要交出拟卖出的债券，证券公司为其开临时收据。

（3）证券公司根据委托人的买入或卖出委托书上的基本要素，分别为买卖双方挂牌。

（4）如果买方、卖方均为一人，则通过双方讨价还价，促使债券成交；如果买方、卖方为多人，则根据"价格优先，时间优先"的原则顺序办理交易。

（5）债券成交后，证券公司填写具体的成交单。内容包括成交日期、买卖双方的姓名、地址及交易机构名称、经办人姓名、业务公章等。

（6）买卖双方接到成交单后，分别交出价款和债券。证券公司收回临时收据，扣收代理手续费，办理清算交割手续，完成交易过程。

如何办理交易委托

投资者在证券公司开立账户以后，要想真正上市交易，还必须与证券公司办理证券交易委托关系，这是一般投资者进入证券交易所的必经程序，也是债券交易的必经程序。

委托交易可以有柜台委托和非柜台委托两种。柜台委托需要先填写买进或者卖出委托书，券商确认后输单至交易所综合系统，然后等待成交回报；非柜台委托包括通过电话委托、通过触摸屏委托和通过互联网委托这三种方式，它们的操作都可以根据语音或者文字的提示进行委托或者查询有关信息。

下面详细介绍一下柜台委托的方式。

要采用柜台委托方式必须先确立投资者与证券公司之间的委托关系，这就需要投资者向证券公司发出"委托"。投资者发出委托必须与证券公司的办事机构联系，证券公司接到委托后，就会按照投资者的委托指令，填写"委托单"，将投资交易债券的种类、数量、价格、开户类型、交割方式等一一载明，而且"委托单"必须及时送达证券公司在交易所中的驻场人员，由驻场人员负责执行委托。投资者办理委托可以采取当面委托或电话委托两种方式。

根据债券的具体交易，其委托的种类有：买进委托和卖出委托，当日委托和多日委托，随行就市委托和限价委托，停止损失委托和授权委托，停止损失限价委托、立即撤销委托、撤销委托，整数委托和零数委托。

其中限价委托是指在债券的交易中，投资者对委托券商买卖的债券在价格上附加有限定条件。对于申买委托，其成交价格不得高过客户的报价。而对于申卖委托，其成交价就不能低于股民的报价。券商只需依据客户的意愿如实地将其委托数据报与证券交易所的交易系统即可，其根本就没有必要对客户的委托价格予以更改，除非是在报单的过程中出现失误。

随行就市委托是指客户对委托券商成交的债券价格没有限制条件，只要求立即按当前的市价成交即可。在我国的上海与深圳证券交易所，其交易系统内其实并没有设置随行就市委托程序，且深圳证券交易所正推广无形席位，许多券商并没有出市代表，故深圳股市根本就没有随行就市委托。而上海证券交易所的随行就市委托都是券商接受了客户的随行就市委托后，其场内的出市代表根据债券的交易情况替客户决定一个价格，然后将其输入电脑，使其成交。

债券在交易时必须要经过委托这一程序，没有投资者直接买卖的做法。

债券的清算和交割

债券交易成立以后就必须进行券款的交付，这就是债券的清算和交割程序。

债券的清算是指对同一证券公司在同一交割日对同一种国债券的买和卖相互抵消，确定出应当交割的债券数量和应当交割的价款数额，然后按照"净额交收"原则办理债券和价款的交割。一般在交易所当日闭市时，其清算机构便依据当日"场内成交单"所记载的各证券商的买进和卖出某种债券的数量和价格，计算出各证券商应收应付价款相抵后的净额及各种债券相抵后的净额，编制成当日的"清算交割表"，各证券商核对后再编制该证券商当日的"交割清单"，并在规定的交割日办理交割手续。

债券的交割就是将债券由卖方交给买方，将价款由买方交给卖方。在证券交易所交易的债券，按照交割日期的不同，可分为当日交割、普通日交割和约定日交割三种。如上海证券交易所规定，当日交割是在买卖成交当天办理券款交割手续；普通交割日是买卖成交后的第四个营业日办理券款交割手续；约定交割日是买卖成交后的15日内，买卖双方约定某一日进行券款交割。

债券清算、交割业务主要遵循净额交收原则和钱货两清原则这两条原则，如果从时间发生及运作的次序来看，先清算后交割，清算是交割的基础和保证，交割是清算的后续与完成。如果从内容上看，清算与交割都分为证券与价款两项。如果从处理方式来看，证券经营机构都是以交易所或清算机构（如结算公司）为对手办理清算与交割，即结算公司作为所有买方的卖方和所有卖方的买方，与之进行清算交割。

下面将更详细地为大家讲讲清算和交割的区别：

（1）清算和交割最根本的区别在于清算是对应收应付证券及价款的轧抵计算，其结果是确定应收应付净额，而并不发生财产实际转移；交割是对应收应付净额（包括证券与价款）的交收，发生财产实际转移（虽然有时不是实物形式）。

（2）从处理单位来看，清算一般以同一清算期内证券经营机构的每一个交易席位作为一个清算单位，即每个营业日对证券经营机构的每一个交易席位做一次清算；如果该证券经营机构拥有多个席位，则由证券经营机构再将相应席位清算数据汇总后同结算公司集中办理交割事宜。

如何办理债券过户

债券成交并办理了交割手续后，最后一道程序是完成债券的过户。过户是指将债券的所有权从一个所有者名下转移到另一个所有者名下。

按规定，一般情况下各类债券的交易流通终止日为债券兑付日前的第三个工作日。从一只债券的交易流通终止日日初开始，该债券就停止在银行间债券市场交易流通，投资者不能对该债券进行报价交易。而由于银行间债券市场债券现券交易存在 T+1 的结算日，也就是说在债券交易流通终止日当天债券还可以办理过户，因此一只债券的截止过户日与其交易流通终止日是同一天，该日日终后中央结算公司簿记系统不再办理该债券的结算业务。

在全国银行间债券市场中发行的可流通债券应按照中国人民银行规定的时间开始和终止交易流通，全国同业拆借中心相应停止办理债券的报价交易，中央结算公司相应停止办理债券的过户。某只债券的交易流通起始日和终止日可从中央结算公司编制的债券交易流通要素公告中获知，该公告在债券开始交易流通之前会在中国债券信息网和中国货币网对市场公布。

在进行银行柜台记账式国债交易的时候，还可以进行非交易过户的操作，非交易过户需到原债券开户网点或指定网点办理。办理转让手续时，出让方应向中央结算公司提交书面的加盖预留印鉴的公司债券过户指令书，同时提供双方签署的公司债券转让协议复印件一份。非交易过户的份额必须是可用份额，当天过户的债券即可交易。个人客户和机构客户间不得进行非交易过户。

那么，该如何进行债券的过户操作呢？具体操作程序如下：

（1）债券原所有人在完成清算交割后，应领取并填写过户通知书，加盖印章后随同债券一起送到证券公司的过户机构。

（2）债券新的持有者在完成清算交割后，向证券公司索要印章卡，加盖印章后送到证券公司的过户机构。

（3）证券公司的过户机构收到过户通知书、债券及印章卡后，加以审查，若手续齐备，则注销原债券持有者的证券账户上相同数量的该种债券，同时在其现金账户上增加与该笔交易价款相等的金额。对于债券的买方，则在其现金账户上减少价款，同时在其证券账户上增加相应债券的数量。

怎样进行国债交易

与股票不同，国债的波动总会在一个合理区域内，因此能够赚取的差价收益远小于股票，但风险也要小得多。国债虽然风险较小，收益较稳定，但投资者购买国债也要讲究一定的策略。

虽然记账式国债与凭证式国债均有固定的利息收入，但是价格在波动，这就意味着如果低买高卖，就能赚取差价。

由于国债对利率较为敏感，买入的时机不一定选择在发行时，投资者完全可以等到国债出现大幅下跌之后再考虑买入。由于其面值为100元，利息是固定的，因此一旦价格跌破100元，相应的实际收益就会提高。例如，2003年发行的7期国债，发行面值100元，票面年利率2.66%，但由于此后交易价格仅为89.1元，因此实际年利率达到了4.73%。

在国债市场要成功做到低买高卖，就一定需要重点考虑同期限品种的实际收益率。比如，如果市场7年期的实际利率均在3%，而目前有一只7年期国债的实际收益率却达到了5%，由于其实际收益率高，在选择同样品种时，投资者应买入5%的7年期国债。由于买的人多，而卖的人少，其实际收益率就会逐步向3%靠近，价格就会出现上涨，如果以此做差价，就能在短时间获得2%的收入。

另外，对国债影响较大的是利率，如果市场对于银行利率的增加反应较为强烈，则国债价格将下跌，风险最大的是长期债；反之，利率如果有下降，长期债会受到追捧。

1. 记账式国债的申购和兑取流程

（1）记账式国债的申购

如果投资者进行记账式债券的买卖，就必须在证券交易所设立账户。记账式国债具有成本低、收益好、安全性好、流通性强的特点。记账式国债是现在很常见的一种债券类型，它和实物形态的票券相对，没有实物形式而是在电脑账户中记录。在我国，上海证券交易所和深圳证券交易所已为证券投资者建立电脑证券账户，因此可以利用证券交易所的系统来发行债券。我国近年来通过沪、深交易所的交易系统发行和交易的记账式国债就是这方面的实例。

记账式国债通过证券公司进行申购和交易，因此需要开立交易账户，已有股东账户的不用另外开立。由于国债主要在上海市场交易，因此不必开设深圳股东账户。开户费用为 40 元，办理时间为工作日的上午 9：30～11：30，下午 1：00～3：00。开户后第二天办理完指定交易后即可申购新债或买卖已上市国债。

交易流程：通过柜台委托或者电话委托进行。

首先，输入股东账户号码和交易密码；其次，输入需要买卖的国债代码；然后，输入委托的价格和数量。

（2）记账式国债的兑取

记账式国债一般分为在交易场所发行、商业银行柜台、银行间债券市场及三个市场同时发行这几种方式。其中，前两种发行，散户投资者都可以购买，而银行间债券市场的发行多是针对机构投资者。个人投资者不是所有品种都可以购买。已经开立账户的客户只需要携带本人身份证、账户卡和存折到代理销售的证券营业部或银行柜台，填写预约认购单，开立保证金账户，转入认购资金，就可以办理。在交易所买卖不收取印花税等费用。

记账式国债的兑取，与无记名实物券和凭证式证券有很大不同。记账式国债的兑取通过证券账户、基金账户、国债专用账户办理。

记账式国债到期兑付时，交易场所于到期交易前停止挂牌交易，将到期的本息直接划到投资者账户中。

2. 凭证式国债如何兑取

（1）到期兑取

投资者持发行期内购买的凭证式国债，到期后到原购买点兑取。所有投资者应留意凭证式国债的购买日期。凭证式国债没有规定到期日的，投资者在发行期内的购买日期即为到期日期，从购买日起按债券期限对月对日计算，投资者可以在从到期日起的兑付期内到原购买点办理兑付。

到期时利息按规定利率计算，逾期不加计利息。投资者持发行期结束后购买的凭证式国债到期兑取时，可在兑取期内到原购买点办理。利息按实际持有天数和相应档次利率计算。利息最长计算到兑付期的最后一日。如果投资者在兑付期内没有办理兑取事宜，可以在原购买点问清延期兑付地点和办法等，一般延期需要支付少量手续费。

（2）提前兑取

投资者如果在购买了凭证式国债后需兑现，可以随时到原购买点提前全额兑取。不能部分提前兑取，但提前兑取除偿还本金外，利息按实际持有天数和相应的利率档次分档计息。投资者要求提前兑取，可以持"凭证式国债收款凭单"和证明本人身份的有效证件办理兑付手续。

凭证式国债到期或提前兑取的手续与银行定期储蓄存款兑取类似，只是在计算利息时有差别。

买卖国债的技巧

国债，因收益率较高、风险小而引起很多投资者的注意。通过买卖国债的技巧，投资者可以得到较高收益。

对投资者而言，需要掌握买卖国债的技巧以最大化投资收益：

1. 比较一二级市场收益率

买国债时，首先要看它的收益率。收益率＝（出售价－购买价）/时间。如在一级市场上购买国债后持有到期，兑付时的收益率，就是票面利率。在一级市场买国债，有人认为收益率一定比二级市场的收益率高，其实未必。

目前，我国利率体系主要是以计划利率为主，国债的发行虽然有一部分是采取招标的方式发行，票面利率与市场利率比较吻合，但仍然有一部分国债是由政府直接确定利率来发行的。这样难免会导致国债发行利率与市场利率不一致，要么偏高，如1992年发行时出现热销；要么偏低，如1997年发行的无记名国债，票面利率为9.18％（3年期），而当时二级市场上的收益率在10％以上，这期国债一上市就跌破了面值，这样在一级市场上购买还不如在二级市场上购买。因此，进行国债投资时要比较一二级市场不同国债品种的收益率，选择收益率较高的品种投资，不要只盯住一级市场。

记账式国债的二级市场价格波动也有规律，往往在证交所上市初期或出现溢价或贴水。稳健型投资者只要避开这个时段购买，就能规避国债成交价格波动带来的风险。对偏爱国债的投资者，电子式储蓄国债的问世，将开辟新的理财方式。

一般而言，储蓄国债的期限较长，并设置多个持有期限档次。例如，投资者可在持有满3年、5年、7年后选择兑付与持有。金融专家认为，与凭证式国债不能交易流通，也不能提前兑付，需要资金时只能抵押融资相比，储蓄国债更多地考虑了投资者的流动性需求。

2. 根据自己需求选择券种

目前，我国发行的国债种类很多，有记账式、凭证式、无记名式；从期限上看有长期（10年期、7年期）、中期（5年期、3年期、1年期）、短期（半年、3个月）等，投资者可以根据自己的资金使用情况合理选择券种。

如果长期投资国债，并只想持有到期兑付，应选择不可上市的凭证式国债，或其他可上市的较长期国债；如果是短期性，则可投资上市的国债，在需要时，可方便地买入或卖出兑现，并获取一定的收益。

投资国债品种要有不同的期限搭配，因为期限不同的国债利率水平也不同，在经济发展的不同时期，利率水平也会有所变化，这样可以避免资金集中在少数券种上，一旦利率上升时，所持有国债的收益就会显得相对较低。

3. 分析预测利率走势

国债是以国家信用为基础，投资国债具有很高的安全性。但是，在二级市场买卖国债就具有投资风险了。也就是说，当投资者购买（或卖出）国债以后，市场利率上扬（或下跌），国债价格必然下跌（或上涨），投资者将会蒙受损失（或赢利）。投资者投资此类国债，应留意经济发展大势，并对今后的利率走势做出预测。

当经济发展比较稳定，宏观经济调控成效明显，通货膨胀率持续稳定在低水平时，政府为刺激投资和消费，支持经济发展，会调低利率。当市场利率将走低的情况下，国债价格可能会上扬，这时，应该从二级市场上买入国债。当经济高速发展，通货膨胀居高不下，投资需求和消费需求过热时，政府为抑制过度投资和消费，防止产生"泡沫经济"，往往会提高利率，国债价格将会下跌，这时，应该在二级市场中卖出国债。

国债的投资策略

投资策略可以分为消极型投资策略和积极型投资策略两种。国债投资也可分为这两种投资策略，积极型投资者一般愿意花费时间和精力管理他们的投资，通常他们的投资收益率较高；而消极型投资者一般只愿花很少的时间和精力管理他们的投资，通常他们的投资收益率也相应较低。

每位投资者可以根据自己资金来源和用途选择适合自己的投资策略。具体在决定投资策略时，投资者应该考虑自身整体资产与负债的状况以及未来现金流的状况，从而达到收益性、安全性与流动性的最佳结合。

必须明确一点，决定投资者类型的关键并不是投资金额的大小，而是他们愿意花费多少时间和精力来管理自己的投资。大多数投资者一般都是消极型投资者，因为他们都缺少时间和缺乏必要的投资知识。

1. 消极型投资策略

消极型投资策略也常常被称作保守型投资策略。消极型投资策略是一种不依赖于市场变化而保持固定收益的投资方法，其目的在于获得稳定的债券利息收入和到期安全收回本金。在这里介绍最简单的消极型国债投资策略——购买持有法。

购买持有是最简单的国债投资策略，其步骤是：在对债券市场上所有的债券进行分析之后，根据自己的爱好和需要买进能够满足自己要求的债券，并一直持有到到期兑付日。在持有期间并不进行任何买卖活动。

这种投资策略虽然十分粗略简单，但却有其自身的好处。

（1）这种投资策略所带来的收益是固定的，在投资决策的时候就完全清楚，不受市场行情变化的影响。它可以完全规避价格风险，保证获得一定的收益率。

（2）如果持有的债券收益率较高，同时市场利率没有很大的变动或者逐渐降低，那么这种投资策略也可以取得相当满意的投资效果。

（3）这种投资策略的交易成本很低。由于中间没有任何买进卖出行为，因而手续费很低，从而也有利于提高收益率。所以，该种购买持有的投资策略比较适用于市场规模较小、流动性比较差的国债，并且更适用于不熟悉市场或者不善于使用各种投资技巧的投资者。

具体在实行这种投资策略时，投资者应注意以下两个方面：

首先，根据投资者资金的使用状况来选择适当期限的债券。一般情况下，期限越长的债券，其收益率也往往越高。但是期限越长，对投资资金锁定的要求也就越高，因此最好是根据投资者的可投资资金的年限来选择债券，使国债的到期日与投资者需要资金的日期相近。

其次，投资者投资债券的金额也必须由可投资资金的数量来决定。一般在购买持有策略下，投资者不应该利用借入资金来购买债券，也不应该保留剩余资金，而是最好将所有准备投资的资金投资于债券，这样就能保证获得最大数额的固定收益。

但是购买持有这种投资策略也有其不足之处。

首先，从本质上看，这是一种比较消极的投资策略。在投资者购进债券后，毫不关心市场行情的变化，漠视市场上出现的投资机会，因而往往会丧失提高收益率的机会。

其次，虽然投资者可以获得固定的收益率，但是这种被锁定的收益率只是名义上的，如果发生通货膨胀，那么投资者的实际投资收益率就会发生变化，从而使这种投资策略的价值大大下降。特别是在通货膨胀比较严重的时候，这种投资策略可能会带来比较大的损失。在通货膨胀率比较高的市场环境下，不太适宜采用该投资策略。

最后，最常见的情况是，由于市场利率的上升，使得购买持有这种投资策略的收益率相对较低。由于不能及时卖出低收益率的债券转而购买高收益率的债券，因此在市场利率上升时，这种策略会带来损失。采用这种方式投资债券，投资者一般能得到原先约定的收益率，总体来说风险是比较小的。

2. 积极型投资策略

市场利率将直接决定债券的投资收益率。在预测了市场利率变化的方向和幅度之后，投资者可以据此对其持有的债券进行重新组合，以寻求更激进的投资策略。

在市场利率上升时，债券投资的要求收益率也会相应上升；在市场利率下降时，债券的要求收益率也会相应下降。一般在计算债券价格时，我们就直接简单地将市场利率作为贴现率，对债券的未来现金流进行贴现。因此可以通过对市场利率变化和债券价格变化之间的关系做出准确的判断，据此来调整持有的债券。调整组合的目的是在对既定的利率变化方向及其幅度做出预期后，使持有的债券收益率最大化。

由于市场利率与债券的市场价格呈反向变动关系，因此在市场利率上升时，债券的市场价格会下降；而在市场利率下降时，债券的市场价格会上升，因而前者的正确调整策略是卖出所持有的债券，而后者的正确调整策略是买入债券。

但是问题在于债券的种类有很多，它们的期限、票面利率都是各不相同的，那么到底应该选择哪种类型的债券呢？下面两个策略将告诉我们如何选择不同类型（不同期限、不同票面利率）的债券。

（1）债券的期限同债券价格变化之间的关系是有规律可循的。无论债券的票面利率的差别有多大，在市场利率变化相同的情况下，期限越长的债券，其价格变化幅度越大。因此在预测市场利率下降时，应尽量持有能使价格上升幅度最大的债券，即期限比较长的债券。也就是说，当预测市场利率将下跌时，应尽量把手中的期限较短的债券转换成期限较长的债券。因为在利率下降相同幅度的情况下，这些债券的价格上升幅度较大。相反，在预测市场利率上升时，若投资者仍想持有债券，则应该持有期限较短的债券。因为在利率上升相同幅度的情况下，这些债券的价格下降幅度较小，因而风险较小。实际上就是运用了前面讲到的久期原理。

（2）债券的票面利率同债券的价格变化之间也是有规律可循的。在市场利率变化相同的情况下，票面利率较低的债券所发生的价格变化幅度（价格变化百分比）会比较大；因此在预测利率下跌时，在债券期限相同的情况下，应尽量持有票面利率低的债券，因为这些债券的价格上升幅度（百分比）会比较大。但是这一规律不适用于周年期的债券。

我们可以得到有关债券调整以采取积极型投资策略的方法：在判断市场利率将下跌时，应尽量持有能使价格上升幅度最大的债券，即期限比较长、票面利率比较低的债券。也就是说，在预测市场利率将下跌时，应尽量把手中的短期、高票面利率国债转换成期限较长的、低息票利率的债券。因为在利率下降相同幅度的情况下，这些债券的价格上升幅度较大。反之，若预测市场利率将上升，则应尽量减少低息票利率、长期限的债券，转而投资高息票利率、短期限的债券。因为这些债券的利息收入高、期限短，因而能够很快地变现，再购买高利率的新发行债券，同时这些债券的价格下降幅度也相对较小。

需指出的是，利率预测法作为一种积极的国债投资方法，虽然能够获得比较高的收益率，但是这种投资方法具有很大风险。一旦利率向相反的方向变动，投资者就可能遭受比较大的损失，因此只对那些熟悉市场行情、具有丰富操作经验的人才适用。初学的投资者不适宜采用此种投资方法。

企业债券的投资策略

公司债券更适合做长线投资，不适合做短线投机炒作。对于公司债券这一新生品种而言，除了年期、票面利率等方面需要关注外，还要关注公司的到期偿付能力。由于目前各地公司的公司债细节方案尚未出台，票面年利率无法比较，所以目前主要应该关注发债公司不同的资产水平。

一般来讲，发债公司的主营业务利润率和净资产收益率均明显高于行业平均水平，拥有较强融资能力等要素成为公司债到期能否偿付的关键。

个人要投资公司债，首先要在证券营业网点开设一个证券账户，等公司债正式发行的时候，就可以像买卖股票那样买卖公司债，只是交易最低限额是 1000 元。从长江电力公司债的试点发行情况看，采用的是"网上发行和网下发行"相结合的方式。网上发行是将一定比例的公司债券，按确定的发行价格和利率，通过上交所竞价交易系统面向社会公众投资者公开发行。认购资金必须在认购前足额存入证券账户。

个人投资者参与公司债投资主要分为直接投资和间接投资两类。而直接投资又分为两种方式：一是参与公司债一级市场申购；二是参与公司债二级市场投资。间接投资就是投资者买入银行、券商、基金等机构的相关理财产品，然后通过这些机构参与公司债的网下申购。

就二级市场交易而言，个人投资者只能在竞价交易系统中进行公司债买卖。每个交易日 9 时 15 分至 9 时 25 分为竞价系统开盘集合竞价时间，9 时 30 分至 11 时 30 分、13 时至 15 时为连续竞价时间。公司债券当日买入当日卖出，即实行 T＋0 交易制度。

投资公司债券的时候，一级市场申购不收取佣金、过户费、印花税等费用，但二级市场交易需支付成交金额 1％的费用。

企业债券目前为个人投资者或交易型机构所热衷购买，因为此类债券没有银行担保，保险、基金等主要多数风险厌恶型机构持回避态度，所以散户化的特征大大提高了该类债券上市后的流动性，一方面推高了债券二级市场的价格，另一方面高抛低吸、追涨杀跌的趋势化也加大了市场的系统性风险。直接导致的结果就是，目前在公司债市场长期投资的人减少，取而代之的反而是"非理性暴涨"与"高换手率"。这就需要投资者在选择投资品种的时候需要特别谨慎，否则就无法实现频繁换手的愿望。那么，该如何选择企业债券的投资品种呢？

选择企业债券的投资品种的时候，不仅要看企业的业绩，还要考虑该债券的收益率、期限、信用质量、担保、对利率变动的敏感程度及交易活跃程度等情况，通过对这些情况的综合考虑，才能够找到最佳的债券品种。

那么，该如何从这些要素考虑来选择企业债券的品种呢？

1. 收益率

投资者进行债券投资，其目的就是多获取利息收入或资本增值或两者兼得。简单地说，总收益是利息和资本的收益或损失之和，所以，收益率是投资者在选择企业债券品种时首先要考虑的因素。收益率主要指票面利率、即期收益率、到期收益率和持有期收益率。

票面收益率就是在发行债券时发行方所公布的收益率，是债券发行人承诺每年支付给债券持有人的利息率。年利息以票面值的百分比或金额表示；即期收益率是投资者购买债券后的当期收益水平；到期收益率是把未来的投资收益折算成现值使之成为购买价格的贴现收益率，又称最终收益率；持有期收益率是指投资者在债券到期前出售债券所计算出的贴现收益率。一般来说，票面利率和即期收益率对衡量债券投资价值的参考意义不大，投资者在选择债券投资品种时，主要以到期收益率为评价指标。而投资者在卖出所持有的债券时，则应以持有期收益率为投资效益的评价指标。不过，票面利率的高低直接影响债券对利率变动的敏感程度，所以，二级市场投资者也应关注票面利率。

2. 期限

许多投资者会选择债券的期限与其用钱的时间表相吻合，但是也有一些老练的投资者则会利用期限来增加收益和规避风险。期限对投资者选择债券很重要。一般来说，期限长的债券市场风险高于期限短的债券。

3. 信用质量和担保

信用质量关系到本金和利息的安全程度。在我国，能够在证交所上市的都是AAA级的中央企业债，所以投资者可以不用担心企业的信用质量。如果在这个基础上，具有一个可靠的担保，投资者大可放心购买。

4. 对利率变动的敏感程度

对利率变动的敏感度衡量债券利率风险的大小，通常用久期值来代表。久期值越大，其受利率变动的影响就越大。

5. 交易的活跃程度

交易活跃度高的债券便于很快地买进卖出，价差损失小。交易不活跃的债券则面临较多的流动性风险，要在收益率上有所补偿。

简单来说，在购买企业债券时，应选择中期（1年以上至5年）债券。避开短期债券，可以保证近期有一个较高的收益水平。避开长期债券，有利于规避利率跨经济周期的不确定风险。其次，从持债品种上来讲，应尽量选择固定利率债券。因为浮动利率债券是用来规避利率上涨风险的，目前利率不存在上调的趋势，浮动债券投资的意义就不大了。同期浮动利率债券的利率水平一般都低于固定利率债券，所以在利率较为稳定的趋势下，再选择浮动利率债券就不够明智了。而且在市场交易中，应注意发掘那些经过相对较长时期、市场现价被低估的固定利率债券品种加以投资，以便获取利率变动后的价差收益。

在个人投资企业债券的策略中，被用得最多的是放大交易和套利交易，放大交易是债券投资者利用回购机制放大资金的使用效率。债券回购交易是一种以债券做抵押的短期融资行为，在交易中买卖双方按照约定的利率（年利率）和期限，达成资金拆借协议，由此融资方（正回购方）以相应的债券做足额抵押，获取一段时间内的资金使用权，另一方融券方（逆回购方）则在此期间获得债券抵押权，并于到期日收回本金及相应利息。这样，债券投资者可以利用买入—回购融资—再投资的机制放大资金使用效率，有机会博取更大的差价收益。套利交易是指当短期投资收益较高时，投资者可以利用回购交易融入资金，进行短期投资，只要投资收益高于回购利率，投资者就能实现套利的目的。

至于哪一种策略最好，还是要看投资者本身的素质和条件。没有时间的最好采用消极投资策略，有点时间的可以根据自己对债券市场的了解选择一种自己可以掌控的策略。

如何投资可转换债券

可转换公司债券是指由某一公司发行的、投资者在一定时期内可选择在一定条件下转换成公司股票的债券，它是一种特殊的企业债券。之所以说其特殊，是因为发行公司事先规定债权人可以选择有利时机，在一个特定时期（转股期）内，按照特定的价格（当期转股价）转换为发债企业的等值股票（普通股票），是一种被赋予了股票转换权的公司债券。所以可转债既有普通债券的一些基本特征（如票面利率、到期还本付息等），又具有一定的股票特征，是一种混合型的债券形式。

在可转换公司债券的转股期内，可转换公司债券投资者可以根据持有可转换公司债券的面值按照当时的转股价格，向其制定交易的证券经营机构申报转换成标的股票的股份数量。那么，可转换债券转股操作的要点有哪些呢？

目前，深、沪市可转换债券转股分两种情况：一种是公司的可转换债券先上市，公司股票未上市，转股手续在公司股票上市后方可办理；另一种是公司股票已经上市，上市公司发行可转换债券，在可转换债券发行之日起 6 个月后可进行转股。

对于第一种情况的可转债转股的步骤可分三步走：

第一步：申请转股

投资者可以将自己账户上持有的可转换债券的全部或部分申请转换为公司的股票，转股申请通过证券交易所交易系统以交易申报方式进行。

（1）深市转股时投资者应向其转债所托管的证券经营机构填写转股申请，代码与可转换债券的代码相同，无须填写新代码。

（2）沪市转股时，投资者应向其指定交易的证券经营机构进行申报。

基于安全性的考虑，目前很多营业部电脑功能设置不能让投资者通过电脑自助委托或电话委托完成转股申请，投资者应亲自到营业部办理有关的转股手续。

第二步：接受申请，实施转股

交易所接到报盘并确认其有效后，记减投资者的债券数额，同时记加投资者相应的股份数额。

第三步：转换股票的上市流通

转换后的股份可于转股后的下一个交易日上市交易。

这种情况的转股操作要点为：

（1）可转换公司债券在自愿申请转股期内，可转债交易不停市。

（2）如投资者申请转股的可转换公司债券数额大于投资者实际拥有的可转换公司债券数额，交易所确认其最大的可转换股票部分进行转股，申请剩余部分予以取消。

（3）根据现有规定，沪市转股申请不得撤单；深交所规定投资者可于当日交易时间内撤销转股申请。

（4）发行人因增发新股、配股、分红派息而调整转股价格时，交易所将停止该可转换公司债券转股，停止转股的时间由发行人与交易所商定，最长不超过 15 个交易日。同时交易所还依据公告信息对其转股价格进行调整，并于股权登记日的下一个交易日恢复转股，恢复转股后采用调整后的转股价格。

（5）可转换公司债券上市交易期间，未转换的单只可转换公司债券数量少于 3000 万元时，交易所将立即予以公告，并于三个交易日后停止其交易。可转换公司债券在停止交易后、转换期结束前，持有人仍然可以依据约定的条件申请转股。

（6）可转换债券转股不收取经手费和佣金。从可转换公司债券的转股规则来看，投资者申请转股是 T＋1，即转股要在第二个交易日办理交割并确认后其转换的股票才可流通，但是对于即日买进的可转换公司债券当日就可申请转股，并于第二日就可以卖出。

上市公司发行的可转换债券是股票先上市，可转债后上市，转股规则及操作要点与股票后上市的可转换债券转股规则及操作要点基本一样，所不同的是上市公司的可转债明确可转债上市 6 个月以后可以办理转股手续。其不同的操作要点有：

（1）同一交易日内多次申报转股的，将合并计算转股数量。

（2）转股申报，深市可以撤单，沪市不可以。

（3）"转债"的买卖申报优先于转股申报，即"转股"的有效申报数量以当日交易过户后其账户内的"转债"持有数为限，也就是当日"转股"按账户合并后的申请手数与"转债"交易过户后的持有手数比较，取较小的一个数量为当日"转股"有效申报手数。

（4）当公司送红股、增发新股、配股或降低转股价格时，初始转股价格将进行调整，具体情况由公司另行通知。

（5）"转债"转换成股票的股份数（股）＝转债手数×1000÷转股初始价格。

（6）可转换公司债券转换期结束日前的 10 个工作日停止交易。可转换公司债券停止交易后、转换期结束前，不影响持有人依据约定的条件转换股份的权利。

（7）若出现不足转换一股的"转债"余额时，继续享受付息及公司最终还本的权利。

可转债券投资的选择策略

上市公司可转债的转换价格确定一般以基础股票的市场价格为参考，在基础股票价格之上有一溢价；溢价越高，转股的可能性越差，投资者承担的风险越大。因此在市场处于平衡市时，到一级市场申购可转债未必是最佳的投资策略。

转债持有人申请转股将通过交易所的交易系统按报盘方式进行，其具体步骤为：在转股期内交易所将专门设置一交易代码供可转债持有人申请转股，持有人可以将自己账户内的可转债全部或部分申请转为本公司股票。持有人提交转股申请，需根据其持有的可转债面值，按照当时生效的转股价格，向其指定交易的证券经营机构申报转换成本公司股票的股份数。

涉及不同的交易所，转债转股的环节也有差别。对于上交所流通的可转债，交易所将专门提供一个与转债对应的转股代码，投资者输入该转股代码，以转债的面值为交易价格，输入所需要转股的转债数量就可以了。而对于深交所上市的转债，需要投资者到所开户的营业部提出申请，营业部将利用专门的设备将该申请转交给交易所。在该过程中，深交所提供的交易代码往往为该转债本身的代码，在输入该代码后，投资者需要通过一定的选项进入转股程序，然后营业部将客户需要转换的债券数量按照当期的转股价格计算出所转换股票数量，并申报到交易所。

需要注意的是，与转股申请相应的可转债总面值必须是 1000 元的整数倍。申请转股的股份必须是整数股，当尾数不足 1 股时，公司将在转股日后的 5 个交易日内以现金兑付该部分可转债的票面金额以及利息。转股申请一经确认不能撤单。若持有人申请转股的数量大于该持有人实际持有可转债能转换的股份数，深交所将确认其最大的可转换股票部分进行转股，申请超过部分予以取消。

另外，可转债持有人一经转股，该部分可转债不能享受当期利息，增加的股票将自动登记到投资者的股票账户。因公司可转债转股而增加的公司股票享有与原股票同等的权益，参与当年股利分配，并可于转股后的下一个交易日与公司已上市交易的股票一同上市交易流通。

当交易所对转股申请确认有效后，将记减（冻结并注销）持有人的可转债数额，同时记加持有人相应的股份数额。登记机构将根据托管券商的有效申报，对持有人账户的股票和可转债的持有数量做相应的变更登记。提出转股申请的持有人在转股申请的第二个交易日办理交割确认后，其持有的因转股而配发的本公司普通股便可上市流通。因转股而配发的本公司的普通股与本公司已发行在外的普通股享有同等权益，涉及税费方面，转股过程中有关税费由持有人自行负担，除非本公司应该缴纳该类税费或者法律明确规定本公司对该类税费负有代扣代缴义务。

可以说，如果可转债的投资时机选择恰当的话，投资者会获得更大的投资收益。那么，可转债投资时机的选择都有哪些策略呢？

总的来说，可转债的操作方式可以根据市场情况分为以下三种：

（1）当股市向好，可转债股票特性表现较为明显，市场定价考虑股性更多；可转债价格随股市上升而上涨并超出其原有成本价时，持有者应抛出可转债以直接获取价差收益。

（2）当股市由弱转强，或发行可转债的公司业绩转好，其股票价格预计有较大提高时，投资者可将可转债按转股价格转换为股票，以享受公司较好的业绩分红或股票攀升的利益。

（3）当股市低迷时，可转债债券特性表现较为明显，市场定价考虑债性更多；可转债和基准股票价格双双下跌，卖出可转债或将可转债转换为股票都不合适，投资者应保留可转债以获取到期的固定本息收益。

可转换债券提供了股票和债券最好的属性，结合了股票的长期增长潜力和债券的安全以及收入优势，投资者可依据上述情况选择合适的投资时期。

转债价格跌破发行价大幅贴水，为投资者提供了较好的短线投资机会，而基础股票价格与转债价格之间存在套利空间则为套利投资者提供了极佳的投资品种。此时稳健型的长线买家在面值下方介入鞍钢转债，既可分享股市长期走牛之成果，又无在高位追涨深幅被套的危险。

选择合适的债券投资时机

债券一旦上市流通，其价格就要受多重因素的影响，反复波动。这对于投资者来说，就面临着投资时机的选择问题。机会选择得当，就能提高投资收益率；反之，投资效果就差一些。

债券投资时机的选择原则有以下几种：

（1）抢在其他人之前投资。在社会和经济活动中，存在着一种从众行为，即某一个体的活动总是要趋同大多数人的行为，从而得到大多数的认可。这反映在投资活动中就是资金往往总是比较集中地进入投资市场或流入某一品种。而一旦确认大量的资金进入市场，债券的价格就已经抬高了。精明的投资者就要抢先一步，在投资群体集中到来之前投资。

（2）投资者要顺势投资。追涨杀跌债券价格的运动都存在着惯性，即不论是涨或跌都将有一段持续时间。即当整个债券市场行情即将启动时，投资者可买进债券，而当市场开始盘整将选择向下突破时，可卖出债券。追涨杀跌的关键是要能及早确认趋势，如果走势很明显已到回头边缘再做决策，就会适得其反。

（3）在利率变动前投资。债券作为标准的利息商品，其市场价格极易受银行利率的影响。当银行利率上升时，大量资金就会纷纷流向储蓄存款，债券价格就会下降，反之亦然。因此投资者为了获得较高的投资效益就应该密切注意投资环境中货币政策的变化，努力分析和发现利率变动信号，争取在银行即将调低利率前及时购入或在银行利率调高一段时间后买入债券，这样就能够获得更大的收益。

（4）在消费市场价格上涨后投资。关注通货膨胀的水平，物价因素影响着债券价格，当物价上涨时，人们发现货币购买力下降便会抛售债券，转而购买房地产、金银首饰等保值物品，从而引起债券价格的下跌。当物价上涨的趋势转缓后，债券价格的下跌也会停止。此时，如果投资者能够有确切的信息或对市场前景有科学的预测，就可在人们纷纷折价抛售债券时投资购入，并耐心等待价格的回升，则投资收益将会是非常可观的。

（5）在新券上市时投资。债券市场与股票市场不一样，债券市场的价格体系一般是较为稳定的，为了吸引投资者，新发行或新上市的债券的年收益率总比已上市的债券要略高一些，这样债券市场价格就要做一次调整。一般是新上市的债券价格逐渐上升，收益逐渐下降，而已上市的债券价格维持不动或下跌，收益率上升，债券市场价格达到新的平衡，而此时的市场价格比调整前的市场价格要高。因此，在债券新发行或新上市时购买，然后等待一段时期，在价格上升时再卖出，投资者将会有所收益。

加息后如何投资债券

加息后，债券类型理财产品并没有受到太多的困扰和影响，仍然受到众多投资者的关注。实际上，加息除了对中长期债券类型理财产品的困扰稍大外，投资者其实还是有很多债券类型理财产品可以选择。

以投资凭证式国债为例，尽管国债被称为"金边债券"，但如果遇到再次加息，收益很可能会"缩水"。根据财政部的规定，发行期内如果遇到存款利率调整，尚未发行的国债票面利率将在利率调整日按3年期、5年期银行储蓄存款利率调整的相同百分点做同向调整。然而发行期过后，国债利率就不能与储蓄利率同步调整。因此，投资者很可能会遇到加息后自己所投资国债的收益和存款相差无几的尴尬。

如果投资债券的话，继续加息后债券价格仍有下跌的风险，前期投资债券所能获得的收入可能比银行同期存款还要低，投资债券类型理财产品会不会不划算？这些都是困扰投资者的问题。

投资债券类型理财产品并不存在挑选时机的问题，关键还是看如何选择适合自己的投资品种。目前，市场上的债券类型理财产品大致有国债、企业债、债券型基金和货币市场基金等类型，可选择的范围很大。不过，如果要投资债券理财产品，需要综合考虑后才能做出投资决策。

从投资需求来看，投资者最好从收益率、流动性以及投资风险这几个角度来综合分析。

从收益率来看，凭证式国债、货币市场基金等产品相对较为稳定；尽管企业债等债券的收益率较高，但投资者所承担的风险也相对较大。收益稳定的国债比那些结构复杂的理财产品更受稳健型投资者的青睐。

在流动性方面，投资者可以多加关注货币市场基金和凭证式国债、交易所挂牌交易的债券等产品。比如，凭证式国债，其变现较为灵活，流动性较强，对于有加息预期的投资者而言，此类产品更有吸引力。

从风险方面看，风险最小的当属凭证式国债，其余依次为货币市场基金、债券型基金以及企业债等。只有结合这些产品的特点，从自己的需求出发，才能正确地选择最适合自己的债券类型理财产品。

尽管债券类型理财产品相对于投资股票而言风险要小得多，但并不能保证投资该类型产品就不存在风险。投资债券类型理财产品，投资者目前最需关注的就是货币政策方面的风险。

投资债券的投资者必须提前估算好风险的大小。从以往的经验来看，债券收益的变动往往要比加息"慢半拍"，所以投资者在购买时最好能考虑到加息的因素。在现在这种不确定的情况之下，投资者最好还是选择短期债券类型理财产品或者流动性较强的产品。对于那些购买了流动性较好的产品的投资者来说，及时调整自己的投资品种就显得非常重要。如此次加息后，如果投资者手中持有的国债购买时间不长、离兑付期限尚有一段较长的时间，提前兑付原来购买的国债并重新购买加息后利率上调的国债就会更划算。

而对于机构投资者来说，处于利率上升期的阶段时，只有选择更短期限的债券，以便于配合升息步骤来实现收益与损失的平衡，追逐更有利于自身投资安全性的合理收益。这种操作模式使得机构投资者在银行间市场上具有相当大的雷同性，造成目前市场中需求一致、操作一致、热券更热、冷券更冷的局面。

与此同时，在投资债券采用市值评估方式来衡量的情况下，升息通常会有两种方式被大家采用，一是快速减少债券投资总量，二是保持投资总量，但缩短债券整体久期。这两种方式都将以实现当期亏损为代价，快速降低债券资产的利率风险。这是理想化的操作模式，在实际操作中，会遇到很多问题：

首先，由于目前债市投资者操作的同向性造成的债券流动性严重不足，更会加剧损失，而这种损失并不是每个机构都能够承受的。

其次，这种操作带来的再投资选择面窄且集中，会进一步降低投资收益以及带来新的投资风险。

处于利率上升期的阶段时，机构投资者和散户都有必要调整投资策略，增强投资科学决策手段，体现不同类型机构的散户自身资产负债匹配需求，充分发挥债券市场功能，实现投资人合理的投资回报。

熊市中如何投资债券

由于我国的债券市场运行时间不长，我们还没有真正经历过完整的债券市场周期，熊市下收益率曲线将如何演绎我们并无经验可循，但美国的情况可以给我们提供一定的借鉴。通过对历史数据的考察我们发现，美国国债收益率呈现明显的规律性运动特征。经济周期处于扩张初期，国债长短期收益率利差扩大，经济扩张中期达到最大。扩张初期，利差在1.5%～2.5%的概率是56.4%。在进入扩张期后12个月，利差在1%以上的概率为80.97%，在1.5%～3%的概率为44.7%。这主要是因为短期收益率一般受市场即期利率、资金供求的影响较大，而长期收益率则要受未来经济的增长状况、通货膨胀因素、流动性溢价和未来资本回报率等不确定性因素的影响。

因此，投资者应该采取与降低组合久期的战略相一致的思路，即应重点关注债券短期品种。另外要适当增加企业债在组合中的权重。因为债券投资的收益或风险主要来自两方面，一是利率；二是信用。在利率成为主要风险来源的情况下，信用就将成为主要的利润来源。一般而言，对于相同期限不同票面利率的债券，利率高的抗利率风险能力强。同时，我国的企业债的信用等级很高，违约风险极小。

虽然我国目前上市企业债的信用等级没有拉开，因而收益率也没有拉开，但相对于国债来说，企业债已经体现了一定的信用等级差异以及相应的收益率差异，所以在弱市下应该适当增加企业债在组合中的权重。

积极利用套利交易增加赢利套利交易，不论在债券强市和弱市都是可用的策略，然而在弱市条件下，套利尤显重要，因为这是在有效规避风险情况下获取收益的手段。此外，可以预见，我国未来国债市场利率将处在变动期，相对频繁而较大的利率变动将为套利操作提供更多的机会，因为套利需要的前提条件就是利率短期内的失衡以及重新获得平衡。

套利的机会来自两方面：一是跨市套利，即利用我国债券市场分割的现状，发现交易所市场与银行间市场可跨市交易的相同品种收益率的差异，如果该差异大到足以抵偿交易成本并有赢利，那么理论上就可以进行套利操作；二是跨期套利，即利用一定时期内不同期限券种收益率的失衡性差异，同时买卖这些券种。例如，经过近段时期的收益率调整，交易所市场出现了5年期品种收益率低于部分3年期品种的失衡状况。这时从套利操作的角度出发，我们就可以买入3年期品种，卖出5年期品种，直到它们的收益率结构回归均衡。

虽然我国债券市场尚未具有远期、期货或期权等金融避险工具，但由于债券品种的创新，某些类型的债券自身嵌含有期权的因素，因而也在一定程度上具有了避险的功效，在弱市环境下以下债券特别值得投资者关注。

（1）浮息债。在缺乏规避利率风险有效工具的情况下，浮息债是较好的投资品种，它实际上相当于嵌含了一个利率的看涨期权。

（2）可转债。可转债被人们称为"进可攻、退可守"的投资工具，因为它嵌含了一个对基础股票的看涨期权。同时，可转债设计条款中通常包含的回售条款和转股价修正条款，也是对投资人利益的一定保护。

（3）可回售债。可回售债相当于嵌含了对该债的看跌期权，因而它是债券弱市状态下较好的防御型投资品种。

关键指标帮你选择债券

随着股市风险地不断积聚，债券投资在投资者眼里的位置显得重要起来。面对一个个新债券品种，投资者该如何选择债券呢？

这里教给大家三个关键词，以此来帮助大家选择适合自己的债券。

投资者在看债券类的分析文章，或者媒体提供的债券收益指标时，经常会发现几个专有名词：久期、到期收益率和收益率曲线。其实只要抓住这三个关键词，你就可以抓住很好的债券产品。

1. 久期

久期在数值上和债券的剩余期限近似，但又有别于债券的剩余期限。在债券投资里，久期被用来衡量债券或者债券组合的利率风险，它对投资者有效把握投资节奏有很大的帮助。

一般来说，久期和债券的到期收益率成反比，和债券的剩余年限及票面利率成正比。但对于一个普通的附息债券，如果债券的票面利率和其当前的收益率相当的话，该债券的久期就等于其剩余年限。有一个特殊的情况是，当一个债券是贴现发行的无票面利率债券，那么该债券的剩余年限就是其久期。另外，债券的久期越大，利率的变化对该债券价格的影响也越大，因此风险也越大。在降息时，久期大的债券上升幅度较大；在升息时，久期大的债券下跌的幅度也较大。因此，投资者在预期未来升息时，可选择久期小的债券。

目前来看，在债券分析中久期已经超越了时间的概念，投资者更多地把它用来衡量债券价格变动对利率变化的敏感度，并且经过一定的修正，以使其能精确地量化利率变动给债券价格造成的影响。修正久期越大，债券价格对收益率的变动就越敏感，收益率上升所引起的债券价格下降幅度就越大，而收益率下降所引起的债券价格上升幅度也越大。可见，同等要素条件下，修正久期小的债券比修正久期大的债券抗利率上升风险能力强，但抗利率下降风险能力较弱。

2. 到期收益率

债券的价格虽然没有股票那样波动剧烈，但它品种多、期限利率各不相同，常常让投资者眼花缭乱、无从下手。其实，新手投资债券仅仅靠一个到期收益率即可做出基本的判断。其公式为：

到期收益率＝［固定利率＋(到期价－买进价)÷持有时间］÷买进价×100％

一旦掌握了债券收益率的计算方法，就可以随时计算出不同债券的到期或持有期内的收益率。准确计算出你所关注的债券的收益率，从中选出收益相对较高的产品进行投资，做出明智的投资决策。

3. 收益率曲线

债券收益率曲线反映的是某一时点上，不同期限债券的到期收益率水平。利用收益率曲线可以为投资者的债券投资带来很大帮助。债券收益率曲线通常表现为四种情况：

(1) 正向收益率曲线，它意味着在某一时点上，债券的投资期限越长，收益率越高，也就是说社会经济正处于增长期阶段（这是收益率曲线最为常见的形态）。

(2) 反向收益率曲线，它表明在某一时点上，债券的投资期限越长，收益率越低，也就意味着社会经济进入衰退期。

(3) 水平收益率曲线，表明收益率的高低与投资期限的长短无关，也就意味着社会经济出现极不正常情况。

(4) 波动收益率曲线，这表明债券收益率随投资期限不同，呈现出波浪变动，也就意味着社会经济未来有可能出现波动。

在一般情况下，债券收益率曲线通常是有一定角度的正向曲线，即长期利率的位置要高于短期利率。这是因为，由于期限短的债券流动性要好于期限长的债券，作为流动性较差的一种补偿，期限长的债券收益率也就要高于期限短的收益率。当然，当资金紧俏导致供需不平衡时，也可能出现短高长低的反向收益率曲线。

投资者还可以根据收益率曲线不同的预期变化趋势，采取相应的投资策略的管理方法。如果预期收益率曲线基本维持不变，而且目前收益率曲线是向上倾斜的，则可以买入期限较长的债券；如果预期收益率曲线变陡，则可以买入短期债券，卖出长期债券；如果预期收益率曲线变得较为平坦时，则可以买入长期债券，卖出短期债券。如果预期正确，上述投资策略可以为投资者降低风险，提高收益。

债券的组合和管理策略

债券投资是一门深奥的学问，完全掌握依赖于投资者知识面的拓展和经验的积累，但是这并不意味着债券投资没有任何策略和技巧。经过长期的探索，人们还是掌握了一些有关债券投资的法门，并在债券投资中进行了很好的运用。

其实债券投资和股票投资的基本套路是一样的，即先通过对整体市场走势的判断来决定是否积极介入，然后在总体方向确定的情况下，根据特定的市场情形选取个券。不过这中间还可以加上一个组合策略，即在大方向既定的情况下，选取不同期限的债券组合成资产池。

那么，如何进行债券的组合和管理呢？为什么我们在这中间还要加入一个组合的概念呢？因为市场利率变动对不同期限债券收益率曲线的变动情况并不相同，而这种不平衡就为我们集中投资于某几个期限段的债券提供了条件。主要可以用哑铃型、子弹型和阶梯型三种方式进行债券组合。

所谓哑铃型组合就是重点投资于期限较短的债券和期限较长的债券，弱化中期债的投资，形状像一个哑铃。子弹型组合就是集中投资中等期限的债券，由于中间突出，所以叫子弹型。阶梯型组合就是当收益率曲线的凸起部分是均匀分布时，集中投资于这几个凸起部分所在年期的债券，由于其剩余年限呈等差分布，恰好就构成了阶梯的形状。

那么，该如何管理自己的债券投资组合呢？主要包括以下几种：

1. 被动投资策略

被动投资策略适合于利率风险较低的情况。由于收益稳定，价格波动可以忽略不计，再投资收益率风险也很小，购买力风险也较低。具体包括以下几种策略：

（1）满足单一负债要求的投资组合免疫策略

为了保证至少实现目标收益，投资者应当构造买入这样一种债券：当市场利率下降时，债券价格上升带来的收益抵消再投资收益下降导致的损失之后，还有盈余，反之亦然。

（2）指数化投资策略

如果债券市场是半强型有效市场，债券指数可认为是有效的投资组合。经验证明，要想超过债券指数（或战胜债券市场）是非常困难的，因此，一般的方法是模仿债券指数，把债券组合指数化。采用指数化策略，首先要选定一个债券指数作为依据，然后追踪这个指数，构造一个债券组合。指数化的方法包括分层抽样法、优化法、方差最小化法、分层抽样法（适合于证券数目较小的情况）。

（3）多重负债下的现金流匹配策略

现金流匹配策略是按偿还期限从长到短的顺序，挑选一系列的债券，使现金流与各个时期现金流的需求相等。这种策略没有任何免疫期限的限制，也不承担任何市场利率风险，但成本往往较高。

（4）多重负债下的免疫策略

免疫是指选择一只债券或构造一个债券组合，使投资者的持有期等于债券或者债券组合的久期，使其价格风险与再投资风险相互抵消，对利率变动的风险免疫。多重负债免疫策略要求投资组合可以偿付不止一种预定的未来债务，而不管利率如何变化。

债券的价格风险和再投资风险变动方向不相同：如果利率上升，债券市场价值下降，但利息再投资收益增加；反之，如果利率下降，债券市场价值增加，但利息再投资收益减少。通过将债券久期与拟投资期匹配，投资者可以将债券的价格风险与再投资风险相互抵消。由于零息债券的久期与其到期期限相同，可运用零息债券进行免疫，方法就是购买持有期等于零息债券期限的债券并持有直至到期，就能规避利率风险，获得的收益就是购买时的到期收益率。由于无利息支付，零息债券没有再投资风险。免疫所选择的投资组合的久期等于负债（现金流出）的到期期限。因此可以利用价格风险和再投资率风险互相抵消的特点，保证投资者不受损失。

免疫策略帮助债券的投资组合在到期时达到目标值，比如，养老基金的管理者可以安排使每年得到的现金流能满足养老金的支付。

2. 主动投资策略

主动的债券组合管理是寻找出价格歪曲的债券，通过买入或卖出该债券获得利润，但要求投资者能对市场利率变动趋势有准确的预测。收益率曲线的整体变动趋势是判断整体市场走向的依据，所以一旦我们认为宏观经济出现过热，央行有可能通过升息等紧缩性货币政策来调控经济时，就意味着收益率曲线将整体上移，其对应的就是债券市场的整体下滑，所以这个时候采取保守的投资策略，缩短债券组合久期，把投资重点选在短期品种上就十分必要。

主动的债券管理具体有以下几种方法：

（1）债券调换法

债券调换就是通过对债券或债券组合在水平分析法中预测的收益率来主动地经营管理债券的买卖，调换债券。债券调换是在其他因素相同的情况下，用定价低的债券替换掉定价高的债券，或是用收益率高的债券替换掉收益率低的债券。

债券调换通常包括替代调换、市场间价差调换、获取纯收益调换。

替代调换是指两种债券在等级、到期期限、息票利息付款、收兑条款以及其他方面都相同，仅有的差别是在特定时间，由于市场的不均衡，两种债券的价格不同，因此到期收益不同，这时出售较低收益的债券，同时购买较高收益的债券。当两种债券的收益趋于相同时，将得到资本盈余和较高的现时收益。两种换值的债券价格已经调整的时期叫作有预期结果的时期。短的有预期结果的时期可能仅为几天，就可以进行套利活动，其结果是市场很快趋于平衡，你就会获得利润了。当然，有预期结果的时期也可能长到到期日，使你的套利微乎其微，甚至亏损。

市场间价差调换是当投资者相信债券市场两个部门间的收益率差只是暂时出现时的行为。例如，如果公司债券与政府债券的现有价差被认为过大，将来会缩小，投资者就会从投资政府债券转向投资公司债券。如果收益率差确实缩小了，公司债券将优于政府债券。当然，投资者必须仔细考虑收益率差不同以往的原因是什么。例如，由于市场预期会有严重的衰退，公司债券的违约溢价可能会增长，在这种情况下，公司债券与国债间更大的价差也不能算有吸引力，只能将其简单地看作是对风险增长的一个调整。

获得纯收益调换是以较高收益的债券替换较低收益的债券，目的是获得较高的回报，但投资者也因此而暴露在较高的利率风险之下。这种类型的债券互换不需要有预期结果的时期，因为假定持有新债券到期，不需要预测利率的变化，也不用分析债券价格被高估或低估。

（2）水平分析法

水平分析法主要集中在对期末债券价格的估计上，并以此来确定现行市场价格是偏高还是偏低，替换掉定价高的债券，或是用收益率高的债券替换掉收益率低的债券。

（3）应急免疫方法

这种方法实际上是一种兼有被动和主动因素的债券资产管理方法。其做法是只要主动管理可以获得有利的结果，就可以对债券资产实行主动管理。

（4）收益曲线顺势法

这种方法主要适用于短期债券。

债券投资的三大误区

在所有的投资产品中，大部分的投资者都会认为债券是最保值、最安全的投资选择。所以，债券一直是最受欢迎的投资产品之一。

现在市场上各类企业债券以及记账式国债竞相发行，面对五花八门的债券品种，有些投资者就走进一些债券的投资误区。为了大家的投资安全，这里跟大家说说债券投资的三大误区，希望大家都能够走出这三个误区，免得造成投资损失。

1. 凭证式国债：不是只要买下来就可以赚钱的，投资不当也会"亏本"

由于凭证式国债具有风险低、收益稳定的特点，一直得到稳健投资者的欢迎。不过，凭证式国债投资并不是只要买下来就可以高枕无忧地获得收益，如果操作不当也会"亏本"。对于购买凭证式国债不到半年就兑现的投资者来说，除了没有利息收入之外，还要支付1％的手续费，这样一来，投资者的投资就会"亏本"；持有满半年而不满两年的则按0.72％计息，扣去手续费后，其收益率仅为0.62％，而半年期扣除利息税后至少也有1.656％的收益。因此对于购买凭证式国债的投资者来说，两年内提前兑现是不划算的，一定要做长期投资的打算，不要太过于急功近利。

2. 记账式国债：并非持有到期最划算，要把握好在高点变现

对于普通的投资者而言，在确定所要投资的国债期限之前，首先要搞清楚何谓记账式国债，它与凭证式国债有哪些区别。记账式国债没有实物券，完全电子化操作，感觉买卖的是一串数字。记账式国债也拥有固定利率和期限，付息方式基本为一年一付或一年多付。到期之前，持有者可根据国债市场变动情况自由选择卖出或买入。这种买卖的自由性是凭证式国债永远无法企及的。因此，对于急需用钱的投资者来说，可以在不损失利息的情况下提前变现，也可以通过国债回购在一天之内完成融资借款，这些都是凭证式国债做不到的。投资记账式国债逢高可抛、逢低可吸入的特点，使其拥有获取较高投资收益的可能。若不善投资，最坏的打算就是持有到期再兑付，获得固定的收益。

其次，投资记账式国债需看清发行方式。目前市场上有两种记账式国债，一种是银行间柜台记账式国债，通过95599在线银行的绑定，投资者可以自如上网或拨打95599电话银行进行操作。另一种就是在上海和深圳两个交易所流通的记账式国债，投资者可以在证券交易所买卖或通过95599在线银行银证通业务操作，其操作办法与股票买卖一样。值得注意的是，国债和股票买卖的单位手和股之间的换算要搞清楚。

第三，购买记账式国债要走出误区，并非持有到期最合算。投资者在选择国债品种时要明确自己投资期限的长短。目前柜台记账式国债的收益率水平比较适合于投资者进行长期投资。

3. 企业债券：普通投资者也能买

相对于国债，企业债券在普通投资者眼中更为神秘。实际上，企业债券也是一款不错的投资品种，投资者可以在证券市场上买卖交易。由于政府的高信誉度，在现实生活中，人们更愿意选择国债进行投资。其实只要选择得当，选择合适的企业债券也能够获得不错的收益。

企业债券的收益不享受免税，与储蓄存款一样要缴纳所得税，投资者在权衡投资收益时必须要考虑这一点。

只有走出误区，采取适当的投资方式，才能够在最大程度上获利。

如何管理与控制债券风险

债券作为债权债务关系的凭证，它与债权人和债务人同时相关，作为债务人的企业或公司与作为债权人的债券投资者就债权与债务关系是否稳定来说，起着相同的作用，任何一方都无法独立防范风险。

债券投资的最大特点就是收益稳定、安全系数较高、又具有较强的流动性。稳健的投资者们往往放弃股票投资的高收益，摒弃银行储蓄的低利息，进行债券投资之处就在于此。因此，继收益性之后，安全性便成为债券投资者普遍关注的最重要问题。

企业或公司作为债券的发行者所采用的确保债券安全、维持企业或公司信誉的措施堪称预防措施，是防范风险的第一道防线。而对于投资者来说，正确选择债券、掌握好买卖时机将是风险防范的主要步骤。

1. 债券投资风险防范的预防措施

对债券的发行做出种种有利于投资者的规定是重要的一步。在发达国家如日本，法律规定公司债券发行额都有一定的限额，不能超过资本金与准备金的总和或纯资产额的两倍。

金融债的限额一般规定为发行额不能超过其资本金和准备金的 5 倍。债券发行一般是由认购公司承担发行，安全系数高的债券当然容易被认购，这对企业或公司本身也是一种约束。

同时，企业或公司都有义务公开本公司财务、经营、管理等方面的状况，这种制度对企业或公司无疑起到监督和促进作用，对投资者也是一种保护。

2. 债券投资风险防范措施

（1）选择多品种分散投资。这是降低债券投资风险的最简单办法。不同企业发行的不同债券，其风险性与收益性也各有差异，如果将全部资金都投在某一种债券上，万一该企业出现问题，投资就会遭受损失。因此有选择性地或随机购买不同企业的各种不同名称的债券，可以使风险与收益多次排列组合，能够最大限度地减少风险或分散风险。这种防范措施对中小户特别是散户投资者尤为重要。因为这类投资者没有可靠的信息来源，摸不准市场的脉搏，很难选择最佳投资对象，此时购买多种债券，犹如撒开大网，这样，任何债券的涨跌都有可能获益，除非发生导致整个债券市场下跌的系统性风险，一般情况下不会全亏。

采用这种投资策略必须注意一些问题：首先，不要购买过分冷门、流动性太差且难以出手的债券，以防资金的套牢。其次，不要盲目跟风，抱定不赚不卖的信心，最终才有好收益。最后，特别值得注意的是必须严密注视非经济性特殊因素的变化，如政治形势、军事动态、人们心理状态等，以防整个债券行市下跌，造成全线亏损。

（2）债券期限多样化。债券的期限本身就孕育着风险，期限越长，风险越大，而收益也相对较高；反之，债券期限短，风险小，收益也少。如果把全部投资都投在期限长的债券上，一旦发生风险，就会猝不及防，其损失就难以避免。因此，在购买债券时，有必要多选择一些期限不同的债券，以防不测。

（3）注意做顺势投资。对于小额投资者来说，谈不上操纵市场，只能跟随市场价格走势做买卖交易，即当价格上涨人们纷纷购买时买入；当价格下跌时人们纷纷抛出时抛出，这样可以获得大多数人所能够获得的平均市场收益。这种防范措施虽然简单，也能收到一定效益，但却有很多不尽如人意之处。

必须掌握跟随时间分寸，这就是通常说的"赶前不赶后"。如果预计价格不会再涨了，而且有可能回落，那么尽管此时人们还在纷纷购买，也不要顺势投资，否则价格一旦回头，必将遭受众人一样的损失。

（4）以不变应万变。在债券市场价格走势不明显、此起彼落时，在投资者买入卖出纷乱，价格走势不明显时，投资者无法做顺势投资选择，最好的做法便是以静制动，以不变应万变。因为在无法判断的情况下，做顺势投资，很容易盲目跟风，很可能买到停顿或回头的债券，结果疲于奔命，一无所获。此时以静制动，选择一些涨幅较小和尚未调整价位的债券买进并耐心持有，等待其价格上扬，是比较明智的做法。当然，这要求投资者必须具备很深的修养和良好的投资知识与技巧。

（5）必须注意不健康的投资心理。要防范风险还必须注意一些不健康的投资心理，如盲目跟风往往容易上当，受暗中兴风作浪、操纵市场人的欺骗；贪得无厌，往往容易错过有利的买卖时机；赌博心理，孤注一掷的结果往往会导致血本无归；嫌贵贪低，过分贪图便宜，容易持有一堆蚀本货，最终不得不抛弃而一无所获。

第十二章

投资外汇，升值与贬值带来的盈利机会

正如一位经济学家指出的那样，金融衍生品是金融的高科技，不懂得金融衍生品就不能说真正地懂得了金融……因此，用金融衍生品去对冲风险，规避风险就成为我们面临的紧迫课题。外汇投资是金融衍生品场内和场外交易的重要组成部分。

——彭弘　北京大学中国金融衍生品研修院副院长彭弘

了解外汇的含义

外汇，就是外国货币或以外国货币表示的能用于国际结算的支付手段。外汇是国际汇兑的简称，从本质上讲是把本国货币兑换成外国货币，从而相应地把这部分资金转移到国外。概括地说，外汇指的是外币或以外币表示的用于国际间债权、债务结算的各种支付手段。

我们通常所讲的外汇包含动态含义的外汇和静态含义的外汇。外汇的动态概念，是指把一个国家的货币兑换成另一个国家的货币，借以清偿国际间债权、债务关系的一种专门性的经营活动。它是国际间汇兑的简称。这种行为或活动并不表现为直接运送现金，而是采用委托支付或债权转让的方式，结算国际间的债权债务。如出口企业和进口企业收付货款、办理结汇就是一种外汇行为，银行与客户之间的外汇买卖和银行同业之间的外汇买卖就是一种外汇经营活动。

外汇的静态概念，是指以外国货币表示的可用于国际之间结算的支付手段。这种支付手段包括以外币表示的信用工具和有价证券，如：银行存款、商业汇票、银行汇票、银行支票、外国政府国库券及其长短期证券等。按照静态的含义，作为国际支付手段的外汇必须具备3个属性：可支付性、可获得性和可兑换性。可支付性是指在国际市场上普遍被接受的支付手段；可获得性是指在任何情况下都能够索偿的支付手段；可兑换性是指可兑换成任何国家货币或其他各种外汇资产的支付手段。

外汇作为国际经济往来发展的产物，是债权、债务转移的重要手段，其主要功能有以下4项：

369

1. 作为国际结算的支付手段

不论起因如何、金额大小，所有的国际债权债务都可通过银行国际业务，利用外汇凭证进行清算，从而完成国际结算。国际债权债务到期时，主要通过各种外汇凭证进行非现金结算。

2. 促进国际贸易和资本流动

利用外汇进行国际债权债务关系的清算，可以节省运送现金的费用，避免风险，还可以加速资金周转，扩展资金融通的范围，从而促进国际间的商品交换和资本流动；否则，国际经济、贸易和金融往来就要遇到障碍，难以得到发展。

3. 调剂国际间的资金余缺

由于世界经济发展不平衡，各国所需的建设资金余缺程度不同，这在客观上需要在世界范围内进行资金调剂。由于各国的货币制度不同，各国的货币不能直接调剂，外汇作为一种国际支付手段，则可以发挥调剂资金余缺的功能。

4. 充当国际储备

国际储备是一国可以用于国际支付的那部分流动资金，是衡量一国经济实力的主要标志之一。

外汇作为清偿国际债务的手段，同黄金一样，可以作为国家的储备资产。因此，外汇构成国际储备的一个重要组成部分。

按不同的标准，外汇可以分为下面几类：

1. 根据外汇是否可自由兑换

（1）自由外汇

自由外汇是指无需外汇管理当局批准，可以自由兑换成其他国家货币或用于对第三国支付的外汇。换句话说，凡在国际经济领域可自由兑换、自由流动、自由转让的外币或外币支付手段，均称为自由外汇。例如：美元、英镑、日元、欧元、法郎等货币以及以这些货币表示的支票、汇票、股票、公债等都是自由外汇。

由于许多国家基本上取消或放松了外汇管制，因此目前世界上有 50 余种货币是自由兑换货币，持有它们可自由兑换成其他国家货币或向第三者进行支付，因而成为国际上普遍可以接受的支付手段。

（2）记账外汇

它又称为协定外汇或双边外汇，是指在两国政府间签订的支付协定项目中使用的外汇，不经货币发行国批准，不准自由兑换成他国货币，也不能对第三国进行支付。

记账外汇只能根据协定在两国间使用，协定规定双方计价结算的货币可以是甲国货币、乙国货币或第三国货币。通过双方银行开立专门账户记载，年度终了时发生的顺差或逆差，通过友好协商解决，或是转入下一年度，或是用自由外汇或货物清偿。记账外汇的特点是：它只能记载在双方银行的账户上，用于两国间的支付，既不能兑换成他国货币，也不能拨给第三者使用。一些彼此友好的国家与第三世界国家之间为了节省双方的自由外汇，常采用记账外汇的方式进行进出口贸易。例如，历史上原来隶属于《华沙条约》组织的东欧国家之间的进出口贸易，曾经采用部分或全部记账外汇方式来办理清算。

2. 根据来源和用途不同

（1）贸易外汇

贸易外汇是对外贸易中商品进出口及其从属活动所使用的外汇是商品进出口伴随着大量的外汇收支。同时从属于商品进出口的外汇收支还有：运费、保险费、样品费、宣传费、推销费以及与商品进出口有关的出国团组费。

（2）非贸易外汇

非贸易外汇是贸易外汇以外所收支的一切外汇。非贸易外汇的范围非常广，主要包括：侨汇、旅游、旅游商品、宾馆饭店、铁路、海运、航空、邮电、港口、海关、银行、保险、对外承包工程等方面的外汇收支，以及个人和团体（公派出国限于与贸易无关的团组）出国差旅费、图书、电影、邮票、外轮代理及服务所发生的外汇收支。

3. 根据外汇的交割期限

（1）即期外汇，又称现汇

是指外汇买卖成交后，在当日或在两个营业日内办理交割的外汇。所谓交割是指本币的所有者与外币所有者互相交换其本币的所有权和外币所有权的行为，即外汇买卖中的实际收支。

（2）远期外汇，又称期汇

是指买卖双方不需即时交割，而仅仅签订一纸买卖合同，预定将来在某一时间（在两个营业日以后）进行交割的外汇。远期外汇，通常是由国际贸易结算中的远期付款条件引起的。买卖远期外汇的目的，主要是为了避免或减少由于汇率变动所造成的风险损失。远期外汇的交割期限从1个月到1年不等，通常是3～6个月。

4. 根据外汇管理对象

（1）居民外汇

居民外汇指居住在本国境内的机关、团体、企事业单位、部队和个人，以各种形式所持有的外汇。居民通常指在某国或地区居住达一年以上者，但是外交使节及国际机构工作人员不能列为居住国居民。各国一般对居民外汇管理较严。

（2）非居民外汇

非居民外汇指暂时在某国或某地区居住者所持有的外汇，如外国侨民、旅游者、留学生、国际机构和组织的工作人员、外交使节等以各种形式持有的外汇。在我国，对非居民的外汇管理比较松，允许其自由进出国境。

汇率是如何标价的

汇率，又称汇价，是一个国家的货币折算成另一个国家货币的比率或比价，也可以说是用一国货币所表示的另一国货币的价格。例如，2015年1月5日美元兑换人民币的汇率中间价是：1美元＝6.2203元人民币。由于国际间的经贸往来必然会引起国与国之间的债权债务和货币收付，因而需要有关国家办理国际结算。这种结算是通过外汇买卖来实现的，为此产生了外汇买卖的价格问题。这种外汇买卖所产生的比价实质上就是外汇汇率。

可见，汇率是随着外汇交易而产生的。汇率从不同的角度，可以有不同的分类，外汇市场的交易视角，汇率可以归为以下几种类型：

1. 固定汇率和浮动汇率

固定汇率指一国货币同另一国货币的汇率基本固定，其波动被限制在极小的范围内，波动幅度很小。

浮动汇率指一国货币当局不规定本币对其他货币的官方汇率，外汇汇率完全由市场供求关系来决定。事实上，完全由市场来决定汇率的浮动的情况并不存在，各国货币当局都审时度势地干预外汇市场，实行有管理的浮动。

2. 基础汇率和交叉汇率

基础汇率指本国货币与基准货币或关键货币的汇率。基准货币或关键货币是国际上普遍使用的、在本国国际收支中使用最多的、在国际储备中比重最大的货币。目前，各国基本上都把美元作为基准货币，通过制定与美元的汇率来套算（交叉）出与其他货币的汇率。我们经常说的直盘就是基础汇率，所说的交叉盘就是交叉汇率。交叉汇率指通过基础汇率套算出的本币对其他货币的汇率，也称"套算汇率"。

3. 买入汇率、卖出汇率、中间汇率和现钞汇率

买入汇率又称"买入价"，指银行向同业或客户买入外汇时使用的汇率。在采用直接标价法的情况下，外币折合本币较少的那个汇率或采用间接标价法时，本币折合外币较多的那个汇率，即为买入价。相对来说，本币折合外币数额较少的那个汇率，即为卖出汇率，也叫卖出价。中间汇率也叫"中间价"，是买入价与卖出价的平均数。

一般来说，外国现钞不能在本国流通，只有将外钞兑换成本币，才能够购买本国的商品和劳务。把外币现钞换成本币，就出现了买卖外币现钞的兑换率，即现钞汇率。

4. 官方汇率和市场汇率

官方汇率指由一国货币当局或外汇管理部门制定和公布的用于一切外汇交易的汇率。市场汇率指在自由外汇市场上买卖外汇所使用的实际汇率。官方汇率与市场汇率之间往往存在差异，在外汇管制较严的国家不允许存在外汇自由买卖市场，官方汇率就是实际汇率。而在外汇管制较松的国家，官方汇率往往流于形式，通常有行无市，实际外汇买卖都是按市场汇率进行的。

值得注意的是，本币与外币的区分是相对的，一般把外汇市场所在地国家的货币视为本币。折算两个国家的货币，首先要明确以哪个国家的货币作为标准，通过变动另一国家的货币来反映比价。由于确定的比较标准不同，因而产生了4种不同的汇率标价方法。

1. 直接标价法

直接标价法也称"应付标价法"，是指以一定单位（1个或100、1000个单位）的外国货币为标准，计算出应付出多少单位的本国货币。也就是说在直接标价法下，外国货币的数额是固定不变的，本币数额的变化表示着外汇汇率的变化。若以一定单位的外币折算的本币增多，说明外汇汇率上浮，即外币对本币升值；反之，若以一定单位的外币折算的本币减少，说明外汇汇率下浮，即外币对本币贬值。目前世界上大多数国家采用直接标价法，我国也采用直接标价法。

2. 间接标价法

间接标价法也称"应收标价法"或"数量标价法"，是指以一定单位（1个或100、1000个单位）的本国货币为标准，计算应收进多少外国货币。

在间接标价法下，本国货币的数额是固定不变的，外币数额的变化表示着外汇汇率的变化。若一定单位的本币折算外币的数额增多，说明外汇汇率下浮，外币对本币贬值；反之，则说明外币对本币升值。目前在世界上只有英、法、美等少数国家使用间接标价法。

3. 双向标价法

外汇市场上的报价一般为双向报价，即由报价方同时报出自己的买入价和卖出价，由客户自行决定买卖方向。买入价和卖出价的价差越小，对于投资者来说意味着成本越小。银行间交易的报价点差正常为2点～3点，银行（或交易商）向客户的报价点差依各家情况差别较大，目前国外保证金交易的报价点差基本在3点～5点，香港在6点～8点，内地银行实盘交易在10点～50点不等。

4. 美元标价法

又称纽约标价法。是指在纽约国际金融市场上，除对英镑用直接标价法外，对其他外国货币用间接标价法的标价方法。美元标价法由美国在1978年9月1日制定并执行，是目前国际金融市场上通行的标价法。其特点是：所有外汇市场上交易的货币都对美元报价，除英镑等极少数货币外，对一般货币均采用以美元为外币的直接标价。

目前，除英国、美国外，国际上绝大多数国家都采用直接标价法。美国在第二次世界大战前也曾采用直接标价法，第二次世界大战以后，随着美元在国际支付和国际储备中逐渐取得统治地位，为了与国际市场上的标价相一致，美国从 1978 年 9 月 1 日起，除了对英镑使用直接标价法外，对其他货币一律使用间接标价法。

世界上著名的外汇市场

外汇交易市场是个现金银行间市场或交易商间市场，它并非传统的实体市场，没有实体的场所供交易进行，交易是通过电话及经由计算机终端机在世界各地进行，直接的银行间市场是以具外汇清算交易资格的交易商为主，他们的交易构成总体外汇交易中的大额交易，这些交易创造了外汇市场的交易巨额，也使外汇市场成为最具流通性的市场。

外汇市场有广义和狭义之分。广义外汇市场是指所有进行外汇交易的场所。为了进行贸易结算，商人须到市场上进行不同货币之间的交换。这种买卖不同国家货币的场所，就是广义的外汇市场。狭义的外汇市场指外汇银行之间进行外汇交易的场所。

外汇市场的类型可以从不同的角度来划分：

1. 根据外汇市场交易的性质，外汇市场可以分为传统外汇市场和创新外汇市场两类。在传统外汇市场上进行的是传统的外汇交易，包括即期外汇交易、远期外汇交易、套汇交易等。在创新外汇市场上进行的是创新的外汇交易，包括外汇期货、外汇期权和货币互换等。

2. 从外汇交易的组织形式看，外汇市场分为有形外汇市场和无形外汇市场两种类型。有形外汇市场的交易参与者在专门的交易所里，在规定的交易时间内，集中起来进行外汇交易。有形外汇市场主要存在于欧洲大陆地区，例如，法国巴黎、德国法兰克福、意大利米兰和比利时布鲁塞尔等地。无形外汇市场没有具体的交易场所，也没有固定的开盘和收盘时间，交易的参与者利用电报、电话、电传和计算机网络等现代化通讯手段进行交易。无形外汇市场普遍存在于英国、美国、日本和瑞士等国家和地区，例如，英国伦敦、美国纽约、日本东京和瑞士苏黎世等地。

3. 根据外汇交易额度的不同，外汇市场分为批发外汇市场和零售外汇市场两类。批发外汇市场是指银行同业之间进行外汇交易的市场，包括从事外汇业务的银行之间、从事外汇业务的银行与中央银行之间以及各国中央银行之间进行的外汇交易。这种交易的额度一般比较大，故称之为批发外汇市场。零售外汇市场是指银行与其客户之间进行外汇交易的市场。一般情况下，这种外汇交易的额度相对于银行同业之间的外汇交易额度来说，要小得多，所以称之为零售外汇市场。

无与伦比的流动性和 24 小时全天候运转的特性，使外汇市场成为专业投资者眼中最理想的市场。目前，世界上有 30 多个主要的外汇市场，它们遍布于世界各大洲的不同国家和地区，世界上著名的外汇交易市场主要有以下几个：

1. 英国伦敦外汇市场

伦敦作为世界上历史最悠久的国际金融中心，其外汇市场的形成和发展也是全世界最早的。目前，在伦敦金融城中聚集了约600家银行，外汇银行和外汇经纪人分别组成了行业自律组织，即伦敦外汇银行家委员会和外汇经纪人协会。伦敦作为欧洲货币市场的中心，几乎所有的国际性大银行都在此设有分支机构，大大活跃了伦敦市场的交易。

由于伦敦地处两大时区交汇处，连接着亚洲和北美市场，亚洲接近收市时伦敦正好开市，而其收市时，纽约正是一个工作日的开始，所以这段时间交投异常活跃。如今，伦敦已经成为世界上最大的外汇交易中心，对整个外汇市场走势有着重要的影响。

2. 美国纽约外汇市场

纽约外汇市场迅速发展成为一个完全开放的市场，是世界上第二大外汇交易中心。第二次世界大战以后，美元成为世界性的储备和清算货币。由于美元在国际货币体系中的特殊地位，美国对经营外汇业务不加限制，政府不指定专门的外汇银行，外汇业务主要通过商业银行办理，商业银行在外汇交易中起着重要的作用。

目前世界上90％以上的美元收付通过纽约的"银行间清算系统"进行，因此，纽约外汇市场有着其他外汇市场所无法取代的美元清算和划拨的功能，地位日益巩固。同时，纽约外汇市场的重要性还表现在它对汇率走势的重要影响上，纽约市场上汇率变化的激烈程度比伦敦市场有过之而无不及。

3. 日本东京外汇市场

东京是亚洲地区最大的外汇交易中心。伴随着外汇管理体制的演变和日本经济的迅猛发展及其在国际贸易中地位的逐步上升，东京外汇市场也日渐壮大起来，从一个区域性外汇交易中心发展为当今世界仅次于伦敦和纽约的第三大外汇市场，年均交易量居世界第三。

4. 欧洲大陆的外汇市场

欧洲大陆的外汇交易市场由瑞士苏黎世市场、法国巴黎市场、德国法兰克福市场和一些欧元区成员国的小规模市场组成。主要是德国的法兰克福市场，交易时间为北京时间14：30～23：00。在交易中比东京市场活跃，汇价的变动也较大。

瑞士苏黎世外汇市场是一个有历史传统的外汇市场，在国际外汇交易中处于重要地位。这一方面是由于瑞士法郎是自由兑换货币；另一方面是由于二战期间瑞士是中立国，外汇市场未受战争影响，一直坚持对外开放。其交易量原先居世界第四位，但近年来被新加坡外汇市场超过。

5. 中国香港外汇市场

中国香港外汇市场是20世纪70年代以后发展起来的国际性外汇市场。自1973年香港取消外汇管制后，国际资本大量流入，经营外汇业务的金融机构不断增加，外汇市场越来越活跃，发展成为国际性的外汇市场。香港外汇市场是一个无形市场，没有固定的交易场所，交易者通过各种现代化的通信设施和电脑网络进行外汇交易。中国香港特别行政区地理位置和时区条件与新加坡相似，可以十分方便地与其他国际外汇市场进行交易。

6. 大洋洲的两个外汇市场

大洋洲的外汇市场主要是惠灵顿外汇市场和悉尼外汇市场。惠灵顿外汇市场是全球每天最早开市的市场，交易时间为北京时间 4:00～13:00。两个小时之后，悉尼外汇市场开市。其收市也要晚两个小时。主要交易本国货币和美元。

7. 新加坡外汇市场

新加坡外汇市场是由国内及国外商业银行和货币经纪商参与经营的，市场交易以即期交易为主，同时远期和投机交易也非常活跃。参与新加坡外汇市场的主要机构有：本国银行、外国银行及分支机构、外汇经纪商、新加坡金管局、政府机构、企业、公司和个人。

外汇市场是一个买卖同时进行的双向市场，因每天的交易量高达 3.2 万亿美元而成为目前世界上最大、资金流动性最强的市场。

外汇的交易可以在纽约、伦敦、东京或是世界任何地方进行，拥有数量庞大的参与者及多样化的背景，就连政府都没有能力干预外汇市场。

外汇交易的主要参与者

外汇市场的参与者就是外汇市场的参与主体，主要有外汇指定银行、客户、中央银行、外汇经纪商等。

1. 外汇指定银行

外汇指定银行是外汇市场上最重要的参与主体。外汇银行是外汇市场的主要角色，它是外汇供求的中介机构，也是主要的报价者。外汇银行又叫外汇指定银行，是指经过本国中央银行批准，可以经营外汇业务的商业银行或其他金融机构。外汇银行不但对客户买卖外汇，而且还在同业银行之间进行大量的交易，一些大的外汇银行还是市场的创造者。

在美国外汇市场上，纽约的十几家大型商业银行和其他主要城市的几十家大型商业银行，实际上扮演着"造市商"的角色。由于它们经常在外汇市场上大规模地进行各种货币的买卖，使得外汇市场得以形成并顺利运转。一方面，外汇指定银行充当外汇供求的核心机构；另一方面，又通过与中央银行、其他外汇指定银行之间的外汇交易，来调整其自身在外汇市场中的头寸状况。

外汇银行买卖外汇，要产生差额，形成外汇头寸的盈缺。由于市场上汇率千变万化，银行外汇头寸的盈缺都会带来损失，因此外汇银行要对多余的头寸进行抛出，或对短缺的头寸进行补进。各外汇银行都进行头寸的抛补，就形成了银行间的外汇交易市场。

2. 中央银行及其他官方机构

各国的中央银行是外汇市场上另一个重要的参与主体。各国的中央银行都持有相当数量的外汇作为该国国际储备的重要组成部分，同时承担着维持本国货币金融稳定的职责。

中央银行参与外汇市场的目的不是获利，而是通过制定和颁布一系列条例和法令来维持外汇市场的交易秩序；通过买进或抛出某种国际性货币的方式来对外汇市场进行干预，以便能把本国货币的汇率稳定在所希望的水平或幅度内，从而实现本国货币金融政策的意图。因此，中央银行不但是外汇市场的参与者，而且是外汇市场的操纵者。

中央银行对外汇市场的干预程度、范围和频率主要取决于该国政府实行的汇率制度种类。例如，一国货币实行与别国货币相联系的固定汇率制度，则该国中央银行的干预程度就明显比实行浮动汇率制度的国家大得多。一般说，中央银行在外汇市场上的交易额并不很大，但其影响却非常广泛。因为外汇市场的参与主体都密切地注视着中央银行的举措，以便及时追踪和把握政府宏观经济决策的有关信息，进而采取相应的交易策略。所以，中央银行在外汇市场上的一个微小举措，也会对一国货币汇率产生重大影响。有些时候，会有几个国家的中央银行联合干预外汇市场，其效果更为明显。

3. 公司或个人

在外汇市场上，凡是与外汇指定银行有外汇交易关系的公司或个人，都是外汇指定银行的客户，他们是外汇市场上的主要供给者和需求者，他们在外汇市场上的地位和作用仅次于外汇指定银行。客户参与外汇市场的目的各不相同，有的是为实施某项经济交易而买卖外汇，如从事国际贸易的进出口商，到东道国投资的跨国公司，发行国际债券或筹措外币贷款的国内企业，等等；有的是为调整资产组合结构或利用国际金融市场的不均衡状况而进行外汇交易，如买卖外国证券的投资者，在不同国家货币市场上赚取利率差异收益和汇率差异收益的套利者和套期保值者，赚取风险利润的外汇投机者。

此外，还有其他小额的外汇供求者，如留学生、汇出或汇入侨汇者、国际旅行者、提供或接受外币捐赠的组织或个人等。在这些客户中，最重要的是跨国公司，跨国公司在实施全球经营战略时涉及多种货币的巨额收入和支出，非常频繁地进出外汇市场。

4. 外汇经纪商

外汇经纪商是介于外汇指定银行之间、外汇指定银行和其他市场参与主体之间，进行联系、接洽外汇买卖，从中赚取经济佣金的经济公司或个人。外汇经纪人是一种代理性质的专门职业，他们所买卖的不是自己的头寸，因此不负担外汇交易的盈亏风险，也不得利用差价图利。

外汇经纪商与外汇指定银行和客户之间联系密切，熟悉外汇市场供求行市，他们了解各种信息并能够及时把握外汇市场行情，能够根据买卖双方的条件和意愿，使买卖双方能在适当的交易价位上找到合适的交易对象，从而提高外汇交易的效率。

了解炒汇的基本术语

对于准备投身于外汇投资的人而言，必须要了解一些炒汇的基本术语。

1. 直盘和交叉盘

直盘是指非美货币与美元比率的货币对，我们主要交叉的直盘货币对包括：美元/日元，欧元/美元，英镑/美元，美元/瑞郎，澳元/美元，美元/加元。

交叉盘则是指美元之外的货币相互之间的比率，比如，欧元/日元，欧元/英镑，英镑/日元，欧元/澳元等等。

2. 多头、空头

大家常听到的做多、做空。这些成对的术语，前面一个词都是表示买进某个货币对的看涨合约，后者都是指买进某个货币对的看跌合约。买进某个货币对的看涨合约之后，称之为该货币对的多头；买进某个货币对的看跌合约之后，称之为该货币对的空头。

比如，我们常说的：持有欧元/美元多头头寸，即表示已经在此前买入了欧元/美元，现在处于持有状态。

3. 头寸、平仓

头寸，也称为部位，确切的概念应该是市场约定的合约。应用说明：投资者买入了一笔欧元多头合约，就称这个投资者持有了一笔欧元多头头寸；如果做空了一笔欧元，则称这个投资者持有了一笔欧元空头头寸。当投资者将手里持有的欧元头寸卖回给市场的时候，就称之为"平仓"。

4. 揸、沽

源于粤语，分别是做多和做空的意思。

5. 波幅、窄幅波动

波幅是指汇价一段时间内的最高价和最低价之间的幅度，比如，单日波幅指某个交易日汇价的最高价和最低价之间的幅度。我们在了解某个货币的习性的时候，需要注意观察这个货币的常规波幅，不要经常性地做超出常规波幅的判断，以减少分析的准确率。

窄幅波动，一般指一段时间内汇价的波幅处于 30 点以内。窄幅波动的内在含义是汇价短线处于酝酿过程，往往刚刚经历了一轮波幅比较大的走势，出现窄幅波动是在为下一轮较大波幅走势积蓄动能。

6. 支撑、阻力

支撑和阻力都是技术分析中的基本术语，在日常分析和操作中会经常用到。

支撑，表示某货币对在向下运行的过程中可能遭遇买盘支持的价位；阻力，则是某货币对在上涨过程中可能遭遇卖盘打压的价位。支撑和阻力价位可能由趋势线产生，也可能由百分比分割产生，还可结合多种分析方法进行推断。

关键的支撑和阻力价位往往能起到确认汇价运行方向的效果。

7. 突破、假突破

突破往往指对关键支撑或者阻力价位的越过走势，对汇价接下来的运行节奏有指示意义。而假突破则是指汇价越过了关键的支撑或者阻力价位，但是很快又回到突破前的价格范围内，并能表明汇价不会按照突破的指示意义继续运行。

8. 反抽

又叫回抽，是指在突破某些关键的支撑或者阻力价位之后，汇价再回撤到原来的支撑或者阻力价位附近的过程，此后汇价再按照突破的方向运行。

9. 空头回补，多头回补

空头回补是指某货币对的多头拉动汇价突破某关键阻力，导致的空头做出的被动离场行为，空头的离场自然会以买入多头头寸为实际行为，这样做的结果是推动汇价进一步向多头有利的方向运行。

多头回补则刚好与空头回补相反，是多头头寸持有者离场的行为，推动汇价向空头有利的方向运行。

当汇价越过关键阻力或者支撑的时候，空头回补或多头回补一旦发生，可能引发速度较快的短线行情。

10. 止损

离场的一种方式，主要目的是为了保护资金安全，在市场走势与判断有差异时，需要及时地止损离场，避免损失无谓地扩大。学会及时止损是在外汇市场生存的必要技能，止损的放置基本原则是放在关键支撑的下方、关键阻力的上方。

11. 基本面、技术面

基本面分析和技术面分析是外汇走势分析的两大方法，其中基本面分析主要分析的是全面的经济、政治、军事等数据，它们是决定汇率长期走势的根本因素，借助基本面分析主要有利于把握汇率走势的大方向；技术面分析重在借助技术指标来分析汇率运行的阶段性趋势、节奏、价位、支撑阻力等，并以此来指导操作。

12. 交割日

外汇即期或远期交易的结算如期，我们更经常地在外汇期货、期权的交易中用到，交割日在其到期日之后的约定日期，而我们最常见的外汇实盘和保证金交易都是采取当日为交割日，所以一般不会用到这个名词。

外汇交易的盈亏计算

投资外汇，必定是以盈利为目的的。任何投资都是需要计算机会成本的，外汇投资当然也不例外。比如，美元一年的存款利率是 3％，那么我们在其他市场投资或者说进行外汇交易的时候，如果一年的收益率小于 3％，仍然是亏损，达到 3％才刚好达到了平手，毕竟我们在进行外汇交易的时候付出了风险，所以只有得到更大的收益才能算是物有所值。

投资者在投资之前，必须要了解外汇交易中的盈亏可能。

1. 实盘交易的盈亏计算

实盘外汇买卖的盈亏计算与股票基本一致，是 1∶1 的实际买卖。

比如，某投资者在 1.1900 价位用 10 万美元买入欧元，后平仓于 1.2100，赢利 200 点，赢利金额为：100000 美元/1.1900×1.2100－100000 美元＝1680.67 美元；如果平仓价位在 1.1800 产生亏损，则亏损金额为：100000 美元/1.1900×1.1800－100000＝－840.34 美元，即亏损了 840.34 美元。

计算公式为：

本金/买入汇率×卖出汇率－本金＝盈亏金额

2. 外汇保证金的盈亏计算

外汇保证金交易是一种合约交易，所以它的盈亏计算方式与实盘有很大的差异。这里采用放大比例为 100 倍的杠杆交易进行说明，100 倍放大比例是海外保证金交易最常见的比例，而风险大小并不取决于倍数，只取决于投资者所采用的仓位的大小。

（1）做多。比如，某投资者在 1.1900 价位做多欧元，仓位为 1 个标准单（占用保证金 1000 美元），后平仓于 1.2100，赢利 200 点，欧元每点价值 10 美元。赢利金额为：(1.2100－1.1900)×10＝2000 美元。

如果亏损，上述头寸平仓于 1.1850，那么亏损金额为：(1.1850－1.1900)×10×1＝－500 美元。

计算公式为：

每点价值×（平仓价－入场价）×仓位＝盈亏金额

（2）做空。比如，某投资者在 1.1900 价位做空欧元，仓位为 1 个标准单（占用保证金 1000 美元），后平仓于 1.1800，赢利 100 点，欧元每点价值 10 美元。赢利金额为：(1.1900－1.1800)×10×1＝1000 美元。

如果亏损，上述头寸平仓于 1.1950，那么亏损金额为：(1.1900－1.1950)×10×

1＝－500 美元。

计算公式为：

每点价值×（入场价－平仓价）×仓位＝盈亏金额

不同货币的每点价值也有所差异，比如，欧元、英镑、澳元等货币标准单每点价值都是 10 美元，而日元、瑞郎、加元的标准单每点价值均不到 10 美元，交叉盘的每点价值也分别不同。

在保证金交易的盈亏计算中，如果持仓过夜，还应考虑到各个货币的隔夜利息差异。就某个货币对而言，做空低息货币/高息货币，可以得到隔夜利息，做多低息货币/高息货币需要付出隔夜利息；做多高息货币/低息货币可以得到隔夜利息，做空高息货币/低息货币需要付出隔夜利息。隔夜利息是会经常变动的，主要由资金在国际市场上的信贷需求和各货币的自身利率决定。

外汇如何开户

凡持有有效身份证件、拥有完全民事行为能力的境内居民个人，均可进行个人实盘外汇交易。开户是进行外汇买卖的第一步。

投资者只要有一定的外汇资金（各个银行的开户起点金额不同），并且携带本人身份证件，即可去任何一家银行网点办理开户手续，在填写个人外汇买卖申请书并签字后，开通"外汇宝业务"与电话委托服务，即完成开户。目前，中行、农行、工行、建行、交行和民生银行等都开通了个人外汇买卖业务。

其开户具体步骤为：到银行柜台申请开一个外汇账户，然后购汇存入该账户，与银行签订外汇交易协议，申请开通网上银行，然后在家里用个人电脑登录该银行的网站，进入网上银行进行交易即可。

国内外汇保证金交易投资者一般需要通过国内的外汇经纪商或者直接登录国外的投资公司网站申请开户，比较发达的外汇交易市场基本是在欧美国家，主要集中在美国和英国，其中美国管制最为成熟和严格。

外汇保证金交易开户的基本流程如下：

1. 准备资料

准备第一份资料就是填写外汇交易商提供的《开户申请表》，内容一般包括：风险揭示、隐私政策告示、外国客户告示、外汇客户协议书、账户申请表。此外，投资者还需要备好两份材料：政府颁发的身份证明文件和地址证明。一般地址证明文件只要提供身份证明上的地址就可以了。

2. 发送材料

投资者准备好材料之后，就可以直接发送给外汇交易商进行核对开户，通过传真、电子邮件以及邮政快递都可以。

3. 收到账户号码

开户人在发出开户资料后的 1~2 个工作日之内，就会在自己的电子邮箱里面收到账户号码。账户号码是直接由国外的外汇交易商通过电子邮件发送到开户人在《开户申请表》中登记的电子邮箱里面，所以《开户申请表》里面登记的电子邮箱地址一定要准确。

4. 汇款

在拿到个人外汇交易账户号码后，开户人就可以向外汇账户汇款了，因外汇交易商是在国外，而且受到当地监管机构的监督，开户人只能汇款到国外外汇交易商的托管银行的账户内，只能用外币汇款，大多数时候是用美元，有的外汇交易商也允许用其他的外币汇款。汇款方式包括信用卡汇款、支票汇款、邮政汇款等。

5. 交易

在外汇交易商收到开户人的汇款后，会向开户人发送电子邮件通知其汇出的款项已经收到，而且告知开户人登录交易平台的用户名和密码。在收到登录交易平台的用户名和密码之后，开户人就可以从外汇交易商的网站上下载交易软件，下载安装好了以后，用用户名和密码登录即可交易。

目前来看，国内外汇交易的方式主要有两种：外汇实盘和外汇保证金交易。投资者可以根据自身的风险承受能力和资金规模来选择交易方式。

选择外汇交易的平台

外汇保证金交易具有很多优点，但怎样选择外汇保证金公司，对普通投资者来说并不是容易的事。目前进入中国的外国保证金公司大约有几百家，那么怎样才能选到适合自己的交易平台？需要注意哪些方面呢？

1. 选择具备良好监管的公司

在市场出现较大波动的情况下，风险控制能力较弱的保证金公司存在较大的亏钱甚至破产的可能。因此，选择监管适度的保证金公司比较安全，特别是当出现系统性金融风险时投资者的保护网有大银行和国家两层，中小投资者会得到一定程度的保护，保证金公司破产的风险较小。

2. 保证金平台的稳定性要好

保证金平台本身运转的稳定性及其与国际市场（报价）数据的一致性非常重要。由于风险管理水平和能力不同，平台所用软件的性能和先进程度（服务器大小）不同，以及网络服务器距离中国远近的不同等原因，各家保证金平台运转的稳定性差别很大。

有的平台当国际市场发生大波动时甚至经常瘫痪，使投资者无法交易，这样的平台当然不能选。还有的平台稳定性差，佣金或点差是随价格变动幅度而浮动的，这种平台最好也别选。

3. 出入金渠道必须畅通

与出金相比，入金可能更重要，因为保证金交易可能出现必须立刻补仓的需求。如果渠道不畅通，一笔汇款三天才到，投资者的仓可能早爆了。当然，出金也要快，但是，安全更重要。由于保证金公司与客户都是不见面的，大多数情况下是通过网络联系，为了避免内部人"盗窃"客户资金，许多保证金公司都要求客户在出金时必须在"出金申请"上签字。有投资者可能认为这很烦琐，而这正是保护投资者所必须的。

现在大多数保证金公司存在地下通道出入金的问题，而能够解决这一问题的保证金公司非常少，因此，投资者最好选择有正规出入金渠道的保证金公司。

4. 公司要有诚信

现在有些保证金公司存在道德问题。有的保证金平台以为它们在海外注册，投资者不可能诉告它们，因此经常变换收费标准或采用隔夜利息计算方法，甚至调整点差，制定"霸王"条约。这类保证金公司，投资者会在网上进行投诉，因而可以搜索到。

初选保证金公司的投资者必须问清：佣金等收费标准和隔夜利息的计算方法会不会任意变动，交易点差是不是固定，会不会随着行情变化而任意调整。更要到网上查一查，它们有没有"霸王开店"的"前科"，有没有随意变更交易费用的"恶行"。

5. 交易成本要合理

目前，各家保证金平台的交易费用也是千差万别的，有的高达20点，有的只有两三点，有的甚至在广告中宣称没有点。必须强调，任何保证金交易平台都必须支付成本，而且主要是交易成本，因此，没有成本或成本很低未必就好。正常来说，一般4个点左右是保证金公司维持基本正常运转的保本点，6个点有正常的赢利。高于6个点，属于费用偏高，低于3个点则是自欺欺人，投资者要小心。

6. 尽量选择在国内有代理业务的保证金公司

客观地讲，敢于公开地代理境外保证金公司业务的国内机构现在也非常少，但并不等于没有。有机构代理肯定比找不到人好。境外保证金平台大都远在国外，而投资者经常会遇到许多问题需要咨询。如果什么事都打（国际）长途，那么对于投资者来说是很不公平的。而国内有代理，随时可以帮助投资者解决开户、出入金以及操作中出现的各种问题，并为投资者提供各种各样的咨询服务，包括操作支持。

对于投资者尤其是个人投资者来说，选择国内有代理咨询服务机构的保证金公司是上上之选。

选择外汇交易时段的技巧

由于所处的时区不同，各外汇市场在营业时间上此开彼关，但一个市场结束后，往往就为下一个市场的开盘定下了基调。这些市场通过先进的通讯设备和计算机网络连成一体，市场的参与者可以在世界各地进行交易，由此形成了全球一体化运作、全天候运行的国际外汇市场。

虽然世界各地的外汇交易市场被距离和时间所隔，它们各自独立又相互影响。这些外汇市场以其所在的城市为中心，辐射周边的其他国家和地区。若以北京时间为标准，每天凌晨的时候，从新西兰的惠灵顿开始，直到次日凌晨的美国西海岸市场的闭市，澳洲、亚洲、北美各大市场首尾衔接，在营业日的任何时刻，交易者都可以寻找到合适的外汇市场进行交易。

尽管外汇市场是 24 小时交易，但在交易时段的选择上还是有一定的技巧的。以下是一些交易时段的经验：

以北京时间作为参考，我国的外汇交易时间以前是早上 9:30 至早上 11:00，2003 年 2 月 8 日调整为早上 9:30 至下午 3:30，午间不休市。外汇市场交易时间的延长，对于投资者参与全球外汇交易具有积极的意义。

作为投资者，必须要明白，在全天 24 小时中，外汇市场每个交易时段都有其自身的规律和特性，所以投资者只需要了解它的规律，在适当的时段采取相应的策略，就可大大提高交易成功率，同时也可避免交易风险。

外汇市场区别于其他交易市场最明显的一点就是时间上的连续性和空间上的无约束性。

换句话说，在一个 24 小时不停运转的外汇市场上，主要的波动和交易时间在周一新西兰开始上班到周五美国芝加哥下班。周末在中东也有少量的外汇交易存在，但基本上可忽略不计。这些交易属于正常的银行间兑换，并非平时的投机行为。

1. 清晨 5:00 至中午 12:00 时间段

这一时段主要是亚洲和澳洲市场活动的时间，由于整体经济实力相对较弱，再加上市场主要炒作的是欧洲和美洲的货币，这一市场所受的推动力量较小。一般振荡幅度在 30 点以内，且没有明显的方向。这段行情多为调整和回调行情，一般与当天的走势相反，如：若当天走势上涨，则这段时间多为小幅振荡的下跌，此时风险低，收益也低，不适合交易。

2. 下午 1:00 至下午 3:30 时间段

这一时段为欧洲开市前夕，交易及资金量都会逐渐增加，且此时段也会伴随着一些对欧洲货币有影响力的数据公布。所以此时段可说是黎明前的黑夜，市场和图形都开始酝酿，这一时段基本上是每天最好的也是第一次的进场时段。这一时段波动不会太大，主要是做图形或是从技术上给投资者以暗示。此时投资方向一般与当天大势相反，或是做出有效的技术信号支持大家交易。风险中等，收益较低，适合建仓。

3. 下午 4:00 至下午 6:00 时间段

这一时段欧洲开始交易，资金量和受关注程度增加。这一时段才是每天外汇市场行情的真正开始。在上时段建仓的投资者此时段则可尽获收益了；没有及时交易的投资者，则在其已经开始部分行情后不要追势，最好等到回调时再进入。此时风险中等，收益高，不适合临时建仓。

4. 晚上 7:00 至晚上 8:30 时间段

这一时段为欧洲的中午休息和美洲市场的清晨，交易平淡，多为回调上一波行情，是入场的第二次机会。此时风险低，收益低，适合建仓。

5. 晚上 9:00 至凌晨 00:00 时间段

这段时间是美洲市场和欧洲市场同时交易的时段，按照资金和关注性来说是最密集的时候，行情波动自然也最大，一般是大势振荡的真正时刻。此时风险高，收益也高，不适合临时建仓。

6. 凌晨 00:30 至凌晨 4:00 时间段

这一时段为美国的下午盘，一般在此时已经走出了较大的行情，这段时间多为对前面行情的技术调整。不过有些很重要的美国数据会在这个时段公布，所以偶尔会出现瞬间大幅波动的情形，如果有重要数据应及时平仓，以避免风险。此时风险有高有低（根据当时具体情况确定），收益低，不适合交易。

通过对各时间段特点的分析，我们可以看出，中国的外汇交易者拥有别的时区不能比拟的时间优势，就是能够抓住下午 3:00 至凌晨 00:00 的这个波动最大的时间段。一般的投资者都是从事非外汇专业的工作，从下午 5:00 下班到凌晨 00:00 这段时间是自由时间，正好可以用来进行外汇投资，不必因工作的事情而分心。

外汇买卖的技巧

任何事物的发展都有一定的规律，外汇市场的变化也不例外。因此，投资者可以根据外汇市场的变化规律运用一些技巧来获得收益。

1. 利上加利

利上加利，即在汇市对自己有利时追加投资以获取更大利益。但投资者必须对行情判断准确，并且坚定信心。例如，当汇市朝着预测的方向发展，且已升到你预测的某个点时，本来出手即可获利，但如果你不满足于这点小小的利润，并坚信汇价还会上涨，而且也无任何表明汇价将下跌的迹象，则应加买，扩大投资额。如果行情接着高涨，那么，即使不能全胜，但大胜已是确定无疑了。

同样道理，当汇市明显下落的时候，也可以采用加利技巧，只不过需要改变交易位置罢了。

2. 自动追加

当汇市比较平稳，没有大的波动，而只在某一轴心两边小幅度摆动，即汇市处于盘局时，便可以采用自动追加技巧。具体操作是：当你已确认汇市处于盘局时，便在最高价位卖出而在最低价位买入，如此反复操作。表面上看，这种操作似乎违背顺势而作的做法，而且每次获利不多，但因为多次反复操作，收益是积少成多，总的利润是相当可观的。

3. 积极求和

当入市后，发觉市势向相反方向运动，则必须冷静，认真分析所出现的情况，不可盲目交易。如果你经过认真分析后，确认市势已经见底，不久即可反弹，便可一直追买下去。这样，等到汇价反弹时，便可以逐步获利。即使汇价反弹乏力，也可以抓住机会打个平手。

4. 双管齐下

如果确认行情是上下起伏波动，呈反复状态，则可以在汇价升到高价位时追买，当汇价跌至低价位卖出，以平掉开始入市时的淡仓而套取利润，同时用再一次的高价位点入市以平掉前次的追仓获得。这样不仅没有亏损，反而有利可图，这种双管齐下的技巧（即低价位时卖出而高价位时买进），实际上是以攻为守和以守为攻的技法。但运用这一技巧时必须小心，绝不可多用，因为一旦汇市趋势呈单边状况而不是反复波动，就会无法套利平仓。

外汇交易的方式

投资者选择合适的外汇买卖方式，可以有效提高交易的便捷性和准确性，节省时间和费用，避免由于交易方式不当而造成不必要的损失。当然哪种方法比较好，是因人因事而异的。一般来说，传统的外汇交易方式有柜台交易、电话交易、自助终端交易；新兴的外汇交易方式有网上交易、手机交易等。

在这里我们重点介绍柜台交易、网上交易、电话交易。

1. 柜台交易

柜台交易是指交易者直接通过银行柜台，对银行大屏幕显示器所报价格予以确认，从而完成个人外汇的买卖交易。交易是柜台即时成交、即时清算。这种交易方式最直接、最普遍，是开办此业务的各大商业银行竞相提供便利条件的最基本的交易方式。柜台交易一般有以下几个步骤：

（1）填写《个人外汇买卖申请书》。

（2）将该《个人外汇买卖申请书》连同储蓄通用存折或现钞交给银行职员审核清点。

（3）银行职员审核确认后，根据《个人外汇买卖申请书》打印《个人外汇买卖证实书》，一式两联，交易者确认。

（4）交易者签字确认，成交汇率以《个人外汇买卖证实书》为准，复核员复核后，还给交易者保存，柜台即时交易结束。

虽然说起来简单，但在这短短的时间内包含着交易者的智慧、分析和判断。

2. 电话交易

电话交易方式的优势是方便省力，可运筹帷幄。缺点是操作间接，不能直接看到屏幕报价显示。电话交易包括即时电话交易和电话委托交易，下面具体介绍一下这两种电话交易：

第一，即时电话交易。

个人外汇买卖即时电话交易是指交易者使用银行的个人外汇买卖电话交易系统，进行不同币种之间的外币兑换，当即完成买卖的交易方式。其具体步骤如下：

（1）填写《个人外汇买卖电话交易申请书》。

（2）开立外币定期存款的账户，有的银行规定为活期通用存折。

（3）设定电话交易的专用编号或密码。客户可随时通过银行个人外汇买卖电话交易系统对自己设定的密码进行更改。只有账号加密码输入正确，才能打开账户进行各类交易。因此需要注意的是，凡掌握密码而实现的交易，银行均视为客户本人所为，因泄露密码而导致的一切后果，银行则不承担责任。因此，一定要注意密码的安全。

第二，电话委托交易。

外汇买卖电话委托交易也就是挂盘交易，又称"挂篮子"或"委托交易"，即开始允许投资者根据自身判断决定合理的买卖成交价格。比如说投资者把买卖币种、交易金额及期望成交价格通过电话交易系统输入给银行，银行视市场情况并按时间优先原则决定是否受理投资者的指令。银行一旦受理投资者的指令即按达到或优于投资者指定价格执行投资者指令，电脑即自动成交，实际成交价格就成为银行当时牌价。外汇买卖挂盘交易的引入，使得个人外汇买卖交易更加便利。

3. 网上交易

网上外汇交易的发展，打破了地域的局限，使得原来必须依赖本地经纪商才能参与外汇交易的个人和小型机构投资者可以更加方便地进行外汇投资。

虽然网上外汇交易的历史不长，但是发展很快，目前市面上大部分电子交易平台不但功能多样化，而且十分易用。

具体来说，网上外汇交易的优点体现在以下3个方面：

（1）成交速度更快。在步调快速的外汇市场上时间就是一切。网上交易的执行只需几秒钟，保证投资者不会错过任何市场机会。

（2）交易费用更低。外汇市场的场外交易结构特别是高效率的电子化交易系统缩减了大部分的成交和结算费用，降低了交易支出。

（3）价格透明度更高。投资者不用像过去那样给四五家银行来来回回打电话，只需要看着一个屏幕，就能知道多家银行的买卖报价，而且数据要实时更新。

除以上三种外汇交易方式，投资者还可以选择自助终端交易（指投资者在银行营业时间内，通过营业厅内的个人理财终端，按规定的方法自行操作，完成个人外汇买卖交易的方式）、手机交易（现在有些银行和手机运营商合作，推出了手机买卖外汇的业务）等交易方式。总之，投资者可以根据自己的实际情况灵活选择适合自己的外汇交易方式。

即期外汇交易的方式

"即期"一词的意思是交易"当时"（on the spot）就完成，即期外汇交易又称现汇买卖，是指交易双方以约定的汇率交换两种不同的货币，并在两个营业日内进行结算交割（Delivery）的外汇交易。

即期外汇交易是外汇市场上最常用的一种交易方式，占外汇交易总额的大部分。即期交易在之后的两个营业日内交割。交割是指外汇交易双方互相交换货币的行为。交割的那个营业日称为交割日（Delivery Date）。

即期外汇买卖不但可以满足买方临时性的付款需要，也可以帮助买卖双方调整外汇头寸的货币比例，以避免外汇汇率风险。我国个人外汇交易的实盘交易和保证金交易都属于即期外汇交易的范围。由于即期外汇交易只是将第三天交割的汇率提前固定下来，它的避险作用十分有限。

根据交割方式不同，可将即期外汇交易分为三种：

1. 电汇交割方式，简称电汇（Telegraphic Transfer，T/T）

银行卖出电汇是指汇款银行应汇款人的申请，直接用电报、电传通知国外的汇入银行，委托其支付一定金额给收款人的一种汇款方式。电汇交割方式就是用电报、电传通知外汇买卖双方开户银行（或委托行）将交易金额收付记账。电汇的凭证就是汇款银行或交易中心的电报或电传汇款委托书。

2. 票汇交割方式，简称标汇（Demand Draft，D/D)

银行卖出标汇是指汇款银行应汇款人的申请，开立以国外汇入银行为付款人的汇票，交由汇款人自行寄给收款人或亲自携带前往，凭票向付款行取款的一种汇款方式。票汇交割是指通过开立汇票、本票、支票的方式进行汇付和收账。这些票据即为汇票的凭证。

3. 信汇交割方式，简称信汇（Mail Transfer，M/T）

银行卖出信汇是汇款银行应汇款人的申请，直接用信函通知国外的汇入银行委托其支付一定金额给收款人的一种汇款方式。信汇交割方式是指用信函方式通知外汇买卖双方开户行或委托行将交易金额收付记账。信汇的凭证就是汇款行或交易中心的信汇付款委托书。

上述三种汇款方式的成本与效益是不同的。在汇款收付过程中，收入本币与付出外币之间因汇款方式的不同存在着时差，从而决定不同汇款方式的不同汇率，而汇率高低又取决于时差的长短。汇款在途时间长，银行可利用这笔资金的时间就多，收益就大，但费用会变小，因此银行报价也较低。反之，时间短，银行可利用这笔资金的时间就短，收益就小，但费用会变大，这就是银行报价较高的原因。

一般来说，现阶段汇率都是以电汇汇率为基础来计算的，电汇汇率成了即期交易的基础汇率。随着电子计算机的广泛应用和国际通信日益网络化，邮期也就大为缩短，因此几种汇款形式之间的差别正在逐渐减少。

企业通过进行与现有敞口头寸（外汇资产与负债的差额暴露于外汇风险之中的那一部分资产或负债）数量相等、方向相反的即期外汇交易，可以消除两日内汇率波动给企业带来的损失。

远期外汇交易的方式

远期外汇交易又称期汇交易，是指以在当前营业日约定的汇率并在约定的未来某一个日期进行交割的外汇交易。远期外汇交易的未来交割日、交割汇率和货币金额都是在合同里事先规定的。

20 世纪 70 年代初期，国际范围内的汇率体制从以固定汇率为主导转向以浮动汇率为主导，汇率波动加剧，金融市场蓬勃发展，从而推动了远期外汇市场的发展。

远期外汇交易的主要方式有以下两种：

（1）直接的远期外汇交易：是指直接在远期外汇市场做交易，而不在其他市场进行相应的交易。银行对于远期汇率的报价，通常并不采用全值报价，而是采用远期汇价和即期汇价之间的差额，即基点报价。远期汇率可能高于或低于即期汇率。

（2）期权性质的远期外汇交易：公司或企业通常不会提前知道其收入外汇的确切日期。因此，可以与银行进行期权外汇交易，即赋予企业在交易日后的一定时期内，如 5~6 个月内执行远期合同的权利。即期和远期结合型的远期外汇交易。

远期外汇交易还有一种特殊的交易形式——择期外汇交易。这是一种交割日期不固定的外汇买卖形式，客户可以在将来某一段时间（通常是一个半月内）的任何一天按约定的汇率进行交易。

远期外汇交易是有效的外汇市场中不可缺少的组成部分。最常见的远期外汇交易交割期限一般有 1 个月、2 个月、3 个月、6 个月、12 个月。若期限再长则被称为超远期交易。远期外汇交易的作用是避险保值。确定其交割日或有效起息日的惯例为：

（1）任何外汇交易都以即期交易为基础，所以远期交割日是以即期加月数或星期数。若远期合约是以天数计算，其天数以即期交割日后的日历日的天数作为基准，而非营业日。

（2）远期交割日不是营业日，则顺延至下一个营业日。顺延后跨月份的则必须提前到当月的最后一个营业日为交割日。

（3）"双底"惯例。假定即期交割日为当月的最后一个营业日，则远期交割日也是当月的最后一个营业日。

远期外汇买卖主要有以下几方面的特点：

（1）双方签订合同后，无需立即支付外汇或本国货币，而是延至将来某个时间支付。

（2）买卖的目的，主要是保值，避免外汇汇率涨跌的风险。

（3）买卖规模较大。

（4）外汇银行与客户签订的合同须经外汇经纪人担保。

在国际贸易中，进出口商务合同中所使用的计价和结算货币往往与进口商手中实际持有的货币不一致，而合同的支付一般是在将来的一定时期。为了避免在付款时外汇汇率的变化，进口商可以事先进行远期外汇交易，固定成本，规避将来在付款时因汇率变化带来的风险。

某一香港进口商向美国买进价值 10 万美元的商品，约定 3 个月后交付款，如果买货时的汇率为 US＝HK7.81，则该批货物买价为 78.1 万港元。但 3 个月后，美元升值，港元对美元的汇率为 US＝HK7.88，那么这批商品价款就上升为 78.8 万港元，进口商得多付出 0.7 万港元。如果美元继续猛涨，涨至 US＝HK8.00 以上，香港进口商进口成本也猛增，甚至导致经营亏损。所以，香港的进口商为避免遭受美元汇率变动带来的损失，在订立买卖合约时就向美国的银行买进这 3 个月的美元期汇，以此避免美元汇率上升所造成的成本风险，因为届时只要付出 78.1 万港元就可以了。

由此可见，远期外汇交易的主要用途是规避国际贸易和国际金融活动中的汇率风险。通过远期外汇交易，交易者可以事先将外汇的成本或收益确定下来，避免或减少汇率变动带来的风险。

在国际借贷中，借款货币与借款人的实际经营收益的货币不一致，而借款的偿还期一般又是在远期。如果以实际经营收益作为还款资金来源，借款人就面临汇率风险。为避免还款时汇率变化可能带来的损失，借款人可以先进行远期外汇交易，将还款金额固定，避免将来还款时可能遭遇的汇率风险。

了解掉期交易

掉期交易是外汇交易中的一种重要的交易形式，通过掉期交易，可以低成本筹集到自身所需的资金。那么，什么叫掉期交易呢？

掉期交易是指在买入或卖出即期外汇的同时，卖出或买进同一货币的远期外汇，以防止汇率风险的一种外汇交易。是指在即期买入甲货币卖出乙货币的同时，远期再卖出甲货币买入乙货币的外汇买卖交易。也就是说一笔掉期交易是由一笔即期和一笔远期交易组合而成的。这种金融衍生工具，是当前用来规避由于所借外债的汇率发生变化而给企业带来财务风险的一种主要手段。

1981 年，IBM 公司和世界银行进行了一笔瑞士法郎和德国马克与美元之间的货币掉期交易。当时，世界银行在欧洲美元市场上能够以较为有利的条件筹集到美元资金，但是实际需要的却是瑞士法郎和德国马克。此时持有瑞士法郎和德国马克资金的IBM 公司，正好希望将这两种货币形式的资金换成美元资金，以回避利率风险。通过所罗门兄弟公司这一中介，世界银行将以低息筹集到的美元资金提供给 IBM 公司，IBM 公司将自己持有的瑞士法郎和德国马克资金提供给世界银行。

通过这种掉期交易，世界银行以比自己筹集资金更为有利的条件筹集到了所需的瑞士法郎和德国马克资金，IBM 公司则回避了汇率风险，低成本筹集到美元资金。这是迄今为止正式公布的世界上第一笔货币掉期交易。

掉期外汇交易的功能主要有两点：

1. 可以调整起息日

做远期交易后，因故需要提前或延后交割，可通过掉期交易对原交易的交割时间进行调整。

2. 可以规避风险

交易者当前手中持有甲货币而需要使用乙货币，但预计未来会收回乙货币，并倾向依旧持有甲货币时，可以通过掉期交易来固定换汇成本，防范风险。

掉期交易中较为常见的是货币掉期交易和利率掉期交易。货币掉期交易，是指两种货币之间的交换交易，在一般情况下，是指两种货币资金的本金交换。利率掉期交易是同种货币资金的不同种类利率之间的交换交易，一般不伴随本金的交换。掉期交易与期货、期权交易一样，是近年来发展迅猛的金融衍生产品之一，成为国际金融机构规避汇率风险和利率风险的重要工具。

掉期交易与前面讲到的即期交易和远期交易有所不同。即期与远期交易是单一的，要么做即期交易，要么做远期交易，并不同时进行，因此，通常也把它叫作单一的外汇买卖，主要用于银行与客户的外汇交易之中。掉期交易的操作涉及即期交易与远期交易或买卖的同时进行，故称为复合的外汇买卖，主要用于银行同业之间的外汇交易。一些大公司也经常利用掉期交易进行套利活动。

掉期交易的特点主要体现在以下几个方面：

（1）买与卖是有意识地同时进行的；

（2）买与卖的货币种类相同，金额相等；

（3）买卖交割期限不相同。

近来，这种交易形式已逐步扩展到商品、股票、期货及汇率、利率以外的领域。由于掉期合约内容复杂，多采取由交易双方一对一进行直接交易的形式，缺少活跃的二级市场和交易的公开性，具有较大的信用风险和市场风险。因此，从事掉期交易者多为实力雄厚、风险控制能力强的国际性金融机构，掉期交易市场基本上是银行同业市场。国际清算银行（BIS）和掉期交易商的统计性自律组织国际掉期交易商协会（ISDA），近年来先后制定了一系列指引和准则来规范掉期交易，其风险管理越来越受到交易者和监管者的重视。

目前，在国际金融市场一体化潮流的背景下，掉期交易作为一种灵活、有效的避险和资产负债综合管理的衍生工具，越来越受到国际金融界的重视，用途日益广泛，交易量急速增加。由于掉期交易是运用不同的交割期限来进行的，可以避免因时间不一所造成的汇率变动的风险，对国际贸易与国际投资发挥了积极的作用。具体表现在：

（1）有利于进出口商进行套期保值；

（2）有利于证券投资者进行货币转换，避开汇率变动风险；

（3）有利于银行消除与客户单独进行远期交易承受的汇率风险。

套汇交易的表现形式

套汇交易是指在不同的时间（交割期限）、不同的地点（外汇市场）利用汇率或利率上的差异进行外汇买卖，以防范汇率风险和谋取套汇收益的外汇交易活动。通过套汇交易，可以运用外汇资金、调拨外汇头寸、增加外汇收益和防止汇率风险。

套汇交易市场是全球最大的金融交易市场，日均交易量达到1.5万亿美元。套汇是指同时买入一对货币组合中的一种货币而卖出另外一种货币的外汇交易行为。国际市场上各种货币相互间的汇率波动频繁，且以货币对形式交易，比如，欧元/美元或者美元/日元。

套汇交易是套利交易在外汇市场上的表现形式之一，由于空间的分割，不同的外汇市场对影响汇率诸因素的反应速度和反应程度不完全一样，因而在不同的外汇市场上，同种货币的汇率有时可能出现较大的差异，这就为异地套汇提供了条件。

套汇交易主要有以下几种：

（1）直接套汇又称双边套汇或两点套汇，它是利用两个不同地点的外汇市场之间的货币汇率差异，同时在这两个外汇市场上低价买进、高价卖出同一种货币，以赚取汇率差额的一种套汇交易业务。在进行套汇前应先计算包括电传、交易佣金等在内的套汇成本。如果套汇成本太高或十分接近套汇利润，则收益甚微或无利可图，也就没有必要进行套汇交易。另外，通过这种套汇交易获利的机会不会长期存在。

（2）间接套汇包括三点套汇和多点套汇。间接套汇是利用三个或者多个不同地点的外汇市场之间的货币汇率差异，同时在三个市场或多个外汇市场进行买卖，以从汇率差异中谋取利润的外汇交易行为。多点套汇的步骤是：首先，确定是否存在套汇的机会。只有存在套汇的机会，才有利可图。方法是将三地的三种货币汇率按直接标价法表示并连乘，如果乘积大于1，说明存在套汇获利机会。其次，判断三地行市的差异。最后，套汇者开始进行套汇活动的基本操作。

需要指出的是，由于现代通信技术的高度发达，外汇市场已经基本实现全球一体化，套汇活动使得不同市场的货币汇率差异迅速缩小、消失。因此，套汇的机会已经很小。

一般来说，要进行套汇必须具备以下三个条件：

（1）存在不同的外汇市场和汇率差价。

（2）套汇者必须拥有一定数量的资金，且在主要外汇市场拥有分支机构或代理行。

（3）套汇者必须具备一定的技术和经验，能够判断各外汇市场汇率变动及其趋势，并根据预测迅速采取行动。否则，要进行较为复杂的套汇将事倍功半。

套利交易的主要特点

套利交易又叫套期图利，是指利用不同国家或地区短期利率的差异，将资金由利率较低的国家或地区转移到利率较高的国家或地区进行投放，以从中获得利息差额收益的一种外汇交易。期货市场的套利交易是指同时买进和卖出两张不同种类的期货合约。

套利主要是利用不同国家或地区的短期投资利率的差异，将货币（通过货币兑换）由利率较低的地区或国家调往利率较高的地区或国家，以赚取利差收益的外汇交易。在套利的过程中，为了避免高利率货币在投资期间因汇率下跌而蒙受损失，这种套利交易与掉期交易结合进行，称为抛补套利。就是说，从较高的利息收入中减去掉期交易时买入高利率的货币即期外汇、卖出高利率货币远期外汇的成本，从中赚取一定的利润。

套利交易已经成为一些大机构参与期货市场的有效手段。纽约金融市场的年利率为 11％，伦敦金融市场的年利率为 13％，两地利率差为 2％。单纯从利息的角度考虑，如果将美元换成英镑存入伦敦银行，就可赚取 2％的净利息收入。但实际上在将美元换成英镑做短期投资生息期间英镑的汇率很可能下跌，那么当投资到期把资金调回美国时，将英镑换成美元的数额就会减少，套利者就会遭受损失。所以套利者在将美元兑换成英镑时，再卖出远期英镑，以策安全。

纽约外汇市场的英镑对美元的即期汇率为 GBP1＝USD2.0200/20，1 年的远期英镑的贴水为 0.02/0.01 美元，现在一套利者持有 200 万美元欲套利。首先算出年贴（升）水率或掉期率，以便与两地利差进行比较，依照公式算得：年贴水率为 0.99％，小于 2％的两地利差，套利可进行。然后，在纽约市场按 GBP1＝USD2.0200 的汇率以 200 万美元买入 98.91 万英镑的即期现汇存入伦敦银行，一年后可获本息 111.77万英镑［即 98.91×(1+13％)］，同时卖出 1 年期的英镑本息 130.48 万，1 年后到期时可获 223.54 万美元［即 111.77×(2.0200－0.02)］。如果将 200 万美元存入纽约银行可获本息 222 万［即 200×(1+11％)］。故套利所得 223.54 万美元中减去套利成本222 万美元可获套利净利润 1.54 万美元。

由于存在两地利差，套利者总是要买进即期高利率货币，卖出即期低利率货币，同时为了避免汇率的风险必须做掉期交易，卖出远期高利率货币，买进远期低利率货币。这样必然导致高利率货币贴水，低利率货币升水，并且升（贴）水不断增大，当升水率或掉期率增大到等于两地的利差时，达到均衡状态，套利即自行停止。因此，最终远期外汇的升（贴）水率等于两地的利差。这就是利率平价原理的具体运用。

套利在外汇市场中的重要作用主要体现在两个方面。首先，套利交易在外汇现货市场为经纪商提供了高杠杆，外汇交易都是基于保证金的，套利者只需要支付很小的一部分资金，其他部分，由套利者的经纪商垫付。常见的杠杆比例有 50 倍、100 倍和200 倍等等。

其次，在外汇交易市场中，货币都是成对进行交易的；投资者需要为卖出的货币支付利息，同时可以因为买入的货币而获得利息。套利交易在外汇现货市场的特殊性在于：利息是按天计算并支付的。技术上讲，投资者的所有仓位在一天交易结束的时候都是会被关闭的，只不过这一步我们作为交易者是看不到的。经纪商实际上会在每天晚上先关上投资者的仓位，再重启另一个同样的仓位；同时根据投资者所持货币的种类决定到底是支付还是收取隔夜利息。

套利交易与通常的投机交易相比具有以下特点：

1. 较低的风险

不同期货合约的价差变化远不如绝对价格水平变化剧烈，相应降低了风险，尤其是回避了突发事件对盘面冲击的风险。由于双边持仓，主力机构很难逼迫套利交易者斩仓出局。

2. 方便大资金进出

套利交易本身需要大量资金，所以能够吸引大资金进场交易。

3. 长期稳定的获利率

套利交易的收益不像单边投机那样大起大落，同时由于套利交易是利用市场上不合理的价差关系进行操作，而多数情况下不合理的价差很快就会恢复正常，因此套利交易有较高的成功率。

实盘外汇买卖的注意事项

个人实盘外汇买卖，是指个人客户在银行进行的可自由兑换外汇（或外币）间的交易。个人外汇买卖一般有实盘和虚盘之分。

个人实盘外汇买卖，我国的外汇指定银行称之为"外汇宝"交易，是指个人客户在银行通过柜台服务人员或其他电子金融服务方式进行的可自由兑换外汇（或外币）间的交易。而个人虚盘外汇买卖，是指个人在银行缴纳一定的保证金后进行的交易金额可放大若干倍的外汇（或外币）间的交易。目前按我国有关外汇管理政策的规定，个人在我国境内金融机构只能进行实盘外汇买卖，还不能进行虚盘外汇买卖。

实盘外汇买卖和虚盘外汇买卖之间有很大的区别，这种区别主要在于是否可以透支。在个人实盘外汇买卖中客户是不可以透支的；在个人虚盘外汇买卖中，客户是可以透支的，个人在向银行缴纳一定的保证金后，可进行交易金额放大若干倍的外汇（或外币）间的交易，透支额度可根据保证金比率来计算。因此，个人虚盘外汇买卖又被称为外汇保证金交易或外汇按金交易。

个人实盘外汇买卖采用的是 T＋0 清算方式，这与我国股票市场采用的 T＋1 清算方式不同。所谓 T＋0 清算方式，是指客户进行柜台交易，当时即完成了货币的互换，或者客户进行电话交易或自助交易在完成一笔交易之后，银行电子交易系统立即自动完成资金交割。正是由于个人实盘外汇买卖采用这种清算方式，如果行情动荡，客户可以在一天内抓住多次获利机会，进行多笔外汇买卖交易。

目前，我国主要的外汇指定银行个人实盘外汇买卖可交易货币种类因行而异，且同一银行内不同分支行可交易的外汇（或外币）的种类也可能略有不同。但概括起来，个人实盘外汇买卖可交易货币基本上包括美元、欧元、日元、英镑、瑞士法郎、港元、澳大利亚元等主要货币，此外还包括加拿大元、新加坡元等货币。

在个人实盘外汇买卖中，汇率报价的基准货币不尽相同。在英镑、澳大利亚元和欧元兑美元的报价中，英镑、澳大利亚元和欧元是基准货币；在其余的货币兑美元的报价中，美元是基准货币。

那么，客户在参与个人实盘外汇买卖业务时，需要注意哪些问题呢？

（1）由于外汇汇率变幻莫测，客户有可能获得利润，也有可能遭受损失，这取决于客户对市场行情的判断是否准确，所以外汇买卖由客户自行决策，自担风险。

（2）外汇汇率一经成交，客户不得要求撤销。交易成交的认定以银行经办人员按客户申请书内容输入电脑，并打印出个人外汇买卖证实书为准。

（3）由于汇率随时变动，当银行经办人员为客户办理买卖成交手续时，会出现银行报价与客户申请书所填写的汇率不一致的现象，若客户接受新的价格并要求交易，应重新填写申请书，以新的汇率进行交易。

（4）银行经办人员在办理买卖交易手续所需的必要工作时间之内，因市场发生突变，或出现其他无法防范的因素而导致交易中断，造成客户未能完成交易的，银行不予负责。

（5）客户有义务在接到外汇买卖证实书时，核对交易内容是否与个人申请内容一致，以便发现问题当场解决。

根据国际外汇市场惯例，外汇交易的步骤为询价、报价、成交、证实（交易汇率、买卖货币名称、买卖金额）。一旦成交，汇价水平、交易金额、交易币种等细节已经确定，对交易双方都具有约束力，不可以反悔，也不可以撤销。

由于外汇市场汇率瞬息万变，银行随时会将投资者买卖交易所形成的头寸，及时与国际市场平盘，以规避汇率风险。即便投资者交易完成后市场汇率变化不大，银行也不能取消为了规避汇率风险与国外银行所做的外汇交易，故也不能为投资者按当时成交价格进行冲账。因此，个人实盘外汇买卖一旦成交，不能撤销。

建立头寸的最佳时机

"建立头寸"亦即开盘的意思。开盘也叫敞口，就是买进一种货币，同时卖出另一种货币的行为。开盘之后，长了（多头）一种货币，短了（空头）另一种货币。选择适当的汇率水平及时机建立头寸是赢利的前提。

外汇交易是一个连续的过程，可以把这个过程细分为 6 个环节：建仓、止损、持仓、加仓、减仓、平仓。在这个过程中，建仓是第一关键的环节，所谓"万事开头难，好的开头等于成功了一半"。如果建仓以后，不能够在比较短的时间内赢利，就一定是出问题了，或者是判断分析上的问题，或者是时机问题，通常情况下是时机问题。也就是说，建立头寸的时机没有把握好。

如果入市的时机较好，获利的机会就大；相反，如果入市的时机不当，就容易发生亏损。"斩仓"是在建立头寸后，突遇金价下跌时，为防止亏损过高而采取的平盘止损措施。

投资者以 157 元的价格买入黄金，后来金价跌到 150 元，眼看亏损已达 7 元，为防止金价继续下滑造成更大的损失，便在 150 元的价格水平卖出黄金，以亏损 7 元结束了敞口。有时交易者不认赔，而坚持等下去，希望金价回头，这样当金价一昧下滑时会遭受更大损失。

"获利"的时机比较难掌握。在建立头寸后，当金价已朝着对投资者有利的方向发展时，平盘就可以获利。例如，以 145 元买入黄金，当金价上升至 150 元时，已有 5 元的利润，于是便把黄金卖出，赚取利润。掌握获利的时机十分重要，平盘太早，获利不多；平盘太晚，可能延误了时机，金价走势发生逆转，盈反亏。

遇到盘整市场即牛皮行市，可能会是获利的好机会。盘整市场是买家和卖家势均力敌，暂时处于平衡的表现。不管是处于上升过程还是下跌过程的盘整市场，一旦平衡被打破，市价就会破关而上或下，呈突破式前进。这是入市建立头寸的大好时机，如果盘局属于长期牛皮，突破盘局时所建立头寸获大利的机会更大。

当然，每个外汇买卖者一天中可能要建立多个不同的头寸，他的决定是依据自己综合各种信息对短时期内市场变化的预期做出的，同时，又要根据市场的瞬息变化尽快做出反应。

建立头寸看似是一个非常简单的问题，实际上玄机很多。把握得好，自可日进斗金；把握得不好，也就只能眼睁睁看着自己户头上的资金逐渐缩水。因此，掌握一些外汇买卖的基本技巧，可以帮助投资者选择建立头寸的最佳时机，早日成为外汇交易的高手。

选择恰当的卖出时机

选择恰当的卖出时机，对于任何一项投资来说都是非常重要的。把握好正确的买点只是成功了一半，加上正确的卖点才是真正的成功。这是任何投机市场亘古不变的法则，外汇市场也不例外。

有些外汇投资者外汇分析的水平很高，操作业绩却并不理想，其中一个主要原因就是卖出的时机几乎总是错的，要么过早地卖出，没有取得随后的丰厚利润；要么就是迟迟不卖出，以至于最后行情又回到买入点，甚至被套牢。可见，把握好卖出时机是非常重要的基本功。

说起来简单，但是在实际操作过程当中，往往有许多因素会使投资者因判断错误而误事。例如，某人在建立头寸后，给自己定下一个赢利目标，比如要赚够 200 美元或 500 元人民币等，心里等待这一时刻的到来。有时价格已经接近目标，机会很好，只是还差几个点未到位，本来可以平仓收钱，但是碍于原来的目标，在等待中错过了最好的价位，坐失良机。

要知道，汇市不会完全按照你的意愿涨落，选择卖出的时机，既要选择对自己最有利的汇率水平，又不要把弓拉得太满，弓满弦易断，或者说过犹不及，照样会错失好局。

当然，如何选择恰当的卖出时机也并非完全无章可循。总结起来，在外汇交易中，卖出时机的选择有以下几种：

（1）市势确认是跌势，任何上升时都应该卖出，趁反弹平仓。在市场未确认升势之前，任何上升都是卖出的时候，升势未确认，上升只是虚火假象，趁高抛出为上策。

（2）走势已经突破反向关键价位，并没有掉转迹象的，就应赶快平仓。

（3）大部分资金套牢，而另外一种货币可能会获得比斩仓出逃更大收益时，应坚决卖出头寸。

（4）在长期最高点或者最低点附近买入，而走势略作试探即掉头反向的，就应该及时平仓。

学会技术分析必不可少，但并不是说学会、精通了技术分析就能保证获利。像炒股一样，有的时候外汇何时买卖感觉很重要。它并不神秘，而是对信息的汇总和分析以及经验积累基础上的一种感性判断。这种判断往往是正确的，因为正是在这种貌似感性的感觉中，沉积了一些投资者并未意识到的能够把握卖出时机的规律性的东西，所以，外汇投资者既要通过技术分析把握卖出时机，同时还要培养良好的直觉。

在初入汇市时谨慎行事，慎买慎卖，宁可少获利，尽量规避风险，是个稳妥的选择。因为此时对平仓时机的判断即使偶有失误，也不会造成太大的损失，缴的学费要少得多。经过慢慢摸索，积累起经验，建立起对卖出时机把握的良好感觉，你在汇市上自然就会财源滚滚。

紧盯外汇投资的消息面

外汇市场上可以说是风云变幻，各国汇率的波动在给投资者带来收益的同时，也会带来相应的投资风险。因此，掌握外汇波动的消息，进行科学地外汇投资预测就显得尤为重要了。

消息是影响汇率的突发性因素之一。一旦有新闻消息传入市场，原有的平稳状态立即会被打破。一位有经验的外汇投资者应分析消息对经济金融方面的影响，果断买入或卖出某种货币。

对于投资者来说，炒外汇就要及时关注定期公布的经济数据以及影响汇率的事件；能否在第一时间获得经济数据的信息和掌握第一手重大事件的内容，对炒外汇的投资者来说就很关键了，特别是对短线的外汇投资者来说尤其重要。

在外汇市场中为投资者提供资讯和服务的机构可以分为以下3种：

1. 银行

银行也为投资者提供外汇交易平台和相关服务，例如：花旗银行、交通银行等。

个人外汇买卖业务属于银行的中间业务，银行在为投资者提供服务时不会产生任何风险。但如果银行在为投资者提供的服务中增加了操作建议、交易指导等服务，银行将有可能会面临非常大的金融风险。

由于银行的收益点差直接来源于投资者的交易量，因此银行向投资者提供操作建议会与投资者利益发生冲突。如果银行本身就是做市商，那么这种操作建议会有增加银行交易量或误导投资者的嫌疑。

外汇市场具有高风险和不确定性的特征，如果银行在提供交易平台的同时还提供操作建议，就好比赌场在告诉客人如何投注。因此投资者在交易过程中要客观、谨慎看待银行提供的操作建议或交易指导。

2. 专业机构

专业机构可为投资者提供客观、独立、专业的投资服务和投资分析报告，例如：高盛公司、J.P摩根公司等。

专业机构站在客观、公正、独立的立场上为投资者提供专业、准确的市场分析，但这种服务是要收取费用的。投资者是这些机构的"衣食父母"，因此这些机构的利益与投资者的利益高度一致。

3. 资讯提供商

资讯提供商往往为投资者提供外汇行情报价、实时财经信息和市场评论等服务，例如：和讯网、环球外汇网等。

作为资讯提供商，他们站在客观、公正的角度为投资者提供即时、准确、全面的财经信息。其中有关外汇市场的观点和评论内容，只代表不同机构对市场走势的观点，而不代表资讯提供商对市场的观点。

资讯提供商只负责信息来源是否真实可靠而不负责评论内容是否准确，因此投资者在交易过程中需要客观、正确地看待市场评论。

虽然以上三种机构都是在为投资者提供服务，但从不同的市场定位和功能上分析，投资者更应当参考专业投资机构的分析。

抓住汇市中的赚钱机会

交易大师吉姆·罗杰斯说："我只等着大把钞票堆在墙角，才走过去，毫不费力地捡起来。别的，我什么也不做。"确实，外汇市场上存在大量的"捡钱"机会，但关键问题是如何巧妙地把握这些机会。

汇市风云变幻，谁能第一时间把握市场变化，谁就能在汇市中抢占先机。外汇市场有一些特征明显的交易日，明确地指示出了目前市场的真实意图，把握好获胜概率较高的交易机会，对于赢利有很大的帮助。

在回事中的赚钱的机会有以下几种：

1. 在强趋势交易日建仓

从开盘至收盘都由单方力量控制市场，汇价往一个方向运动：这是顺势建仓的绝好机会，同时仅冒很小的风险。因为下一个交易日的价值区间通常都会延续，可以确保在足够的时间内获利退出而不遭受损失。

2. 顺应收市方向建立头寸

当日是上下波动的平衡市，但是收盘高收（或低收），显示出某一方取得了假想中的胜利，那么，下一个交易日的早期交投通常都会有利于收盘这一端。因此，顺应收市方向建仓不失为一招好棋。

3. 沿跳空方向建立头寸

开市阶段由于长线力量猛烈入市，形成跳空缺口，它的特性是起到支撑或阻力的作用。沿跳空方向建仓也有非常高的获胜率。不过，由于缺口的种类有普通型、突破型、中继型、衰竭型等好几种，所以，最好还是结合整体环境区分清楚之后再采取行动。

4. 盘整区突破后及时跟进

当维持了一段时间的盘整区被突破时，汇价运动会非常快、非常剧烈。这是由于广大投资者对价值的看法已经改变，长线力量非常有信心地介入导致的。此时，应及时跟随突破方向入市，享受"坐轿"乐趣。

5. 抓住突破失败的机会

当汇价冲击阻力位（或支撑位）失败后，它通常都会全力返回原来的价值区间，被冲击的参考点时间周期越长，返回的幅度就越宽，这源于市场平衡的概念。此时，投资者需反应敏捷，及时掉转枪头反戈一击。

汇市的波动，有时候连许多资深的炒家都看不懂。准备进入炒汇大军的新手们，虽然可能在理论上已经做好了准备，但是真正进入了实际的市场，会发现"风险"这两个字，似乎并不像书上说得那么简单。

培养外汇交易的盘感

在外汇交易中，盘感是非常重要的。当国际上发生了一些重大事件，或者在公布一些重要数据的时候，汇价通常都会出现比较剧烈的波动。作为一个专业人士必须在第一时间内对市场行情波动做出快速的反应，继而完成各种交易。要获得这种能力，就必须要有良好的盘面感觉，我们通常称之为"盘感"。

通俗地讲，盘感就是投资者对市场当前结构和运行模式的直观的感觉，就是久而久之生出的一种自然反应。盘感完全是交易者自身在交易中的亲身体验，是交易经验和交易理念的综合积累，是亲身感受到的市场综合信息的沉淀。盘感只能在交易中体验，很难用语言来明确表达，更无法从别人那里生搬硬套地学来。

普通投资者可以通过以下方法获得盘感：

（1）坚持每天把所有币种的走势浏览一遍，并按照你自己的方法选出那些比较活跃的币种，再进行重点浏览，这项工作每天大概需要 2 小时。坚持对目标货币兑进行一个月以上的每日动态观察。如果你在复盘过程中按照自己的方法选择的货币兑与相关指数的行情判断具有共性的时候，你就要强烈关注这些货币兑的整体走势。

（2）最重要的一点就是要参与外汇交易，亲身体会。不经过具体的实践，只听别人说，只看各种书籍和资料，是不会获得真正的盘感的。

（3）对当天涨幅、跌幅比较大的货币兑进行一次认真的研究，找出该货币对走强（走弱）的市场含义，以及是否发出你认为的买入（卖出）信号。

（4）实际交易盘中，主要跟踪你所关注的目标货币对的实时走势，明确了解其当日开、收盘价，最高、最低的具体含义，以及市场中多空双方博杀的过程，了解各种技术指标和价格走势之间是否具有一致性。

（5）进行条件反射训练。找出过去一些经典的底部启动时的走势，反复研究，不断地刺激自己的大脑。只有做到"胸中有图，胸中有价"，才能提高反应速度。

（6）最重要的是找一套或建立一套适合自己的操作方法，特别是适合自己交易个性的交易系统外汇。

成功的方法就是来自上面的这些训练。一切都贵在坚持，只要坚持不懈，"盘感"就会磨炼得非常好，从而在实战中取得满意的回报。

在现实的外汇交易活动当中，有些人排斥盘感，他们把盘感与非理性思维画上了等号。其实这是错误的，因为所有投资者的交易都是依据各自的感受完成的。其他所谓的依据基本面、依据技术分析、依据交易系统交易，只不过是为依据感受完成交易而打的基础。所以，要想在外汇市场上有所作为，就要努力培养自己良好的盘感。

外汇中的基础分析

外汇市场是一个充满机会与风险的动态市场，盈利与亏损犹如一对孪生兄弟般密不可分，伴随在每一笔外汇买卖当中。作为投资者，无论是进行长线投资还是短线炒作，最重要的就是对外汇汇率的走势有一个清楚的分析，保证自己的买卖方向与外汇市场汇率波动的趋势一致，而不是背道而驰。

要使自己的买卖市场趋势保持一致，首先要掌握足够的资讯和一定的市场分析方法。综观目前各种汇率走势分析方法，不外乎两大类，一类叫基础分析法，另外一类叫技术分析法，也称图表学派。前文中我们已经较为详细地探讨了技术分析法中各种分析方法的使用，现在主要介绍基础分析法在汇率分析中的运用。

基础分析是对影响外汇汇率的基本因素进行分析，如左右外汇汇率波动的各种经济、政治等因素的变化，各国经济发展水平与状况，世界、地区与各国政治情况，市场预期等，从而在较宏观的角度把握汇市的态势及汇率的波动方向、程度，如判断汇市是处于上升、下降还是横盘巩固调整等阶段，并根据所判断的走势决定自己的投资策略是买进、卖出还是离场观看。这就如同炒股票一样，我们也可以将各国货币理解成一个股票，如美元这一股票是由美国这家"公司"发行的，日元是由日本这家"公司"发行的股票等，美元股价为什么能够上升，是因为买入美元这一股票的市场力量强大；而人们为什么买入美元，又是因为看好美国这家"公司"的增长潜力和赢利性，或者市场上出现了有利于美国这家"公司"的政治和其他事件等。因此我们只要认真分析美国、日本、欧洲等"公司"的经济增长，或分析所发生的政治等其他事件对这些"公司"哪一个更有利，我们就能把握住汇率的变动方向了。这就是基础分析法的出发点。

基础分析法主要从以下几方面进行分析：一是各国的经济实力和发展潜力；二是有关的政治事件对各国的冲击；三是各国中央银行实行对国际汇率变动的态度和市场干预。

技术分析主要是借助心理学、统计学等学科的研究方法和手段，通过对以往汇率的研究，预测出汇率的未来走势。汇率技术分析存在 3 个基本的假设。

1. 汇率反映一切

即经济、政治、心理预期等影响汇率的所有因素的变化都会真实而充分地反应在汇率上，这就犹如中医诊断中的"号脉"一样，一个人的身体状况和器官疾病都会通过脉搏节律、强度的变化反映出来，有经验的中医通过"号脉"就可以掌握人体健康的基本状况。汇率波动的曲线是影响汇率的基本因素变化的结果。

2. 汇率是按照一定的趋势和规律变化的

如果没有这个假设，所有的技术分析就显得那么无聊和滑稽。

3. 历史会重演

技术分析是建立在对历史数据进行统计分析的基础之上的，通过研究和分析，总结出一定规律，形成一套完整的理论和方法并运用于实践，目的是用以前的规律来预测未来的趋势。

基础分析和技术分析存在着较大的差异，二者之间的区别和联系可概括为以下几个方面：

（1）基础分析的主要目的在于分析外汇的内在投资价值，即投资外汇是否值得；而技术分析则侧重于分析汇市运动的规律，找出最佳的投资点。

（2）基础分析的主要目的在于判断现行汇率的高低，而技术分析的主要目的则侧重于预测汇价未来涨跌的趋势；基础分析可以解决"应该买还是应该卖哪种外汇的问题"，而技术分析则可以解决"何时买入、卖出以及在何价位进行买卖"这一重要的外汇投资问题。

（3）前者更多地要求投资者学会关注影响汇市的信息，尤其是要关注国内和国际上重大的经济、政治新闻，并学会分析它们可能对汇率产生的影响，而后者则需要投资者掌握更多的实际的分析技术和方法。

外汇趋势的盘整形态分析

市场中常常存在三种趋势：上升趋势、下降趋势和盘整趋势。盘整趋势是指汇价在一段时间内波动幅度小，无明显的上涨或下降趋势，汇价呈牛皮整理形态。这种趋势表现在图形中，一波一波的顶部价及一波一波的底部价没有明显的高低之分，几乎在同一水平延伸。这种趋势下的行情振幅小，方向不易把握，也是投资者最迷惑的时候。

在外汇市场中，盘整行情约占每年交易日的70%～80%，其余的20%～30%才属多头或空头行情。在盘整行情中，投资人要先分辨出盘整的区间，再于区间的上档卖出，下档买进，即所谓的低买高卖，才能获取利润，而且风险也不致过大，投资人若能理性地执行停损策略，甚至可增加投资金额，以获取更大的利润。

但是市场上多数人仍然想适时掌握20%～30%的多头或空头行情，顺势操作。主要原因在于顺势操作的利润非常可观，而且停损出局的次数又较低，因此附加成本大为降低。更何况顺势操作者只是实行家而非发明家，只需依照既存的市场趋势进行买卖即可，是属于"知行皆易"的类型，所以市场人士认为"趋势是你的朋友"。但是在实际交易中存在着两个问题：一是如何分辨行情是多头、空头或盘整形态；二是"逆势操作"是极难克服的人性弱点。对于人性弱点的克服，通常可经由经验累积、蒙受亏损而增加认知等方式来达成；至于如何分辨行情是多头、空头或是盘整形态，则必须由基本面及技术面切入判定。

盘整形态不仅仅出现在头部或底部，也会出现在上涨或下跌途中，根据盘整出现在汇价运动的不同阶段，可将其分为四种情形：上涨中的盘整、下跌中的盘整、高位盘整、低位盘整。

1. 低位盘整

这种盘整是汇价经过一段时间的下跌后，在底部盘旋，加之利多的出现，人气逐渐聚拢，市场资金并未撤离，只要汇价不再下跌，就会纷纷进场，由空转多，主力大型投资机构在盘局中不断吸纳廉价筹码，浮动筹码日益减少，上档压力减轻，多方在此区域蓄势待发。当以上几种情况出现时，盘局就会向上突破了。此种盘整一般会以矩形、圆弧底形态出现。

2. 高位盘整

这种盘整是汇价经过一段时间的上涨后，涨势停滞，汇价盘旋波动，多方已耗尽能量，汇价很高，上涨空间有限，大型投资机构在头部逐步出货，一旦主力撤退，由多转空，汇价便会一举向下突破。此种盘整一般以矩形、圆弧顶形态出现。

3. 上涨中的盘整

这种盘整是汇价经过一段时间急速地上涨后，稍作歇息，然后再次上行。其所对应的前一段涨势往往是弱势后的急速上升。该盘整一般以楔形、旗形整理形态出现。

4. 下跌中的盘整

这种盘整是汇价经过一段时间的下跌后，稍有企稳，略有反弹，然后再次掉头下行。其所对应的前一段下跌受利空打击，盘整只是空方略作休息，汇价略有回升，但经不起空方再次进攻，汇价将再度下跌。

在实际的外汇市场中，至少有 2/3 的时间都是在盘整。所以，外汇投资者一定要掌握外汇市场盘整形态的规律和特点，及时把握投资机会。

投资人在外汇市场的操作，不论是买方或是卖方，基本前提是应先对投资标的物未来的价格有所预测，再根据其预测决定投资策略及操作方向。例如当投资人看好美元对日元时，表示投资人认为美元将走多头市场的格局，而日元相对走空头格局，所以应买入美元，卖出日元，亦即站在美元的多方日元的空方。若这项预测正确，则投资人将可获利。

外汇技术分析的三个变量

在外汇技术面分析的过程中，有三个变量工具最为重要，它们是价格、成交量与未平仓量。下面，我们具体分析这三个变量：

1. 价格

在外汇技术面分析的三个变量工具中，价格是最为重要的。投资者在外汇市场交易的成功与否，关键在于投资者对未来市场价格的走势预测是否正确。价格走势预测正确则可获利，否则就将造成亏损。

在任何时刻，商品或外汇的价格都反映整体市场所认定的合理价值。个别参与者或许不认同这个价格，但它是整体市场的全部交易者力量均衡所决定的合理价格。当价格过低时，市场会买进，推进价格上升；而当价格偏高时，市场会卖出，促使价格下跌。从技术分析的角度来说，价格代表外汇交易者需要了解的一切，因为它已经反映了所有信息。所以，技术分析人士认为，价格是判定市场未来走势的基础性变量。

2. 成交量

外汇交易量是某特定时段内证券或合约成交数量的通称，外汇交易量是一个重要的指标。在外汇市场没有大题目所做时，外汇交易量基本是一个随机函数，与价格无关。但是当出现一个比较大的涨落，外汇交易量突然变大时，汇率如果在支撑点，那么很大的卖出都无法把汇价打下，但只要一个大的买入，汇价马上上升。反之亦然。所以，通过交易量的变化及汇价的分布，就可以大致分析出火力的分布情况。

通常情况下，不可能精确地测量每天的外汇交易量，BIS 会公布估算数值，虽然期货市场每天都会公布成交量，但这只占全球外汇交易的一小部分。

在技术分析过程中，成交量工具的运用主要是分析判断它是偏高、偏低或适中，这要求交易者与市场保持密切的接触与联系，从不同时期中对比成交量的变化情况。

3. 未平仓量

在外汇交易中，未平仓量是相对于期货市场而言的。它是指某特定市场在某交易日结束时，多方所持有或空方所抛空的契约口数。它代表市场当时所存在的契约口数，未平仓量等于多头的总部位或空头的总部位。未平仓量是外汇交易者必须关注的另一个变量工具，它的重要意义在于它是外汇期货价格的重要影响因素，而外汇期货价格是外汇长期均衡价格的重要参考依据。

技术分析指标的局限性

各种技术分析指标都是人们运用数理统计学原理在研究历史数据的基础上总结出来的预测方法，都有其局限性，切不可生搬硬套，必须根据市场当时的气氛、基本面因素等做出具体分析和判断。

（1）技术分析的一些指标是根据常态情况统计而成的，因此在常态情况下，准确性非常高，但是在非常态情况下，如使用常态标准，就大错特错。这就如同水有三种形态：液态、固态和气态。水的常态是液态，那么它有从高向低流的特性；但到 0 度时，水就要结冰，出现固态，固态是一种非常态，它一凝固也就不具备从高向低流的特性；当水达到 100 度时，将变成蒸气，此时水不但不往低处流，反而向上蒸发。

技术分析也有常态标准和非常态标准，有些人只懂常态标准，不懂非常态标准，在非常态的情况下，还使用常态标准去操作，结果只能是"赔了夫人又折兵"。

（2）技术分析的种类非常多，有些时候会相互出现矛盾，投资者不知道到底谁对谁错。在这种情况下，投资者可以采用两种方式，一种是根据多数指标指导的方向去做；二是看不懂时不操作，什么时候看懂了，什么时候操作，抓住市场中的机会。

（3）有一些技术分析方法有测市功能，如波浪理论和江恩理论和其他计算方法。投资者如果没有很丰富的实战经验，要特别谨慎小心，因为任何一种预测在没有实现之前都只是可能，而不是必然。因此在实践中，必须配有一套止损措施。

（4）不同指标的选择方面。用来进行技术分析的指标很多，究竟孰优孰劣没有统一的标准，投资者可以根据自己的喜好和掌握程度进行选择。一般来说，在外汇市场上能运用好 KDJ、RSI、MACD 这三个指标就完全可以分析好各种货币的走势了。

在指标的灵敏度上，KDJ、RSI、MACD 依次降低，也就是说，KDJ 能最先给出明确的买卖信号，但同时这种信号有可能是超前的；MACD 最晚给出买卖信号，这种信号的可信度更高，但往往会错过较好的买卖价格。那么，是不是 RSI 就是最好的指标呢？也不尽然。RSI 的买卖信号不是很明确，往往要根据当时的市场氛围来判断。

比较科学的办法是三个指标同时运用，互相印证。实践中也会出现三个指标给出不同的买卖信号的情况，这种情况下，往往是市场出现了突发性的事件，比如日本大地震、美国"9·11"事件、中央银行干预等。

（5）指标参数的选择方面，指标参数一般情况下是不需要投资者来修改的，软件开发商已经给出了默认的参数，除非自己有更好的理解和经验，正常情况下采用系统默认值就可以了。但是，指标周期的选择却十分必要。技术指标的周期可以由投资者自行选择，短到即时图（Tick），长到日线、周线、月线甚至年线，不同的指标周期有不同的适用范围。

要确定汇率的长期走势，可采用月线；研究中期走势，可采用周线；进行短期投资，可以采用日线；要确定当天的买卖时机，可采用 60 分钟线或 30 分钟线；已经决定立即进行买卖，可以采用 10 分钟或 5 分钟线来捕捉最佳买卖点。

（6）指标的钝化，由于指标的设计者是根据掌握的大量历史数据进行研究分析的，它反映的是普遍情况下的规律，也就是正常情况下的规律。而市场是千变万化的，什么事情都可能出现，因此汇率的变化会出现指标无法解释和预测的现象，这种情况称为指标的钝化。

（7）市场经常在常态和非常态情况之间互相转换，而技术分析指标有些是专在常态情况下使用的，有些专门对付非常态情况，因此当市场进入非常态时，投资者要学会要放弃使用常态指标；当大势恢复常态时，再继续使用常态指标。

外汇买卖的经验及教训

无论是在国内市场，还是在国外市场进行投资，不论是投资一般商品，还是投资金融商品，投资的基本策略都是一致的，在更为复杂的外汇市场上更是如此。

具体到每个投资者的策略虽然会有所不同，但有一些是基本的，以下经验和教训的总结，对各种投资者来说，都有十分重要的参考价值。

1. 买涨不买跌

外汇买卖同股票买卖一样，宁买升，不买跌。因为价格上升的过程中只在一点买入是错的，即价格上升到顶点的时候，汇价像从地板上升到天花板，无法再升。除了这一点，其他任意一点买入都是对的。在汇价下跌时买入，只有在一点买入是对的，即汇价已经落到最低点，就像落到地板上，无法再低。除此之外，在其他点买入都有是错的。因此，在价格上升时买入赢利的机会比在价格下跌时买入大得多。

2. 切忌盲目

成功的投资者不会盲目听从旁人的意思。当许多人都认为应买入时，他们会伺机沽出。当大家都处于同一投资位置，尤其是那些小投资者也都纷纷跟进时，成功的投资者会感到危险而改变路线。这和逆反的理论一样，当大多数人说要买入时，就该伺机沽出。

3. 不要在赔钱时加码

在买入或卖出一种外汇后，遇到市场突然以相反的方向急进时，有些人会想加码再做，这是很危险的。例如，当某种外汇连续上涨一段时间后，交易者追高买进了该种货币。突然行情扭转，猛跌向下，交易者眼看赔钱，便想在低价位加码买一单，企图拉低头一单的汇价，并在汇率反弹时，二单一起平仓，避免亏损。这种加码做法要特别小心。如果汇价已经上升了一段时间，你买的可能是一个"顶"，如果越跌越买，连续加码，但汇价总不回头，那么结果无疑是恶性亏损。

4. 以闲余资金投资

如果投资者以家庭生活的必需费用来投资，万一亏损，就会直接影响家庭生计，投资市场里失败的机会就会增加。因为用一笔不该用来投资的钱来生财时，心理上已处于下风，故此在决策时亦难以保持客观、冷静的态度。

要成为成功投资者，其中一项原则是随时保持3倍以上的资金以应付价位的波动。假如投资者资金不充足，应减少手上所持的买卖合约，否则，就可能因资金不足而被迫"斩仓"以腾出资金来，纵然后来证明眼光准确也无济于事。

5. 重势不重价

当我们进行交易时，我们买入某种货币的原因是预计它将升值，事先买入待其升值后再卖出以博取差价。这个道理很明显，但是，初入市的投资者往往会忘记这个道理，不是把精力放在研究价格的未来走势上，而是把眼光盯在交易成本上，总希望自己能成交个比别人更低的价格，经常是寻找了一天的最低价，错失买卖时机，待第二天看到没有买到的货币升值时才追悔莫及。正确的做法是，认准大势，迅速出击，不要被眼前的利益所迷惑，只要它还能涨，今天任何时候买明天再看都是对的，今天的最高价也许就是明天的最低价。

规避外汇交易的风险

风险，并没有因为外汇市场具有公开、透明、不为人所控制等优点所屏蔽，你仍能清楚地在外汇市场上感受到它的存在。

所以，你不得不再次拉响头脑中的红色警报，让我们来关注一下外汇投资中的主要几类风险。

1. 储备风险

它是指一国所有的外汇储备因储备货币贬值而带来的风险。这种风险会让所有投资者的资产都受到影响，大到国家，小到个人持汇者，无一幸免。一个国家的外汇储备可能因为汇率的变动而遭受巨大的损失，国库资金也将跟着吃紧。而由于外汇储备是国际清偿力的主要构成成分，是一国国力的重要象征，因此储备风险一旦变为现实，其后果将十分严重。

2. 交易风险

它是指在以外币为支付币种的交易过程中，由于汇率的变动，即结算时的汇率与交易发生时的汇率不同而引起收益或亏损的风险。

因为一般以外币为支付条件的贸易，大多是以即期或延期付款为支付条件的，很可能在货物交付后，货款仍未支付，这时就存在着外汇汇率变化的风险。这点在国际贸易中是十分普遍的，所以很多人在交易时，会对支付的额度有所调整。

3. 会计风险

它是指由于外汇汇率的变动而引起的企业资产负债表中某些外汇资金项目金额变动的风险。从表面看，它只是一种账面风险，并没有体现到实际的交易中来，但是它却会影响企业资产负债的报告结果。

4. 经济风险

它是指由于预计之外的外汇汇率变化而导致企业产品成本、价格等发生变化，从而导致企业未来经营成本增减不能确定的风险。比如，某企业决定从意大利购入设备，目的是为中国市场提供产品或服务。在这种情况下，该公司的成本是以欧元计价，而预期是以人民币计价。一旦人民币相对于欧元走弱，那么，从运营成本来看，这并不划算。

经济风险通过两种形式表现出来：一是资产风险，即汇率的波动对企业资产（负债）以母国货币表示的价值影响；二是经营风险，即汇率的波动对企业现金流的影响。

第十三章

期货市场，冒险家的乐园与墓地只在一线间

期货在于瞬息万变的市场，期货管理和投资操作就像上战场打仗一样紧张，两者有相似处。

——徐俊　北大经济学院金融衍生品与期货班学员

期货：有别于现货的形式

期货（Futures），通常指期货合约。是由期货交易所统一制定的、规定在将来某一特定的时间和地点交割一定数量标的物的标准化合约。这个标的物，可以是某种商品，也可以是某个金融工具，还可以是某个金融指标。广义的期货概念还包括了交易所交易的期权合约。大多数期货交易所同时上市期货与期权品种。

期货合约有买方和卖方，如果买方将合约持有到期，那么他有义务买入期货合约对应的标的物；而期货合约的卖方，如果将合约持有到期，那么他有义务卖出期货合约对应的标的物，期货合约的交易者还可以选择在合约到期前进行反向买卖来冲销这种义务。

1. 期货合约的组成要素

（1）交易品种。

（2）交易数量和单位。

（3）最小变动价位，报价须是最小变动价位的整数倍。

（4）每日价格最大波动限制，即涨跌停板。当市场价格涨到最大涨幅时，我们称"涨停板"，反之，称"跌停板"。

（5）合约月份。

（6）交易时间。

（7）最后交易日。

（8）交割时间。

（9）交割标准和等级。

（10）交割地点。

（11）保证金。

（12）交易手续费。

2. 期货合约种类

（1）商品期货。商品期货是指标的物为实物商品的期货合约。商品期货历史悠久，种类繁多，主要包括农副产品、金属产品、能源产品等几大类。其中有：

①农产品期货：1848 年 CBOT（美国芝加哥商品交易所）诞生后最先出现的期货品种。主要包括小麦、大豆、玉米等谷物，也包括棉花、咖啡、可可等经济作物和木材、天然胶等产品。

②金属期货：最早出现的是伦敦金属交易所（LME）的铜，目前已发展成以铜、铝、铅、锌、镍为代表的有色金属和以黄金、白银等贵金属为代表的两类产品。

③能源期货：20 世纪 70 年代发生的石油危机直接导致了石油等能源期货的产生。目前市场上主要的能源品种有原油、汽油、取暖油、丙烷等。

（2）金融期货。金融期货是指交易双方在金融市场上，以约定的时间和价格，买卖某种金融工具的具有约束力的标准化合约。主要包括：

①外汇期货：20 世纪 70 年代布雷顿森林体系解体后，浮动汇率制引发的外汇市场剧烈波动促使人们寻找规避风险的工具。1972 年 5 月芝加哥商业交易所率先推出外汇期货合约。目前在国际外汇市场上，交易量最大的货币有 6 种，美元、日元、英镑、瑞士法郎、加拿大元和法国法郎。

②利率期货：1975 年 10 月芝加哥期货交易所上市国民抵押协会债券期货合约。利率期货目前主要有两类——短期利率期货合约和长期利率期货合约，其中后者的交易量更大。

③股指期货：随着证券市场的起落，投资者迫切需要一种能规避风险实现保值的工具，在此背景下，1982 年 2 月 24 日，美国堪萨斯期货交易所推出价值线综合指数期货。

期货交易的运作机制

期货交易运作机制有其自身的特点，它与证券市场存在着很大的不同。如果不熟悉期货交易的运作机制特点而盲目进入，将会直接影响投资运作的效益。

因此把握期货交易与证券交易的不同点，对于投资者有效控制风险、提高投资效率非常重要。

1. 期货保证金制度

保证金制度是期货交易的最显著特征。它充分体现了期货市场的便利性。投资者在进行期货交易时，无须支付期货合约全额价值，只需支付合约价值一定比例的保证金，一般为合约价值的5%～8%。以5%保证金为例，相当于把"投资资金"放大了20倍。例如，在股票市场，10万元资金，按100%的足额保证金制，只能买10万元的现货股票，假如改为按5%的保证金制，则相当于可买200万元的股票。这样，无疑极大地提高了资金的杠杆率，从而扩大了可能的利润空间，当然杠杆带来的风险也被放大。

在进行期货交易过程中，应特别注意保证金制度的特点：

一是保证金制度具有十分明显的杠杆作用。期货保证金制度一方面极大地提高了期货市场的投资运作效率，投资者通过较少的资金实现较大数量合约的交易。当在期货市场具备向上的行情时，往往能够获取较高收益。对于投资者而言，套期保值者则能够用少量资金规避较大的现货市场风险。但是，另一方面，期货保证金制度也是一把双刃剑，在增强期货市场资金利用效率的同时，也会利用杠杆放大市场风险。当期货市场向着不利于自己的方向变化时，亏损也将被放大。例如，大商所大豆期货交易，保证金比例为5%，一天的最大价格波动幅度即涨跌停板为3%，也就是说一个涨跌停板，对于投资者来说就是所投资保证金金额60%的盈亏。因此进行期货交易前制订严谨而充裕的投资计划和策略十分重要。

二是可以追加保证金。期货交易实行每日无负债结算制度，即每日收盘后根据当日期货结算价进行结算。当客户保证金不足以维持其所持有的期货合约（持仓）时，要求投资者及时补足保证金，当不能及时追加保证金时其持仓将被部分或全部强制平仓，直到达到规则规定的保证金水平。

当市场某项合约持仓达到一定规模时梯度增加保证金，以及当市场某项合约价格同一方向连续变动两个停板时增加保证金。

三是同一品种不同期货合约的保证金水平不尽相同。一般从进入交割月前一个月开始逐步梯度增加保证金，交割月前一个月为10%，以后每5个交易日保证金增加5%。从交割月第一个交易日增加到30%，交割月第五个交易日增加到50%。

证券市场实行全额交易制度，投资者购买证券必须交纳足额的资金。当然，在有些国家证券投资也是可以通过部分融资（透支）来进行的。但是，总体上讲，融资的比例是受到限制的。目前在我国，透支交易证券是一种违规作为。

2. 期货做空机制

期货市场不同于其他的证券交易，期货具有双向交易机制，既可以在未来行情看涨时买进，又可以在对未来行情看跌时卖空，即所谓的做空机制。也就是说，当投资者认为未来期货价格会上扬，便可以买入期货合约，若判断正确，价格上涨以后在高价位卖出平仓即可获利；相反，当投资者认为未来价格会下跌，则可以卖出期货合约，若判断正确，价格下跌以后在低价位买入平仓即可获利。

如果投资者对未来走势判断正确，期货价格上涨或是下跌，都可以是投资者获利的机会；反之，若投资者对未来走势判断失误，则无论期货价格是涨是跌都会亏损。这种双向交易机制也为投资者提供了便利的双向投资工具。当然，期货市场的做空机制为上市商品合约相关涉及行业和企业提供了"全天候"管理现货经营风险。理论证明，双向交易机制下的多空双方"频繁"的价格撮合，会在一定程度上促进期货市场在充分竞争和公平合理条件下形成价格的真实性和有效性。

与期货市场不同，我国的证券市场目前还没有做空机制，即投资者在不持有股票的情况下不可以进行卖出。即使在一些国家和地区较成熟的证券市场上，现货股票做空机制也是受到一定限制的。因此，在没有做空机制条件的证券市场上股票投资者只能在看涨时买进入市，在看跌时将所持有的股票卖掉或者只能持币观望。这种单向交易机制在一定程度上影响了投资者的资金利用效率，使投资者在漫长的熊市中缺少投资机会。同时，单向交易机制下会造成股市中多空力量的不均衡，从而会形成大量资金的集中进退，加剧股市的波动。

3. 期货交易机制

对于期货交易而言，最显著的特点是保证金制度。在上文中已经对保证金制度做过介绍，期货保证金制度使期货交易在本质上区别于现货交易，也使期货交易具有了进入成本低、盈利（或风险）效率高、投资风险大的特征；其次是期货合约的期限性。期货交易的交易对象即是期货合约，具有不同的时间期限，不同的期货合约拥有不同的时间价值；市场流动性不一样，价格代表性以及影响其价格变化的因素也不一样。

就我国现存的期货交易制度而言，还具备以下特征：

（1）每日无负债结算，即对每笔期货交易当天进行清算。当保证金不足时，必须在规定时限内及时追加保证金，或是对所持有的期货合约进行平仓至满足保证金规定要求为止。

（2）涨跌停板，指限制期货合约一个交易日内最大价格波动幅度，不能超过这个限度。

（3）持仓限制，将客户和会员的持仓量根据不同上市品种，不同合约按照一定规则限制在一定比例或一定数量范围内。

（4）套期保值，指现货相关企业根据其参与现货市场交易情况，需要在期货市场规避风险的，提出申请并经过交易所批准的套期保值者，将不受持仓限制制度所规定的持仓限量的限制。

（5）大户报告，当会员或客户持仓达到一定规模数量时，需要向交易所提交书面报告。

（6）强制平仓制度，当出现保证金不足并未能在规定时间内补足，以及超出持仓限额所规定数量等情况时，要实施对所持有的期货合约进行强制平仓。

在证券市场上，股票交易是现货交易。现货交易与期货交易的显著不同就是全额货款与货物的即时交换，股票现货交易一般不存在期限性问题、保证金制度、追加保证金制度、强制平仓制度和做空机制等。当然，证券交易有时候也会借鉴期货市场的涨跌停板制度。

由于期货交易的特点，一般期货市场都实行严格的风险控制制度。如当某个期货合约的市场持仓规模达到一定数量时，对该合约提高一定比例的交易保证金；当某合约价格 3 个交易日向同一方向连续涨停板或跌停板时，规则规定允许持仓不利一方且愿意平仓的对冲出局。

4. 期货交易对象

期货交易的对象是交易所上市的标准化期货合约。与商品期货的合约对应的是合约所代表的标准化商品。商品期货交易的对象具有这样几个特点：一是上市品种多是易标准化、易储存运输的大宗商品；二是每个期货合约都有其固有的期限；三是上市合约价格与其所对应的现货市场价格一样，在一定市场因素影响下会产生相当幅度的变化，是现货市场价格变化的温度计，不是现货市场价格变化的发动机，并在临近交割月及交割月向现货市场价格回归；四是由于期货合约所对应的上市商品拥有其自身价值，因此，无论合约价格围绕着供需关系如何变化，都不会使其接近或等于零。

以大商所大豆期货为例，影响上市品种价格变动的主要因素：一是现货市场的供求关系，包括国际现货市场供需情况、国内现货市场供需情况、进口情况；二是大豆相关产业、农业、贸易、食品政策；三是大豆国际市场价格变化的影响，大商所大豆价格变化与美国芝加哥期货交易所大豆价格变化具有很强的相关性并多受其影响；四是大豆相关商品价格的影响。

与期货市场相比，证券市场股票交易的对象是上市公司的股权。一个公司的股票价格会因该公司自身经营、财务方面及市场环境等情况的变化而发生变化。当该公司资不抵债时，若不考虑中国股票市场的诸多因素，理论上其价格将接近或等于零。影响其股票价格变动的主要因素：一是该企业自身情况如经营业绩、资产状况、发展战略等；二是上市公司所属行业情况、相关产业政策的变化以及国家监管政策的变化；三是国家宏观经济政策和经济发展情况的变化；四是国际股票市场相关情况的影响。

5. 期货合约的期限

期货市场的每个期货合约都具有其固定的期限。根据合约所剩时间期限的长短可以分为远期合约、近期合约、临近交割月合约和交割月合约等。一般远期合约交易为一年时间，随着时间的推移，远期合约将逐渐变成近期合约、临近交割月、交割月合约。期货合约的期限性，决定了期货合约远近月份具有不同的特点，在欧美商品期货市场，一般 3 个月合约比较活跃；在亚洲商品期货市场，一般远期合约比较活跃。

在期货合约由远至近的推移过程中，随着期货合约到期日的临近，围绕该期货合约的相关市场要素将发生重大变化：

一是随着合约期限的临近，时间价格不断减少，投资者主动选择的余地减少，也就是越来越接近于必须做出是平仓还是进行实物交割的选择；有时甚至不排除发生被动交割。

二是市场流动性变弱。由于期货市场的保证金制度和持仓限制制度，一般远期合约交投活跃、流动性较好、大单量进出容易；近期合约交投逐渐清淡、流动性较差、大单量进出较难。这是因为投机资金追求较好的市场流动性而不断转向远期月份合约，近期合约流动性便越来越差。

三是价格代表性由广泛到逐渐区域化。由于我国铜、大豆等大宗商品进口渠道畅通，国际国内现货期货市场联系密切，因此远期合约价格基本反映世界范围内的供求关系，价格代表性广泛。但随着合约交割期的临近，受交割现货货物备货期限的制约，临近交割月的合约价格逐渐向该品种指定交割仓库所在地的现货市场价格回归，价格代表性逐渐区域化。

四是影响价格变化的因素发生变化，影响远期合约价格变化的因素可以更广泛、宏观和形象化；而影响临近交割月合约价格变化的因素则更区域化、微观和具体，影响价格的不确定因素减少。进入交割月前一个月因保证金梯度增高而在市场中逐步仅剩下等待进行实物交割的接货者和交货者，在交割月通过接货资金和注册仓单的匹配，最终实现交割月合约价格向交割仓库所在地现货价格的回归。可以说，期货合约的期限设定有助于增强期货市场与现货市场的关联性，随着期货合约从远及近的变化，逐渐挤出期货价格中所谓的"泡沫"部分，有效释放市场风险，促进期货价格与现货价格走势的趋同。

证券市场中的股票代表着上市公司的股权，通常没有固定期限，随着公司的存在而长期存在。上市公司破产清算应视为其股票交易的最终期限。在我国的股票市场上，由于退市机制还处在建立过程中，因此上市公司的破产清算而导致其股票交易结束的，仍只占市场总体股票数目的很小比例。在西方发达国家成熟的股票市场上，企业股票退市早已成为一种市场机制，是整个证券市场"游戏规则"的重要组成部分。

6. 期货交割制度

商品期货交易一般实行实物交割制度。实物交割是连接期货市场与现货市场的桥梁和重要手段。它通过一手交钱一手交货，即时进行买卖的现货市场和可能承担未来实物交收买卖义务的期货市场最终成为一个单一的商品市场，是使期货市场价格在向交割月临近过程中向现货市场价格回归的重要保证，是期货交易的重要环节。

商品期货市场的运行是以现货商品为基础的，而现货商品的生产流通体系也有其固有的特点。以农产品为例，自然条件决定了某种农产品的产地，并成为这种农产品比较固定的流通体系的起点，同时其种植、加工、储藏、运输等也都具有内在的特殊规律。因此，建立在现货市场基础上的农产品期货市场就必须遵循现货供应市场的运行规律。也就是说，农产品期货的实物交割制度一定要符合现货市场流通的特点。

在期货市场进行交易时，投资者可以通过两种方式了结其所持有的未平仓合约，一种是在所持有的期货合约到期前，通过对冲进行与入市时数量相等方向相反的买卖交易，平仓了结所持有的持仓；另一种则是在所持有的期货合约到期时，以符合期货合约规定标准的现货商品的买入或卖出，了结未平仓合约，也就是通过实物交割方式了结期货交易。

证券市场没有实物交割问题。在股票交易无纸化的条件下，投资者将手中所持有的股票卖出是投资者结束交易的唯一方式。从这个意义上说，股票是一种更加虚拟化的资产，缺少其价格向其真实价值回归的有效机制。

参与期货交易的主体

参与期货交易的投资主体可以分为两大类，一类称为套期保值者，另一类称为风险投资者。

套期保值者主要是利用期货交易来转移现货交易风险，从而达到减少成本，稳定利润的目的，在时机较好时也会利用实物商品买卖作为"后盾"进行投资获利。套期保值的参与者可以是农业、制造业、商业、金融业等行业中的商品生产者、加工者、营销者、进出口商、金融机构。通过期货交易，可以很大程度地减少经济活动中时时存在的风险。

风险投资者则主要利用期货交易作为一种类似股票的投资手段，以追求高利润。

具体来说，参与期货交易的投资主体主要包括：

（1）生产者：商品生产需要一个周期，此间价格的变动会影响生产者的利润。在生产周期内参与期货交易，可以将利润事先固定，若时机选择得当，不仅可以稳定利润，还可以获得一笔额外收入。

（2）营销者：商品从购入到售出需要一段时间，进行期货交易既可灵活地选择购入和售出时机，减少仓储费用，又可为库存商品进行保值。

（3）进出口商：从订货到提货需要一段时间，且付款一般发生币种间兑换问题。货价或汇率的不利变动都会带来不必要的损失。虽然在国际贸易中制定了许多回避风险的措施，如离岸价、到岸价等，但都难以完全达到目的。且需要反复谈判，费时费力，而参加货物和外汇套期保值，既可以稳定利润，也可少费口舌。

（4）金融机构：利率、汇率的变动都会给金融机构的经营带来一定的风险，通过在期货市场做套期保值，能有效地规避相应风险。

（5）风险投资者：任何一个具备一定资金而又想追求高回报率者都可参与期货交易的风险投资。

期货交易的特点

不少人都认为，证券比期货交易的风险小。事实上，经过计算证明证券交易与期货交易的风险幅度几乎是接近的，即损失率为投入资金的 100％。但是，比较而言，在单位时间内，期货市场的波动要比股票市场的波动大得多。即期货市场一天的行情等于股票市场一年的行情。两者的区别在于投资效率。单位时间内风险同盈利是呈正比例的。

从某种程度上来说，证券市场的资金利用效率明显低于期货市场，是指证券投资的赢利（或损失）效率明显低于期货投资。

期货交易是一种特殊的交易方式，它有不同于其他交易的鲜明特点：

1. 交易的对象——期货合约

同生活中其他的买卖不同，期货买卖的对象并不是实物，而是和这些东西有关的合约，这份合约中规定了买卖双方的权利和义务。合约对相关问题都提前进行了详细的规定，买卖合约的双方都要遵守这个规定，任何人不得随意违反。

2. 交易的地点——期货交易所

大部分的期货都在期货交易所上市，所以交易的地点自然是期货交易所。在期货交易所里，不仅有严密的组织结构和章程，还有特定的交易场所和相对制度化的交易、结算、交割流程。我国国内的期货产品都是在期货交易所交易的。

3. 交易的载体——利用标准化合约

这是指同一家交易所对标的物相同的合约内容都有标准化的规定。例如，在上海期货交易所上市交易的铜期货合约，每张合约的内容都是一样的，交易品种都是阴极铜，交易单位都是 5 吨，交割品级都要符合国标克 B/T467－1997 标准，其他的有关规定包括报价单位、最小变动价位、每日价格最大波动限制、交易时间、最后交易日、最低交易保证金、交易手续费等，这些规定对每份铜期货合约来说都是相同的。

4. 交易的经费——只需缴纳保证金

进行期货买卖的时候，不需要支付全部金额，只要交出一定比例（通常为 5％～10％）的金额即保证金作为履约的担保金就行。

5. 交易的方式——到期交割

期货合约是有到期日的，合约到期需要履行交割义务。商品期货到期时，交割的是商品，即实物交割。而其他的期货则可能有所不同，比如，股指期货的标的物是一揽子股票，实物交割在操作上存在困难，因而采用现金交割。在股指期货合约到期时，依照对应的股指期货的价格，也即合约规定的交割结算价，计算出盈亏，交易者通过交易账户的资金划转完成交割。

6. 交易中的独有方式——双向交易

这种交易方式是其他投资项目所没有的，也是期货投资中不得不提的一种方式。它实际上是指：我们既可以先买一张期货合约，在合约到期之前卖出平仓（或者到期时接受卖方交割），也可以先卖一张合约，在合约到期之前买进平仓（或者到期时交出实物或者通过现金进行交割）。就算手头没有一张合约，依然可以先卖出。这种可以先买也可以先卖的交易被称为双向交易。

期货价格的形成

期货价格是指在期货币场上通过公开竞价方式形成的期货合约标的物的价格。期货市场的公开竞价方式主要有两种：一种是电脑自动撮合成交方式，另一种是公开喊价方式。在我国的交易所中，全部采用电脑自动撮合成交方式。在这种方式下，期货价格的形成必须遵循价格优先、时间优先的原则。

所谓价格优先原则，是指交易指令在进入交易所主机后，最优价格最先成交，即最高的买价与最底的卖价报单首先成交。时间优先原则是指在价格一致的情况下，先进入交易系统的交易指令先成交。交易所主机按上面两个原则对进入主机的指令进行自动配对，找出买卖双方都可接受的价格，最后达成交易，反馈给成交的会员。

根据价格优先原则，买方的最优报价为 C 的 2630 元/吨和 B 的 2630 元/吨，卖方的最优报价为 A 的 2630 元/吨。根据时间优先的原则，在买方报价中，C 的入市时间最早，因此，C 先与 A 撮合成交 100 手。然后是 B 的 80 手与 A 剩下的 50 手以 2630 元/吨撮合，成交量为 50 手。

期货价格的频繁波动，是受多种因素的影响而成的。在大豆期货交易中，天气的好坏、种植面积的增减、进出口数量的变化都将在很大程度上影响价格的波动。在股票指数期货交易中，人们对市场利率升降、公司业绩好坏的预期，都会影响指数期货价格的变化。由于期货价格是由众多的交易者在交易所内通过集中竞价形成的，市场参与者的报价充分体现了它们在今后一段时间内，该商品在供需方面可能产生变化的预期，在这种价格预期下形成的期货价格，能够较为全面、真实地反映整个市场的价格预期，具有预期性和权威性。

期货价格中有开盘价、收盘价、最高价、最低价、结算价等概念。在我国交易所中，开盘价是指交易开始后的第一个成交价；收盘价是指交易收市时的最后一个成交价；最高价和最低价分别指当日交易中最高的成交价和最低的成交价；结算价是全日交易加权平均价。

期货买卖的形式

期货买卖的形式主要有以下两种：

1. 买空

买空亦称"多头交易"，与卖空相对，是指交易者利用资金，在市场上买入期货，等到将来价格上涨时，再高价抛出，从中获利的投机活动。在现代证券市场上，买空交易一般都是利用保证金账户来进行的。当交易者认为某种股票的价格有上涨的趋势时，他通过交纳部分保证金，向证券公司借入资金购买该股票期货，买入的股票交易者不能拿走，它将作为货款的抵押品，存放在证券公司。如以后该股票价格上涨，当上涨到一定程度时，他又以高价向市场抛售股票，将所得的部分款项归还证券公司贷款，从而结束其买空地位。交易者通过买入和卖出两次交易的价格差取得收益。

当然，如果市场股价的走向与交易者的预测相背，那么买空者非但无利可图，并且将遭受损失。由于在以上过程中，交易者本身没有任何股票经手，却在市场上进行购买股票的交易，故称之为"买空"交易。

一般投资者在进行证券交易时，都是运用自有资金，而交易者在买空时，除交付少量保证金外，其购买股票的大部分资金由证券公司垫付，也就是借入资金。买空交易的全过程是由先买入后抛售股票两次交易构成。

2. 卖空

卖空就是现在没有某种期货，而先从别的地方借入该期货卖出，等到自己有了该种期货后再归还给他人的一种期货交易方式。

对于卖空，需要注意的是：

卖的是合约，不是实际的物品。物品一定要先买后卖，但是你只是卖合约，就好比你约定用 8000 元卖一台电脑给别人。

卖出也是需要保证金的。由于卖空交易的投机性强，对市场影响较大，卖空者的行为具有明显的投机性，因而各国的法律都对卖空有较详细的规定，以尽量减少卖空的不利影响，在某些国家通过法律形式禁止股票的卖空交易。

选择期货经纪公司

如何选择期货经纪人或经纪公司，是选择贴现经纪公司还是选择专职经纪公司，对很多投资者而言是个头疼的问题。事实上，因为投资人和经纪公司千差万别，所以很难找到一种完美的答案。

像其他行业一样，经纪人和经纪公司存在着质量差异。作为投资者，其目标就是要选择一家声誉良好的期货经纪公司。可以毫不夸张地说，期货交易能否盈利的关键完全控制在经纪人手里。

经纪公司在期货交易中究竟起到哪些作用？对于正在寻找新的经纪人或者经纪公司的投资者来说，以下一些建议可以参考一下：

（1）通过登录国家期货协会，可以从名目里选择经纪公司或者经纪人。期货协会的网站上有一栏叫作"基本信息"。进入这一栏目，你可以查寻到经纪公司或者经纪人，看一下他们是否有过被期货协会查处的违规记录。另外，商品期货交易协会也有相关的链接网站，帮助投资者评判期货经纪人或者经纪公司。

（2）初入市的投资者不要被交易术语所吓倒。对于那些初入市的期货投资人来说，跟着过于莽撞的经纪人做单可能是一个令人胆战心惊的过程。尤其是许多新入市者对一些专业术语还比较陌生，常常被一些交易术语弄得不知所措。

（3）个人投资者必须时刻自己拿主意，不轻易依赖经纪人。投资者要始终控制好自己的交易账户，操单做市的主意需要自己拿——即使你经验平平也一样。如果你的经纪人给你提供投资建议，你当然可以根据他们的意见去做单。但是，资金是你自己的，交易计划最终由你来定。如果你的经纪人盛气凌人，主观又武断，你需要慎重考虑这位经纪人是否继续能当好你的参谋。不过有一点需要澄清：商品交易顾问（CTA）有权对客户注入的资金进行自由交易，因为客户希望CTA为他们出谋划策。但是中介经纪人并没有为客户自由交易的权利。

（4）许多职业交易人撰写的书中建议个人投资者要踏踏实实做好基础工作，诸如，市场研究、入市计划等，然后据此交易。他们强调个人投资者的决策和行动不要受任何人干扰，包括他们的经纪人。

（5）许多经纪公司提供有价值的投资参考，他们进行市场研究，向其客户提供它们的信息，包括投资时机。这类型的研究报告很可能是上乘之作，这一点本无可非议。事实上，许多投资人非常欢迎经纪公司能够提供这样的服务。

（6）有些投资者纠结于选择贴现经纪公司还是专职经纪公司，其实不必纠结于此，这要看个人投资者的需求。假如个人投资者想得到更多的客户服务，包括公司自己的研究报告和投资建议，那么专职经纪公司也许是最好的选择。专职经纪公司在佣金费用的收取上略高一些。

对于那些依靠个人研究，并且能够获得外围信息，如独立分析服务机构的信息，贴现经纪公司是最好的选择。贴现经纪公司在佣金收取方面较专职经纪公司确实优惠一些。

对于一个信誉良好的期货公司来说，无论是专职期货公司，还是贴现经纪公司，在场内下单质量方面没有什么区别。

一些经纪公司有时要遭受某些个人投资者和媒体的攻击，常常因此而背上"黑锅"。有时，投资者在受到挫折之后，不愿意从自己身上找原因，而是怨天尤人，这种心理也是不可取的。

选择经纪人和操盘手

对于初入市场的投资者，经纪人就是你的启蒙老师，所以投资者要慎重选择经纪人。那么，选择经纪人要从哪些方面入手呢？

1. 从经纪人称职合法角度考察

投资者只有与合法的期货从业人员合作，期货交易行为才能得到法律的保护。

考察合法与称职性一般注重以下几个方面：

（1）经纪人是否具有期货从业人员执业资格证书。

（2）从业时间及业务记录好坏。从业时间长的未必一定比从业短的做得好，但一般来说，从业时间长的人员对业务知识和交易制度等都要更熟练些。

（3）期货行业是高风险行业，经纪人应能客观地提示交易风险。

2. 从经纪人的职业道德方面考察

由于期货经纪人的收入主要来自于客户的交易手续费，而客户的交易情况与经纪人的建议又有直接关系，这就需要期货经纪人具有较高的职业道德和自律性。

3. 考察经纪人的服务水平

服务水平主要考察两个方面：一是信息传递的及时性、有效性。期货市场是一个非常讲求时效性的行业，因而期货经纪人能否在第一时间利用各种先进的手段将信息传达给客户是一个很关键的问题。二是期货经纪人是否具有与时俱进的求知欲望和服务理念。期货经纪人的内涵直接关系到对行情的研判及服务的理念，所以要选择高质量服务的经纪人，就必须考察该经纪人的求知能力和获取知识的能力。

除了要慎重选择经纪人之外，投资者还需要慎重选择操盘手。投资者选择管理投资资金的操盘手应注意以下几点：

（1）操盘手历史业绩记录是否详细。一般来说，操盘手必须掌握与基金的投资目标、投资策略和投资限制相一致的交易系统。

（2）操盘手是否有良好的声誉。良好的信誉和声誉会让投资者放心。

（3）操盘手是否在目前管理着一定数量额度的资产，并且具有这些资产连续 3 年以上的业绩记录。

（4）操盘手是否要保存交易的记录。每个操盘手必须保存有交易记录，以便计算出相应的指标与其他操盘手或其他资产管理公司相比较。通常使用的比较指标有月平均收益率、月平均收益率的增长率、年均收益的增长率。

诚然，期货市场同其他行业一样，内部良莠不齐，也确实有一些害群之马，但是多数期货公司的经纪人还是诚实可信，踏实肯干的，他们在交易时总能尽力为客户的利益着想。所以，一旦你选择了某经纪公司，就要有充分地相信他。

期货开户的条件

投资者如果从未进入过期货市场，但是又一直想投资期货，那么下面的一些知识可能是你想要知道的。

按照相关法律规定，期货开户要求投资者至少应具备以下条件：

（1）具有完全民事行为能力，一般年龄是 18 周岁以上。

（2）有与进行期货交易相适应的自有资金或者其他财产，能够承担期货交易风险。

（3）有固定的住所。

（4）符合国家、行业的有关规定。

期货开户需准备以下材料：

（1）客户开户必须携带本人有效身份证及银行卡或存折，到期货公司或者当地营业部办理，或在有公司或营业部员工在场的任何地方办理。

客户签订《期货公司合同文件》，并如实填写《期货市场投资者开户登记表》。《期货合同文件》中涉及的非开户人的其他人员，也必须亲自在现场办理相关手续。客户及合同所涉及的其他人员的身份证须复印存档，作为合同附件。

客户在开户时必须填写《结算账户登记表》。

公司客户服务部根据客户填写的《期货市场投资者开户登记表》和提供的身份证复印件、申请交易所的交易编码。

公司客户服务部为客户开通交易权限，设定初始交易密码。

（2）相关机构向客户出具《风险揭示声明书》和《期货交易规则》，向客户说明期货交易的风险和期货交易的基本规则。在准确理解《风险揭示声明书》和《期货交易规则》的基础上，由客户在《风险揭示声明书》上签字、盖章。

（3）期货经纪机构与客户双方共同签署《客户委托合同书》，明确双方权利义务关系，正式形成委托关系。

（4）期货经纪机构为客户提供专门账户，供客户从事期货交易的资金往来，该账户与期货经纪机构的自有资金账户必须分开。客户必须在其账户上存有足额保证金后，方可下单。

期货交易的方式

期货交易市场是难以操纵的。这是因为，一是期货市场的总持仓规模不是固定的。期货市场中交易的期货合约是以相应的现货商品为基础，并将其标准化了的合同。因此期货市场规模与相关现货市场规模存在一定关系，但不存在总量限制问题。随着市场参与者的变化而变化，所以所谓持仓集中程度或是持仓比例也都是相对的、变化的。由于期货市场的双向交易机制，多空双方的机会是同等的，市场是相对均衡的。因此，任何一方都难以仅仅凭借资金优势对期货市场价格进行长期操纵。二是期货价格与现货市场价格联系紧密。期货市场价格走势与其交易的标的物，即相应的现货商品价格走势是密切相关的，并在交割月最终实现期货价格向现货价格的靠拢。

期货的交易方式有很多种，既有传统的老方式，也有随着科学技术的进步而新增的交易方式。一般说来，传统的交易方式有书面方式和电话方式。书面方式是客户在现场填写交易指令单，通过期货经纪公司的盘房接单员将指令下达至交易所；电话方式是客户通过电话将指令下达给期货经纪公司的盘房接单员，接单员在同步录音后再将指令下达至交易所。

随着计算机技术的进步，期货经纪公司在提供上述交易方式之外，现在又增加了如下的电子化交易方式：

1. 计算机自助委托交易

有些地方也叫"热自助委托交易"。它是指客户在交易现场，通过电脑（该电脑通过期货经纪公司的服务器与交易所交易主机相连接）进行交易。这种方式和后面要讲的网上交易都是利用电脑，但是两者有很大区别，要注意区分。

2. 电话语音委托交易

客户通过电话键盘将交易指令转化为计算机命令，再由计算机传输给交易所主机。由于其操作过程非常烦琐，必须按照提示语音分步骤完成，每个步骤之间还要等待，操作起来很麻烦，也很费时。所以，即使有一些期货经纪公司推出了这种交易方式，实际使用的人并不多。

3. 网上交易

利用互联网进行交易。由于网上交易不受地域限制，具有成交及回报快、准确率高、成本低等优点，故深受交易者和期货经纪公司的欢迎，也是目前推广速度最快的一种交易方式。但是在网上交易的时候要注意定期维护电脑及互联网设备、采用防病毒及防黑客产品、妥善保管个人资料、及时分析各种信息、准备备用交易委托方式等方面，以防范电子化交易可能发生的各种风险。

新的交易方式虽然便捷也更人性化，但可能会因计算机系统或通讯传输系统出现一些额外的风险。因而，客户如果选择电子化交易方式，期货经纪公司会要求客户在签署《期货经纪合同书》的同时，还要签订《电脑自助委托交易补充协议》《网上期货交易风险揭示书》《网上期货交易补充协议》等相应的协议。这些协议大概列举了一些可能出现的风险，有些条款也注明了公司可能不承担责任的情况，所以客户在签订时，一定要仔细阅读，了解相应的规则。

期货交易的结算

结算是指交易所结算机构或结算公司对会员和客户的交易盈亏进行计算，计算的结果作为收取交易保证金或追加保证金的依据。通过对期货交易市场的各个环节进行的清算，既包括了交易所对会员的结算，同时也包含了会员经纪公司对其代理客户进行的交易盈亏的计算，其计算结果将被记入客户的保证金账户中。

在期货市场中，了结一笔期货交易的方式有 3 种：对冲平仓、实物交割和现金交割。相应的也有 3 种结算方式。

1. 对冲平仓

对冲平仓是期货交易最主要的了结方式，期货交易上的绝大多数合约都是通过这一方式进行了结的。

结算公式：

盈利＝(卖出价－买入价)×合约张数×合约单位－手续费

亏损＝(买入价－卖出价)×合约张数×合约单位－手续费

2. 实物交割

在期货交易中，虽然利用实物交割方式平仓了结的交易很少，只占合约总数的 1％～3％，然而正是由于期货交易的买卖双方可以进行实物交割，这一做法确保了期货价格真实地反映出所交易商品的实际现货价格，为套期保值者参与期货交易提供了可能。因此，实物交割是非常重要的。

结算结果：卖方将货物提单和销售发票通过交易所结算部门或结算公司交给买方，同时收取全部货款。

3. 现金结算

只有很少量的期货合约到期时采取现金清算而不是实物交割。

期货交易的基本面分析法

期货交易的基本面分析法是根据商品的产量、消费量和库存量（或者供需缺口），即通过分析期货商品的供求状况及其影响因素，来解释和预测期货价格变化趋势的方法。基本面分析主要分析的是期货市场的中长期价格走势，即所谓大势，并以此为依据将中长期持有合约，不太注意日常价格的反复波动而频繁地改变持仓方向。

期货交易的价格不仅受商品供求状况等因素的影响，而且还受其他许多非供求因素的影响，这些非供求因素包括：金融货币因素、政治因素、政策因素、投机因素、心理预期等。因此，期货价格走势基本因素分析需要综合考虑这些因素的影响。

1. 期货商品供给分析

供给是指在一定时间、一定地点和某一价格水平下，生产者或卖者愿意并可能提供的某种商品或劳务的数量。决定一种商品供给的主要因素有：该商品的价格、生产技术水平、其他商品的价格水平、生产成本、市场预期等。

商品市场的供给量则主要由期初库存量、本期产量和本期进口量三部分构成。

（1）期初库存量。期初库存量是指上年度或上季度积存下来可供社会继续消费的商品实物量。根据存货所有者身份的不同，可以分为生产供应者存货、经营商存货和政府储备。前两种存货可根据价格变化随时上市供给，可视为市场商品可供量的实际组成部分。而政府储备的目的在于为全社会整体利益而储备，不会因一般的价格变动而轻易投放市场。但当市场供给出现严重短缺，价格猛涨时，政府可能动用它来平抑物价，则将对市场供给产生重要影响。

（2）本期产量。本期产量是指本年度或本季度的商品生产量。它是市场商品供给量的主体，其影响因素也甚为复杂。从短期看，它主要受生产能力的制约，资源和自然条件、生产成本及政府政策的影响。不同商品生产量的影响因素可能相差很大，必须对具体商品生产量的影响因素进行具体的分析，以便能较为准确地把握其可能的变动。

（3）本期进口量。本期进口量是对国内生产量的补充，通常会随着国内市场供求平衡状况的变化而变化。同时，进口量还会受到国际国内市场价格差、汇率、国家进出口政策以及国际政治因素的影响。

2. 期货商品需求分析

商品市场的需求量是指在一定时间、一定地点和某一价格水平下，消费者对某一商品所愿意并有能力购买的数量。决定一种商品需求的主要因素有：该商品的价格、消费者的收入、消费者的偏好、相关商品价格的变化、消费者预期的影响等。

商品市场的需求量通常由国内消费量、出口量和期末商品结存量三部分构成。

（1）国内消费量。国内消费量主要受消费者的收入水平或购买能力、消费者人数、消费结构变化、商品新用途发现、替代品的价格及获取的方便程度等因素的影响，这些因素变化对期货商品需求及价格的影响往往大于对现货市场的影响。

（2）出口量。稳定的进口量虽然量值大但对国际市场价格影响甚小，不稳定的进口量虽然量值小，但对国际市场价格影响很大。出口量是本国生产和加工的商品销往国外市场的数量，它是影响国内需求总量的重要因素之一。分析其变化应综合考虑影响出口的各种因素的变化情况，如国际、国内市场供求状况，内销和外销价格比，本国出口政策和进口国进口政策变化，关税和汇率变化等。例如，我国是玉米出口国之一，玉米出口量是影响玉米期货价格的重要因素。

（3）期末商品结存量。期末结存量具有双重的作用，一方面，它是商品需求的组成部分，是正常的社会再生产的必要条件；另一方面，它又在一定程度上起着平衡短期供求的作用。当本期商品供不应求时，期末结存将会减少；反之就会增加。因此，分析本期期末存量的实际变动情况，即可从商品实物运动的角度看出本期商品的供求状况及其对下期商品供求状况和价格的影响。

3. 经济波动周期

商品市场波动通常与经济波动周期紧密相关。期货价格也不例外。由于期货市场是与国际市场紧密相连的开放市场，因此，期货市场价格波动不仅受国内经济波动周期的影响，而且还受世界经济的景气状况影响。

经济周期一般由复苏、繁荣、衰退和萧条 4 个阶段构成。复苏阶段开始时是前一周期的最低点，产出和价格均处于最低水平。随着经济的复苏，生产的恢复和需求的增长，价格也开始逐步回升。繁荣阶段是经济周期的高峰阶段，由于投资需求和消费需求的不断扩张超过了产出的增长，刺激价格迅速上涨到较高水平。衰退阶段出现在经济周期高峰过去后，经济开始滑坡，由于需求的萎缩，供给大大超过需求，价格迅速下跌。萧条阶段是经济周期的谷底，供给和需求均处于较低水平，价格停止下跌，处于低水平。在整个经济周期演化过程中，价格波动略滞后于经济波动。这些是经济周期 4 个阶段的一般特征。认真观测和分析经济周期的阶段和特点，对于正确地把握期货市场价格走势具有重要意义。

经济周期阶段可由一些主要经济指标值的高低来判断，如失业率、价格指数、汇率等，这些都是期货交易者应密切注意的。

4. 金融货币因素

商品期货交易与金融货币市场有着紧密的联系。利率的高低、汇率的变动都直接影响商品期货价格的变动。

（1）利率。利率调整是政府紧缩或扩张经济的宏观调控手段。利率的变化对金融衍生品交易的影响较大，而对商品期货的影响较小。如 1994 年开始，为了抑制通货膨胀，中国人民银行大幅度提高利率水平，提高中长期存款和国库券的保值贴补率，导致国债期货价格狂飙，1995 年 5 月 18 日，国债期货被国务院命令暂停交易。

（2）汇率。期货市场是一种开放性市场，期货价格与国际市场商品价格紧密相连。国际市场商品价格必然涉及各国货币的交换比值——汇率，汇率是本国货币与外国货币交换的比率。当本币贬值时，即使外国商品价格不变，但以本国货币表示的外国商品价格将上升；反之则下降，因此，汇率的高低变化必然影响相应的期货价格变化。据测算，美元对日元贬值 10％，日本东京谷物交易所的进口大豆价格会相应下降 10％左右。同样，如果人民币对美元贬值，那么，国内大豆期货价格也会上涨。主要出口国的货币政策，如巴西在 1998 年其货币雷亚尔大幅贬值，使巴西大豆的出口竞争力大幅增强，相对而言，大豆供应量增加，对芝加哥大豆价格产生负面影响。

5. 政治、政策因素

期货市场价格对国际国内政治气候、相关政策的变化十分敏感。政治因素主要指国际国内政治局势、国际性政治事件的爆发及由此引起的国际关系格局的变化、各种国际性经贸组织的建立及有关商品协议的达成、政府对经济干预所采取的各种政策和措施等，这些因素将会引起期货市场价格的波动。

在国际上，某种上市品种期货价格往往受到其相关的国家政策影响，这些政策包括：农业政策、贸易政策、食品政策、储备政策等，其中也包括国际经贸组织及其协定。在分析政治因素对期货价格影响时，应注意不同的商品所受影响程度是不同的。如国际局势紧张时，对战略性物资价格的影响就比对其他商品的影响大。

6. 自然因素

自然条件主要是气候条件、地理变化和自然灾害等。期货交易所上市的粮食、金属、能源等商品，其生产和消费与自然条件因素密切相关。有时因为自然因素的变化，会对运输和仓储造成影响，从而也间接影响生产和消费。例如，当自然条件不利时，农作物的产量就会受到影响，从而使供给趋紧，刺激期货价格上涨；反之，如气候适宜，又会使农作物增产，增加市场供给，促使期货价格下跌。因此，期货交易必须密切关注自然因素，提高对期货价格预测的准确性。

7. 投机和心理因素

在期货市场中有大量的投机者，他们参与交易的目的就是利用期货价格上下波动来获利。当价格看涨时，投机者会迅速买进合约，以期价格上升时抛出获利，而大量投机性的抢购，又会促进期货价格的进一步上升；反之，当价格看跌时，投机者会迅速卖空，当价格下降时再补进平仓获利，而大量投机性的抛售，又会促使期货价格进一步下跌。

与投机因素相关的是心理因素，即投机者对市场的信心。当人们对市场信心十足时，即使没有什么利好消息，价格也可能上涨；反之，当人们对市场没有信心时，即使没有什么利空因素，价格也会下跌。

期货交易的技术分析

随着期货地不断深入研究，技术图表分析成为期货市场的重要交易手段。由于对统计概率分析，图表技术分析者好比掌握一种"兵法"，在市场总能领先一步。为此，KDJ线、RSI、波浪理论、黄金分割等已经成为期货交易的一种时尚。

然而，正因为概率的某种不确定性因素，使得技术分析也不总是那么灵验，特别是市场出现重大政策及消息时。而KDJ、RSI、威廉指数在真正大行情时反应迟钝，甚至是反技术的。于是市场每出现一次大行情，在政策市和消息市影响下，就多了一些技术分析派的叛逆者。

那么市场的行为到底是呈技术性还是反技术的呢？应该肯定的是，市场是呈技术性的。图表分析是一种技术分析，它研究的是价格波动变化规律。基本面分析是另一种技术分析，因为它研究的是政策性及现货的供求关系。而追踪操盘大户动态也是一种技术分析，它是从研究大户的动向出发分析交易中寻找大趋势变化方向。实际上，正因为间谍的重要性，反间谍也不可少，正因为图表技术的重要性，反技术就应运而生，反技术本身也是一种技术。

事实上，图表技术分析者的窘态还是自己功底不过硬。目前在使用图表分析方面上有两点不足。

其一，使用者只注重技术图表的表象，却忽略了其使用条件和缺陷。所谓真正的大行情是反技术的，主要是指类似 KDJ 线、RSI 等摆动指数，日指标在上升中横在天花板上，下降时躺在底板下，甚至是出现伪信号的情况。实际上，摆动指数日指标指导行情判断并不是最好的。相对来说，周指标更为有效，而市场分析应用中摆动指数最重要的用法是利用其指标背驰来研判方向。图表技术分析中重要的点是价格呈趋势形态变化，为什么不把移动平均线和道氏趋势线作为指导我们判断的依据呢？图表分析人士会说这太简单了。实际上市场变化并不是那么复杂，只是我们把它搞复杂了。最简单的事情最难为。其二，很多使用者缺乏自律性。期货市场好比是战场，守纪律是重要的，坚持止损同样重要。

严格按技术指标做，实际上一般人是做不到的，这需要有非常高的理性和非常强的自我控制能力。有人说，一个人能够对市场进行正确判断并能坚持自己的意见并容易做到，这是世人最难学的事情之一。

一位资深的投资专家说得好，"你如果非常严格地按照技术分析来做，我敢把我的所有财产让你去做，你会有输的时候，但不会大输，你赢得概率总的来说还是比较大，就像保险公司并不是每次保险都赚钱一样，也有亏的时候，但总体上还是赚钱的"。

期货投资反向操作法

在期货投资中，为了完成进场——加码操作——出场——进场的循环操作，投资者必须要反做空。有一种较安全，但成本稍高的方法，就是以选择权的方式操作，买进卖权。

投资者可以根据对期货市场的观察和实际的操作经验发现：在商品的高档时，因为行情震荡激烈，期货投资进场点的决定和风险控制会变得较困难。但是经验告诉我们，若以选择权来操作，可以使风险固定，再用资金管理的方式来决定进场点，就可以建立仓位。使用选择权的好处是不管行情如何震荡，即使期间权利金大幅下降，只要在到期价格大跌，仍旧可以获利，而不管行情来回洗盘的次数。若是同一笔资金用来做期货的停损，可能几次就赔光了，因此，投资者实施选择权可以在行情转空时，有效建立空头部位。

在经过期货观察后，以当时标的期货总值的 10% 为权利金。所谓权利金，是指购买或售出期权合约的价格。对于期权买方来说，为了换取期权赋予买方一定的权利，他必须支付一笔权利金给期权卖方；对于期权卖方来说，他卖出期权而承担了必须履行期权合约的义务，为此他收取一笔权利金作为报酬。由于权利金是由买方负担的，是买方在出现最不利的变动时所需承担的最高损失金额，因此权利金也称作"保险金"。

投资者应把权利金划分成两部分。投资者用权利金的第一部分在价格跌破前波低点，多头仓全部离场时，进场买进卖权，并且尽量接近市价或价内。第二部分在价格做第一次反弹进场，方法同前述。

投资者买进卖权时，要比较合约月份的强弱去买进最弱合约月份的卖权。选择权是买方的关键，若是买了一个不怎么会跌的卖权，那就会很吃亏。看着到期日的接近和权利金的减少，并且看着其他合约的期货价格下跌，这种遗憾会很难接受。

投资者在选择权快到期或是下跌幅度减小时就可以准备平仓，因为这时的卖权常是深入价内，可能没有交易量，使其选择权市场平仓，因此必须要求履约，成为期货部位平仓。

由于从要求履约到取得部位会有时间差，因此投资者在这之前需在期货市场先行买进锁住利润，然后要求履约待取得期货空头部位后，即可对冲平仓，完成此操作。

若是在履约价选择良好的情况下，反向操作方法的获利可达数十倍以上。

期货投资如何套利

期货套利有什么策略？在操作过程中怎么进行套利？可以从以下方面了解。

1. 利用股指期货合理价格进行套利

从理论上讲，只要股指货合约实际交易价格高于或低于股指期货合约合理价格时，进行套利交易就可以赢利。但事实上，交易是需要成本的，这导致正向套利的合理价格上移，反向套利的合理价格下移，形成一个区间，在这个区间里套利不但得不到利润，反而会导致亏损，这个区间就是无套利区间。只有当期指实际交易价格高于区间上界时，正向套利才能进行；反之，当期指实际交易价格低于区间下界时，反向套利才适宜进行。

股指期货合约的合理价格可以表示为：$F(t，T) = s(t) + s(t) \times (r-d) \times (T-t)/365$。也就是说，涨得越高正向套利赢利空间越大，跌得越低反向套利赢利空间越大或越安全。

2. 利用价差进行套利

合约有效期不同的两个期货合约之间的价格差异被称为跨期价差。在任何一段时间内，理论价差的产生完全是由于两个剩余合约有效期的融资成本不同产生的。当净融资成本大于零时，期货合约的剩余有效期越长，基差值就越大，即期货价格比股指现货值高得越多。如果股指上升，两份合约的基差值就会以同样的比例增大，即价差的绝对值会变大。因此市场上存在通过卖出价差套利的机会，即卖出剩余合约有效期短的期货合约，买入剩余有效期长的期货合约。如果价格下跌，相反的推理成立。如果来自现金头寸的收入高于融资成本，期货价格将会低于股票指数值（正基差值）。如果指数上升，正基差值将会变大，那么采取相反的头寸策略将会获利。

什么是股指期货

常听到有人说"赚了指数没赚到钱"，我国证券市场发展已逾 20 年，很多的投资者对大盘的判断和分析都很有心得，方向判断正确了，但个股选择不当，赚钱的几率却不高。

股指期货上市初期，证券投资者参与的积极性相对会比较高。本着"高标准、稳起步"建设金融期货市场的原则，国内股指期货交易建立了投资者适当性制度，参与者不但要有资金实力，还需要有投资知识水平、风险承受能力。但长年参与股票的投资者往往比较容易走进误区，认为股指期货与股票的标的物差不多，规则也差不多。

虽然股指期货以股票为资产衍生出来的，但股指期货属于期货领域，股票则属于现货领域，因而在交易上存在明显的区别。

（1）在交易方式上，股指期货采用保证金交易，投资者只需支付一定比例的资金作为履约保证就可以参与交易；股票交易则需要支付股票价格的全部金额。因此，股指期货交易应更加注重资金管理，控制持仓比例，避免追保或强平的状况出现。

（2）在交易对象上，股指期货是股指期货合约，最早上市的标的物是沪深 300 指数期货合约；股票的交易对象则是个股。

（3）在交易方向上，股指期货可以做卖空，不但可以先买后卖，也可以先卖后买，期货是双向交易，同时股指期货可以 T＋0 交易，当天买进当天就可以卖出平仓。股票在融券未上市前只能先买后卖，目前只是单向交易，交易也只能 T＋1 交易，也就是说，当天买进只能到第二天才能卖出。

（4）在到期日上，股指期货合约都有到期日，不能无限期持有，到期必须进行现金交割。股票则不同，一般而言，只要上市公司没有摘牌，其股票可以永久交易下去，投资者可以无限期持有股票。

（5）在结算方式上，股指期货交易采用当日无负债结算。因为股指期货价格变动，需要的保证金也会连带发生变动，交易所每日要对交易保证金进行结算，如果账户保证金不足，必须在规定的时间内补足，否则可能会被强行平仓。而股票交易采取

全额交易，并不需要投资者追回保证金。

成熟理性的投资者是市场内在的约束力量，也是市场健康发展的重要基础之一。股指期货在国内还是一个新事物，作为股票市场必不可少的风险管理工具，股指期货专业性强，涉及面广、传导迅速、具有杠杆特性，是一把双刃剑。只有认真了解了股指期货与股票交易的不同之处，才能有效地规避股指期货交易的风险。

股指期货如何套期保值

在现货市场，不存在套期保值，回避持股风险的机会只能是高抛低吸。股指期货上市后，产生了相对现货的期货产品，有了套期保值的基础，而且股指期货采用现金交割方式，使得投资者进行套保成为现实。

在股指期货市场，投资者有可能将其对于整个股票市场的预期风险转到期货市场，通过股指期货的买卖，来抵冲股票市场的部分风险。

股指期货套期保值是通过在期货市场上建立一定数量的与现货交易方向相反的股指期货头寸，以抵消现在或将来所持有的股票价格变动带来的风险。一般有下面两种形式：

1. 空头套保

股票持有者为避免股价下跌而卖出股指期货来对冲风险。特别是股票价格从高位下跌的时候，一般投资者可能不愿割肉退场，也可能尚未清楚此次回落是熊市的开始或只是一次短暂回调，此时就可以通过卖空股指期货部分或全部以锁定盈利，待后市明朗之后再选择是否卖出股票。

2. 多头套期保值

指准备购买股票的投资者，为避免股价上升而买入股指期货，操作与空头套期保值的方向相反。通过在股票市场和期货市场上的同时操作，既回避了部分市场风险，也可以锁定投资者已获得的盈利。

下面的例子可以很好地说明股指期货套期保值的策略。

某投资者于某年10月8日看中A、B、C共3只股票，价位分别是5元、10元、20元；他打算每只股票各投资100万元，分别买进20万股、10万股和5万股。但是，资金要到12月10日才能到位，在行情看涨的情况下等到资金到位时股价会上涨很多，投资者面临踏空的风险。于是，投资者决定买进股指期货合约锁定成本。

12月份到期的沪深300期指为1322点，每点乘数300，3只股票的β系数分别是1.5、1.2和0.9。先计算该股票组合的β系数，该股票组合的β系数为1.5×1/3＋1.2×1/3＋0.9×1/3＝1.2，因此应买进期指合约：3000000/(1322×100)×1.2≈27（张）。假设保证金比例为12%，需保证金：1322×100×27×12%≈43(万元)。

到了 12 月 10 日，资金如期到位，这时期指已经上涨 15％，涨到 1520 点，A 股票上涨 15％×1.5＝22.5％，涨到 6.13 元；B 股票上涨 15％×1.2＝18％，涨到 11.80 元；C 股票上涨 15％×0.9＝13.5％，涨到 22.70 元。如果分别买进 20 万股、10 万股和 5 万股，则需资金：6.13×200000＋11.8×100000＋22.7×50000＝3541000（元），资金缺口为 541000 元。

由于投资者在指数期货上做了多头保值，12 月 10 日那天将期指合约卖出平仓，在股指期货卖出平仓。收益为：（1520－1322）×100×27＝534600（元），弥补了绝大部分资金缺口。

由此可见，该投资者用了不到 43 万元的资金实现了对 300 万元资产的套期保值，避免了踏空行情的风险，收到了很好的保值效果。

股指期货套期保值的步骤

随着资本市场的参与者对股指期货理解逐步深刻、运用逐步熟练，各种基于股指期货的避险策略（包括套期保值）将会被越来越多地应用到日常的投资中，而基于这些避险策略的保本和类保本产品也会逐步打开市场，为广大的投资者提供避险的渠道和工具。

国内某机构在 A 股市场买入 A、B、C 共 3 只股票，假如在某年的 9 月 2 日，3 只股票分别涨至 20 元、25 元、50 元，每只股票价值约 1000 万元，总值达 3000 万元，收益率已达到 28％。鉴于后市不太明朗，下跌的可能性很大，为了保持这一成绩到第二年 2 月，该机构决定利用沪深 300 股指期货进行保值。假定 9 月 2 日现货指数为 2450 点，2 月到期的期货合约为 2500 点；2 月 2 日时现货指数跌到 2200 点，2 月到期的期货合约跌到 2250 点。3 只股票的 β 系数分别为 1.5、1.3 和 0.8，到 2 月 2 日分别跌了 15％、13％和 8％。

那么，进行套期保值的步骤如下：

第一步：了解什么情况需要套期保值。如果持有的头寸比较庞大，股票构成复杂，而且需要持有较长时间，可以考虑进行套期保值。案例中某机构买了 3 只股票，股票总值达到了 3000 万元，而且对后市看不清，这种情况要考虑套期保值了。

第二步：确定套期保值的类型。买入套保是担心价格上涨，卖出套保是担心价格下跌。案例中某机构是鉴于后市不太明朗，下跌的可能性很大，为了保持成绩，所以应该选择卖出套保。

第三步：选择套期保值的具体合约。进行决策时首先考虑的一个原则是：月份相同或相近，即选择期货合约的交割月份最好是与未来买入或卖出股票组合的时间相同或相近。其次，要考虑期货合约的成交活跃度。案例中进行套保的目的是为了保持成绩到一二月，所以要选一二月的合约进行套保。

第四步：计算套期保值的期货合约数。通常，这需要根据股票组合的β系数来确定和调整，以尽可能地使系统风险得到防范。

第五步：入市建仓。在选择好期货月份合约，以及确定好用于套期保值的股指期货合约数量之后，就可以进入市场买卖所需的期货合约，建立期货头寸。案例中的机构在9月2日就可以入市建仓。

第六步：结束套期保值。保值结束主要有两种方式：平仓结束和交割结束。因为在股指期货交易中交割十分方便，因此，结束套期保值的时间刚好是在交割期时，可以选择以交割方式结束套保，否则就以平仓的方式结束。

这只是最基本的股指期货套期保值实施步骤，具体操作过程中还要控制好基差风险、交叉保值风险、变动保证金风险等，才能使套期保值更有效地进行。

什么是外汇期货

外汇期货，又称为货币期货，是一种在最终交易日按照当时的汇率将一种货币兑换成另外一种货币的期货合约。一般来说，两种货币中的一种货币为美元，这种情况下，期货价格将以"×美元每另一货币"的形式表现。一些货币的期货价格的表示形式可能与对应的外汇现货汇率的表示形式不同。外汇期货交易即双方约定在未来某一时间，依据现在约定的比例，以一种货币交换另一种货币的标准化合约的交易。外汇期货可以在很大程度上回避汇率风险。

外汇期货交易始于1972年，是金融期货中历史最悠久的一种。随着布雷顿森林货币体系的崩溃，以美元为中心的固定汇率制度被浮动汇率制度所取代，使汇率风险问题愈加突出，国际经济交易中急需一种能有效转移和规避汇率风险的金融手段。因此，在1972年5月16日，芝加哥商业交易所（CME）成立了国际货币市场（IMM）分部，首先推出了包括英镑、加拿大元、联邦德国马克、日元、瑞士法郎、意大利里拉和墨西哥比索在内的7种外汇期货合约。美国成功地开发与运用外汇期货后，其他国家纷纷效仿。1982年9月，伦敦国际金融期货交易所（LIFFE）开办外汇期货交易；1984年，新加坡国际货币交易所（SIMEX）开办外汇期货并与国际货币市场联网。随后，发展中国家和地区也纷纷开办外汇期货交易，外汇期货交易在全球迅速发展。

随着国际贸易的发展和世界经济一体化进程的加快，外汇期货交易一直保持着旺盛的发展势头。它不仅为广大投资者和金融机构等经济主体提供了有效的套期保值的工具，而且也为套利者和投机者提供了新的获利手段。

国际货币市场主要进行澳大利亚元、英镑、加拿大元、德国马克、法国法郎、日元和瑞士法郎的期货合约交易；中美洲商品交易所进行英镑、加拿大元、德国马克、日元和瑞士法郎的期货交易；费城期货交易所主要交易法国法郎、英镑、加拿大元、澳大利亚元、日元、瑞士法郎、德国马克和欧洲货币。

此外，外汇期货的主要交易所还有：伦敦国际金融期货交易所（LIFFE）、新加坡国际货币交易所（SIMEX）、东京国际金融期货交易所（TIFFE）、法国国际期货交易所（MATIF）等，每个交易所基本都有本国货币与其他主要货币交易的期货合约。

我们可以从以下几个方面来了解外汇期货：

1. 合约

外汇期货合约是以外汇作为交割内容的标准化期货合同。

2. 交易单位

外汇期货合约的交易单位，每一份外汇期货合约都由交易所规定标准交易单位。例如，德国马克期货合约的交易单位为每份 125000 马克。

3. 交割月份

国际货币市场所有外汇期货合约的交割月份都是一样的，为每年的 3 月、6 月、9 月和 12 月。交割月的第三个星期三为该月的交割日。

4. 通用代号

在具体操作中，交易所和期货佣金商以及期货行情表都是用代号来表示外汇期货。8 种主要货币的外汇期货的通用代号分别是：英镑 BP、加元 CD、荷兰盾 DG、德国马克 DM、日圆 JY、墨西哥比索 MP、瑞士法郎 SF、法国法郎 FR。

5. 最小波动幅度

国际货币市场对每一种外汇期货报价的最小波动幅度做了规定。在交易场内，经纪人所做的出价或叫价只能是最小波动幅度的倍数。8 种主要外汇期货合约的最小波动价位如下：英镑 0.0005 美元、加元 0.0001 美元、荷兰盾 0.0001 美元、德国马克 0.0001 美元、日元 0.0000001 美元、墨西哥比索 0.00001 美元、瑞士法郎 0.0001 美元、法国法郎 0.00005 美元。

6. 每日涨跌停板额

每日涨跌停板额是一项期货合约在一天之内比前一交易日的结算价格高出或低过的最大波动幅度。8 种外汇期货合约的涨跌停板额规定如下：马克 1250 美元、日元 1250 美元、瑞士法郎 1875 美元、墨西哥比索 1500 美元、荷兰盾 1250 美元、法国法郎 1250 美元，一旦报价超过停板额，则成交无效。

外汇期权的交易类型

外汇期权买卖是近年来兴起的一种交易方式，它是对原有的几种外汇保值方式的发展和补充。它既为投资者提供了外汇保值的方法，又为投资者提供了从汇率变动中获利的机会，具有较大的灵活性。

外汇期权的交易类型一般分为以下几种：

1. 根据外汇交易和期权交易的特点，可以把外汇期权交易分为现汇期权交易和外汇期货期权交易

（1）现汇期权交易是指期权买方有权在期权到期日或之前以协定汇价购入一定数量的某种外汇现货，称为买进选择权；售出一定数量的某种外汇现货，称为卖出选择权。经营国际现汇期权的主要是美国的费城证券交易所、芝加哥国际货币市场和英国的伦敦国际金融期货交易所。

（2）外汇期货期权交易是指期权买方有权在到期日或之前，以协定的汇价购入或售出一定数量的某种外汇期货，即买入延买期权可使期权买方按协定价取得外汇期货的多头地位；买入延卖期权可使期权卖方按协定价建立外汇期货的空头地位。买方行使期货期权后的交割同于外汇期货交割，而与现汇期权不同的是，外汇期货期权的行使有效期均为美国式，即可以在到期日前任何时候行使。经营外汇期货期权的主要有芝加哥的国际货币市场和伦敦的国际金融期货交易所。

2. 按照行使期权的时间是否具有灵活性可以分为美式期权（American Option）和欧式期权（European Option）

在到期日之前可以行使的外汇期权为美式期权，只能在到期日行使的期权为欧式期权。

3. 按期权买进和卖出的性质划分

（1）外汇看涨期权，又称"多头期权"或"买入期权"。即按一定的货币价格，在规定的期限内享有货币的购买权利，由于人们购买这种期权往往是因预测该种货币的未来价格趋于上涨，因此称"看涨期权"，以此期权来避免涨价的风险。购买看涨期权能给投资者带来两个好处：一是在期权有效期内，当价格上涨到一定程度时，期权的买方通过行使期权来获得利益和避免涨价带来的损失；二是在期权有效期内，如果期权的保险费上涨，投资者可以直接卖掉期权而获得利益。

（2）外汇看跌期权，又称"空头期权"或"卖出期权"。即按一定的协定价格，在规定的期限内享有货币的出售权利。人们之所以乐于购买此种期权，其原因在于人们预测该种货币的未来价格趋于下跌，因此称"看跌期权"。同样，期权的购买者期望获得以下两处收益：一是在期权有效期内，当价格出现下跌时，期权的购买者行使期权出售该种货币获利和避免货币价格下跌的风险，特别是当人们预测货币价格大幅度下跌时，人们纷纷购买此种期权，引起期权保险费上涨，已购得看跌期权者将从出售期权中获得较高的利润。

（3）外汇双向期权，又称"外汇双重期权"。这种期权使期权的购买者获得在未来一定期限内根据合约所规定的交易价格买进或卖出某种货币的双向权利。即购买者同时买进了看涨期权和看跌期权，获得了买进或卖出某种同一货币的权利。通常在市

场价格上下剧烈波动时，人们很难预料其方向，为了避免损失和风险，往往倾向购买双向期权。卖者之所以会出售双向期权是因为他预测未来市场价格变动幅度不会太大，两者的预测结果相反。双向期权的期权保险费要高于看涨期权或看跌期权的保险费，但同时，购买双向期权的获利机会也高于单独购买其他两种期权。因此，双向期权被投资者广泛地采用。

4. 按照期权方向不同分为买方期权（Call Option）和卖方期权（Put Option）

买方期权又可称为看涨期权或购买选择权，其购买者（Call Buyer）支付期权费并取得以某预定汇率购买特定数量外汇的权利，其发售者（Call Seller 或 Writer）取得期权费并有义务应购买者的要求交投外汇。卖方期权又称看跌期权，其购买者（Put Buyer）支付期权费并取得以既定汇率出售特定数量外汇的权利，其出售者（Put Seller 或 Writer）取得期权费并有义务应购买者的要求购买其出售的外汇。

5. 按行使权利的时限划分

（1）美式期权，是指期权的买入方可在合同的有效期内任何时候至到期日之间的任何一天行使期权。因此，期权购买者可在最有利的时候行使期权。美式期权的灵活性较大，因而费用也高一些。

（2）欧式期权，是指期权的买方只能在期权到期日前的第二个工作日行使是否按约定的汇率买卖某种货币的权利。因此，期权买方只能在合同到期日要求交割，不可有任何提前。国内个人外汇期权交易的类型为欧式期权，即期权买方在期权到期日才能执行合同约定的权利。

6. 根据交易市场划分，外汇期权分为交易所场内市场与场外市场两类

（1）场内期权交易是指在交易所内成交的期权交易。这种期权交易的期权合同都是标准化的，所有合同要素都是由交易所制订的，只有交易所会员才有权成交，非会员不得直接参与。

（2）场外期权交易是指在交易所外成交的期权交易。交易由买卖双方自行决定金额、交易期间、价格等合同内容，只要买卖双方同意即可。场外期权交易的主要优点是合同交易金额大小及条件灵活，可依买卖双方的特殊需要而制订。

影响外汇期权价格的因素

一般来说，影响外汇期权价格的因素较多，而且外汇期权价格与影响外汇期权价格的因素之间并不是线性关系。通俗地讲，就是这种影响不是成比例的。

具体来说，影响外汇期权价格的因素有以下几点：

1. 标的货币的市场价格

（1）看涨期权，标的货币的即期市场价格升高，期权价格相应升高。

（2）看跌期权，标的货币的即期市场价格下跌，期权价格相应下跌。

2. 到期时间（距到期日的天数）

到期时间的增加将同时增大外汇期权的时间价值，因此期权的价格也随之增加。

3. 汇率的波动性

汇率的波动性越大，期权持有人获利的可能性越大，期权出售者承担的风险就越大，期权价格越高；反之，汇率的波动性越小，期权价格越低。

投资者如果了解了影响外汇期权价格变化的因素，就能很好地把握外汇期权价格的变化趋势，从而使交易获得的收益更高。

4. 期权的执行价格与市场即期汇率

（1）看涨期权，执行价格越高，买方的赢利可能性越小，期权价格越低。因此，对于看涨期权来说，执行价格与期权价格呈反向变动关系。

（2）看跌期权，执行价格越高，买方的赢利可能性越大，期权价格越高。因此，对于看跌期权来说，执行价格与期权价格呈正向变动关系。

5. 期权合约的到期时间

期权合约的到期时间越长，价格变化的可能性越大，期权出售者承担的风险也就越大，期权价格越高；反之，距到期日越近，期权价格越低。

6. 国内外利率水平

在外汇期权合约中，汇率标价涉及的两个货币，其利率均会对期权的价格产生影响。

外汇期权合约中规定的卖出货币，其利率越高，期权持有者在执行期权合约前因持有该货币可获得更多的利息收入，期权价格也就越高。

外汇期权合约中规定的买入货币，其利率越高，期权持有者在执行期权合约前放弃该货币较高的利息收入，期权价格也就越低。

在了解影响外汇期权价格的几项主要因素之后，投资者还需要进一步了解外汇期权价格的主要影响因素及影响原理。理财师特别提醒投资者，期权价格与影响期权价格的因素之间并不是成比例的，唯一确定的，仅仅是影响的方向。

期现套利的策略

我国股指投资者专业性非常高，许多人早已对期现套利虎视眈眈。如果市场套利者众多，能有效地提高股指期货的市场效率，降低价差出现错误定价的几率。沪深300 指数的期现套利很可能没有太大收益空间，但是一旦出现良好的期现套利机会，就应该立刻抓住。

机会总是留给有准备的人，投资者应该提前做好研究，深入分析，等待期现套利

"盛宴"的到来，其中最重要的是要进行资金管理。资金管理，顾名思义就是在交易中如何安排资金，以保证交易策略的实现。由于股票交易实行的全额交易（即100元资金才能交易100元股票）和交易完成时结算的制度（即卖出时才实现盈利或亏损），因此不存在资金管理的问题。

股指期货交易则不同，由于保证金交易、当日无负债结算和强行平仓制度的执行，使得资金管理在股指期货交易中尤为重要，甚至是交易成功所必须的条件之一。

在期现套利开仓时，交易和维持期货头寸所需准备的资金包括3部分：第一部分是交易保证金，这包含交易所收取的部分和期货公司收取的部分，一般为合约金额的15%～18%；第二部分是在套利期间由于期货价格的不利变化所亏损的部分，这部分资金的数量与套利期限、历史期货价格变动幅度和置信水平有关，比如，过去5年内95%的情况下期货价格的上涨幅度小于22.79%，那么正向期现套利所需准备的应付期货头寸亏损的资金就应大于合约金额的22.79%，以保证在套利过程中不会因亏损过大而被迫平仓。这里的20天就是我们的套利期限，套利期限越长，所需准备的资金越多；而95%就是所选择的置信水平，该置信水平越高，被迫平仓的概率越小；第三部分则是由于期货价格上涨所需追加的交易保证金，这部分资金的量等于第二部分的资金量×保证金标准。初步核算之下，对于一个套利期限为20天、置信水平为95%的期现套利交易而言，其交易和维持期货头寸所需准备的资金为合约金额的41.2%。

与期现套利一样，由于跨期套利也使用了股指期货，因此也需要对其进行资金管理。建立和维持跨期套利头寸所需的资金也包括3部分：第一部分是交易保证金，这包括两个合约的交易保证金，分别为合约金额的15%～18%，双边合计为30%～36%；第二部分为应付不利价差变动所需准备的资金。由于跨期套利一般是附带止损标准的，比如，不利价差变动（止损标准）为指数点位的1%（33点）或2%（66点）时止损，因此第二部分资金的量为止损标准与合约乘数的积；第三部分资金是由于开仓后期货价格上涨所追加的交易保证金，这部分资金的量与期现套利资金管理中的第三部分所需资金类似，既在一定的套利期限和置信水平下，通过回顾历史期货价格的变动幅度来确定，资金量为历史期货价格的变动幅度×2×15%。这里之所以乘以2，是由于我们同时交易的两份到期日不同的期货合约，这两份期货合约在一般情况下都呈现同涨同跌，为了简化，我们直接计算单份合约所需资金量的两倍即可。

以一个套利期限为5天、置信水平为95%、止损标准为指数的1%的跨期套利为例，为交易和维持该跨期套利头寸，第一部分所需准备的资金为合约金额的30%，约为30万元，第二部分所需准备的资金为1万元，第三部分所需准备的资金为合约金额的2.877%，约为3万元，合计为34万元。对于一个100万元资金的投资者，其同时最大可交易的跨期套利头寸为3手。

股指期货的资产配置策略

投资者在资产组合中配置股指期货，要实现的目标主要是以下两个方面：一是对冲组合中其他资产的风险，进而降低整个资产组合的风险度；二是利用股指期货的杠杆效应，提高组合的投资收益率。当然，"鱼和熊掌不能兼得"，投资者只能二者择其一。

2008年经济危机期间，股市一路下挫，很多人要么中途"割肉"，要么长线持有股票任由股价下跌，而一些上市公司的股东却由于持有的是非流通股，还未到解禁期，"被迫"一直持有，眼睁睁地看着股票市值缩水，因为市场上当时还缺乏"做空"工具来规避股市下跌的系统性风险。

但随着股指期货的上市，这种问题可以"迎刃而解"，投资者可以在自己的资产组合中配置与股票组合相对应数量的期货合约，可以冲掉股票市场的系统性风险，将股票资产的收益锁定在较高的价位，在该部分股票可以自由流通时，即使股票价格已经大幅下跌，收益仍然获得了保证。

对冲策略是指同时在股指期货市场和股票市场上进行数量相当、方向相反的交易，通过两个市场的盈亏相抵，来锁定既得利润（或成本），规避股票市场的系统性风险。具体做法是，已持有股票组合的投资者，预期股市面临下跌风险，但手上持有的股票难以在短时间内迅速卖出，那么就可以在期货市场上卖空一定数量的股指期货，如果大盘下跌，股指期货交易中的收益可以弥补股票组合下跌的损失，达到分散股票市场下跌风险的目的。

对于投资者来说，做好股指期货的资产配置需要做到如下几点：

1. 目的要明确

投资者在进行对冲交易操作时目的一定要明确。就像买保险一样，目的是为了应对市场的不确定性风险，但并非人人都能从买保险中获得额外收益，股指期货的对冲交易也是如此。投资者如果对股市走势判断十分准确的话，那么对冲交易的效果将是非常好的，否则，效果会打折扣，所以投资者在进行对冲交易时也要注意进场时机的选择，既需要综合各方面因素来判断股市走向，又需要考虑个股与大盘指数走势的相关性问题。

在对冲交易策略的基础上，还可以衍生出调整资产组合 β 系数策略。β 系数是用来衡量股票或投资组合收益相对于业绩评价基准收益的总体波动性，是一个相对指标。β 越高，意味着投资组合相对于业绩评价基准的波动性越大。β 大于1，则投资组合收益率的波动性大于业绩评价基准的波动性。反之亦然。如果 β 为1，则市场上涨10%，投资组合上涨10%；市场下滑10%，投资组合相应下滑10%。如果 β 为1.1，市场上涨 10％时，投资组合上涨 11％；市场下滑 10％时，投资组合下滑 11％。如果 β 为 0.9，市场上涨 10％时，投资组合上涨 9％；市场下滑 10％时，投资组合下滑 9％。调整 β 系数策略是指投资者在资产组合中配置一定比例的股指期货，通过调整股指期货的操作方向或者资金占用规模来对投资组合的 β 值进行调整，以增大收益或降低风险。当预计市场将上涨时，可以提高投资组合的 β 值，增大收益率；当预计市场将下跌时，可以降低投资组合的 β 值，减小组合的风险。

2. 提升资产组合进攻性策略

沪深 300 指数是反映沪深两市 300 只股票组合市值的指标，投资者交易一手沪深 300 股指期货合约，就相当于买卖了 300 只股票组成的投资组合。投资者可以在原有资产组合中加入股指期货，借助期货交易的杠杆效应，放大收益，来提升整个资产组合的进攻性。这种策略在牛市行情中运用得最多，可以具体细分为股指期货与股票同向操作策略和股票替代策略。

3. 与股票同向操作策略

所谓股指期货与股票同向操作策略，就是同方向买入（或卖出）股指期货合约和股票（股票卖出可借助融券机制实现）。一方面，可以冲抵机构大规模建立（或卖出）股票现货仓位所带来的市场冲击成本，从而提高资产组合的投资收益率。另一方面，在趋势朝有利方向发展时，股指期货的杠杆效应可以使资产组合的收益率放大。比如，一个拥有 1000 万元资金的客户，如果 1000 万元全部买入股票，那么在股票上涨 10％的情况下，投资者获取的收益为 100 万元。但是如果投资者在资产组合中加入股指期货资产，具体配置为 800 万元资金全部买股票，余下 20％的资金（200 万元）投入到股指期货交易中来。假定股指期货保证金比例为 15％，在沪深 300 股指期货合约价格为 3500 元时，买入 4 手股指期货合约，占用资金为 63 万元，期货保证金占用比为 31.5％（63/200＝31.5％），符合期货资金管理的通常做法。在此种资产配置的情况下，如果沪深 300 指数上涨 10％（为表述方便，假定所买股票、股指期货的价格变动与沪深 300 一致），那么收益是 122 万元（800 万元×10％＋3500×300×4×10％＝122 万元）。同是大盘指数上涨 10％的情况下，加入股指期货后的资产组合的收益远高于单一股票组合的收益率。股指期货资产所占比例越高，资产组合的进攻性将越强，但投资者一定要注意做好资金管理和风险控制，对股市走势判断的准确性要求更高，否则，指数走势向不利方向发展时，亏损也将会放大。

4. 股票替代策略

股票替代策略就是用股指期货资产替代股票资产，来提高整个资产组合的进攻性。如果一个投资者将其主要资金投放在债券这一具有稳定收益来源的资产上，但是又想将剩余的有限资金投入到股市中，此时，股指期货的资产配置功能就能很有效地发挥作用。投资者不必将资金投资于某只股票上，而是买入股指期货，通过股指期货的杠杆作用能够使得投资者充分享受甚至放大股市的平均收益。尤其是牛市行情中，很多投资者天天忙于选个股，但股市"二八"现象的存在常常使得投资者"赚了指数却没赚到钱"，那么买入股指期货合约获取趋势性投资收益将是较佳的选择，因为资金占用小但收益率又较高。

上市公司的市值管理中也应该充分应用股指期货的股票替代策略来进行资产配置操作。众所周知，一些行业的景气周期与宏观经济发展周期是有所偏离的，比如，有些行业由于受到各方面因素限制，在宏观经济处于复苏周期或者已经介于复苏向繁荣过渡阶段时，该行业仍处于低迷期。那么，此时企业要想分享宏观经济发展的成果，就要通过购买股票或者向高收益行业投资等手段来实现。而股指期货推出来后，企业又多了一个渠道，且股指期货具有交易成本低，流动性高，占用资金少等优势。

例如，个别行业（或股票）与宏观经济（或沪深300）均处于下跌周期内，那么上市公司可以利用空头套期保值策略，来规避经济衰退（或者说股市下跌）的系统风险。但在BC区间内，宏观经济（或沪深300）已经止跌企稳，但此时个别行业（或股票）仍处于衰退（或下跌）趋势中，那么上市公司可以结束空头套期保值操作，转而采用趋势投资策略，即顺势做多沪深300指数期货合约，如此一来，上市公司可以先于行业内的其他企业分享宏观经济复苏的成果。

防范期货市场的风险

期货市场风险主要包括：市场环境方面的风险、市场交易主体方面的风险、市场监管方面的风险。

1. 市场环境方面的风险

股票指数期货推出后将引起证券市场环境发生变化，而带来各种不确定性。主要来自以下几个方面：

（1）市场过度投机的风险

股指期货推出的初衷是适应风险管理的需要，以期在一定程度上抑制市场的过度投机。但在短期内难以改变交易者的投机心理和行为，指数期货对交易者的吸引力主要来源于其损益的放大效应，一定程度上，指数期货工具的引进有可能是又引进了一种投机性更强的工具，因此有可能进一步扩大证券市场的投机气氛。

（2）市场效率方面的风险

市场效率理论认为：如果市场价格完全反映了所有当前可得的信息，那么这个市场就是高效的强势市场；如果少数人比广大投资者拥有更多信息或更早得到信息并以此获取暴利，那么这个市场就是低效的弱势市场。

（3）交易转移的风险

股指期货因为具有交易成本低、杠杆倍数高的特点，会吸引一部分纯粹投机者或偏爱高风险的投资者由证券现货市场转向股指期货市场，甚至产生交易转移现象。市场的资金供应量是一定的，股指期货推出的初期，对存量资金的分流可能冲击股票现货市场的交易。国外也有这样的例子。如日本在 1998 年推出股指期货后，指数期货市场的成交额远远超过现货市场，最高时曾达到现货市场的 10 倍，而现货市场的交易则日益清淡。

（4）流动性风险

如果由于期货合约设计不当，致使交投不活，就会造成有行无市的窘境。撇开其他因素，合约价值的高低，是直接影响指数期货市场流动性的关键因素。一般而言，合约价值越高，流动性就越差。若合约价值过高，超过了市场大部分参与者的投资能力，就会把众多参与者排除在市场之外；若合约价值过低，又势必加大保值成本，影响投资者利用股指期货避险的积极性。因此，合约价值的高低将影响其流动性。

2. 市场交易主体方面的风险

在实际操作中，股票指数期货按交易性质分为 3 大类：一是套期保值交易，二是套利交易，三是投机交易。相应的，有 3 种交易主体：套期保值者（Hedgers）、套利者（Arbitrageurs）和投机者（Speculator）。而参与交易的投资者包括证券发行商、基金管理公司、保险公司以及中小散户投资者，投资者因参与不同性质的交易而不断地进行角色转换。

虽然股票指数期货最原始的推动力在于套期保值交易，但利用股票指数进行投机与套利交易是股票指数期货迅速发展的一个重要原因。

（1）套期保值者面临的风险

参与股票指数期货交易的，相当数量的人是希望利用股指期货进行套期保值以规避风险的投资者。虽然开设股指期货是为了向广大投资者提供正常的风险规避渠道和灵活的操作工具，但套期保值交易成功是有前提条件的，即投资者所持有的股票现货与股票指数的结构一致，或具有较强的相关关系。在实际操作中再高明的投资者也不可能完全做到这点，尤其是中小散户投资者。如果投资者对期货市场缺乏足够的了解，套期保值就有可能失败。

套期保值失败主要源于错误的决策，其具体原因包括：

第一是套期保值者在现货市场上需要保值的股票与期货指数的成分结构不一致。

第二是对价格变动的趋势预期错误，致使保值时机不恰当。

第三是资金管理不当，对期货价格的大幅波动缺乏足够的承受力，当期货价格短期内朝不利方向变动时，投资者没有足够的保证金追加，被迫斩仓，致使保值计划中途夭折。

（2）套利者面临的风险

根据股指期货的定价原理，其价格是由无风险收益率和股票红利决定的。从理论上讲，如果套利者欲保值的股票结构与期货指数存在较强的相关关系，则套利几乎是无风险的。但获取这种无风险的收益是有前提的：即套利者对理论期货价格的估计正确。如果估计错误，套利就有风险。由于我国利率没有市场化，公司分红派息率不确定，并且股票价格的变动在很大程度上也不是由股票的内在价值决定的，种种原因使得套利在技术上存在风险。

（3）投机者面临的风险

投机者面临前面所讲的 3 大风险："杠杆作用""价格涨跌不具确定性"和"交易者自身因素"。简单地说，就是投机者是处在一个不具确定性的市场中，任何风险在杠杆作用下都将放大几十倍，包括自身的一些因素。

投机交易在股指期货交易成交量中往往占很大比重，香港期货市场在 1999 年的市场调查表明：以投机盈利为主的交易占了整个市场交易的 74%（避险占 17.5%，套利占 8.5%）。期货市场中，参与交易的资金流动快，期货市场的价格波动一般比别的市场更为剧烈。

3. 市场监管方面的风险

在期货交易的一系列环节中，都应具有相应的法律予以规范。证券、期货市场是由上市公司、证券经营机构、投资者及其他市场参与者组成，由此证券、期货交易所的有效组织而得以正常进行。

对股指期货的监管依据不足，带来股指期货的交易规则上变数较大，游戏规则的不确定性将蕴藏着巨大的风险。虽然这种风险不会时常出现，但在出现问题时，不可避免地用行政命令的方式干预市场。

期货市场的风险特征

中国期货市场风险具有以下几方面的特征：

1. 风险存在的客观性

这种客观性一方面体现了市场风险的共性，即在任何市场中，都存在由于不确定性因素而导致损失的可能。随着交易方式、交易内容日益复杂，这种不确定性因素带来的市场风险也越来越大。

另一方面，期货市场风险的客观性也来自期货交易内在机制的特殊性，期货交易具有杠杆放大效应等特点，也会带来一定的风险。

此外，期货市场风险的客观性还来自股票市场本身的风险。股指期货市场之所以产生，是出自规避股票市场风险的需要，影响股票市场的各种因素也会导致股指期货市场的波动。为了规避股票市场的风险，股票市场投资者通过股指期货市场将风险对冲，期货市场便成为风险转移的场所。

2. 风险因素的放大性

股指期货市场的风险与股票现货市场的风险相比，具有放大性的特征，主要有以下两方面原因：

其一，期货交易实行保证金交易，具有"杠杆效应"，它在放大收益的同时也放大了风险。

其二，期货交易具有远期性，未来不确定因素多，引发价格波动的因素既包括股票市场因素，也包括股指期货市场因素。

3. 风险的可控性

尽管期货市场风险较大，但却是可以控制的。

从整个市场来看，期货市场风险的产生与发展存在着自身的运行规律，可以根据历史资料、统计数据对期货市场变化过程进行预测，掌握其征兆和可能产生的后果，并完善风险监管制度，采取有效措施，对期货市场风险进行控制，达到规避、分散、降低风险的目的。

对于单个投资者来说，期货市场风险主要来自于期货价格的不利变化，这也是期货交易中最常见、最需要重视的一种风险。除此之外，对于初次进行股指期货交易的新手，还可能因为对期货市场制度和规则了解不够而带来风险。投资者可通过认真学习相关规则避免此类风险。

期货市场采取的"T＋0"交易方式，为投资者及时止损化解风险提供了条件。在期货市场上，尽管由于保证金交易制度使得投资者的收益和风险有所放大，但实际上，只要投资者根据自身特点制订交易计划，遵守交易纪律，期货交易的风险是可以控制的。

股指期货如何避险

投资大师巴菲特说："第一是安全，第二还是安全，第三是牢记前两条。"作为散户假如要投资股指期货，就应充分了解股指期货有哪些风险。

首先，股指期货有3大风险：

（1）基差风险。基差是指股指期货当时的现货价格与指股指期交割日的期货价格之差，可分为买入基差和卖出基差，与买期保值和卖期保值互为反方向，买入期货的同时卖出现货称为买期保值，它们之间的价差称为卖出基差。

现货价格与期货价格走势大体是相同的，这是套期保值得以实现的前提，但走势相同不等于价格变动幅度相同。在实际操作中，由于基差变化不一致，使操作结果不是稍有盈余就是小有损失，为避免基差变化带来的损失，可按一定基差买卖现货进行保值，基差风险是股指期货相对于其他金融衍生产品（期权、掉期等）的特殊风险。从本质上看，基差反映着货币的时间价值，一般应维持一定区间内的正值（即远期价格大于即期价格）。但在巨大的市场波动中，有可能出现基差倒挂甚至长时间倒挂的异常现象。基差的异常变动，表明股指期货交易中的价格信息已完全扭曲，这将产生巨大的交易性风险。

（2）标的物风险。股指期货交易中，标的物设计的特殊性，是其特定风险无法完全锁定的原因。股指期货由于标的物的特殊性，使现货和期货合约数量上的一致仅具有理论上的意义，而不具有现实操作性。因为股票指数设计中的综合性，以及设计中权重因素的考虑，使得在股票现货组合中，当股票品种和权重数完全与指数一致时，才能真正做到完全锁定风险，而这在实际操作中的可行性几乎为零。

（3）交割制度风险。股指期货采用现金交割的方式完成清算，相对于其他结合实物交割进行清算的金融衍生产品而言，存在更大的交割制度风险。如在股指期货交易中，百分之百的现金交割，不可能以对应股票完成清算，假如没有足够的保证金，就有可能爆仓。

面对期货交易中的各种交易风险，可以从如下几个方面控制风险：

（1）交易所制度帮助投资者控制风险。例如，2008年上半年期货中的典型代表——豆油主力0809合约，从2008年1月24日9890元/吨连续上涨一个多月，价格涨至最高14630元/吨，紧接着从3月4日开始连续下跌（当中多次跌停）至最低10360元/吨。在豆油行情如此剧烈的情况下，大连商品期货交易所采取了扩大涨跌停幅度和提高保证金比例等一系列的风险控制措施来化解市场风险，其做法有利于使动荡的期货市场价格回归理性。

（2）资金管理风险控制。对于个人投资者甚至套期保值的机构投资者来说，资金管理非常重要。一方面由于期货市场是以小博大、杠杆比例放大的市场，如果满仓操作，相当于购买了5~10倍左右的物品价值，其涨跌幅度直接对可用保证金产生巨大影响，如果期货价格有小波动，可用金不足会导致投资者看对了方向却被强行平仓出局。建议投资者在资金比例上使用一半左右的资金操作，控制可能发生的单边市场风险。另一方面，套期保值的期货头寸比例设计也不能太大，近期一位拥有现货的机构投资者在某期货品种上投入保证金100万元，结果80万元用于做套期保值，最终由于行情单边下跌速度太快，该品种套期保值头寸在持续补保证金的情况下还是由于资金不足而被强行平仓。

（3）止盈止损的风险控制。不少投资者在做期货交易的过程中常常开仓价格点位不错，但由于贪心导致了利润高位没有变现，行情走完反而出现亏损。

防范股指期货的风险，作为投资者，应做到以下几点：

（1）熟悉期货交易规则、期货交易软件的使用，以及期货市场的基本制度。控制由于对交易的无知而产生的风险，特别是对习惯做多股票交易者而言，要学会做空。

（2）仓位和止损控制。由于每日结算制度的短期资金压力，投资者要学会抛弃股票市场满仓交易的操作习惯，控制好保证金的占比，防止因保证金不足被强行平仓的风险。不可抱侥幸心理硬扛或在贪婪心理驱使下按自我感觉逆趋势加仓。

（3）合约到期的风险控制。由于股指期货存在到期日，投资者一方面要把握股指期货合约到期日向现货价格回归的特点；另一方面，要注意合约到期时的交割问题。

（4）坚持纪律，不能把套期保值做成投机交易。套期保值者要根据自己的经营情况或股票投资规模制订相应的套期保值计划。套利者一般是风险厌恶者，其追求的是资金的稳健增长，不可一时冲动改变自己的投资策略进行单向的投机，导致押注似的盲目下单。

股指期货交易的风险和收益是成正比的，期货的风险不可小视，有的投资者认为它是新生事物，必然会逢新必炒；也有人认为股指期货和股票一样，万一套牢"死了都不卖"，总有机会"解套"，那就真的只有等死了。有的更弄不清股指期货以股票指数为标的物的期货合约，不涉及股票本身的交割，其价格根据股票指数计算，合约以保证金交易，以现金清算形式进行交割。它的特点是高回报、高风险，既能一夜暴富，也可能一夜归零。

股指期货交易关键在于要掌握好风险控制的方法和原则，克服赌博心理，坚持纪律，才能在股指期货交易中游刃有余。

第十四章

金里淘金，黄金为投资者开辟新天地

持有黄金的收益，很简单，是预期的金价上涨。如果人们认为美国陷入流动性陷阱，长期会维持低利率，美联储将长期利率通过数量宽松政策压低，那么与低利率相协调，未来金价的增长路径要变得更平，增速变慢。这就要求当前的金价跃升到高位，开始新的低速路径。

——陈玉宇　北京大学光华管理学院副教授

黄金为什么如此贵重

黄金作为财富和身份的象征，其地位亘古不变。在古埃及文字中，黄金的意思就是"可以触摸的太阳"，由此可见神圣的地位。

黄金作为贵重的金属，由于它稀少、特殊和珍贵，自古以来被视为五金之首，有"金属之王"的称号，享有其他金属无法比拟的盛誉，其地位显赫。正因为黄金具有这一"贵族"的地位，它是财富和华贵的象征，人们用它做金融储备、货币、首饰等。

最为贵金属的黄金，拥有如下良好的物理性质：

（1）密度较大。在20℃时为19.32克/立方厘米。直径为46.24毫米的金球，重量可达1千克，它的密度较一般金属大。

（2）金的韧性、延展性好。它易锻造、易延展，在人类已经发现的所有金属中，黄金的韧性和延展性是最好的，其延伸率可达40%～50%。黄金可被碾成厚度为0.001毫米的透明和透绿色的金箔，比如一克纯金可拉成3000米以上的细丝，也可锻压成9平方米的金箔。此外，黄金又是一种很柔软的金属，比如0.5克的黄金可拉成160米长的金丝。

（3）硬度较低。黄金的矿物硬度为3.7，24K金首饰的硬度仅为2.5。

（4）黄金的熔点高。黄金的熔点可达到1064.4312，我们经常说"真金不怕火炼"，就是说黄金的熔点较高。

（5）黄金具有良好的导电性和导热性。作为金属，黄金的导电与导热性也很好。

（6）黄金是抗磁体，不过，含锰的金磁化率很高，含大量铁、镍、钴的金是强磁体。

黄金的贵重固然因为其具有良好的物理性质，其化学性质的稳定性也是黄金成为贵金属的一个重要原因。黄金的化学性质非常稳定，在自然界中仅与碲反应会生成天然化合物——碲化金，在低温或高温时均不会被直接氧化，而是以自然金的形态产出。在常温下，黄金与单独的无机酸均不起作用，抗腐蚀能力极强。即使是远古墓葬中出土的黄金随葬品，虽历经数千年风雨，但色彩依然艳丽如新。可以说，这是人们钟爱黄金的重要理由之一。

由于黄金具有美丽的光泽，自然稀少及优良的物理和化学性质，为各时期人们宠爱。在记载着的人类五千年文明史中，没有任何一种物质像黄金一样，与社会演化和社会经济缔结成如此密切的关系，黄金是悠久的货币的载体，还是财富和身份的象征。因此，在人类文明史演化中，黄金具有了货币和商品两种属性。

根据世界黄金协会公布的数据，人类历史上最近这4000年来开采的黄金总量约为16.1万吨，勉强填满两个符合奥运标准的游泳池，其中半数以上是在过去50年中挖出来的。现在全世界可供交易的黄金大概有7万吨（实际流通量约为2.5万吨），如果用全世界70亿人来衡量，人均只有12克，黄金的稀缺性显而易见。

如今，黄金仍具有很多用途，涉及人类生活和建设的各个方面，并与国家、企业和家庭的财产保值增值密不可分。其主要用途如下：

1. 个人资产投资和保值

对于普通投资者而言，在通货膨胀情况下，投资黄金可以达到保值增值的目的。在通货膨胀上升时期，为了尽量避免或减少货币购买力的损失，实物资产如不动产（贵金属黄金，白银，古董，艺术品，珠宝等）通常会成为个人资本追逐的对象。因为黄金具有永恒性和稳定性的价值，所以作为实物资产就成为货币资产的理想替代品，发挥保值的功能。

另外，黄金因具有多种特性，它可以与存款、股票、债券、美元等投资工具互为替代，使得黄金投资成为投资中的重头戏。而投资者在这些替代性的投资工具中，时而收购黄金，抛出股票、债券，时而抛出黄金，收购股票、债券等，当然，这主要取决于收益率大小。

不过值得注意的是，单纯存储黄金的行为没有利息收益，并且还需要支付存储保管的费用，因而市面上已经产生了多种多样的黄金投资衍生工具。

2. 用作珠宝装饰

黄金一直以来就是财富和身份的象征，但是另一方面人们钟爱黄金饰品。近年来黄金在珠宝装饰领域的需求呈快速增长趋势。尤其是随着我国民众生活水平的提高，中国已经成为黄金消费增长最快的地区之一。

3. 用作国际储备

所谓国际储备，是一国货币当局为弥补国际收支逆差、维持本国货币汇率的稳定以及应付各种紧急支付而持有的、为世界各国所普遍接受的资产。黄金作为几千年来的硬通货，黄金储备一向被央行用作防范国内通胀、调节市场的重要手段。

黄金能够做国际储备，是由黄金的货币商品属性决定的。由于黄金的优良特性，历史上黄金充当货币的职能，如价值尺度、流通手段、储藏手段、支付手段和世界货币。20 世纪 70 年代以来黄金与美元脱钩后，黄金的货币职能也有所减弱，但仍保持一定的货币职能。目前许多国家，包括西方主要国家国际储备中，黄金仍占有相当重要的地位。

4. 应用在工业与科学技术上

由于黄金具有其他金属所不具备的物理特性和化学特性，因此能够广泛应用到最重要的现代高新技术产业中，如电子技术、通讯技术、宇航技术、化工技术、医疗技术等，发挥着其他贵金属所无法替代的功能。

如何鉴别黄金的真假

对于普通投资者而言，鉴别黄金真假并不是一件复杂的事。尤其在饰金中，不少黄金经过加工，就变得纯度不够。投资者需要加强这方面的知识储备。

纯金中大多会混入其他金属，用来制作金饰，称为"饰金"。按照专业的说法，确定饰金中纯金含量单位叫"金位"，英文叫"Carat"，一般称为"开"，按英语读音又简称"K"，因此饰金又称"K 金"。纯金为 24K。这样，1K 即代表金饰品中含有的纯金量占二十四分之一，比如 14K 即表示含纯金 58%。在欧洲，金饰一般分为 14K、18K 和 22K 等多种。

那么，投资者个人如何分辨黄金中纯金的含量高低呢？

（1）辨色泽：黄金的纯度越高，色泽越深。投资者确定大体成色以青金为准则。所谓青金是指黄金内只含白银成分：深赤黄色成色在 95% 以上，浅赤黄色 90%～95%，淡黄色为 80%～85%，青黄色 65%～70%，色青带白光只有 50%～60%，微黄而呈白色就不到 50% 了。通常所说的"七青、八黄、九赤"可作参考。

（2）掂轻重：黄金的标准密度为 19.3g/cm^3，成色与密度关系较大，密度越接近 19.3 时，含纯金比例越高。密度为 18.5g/cm^3 时，含金 95%；密度为 17.8g/cm^3 时含金 90%，以此类推。因此只要测出比重便可知首饰的成色，如果没有专业的称量器材，一般可以先在手中掂量掂量，若略有沉甸感的就是了，因为同样重量的其他金属，如银、铜、锡、铅等重量与黄金相比也是不一样的。体积同样大小的黄金与其他金属比较，白银占黄金重量的 45%，铜占 46%，锡占 38%，铅占 59%。可见黄金体虽小质却重，若放于掌心，有沉坠感。对较大而又较轻的黄金饰品应警惕，以此辨别是否伪品或半伪品。作为消费者尤其注意的是，当前市场出售的金首饰中，许多是亚金制品。所谓亚金，实际上是一点儿金的成分也没有。它虽具有硬度高、耐磨不变色等类似黄金的特点，但却是由铜、铝、镍等金属制成的合金材料。

（3）看硬度：纯金具有柔软、硬度低的特点，用指甲能划出浅痕，牙咬能留下牙印，成色高的黄金饰品比成色低的柔软，如果含铜越多就会越硬。此外，折弯法也能试验硬度，纯金柔软，容易折弯，纯度越低，越不易折弯。

（4）听声音：将成色在99％以上的真金往硬地上抛掷，会发出"叭嗒"的声音，有声无韵也无弹力。假的或成色低的黄金扔到硬地上，声音脆而无沉闷感，一般发出"当当"的响声，而且声有余音，落地后跳动剧烈。

（5）用火烧：用火将要鉴别的饰品烧红，不要使饰品熔化变形，冷却后观察颜色变化，如表面仍呈原来黄金色泽则是纯金；如颜色变暗或不同程度变黑，则不是纯金。一般成色越低，颜色越浓，全部变黑，说明是假金饰品。

（6）看标记：国产黄金饰品都是按国际标准提纯配制成的，并打上戳记，如"24K"标明"足赤"或"足金"，而成色低于10K，就不能打K金印号了。

市场上充斥着不少假黄金饰品，制造假牌号、仿制戳记，用稀金、亚金甚至黄铜等材料冒充真金的现象屡见不鲜，消费者鉴别黄金饰品一定要根据样品进行综合判定来确定真假。

黄金独特的投资优势

黄金被发现以来，历来为人们所珍爱，被视为财富的象征，被看作保值增值的最有效工具。随着时代的发展，在如今的投资市场上，黄金仍然具有保值增值的功能，为投资者所珍爱。

从投资上来说，黄金不仅由于其本身的稀缺性而有较高的商业价值，而且有着令所有人为之倾倒的美学价值。对于投资者而言，黄金投资具有其独特的吸引之处。

1. 无风险

黄金投资基本没有投资风险，因为黄金是良好的财产保值、增值的方式之一。黄金，它的世界货币地位和为国际所认可的流通能力，使它可以打破地域和语言的限制，在几乎所有的国家和地区都被认可。在这个世界上，没有人不认识黄金。此外，黄金可以用来抵抗通货膨胀及政治动荡等因素造成的财富贬值。而黄金之所以能够抵抗通货膨胀，主要是因为它具有高度的流通性，全球的黄金交易每天24小时进行，黄金是最具流通能力的硬体资产。于是，黄金被大多数投资者视为保值增值的重要投资工具。

2. 无折旧

无论何种投资，主要目的不外乎是使已拥有的财产保值或增值，即使不能增值，最基本的也应维持在原有价值水平上。但是，如果财产价值逐渐减少的话，就完全违背了投资目的。黄金不必担心贬值的问题，在于它不会有折旧的问题，即使历经千年，黄金的质地也不会因此而改变。

3. 流通性

黄金作为一种世界货币，具有流通性良好的特性，黄金也成为在世界上通行无阻的投资工具。可以举个例子说明这点——只要是纯度在99.5％以上，或有世界级信誉的银行或黄金运营商的公认标志与文字的黄金，都能在世界各地的黄金市场进行交易。

4. 投资性

因为黄金的特性，黄金为广大投资者所认可。几乎没有一种投资理论不强调黄金投资的重要性，黄金投资是投资的重要领域。尤其是在政局动荡不安，或者经济萧条的年代，黄金更能体现出投资品保值增值的一面。

5. 收藏价值

黄金还具备一定的收藏价值。我国黄金市场上有关于奥运会的纪念金条、金砖等金制品，它们都经过工艺化、艺术化的加工，图案精美，极富收藏价值。

黄金天然是货币，无论是世界经济开始下滑还是快速发展，黄金永不磨灭的"永恒价值"一直都被投资者视为最佳的避险工具。

黄金投资品的品种

投资者要进行黄金投资，可通过银行开户交易。目前对于个人投资者，银行黄金投资业务主要有3种，分别是账户金、个人实物黄金买卖和个人实物黄金投资。

账户金又称纸黄金，只能投资，不能提取实物，账户金适合中短期投资。中国银行（简称中行）、中国工商银行（简称工行）和中国建设银行（简称建行）等银行均提供账户金代理业务。

个人实物黄金买卖是指为银行代销黄金公司产品，投资者能提取黄金实物。中国工商银行、中国建设银行、招商银行、中国农业银行则在网点柜台代销一些黄金公司的产品。

个人实物黄金投资是指代理银行得到上海黄金交易所授权，代理交易业务，投资者既能通过交易系统低买高抛，也可提取实物金，但金交所不设回购。华夏银行、兴业银行、深圳发展银行、中国工商银行上海分行等银行提供个人实物黄金投资的代理服务。

那么，在纷繁复杂的市场中，普通投资者如何才能买到符合自己投资风格又能保价增值的理想黄金投资品呢?

1. 实物黄金

实物黄金就是所谓的现货黄金，是实实在在可以拿到手里的黄金，包括金条、金块、金币和金饰品等。实物黄金以保值为主要目的，占用的资金量大，变现慢，变现手续繁杂，手续费较高。

作为抵御通胀的"天然货币"，实物黄金具有非常好的变现性，在全球任何地区都可以很方便地买卖，大多数地区还不征收交易税，这也是为什么实物黄金是目前最为广泛和流行的黄金投资品种之一的原因。

金条和金块是黄金投资中最普通的投资品种。门槛比较低，操作也比较简单，交易方式多样，且交易成本较其他实物黄金要低很多，可以作为中短线交易的品种，适合普通大众投资。

金币分为普通金币和纪念金币。投资者对普通金币的选择余地比较大，变现性也非常好，但保管难度比金条和金块大。纪念金币是钱币爱好者的重点投资对象，其价格波动风险要大于普通金币。

纪念金币具有一定的投资价值，但投资纪念金币要考虑到其不利的一面，即纪念金币在二级市场的溢价一般都很高，往往远远超过了黄金材质本身的价值。另外，我国钱币市场行情的总体运行特征是牛短熊长，一旦在行情较为火爆的时候购入，投资者的损失会比较大。例如，建国60周年纪念金币。

不少投资者在谈到黄金实物投资时，首先想到的是买金饰品投资，这是对黄金投资知识极其匮乏的一种表现。黄金投资者把金饰品排除在投资之外，这是因为饰品投资不能算是有效的投资方法。

2. 纸黄金

"纸黄金"是一种个人凭证式黄金，投资者按银行报价在账面上买卖"虚拟"黄金，个人通过把握国际金价走势低吸高抛，赚取黄金价格的波动差价。但纸黄金是黄金的虚拟买卖，没有保值功能，并不能抵御通胀风险，是短期获利的重要投资方式。

纸黄金所有人所持有的只是一张物权凭证而不是黄金实物。对于纸黄金交易而言，银行与个人投资者之间不发生实物的提取和交收，所以纸黄金交易实质上就是一种权证交易方式。

纸黄金的报价类似于外汇业务，即跟随国际黄金市场的波动情况进行报价，客户可以通过把握市场走势低买高抛，赚取差价。

纸黄金交易具有方便快捷的一面，节省了实金交易中必不可少的保管费、储存费、保险费、鉴定及运输费等。

3. 黄金衍生品

黄金衍生品主要包括黄金期货和黄金期权。

（1）黄金期货：黄金期货是一种保证金交易，黄金保证金交易是指在黄金买卖业务中，市场参与者不需对所交易的黄金进行全额资金划拨，只需按照黄金交易总额支付一定比例的价款作为黄金实物交收时的履约保证。黄金期货风险较大，投机性强，适合激进型的专业投资者。

（2）黄金期权：黄金期权是指买卖双方在未来约定的价位，具有购买一定数量标的的权利而非义务。如果价格走势对期权买方有利，则会行使其权利而获利；如果价格走势对其不利，则放弃购买的权利，只损失当时购买期权时的期权费。买卖期权的费用（或称期权的价格）由市场供求双方力量决定。

黄金期权包括买入和卖出期权两种，客户买入黄金期权就是期金宝业务。如某投资者在一个月前买入一笔黄金看涨期权，协定价格为 585 美元/盎司（1 盎司＝31.1035 克），以期权面值 100 盎司，期限 1 个月，所报期权开仓价 20 美元/盎司计算，投资者付出期权费为 20×100＝2000 美元。

假设到了一个月后，期权到期金价涨到 638 美元，表明投资者看对方向，银行替其执行该期权，客户的收益为 100×（638－585）＝5300 美元，投资者的净收益为 5300－2000＝3300 美元。

如果一个月后期权到期，金价下跌到 585 美元以下，表明投资者看错黄金上涨方向，投资者的期权将无法执行，其全部损失为付出的期权费 2000 美元。但与实盘黄金买卖相比，损失有限地被锁定，并且不会把所有的本金套牢。

又如在一个月还未到时，金价涨到 633 美元，但是投资者预期黄金价格在期权到期日前不会再涨了，这时投资者可以选择将该期权反向卖回银行，锁定利润，如银行报出平仓价 30 美元/盎司，则投资者的净收益为（30－20）×100＝1000 美元。

由于黄金期权买卖涉及内容比较多，期权买卖投资战术也比较多且复杂，不易掌握，因此目前世界上黄金期权市场并不多。黄金期权投资具有较强的杠杆性，以少量资金进行大额的投资，如果是标准合约的买卖，投资者则不必为存储和黄金成色担心，从而具有降低风险的功能等。实物黄金的特点决定其适合有长期投资、收藏和馈赠需求的投资者，短期操作也许并不能获得期望的收益率。

对一般投资者来说，投资要适度，远期或期权应注意与自身的生产能力或需求、风险承受能力基本一致。由于黄金期权买卖投资战术比较多并且复杂，不易掌握，应注意因价格变动的风险太大，不要轻易运用。

黄金市场的参与者

黄金市场作为世界金融市场的重要组成部分，吸引了无数的黄金投资者。黄金市场的参与者是整个黄金市场的主体，具有国际性和参与的广泛性。通常，黄金市场参与者一般包括国际金商、对冲基金等金融机构、银行以及在黄金期货交易中有很大作用的经纪公司、各种法人机构，他们共同让黄金市场运转了起来。

1. 黄金交易商

可以毫不夸张地说，黄金交易商在一定程度上影响着金价的走势。伦敦黄金市场上的五大金行无一例外都是国际著名的黄金交易商，他们与世界各大金矿生产者及许多金商有着广泛联系，加上其下属的各个公司又与许多商店和黄金顾客有直接联系，五大金商有条件根据自身掌握的情况不断报出黄金的最新收购价格与出售价格。

2. 银行

黄金市场中绝对缺少不了银行的参与。而银行又有两种参与形式：一种是作为黄金市场的经纪人参与，银行自身并不参与黄金买卖活动，仅仅为客户代行买卖和结算，充当生产者和投资者之间的中间人，在市场上起着中介作用，主要以苏黎世的三大银行为代表；另一种是一些做自营业务的银行，如在新加坡黄金交易所内，就有多家自营商会员是银行性质。

3. 对冲基金

近年来，国际对冲基金尤其是美国的对冲基金活跃在国际金融市场的各个角落。几乎可以肯定地说，黄金市场上几乎每次大的波动都与对冲基金有关。对冲基金公司会通过借入短期黄金，在即期黄金市场抛售的同时在纽约黄金期货交易所构筑大量的淡仓从而造成金价大跌。更有一些规模庞大的对冲基金甚至会利用与各国政治、工商和金融界千丝万缕的联系较先捕捉到经济基本面的变化，利用所管理的庞大资金进行买空和卖空，从而加速黄金市场价格的变化，并从中渔利。

4. 各类法人和私人投资者

私人投资者以及各类法人机构是黄金市场参与者中最广泛、最活跃的群体。其中既包括专门出售黄金的公司，如各大金矿、黄金生产商、专门购买黄金消费的黄金制品商、首饰行以及私人购金收藏者等，也包括专门从事黄金买卖业务的投资公司、个人投资者等。另外，按照投资者对市场风险的喜好程度，还可以将这一类参与者划分为风险厌恶者和风险喜好者：前者希望回避风险，将市场价格波动的风险降到最低程度，包括黄金生产商、黄金消费者等；后者就是各种对冲基金等投资公司，他们希望从价格涨跌中获取利益。前者希望对黄金保值，并转嫁风险；而后者希望获利而乐意承担市场风险。

5. 经纪公司

黄金市场经纪公司是专门从事代理非交易所会员进行黄金交易，并收取佣金的经纪组织。有的交易所把经纪公司称为经纪行（Commission House）。在纽约、芝加哥、香港等黄金市场里，活跃着很多经纪公司，它们本身并不拥有黄金，只是派场内代表在交易厅里为客户代理黄金买卖，以收取客户的佣金。

对黄金市场参与者的划分，根据不同的标准可以有不同的结论，但正是所有这些要素，组成了日益完善、不断壮大的世界黄金交易市场。

黄金投资的主要方式

黄金投资在 20 世纪三四十年代的中国曾是一种普遍的投资方式，那时候的上海是远东金融中心，有"天下黄金，汇聚于此"之说。只是后来黄金受到管制，才限制了黄金投资的发展。近年来，黄金投资方兴未艾，投资品种也越来越丰富。

那么，普通投资者在国内可以交易哪些黄金品种呢？大体上来说，国内的黄金投资品种和国际上的基本一致，无外乎金条（块）、金币、黄金管理账户、黄金凭证、金饰、黄金期货、黄金期权、黄金股票、黄金基金等几种。比如，上海金交所提供的品种现货黄金 Au99.99、Au99.95 和现货延期交易 Au（T＋D）以及国有银行提供的黄金账户产品（又称纸黄金）等。2003 年中国银行推出的黄金宝（个人实盘黄金买卖业务）、中国工行推出的金行家等。

1. 投资金条

我国目前个人投资黄金的主要方式是投资金条，金条分为普通金条和纪念金条两种。投资者投资金条，可以从以下 5 个角度来进行分析：

（1）金条的规格。各国金条的规格有所不同，但按国际惯例，进入市场交易的金条在浇铸成型时必须标明其成色和重量，以及精炼厂的名称和编号。

（2）金条的铸造和包装。如果投资者能够选择知名度较高的公司出品的金条，在日后自己出售时也能免去很多费用和不必要的手续。而如果是不知名企业生产的，黄金收购商就要收取你黄金的分析费用。国际知名金商出售的金条，包装在密封的小袋中。在国内，长城金银精炼厂是最大的国有金银精炼厂，也是中国金银冶炼企业中唯一的伦敦贵金属市场协会会员单位，并入选上海黄金交易所及理事单位。

（3）金条交易的计量单位。各国黄金市场交易的习惯、规则不同，黄金计量单位也有所不同，我们在进行交易时需要明确各个不同地区的计量标准如何转换。目前国际黄金市场比较常用的计量单位是金衡盎司。金衡盎司是专门用于贵金属商品交易的计量单位，它与常衡制盎司有所不同，1 常衡盎司等于 28.3495 克，而 1 金衡盎司等于 31.1035 克。我国以前计量黄金的单位主要是两，现在主要是克，随着经济与国际接轨，我国不少黄金品牌用金衡盎司来计量，高赛尔金条就是其中一种。

（4）金条的价格。普通金条的价格与纪念金条的价格有所不同。纪念金条的发行价格按照金饰品的定价方式来定价，而普通投资型金条的价格是在黄金现货价格的基础上加上一定的加工流通费。一般来说，纪念金条比普通投资型金条的价格要高。如高赛尔金条的价格以国际最大的黄金现货市场——伦敦贵金属市场的每日报价为基准，参考上海黄金交易所的价格，每盎司加上 109 元的加工流通费（3.5 元/克），回购时每盎司退回 62 元（2 元/克）。

（5）金条的投资渠道。金条主要有两种投资渠道。一是场内交易，如上海黄金交易所的会员交易，即黄金生产企业、黄金饰品企业、黄金经纪商、黄金代理商、商业银行和机构投资者；二是场外交易，主要是一些中小企业和个人投资者在商业银行、金行、珠宝行、金银首饰店进行的金条交易。

目前，我国的个人黄金投资者主要在场外进行交易。购买金条最好选择回购有保证而且价差不大的，例如招商银行代理买卖的高赛尔金条，其 2007 年 9 月 23 日下午的买卖报价分别是 121.49 元/克和 120.99 元/克，买卖相差 0.5 元，加上买卖时加工费的价差每克要再支出 1.5 元。

2. 金币

金币有两种，即纯金币和纪念性金币。纯金币的价值基本与黄金含量一致，价格也基本随国际"金价"波动。纯金币的投资增值功能不大，但其具有美观、鉴赏、流通变现能力强和保值功能，所以对一些收藏者有吸引力。

3. 黄金管理账户

所谓的黄金管理账户就是指由经纪人为投资者全权处理投资的黄金账户，它的投资风险较大。因为考察经纪人有一定难度，一旦确定经纪人投资黄金管理账户，在约定的范围内，投资者对经纪人的决策是无法控制的，而在实际投资运作中，出现的风险和损失又由投资者全权负责，与经纪人无关。所以，经纪人的专业知识和操作水平，以及信誉程度存在风险，以此带来此项投资方式具有相当的风险。

4. 黄金凭证

黄金凭证是国际上比较流行的一种黄金投资方式。投资者可按当时的黄金价格将凭证兑换成现金，收回投资。投资黄金凭证要对发行机构支付一定的佣金，一般而言，佣金和实金的存储费大致相同。投资黄金凭证的优点是具有高度的流通性、无储存风险、在世界各地可以得到黄金保价、对于大机构发行的凭证，在世界主要金融贸易地区均可以提取黄金等；而缺点是购买黄金凭证占用了投资者不少资金，对于提取数量较大的黄金，要提前预约，有些黄金凭证信誉度不高。为此，投资者要购买获得当地监管当局认可证书的机构凭证。

5. 黄金期货

黄金期货与其他类型的期货有着很大程度上的共同点，它也是按一定成交价，在指定时间交割的合约，合约有一定的标准。期货的特征之一就是投资者为能最终购买一定数量的黄金而先在期货经纪机构存入一笔保证金。一般而言，黄金期货购买者和销售者都在合同到期日前，出售和购回与先前合同相同数量的合约而平仓，无需真正交割实金。

不过黄金期货也有着自身的缺点，比如投资风险较大，需要投资者具备较强的专业知识和对市场走势的准确判断；市场投机气氛较浓，投资者往往具有一定的投机心理。所以黄金期货投资并不是适合大多数人的投资方式。

6. 黄金基金

黄金基金是黄金投资共同基金的简称，所谓黄金投资共同基金，就是由基金发起人组织成立，由投资人出资认购，基金管理公司负责具体的投资操作，专门以黄金或黄金类衍生交易品种作为投资媒体的一种共同基金，由专家组成的投资委员会管理。黄金基金的投资风险较小，收益比较稳定，与我们熟知的证券投资基金有相同特点。

不同的黄金投资品种，使投资者在选择黄金投资的类别时更需要谨慎，选择适合自己的投资方式。不同类型的投资品种有各自的优势和劣势，要全方面地把握这些不同，才能真正实现自己的利益最大化。总结黄金投资品种之间的优劣势，可以从以下3个方面来分析：

（1）很多投资专家都认为：金条金块应是投资首选。相对于首饰金来说，虽然金条金块也会向投资者收取一定的制作加工费用，但这种费用一般比较低廉，价格更接近金价。金条及金币由于不涉及其他成本，是实金投资的最佳选择。

（2）黄金首饰和饰品是现在市场上最常见的实物黄金。但是黄金首饰和饰品的价值在于它的观赏价值，并且价格中包含着非常高的制造费用，已经脱离了黄金投资的本质，它体现的是黄金＋制作工艺费用，显而易见它不利于黄金投资。此外，黄金饰品很不容易变现，即使变现也会遭遇贬值，所以不适用于投资。

（3）金币投资是一种灵活的黄金投资方法，但不是很好的投资方式。金币是国家法定发行的。金币投资很灵活，购进的数量随市场的发行和市场价格波动可多可少，且方便灵活，随时可以购进。但是市场买卖是很困难的，没有专门的回收地点，所以并不是很好的黄金投资方式。

国际上的黄金价格类别

目前，世界上黄金价格主要有3种类型：市场价格、生产价格和准官方价格。其他各类黄金价格都是由此派生的。

1. 市场价格

市场价格包括期货和现货价格两种类型。这两种价格类型既有相似之处，又有所不同。举例来说，它们均受供需等多种因素的干扰和制约，比较容易变化，所以价格确定机制非常复杂。一般影响期货价格和现货价格的因素比较相像，所以我们可以说这两种类型的变化方向和幅度差不多都是相同的。可是因为市场走势的收敛性，黄金的基差会随期货交割期的临近而不断减小，到了交割期，交易的现货价格和期货价格基本相等。

正常来说，期货价格应当稳定地反映现货价格加上特定交割期的持有成本。所以，黄金的期货价格应该要比现货价格高，远期的期货价格应高于近期的期货价格，基差为负。但实际上并非如此，由于决定现货价格和期货价格的因素多种多样，比如黄金的近、远期供给，包括黄金年产量的大小、各国央行黄金储备的抛售等；黄金的市场需求状况，这里又包括黄金实际需求的变化，黄金回收与再利用等；世界和各国政局的稳定性、通胀率的高低、利率以及一些突发事件都是影响投资者心理的主要因素，进而影响黄金价格的走势；投机者利用金价波动、突发事件大肆炒作，加上各类对冲基金入市兴风作浪，人为制造供需假象。这一切都可能引发世界黄金市场上黄金的供求关系失去平衡，出现现货和期货价格关系扭曲的现象。此时，因为黄金供不应求，持有期货的成本无法得到补偿，甚至产生基差为正值的情况，从而导致现货价高于期货价、近期期货价格高于远期期货价格的现象。

随着世界上大大小小的黄金市场陆续建立，全世界黄金市场已经形成了一个连续不断的整体，投资者完全可以实现 24 小时自由交易。由于受上述各种因素的影响，世界市场上的黄金价格常常发生剧烈变动。因此只有综合了各种因素的中、长期平均价格才能比较客观反映黄金受供求影响下的市场价格。

2. 生产价格

生产价格需要依据生产成本建立一个固定在市场价格上明显稳定的价格基础。世界黄金协会的统计表明，目前世界每年新增的黄金约为 2600 吨，而黄金每年的需求量都要大于开采量 300 到 500 吨。但由于 1996 年以来各国中央银行的大规模抛金行为，国际市场的金价从 418 美元/盎司的高点直线下降，甚至下降到 257.60 美元/盎司，已经比一定时期的黄金生产成本还要低，这使世界上各大黄金生产国都产生了巨大的损失。

3. 准官方价格

准官方价格的出现是因为中央银行需要与官方黄金进行交易。在准官方价格中，又有记账价格和抵押价格之分。

（1）记账价格。1971 年 8 月，布雷顿森林体系解体后，提出了记账价格。由于市场价格的强大吸引力，在市场价格和官方价格之间存在巨大差额的情况下，各国因为其官方黄金储备定价的需要，都提高了各自的黄金官价，于是就产生了为确定官方储备的准官方记账价格。

记账价格在操作中主要有三种方法：

①购买价作为定价基础。

②按不同折扣标准同市场价格联系起来，按不同的基础以不同的调整期来确定金价。

③有些国家以历史官价确定，如美国 1973 年 3 月定的 42.22 美元/盎司，一些国家按 1969 年国际货币基金组织 35 美元/盎司来确定。准官方价格在世界黄金交易中已成为一个较为重要的黄金价格。

（2）抵押价格。1974 年，意大利为实现向联邦德国借款，以意大利自身所拥有的黄金作为抵押，由此产生了抵押价格模式。抵押价格的确定在现代黄金史上有重要意义。一方面符合国际货币基金组织的每盎司黄金等于 35 个特别提款权的规定，另一方面又满足了持有黄金的中央银行不冻结黄金的需要。实际上这种价格，是由美国对黄金不要"再货币化"的要求，与欧洲对黄金"非货币化"谨慎要求的组合。借款时，以黄金做抵押，黄金按市场价格作价，再给折扣，在一定程度上金价予以保值，因为有大量黄金在抵押。如果金价下跌，借款期的利息就得高于伦敦同业银行拆放利率。

其实，这种价格正符合美国对黄金不要"再货币化"的要求以及欧洲对黄金"非货币化"的谨慎要求。

预测黄金价格的走向

对黄金价格走向的准确判断是投资者赢利的基础，然而黄金是兼具商品和货币双重属性的特殊产品，它的价格走势有什么特点，其价格走向又如何准确预测？

在介绍预测黄金价格的方法之前，可以先总结一下多年来黄金价格走势的基本特点，这样才能对预测黄金价格的方法会有一些较好的理解和把握。

目前，我们公认的黄金价格走势特点为：

首先，放在历史的角度来看，黄金价格是持续上涨的。这一点毋庸置疑，黄金与信用货币的各自特性决定了以信用货币标记的黄金价格长期来看必然上涨。另外，1944 年布雷顿森林体系建立后，以美国为首的西方国家纷纷采用了以信用泡沫刺激经济增长和作为配置资源的手段，从而导致了在第二次世界大战后国际经济体系内累积的信用泡沫越来越多，进一步加大了黄金价格上涨的内在动力。

其次，黄金价格趋势具有周期性。黄金可以说是世界货币，其美元价格的长周期变化趋势反映了世界地缘政治格局和国际经济、世界货币体系的重大变化，而这种内在决定因素的变化往往是长周期的，一旦发生变化，则将延续多年。黄金价格机制的上述特点直接决定了黄金价格走势的特点，即黄金价格的趋势一旦形成，则在相当长的时间内都不会变化。还有，突发事件影响较大，一般情况下单位时间内的波幅较小。

再次，黄金价格受多种因素影响。黄金价格的转折或巨变往往能够对重大地缘政治事件、国际经济金融事件的发生做出提前反映。

根据黄金价格多年的走势以及黄金投资的特点，投资者可以根据下列条件预测黄金价格走向：

1. 根据供需变化预测

众所周知，把握供需平衡点是预测金价的利器，了解黄金的供需情况就能把握黄金的特点，进而掌握金价的走向。

从黄金的商品属性来看，近年来国际黄金的供给（矿产金和再生金）保持在3300吨左右，制造用金（包括首饰需求）的需求为3700吨，由于矿产金有7～8年的投资周期，所以金价上涨的刺激很难在短期内促使国际矿产黄金的供给增加，对黄金的需求也比较稳定。

供需间的缺口则由官方售金和投资需求来填补，投资需求受金价的影响很大。近20年来，受到黄金非货币化进程的影响，官方售金成为一股不受金价影响的决定性力量。

例如，1999年，当金价在270美元/盎司的低谷时，英国等国大量抛出黄金储备；而在2002年、2003年金价开始上升时，很多国家又反过来增加了黄金储备；又如"华盛顿协议"后，欧洲各国每年达到400吨稳定的抛售量等。

由此可以看出，决定黄金基本面变化的因素主要是官方对黄金储备的态度，而官方的态度取决于黄金货币职能的强弱，它在不同历史时期的表现也不同。就像当前国际货币体系不稳定，黄金的货币职能就强些，官方减少售金量，需大于求，金价不断上涨。

对供需的预测能使我们很好地把握金价的长期走势，更好地运用在对黄金企业股票的预测上。例如，在上海证券交易所上市的山东黄金（600547）股票，行业特点决定了其每年的产金成本和产量变化不会很大，那么，山东黄金提高每股收益的途径只有两个：一是等待金价上涨，通过计算可以得知，目前的产能金价每上涨10元，山东黄金的每股收益就能提高0.18元，所以，根据每季度的平均金价，基本上就能预测山东黄金的季报结果；二是通过收购金矿迅速提高产量。如果这两个因素有很大变化，山东黄金的投资价值无疑将更上一层楼。

2. 根据美元走势预测

美元走势和金价息息相关，1986～2006年黄金与美元的走势，可以直观地看到美元跌的时候黄金在涨，而黄金跌的时候美元则往往处于高位。

美元为什么能影响金价？主要有3个原因：

第一，美元是当前国际货币体系的柱石，美元和黄金同为最重要的储备资产，如果美元坚挺和稳定，就会降低黄金作为储备资产和保值功能的地位。

第二，美国GDP占世界GDP总量的20％以上，对外贸易总额名列世界第一，国际经济深受其影响。

第三，国际黄金市场一般都以美元标价，美元贬值势必会导致金价上涨。比如，20世纪末金价走入低谷时，人们纷纷抛出黄金，这与美国经济连续100个月保持增长、美元坚挺关系密切。

3. 根据黄金生产成本预测

"商品的价值取决于凝结其上的一般劳动价值。"也就是说，价格不会大幅度偏离商品的成本，成本可以挤掉价格的泡沫，以便更好地看清商品的本质。

黄金的生产成本影响黄金价格，据统计，黄金的平均生产成本是290美元/盎司，南非的优质高技术矿产企业的成本更低些，生产商通过对冲交易，可以把短期黄金的最低净生产成本降到250美元/盎司左右。该生产成本与目前超过1000美元/盎司的金价比较，金价是否过高呢？其实并没有过高，黄金和石油一样是资源性商品，矿储量是有限的。当政治局势动荡不安时，人们更能体会到石油和黄金的价值，黄金的成本溢价会更高。

2001年，金价跌入最低谷，全年平均金价只有271美元/盎司，也就是说，其低于大多数生产商的生产净成本，生产黄金越多越亏损。这是一种极其不合理的现象，但这却是个绝好的投资机会。当所有的不好消息都出现之后，特别是那年还出现了"9·11"事件，这恰好成为了黄金市场走向牛市的开始。运用成本预测法，往往可以提前预知这样的行情。

由于观察黄金价格的角度不同，基于不同的逻辑，黄金价格预测有以下几类方法：其一，以黄金属性和黄金价格形成机制为起点的预测方法。其二，基于黄金普通商品属性的供求分析方法。其三，基于经济因素的基本分析方法。其四，基于价格走势的技术分析、时间序列分析神经网络分析方法。其五，基于历史价格走势和相应影响因素相互关系的统计模型分析方法。上述5种方法，以黄金属性和黄金价格形成机制为起点的预测方法考虑到了不同条件和背景下黄金价格形成机制的差异，能够对未来黄金价格有准确地把握，其他方法均没有充分考虑黄金价格在不同背景条件下起主导作用的属性和影响因素变化，没有区分不同背景条件下黄金价格机制的变化，因此在预测的逻辑基础上具有明显缺陷。

对于投资者理财来说，金价的涨跌深受汇率、经济形势、证券市场、通货膨胀、国际局势以及石油等主要原料价格的影响，通过对这些相关因素的判断，能较好地预测短期金价。

黄金的成色、计量与换算

在投资黄金之前，必须要对黄金的一些相关术语有所了解。

1. 黄金成色的表示方法

黄金成色也就是黄金的纯度，指黄金物品中金元素的含量。流行的黄金成色表示方法有两种：

（1）K金法：K数与含金量的关系是 $1K=4.1666\%$，因此，人们把含金量为100%的黄金称为24K金。按此公式，18K金的含金量为75%，14K金的含金量58%，9K金的含金量37.5%。

（2）比例法：将黄金物品中金的含量用百分数、千分数的方式表示，比如，Au99.95 即为含金量为 99.95％的黄金，Au999.5 为含金量 999.5‰的黄金。

2. 黄金的计量

世界不同地方的黄金衡量单位各有不同，常见的黄金衡量单位有以下几种：

（1）欧美地区的金衡制盎司制，1 金衡盎＝31.103495 克。

（2）中国香港常用的交易计量单位 1 司马两＝37.42849791 克。

（4）日本、中国古代的衡两制。1 日本两＝3.75 克；1 市斤＝16 小两＝500 克，1 两＝31.25 克。

（4）市制计量单位。现在上海黄金所用克为单位。1 市斤＝10 两＝500 克。

（5）南亚新德里、卡拉奇、孟买等托拉衡制，1 托拉＝11.6638 克。

3. 黄金换算法

我们通常说 24K 的黄金是指纯黄金即 100％的黄金（其实只是一种理论说法）。实际上，一般首饰用的黄金有千足金（含量 99.99％）999 金和足金（99.90％）990金。含金量高于 99.90 的黄金，我们就认为是 24K 金了。它的摩氏硬度为 2.5，一般统称为足金。黄金的标准计量单位是"盎司"。1 金衡盎司＝31.1035 克，1 常衡盎司＝28.3495 克，1 钱＝3.125 克。通常在市场上所出售的金牌相当于 1 两 2 钱（37.42克）。

在回收旧金时，要特别注意组合金。所谓组合金就是成色不同的几部分组合成的一件金饰品。如一对耳针，其各部分的含量分别为：耳叶 99.72％，耳塞杆 93.72％，耳塞扣 88.65％。为什么会出现这种情况呢？因耳针在佩戴的时候，如果耳塞杆和耳塞扣纯度很高，则会显得太软，佩戴起来不安全，所以适量加入其他金属，令其硬度变高，会增加佩戴时的安全感。当然最好的方法是到有测金机的金行去测量金饰的纯度。

另外，鉴别黄金时，黄金分为生金和熟金两大类，生金主要有砂金和矿金两种；熟金又有清色金（含有白银）、混合色（含有银、铜、铅等金属）和 K 金 3 种。黄金的鉴别主要是"四鉴法"。即初步鉴、磨石鉴、硝酸鉴、焊药鉴。后 3 种方法带有较强的专业性，并需要一定的条件。初步鉴比较容易掌握，主要有 4 种方法：辨色、掂重、折性、敲声。

黄金的投资策略

黄金是一种良好的投资品种，根据投资者的偏好，可以适合短线、中线和长线各种投资策略。下面分别具体论述各种操作策略：

1. 长期持有的操作策略

长期持有的操作策略主要是选择合适的投资品种，金条金块是很好的选择。金条金块的变现性非常好，在全球任何地区都可以很方便地买卖，大多数地区还不征收交易税。除了保值增值外，还可以用来收藏、馈赠。缺点是投资门槛高，占用较多的现金，有一定的保管费用。由于黄金价格飙升，国内收藏市场的黄金品种也随之水涨船高，各大机构竞相发售金条、金币，其中的某些产品甚至成为了目前市场上升值最快的品种。2008年发行的奥运会金银纪念币（第一组），其发行价从9880元左右一直飙升到17000元，翻了近一番；而次年五月发行的第二组金银币也比发行价9494元翻了近50％！其实，金子、金币仍属于收藏品，除了金条中的个别品种，基本属于长线投资的"慢热品"；出现短时间内价格暴增的状态，完全是市场的炒作行为。中小投资者需要端正心态，购买金币，仍以长线收藏为主。

从长期保值功能方面来看，金条比金币略胜一筹。普通投资者以金条投资为宜，从长期全世界黄金走势来看，比较容易操作，保值增值空间相对较大。金条由商业银行或中金的直销旗舰店发售，可根据国内外市场每天挂出的价格进行交易，可随时变现。若长期持有，利润匪浅。

有一定收藏专业基础的投资者，可适度投资金币。如果投资金币，具体来看，收藏者不妨根据自己的爱好选择某些题材重点收藏，这样比打"游击战"更有针对性。金银币一般有多种规格，比如1/2盎司、1盎司、5盎司、1公斤等，而且通常重量越大，发行量就越少。收藏者可以考虑选择某一规格的币作为收藏重点，结合其发行量挑选一些有升值潜力的币来收藏。比如，专门收藏所有题材发行过的1公斤金币等。

2. 短线炒作操作策略

短线操作的真正目的不是不想赚大钱，而是为了不参与走势中不确定因素太多的调整。"走势中的不确定因素"就是一种无法把握的巨大风险，用短线操作的方法，就可以尽量避开这种风险。因此，只要一只股票的攻击力消失，无论它是否下跌，都必须离场——这是短线操作的原则。

短线投资主要有以下几个操作技巧：

第一，略懂技术分析。三分靠本事，七分靠感觉。那要学些什么呢？会用极短期平均线，会解释价与量的表现，如此而已。其他就是看看市场指数，听听基本面消息凭感觉从事。

第二，要调整好心态。你如果觉得短线投资不简单，很痛苦，就不要做。所谓短线投资最短者就是日投资，当日进当日出，不放过夜。长期持股长期伤脑筋，短线投资不过夜，晚上睡得安稳。因持股时间短，担心时间也短。当然，一两天或两三天的持股期也归类为短线投资。短线投资在寻刺激找快乐，不成就这小目的就不要试。

第三，要具备一定的数学基础。知晓概率是短线投机制胜因素。一个有六面的骰子从1到6，三个偶数三个奇数，偶数出算赢，奇数出算输。长期掷骰，奇偶出的概率约各半。短线投资买后，涨或跌的情况，通常也是各半。那短线投资如何赢呢？让赢的时候赚1份，输的时候赔0.5份。100次中，赢50次，赚50份，输50次赔25

份，最后总结赚 25 份。这是短线投资应该记住的唯一胜计，别无他方良策。

第四，短线投资不是天天投资。做极短线者叫日炒黄金者，但并不能日日投资。如果你今天投资赚了 900 份的钱，不要期待明天再进场去再赚 900 份的钱。短线投资好处是好像自己做生意，可选择哪天做哪天不做。

第五，根据大形势决定是否投资。形势对时，胜算会比前述 50 对 50 高出许多。形势不对如逆水行舟，高明的短线投资者必为自己放长假，与势争绝无必要，且有可能引来平白伤亡。什么叫形势对与不对？20 世纪 90 年代的大牛市到 2000 年 3 月形势逆转，此时投资人尚无从得知大事不妙，到了 10 月后技术图 50 天平均线向下破到 200 天平均线之下，形成死亡交叉，此时投资人该全面退场，短线投资更不可为。这情况后来完全改变，50 天平均线又翻上 200 天平均线形成黄金交叉。此时短线炒黄金者长达两年半的假期结束，又是好投资时节的到来。

3. 中线波段操作策略

当然，在金价长期看涨的大势中，需要注意中短期的走势，尤其需要警惕其中的大幅度回调行情。回顾过去 10 年以来金价的走势，我们可以看到，在每一次金价大涨的行情中，都酝酿着强大的回调风暴，而且来势凶猛，时间极短。这就告诉投资者，在进行黄金投资时，要采取波段操作，顺势而为，并严格控制风险，这样才能稳操胜券。

每一个市场都会循环经历牛市和熊市，相比传统市场投资者只可低买高卖，陷入熊市时只能割肉离场。黄金现货保证金交易则允许投资者在任何时候双向买卖，只要投资者看准方向，不论金价升跌，均可获利。在双向交易的机制下，投资者可通过技术分析和基本面分析把握好大市的方向进行交易。但假使大市走向与投资者预期相反，在注意维持保证金水平的基础上，投资者亦能够利用黄金保证金交易的止损功能，或是在反方向建仓等方法，减少损失。

以上 3 种操作方法，长线、短线、中线，没有好与坏之分，重要的是把握局势，选择适合自己的操作策略，达到投资有实效的目的即可。

明确自己的投资类型

作为投资者，必须首先明确自己是什么类型的投资者，对自身的性质和要求有了充分的了解，才能做出有针对性的投资。投资者分为以下类型：

1. 期权和股权型投资者

活跃型的期权及股权交易型的投资者证券公司（经销商）和经纪人需要具备以下条件：

（1）期权股权战略知识。

（2）能够在线发出多重期权股权买卖指示。

（3）总体执行能力高，速度快。

（4）能评估适当的保证金比率。

（5）能涉足外汇、期货、现货和股票市场。

2. 长期投资型

长期投资者对市场短期波动并不感兴趣，而是把目光投向水平更高的公司。这种投资者十分注重调查研究，寻找那些相对价值而言，价格还处于较低水平，可以通过长期投资来获得可观利润回报的优秀公司。在认准"黑马"后，他们就会买进这类股票，几年按兵不动，长期持有，或是并不购买该公司股票，而是购进该公司的长期股权。

这类投资者喜欢调查研究，精挑细选，洞悉公司的方方面面。他们希望涉足全球市场，由于时间跨度较大，此类投资者通常将交易纳入个人退休账户。

然而，有些证券公司不允许将期权股权交易纳入退休账户，这就使得长期股权投资者陷入两难的境地。如果你投资长期股权并且希望这样的投资能够纳入退休账户，那就需要选择允许这样操作的证券公司。总的来说，长期投资者选择的证券公司应该具备：

（1）能够提供实时信息。

（2）总体速度快和执行能力高。

（3）将期权交易纳入退休账户并且费用较低。

（4）能够评估适当的保证金比率。

（5）能够提供合理的佣金。

（6）能够提供投资国际市场的渠道。

（7）能够提供投资衍生产品且投资工具齐全。

3. 交易型的投资者

交易型投资者愿意承担风险，频繁交易，竭尽所能创造交易利润。长期或短期、股票或期权股权、卖权或买权，他们全都可以拿来交易。交易型投资者感兴趣的主要是股市中短线活动，特别喜欢看走势，或希望找出股票涨跌的明朗趋势。

对于这种类型的投资者来说，任何的小涨小跌都很重要，所以此类投资者寻找的是那些花最少的佣金就能提供最佳执行效率的证券公司。许多人选择直接渠道公司。相对于传统证券公司，直接渠道公司的优势在于它能直接进入做市商、电子通讯网络，或是交易所这些存在最好价格的渠道。一些不提供多余服务，仅以收费低廉、执行快捷为特色的证券公司也是很好的选择。

无论选择直接渠道还是证券公司，在交易型投资者眼中的理想证券公司，应具备：

（1）反应很快，拥有很高的执行力。

（2）低佣金。

（3）提供即时和二级报价。

（4）提供图表、新闻、工具和信息。

（5）拥有真知灼见的信用交易部门。

4. 学习型的投资者

很多投资者自身对于黄金投资非常感兴趣，并不希望一直交由经纪人来处理自己的投资。许多投资者的自我投资尝试失败了并不是他们不够努力，而是因为他们缺乏分析相关信息的能力。

现在网络上的财经信息相当丰富，有些证券公司还专门为新投资者提供完善的教育资源，此外还有一些非证券公司网站也提供关于投资和金融市场的信息。但关键的问题是并不是所有的金融机构都提供客观可靠的教育资源。因此学习型投资者选择的证券公司应该提供：

（1）学习资源。

（2）客户服务疑难解答。

（3）为客户提供服务周到的营业场所。

（4）及时更新信息。

（5）高效可靠的执行能力。

5. 科技型的投资者

目前一些证券公司为客户提供了无线交易服务，尽管无线交易还存在着一些设计上的缺陷有待改进，但它却为投资者在个人计算机和固定电话之外提供了一种新型的委托交易方式可供选择。这无疑很对科技型投资者的胃口。然而由于这些系统可能会出现技术故障，科技型投资者还需要一个完善的客户服务部门，一旦无线交易系统出现技术故障，尚可以通过其他方式来实现交易的完成。因此适合科技型投资者选择的证券公司需要具备以下特点：

（1）提供无线交易。

（2）配备有求必应的客户服务部门。

（3）提供警报、新闻和报价。

（4）速度快、执行能力强。

（5）总体佣金低。

对于大多没有足够黄金投资知识的投资者来说，经纪人的选择至关重要。正因为投资人有着我们上述的这么多不同类型，更要求投资者根据自身的情况选择适合自己的经销商与经纪人。

黄金交易的委托方式

委托经纪人进行投资有很多种不同的方式，下面选择三种进行介绍，即电话委托、柜面委托、电脑委托。

1. 电话委托，即投资者用电话通知商业银行，商业银行的电脑系统根据投资者在电话按键上操作输入的委托内容直接向场内交易员申报委托事项的一种委托方式。电话委托具有方便、即时、保密等特点，多为大额投资者所采用。

2. 柜面委托，即客户亲临商业银行的营业场所，当面以口头或填写委托书的方式委托商业银行代为执行黄金买卖。一般说来，这是年老投资者的常用方式。

3. 电脑委托，就是投资者通过拨号上网的方式，向银行发出买卖委托指令，商业银行的电脑系统接到委托指令，直接向上海黄金交易所交易系统发出买卖申报。网上委托是一种最为先进的委托方式，保密性强，速度快，受到广大投资者的欢迎。

另外我们所说的黄金交易委托是客户与银行订立的一种委托黄金买卖关系，根据约定委托价格进行黄金买卖。它由客户指定成交判断条件，一旦即时黄金价格满足客户的成交判断条件，即按客户委托价格成交。

委托交易分为获利委托、止损委托和双向委托3种。

1. 获利委托

获利委托相当于限价单，即立即单，在最有利的价位买入或卖出，是客户为了获得更好的收益，订立的一种委托，使之在成交时带来的收益比当前价格成交大，交易时需设定获利委托价格。

2. 止损委托

止损委托相当于外汇中的停止单，即在现有的价位观望，当突破某一方向时才在一个"看似不利"的价位交易，是客户为了避免价格波动带来更大的损失而订立的一种委托，使之在成交时带来的收益比当前略小，交易时需设定止损委托价格。

3. 双向委托

双向委托是客户订立一笔委托，同时含有获利和止损，在一方委托成交后，另一方自动作废，交易时需设定获利委托价格、止损委托价格。

客户建立黄金（克/人民币）获利委托时，获利委托汇率应优于该货币对的实时汇率。如果客户预留的获利委托汇率劣于实时汇率，则获利委托订立不成功。

客户建立黄金（克/人民币）的止损委托时，止损委托汇率应劣于该货币对的实时汇率。如果客户预留的止损委托汇率优于实时汇率，则止损委托订立不成功。

若要买入黄金，建立获利委托是在未来的一定时间内，以较当前市场更优的价格买入或卖出。例如，人民币对黄金的银行卖出价为168.56元，若建立获利委托就是低于这个价格买入。止损委托就是等于或者劣于当前价格买入或卖出。同上例，若建立止损委托就是高于1678.56买入。双向委托即在订立委托时，可同时设定获利委托价格和止损委托价格，当市场价格达到其中的一个委托价格时，将按客户委托价成交。委托成交后，另外一方委托自动失效。

如何投资纸黄金

纸黄金是一种个人凭证式黄金，投资者按银行报价在账面上买卖"虚拟"黄金。投资者的买卖交易记录只在个人预先开立的"黄金存折账户"上体现，不发生实金提取和交割。

纸黄金具有如下的特点：

（1）其为记账式黄金，不仅为投资人省去了存储成本，也为投资人的变现提供了便利。投资真金购买之后需要操心保存、存储；需要变现之时，又有鉴别是否为真金的成本。而纸黄金采用记账方式，用国际金价以及由此换算来的人民币标价，省去了投资真金的不便。

（2）纸黄金与国际金价挂钩，采取 24 小时不间断交易模式。国内夜晚，正好对应着欧美的白日，即黄金价格波动最大之时，为上班族的理财提供了充沛的时间。从价格上看，纸黄金更为敏感，当国际金价上涨或下跌时，纸黄金能随时反映这种变化。

（3）纸黄金提供了美元金和人民币金两种交易模式，为外币和人民币的理财都提供了相应的机会。同时，纸黄金采用 T＋0 的交割方式，当时购买，当时到账，便于做日内交易，比国内股票市场多了更多的短线操作机会。

另外，中国银行纸黄金目前报价在同业之中最具有优势，较小的双边点差为投资人获得更多的收益提供了机会。正是由于投资者不用进行实金的提取，这样就省去了黄金的运输、保管、检验、鉴定等部分步骤，因此与其他黄金投资品种相比，它的交易费用是最低的。炒"纸黄金"每克的买卖差价为 1 元；高赛尔金条需要支付一定的加工费，一买一卖的差价是 1.5 元/克；而贺岁金条在回收时，一般报价里包含了约 2％的手续费，即 1 克金条要收 2 元钱手续费。

纸黄金与其他证券业务相比，目前最大的问题在于，它只能看涨不能看跌。所以当国际金价处于下降通道时，投资机会就很小。再加上它一般不会像股票那样暴涨暴跌，不仅没有任何存金利息，而且买卖间都有一定的差价，所以不太适合短期投资。

相对来说，纸黄金风险比较低，适合于刚入门、资金量不大，或者年长的投资者。

刘先生购买纸黄金 10 克，由于纸黄金的特性，购买按照卖出价成交，卖出按照买入价成交。

买入时价格：买入价＝210.64 元/克，卖出价＝211.34 元/克，中间价＝210.99 元/克

卖出时价格：买入价＝214.47 元/克，卖出价＝215.17 元/克，中间价＝214.82

元/克

收益：（214.47－211.34）×10＝31.30 元

刘先生最终获利 31.30 元。

由于纸黄金全过程不发生实金提取和交收的清算交割行为，从而避免了交易中的成色鉴定、重量检测等手续，省略了黄金实物交割的操作过程。在业务操作上，与个人实盘外汇买卖相似。在交易中，银行与个人投资者之间不发生实金提取和交收，因此纸黄金交易实质上是一种权证交易方式。正是由于纸黄金的这些特征，尤其是灵活性，纸黄金的投资技巧尤为重要。

目前国内已有三家银行开办纸黄金业务，分别是中国银行的黄金宝、中国工商银行的金行家、中国建设银行的账户金。中国银行是全国第一家开办个人实盘黄金买卖的银行。个人实盘黄金买卖业务也称"纸黄金""黄金宝买卖"，是指个人客户通过银行柜台或电话银行、网上银行等服务方式，进行不可透支的美元对外币或人民币对本币金的账面交易，以达到保值和增值的目的。中国银行推出了用人民币或美元进行买卖"纸黄金"的业务，下面我们就以中国银行推出的纸黄金——"黄金宝"为例来讲述纸黄金交易是如何开户的。

"黄金宝"的交易标的是成色100％的账户金，品种分为国内市场黄金和国家市场外汇黄金，报价货币分别是人民币和美元，因此也简称为"国内金"和"国际金"。

该投资工具根据国际黄金市场报价，无须交付手续费，支持即时交易。客户只需持本人身份证，到中国银行的所属营业网点，申请长城电子借记卡、"电话银行"服务、开立"活期一本通"存折，存入一定数额的人民币资金或外汇资金，即可参与纸黄金买卖交易。

具体来说，参与纸黄金买卖的过程如下：

1. 入网站及安装安全证书

如是初次进入尚未下载中行颁发的安全证书的用户，系统会有提示，请选择"是"继续。待申请注册进入首页后下载并安装中行颁发的安全证书，以后将不会出现该提示。

2. 用户申请注册及修改资料

首次办理中行网上"黄金宝"的客户，可到中行指定网点柜台办理个人电话银行及网上银行开户手续（详情可到中行各网点查询），然后在网上激活个人网上银行服务（见会员专区说明）。开户成功后登录进入中行个人网上银行"账户服务"→"账户管理"→"应用账号管理"进行网上申请。

如果接受中行的"网上黄金宝协议书"后单击"确定"按钮，进入申请页面，选择需上挂的黄金宝账号（需要注意该账号必须为基本子账号中的活期一本通账号），输入存折密码，单击"申请"按钮，申请成功后即可开通网上"黄金宝"。如需变更"黄金宝"账号，需删除原账号后再重新申请，网上"黄金宝"同一客户只接受一个

"黄金宝"账号。

3. 查看系统功能介绍

网上"黄金宝"主要由"实时行情"（与外汇宝一致）"黄金宝功能菜单"等内容组成。用户既可在此页面浏览黄金即时行情，亦可选择"进入交易"，登录网上"黄金宝"进入相应功能或察看详细信息。

（1）实时行情。包括本币金、外币金的技术图表，从"金融信息"导入。

（2）业务简介。有中行提供的有关"黄金宝"业务的简介和宣传。

（3）操作指南。使用网上"黄金宝"交易的操作指引及其说明。

（4）黄金分析。新鲜及时的国际黄金分析评述，为投资者引导投资方向，把握市场热点。

（5）每日黄金宝典。内含中行周一至周五提供的"每日黄金宝典"。

（6）进入交易。完成网上"黄金宝"所实现的账户余额查询、即时黄金买卖交易、预留订单交易、预留订单查询、撤销预留订单、止损订单交易、止损订单查询、撤销止损订单、历史交易查询等全部功能。

该模块首先要求用户登录中国银行个人网上银行，成功登录后，选择"投资服务"→"黄金宝"，然后鼠标单击选择所需功能进行操作。

4. 补充说明

（1）如遇周末、国际重大节假日、系统故障、交易、预留订单或止损订单不成功，网上交易系统都会有相应的"节假日，系统暂停服务""系统故障，暂停服务""交易出错"之类的提示。

（2）要注意的是，目前"黄金宝"网上交易的预留订单或止损订单查询功能，只能在当天查询所留订单的状况。

（3）交易完成后，鼠标单击左方的图形按钮即可继续操作。

四大商业银行与其他几家银行都有相关业务。投资者只要带着身份证与不低于购买10克黄金的现金，就可以到银行开设纸黄金买卖专用账户。专用账户开通后，投资者只要按照银行发送的"纸黄金投资指南"操作，就可以通过电话查询当日的黄金价格，进行直接交易；电话银行交易的全过程与股票市场上该交易基本相同。但该交易可以直接将银行存折与黄金市场对接，而且，有的投资者还同期办理了外汇交易业务，也可以同时在一个账户上交易。

纸黄金的投资策略

投资纸黄金，人们最关心的就是赢利问题，为了最大限度赢利，我们必须首先了解银行与个人炒纸黄金者之间的"交易关系"，这是赢利的基本前提。

随着国际金价的波动，大家纷纷低买高卖，都赚到了钱。于是有人产生了这样的疑问：亏钱的是谁呢？银行的点差费赢利又在哪儿呢？

以工行为例，按照现在纸金随现货黄金波动至 158 元/克的情况分析，众人纷纷买进，费用应该为 158.4 元/克，工行即赚 158.4/克，然后大家捂盘等待时机。欧美盘迅速被拉升至对应纸金价格为 165 元/克，于是众人纷纷抛售，对应该价格应该为 164.6 元/克，这样工行即需付出 164.6 元/克的人民币买单，也就是 158.4－164.6＝－6.2 元/克。由此可见工行其实是赢利的，那是否意味着炒金者赚得其实是另外炒金者的钱？其实，纸黄金并不是用户之间进行交易，而是炒纸黄金者与银行之间的交易。

金价是随国际金价波动的，银行交易与之相比往往有个差价，人们习惯上把国际金价称为中间价。中行差价是 1 元/克，工行差价是 0.8 元/克。如中间价是 160 元/克，以中行为例：中行挂卖价为 160.5 元/克，买价为 159.5 元/克，这时你就要按160.5 元/克从银行买，如金价不动，你想抛售的话，只能按 159.5 元/克卖给银行。此时，投资者必然要产生亏损，只有金价上涨，银行买价高于 160.5 元/克时，投资者才能赚。

其实并非这样，银行的卖价，是炒纸黄金者的买价，银行的买价，是炒纸黄金者的卖价。据此，差价的概念也可以这样理解，假设银行买价、炒纸黄金者卖价是 161元/克，而银行抛售价、炒纸黄金者购入价是 162 元/克，这中间差价属于交易差价。黄金交易原则上说银行的角色能够视为炒纸黄金者与国际投资者之间的一个中介机构，但这个中介机构与股票交易中的中介机构最大的不同是：银行也参与了交易，它也是一个交易方，所以实际上黄金市场若类比股市的话，能够理解为相当于一个没有中介机构的股市。目前国内主要的纸黄金理财产品有三种：中行的"黄金宝"、工行的"金行家"以及建行的"账户金"。由于这三种产品各有差异，专家建议投资者不妨货比三家，在选择产品时考虑以下因素：

1. 交易时间

一般来说，银行的交易时间开放得越长越好，这样就可以随时根据金价的变动进行交易。在这方面，中行"黄金宝"的交易时间为 24 小时不间断交易，工行"金行家"是从周一上午 8 时到周六凌晨 4 时不间断交易，不过建行"账户金"则相对落后，其交易时间定在了白天 10:00 至 15:30。

2. 报价方式

一般采用两种方式：按国内金价报价和按国际金价报价。在报价上，中行"黄金宝"的报价参考国际金融市场黄金报价，通过即时汇率折算成人民币报价。建行"账户金"直接采用了依据金交所的 Au99.99 和 Au99.95 的实时报价为基准的报价方式。工行"金行家"则把人民币和美元分开，综合采用了国内金价报价按国际金价报价。

3. 易点差

用金价差减去银行的交易点差就是纸黄金的投资回报，因此，选择低的交易点差可以让自己的收益率更高。在这方面，中行"黄金宝"业务单边的交易点差为0.4元/克。建行"账户金"的单边交易点差为0.5元/克。工行"金行家"的单边点差则分成两种，"人民币账户金"为0.4元/克，"美元账户金"为3美元/盎司。

对于投资者而言，纸黄金的投资策略主要有如下几点：

1. 要注意规避风险，保住本金

规避风险是所有投资品种通用坚持的原则之一。"规避风险，保住本金"也是投资大师巴菲特几十年来最为精辟的总结之一。对投资者来说，最重要的事情永远是保住资本，风险控制强调到什么程度也不过分。因为本金没有了，在市场翻身的机会也就没有了。在没有把握取胜时首先是保存实力，节省弹药，寻找有利于自己的战机，一旦机会来临便主动出击，取得胜利。所以纸黄金投资者在追涨的行情中一定要注意止损，这是有效的风险控制手段。

2. 要分批入场，稳定获利

黄金投资理财好比是一座金山，里面蕴藏着数不尽的财富，我们不可能把它的财富在一朝一夕间都收入囊中。在市场波动中有70％左右的时间都是震荡的，只有30％左右的时间是单边上冲或者下跌，那么积小胜为大胜就是长久立足的制胜法宝。进场和补仓时，仓位要小，虽然利润少点，但积小胜为大胜，才是常胜。在炒金生涯中，我们都应坚持这样的投资理念：炒金最重要的不是一次能够赚取多少，而是能不能稳定地获利，长久地立足生存。

3. 要谨慎操作

巴菲特曾讲过："钱在这里从活跃的投资者流向有耐心的投资者，许多精力旺盛的有进取心的投资人财富渐渐消失。"我们每次交易一定要慎重考虑，完全清楚进场之后在哪里止盈，在什么情况下应该及时止损，以及市场目前是否具有好的进场点位等。有些行情我们能看到，却难以真正把握，我们只能做那些既看得到又可以把握的行情。适当的交易是与市场保持联系的重要手段，这有助于投资者尽量与市场趋势靠近。减少错误首先要从减少交易开始，减少无谓的交易并不等于我们平时就不交易，并不是说减少了无谓交易我们就必然能抓住有价值的操作机会。

4. 要注意短中长的组合

纸黄金投资由于点差较大，一般考虑做中长线投资较好，不适合短线的频繁操作，那么资金管理就非常重要了。我们可以考虑把一部分资金，比如，40％～60％的资金用作中长线投资，在实金买盘淡季时逐步建仓。剩下的资金就可以考虑做一些短线操作，进场时也不宜一次满仓进入，可以考虑分批进场，有效降低市场风险。

以上我们总结出来的策略只是广泛意义上的，对于大方向的把握，能否从纸黄金投资中赚到钱，更多的是取决于个人的性格因素。从一定程度上来说，赢利是对投资者交易过程中性格优点的奖赏，亏损是对投资者交易过程中性格缺点的惩罚。技术上好学，心理关难过，人的本性在市场的涨涨跌跌中显现出来，人都有从众心理，如果能够摆脱这种心理的束缚，站在大多数人的对面，你就已经赢了一半。

如何选择实物黄金

根据世界黄金协会的统计，实物黄金仍是以中国和印度为代表的亚洲买金者的首选，在西方黄金投资者中，只有不到 1/3 的人持有金条或金币，而约有 8 成的亚洲投资者则希望持有实物黄金。

将实物黄金产品作为投资的标的，其中包括金条、金币、金饰品等等，这在我国的黄金消费投资需求中也占到了很大的比例，"藏金于民"便来源于此。

股市的动荡和对通胀的担忧，使得很多敏感的投资者在金价不断走低之时选择了抄底。由于实物黄金产品具有投资型、收藏型、金饰品等形式，由此产生的投资成本和额外收益也会出现很多不同。因此，购买时注意考量其用途和溢价因素。

1. 投资型：溢价少，变现易

一般来说，投资性金条的纯度较其他纪念性金条或黄金饰品要高一些，几乎不含杂质。投资型金条价格通常都是参照上海黄金交易所原料金的实时牌价，溢价幅度大概在每克 10 元左右；而收藏型金条、金币等相关产品由于工艺成本高，溢价幅度要远远高于投资型金条。业内专家认为，对于以平衡资产风险与保值需求的投资者而言，投资型金条应该是最佳的投资品种。

从购买渠道来说，现在市场上已经包括了上海黄金交易所、银行代理实物黄金、金商自有品牌和银行自有品牌这几大类的投资性金条，一般规格为 50 克、100 克、200 克和 500 克甚至以公斤计算。上海金交所的实物黄金在提交时，价格以实时的交易所报价为基准，只需要收取一笔 2 元/克的提金费用，对于有藏金需要的投资者来说，无疑是投资成本最低的选择。

此外，投资型金条的一个重要特点就是回购简单。黄金投资专家梁山表示："金条金币的选择更多的是出于低买高卖的投资获利，因此投资者就应该在众多的同类产品提供商中，选择更加方便回购的商家。"需要注意的是，回购需要交纳几元至十几元每克的回购费。不过，不同卖场出售的投资型金条并不流通，只能是从哪里购买的，在哪里回购。

实物金的长线投资策略适合多数的普通投资者，无须多少专业知识和投入过多的时间精力。由于金条金币占用资金量大，类似房产等固定资产投资，资金流转周期长，需要投资者有耐心，不迎合市场情绪。

2. 收藏型：工艺精，有内涵

虽然收藏型黄金产品在投资性方面有所不及，但由于其工艺精美，往往具有特殊的文化内涵，在受欢迎程度上并不逊于投资型金条。纪念性金条或金币一般都有发行题材和发行量的限制，例如，贺岁金条是以农历年生肖为题材制成的纪念性金条或金币。而随着上海世博会的来临，多家机构在2008年时就已经开始发售"世博金"，而且由于发行量的限制，成套销售的金条卖得非常火暴。

如果纯粹为了收藏纪念或鉴赏，专家建议投资者应选择权威产品，在鱼龙混杂的各类机构产品中择优藏金。一定要选择中国人民银行、中国金币总公司等权威部门发行的黄金制品，这主要是对于黄金制品的成色和品质的保证，也会对将来的兑现提供最好的保证。在保证权威部门发行的前提下，可以根据自己的喜好选择题材，像近年来热门的生肖、奥运以及世博题材黄金制品，其附加值都已经被市场所承认。

另外，因为收藏型黄金产品看重的是其艺术与收藏价值，而并不跟随现货价格涨跌。例如，"熊猫"金币就被视为最佳的收藏选择之一。一方面，中国发行的"熊猫"是世界上公认的五大投资金币之一，保证了其含量、成色、规格的稳定性，也提高了"熊猫"金币的被认可度。同时，"熊猫"金币也是国内金银币产品中升水最低的品种，在集藏市场中升水最小的是1盎司"熊猫"金币，其价格比同规格1盎司黄金材质高100～400元左右。与此同时，"熊猫"金币还具有较强的收藏特性，早期发行的"熊猫"金币产品具有很高的市场价值。

3. 金饰品：不具备投资价值

说起黄金投资，很多老百姓最先想到的是购买金饰品。但是，从纯投资角度而言，金饰品不适合做黄金投资。金饰品用来装饰、美化生活，它的意义在于美观、好看，购买黄金首饰并不是投资黄金，而属于消费层面，与真正意义上的投资实物黄金有着显著区别。

金饰品由于加工费用、工艺费用比较高，以及企业本身的利润需求，价格相对于金原料而言的溢价较高，其溢价幅度一般都会超过20％。此外，金饰品要变现又将面临很高的折价，折价的幅度常常会超过15％。一般首饰金店都会回收废旧黄金首饰，当前的金饰品如果要直接向一般的金店进行回售，其价格将远远低于同期上海黄金交易所金含量相同的原料金价格。

实物黄金的投资策略

对于投资者如何选择最佳购买时机和最佳卖出价格，投资者自己可以做一套黄金投资策略。

在各大金店的实物金销售当中，很多咨询者表示，实物金投资中最大的问题是，选择买入的价格和准备卖出的价格不是很容易把握。不少投资者会有这样的疑问，既然黄金价格逐年攀升，以至高位，是否还有继续投资的价值。

其实，黄金价格和其他投资产品价格一样，在某种程度上，也有其自身的变化规律。实物黄金投资并不是简单的低买高卖，还得讲究策略，需仔细分析黄金的季度性变化、年度变化、长期变化。

1. 季节性变化

一般情况下，每年的黄金消费淡季5、6、7月份，投资者可以选择在这个时间段内购买，但购买量不能一下子达到饱和。也就是说，如果你准备用20万元做黄金投资，那么一次性购买不能超过投资总额的1/2，就是一次性购买额度不能超过10万元，如果价格在这时还会继续下降，每下降60到100美元，继续拿出可用投资资金的1/2来购买，直到可用资金用完，这时候投资者所承受的风险是最小的。

对于拥有实物黄金的投资者来说，黄金价格出现上涨的时候，就算握在投资者手上的实物金都有了获利空间，也不能一下子全卖掉，这一点非常重要，这一波黄金上涨的时候，很多投资者在930美元左右的时候就已经全部回购了，而在这之后，黄金价格又上涨了50多美元。

所以，建议投资者在没有迹象确定黄金价格是否会继续上涨或出现下跌的情况下，一定要有选择性地购买或谨慎回购，而不是全部一次性投资，这样的话，投资者承受的风险是最大的，而收益是最小的。投资者对回购的选择一般可以在每笔获利到80～300美元的范围内逐步进行，切忌武断地判断市场，走全买全卖的极端方式。

2. 短期行势：黄金价格上行动力不足

研究大宗商品的暴跌历史，不难发现，市场总是在接近疯狂的时候出现了更加疯狂的举动，而后，对理智的渴求似乎只有用一次暴跌才能换回。不过，本次黄金价格上扬是否是疯狂或不理智的行为，有待观察和分析，各个黄金专家也是各执一词，观点不一。

投资专家认为，市场的调节是中长期的，对短期内不合理的价格波动幅度，市场会给予调整，这是自然而然的事情，但这并不影响中长期内合理的价格走势。

随着美国经济刺激计划的实施及市场对全球经济大局远期依然抱有信心的时候，美股有望出现回调，一些避险资金从黄金中短暂抽走的可能性不是没有，市场对相对高位的黄金价格或有一个心理保护及理智调节。

从最基本的实物金需求来讲，近年来，国际上一些基金对黄金的持仓量不断升高，而并非是因为这些基金长期看好黄金，最主要的原因是此时此刻将资金放在黄金里面的安全系数远大于证券及货币市场。随着这一波贵金属版块的普跌及慢涨，在黄金价格持续走高的情况下，一些基金投行会另行考虑，他们也不愿意承受黄金价格高位压力及成本占用率高等问题，撤出一部分资金投放到其他同类市场完全是有可能的。

2013年以来，黄金市场的表现的确如此。

3. 中长期形势：经济、政治支撑黄金价格

自从美国金融危机和欧债危机爆发以来，整个世界经济复苏的前景不明朗，在这种短期经济恶化的环境下，更多国际资本和个人投资者，在思想上的负担会化作一种寻求新型投资的动力。

黄金自金本位消失以来，很多学者将其金融货币属性软化，之后正好赶上经济形势及金融领域几乎是一帆风顺的发展浪潮，经济大势没有给世界主要信用货币太大冲击，但这一切在2008年下半年发生了巨变。

目前，欧元区经济实在令很多银行和企业心惊胆战，再加上卢布迅猛贬值，希腊、乌克兰的债务危机，曾能够抗衡美元的"荣耀"货币欧元似乎已有些心有余而力不足，市场气氛一片狼藉。雪上加霜的是，国际油价泡沫的破裂，给俄罗斯等产油大国带来了更多苦恼，俄罗斯的强硬更是给全球经济及政治局势增添了几分警戒。这些类似喜欢将自身问题转嫁给他国头上的国家是否会以一种强制性干预行动出现在未来的国际社会当中，我们无法得知，但有一点是可以明确的，没有任何一个国家会自甘沉溺在经济危机当中，想办法度过危机和保护好自己的利益无可厚非，至于他们会用何种手段，以何种方式来实现，任何举动都是有可能的，都是一种情理之中、意料之外的事情。

黄金的避险需求在未来一段时间内，可能会因为悲观经济的主导而作为一种长期态势来持续，投资机构及个人对黄金持有量的信心高于其他避险领域，奠定了黄金中长期走势。

黄金期货交易如何开户

2008年1月9日，黄金期货在上海期货交易所正式挂牌交易。举国震动，经过这么多年的等待，黄金期货终于揭开了红盖头，它标志着中国黄金市场开放进入了新阶段，黄金在中国彻底变成了大众化投资品种。

黄金期货交易的对象是远期的黄金买卖合约，这与投资黄金不同，在合约没有到期之前，可以自由转让该合约并从中赚取差价；合约到期以后，如果符合交易所的相关规定，也可以通过实物交割来实现实际的买入或者卖出黄金的目的。

国际黄金市场衍生工具可分为标准化的场内交易品种和非标准化的场外交易品种。标准化场内交易产品，指产品交易要素标准化程度较高的黄金市场衍生品，其交易的场所大多为官方认可的较为规范的市场，主要品种包括黄金期货、期权、黄金ETF等。

黄金期货是一把双刃剑，它的金融杠杆原理决定了投资者可能在该市场获得高收益的同时，也有可能由于决策不当等原因出现风险。对于公司投资者和个人投资者来说，黄金期货市场都是一个能够提供完全竞争性的黄金投资渠道和一个规避黄金市场的交易场所。

世界上大部分黄金期货市场交易内容基本相似，主要包括保证金、合同单位、交割月份、期货交割、最低波动限度、佣金、日交易量、委托指令，下面为大家分别介绍一下这些概念：

1. 保证金

保证金是对合约持有者信心的保证，合约的最终结果要么以实物交割，要么在合约到期前做相反买卖平仓。

交易人必须要在经纪人那里开个户头，才能进入黄金期货交易所。交易人要与经纪人签订有关合同，承担支付保证金的义务。如果交易失效，经纪人有权立即平仓，交易人要承担有关损失。当交易人参与黄金期货交易时，无需支付合同的全部金额，而只需支付其中的一定数量（即保证金）作为经纪人操作交易的保障，一般将保证金定在黄金交易总额的10%左右。

2. 合约单位

与期货合约一样，黄金期货也是由标准合同单位乘合同数量来完成。纽约交易所的每标准合约单位为100盎司金条或3块1千克的金条。

3. 交割月份

黄金期货合约要求在一定月份提交规定成色的黄金。

4. 期货交付

购入期货合同的交易商，有权在期货合约变现前，在最早交割日以后的任何时间内获得拥有黄金的保证书、运输单或黄金证书。同样，卖出期货合约的交易商在最后交割日之前未做平仓的，必须承担交付黄金的责任。

世界各市场的交割日和最后交割日不同，如有的规定最早交割日为合约到期月份的15日，最迟交割月份为该月的25日。一般期货合约买卖都在交割日前平仓。

5. 最低波幅和最高交易限度

每次价格变动的最小幅度就是最低波幅，如每次价格以10美分的幅度变化；最高交易限度，如同目前证券市场上的涨停和跌停，纽约交易所规定每天的最高波幅为75美分。

6. 当日交易

当日交易对于黄金期货成功运作来说是必需的，因为它为交易商提供了流动性。因此，期货交易可按当天的价格变化，进行相反方向的买卖平仓。而且当日交易无需支付保证金，只要在最后向交易所支付未平仓合约时才支付。

7. 指令

指令是投资者根据自己的需要，给经纪人买卖黄金的命令，目的是防止投资者与经纪人之间产生误解。

指令的内容包括：行为（是买还是卖）、数量、描述（即市场名称、交割日和价格与数量等）及限定（如限价买入、最优价买入）等。

指令包括品种、数量、日期以及客户意愿价格。关键性指令有：市价指令、限价指令、停价指令、停止限价指令、限时指令、套利指令。

黄金期货合约交易只需少量的定金作为投资成本，拥有较大的杠杆作用的性质，即少量资金推动大额交易，所以黄金期货买卖又称"定金交易"。投资者在认为黄金价格比较合理可以入市交易时凭个人身份证就可以实行异地开户或上门开户，不需要直接到期货公司。投资者可以通过网站的网上银行开户进行预约，银行指派相关期货公司期货的工作人员免费上门开户或特快相关开户资料给对方，对方按期货开户要求填写完毕，并交付银行进行审核，合格后，开户手续就算完成，接着投资者只要打入资金就可以交易了。

想炒黄金期货，首先当然要开户。期货公司作为客户和交易所之间的纽带，是想要进行黄金投资的投资者必须考虑的一个因素。所以，普通的投资者在进入期货市场交易前，首先应选择一家具备合法的期货代理资格、信誉良好、资金安全、运作规范和收费合理的具有交易所会员资格的期货公司。

一旦选定了某一个合适的期货公司，下一步就是开一个期货交易账户。所谓期货交易账户是指期货交易者开设的、用于交易履约保证的一个资金信用账户。黄金期权交易开户指南如下：

（1）阅读"期货风险揭示书"（风险揭示书是标准化的、全国统一的），在完全理解揭示书上的内容后，签上姓名。

（2）与期货公司签订委托交易协议书，协议书明确规定期货公司与客户之间的权利和义务。应详细阅读协议书，根据自己的情况，与期货公司做一些特殊的约定。

（3）填写"期货交易登记表"，把一些基本情况填写在表格上。这张表格将由期货公司提交给交易所，为投资者开设一个独一无二的期货交易代码。

上述各项手续完成后，期货公司将为投资者编制一个期货交易账户，填制"账户卡"交给投资者。这样，开户工作就完成了。投资者需要记住期货交易账户号码和期货交易代码，在期货交易中透支者都会用到。

黄金期货如何套利

黄金套利是指同时买进和卖出两张不同种类的期货合约。交易者买进认为是"便宜的"合约，同时卖出那些认为"高价的"合约，从两个合约价格间的变动关系中获利。在进行套利时，交易者要特别注意的是合约之间的相互价格关系，而不是绝对价格水平。

交易者之所以进行套利交易，主要是因为黄金套利的风险较低，黄金套利交易可以为避免始料未及的或因价格剧烈波动而引起的损失提供某种保护，但黄金套利赢利能力也比直接交易小。

我国上海黄金交易所现货市场中，适于进行期现套利的品种主要是 Au9995 和 Au（T+D），两者交易方式的不同决定了对其进行套利时的成本不同，Au9995 采用全额交易，其成本中重要组成部分是机会成本，而 Au（T+D）采用分期付款方式进行交易，延期补偿费是其成本的重要部分。

黄金套利一般可分为跨期套利、跨市套利和跨商品套利三种方式。

1. 跨期套利

跨期套利是套利交易中最普遍的一种，具体来说就是利用同一商品但不同交割月份之间正常价格差距出现异常变化时进行对冲而获利，又可分为牛市套利和熊市套利两种形式。例如，在进行金属牛市套利时，交易所买入近期交割月份的金属合约，同时卖出远期交割月份的金属合约，希望近期合约价格上涨幅度大于远期合约价格的上涨幅度；而熊市套利则相反，卖出近期交割月份合约，买入远期交割月份合约，并期望远期合约价格下跌幅度小于近期合约的价格下跌幅度。

2. 跨市套利

跨市套利是在不同交易所之间的套利交易行为。当同一期货商品合约在两个或更多的交易所进行交易时，由于区域间的地理差别，各商品合约间存在一定的价差关系。例如，伦敦金属交易所（LME）与上海期货交易所（SHFE）都进行阴极铜的期货交易，每年两个市场间会出现几次价差超出正常范围的情况，这为交易者的跨市套利提供了机会。举例来说，当 LME 铜价低于 SHFE 时，交易者可以在买入 LME 铜合约的同时，卖出 SHFE 的铜合约，待两个市场价格关系恢复正常时再将买卖合约对冲平仓并从中获利，反之亦然。在做跨市套利时应注意影响各市场价格差的几个因素，如运费、关税、汇率等。

3. 跨商品套利

跨商品套利指的是利用两种不同的、但相关联商品之间的价差进行交易。这两种商品之间具有相互替代性或受同一供求因素制约。跨商品套利的交易形式是同时买进和卖出相同交割月份但不同种类的商品期货合约。例如，金属之间、农产品之间、金属与能源之间等都可以进行套利交易。

黄金期货的投资策略

在证监会等管理层的大力整治之下，目前我国的期货市场正在步入规范化、成熟化的阶段。以黄金期货为例，投资者进行黄金期货的买卖，一方面可以赚取黄金价格波动的价差，另一方面也可以进行实物交割来获得实物黄金。也就是说，黄金期货既适合投机又适合投资，同时考虑到参与的门槛较低（以目前价位计算只需 3000 元～5000 元/手），正因为如此，这个市场将来的参与人数将非常可观。

　　然而投资黄金期货收益大风险也大，入场时一定要谨慎，要做好一旦入场就可能亏损的思想准备。正确对待已经有的盈利和亏损，尽可能实现盈利的最大化，也要懂得及时止损。

　　那么，黄金期货该如何交易呢？这里就介绍一些黄金期货的投资策略：

　　（1）要熟谙游戏规则。很多投资者以为既然不能一直持有，那么亏损后交割成实物黄金就可以了，这样的投资者显然连规则都没有搞清楚。目前对个人投资者来说，黄金期货不能进行实物交割，就算是机构投资者，交割数量也会受到交易所规定的限制。同时，黄金期货采取保证金交易，目前交易所收取9％的交易保证金，但期货公司会在此基础上根据市场情况加3％甚至更高的比例，以12％计算，若投资者在230元/克买入开仓1手，需要缴纳的保证金为230元/克×1000克×12％＝27600元。黄金期货既可做多也可做空，投资者只要掌握上述方法就可以开始交易了。

　　（2）设立止盈和止损点。由于黄金价格的日波动率相对较低，根据金价的历史波动特点，可将止盈位或者止损位设置在日波动幅度上限附近。如果日内金价涨幅达到1.6％，那么短线交易的投资者可以考虑在涨幅达到1.5％附近时将手中的头寸获利了结。中长线投资者则可结合预设的风险盈利及所投入资金的比例来设定止损位，如初入期市的投资者可以将30％左右的资金投入市场，将盈亏比设定为3∶1，当损失达到预期盈利的30％时止损出场。

　　（3）注意盘整时的行情。由于黄金表现出很强的货币属性和金融属性，国内外市场上黄金的价格波动方向和幅度都非常接近，跨市套利的机会有限。所以，盘整时应该适当缩小止损比例，而单边行情则可适当放大。

　　（4）要建立突发止损机制。由于国际市场上交易最活跃的时间往往是北京时间夜间，如果届时出现对市场冲击较大的突发事件，就有可能令全球金价日内波幅增大，次日国内市场往往会出现大幅跳空开盘的情况。因此对于持仓隔夜的投资者，在设置止损时应将计划止损同突发止损结合起来。值得注意的是，很多投资者在止损后为了尽快赚回亏损的资金，往往选择仓促入市博取逆势行情带来的收益，这样操作的结果往往会导致更大的损失，是黄金期货交易中应该尽量杜绝的，因为投资者在逆势操作中所承受的风险远大于预期收益。

　　投资于一个全新的市场，必须要有相应的策略，虽然股市上的策略可以为我所用，但是一定要具体情况具体分析，不能完全照搬。

黄金期权的投资策略

　　对于投资者来说，期权交易具有投资少、收益大、降低风险、保有权利的作用。购买者只需支付一笔期权权利金，就可取得买入或卖出商品或期货合约的权利。

一旦投资者的预期与市场变化相一致时，即可获得可观收益；如果与预期相反，又可放弃行使权利，而损失的只是权利金。在交易中，投资者的风险是固定的，但可能的潜在赢利却不受投资者限制。

黄金期权交易是最近 10 年来出现的一种黄金交易。黄金期权交易以期货交易为基础产生，由于既可对冲风险又可投资获利，为黄金交易商提供了更加灵活的投资避险和获利工具。最近中国银行推出国内首只个人黄金期权产品，根据投资人卖出黄金期权和买入黄金期权的不同，中行此次推出的黄金期权业务包括两个投资产品，分别为"两金宝"和"期金宝"。"两金宝"由投资人可获得美元利息和期权费两笔收益而得名，投资起点金额为 10 盎司美元金或等值美元（目前市价为 6000 多美元）。

中国银行黄金交易员表示，"两金宝"更适合于金市横盘整理、波动较小时使用，适合稳健型的投资人，具体开户流程如下：

首先，投资者需要在中行开立美元或纸黄金账户，然后中国银行北京市分行签署"中国银行北京市分行个人黄金期权投资协议"，即可申请与该行做个人黄金期权业务。投资者可到中行北京市分行下属网点的理财中心办理个人黄金期权业务，除了国家法定节假日和国际黄金市场休市日黄金期权业务之外，黄金期权业务的交易时间是周一到周五上午 10 点到下午 4 点 30 分。

期权成交后，中行北京市分行按照成交价计算客户应支付或收取的期权费金额。该行支付给客户的期权费均以美元现钞形式支付。客户支付给该行的期权费，可以选择以美元现钞支付，也可选择以美元现汇支付。该行支付给客户的期权费 T＋2 到账（T 为交易成交日），客户支付给该行的期权费当日扣划。

期权这种投资方式以自身明确的风险和拥有无限可能的收益性特征吸引了无数的投资者。通过期权组合做高风险高收益的投资，不仅能帮助投资者在黄金市场价格下跌时保护所持的黄金头寸，还能在不明确市场要涨还是要跌的情况下随时为自己做好迎接大变动的准备。

在考虑如何投资黄金期权的时候需要投资者做两方面的分析：一是单纯以期权作为投资的手段；二是与纸黄金和上海金交所的黄金品种结合做套期保值的交易策略。

买入看涨期权是期权交易里最基础的交易策略之一。一手黄金看涨期权给期权所有者以权利，而不是义务，在一段特定的时间内，按一个特定的价格，买进黄金。看涨期权买方的风险，局限在该看涨期权的权利金（期权的价钱）加上佣金上。当黄金价格上涨到高于该期权折平价格，赢利的可能性就是无限的；反之投资者可以放弃行使期权，这时投资者所能遭受的最大损失也只是期权费而已。虽然现在国内的黄金期权都是仅在到期日才能行使的欧式期权，但在到期日前，期权价格也会随着价格的变动而波动，投资可随时将期权卖出来做对冲。

与买入看涨期权相同，买入看跌期权的交易策略原理也适用在明确趋势判断的市场状况下。在金价做出突破前，尽管投资者还不能肯定价格发展的趋势和方向，但我们可以确定，任何一个方向的突破都将造就一轮趋势行情。因此投资者可以同时买入一份期限相同的看涨期权和看跌期权，这样金价从任何一个方向大幅波动都将能带来可观的收益。

这种策略最坏的情况是期权到期时价格未有变动，投资者就会损失两份期权费用。另外，投资者可以对该策略做一定变化，如果投资者更倾向于看金价会向上突破，同时又不放弃可能的向下突破带来的收益，则可以同时买两份看涨期权和一份看跌期权，将筹码更多地押注在看涨的一方。

纸黄金等其他黄金投资品种相结合的期权投资策略中，最普遍的应用是"保护性看跌期权"。有些投资者已经持有黄金头寸，但害怕价格下跌会为自己带来损失，宁可支出一定的成本买个"保险"，这样的投资者就比较适合保护性看跌期权。投资者想要买入黄金，但担心价格会下跌时，可以通过保护性看跌期权锁定风险范围，这样也能避免错失金价上涨的时机。由于保护性看跌期权担保了在期权有效期内价格下跌时风险的有限性，以及价格上涨时赢利可能的无限性，特别适合在趋势看好、短期内市场震荡的情况下使用。

卖出看涨期权与买入看涨期权不同的是，以未来无限收益的可能去换取收益确定的期权费收入。当投资者作为看涨期权的卖方时，理论上他需要承担无限大的风险，然而收益仅限于期权权益金的收入。这种方式使在金价下跌的情况下，投资者可以用期权费的收入补偿自身损失，但同时也要付出代价，即放弃金价上涨时产生的更大的赢利机会。因此卖出看涨期权通常被认为是一种谨慎和保守的交易策略，它更为关注对现有头寸的保护，而非在价格上涨时的资产增值。这一期权交易策略适合将资本保全放在首位，而将投资的适度回报置于次要地位的投资者，这是卖出看涨期权的第一个特点；收益的确定性是卖出看涨期权的另一个特点，这就是期权费收入。它属于投资者一旦建立头寸，就能够准确计算投资回报的少数投资方式之一。流动性风险是卖出看涨期权除了未来收益的可能受限的另一个限制。由于需要将头寸冻结，投资者就要承担金价不断下跌的风险，而且无论金价下跌到什么程度，即使投资者预计金价还会大幅暴跌，也无法将头寸平仓。目前唯一在内地开展黄金期权业务的中行，规定客户在期权到期日才能解冻头寸，因此客户在面对不断下跌的金价时，唯一的选择只能是买回相应的看涨期权做对冲。海外市场的投资者可以无须质押黄金头寸即可卖出看涨期权，即无担保卖出看涨期权，当然相应的，这也是要承担巨大风险的。

有卖出看涨期权，接下来就要提到卖出看跌期权。投资者卖出看跌期权需要承担按约定的价格买入一定数量黄金的义务。我们以中行的"黄金宝"为例：若客户卖出黄金看跌期权，则客户账户内的美元将被冻结，同时客户的存折或美元存单将被质押在银行，在期权到期时，如果期权被行使，则客户账户上的美元可以按行权价格兑换成纸黄金；如果未被行使，则客户账户内的美元将被解冻，同时还客户的存折或存单。实际交易中，卖出看跌期权可以让投资者以确定的价格建仓，同时额外获得期权费收入，相对于等待回落再买入的策略而言，更有成本上的优势，而且能获得在计划落空时的额外补偿。

卖出看跌期权时，由于执行期权的义务，其交易计划就显得不可更改。把这当作严格遵守交易纪律的外在约束的同时，也缺少了市场状况变化时改变交易计划的灵活性。当然，投资者也可以通过买入相应的看涨期权作为对冲。

通常情况下，金价将大幅上扬时投资者买入看涨期权，认为金价将显著下跌时买入看跌期权。但有时市场经过长时间的盘整后即将选择方向，这时我们很难判断最终是会上涨还是下跌，只知道积蓄已久的力量释放出来将产生较为明显的趋势。在这种情况下，投资者可以同时等量地买入协定价格相同、到期日相同的看涨期权和看跌期权，左右开弓，这就是所谓的跨式期权。跨式期权又可以分为买入跨式期权与卖出跨式期权两种。

买入跨式期权，一旦黄金价格发生较大变动，无论是上涨还是下跌，总会有一种期权处于实值状态，而且执行价格与协定价格的差距越大，投资者可能获得的盈利也就越高。因此，这种双向期权等于为买方提供了一个双向保险。

卖出跨式期权刚好与买入跨式期权相反，投资者预期金价不会大幅波动，只在期权有效期内维持区间整理格局，于是卖出跨式期权。如果投资者无法判断金价将会上涨还是下跌，只是非常确定不会出现明显趋势，那么，就可以同时卖出相同协定价格、相同到期日的看涨期权和看跌期权，以便在价格波动不大的情况下扩大收益。但需要注意的是，跨式期权的风险也要相对高很多，因为只要金价出现趋势性的上涨或下跌，跨式期权卖方就有可能承受非常大的损失。因此与纸黄金等交易品种相比，期权交易对投资者的专业知识和实践经验有着更高要求。

黄金现货如何交易

国际现货黄金交易通常被称为欧式黄金交易，以伦敦黄金交易市场和苏黎世黄金市场为代表。其买入价与卖出价之间的差额要小于实金买卖的差价。这类黄金交易没有一个固定的场所，在伦敦黄金市场，整个市场由各大金商、下属公司间的相互联系组成，通过金商与客户之间的电话、电传等进行交易；在苏黎世黄金市场，则由三大银行为客户代为买卖并负责结账清算。伦敦的五大金商（罗富齐、金宝利、万达基、万加达、美思太平洋）和苏黎世的三大银行（瑞士银行、瑞士信贷银行和瑞士联合银行）等都在世界上享有良好的声誉，交易者的信心也就建立于此。

黄金保证金交易是指在黄金买卖业务中，市场参与者不需对所交易的黄金进行全额资金划拨，只需按照黄金交易总额支付一定比例的价款，作为黄金实物交收时的履约保证。黄金现货保证金交易以伦敦现货市场为代表，它没有固定的交易场所，伦敦五大金商作为全球市场参与者的交易对手，投资者买进黄金时，由于只支付了一定比例的现货保证金，剩余货款相对于向银行贷款，所以投资者需要按日支付一定比例的利息。

国际黄金市场上黄金现货交易的价格较为特殊。举例来说，在伦敦国际黄金市场上的黄金现货交易价格分为定价交易和报价交易两种。

定价交易的特点是提供客户单一交易价，即无买卖差价，按所提供的单一价格，客户均可自由买卖，金商只收取少量的佣金。定价交易只在规定的时间里有效，短则1分钟，长则1个多小时，具体时间视供求情况而定；而报价交易的特点就是有买价、卖价之分。一般是在定价交易以外的时间进行报价交易。如伦敦国际黄金市场，每日进行两次定价交易，第一次为上午10时30分，第二次为下午3时。

黄金现货定价交易在英国最大金商洛希尔父子公司的交易厅里进行，洛希尔父子公司担任首席代表，其他各金商均选一名代表参加。在定价交易前，市场的交易活动要停止片刻，这时各金商对外均不报价，由首席代表根据市场金价动态定出开盘价，并随时根据其他代表从电话里收到的订购业务调整价格。若定价交易开盘后没有买卖，则定价交易结束；若有买卖，首席代表就不能结束定价交易活动。订购业务完成时的金价即为黄金现货买卖的成交价格。定价交易是世界黄金行市的"晴雨表"，世界各黄金市场均以此调整各自的金价。定价交易结束后，即恢复正常的黄金买卖报价活动。

国际黄金市场上的报价交易由买卖双方自行达成，其价格水平在很大程度上受定价交易的影响。但一般来说，报价交易达成的交易数量要多于定价交易达成的现货交易数量。在黄金市场上进行现货交易，除支付正常的黄金价格外，还要支付给金商一定的手续费。伦敦国际黄金市场的手续费一般为0.25％。由于市场竞争日益激烈，近年来，支付给金商的手续费已有下降趋势。

明确了这些背景知识之后我们需要分析，在黄金现货交易中，普通投资者应该注意哪些方面呢？

1. 黄金的报价

主要根据伦敦市场的现货黄金价格。黄金计价单位为"美元/盎司"。1美元＝6.3486元人民币（公司目前换算汇率），1盎司＝31.1035克。例如：当国际金价是560美元/盎司时，国内金价应该是560×6.3486/31.1035＝114.3027元/克。一般国际报价会提供3个价格：申买价、申卖价和现价。现价是一个中间参考价，无实际意义。申买价（即对方申请买入的价格）：你的卖出价。申卖价（即对方申请卖出的价格）：你的买入价。

2. 交易时间

周一至周五8:00时至次日3:00时是最为主流的黄金现货交易时间。一般来说，黄金交易最活跃的时间为美洲盘，时间大致在晚上20:00时至次日凌晨1:00时之间。

3. 下单方式

下单方式分为下多单（买进）和下空单（卖出）两种。下多单就表示投资者看涨黄金后市行情，先以低价格买进，等价格涨上去有利润可图时再卖出平仓；下空单就是看跌黄金后市行情，先以高价格卖出，等价格跌下去有利润可图时再买进平仓。

4. 交易数量

刚刚起步的投资者需要注意，按照规则规定，交易起点为每手 100 盎司。

5. 每个合约伦敦金的基本情况

基本情况包含三个基本要素。一个合约值：100 盎司。基本保证金：1000 美金。佣金：50 美元。

6. 盈亏计算

盈亏＝（沽出价－买入价）×合约单位值(100)×合约数量＋利息－手续费。

举例说明：假设一个伦敦金借款利息为每日 6.75 美金，投资者欧先生以 50000 元作保证金，当天以 850 美元买入 5 张合约（相当于 500 盎司伦敦金），第 2 天黄金上涨至 860 美元，他立即平仓赢利为：（860－850）×100×5＋6.75×5（利息）－50×5（佣金）＝24716.25 美元；一星期后黄金涨至 890，他又在 890 下空单 10 张合约，明天黄金跌至 875，他立即平仓，赢利为：（890－875）×100×10－6.75×10（利息）－50×10（佣金）＝14432.5 美元；欧先生就赚了 14432.5 美元，赚钱就这么简单。

如上所述，国际现货黄金交易作为一种保证金交易，我们可以用少量的资金来进行黄金交易，资金放大量约数十倍；其次，现货黄金交易可以做多单，也可以做空单。用我们通俗的话来说，就是可以买涨买跌。当预测黄金价格在未来会上涨，那么买入黄金的这个行为，就是做多。当预测黄金价格在未来会下跌，那么卖出黄金的这个行为，就是做空。其实，无论是做多，还是做空，投资者都只是对于一个标准黄金合约（一张合约＝100 盎司）进行买卖，这个合约就是代表一定数量的黄金，而并没有去拥有一个实物的过程；其次它是 T0 交易，也就是说一天可以交易多次，一天的波动的差价我们都可以从中获利，而且全天 24 小时都可以交易；最后，由于交易者的交易对手是伦敦的五大金商以及苏黎世的三大银行，因此交易者无论是想建买单或者卖单，还是想平仓，都不需要合同转移。

有效收集黄金投资信息

信息收集最重要的是确定信息需求，即采集什么信息。信息需求的确定要从实际目标出发，清楚地知道要解决的问题与哪些信息有直接联系、间接联系或可能有联系等，然后再进行广泛调查并结合个人判断，明确收集信息的思路。

2006 年 9 月份，黄金大牛市来临，欧阳硕在金价 170 元左右的时候预测黄金价格要回调，但是，他的预测却出现了偏差，金价完全没理会他，一口气超过了 200 元。而按照自己的分析，欧阳硕在 186 元左右分批平了仓，结果损失惨重。

对此，欧阳硕总结说：因为过多关注了消息面，对技术层面的关注不够。技术指标能在一定程度上预示着市场的未来，没有技术指标的指导，就如盲人摸象，很难准确掌握市场的动向，所以，欧阳硕调整了自己的操作思路，把目光从过多关注消息面变成两者并重。

以前的欧阳硕性格内向，生活也相对封闭，但是自从进入黄金投资市场后，他就开始关注伊朗问题、美国天气、欧元走势、次级贷危机等等这些似乎很遥远的事情。他说："因为这里蕴藏着巨大的信息，直接影响到黄金价格走势。"

如今的欧阳硕能将石油价格、美元走势讲得细致入微，而且对国际政治、经济、文化都有了全新的认识，在知识不断充实中，欧阳硕对黄金投资的信心也越来越强。

由于有了长时间接触黄金和研究黄金市场的经历，欧阳硕对上涨和下跌的过程基本上都能准确把握，对黄金供需双方的情况也有大概的判断。黄金市场平稳时，价格多为供需决定，因此，欧阳硕如鱼得水，收益也颇为丰厚。

确定了黄金投资信息并选择恰当的信息来源之后，就要采取合适的信息收集方法。一般来说，收集黄金投资信息可采取以下 3 种方法：

1. 目的明确的专项收集

这种方法是指有意识地了解一些信息，收集时可全面调查，也可抽样调查。

2. 随机积累收集

黄金投资信息没有明确的分类目标，只要是有关的新信息就收集起来，以备日后之用。

3. 自上而下的广泛收集

这种方法是指特定部门基于某种目的要求自上而下全面收集、统计相关信息并进行自下而上的汇总。常常用于统计工作，如重要部门发布的一些指标数据就是采用这种方法收集的。这种方法有固定的时间周期和固定的数据结构，一般情况下不应随意变动这些固定因素。

所谓"工欲善其事，必先利其器"。投资者不论如何聪明能干，不论有多深的造诣，如果没有完善的信息来源，与缺少一只胳膊没有什么区别。但如果拥有可靠的信息资源，就会如虎添翼，做出更精明的投资决策。黄金投资者在对资料进行整理以后，应该主要掌握以下几个方面的信息：

1. 对宏观经济的趋势分析

只要是与经济有关的项目，就一定会或多或少地受到宏观经济趋势的影响，投资也不例外。经济的繁荣、衰退、萧条、通货膨胀率及各个主要国家的贸易状况等，都会在不同程度上影响黄金、白银、外汇、地产、期权、期货等各个投资工具的价格走势。这些信息，在一些国际性经济类报纸杂志上都会有及时的报道。投资者应该对这些关于经济趋势的报道进行收集处理，使自己对经济大趋势方向有一个清楚的概念。这样就可以明确，每一种投资工具是处于牛市还是熊市，哪一种投资工具在当前经济形势下会升值，哪一些升值会快一些，哪些会出现呆滞或贬值的情况。如果这方面信息都能明确，进行投资就能进展得更加顺利。

2. 个别专家和机构的信息资料是非常宝贵的来源

在了解到经济运行的走向以后，投资者就可以初步判断，各个投资品种将处于熊市还是处于牛市。但具体判断某种贵金属的前景，还要对一些专家和投资公司的资料进行收集和研究。

3. 基金报告

黄金基金是黄金投资重要的方式之一，黄金基金由专业投资人士操作，管理上也很专业，基金管理公司会定期向投资者公布自己的投资报告。虽然有些基金公司进行代理投资，投资者的收益可能会很少，但是其投资报告却有很大的研究价值。利用这些立场中肯的资料自己进行分析研究，其结果完全可以用于普通投资者自己的黄金投资决策。

4. 可以向金融从业者或经纪人请教

金融从业者和经纪人除有充足的信息来源之外，平时也经常做一些相关研究，他们对市场的看法对投资者来说也是十分重要的信息，但不能否认，利用此种方法来散发假消息的也大有人在，因此投资者也要有选择地进行应用。另外，现在的金融公司从业人员也是良莠不齐，投资者利用这些信息时必须要小心、谨慎，学会辨别消息真伪。

5. 可以研究报纸杂志

报章的股票外汇专栏及财经杂志的资料包罗内容很多，政治、经济、个别公司状况和股票、外汇、金价的近期走势都不会缺少。同样，这些人士的素质有很大差别，读者也要经过小心的选择才可以发现一些具有参考价值的分析资料，盲目接收必然会带来不可想象的恶果。

6. 有能力的投资者可以研究图表走势

以前进行图表分析很难，因为自己要将价格走势绘在图表上。现在图表的获得相比之下已经很容易了，直接用软件通过网络便可轻松获得。有了图表的帮助，再加上比如支撑线、阻力线、移动平均线、RSI指标、M指标等分析工具，投资者对市场价格走势会有更加透彻地了解。

通过上述6种方式，投资者一定能够得到完善的投资信息，让自己的黄金投资之路走得更加顺利。不要认为自己收集信息是一件很困难的事情，看似很复杂的事一旦我们着手行动，逐个攻破，慢慢适应，获取消息便会如同呼吸一样自然。

黄金投资的实战策略

黄金投资市场和股市、期货以及外汇市场相比，一样有很多赚钱的机会，自然也有不小的风险。近几年，黄金价格上涨了很多，但是在黄金市场上赔钱的人也不在少数。所以要想在黄金市场中获利，就要有一定的实战策略。

1. 投资者要关注局势

黄金价格总会有涨有跌，前几年美元不断下跌，金价不断上涨，后来则是金价与美元同涨，2013 年后，黄金价格不断下跌，甚至跌破了不少人的眼球。对于投资者来说，所以最好的办法就是逢低买入，高位抛出，然后再等待下一个低点的到来。这样做虽然不能像股市一样经常有机会，但是可以保证我们只赚不赔。

当黄金价格出现大幅波动，2007 年时黄金市场从单纯向上的走势变成了双向运动，这样我们的做法也要随之改变，所以应当随时注意黄金市场的变化，做到高抛低吸。

黄金市场的变动与国际政治经济形势、美元价格、石油价格等多种因素都有着剪不断的联系。时刻关注这些大方向的走势，才能更好地掌握黄金市场的动向。在黄金市场上进行风险投资和其他期货市场一样，最好是顺着形势走。就是说，在市场趋势上涨时做多，而在市场趋势下跌时做空。只是掌握市场的趋势并不是一件简单的事情。

2. 要能够做到及时止损

在风险市场中，不可能每笔投资都是正确的，不论操盘手的水平多高，也难免有失手的时候。黄金投资市场是毫无疑问的风险市场。这时候最重要的就是及时止损出局，避免更大的损失。根据概率理论，只要胜多负少，算总账就仍然有机会获胜。

止损是投资者为了避免自己的资产遭到大量损失而设定的价位。如做多者买入看涨期货合同后，希望金价上涨，但同时设定如果金价走势和原先的预期相反，就要实行止损操作。具体做法是在金价下跌超过一定幅度时即将多头仓位全部平仓，以免因金价继续下跌而遭受更大的损失。一旦金价达到止损位就要坚决执行，很多人在即时止损后发现金价的下跌止住了，于是开始后悔自己过早平仓，这其实是没有必要的，因为投资的首要任务是避免自己陷入无法翻盘的危险中，假如不止损就可能遭受更大的损失，那时后悔就来不及了。

止损常常也会影响金价，而且这些止损位大都是在整数位，特别是在重要的阻力位、压力位和整数关口。因为很多大资金使用计算机操盘，所以当金价突破某一关口时，常常会出现触发大量止损盘的情形。而一旦出现大量的止损盘，就会推动金价顺着原来的方向迅速前进。

3. 要能够合理地分配资金

合理分配资金在风险投资中也是十分重要的。在投资时把资金一次全部投入是风险投资的大忌，投资者应该分批、分期投入。比如把全部资金分成 3 份，如果觉得金价在上涨中，用第 1 份资金买入黄金，随后证实确实上涨了并且也获利了，这个时候再买入第 2 份，这样哪怕出现下跌的情况，损失也可以小一些。而如果发现方向做反则应互对止损，这时因为为自己留有了余地，所以也就减少了损失。所谓不怕在市场中失误，就怕在市场中犯错，只要有资金，就永远有机会，可一旦没有了资金，也就没有机会了。

此外，投资者进行期货和期权交易时还应该留有足够的保证金。如果投资者的方向做对，自然皆大欢喜，可是一旦方向做反，就会因亏损而被迫追加大数量的保证金，这样就极可能出现被迫平仓的局面，这是极其危险的。尤其在期货市场中，占据大量资金者经常会单方向拉抬，迫使对方平仓，因为对手在平仓的同时也就加强了他们的力量。

另外，还要提醒投资者的一点是：一定不要去不正规的网站、机构随便参加高风险的投资。根据有关报道称，有些投资者到境外参与黄金期货投资，最后血本无归，原因是这些机构根本不是真把资金投入到国际黄金市场，而是在客户之间实行对户，最初有些客户会挣一些钱，可当行情不利时，交易就总是失败，最后很快就把钱输得干干净净。所以，投资者们对市场中的这些陷阱，一定要有所防备。

对于投资者而言，当然要关注历史上的技术图表，预测未来的走向，但最重要的还是把握当下的操作。要想在黄金交易中成为赢家，投资者必须学会去感知那些大多数人视而不见的机会，必须挖掘那些对成功交易必不可少的知识。

投资于金市，即使对行情有相同的认识，不同的人采取的方式也不同，这是由每个人自身的人生经验决定的。反过来说，采纳一些成功人士经典的人生哲理，不但可以指导自己的人生，同时还可以指导自己的心态，指导自己的金市操作。

第十五章

谨慎下手，房产依然具投资价值

决定房地产价值的因素，第一是地段，第二是地段，第三还是地段。

——李嘉诚　北京大学荣誉博士，华人首富

"黄土"也能变成黄金

自从中国房地产市场改革开始以来，多年来房价一直持续上涨，特别是近些年来，全国主要大中城市房价更是以惊人的速度迅速攀升。

以北京为例，有关统计数字表明，北京五环以内平均房价已高达 3 万元以上。要在五环路附近买一套 60 平方米的房子，也至少需要 200 万元。以北京一个三口之家为例，假设人均年收入约 5 万元，则家庭年收入为 15 万元，如以每年能余下 7 万元来计算，买一个五环内 60 平米的房子需要 30 年时间。如果这个家庭向银行贷款买房，加上贷款利息，花费的总额将要高得更多。如此高的房价，不禁让老百姓望"房"兴叹，使很多普通百姓都成了"房奴"。

然而，实际上还是有很多人买得起房子，只不过他们不是为了满足自住需求，而是用来投资的。房地产投资为什么令那么多人趋之若鹜，它究竟有什么"可图之利"呢？现在就让我们细细地分析一下，看看其中的奥妙。

（1）房地产投资一个最显著的特点——可以用别人的钱来赚钱。

向银行或金融机构贷款，是现在绝大部分买房人必选的一种方式，越是有钱的人越是如此。在房地产投资中，靠借钱买房，也就是举债，被称为投资房地产的"债务杠杆"。

银行之所以乐意贷款给买房人，主要是因为房地产投资具有安全性和可靠性。如果你要投资除房地产以外的其他类型的项目，可能就不会这么轻而易举地向银行借到钱了，因为通常对于那些回报不太有保障的项目，银行的态度会更加审慎，贷款条件也更加严格。

（2）至于偿还贷款和利息，很多投资者通过租房就把这一问题轻松解决了。一般来说，房产投资者的债务都是由房客承担的。投资人在贷款购买房地产后，绝大多数都是通过把房产出租来获得收益，然后再用租金收入以支付银行的贷款利息和本金。

（3）房地产是一项有关人们基本生存的投资，因此各国对房地产方面的融资总是给予最大的优惠条件，不但贷款的期限长，而且利率也比其他消费贷款低很多。如果在房地产投资中，合理且最大化地利用房地产贷款这一优势，那就等于把房地产变成你的私人银行，它能为你的房地产投资和其他方面的消费提供数额可观的资金，但是只支付很低的利息。

（4）房地产投资的另外一个显著的特点——具备很大的增值潜力。随着社会经济的发展和城镇化进程地不断推进，在城市地区，大量有效的土地已被充分开发和利用，而越来越多的人涌进城市，购置房产的需求会不断增加，这就会导致供不应求的局面，从而推动房地产的进一步增值。

（5）房地产投资的周期长，获利的空间就大，赢利时间也就长。一般情况下，一个房子的寿命在100年左右，最短也在60年以上。从借钱买房的角度来看，投资房地产不但得到了物业的权权，而且至少有40年以上的获利时间。房地产增值潜力另一方面表现是，它能够有效抵消通货膨胀带来的负面影响。在通货膨胀发生时，房地产和其他有形资产的建设成本也在不断上升，房地产价格的上涨也比其他一般商品价格上涨的幅度更大，但像钞票这样的非实质资产却因此不断贬值。在这个意义上，许多人都把房地产作为抵抗通货膨胀，增值、保值的手段。

投资房产就是根据不同时期房价的差价，以低价买入高价卖出，从中获取利润。在实际生活中我们会发现，一边是专家和百姓痛心疾首大呼房产泡沫严重，另一边则是房价持续走高。其实这是与房地产自身的特性紧密相关的，那么，我们在购买房产时，什么样的房产最具有升值的潜力呢？

首先，房产作为不动产，其地理位置是最能带来升值潜力的条件。一般靠近地铁、大型商圈、交通枢纽等地段的房产，升值潜力比较大。

其次，房产周边要有基本配套设施和政府综合城区规划，比如有便捷的交通、中小学校，这些都将为楼盘升值起到推动作用。

再次，房产所属小区的综合水平、物业设施、安全保障、公共环境以及房屋本身内在的价值等，都是房产升值的评判标准。

最后，要看该房产所属地的出租率和租金情况。一个地区的不动产销售数据有时会失真，但出租行情反映的是终端用户的直接使用情况，因此租金和出租率能够较为真实地告知你该地区物业的真实价值。同时，租金和出租率也是房产短期收益的衡量指标之一。

影响房价上涨的因素

为什么房价会上涨？有可能是因为通货膨胀，也有可能是"物以稀为贵"，土地和房子有限，买的人多，自然价格就高了，再有就是存在着房价泡沫。那么，怎样才能判断房产的真实价值是多少呢？

需要考虑以下几方面因素：

1. 宏观政治经济环境

这是影响房价最重要的因素。经济增长，房价一般也会随着上涨；经济衰退，房价一般也就会下跌。如果经济增长趋于平稳，房价自然不会有太大波动。如果经济一团糟，却指望房价不断上涨，这无疑是痴人说梦。

2. 货币政策

一般来说，加息可能抑制房价，降息则可能促进房价上涨；汇率升值则促进房价也升高，汇率贬值则会拉低房价。

3. 房地产政策

因为房产是关乎老百姓生活的大事，所以国家非常重视通过相应的政策来调控房地产市场。如果想扶持和促进房地产业发展，一般会出台积极的政策，这时房价就可能上涨；如果觉得房地产市场过热，需要降温，那么就会出台一些抑制房地产业过速发展的政策，比如，增加房贷难度等。国家出台大力发展保障房和自住房等的政策，自然就会对商品房市场造成冲击。当然，不同的政策在长期和短期内产生的效果会有所不同。

4. 房地产成本

房地产成本一般包括土地成本、实际建筑成本和拆迁成本。我国土地为国有，因此政府拿出了多少土地、以何种方式拿出来，都会影响土地成本。目前，城市土地成本节节攀升，各地的"地王"不断出现，已然成为房价高涨的"推手"。而建筑成本是建筑用材和人工费用等，总体而言变动一般不大。至于拆迁成本，从长期来看应该是不断上升的。

了解了这些影响房价的因素，但要拿来衡量具体的房价，好像还是不能起到多大作用。我们可以借助一定的公式和参照物，大体上能测算出房价上下限和合理房价。

房价下限：房价泡沫彻底破裂，并继续下跌，跌破合理价位。

合理房价：3～8倍的户均年收入比，12～15倍的年租金比。

房价上限：与国际大都市的绝对房价相比。

房价收入比：按照国际惯例，目前比较通行的说法是，房价收入比在3～6倍之间为合理区间，如考虑住房贷款因素，住房消费占居民收入的比重应低于30%。处在这一区间的房价是比较合理的。

房价收入比是一个有严格内涵的概念，具体应用时要根据不同的情况具体分析。在西方国家，房价收入比有新建住宅的（新房交易），也有旧有住宅的（二手房交易），所选取的房价是中位数价格，而家庭收入也是中位数收入。在我国，由于住宅是按照平方米价格交易而不是按照套来交易的，又由于纳入家庭收入统计的收入往往只是全部家庭收入中的一部分，所以即使是北京这样相对发达的城市，其房价收入比的计算结果也会存在很大差异，给横向比较带来了困难。

房价租金比：指每平方米的房价与每平方米的月租金之间的比值。一般情况下，若要满足 5%～6% 的投资回报要求，房价租金的比值为 196～232；如果房价租金比超过 300，说明该区域房产投资价值变小，房价被高估，也就意味着当地房地产泡沫严重；如果房价租金比低于 200，说明该区域房产投资潜力较大，房价泡沫不大。

5. 测算房价的上下限

房价下限是指房价泡沫彻底破裂，恐慌心理使得房主不断抛售，房价持续下跌，跌破合理价位，比如，香港 1997 年回归前和 2003 年非典时期房价下跌就是房产泡沫破裂所致。

关于房价上限，因为房子不同于其他商品，不可流动，没有可复制性，所以不同地段房价不一。不过可以通过比较同期国际大都市的绝对房价，大致了解房价的最高上限。随着全球经济的一体化，在世界范围内，国际现代化都市的房价有趋同的趋势。因此，区域房价的合理空间可能被大大抬升，这也是北京、上海这些大都市房价不断上升的原因之一。

6. 房地产泡沫

房地产泡沫其实就是房产价格的虚涨。房产到底能贵到什么程度，大家心里都没谱，越是价格上涨，这种心理感受就越强烈。实际上，人们很难将房价的正常上涨和房产泡沫区分开来，更多的时候两者是互相掺杂的。那么，究竟如何区分房价有无泡沫呢？我们可以用下面的方法来判断。

（1）房子经过几道转卖。一般来说，转卖的次数越多，泡沫就越大。炒房者一般采取 3 种形式：炒楼花、出租、转手买卖。其中炒楼花是指买家在楼盘未落成之际只交数量很少的订金，之后再转手卖给别人，套取高额订金，从中赚取差价。在这 3 种炒作手段当中，尤以炒楼花的危害最大，曾被认为是许多国家楼市崩盘的重要原因。

（2）房价上升速度。在比较健全的房地产市场上，房价涨幅不应比居民收入涨幅过大。如果过大，就说明泡沫越大，会导致越来越多的人买不起房，这样房价早晚有一天会掉下来。

（3）房屋空置情况。空置就是库存，市场上任何一种商品都有合理库存，保持适度数量的空置房，对平衡市场供求、调控房价都具有积极的作用。国际上房屋库存量一般都不会超过 15%。如果没有空置率，则表明房地产市场过热，存在房地产泡沫。

买房与租房之辩

有人说买房不如租房划算，有人认为买房还具有投资功能。其实，租房和买房的时机是动态的，随着整体经济的变化而有所不同。

但按照当前的租售比算，虽然部分区域的房价有所下降，但房价和租金水平的偏离度依旧很高，对不少人来说租房更划算些。万科集团董事长王石认为，年轻人应该在40岁以后再买房。作为房地产开发商，能给出这样的建议着实让人吃惊。事实上，40岁之前的人都可称为年轻人，对于年轻人来说，买房未必比租房好。

作为开发商，当然愿意大家都买房，但从实际出发，年轻人没有最后稳定下来之前，还是租房为好。买房的好处是让人有安心感，而不好之处是当想变卖它、或是自己想换工作，往往因为拥有房子而成为包袱。比照国外的一些城市而言，20多岁就买房的年轻人非常少。为了减少自身压力，现在即便要结婚成家的年轻人也还是先租房为好。

此外，受到全球金融风暴的影响，地产走势还不好预测。但可以确定的是，对于有意愿购房的人来讲，当下租房住比买房后看着房价继续下行在心态上会舒服些。

李梅在一家银行工作，工资不低，但她坚决不做房奴。她在市中心地段一个幽静雅致的高尚社区租了一套两居室的房子，60平米，精装修。到她家里玩的朋友，无一例外地都注意到了李梅在外旅游的照片，在大家的羡慕声中，李梅不无得意地说这是休假时拍的。用她自己的话说，打死也不做房奴，年轻时的生活不能只为还贷，应该"不辜负自己"去享受生活。

父母亲常为一个月那么多的房租心疼不已，说都抵得上买房的月供了，劝李梅贷款买房。李梅的观点是："几十年背着还贷的压力过活，何必让自己那么累呢？还不如把那些钱拿来旅游，四处走走，开阔眼界，或者多给自己添些漂亮的衣服，也不负青春年华。所以，买房不如租房，个人空间、自由时光、有钱心态、安居之所，一样都不少。"

当下至少对于三类人来说，租房是最理性的选择，即：刚刚参加工作的年轻人、收入不够稳定的人、工作流动性较大的人，这些人如果不考虑自身的经济条件，一味盲目贷款买房，不仅会出现难以还贷的情况，而且还有可能因无法还贷而使房产被银行没收。如果那样，就有点儿得不偿失了。

很多人认为买房是改善居住条件的途径，其实租房也是改善居住条件的途径。当租赁成为一种常态，生活就不会因为租房而变得不幸福。事实上，即便在发达国家，居民平均住房自有率也仅为50％左右，在欧美、日本和香港地区，也不是多数青年人刚参加工作便去购产权房，流行的住房时尚是先租房后买房的"梯度住房消费"模式。

全球金融风暴发生以来，许多准备结婚的年轻人改买房为租房。楼市前景不明，市民投资机会明显减少。加上不少部门和单位就业形势吃紧，年轻人工作不很稳定。一些正准备结婚的青年人明显感到压力增加。他们开始捂紧口袋，消费也不像过去那样随意，开始"节约"起来。于是，结婚由买房改为租房，待若干年后工作较为稳定，市场有了转机再择机买房，成了现今一部分年轻情侣考虑的首选方案。

但也有不少人认为，以中国的传统观念看来，长期租房并不现实。2009年房地产依旧是延续调整，但房价不会大涨也不会暴跌。有些房地产项目继续下降的空间事实上并不大了。而央行连续降息、放大贷款的优惠利率，都可以认为是鼓励大家购房的利好政策，算一下账就不难发现存钱未必比贷款买房划算。如果看到比周边同类型二手房价格还低的新盘，则应该考虑出手。

可能对于大多数百姓来说，"买房才是正路"，虽然买房可能要花上毕生的积蓄，还得为装修、买家具忙活，但有人就是觉得"痛并快乐着"。也许租房也可以过得很不错，轻松而洒脱。因此，租房与买房应该视自己具体情况而定，三思而后行。

判断房产的投资价值

房产不仅具备消费功能，同样具备投资功能。投资者购买房产，考虑最多的就是房产的未来升值问题，即房屋价格的升值和房屋租金的升值。

正确评估房产的价值是进行房地产投资的第一步。其次，要想继续在房产投资方面稳健地迈步前行，投资者还得了解什么房产才是最好的投资对象。

工业用地和交通水利用地一般都不是理想的投资对象。同样的房屋，城市的价格要比乡村的高出很多。在城市的房产中，商业区和住宅区都是较为理想的投资对象，文教区、农业区、保护区相对来说也可以算是较好的投资对象。

同样是商业区和住宅区，因地段不同也会有好坏之分。有的地段人口密集，商业发达，非常繁荣；有的地段则是待开发地段，许多设施尚未建设好。这样的话，对于投资者来说，投资兴旺地段或即将兴旺的地段，就是他们的首选。而城郊或离市中心较远的地段，一两年内不可能发展起来，则不是投资的理想地。

同一街区，同一地段的不同房产，其价值的大小与房产的位置有密切关系。地产界向来有"金角、银边、铜尾、黑爪子、草肚皮"的说法。"金角"是指临街的街角地，交通便利、客流量大、位置醒目、商业价值高，是设店开铺的首选位置。"银边"是指繁华街道的临街地，商业价值仅次于"金角"。"铜尾"则是指靠近相对清净一侧街道的临街地，商业价值虽不及"金角""银边"，但其价值远高于普通的住宅地。"黑爪子"是指超越街道建筑界限，伸出人行道的地段。"草肚皮"是指不沿街的地方，其商业价值不大，一般只做仓库和住宅用地。

房产所处的地段，对房地产投资的成败至关重要。房地产界流行一句名言："不怕好的地段买坏房，就怕不好的地段买到房。"

贪图价格便宜，在偏僻的地段投资房产是欠考虑的。虽然房产总价会提高，但如果急需用钱而找买主套现，难度会很大。

随着近几年房产市场不断完善和健全，房产投资的风险大大降低了，保值、增值的机会增加了。然而，怎样才能判断房子的投资价值呢？以下几大要素可以帮助投资者准确判断房产投资的价值。

1. 房屋地段

房地产行家们的标准有 3 个：地段、地段、还是地段。什么样的地段建什么样的房子，才是这句话的真正含义。

2. 房屋质量

投资者选择好的房屋就要看开发商的实力怎样。有实力质量自然有保障，做出的承诺也能兑现。

3. 房子的状况

挑一个好的朝向、楼层、户型对出租有很大的好处，这就要看投资者的眼力和爱好了，不过关键还是要房子本身条件好才行。

4. 房屋现代化程度

现代社会科学技术发展迅速，住房也是日新月异，住房现代化也逐步成熟起来。因此，判断房子的投资价值，这一点与房子的地段和质量同样重要。

5. 社区文化背景

中国人在国外喜欢住唐人街，外国人在中国也喜欢聚居，这就是文化背景使然。所以，使馆区、开发区周围的公寓里外国人最多，这样使馆区、开发区周围的外销公寓也就十分抢手了。

6. 物业管理

物业管理的好坏直接取决于物业公司的专业程度。另有些物业管理有代理业主出租的业务，因此买房时要注意，一个得力的物业公司也许会给以后的出租带来很多方便。

买房如何还价

还价是一门大学问，我们经常可以看到菜市场上讨价还价，殊不知买房子也是需要投资者具备相当的还价能力。对投资者而言，掌握一些讲价技巧，不但可以为自己省钱，更是投资获利的重要法宝。

不过，买房子与买菜的不同之处在于，房产买卖双方往往是内行与外行之间的较量。由于卖方多是熟悉房产及房产交易情况，而购房者对房产往往处于信息不对称的位置，这样买房经常处于不利地位。

对于大多数买房人来说，买房砍价究竟能砍到什么程度，却自己也没谱。种种迹象表明，房地产价格存在较大的弹性空间，但并不是所有的购房者都能吃到房价折扣这块"蛋糕"，许多人稍不注意就会成为"冤大头"。有趣的是，许多购房者对自己的购房价格三缄其口，而不同的购房者对同一房产也能得到不同的报价。

那么，房价的正常打折范围有多大？买房人如何砍价最有效？如何能买到最划算的商品房？

1. 商品房的利润空间

有多年房产开发经验的某开发公司总经理曾说，房地产开发市场有很多不可预知的因素，包括政策因素、土地因素、成本因素、市场因素等，如果前期没有充分估计，就有可能增加3%～5%的成本，利润如果低于8%就可能赔钱。一个规范的开发商，利润空间也就在3%～20%之间，如果运作得好，能达到15%或更高一些。另外，各开发商对自己项目的利润情况均讳莫如深。虽然时下商品房的利润空间受到压缩，但投资者如果采用一次性付款等方式，经常能砍下价格来。

2. 五次砍价机会

房产开发商的3%～20%的利润空间为消费者砍价提供了丰富的想象力。一位业内资深人士说，对于消费者而言，他们有5次砍价机会：一是期房开盘之初，为了吸引购房者，开发商往往有一些优惠，但是这种优惠是和期房的升值预期挂钩的。由于从期房到现房，房价涨幅一般在10%左右，所以优惠幅度一般被控制在10%以内。二是在买房人一次性付款时，此时的折扣空间一般高于存款利率而低于贷款利率。三是团体购房时，因为开发商不仅节约了宣传和代理费，也不用操心楼层、朝向的调配，当然会让利销售。四是买尾房可以得到优惠。一般来说，开发商为了尽快收回资金或为下一楼盘做宣传，会将尾房打折出售，有的尾房甚至可以拿到8折的优惠。五是已经买了房的业主，你再带一个客户来买房子，一些开发商也会提供一些优惠措施作为回报，至于优惠的具体形式则视情况而定。比如，转变成物业管理费或者通过其他形式体现出来。

3. 不要一味追求砍价

正如人们常说的那样，"天下没有免费的午餐"，如果消费者一味追求砍价，价是砍下来了，恐怕得不偿失。

某楼盘的销售部经理张小姐对买房如何拿到折扣深有体会："如果楼盘砍价空间很大，就意味着它有一些不规范的隐患存在。"张小姐的话虽有以偏概全之嫌，但她道出了行业内的公开秘密：暗箱操作的机会很多。对于一个具体的房地产项目来说，从拿地、立项，到最后的开工、销售，有一个漫长的过程，任何一个环节出现了问题，其整体利润肯定会受到影响。既然开发商费尽了周折才能完成一个项目，如果没有特殊原因，他们是不会愿意廉价卖房的。某市消协的统计分析显示，在受理的商品房质量投诉中，近60%的案件与业主片面追求折扣有关。由于一味地追求低价，开发商为了自己的利润，只好在房屋质量和售后服务上做文章。

4. 如何吃"折扣"

据业内人士介绍，正在热销的楼盘一般不会打折。但只要购房者下足工夫，还是能拿到折扣的。某楼盘销售部经理透露，这个工夫来自两个方面：首先，买房前一定要多了解这个项目及周边项目的情况，包括价位、性能，做到有自己的心理价位和心理预期；其次，要尽可能取得第一手"优惠情报"。一个楼盘如果出现了大的优惠，一般情况下只有两种可能，要么开发商急需一大笔资金，这时会有好的促销政策；要么是清盘，处理尾房。而这些信息，一般购房人不可能直接了解到，因此，如果你对某个楼盘情有独钟，不妨多花些工夫了解一下"内部情报"。

尾房里也有宝贝

如今的房价节节上涨，对财力有限的购房者来说，如何买到价格适当、地段和房型都理想的房子，实在要颇费心神。

一直以来，尾房给人的感觉就是被挑剩下的，基于"便宜无好货"的想法，许多购房者对此望而却步。但是，面对新房越来越贵，存量房市场却越来越大，不少聪明的消费者就瞄准了尾房市场。

有一天，在某金融机构工作的张小姐就从某楼盘的尾房中淘到了一套如意的房子。

张小姐本来看中了一套 4300 元/平方米、面积 90 多平方米的期房。但在付款前她发现附近另一处原价在 4800 元/平方米左右的楼盘，正以 4500 元/平方米的特惠价出售尾房，面积在 100 平米左右。经过比较，张小姐选购了一套尾房。她认为该楼盘品质不错，但原先的售价超出了她的购买能力。如今该房每平方米让利达 300 元，虽然房屋面积和价格都超出了她的购房计划，但她目前的经济实力仍可应付，而且从长远来看，这套尾房也较具投资价值。

尾房究竟是如何产生的呢？一些被客户挑剩下的尾房确实存在朝向差、楼层次、景观不理想、户型不合理等问题；但还有一部分尾房是开发商留作自用、出租，或作为精品典藏的户型；另外，还有部分尾房则是客户有意购买但暂时保留，或前期被人购买后又退房的。后面两种情况中，就不乏好房。

作为一个想买房却又财力有限的普通购房者，若能以全新理念审视尾房的价值，那么，有些物美价廉的尾房完全可成为一种上佳的投资选择。

如何慧眼识宝，从尾房中"沙里淘金"呢？购房者如何才能淘到便宜又不错的房子呢？业内人士认为，应注意以下 3 个方面：

首先，要懂得区分尾房、烂尾房和空置房。烂尾房是由于开发商资金不足、盲目上马或错误判断，而导致楼盘开发总量供大于求或造成无法回收前期投资，更无力后续建设，甚至全盘停滞的积压楼宇。而尾房大多是已成现房，是整个楼盘最后出售的一批房子。对此，购房者可通过判断开发商实力、项目价值、居住环境等因素做决定，以免购买到烂尾房。而空置房中，有不少是因手续不全、历史遗留、拆迁周转等因素造成的房屋闲置，购买时只要查验开发商是否持有卖房所需证件及其真实性，就可避免损失。

其次，要择优购买，切勿只图低价而买了"假实惠"。验收尾房时，要仔细检查房屋的各类设施，以免买到质量差或缺乏竞争力的产业。另外，尾房在销售时，其整体楼盘项目可能已售出多时，尾房设施的保修期可能已所剩无几，购房者应与开发商签署相关文件，以明确责任。

最后，请教专业人士以获得切实可信的指点。目前，尾房销售与非尾房销售并无特别差异，主要有现场销售、展会推广两种形式。购房者若对一些楼盘早有垂青，可通过实地考察加以甄别，来选择尾房。若无特别明确的目标，而只想获得价格方面的优惠，那么，参加房展会不失为一种方便快捷的良策。眼下，一些开发商会在展会上推出尾房，消费者只需多走几个楼盘，兴许就能有所收获。

如何利用贷款买房

寻找最适合你的住房贷款方式，不光是有利于尽快还款和方便投资，精明的投资人还往往从一个合适的贷款中赚出钱来。根据贷款品种的功能，选择适合的投资方式和目的，关系到你的投资是否能获取更高的利润。

有的投资者会想：虽然固定利率和浮动利率各有千秋，但从长线投资的角度讲，哪个利率会更好一些呢？很多专家的回答是：浮动利率更适合于房地产投资。

为了从贷款中赚出更多的钱，你就需要选择功能灵活的贷款产品。贷款产品的功能是至关重要的，有的产品对多还款和再取款有若干的限制，这会滞后还款期。有时这类产品以较低的初始利率来吸引客户，一些客户只看到其表面利率，不了解其稳定性、功能及限制条件。选择功能灵活的贷款产品，使各种收入直接进入贷款账产，在第一时间冲掉本金、抵消利息，可以大大缩短还款期。你可以采取以下措施：

1. 首先偿还自住房的欠款

如果有两个以上的物业，一个自住、一个用于投资的话，要尽快归还自住物业的贷款。对于投资物业，由于贷款利息可以享受税务优惠，在正常情况下，只保证最低还款额即可。

2. 先付抵押贷款的所有先期费用

除了以现金付前期费用外，一些贷款机构允许你把前期费用加到你的借款中，虽然看上去很好，但应尽早避免。因为它意味着在整个还款期间，要多付许多的利息。

3. 将无抵押债权放在最后

如果你有几个贷款的话，当你的贷款账单累积起来威胁了你的还款能力的时候，你首先要做的是，排列债权人的偿还顺序，最好的策略就是将无抵押的贷款放在最后。不像拥有汽车或房屋抵押权的债权人，无抵押权人对付你的策略只能将你诉之法律，败诉的话，你会失去你的房屋。

4. 加快还款频率

最简单和最能减少还款时间和成本的方法，就是每半个月还款一次，也就是把你的月还款额分成两次，这样对你的可支配收入几乎没有什么影响，但却能很大程度地改变你的还款额和时间。

5. 优化组合贷款

组合贷款或通常所知的综合贷款可让你有一部分的固定贷款和一部分的变动贷款，这实际上就是允许你对利息率是否上涨和涨多少押宝。如果利息上涨，你可以安全地知道你的一部分贷款是固定的，不会随之上涨；但如果利息率不动，你就可以利用变动贷款部分的灵活性尽快还那一部分贷款。

巧用房贷方式

现在，越来越多的人加入到贷款购房者的行列。因房子而为银行"打工"，已是无法改变的事实。那么，如何巧妙地利用银行房贷方式为自己解忧，由"房奴"变为"房主"呢？

1. 解决二套房贷压力，首选公积金

陈小姐，32岁，某设计公司职员，税后月收入10000元左右，单位按规定为其定时缴存住房公积金。2006年，陈小姐通过商业贷款按揭购买了一套总价65万的一居室，贷款总额为30万元。2007年，由于银行持续加息，陈小姐选择提前部分还贷，后剩15万元继续按揭，月供1700元，无还款压力。由于年末要接父母来京养老，陈小姐决定再购置一套总价100万元的两居室给老人住，需要贷款55万元，但现在的银行政策对个人购置二套房产贷款利率要上浮10%，如果贷款25年的话，两套房产的月还款就要5600元左右，超过了月收入的50%，贷款很难申请下来。

由于月供金额超标，难以通过银行申请，因此要想办法解决第二套住房贷款的高额利息压力。经过计算，陈小姐完全可以通过公积金贷款贷到55万元。计算下来，两套房产每月的月供不到5000元，对其生活不会产生太大影响。

第二套房的高首付、高利率让不少置业者望而却步，因此有必要借助公积金的"力量"。建议有再次置业想法的购房者在首次置业时选择商业贷款，为使用公积金贷款购买第二套房埋下伏笔。

2. 两代人接力，轻松还贷

聂小姐，27岁，2007年研究生毕业，目前就职于某合资企业，月薪4000元。其母 53 岁，月薪 3000 元，其父 55 岁，月薪 6000 元，家庭存款 35 万元，一家三口一直居住在父亲单位早年分配的一套 50 平方米的小两居室内，略显拥挤。孝顺的聂小姐希望给全家人改善一下居住环境，让父母能够安享晚年。几经筛选，全家人终于选中一套总价 100 万元的 120 平方米的小三居。

如果以聂小姐作为借款人，即使以最长的贷款期限 30 年来算，其现阶段的收入水平也无法满足银行的月供要求。但如果以父母作为借款人，因为接近退休年龄，只能申请到很短期限的贷款，月供压力承受不了。

因为北京的租金持续在一个稳定的水平之上，所以在家庭住房"小换大"的过程中可以加以利用。另外，对于 40 岁以上的购房者以及刚参加工作、收入暂时不高、还款压力较大的年轻人较为适合"接力贷"。

3. 妙用转按揭，一石二鸟

胡先生 2004 年以按揭贷款的形式购买了一套位于奥运村区域的房产，面积 145 平方米，当时价格为 100 万元，开发商指定的银行为他提供的还款方式是 20 年期的等额本息还款方式，贷款额为 70 万元。当时由于经济条件所限，胡先生只对房子做了一个简单的装修就入住了，后来准备重新装修，预算 30 万元。随着时间的推移，胡先生的房产经评估已增值到 210 万元，银行贷款本金还有 64 万元左右未结清。

由于当时选择的是等额本息还款方式，所以在利息支出上掏了很多冤枉钱，因此胡先生希望能够通过优化自己的房贷方案，满足 30 万元装修贷款的需求，并希望能够调整还款方式，降低利息成本支出。

一些选错贷款产品的购房人可采取这种方式重新选择适合的还款方式。

"以房养房"的方式

随着人们对房地产领域投资意识的加强，许多人都将赚钱的目光转移到了"以房养房"的方式上。所谓"以房养房"，有两种情况，一是出租旧房，用所得租金偿付银行贷款来购置新房；二是投资性购房，出租还贷。不少人买一套新房自住，再买一套租价高、升值潜力大的房子出租，用每个月稳定的租金收入来偿还两套房子的贷款本息。

刚刚毕业两年的陈先生买了一套 50 多平方米的房子，房子到手之后，陈先生就去找了几家房产中介，把房产挂牌出租。

"半间卧室自己住，一室的出租。"才到手的房子，为什么选择跟别人合住呢？原来陈先生毕业不久，目前月收入 2000 元左右，每月要负担按揭还贷，还要应付日常生活开销，比较吃力，所以出租另一半房屋，实现"以房养房"，可减少还贷压力。

以现在市场上的租金水平来计算，后者的收益率肯定要高于银行存款的利率。此外，租金收益也相对稳定。这种"以房养房"的理财方式，在目前房贷政策紧缩、房产降温可期的情况下，风险究竟有多大呢？

对于长期投资者来说，目前已到高位的房价仍可接受，升值是必然的，只是空间的大小有不同。因此，若以富余的自有资金进行房产投资保值增值，在还贷负担并不重的情况下，"以房养房"仍不失一种可取的投资理财途径。但对于短线炒房者，则宜适时了结。当然"以房养房"进行投资时，选房一定要注重房屋的环境、交通及商业配套等因素，宜选小区品位较高、交通便利、配套成熟及人气旺盛之房屋，因为这些因素的好坏对租金影响很大。区域租金的差异往往决定"以房养房"回报之高低。另外，利率又往往是影响"以房养房"成败的有效杠杆。所以，"以房养房"者又要时常关注利率变化及经济宏观走势，保持投资应有的敏感性，该出手时就出手，及时防范和化解风险。

业内人士表示，"以房养房"的方式对于消费者来说确实比较划算，但对于购房者自身的要求也比较高，里面有很多学问需要掌握。

1. 长线投资仍可看好

有投资者认为，房价可能短期会波动，但从长远看，调整周期过后价格仍将呈刚性，只要负担得起，房产仍是一项不错的投资。还有人表示，现在中介对房租的评估就是按一定比例还贷额测算的，只要房产质量不是太差，资金压力不大，在当前租房者众多的情况下，仍可选择"以房养房"。有的人说，趁在职时养几套小房型，强迫自己每月还贷，将来年纪大了就不怕下岗退休了。

2. 还贷额比例要控制

既然是投资，就会有风险，"以房养房"也不例外。理财师认为，正常情况下，租金收入＋家庭其他收入（如工资、存款利息等）应大于还贷额＋家庭的正常开销。在家庭收入和正常开销不变的情况下，租金收入越高，还贷金额越低，家庭财务就越安全。

由于房贷政策的变化，显然，"以房养房"者的还贷金额将上升。以一套 30 万元的房子为例，目前首付多为 3 成，要贷款 21 万元，20 年还清。在等额还款方式下，加息后取下限利率 5.51％计算，每月还贷将增加 26.3 元，一年就要多支付 315 元，20 年就多支付利息 6300 元。为控制这方面的风险，银行放贷时，一般要求还贷额占家庭收入的 50％以下。超出这个比例，一旦家里出现什么意外情况，资金周转发生困难，造成逾期还贷，则房子就有被银行收走的风险。

3. 谨防物业贬值风险

除了还贷额上升的风险，"以房养房"者还要承受出租收入不稳定、物业贬值等多种风险。

一位房产从业人员表示，房产也有"保鲜期"，会折旧。房产发展总是一代接一代向更合理的设计、更新的建筑材料设备、更符合时代需求的方向发展。因此，时间长的房产可能落伍，租金和价值有下降的风险。

此外，房产市场的供需情况也会影响租金收入。总体上看，房地产商手里的空置房越多，"以房养房"的风险就越大。当房地产转为买方市场时，开发商将大量抛售和压价出租，普通投资者将承担房价和租金双下降的风险，而还贷还要继续。因此，那些购买多套住宅的投资者，"以房养房"要慎之又慎，避免因一时冲动而遭受损失。

4. 谨慎投资不宜"满仓"

"以房养房"风险主要在于银行贷款利率调整，还贷额上升；房子老化或房产空置率提高，租金下降；家庭其他收入下降。

业内人士认为，作为不动产，毕竟房产流动性不高，现在投资产品日渐丰富，房产可纳入投资组合，但现在"满仓"恐怕不合适。同时，在投资房产时，也要全面评估投资回报率，对"以租养房"的房产，应对其周边租金行情有充分了解，包括是否有稳定承租人、周围市政规划等。

另外，按揭贷款要具备稳定的还款来源，租金收入不能作为主要还款来源，投资者应结合自身的收入情况，选择适宜的还款方式。

房地产商的促销手法

房子可以说是老百姓终生的大事，所以买房前就应该看清你要买的是什么样子的房子，值不值得，这样才对得起自己掏出的大把钞票。

为了避免买房以后会有不愉快的纠纷，以下列出了房地产商在广告中常用的一些促销技巧和手法。

1. 价格

广告中常有"为回报消费者厚爱，以优惠成本价销售，每平方米仅售××××元"这样的广告词，看了让人心动。但有的建筑商会偷工减料，使消费者实际得到的住房与所购买期房往往不一样。如果开发商再求消费者支付一些额外费用，商品房的实际价格可能早已超过了定价。

广告中还常说"售价××××元起"。当打电话询问该价格的房子时，接待小姐告诉你这个价格的房子已售罄。实际上该价位的房子并不存在，开发商这么做只是为了吸引更多人观看广告，购房者对此应保持清醒的头脑。

2. 地理位置

房地产广告为了证明物业升值潜力或交通便利，往往附一个房产的地理位置图，并在图中说明"交通便捷，直通繁华市区，乘车仅需若干分钟（或距市中心××公里）"，给人的感觉是近在咫尺。事实上，这里的车程要么少报，要么指的是在汽车畅通无阻状况下的直线距离。

3. 环境

有些小区号称花园，但绿化面积极小，根本无法称之为花园；有些称绿化面积占××％，但实际交付使用时并没有达到该绿化率。

4. 现场实景图片和户型

设计漂亮的模型场景，是房地产广告中常见的部分，并且总是显得很诱人。但是购房者尤其是期房购买者却总在入住时发现，现实与图纸并非一回事。所以，要给购房者提个醒，别以为付款之后就万事大吉，一定要加强监督。

5. 投资商、发展商、代理商、物业管理

买房时会与房产代理商打交道，签合同的对象是住房发展商，投资商只是住房的投资者，很多购房者对此往往混淆不清。

房地产销售代理在我国尚属新鲜事物，相应的法规政策还不完善，加上在房产交易中代理商的活动具有短期行为特征（购房人认购房产，签订认购书，代理商的任务即可完成），很容易造成代理商为追求销售额在广告上夸大其词，购房者不慎上当后，难免要追究责任，甚至打官司。在这种情况下，一般购房者很难清楚地找谁论理，应该说，发展商有责任、有义务对所有的广告做最后把关，解决的过程只涉及购买者和发展商。发展商是项目的最终责任者，消费者一定要清楚最后签合同付款的对象是发展商而非其他部门。

物业管理同代理商一样是受发展商委托进行管理的部门，其好坏直接关系购房者未来的居住质量。如果广告中对××物业公司管理做了专门说明，那么尚属正规，但大多数广告不会做此说明。

6. 回报率、入住率

个别开发商会在广告中表明多少年后的购房回报率为百分之几，这未免荒唐。未来的房地产市场涨跌难以预测，百分之几的回报率从何谈起。至于百分之几的入住率就更是一大噱头。一般房地产开发分为几期不等，但对外宣传则是整齐划一，包括效果图、价格都是统一推出的。

如果共计 500 套商品房，3 年开发完毕，但第一期开发的 300 套商品房售出了 200 套，对外宣传的口径是入住率 65％。其实这只是首期开发的入住率，并非全部。

7. 赠送

有的开发商向消费者许诺赠送全套厨房设备和卫生间设备，入住后才发现是些残次品，而开发商则又赚了一笔其他商品的利润。

以上这些技巧只是提醒购房者在看广告时保持几分清醒，为了判断这些广告的真实性，最好的办法还是实地考察，毕竟百闻不如一见。

房地产的推销猫腻

当楼市行情比较淡静的时候，部分开发商就会玩起新花招，除了把优势夸大外，在价格优惠等方面也使出了新的揽客招数。

其实，要分辨这些卖楼花招并不特别困难。只要市民买楼多到现场了解情况，实地察看周围的道路交通和规划信息，同时货比三家，并且时刻谨记"天上不会掉下一个大馅饼"，对销售人员的话多一个心眼，还是能够成为精明置业者的。那么，需要防备楼市的花招有哪些呢？

1. 楼盘报价注意"起"字

"均价 18000 元/平方米，现在推出 20 套保留单位，特惠价 12000 元/平方米起。"这样的价格无疑是相当诱人的，问题是当有兴趣的买家到了销售现场时，往往就会被销售人员告知："12000 元/平方米的单位只有几套，已经卖完了，但我们还有 15000 元/平方米以上的单位，既然都来了，还是看看吧。"

2. 位置图与实际距离不是一回事

楼盘的位置图会把附近的标志性建筑物标示出来，让人感觉到楼盘离繁华市区或者交通枢纽相当近，但至于实际距离是多少，则大部分楼盘的销售人员都不会告知你一个真实的数字。

为避免被误导，买家一定要记住"耳听为虚，眼见为实"，最好进行一番实地察看，这样，楼盘的交通是否真方便就能了然于胸。

3. 手机短信广告很吸引人

时下，各种群发的楼市手机短信十分泛滥，其中不少短信广告存在着虚假成分。这些虚假的短信广告有个共同的特点，就是价格水分太大或者夸大优惠力度。楼盘通过这种价格低廉的广告手段来吸引消费者，根本无需为广告的真实性负责。而当消费者去到楼盘现场时，销售人员往往以"不知情"或者"优惠已结束"来搪塞。

4. "优惠"品种让人一头雾水

在楼市前景不太明朗的现在，楼盘优惠可谓"一年四季都有"。不仅优惠时间延长了，优惠的品种也琳琅满目。这些优惠到底谁有"机会"？怎么才能获取？买家可谓一头雾水，恐怕只有发展商心里最明白。

5. 装修标准难达货真价实

目前标榜"随楼附送每平方米数千元超豪华装修"的楼盘比比皆是，到底是不是货真价实呢？相信不少买家都不甚了解。对此，有专家建议，买楼时不妨将样板房的装修标准细节都进行拍照，同时记录下所用材料的品牌、规格等，即使开发商到时以"发展商有权以同等标准之建筑材料及设备替代"作为搪塞，但买家自己握有证据，更有利于保障自己的权益。

6. 未售出成已售出

一些开发商有意将其中的一些商品房做了"销售控制"，将未售出的单位也标为"已售"，造成销售形势大好的假象，迫使购房者赶快下单。但同时也会留出一部分单位作为"未售"，以免买家失望而归。

7. 配套设施只是口头承诺

社区配套设施是买家购房的重要参考因素，所以大多数开发商都在宣传上做出很多承诺。专家提醒消费者，发展商对于小区配套设施的宣传单及口头承诺都是没有法律效力的。如果买家很看重某项小区配套，必须在签订认购书之前，先看合同中有无关于此项配套的约定。如果没有，可要求发展商以书面形式写下来，以备日后有理有据维权。

8. 愿意营造紧张气氛

"逼"买家下定的方法有很多，比如，不给他们有充分考虑权衡的时间，让其匆匆购房；在与客户洽谈的时间里，售楼人员互相配合着打"假电话"，或假装成顾客，假装有很多人都想要这套单位的样子；或是在客户稍微犹豫的时候，马上把房子介绍给另外的购房者，营造紧张气氛，进行"逼购"，让购房者尽快下单。

小户型商品房投资要点

不少投资者面对更多的住房选择时，因家庭结构和长久对大面积住宅的心理渴望，使得大、中型户型成为了人们关注和购买的重点，市场供应逐渐向大、中户型需求倾斜，小户型产品发展相对落后。

随着时代的发展，小户型物业市场也渐渐获得投资者们的青睐，尽管小户型物业消费观念还没有完全成形、户型设计不够成熟，但不影响购房者的热情。

不少小户型产品的项目在户型变种上引入了挑高、精装等新业态，同时有效控制总价，增强小户型的生活居住舒适性与个性化，提升了小户型投资空间，小户型市场已经全面进入到投资者的视野。

不同的区域，不同的租住客户，需要不同的小户型产品。因此，投资小户型要考虑周全，不能盲目跟风。具体说来，投资小户型需要注意以下几个方面：

1. 认准地段商圈

无论是自住还是投资，地段是选房标准的重中之重。对于投资者来说，选地段就是选商圈，投资住宅一般选在商圈周边。当商圈成熟之后，与商圈相连的道路便成为商圈向外辐射的主要途径，道路状况改善可以有效缩短人们花费在路上的时间，从而缩短心理距离，提升物业的相对位置优势。不过，道路对物业价值的提升很难预测。

2. 认准客户

租住小户型的客户有多种，如"飘一族"、高级商务人员、外籍人士等。选择小户型投资一定要清楚地知道自己的房子要租给谁。当原居住地与工作地相差甚远时，就会催生出一批租用小户型的本地年轻人，因此在重要商务区中就会聚集较多此类租用需求的客户；而对于"飘一族"，他们追求的是自由、轻松、惬意的生活，多会选择居住在具备充足休闲娱乐配套的商业区内。

3. 认准产品

对于投资型楼盘来说，小户型既不是指一居室的小套型，也不是指绝对的小面积。楼盘户型的大小、户型、物业定位都需要根据其所处的位置、未来面向的客户进行判断。投资住宅一般不超过 90 平方米，选择精装小公寓自住，可相对满足他们居住自由方便、价格相对较低、服务周到的需求。

市场上一些小户型产品原本并不是小，而是根据市场变化仓促改为小户型。这种产品表面上看户型比较小，总价比较低，和"原创"小户型项目没什么区别，但实际上，这些小户型项目设计非常不合理，有的一梯十几户、有的没有厨房……买房人选择时，一定选择"原创"小户型。

4. 算清回报

由于土地价格的不断攀升，地段较好的小户型开发成本日益增高，因此销售价格上涨较快。对于投资类住宅而言，年回报低于 6％，即回报期为 15 年以上的住宅，其投资价值较低。但在选购小户型进行投资时，以现租用状况折算的回报率若太低（评判的标准是以现回报率折算，应小于 20 年的回报期），则并非为合适的投资产品。

投资小户型也存在一定的风险，突出表现在如下：

风险之一是小户型的规划设计问题。

以前市场上的不少小户型是由一些存量房改建而来的，房型、朝向等均存在一些问题。即便是现在推出的一些小户型，也是利用现成地块中的边角料设计而成，朝向、走道等都存在一些问题。如有的小户型是全朝北设计，不利于居住健康。

风险之二是产权性质问题。

比如，一些酒店式公寓的土地使用年限不超过 50 年（住宅为 70 年）。现在，两者区别还不太明显，但随着时间的推移会出现问题，一方面是物业管理费高于住宅性质的小户型，另一方面是若将来要补地价或付地价税，商住收费肯定要比住宅的高许多。

风险之三是税费及租金问题。

不少人购买小户型是为了退税，因此税费政策的调整会影响投资。另外，一幢楼中均为投资型的小户型，在交付使用后，肯定在同一地点集中出现上百套的出租小户型，于是出现了出租者大于求租者的现象。一些急于求成的出租者会降低租金，购买期房时原来打算月租 2500 元的，现在只能降到 2000 元了，如此造成投资回报率的下降和投资回收期的延长。

风险之四是发展商心理价位提高的问题。

当小户型由于需求火爆时，发展商的价格砝码亦与日俱增。不少研究者认为小户型的单价高于其他住宅 10%～20% 是合理现象，盲目拔高 40%～50% 没有依据。

如果将小户型作为自己的过渡居所来使用的话，你在买房时就一定要考虑项目的投资前景和升值潜力。靠近繁华商业区、办公区的小户型当然是投资首选，如果小户型地处大片成熟的居住区，那就要看这一地区小户型占房屋总量的比例是否过高，否则，将必然会影响到今后是否容易出租赚取租金。

对于消费者来说，牢记小户型是投资型产品，可以更多考虑性价比和实用率加权值，同时考虑几年后换房时旧房的市值。如果是投资性能差的小户型，即使现在离上班的地方很近，租也比买明智。

评估房子的升值潜力

目前，购房人在购房时，无论是用来自住，还是用来投资，都把房子的价值空间作为一项重要的参考指标，但许多购房人对房子的升值空间并没有非常清楚的认识。那么，究竟什么样的房子才具有升值潜力呢？

一些购房人将房价作为唯一的判断标准，认为只有房价涨了才是升值，这其实是购房人不理性的一种表现：一方面房价表面涨了，但不一定有价就有市；一方面房子升值与否并不一定仅仅体现在房价上。一些有经验的开发商和购房人提出，房子交通、环境、配套的改善及好的物业管理、社区文化所带来的居住品质的提高，也是房子升值的一种体现。

1. 住得好

人们生活在社会中，必然要依赖于社会环境。交通是否便利、生活配套设施是否齐全会直接影响到人们生活质量的优劣。试想，如果业主每天上下班都要倒上三四趟公车，买一点儿生活用品就要花半个小时在路上，生活品质就无从谈起。对于居住型的项目来说，能使居住者拥有更方便的交通、配套、环境等硬件的改善，也是项目升值的一种体现。另外，有实力的开发商会在搞好楼盘质量这一硬件的同时，也把软件做好，为业主们创造良好的生活环境，让业主们乐于在社区中享受生活的种种乐趣。只有业主们认可了项目的居住品质，才愿意到这个社区中生活，才会对房价有良好的心理承受力，楼盘才可以保有价值甚至提升价值。

2. 高品质软件

楼盘项目就像一台计算机，良好的硬件设施固然重要，但如果没有过硬的软件，整个体系就会瘫痪，变得毫无用处。物业管理就像是操作员，时时维护着这个体系的运转，所以优秀的物业管理队伍也是房子高品质的一个重要体现。房子保养得好是房屋升值的基础。好的物业管理会给房子做定期的维护，保护楼盘原有的外观，这样的房子才不会在市场中失去竞争力。"孟母三迁"的故事尽人皆知，可见良好的人文环境对人类的成长和生活来说是十分重要的。现代的人们不仅要求高品质的物质生活，更需要高品位的精神生活。因此，社区文化也就成为了房子能否升值的一个重要因素。目前，很多购房者在购房时也越来越关注项目的社区文化。业主们期望邻里之间能有更多的交流空间，老人、孩子们能得到更多的关爱，社区中有更多家的感觉。

交通、配套、物业管理和社区文化是房子内在的品质，这种品质的外在体现就是房子的升值潜力。在购买过程中，对楼盘的硬件和软件做全方位地考察是十分必要的。房子附近的交通条件、购物环境、教学设施的配套、物业管理的素质以及社区文化的建设等都应被列为考察的条件。良好的软环境对于生活的品质来说是至关重要的，更是房子在日后能够保值、升值的基础。好房子是住出来的，不是卖出来的。在选择房子的时候，作为消费者的你一定要擦亮眼睛，买到能升值的房子，才不会让你在掏了钱之后大呼上当。

如何选择好户型

购买房产，户型是重点考虑到的。对于普通投资者来说，如何选择好户型呢？

1. 好户型的数据标准

挑选户型要考虑的基本元素包括采光、热、隔音、降噪和通风。热、隔音、降噪更多的与房屋的建筑质量及地理位置有关，而采光和通风则更主要取决于有限面积内如何做好各功能区的比例布局。

做好采光和通风，房屋的面宽要合适。首先，以100平方米以内的两居室为例：起居室的面宽最低在3.8~4米，厅要大于20平方米；主卧要大于12平方米，面宽在3米左右；客卧要大于10平方米，面宽也在3米左右；厨房要大于3平方米；设置一个2平方米左右的储藏间非常有必要。

另外，110平方米以上的三居室的起居室一般面宽要大于4米，面积要大于24平方米。一般来说，客厅面宽与进深比例在3.9∶4.2就比较舒服，三居室可设双卫。

在户型结构中，一味地追求大客厅是不合理的，客厅的面积要遵守"黄金分割"的原理。如果层高为2.7米的话，25~35平方米被认为是普通住宅厅应有的合适面积，其中33平方米的客厅最为舒适，近似于"黄金分割"的计算原理。另外，此规模的客厅内阳光照射不到的地方必须少于7平方米（暗厅除外）。另外，在采光和通风方面，板楼比塔楼有优势。

2. 好户型的功能布局

好的户型除了要保证大跨度的空间、能够多面采光、坐北朝南、南北通透这些基本要素外，一些细节对户型好坏的影响将更加明显。

据了解，储藏空间不够或没有，换鞋处的门厅考虑不足，洗衣间少有考虑如何晾晒衣服，厨房普遍狭长等问题，正在困扰着消费者。功能缺失反映出目前户型设计中的技术创新不足，因为有80％的技术创新是在厨房、卫生间、洗衣间等地实现的。这些缺陷在很多楼盘中也同样存在。而这些细节也是判断一个户型好坏的关键因素，购房者选房时不能不加以考虑。

3. 学会看图纸选户型，区分住宅基本功能

购房挑选户型，应当全方位多层次地考虑地理位置、规划设计、经济价值、物业管理、居住理念等。在对"硬件"设施的考察中，除了参观样板间外，购房者还必须依靠图纸"纸上谈兵"。但常常是精美的售楼书配以各种新潮的理念，让人眼花缭乱，线条和色块构成的平面图更让普通的购房者难以体会住宅性能的优劣。

一般来说，购房者接触到的图纸大多是简单直观的平面效果图，比施工图省略了大量的房屋构造信息，突出了房间面积、布局、设施几个基本要素，貌似简单，但可以体现出住宅设计中的很多原则性问题。

4. 挑选户型应看哪些图

挑选户型至少需要以下几种图：规划图、单元平面图、户型平面图。规划图反映了小区的规划布局，这直接关系到所挑选户型的具体位置，涉及环境、交通、服务设施等多方面因素；住宅单元平面体现了一个住宅单元中几种不同户型的布局，它们之间的关系可能会影响到住宅的使用，比如，窗户和阳台是否互相干扰，入口是否相邻太近等；户型平面图描述了一套住宅的面积与房间布局，其尺寸、位置、形状、相互关系等基本参数体现出住宅的基本功能和经济性能。

5. 区分住宅的基本功能

一套住宅应具备六大基本功能，即起居、饮食、洗浴、就寝、储藏、工作学习，这些功能根据其开放程度可以大体分为公、私两区；根据其活动特点可以分为动、静两区。

公共区：供起居、会客使用，如客厅、厨房、餐厅、门厅等。

私区：供处理私人事务、睡眠、休息用，如卧室、卫生间、书房等。

动区：活动比较频繁，可以有较多的干扰源，如走廊、客厅、厨房等。

静区：要求安静，活动相对比较少，如卧室、书房。

这些分区，各有明确的专门使用功能。在平面设计上，应明确处理这些功能区的关系，使之使用合理而不相互干扰。

起居室（客厅）：要注意两个基本原则，其一，起居室的独立性；其二，起居室的空间效率。现在，有的户型中起居室也仍然保留着过去"过厅"的角色；有的户型设计了独立的起居室和交通空间分离，但也因此相对增加了户型面积。此外，要考察起居室四周的墙面是否好用，开门、开窗、阳台、卫生间位置是否恰当，否则会影响家具的摆放与使用，降低空间使用效率。起居室的采光口小或采光口凹槽深，会影响室内采光，使起居厅较暗。

厨房：购房者应当首先考虑自己的烹饪、餐饮习惯。在空间布局方面，开放式厨房有着很好的空间效果，可以充分展示个性化装修的魅力，也适应现代化的生活时尚，但对于我国的传统烹饪方式其排油烟功能就有所欠缺。在面积标准方面，厨房是集储藏、备餐、烹调、配餐、清洗等功能于一体的综合服务空间，必备的设备需要足够的面积。根据建设部的住宅性能指标体系，3A级住宅要求厨房面积不小于8平方米，净宽不小于2.1米，厨具的可操作面净长不小于3米；2A级面积不小于6平方米，净宽不小于1.8米，可操作面不小于2.7米；1A级则分别是5平方米、1.8米和2.4米。

卫生间：满足3个基本功能，即洗面化妆、淋浴和便溺，而且最好能有所分离，可以避免使用冲突。从卫生间的位置来说，单卫的户型应该注意和各个卧室尤其是主卧的联系，双卫或多卫时，公用卫生间应设在公共使用方便的位置，但入口不宜对着入户门和起居室。从面积角度来看，带浴缸的卫生间净宽度不应小于1.6米，淋浴的净宽度不宜小于1.2米。

卧室：一般来说，主卧室的面宽不应小于3.6米，面积在14～17平方米左右，次卧的面宽不应小于3米，面积在10～13平方米左右；其次，应注意卧室的私密性，和起居室之间最好能有空间过渡，直接朝向起居室开门也应避免通视。

辅助空间：包括阳台、储藏间等。这部分面积虽小，但在日常生活中的地位非常重要。比如，储藏空间，包括杂物间、进入式衣柜等多种形式，可以很有效地节省户内的家具空间。

总之，根据户型面积不同，小户型经济住宅强调基本生活要求；普通型住宅强调主要功能齐全和空间的灵活适应性；豪华型住宅强调创造高质量的生活环境，注重细节突出个性。

利用团购享受折扣

房地产市场观望气氛浓，开发商普遍不能按原计划完成销售计划。开发周期延长，资金链条紧张，为解决困局，开发商一方面寻求资金渠道，另一方面就要加强市场营销，创新营销手段。目前推出的房产团购是一种比较高明的策略，因为它最大限度地维护了楼盘形象，使开发商在调整价格上显得比较体面。

投资者可以通过团购享受折扣，对消费者来说，房产团购的优势：一是团购的价格优惠幅度比较高；二是团购可以提升楼盘的业主层次，便于以后物业管理工作。参加团购者文化素质、经济水平比较接近，人与人之间容易沟通，开发商可以在项目策划阶段就主动去找一些单位，如学校、高新企业等联系团购；三是团购能形成合力，可以合理避税。如楼盘装修，若开发商精装修出售，装修售价要交纳营业税、所得税、土地增值税等，那团购人群就可以由开发商牵头组织，但由每户与装饰公司签合同，这样就可以达到节税理财的目的。

尽管现在有越来越多的开发商在价格上有所松动，但直接降价一直还是开发商最不愿意采用的办法。团购是开发商以一种体面的方式向市场做了妥协。

团购有点类似于工会组织，开发商原先是面对每一个单独的客户，单一客户没有多少讨价还价的谈判资本。团购使原先单独的购房者能够集合起来，使买方的实力更加增强，在这样的市场环境下与开发商谈能够有更大的话语权，比如，在价格方面可以打折，在其他的一些方面如服务、装修等也可以享受到更高的待遇。

对开发商来说，团购也有好处，它的最大好处是它的口碑宣传作用，这种口碑宣传有时甚至比开发商的玩命吆喝更管用。团购有助于提升整个楼盘的业主层次，团购者一般收入水平、文化结构比较相似，这对提升楼盘品质是有益的。

在当今被大量信息包围的生活环境中，消费者买房不光是看广告和楼书了，亲朋好友的推荐往往更胜于商业广告的推广，现在整个楼市的观望气氛比较浓，消费者一个人买房往往下不了决心，而朋友的话往往起到决定性作用，几个朋友一起过来买他们会比较放心。通过朋友之间的介绍和口碑效应，可以给楼盘带来更多的客户源，为了抓住这一部分客户，开发商便适时推出了团购优惠。当然，团购如果在售前营销中就有针对性地去做，可能效果会更好一些。

选购二手房的注意事项

随着二手房交易程序的简化、税费的降低，市场也逐渐活跃起来。在城区购买一套面积适中的二手房，既是普通百姓购房自住不错的选择，也是投资置业的途径之一。

房子越建越多，关于房屋的各种问题也开始接踵而至：房屋漏水、墙体脱落、房产纠纷……因此，购买房子之前，一定要注意以下几大问题：

1. 选准看房时机

一般来说，阳光明媚是看楼的好天气，这个时候，你应该到你喜欢的房子里去瞧瞧。首先看户型是否合理，通风是否良好，朝向景观如何，设备是否齐整好用；还得考虑一下夕照是不是很严重，夕照严重的房子会让你整个夏天差不多浪费掉一个房间。雨天也得去看看。关于市政配套，首先就是交通问题，然后是水电、煤气、暖气和菜市场等。

2. 要学会对比

如果想要买到合意又便宜的房子，货比三家是少不了的。如果通过房屋中介来买楼，可以要求多提供一些房源来比较，每个房源最好都参照第一条去"眼见为实"一下，然后列个表格比较优劣，找出最合适自己的那一套来。如果是自己找房子就利用一下互联网，到专业网站去多找些选择对象。

3. 要查清楚房子的产权问题

在签订合同之前千万别忘了查清楚房子的一些问题。首先，要求卖房者提供合法的证件，包括身份证、房屋所有权证、土地使用权证以及其他证件。第二步，到当地房地产管理部门查验房屋的产权状况，包括是否真有产权，产权证上的记载事项是否真实，以及房屋是否属于禁止交易的房产。若房产已列入拆迁范围，或被法院依法查封，则房屋所有权人进行交易的行为是无效的。最后，要对欲购房产进行详细了解，如抵押贷款合同的还款期、利率、本息，房屋租赁协议中的租金、租期等问题。当然，身份证的真假也不可不判断清楚。

怎样在二手房这个大市场中选择自住方便、将来又易于出租或出手的二手房呢？建议你注意以下 5 个方面：

1. 地理位置优势、交通便利是首要因素

如果你不想将每天两三个小时甚至更多时间，浪费在从偏远的家到市中心办公室的上下班途中，而你又没有打算买车的话，在公司附近寻找一个合适的二手房将能满足你的要求。从北京各大房屋中介公司的信息来看，交通便利的旧居民区二手房房源很充足。沿着二环路东南西北方向以及东城二三环之间、东三环和北三环沿线，在商业企业聚集的海淀中关村、国贸、燕莎等商圈附近，都有成熟的居民区。大多数这样的居民区附近公交线路发达，可以直达四面八方，省去中途换车之苦。每天上下班不但可以节省交通费，更重要的是能够有更多可以自由支配的宝贵时间。将来有了更好的房子，这样的二手房也易于出手。

2. 方便的购物、就医、教育环境

大多数的旧居民区附近，大有成熟的大型超市，小有方便的小菜市场，不出 500 米就可以找到市属大医院、幼儿园、小学、中学等。多年的社区人文环境造就了周围各种各样繁荣的社区服务环境。作为一个有小孩在上学，或者有老人需要照顾，或者两者兼而有之的家庭来说，选择这样一个环境生活将会轻松许多。比如，北京的红庙、团结湖地区、市属朝阳医院、呼家楼电影院、朝阳剧场、京客隆超市、朝阳公园、首都经济贸易大学、朝阳体育馆、大中电器城等都在三四站地之内。劲松、安定门、东直门、海淀等地区的旧居民区附近，同样有这样方便的社区环境。

3. 避免潜在的质量隐患

俗话说"明枪易躲，暗箭难防"。由于上市的二手房大都已经居住了三五年至十年以上，如果房屋质量上存在什么问题，现在应该明显暴露出来了，或者已经被原房主或房管部门修缮过了。在挑选二手房时，消费者应通过仔细认真地检查以及询问房主、询问周围的住户来了解房屋本身的状况，做到心中有数。当然这里面也有门学问，需要有一定的观察力和敏感度，必要时可以找一些行家里手帮你检查。

4. 及时拿到产权证，为以后对房屋"处置"提供方便

如果你购买二手房是为了投资，那一定要买有产权的二手房，并且按照规定买卖双方缴纳应缴的税费，进行产权过户手续。那么，在你们的交易行为完成后，房管局将很快核发过户后的产权证。只有拿到了房屋的产权证，房子才算是真正意义上属于你，你可以合法地出租、出售、甚至办理抵押贷款，为以后更换新房提供有力支持。

5. 某些繁华地区，有拆迁升值的潜力

以北京东直门地区成交的一套二手房为例，这套面积是 52.54 平方米的砖混结构二手房，成交价是 28 万元，合算单价是每平方米 5329 元。而附近地区的普通商品房单价在每平方米 7000 元以上。如果今后赶上拆迁，根据拆迁楼房的规定，按照当地普通商品房评估价进行补偿，则至少可以获得 30％的静态回报。从各个方面综合来看，遇到拆迁的情况时，楼房升值潜力较大，平房升值潜力则相对一般或者较小。当然，赶不上拆迁，再大的升值潜力也仅仅是潜力。

如果你在挑选二手房时注意以上 5 个方面，在逐渐红火起来的二手房市场上多"淘一淘"，没准还能"淘"出一块不大不小的"金子"来。

挑选二手房的技巧

作为一种投资方式，买二手房的人大有人在，在这种情况下，如何浪里淘金就要讲究一些技巧。

1. 投资看前景

目前，购买二手房不论是自住还是出租，都是为得到一个最大的价值体现。自住的多是为了找到便利、实惠而又缓解了暂时的种种矛盾，而做投资的则是想用极少的钱，使其租金得到最好的表现，获得最大的利润。

从二手房供求市场来看，二手房以"小""旧"居多，大多数在商业区、繁华地段，它主要适合人群为城市外来打工族、部分学生、其他流动人口；没有经济实力购买新房、大房的居民；与儿女们分居的一些老年人；还有其他类型的人群等。总体上说，此类房产有相当大的市场空间。

对于投资者来说，投资二手房首先要看其是否有升值的前景，希望以最低的价格获得最大的升值空间。

2. 投资眼光要刁

投资二手房时要多看：

一是看项目所在地是否有足够的人气。

二是看项目所在地是否有良好的周边配套环境和市政配套。因为二手房多数是有一些年头的小区，小区的会所虽很成熟，但可能会不太完善，所以选择市政配套和生活配套设施完善的成熟住宅小区很重要。

要认真考察房屋周围有无噪声、有害气体、水污染、垃圾等污染源，还有小区环境、安全保卫、卫生清洁等情况。同时，要对房屋配套设施进行考察，比如，水质、供电容量、供热系统及方式、物业管理和各项收费标准、电视接收的清晰度等，小区附近还应有超市、邮局、餐馆等必备的配套设施。通过考察可以凭借这些使其租住价值得以提升。

三是看项目所在地是否有发达的交通和充足的停车位，尽量避免高架桥的阻隔，这样居住和生活都会很方便。

四是看项目的户型设计，是否可以稍作一些改造就能使其升值。

3. 投资也玩小

投资二手房可据资金来选择，不过前期可先选择小户型的二手房，如一居的，或两居的，因为小一点的二手房占用资金不是太大，出租也较灵活。据了解，二手房中一居的租售成功率较高，二居的受多种因素影响，虽然房源合租需求大，但操作多，大部分是合租用。

由于合租，彼此的生活习惯、搬出的时间不统一，物业费用等容易出现多重纠纷，这些原因是影响二手房投资获利的因素。所以相对来说，一居比二居更容易投资获利，但如果是买二手房的两居再卖，那么相对于出租两居的更容易出手，因为买者多是小两口、三口之家或是买给父母居住，这类人多为了便利、实惠或者是居住、生活重心有所变动才选择买房，一般这类人也不会想长期租用。

4. 投资要对比

对同一供需圈内的规模相当的二手房进行价位、建筑面积、户型结构、建筑年代的差异性、装修标准、是否拆迁、配套设置是否成熟等方面的对比，交易时综合这些数据，再确定评估对象的回报率。

5. 投资瞄准靶心

靶心就是投资者所争夺的客户群。好地段、热门区域的二手房有良好的升值潜力，能保证日后稳定的租金收入。因此，确定出租给公司的，最好是选择同一楼层里有其他公司办公的商业办公大楼，不要购买居民区里三居室以上做投资，一般公司不会把办公地点选择在居民区里。投资二手房应选大型房产中介公司进行交易，大型房产中介公司的操作较规范，透明度高，也可委托一名专业人士做参谋。

投资二手房的风险

随着近几年房价的逐年增长，对于大多数人来说，购买一套地理位置好、交通便利、配套设施成熟的住宅越来越力不从心。于是像市区这样的热点地带，就成为了二手房的天下，而且随着城市的扩延，未来建房大都在市区边缘，今日的市区边缘就是明日的市区。

购买二手房存在一定的风险性，更需多加注意。

1. 产权是否清楚

购买二手房对购买者来说，地点、环境、价格及房屋质量都是重要的参数，但产权是否清楚是购房的关键所在。因为无论地点多佳、环境多优、价格多低廉、质量多好，你都要为此投资一笔数额大的资金，所以应考虑资金的安全性，买得合法才能住着放心。

购买二手房的第一步应搞清房源。若是市场商品房，安全系数相对高；若是微利房、康居工程房，则要小心；若是以标准价、成本价购买的房改房，5 年以内不能交易，5 年以后出售，原单位有优先购买权。在交易规则方面，购房人第一步要做的是要求卖方提供合法的证件，包括产权证书、身份证件、资格证件等其他的一些相关资料。

购买二手房的第二步是向房产管理部门查阅产权来源。房主是谁、档案文号、登记日期、成交价格等其他一些资料。

购买二手房的第三步是调查该宗房屋有无债务链，包括银行按揭合同、保险合同、抵押贷款合同、租约及贷款额、还款期限、已还贷额、利息、租金金额。

最后，购买二手房除了要向卖方索要一切产权文件、资格证件、身份证件、相关证件外，还要到房屋管理部门查询相关记录进行"对照"才能证实各个细节。

2. 使用权并不等于产权

购买二手房，必须是产权交易。切记使用权是不能交易的。产权房交易有交易规则，使用权房交易纯属投机。我国宪法明确规定，社会主义的公共财产神圣不可侵犯。国家保护社会主义公共财产，禁止任何组织和个人用任何手段侵占或破坏国家和集体的财产。所谓房屋的使用权是指产权属于国家，使用者在一定期限内对房屋有使用权，没有占有、收益、处分的权利。所以使用权是不能交易的。

购房者千万不要被交易条件，特别是交易价格所诱惑。

3. 价格是否合理

价格交易是二手房买卖过程中最费时、最困难的环节，卖方期望价高，买房期望价低，双方须取得均衡才能成交。

购买二手房对置业人来说，最重要的动机是价格相对便宜，这也是二手房交易市场存在和吸引人的重要原因。由于价格因素是能否成交的关键，价格是否公道就成为定盘的星。

判断二手房价格是否公道有以下技巧：

（1）到房地产交易中心了解现房或期房的价格资讯。

（2）通过房地产顾问公司了解房价指数。

（3）通过房地产中介公司了解房屋价格行情。

（4）货比三家，详细地收集该区位的房屋资料，了解行情，争取议价。

4. 中介一房多卖

委托中介购买二手房要警惕中介一房多卖。所谓一房多卖就是指中介公司与购房人草签代理协议。协议本身没有实质的法律依据，通过签订协议，中介公司可站在比较有利的位置选择：谁出的中介费用最高就与谁成交。因为作为代理的中介公司本身最了解所代理房屋的底价，在成交价格不公开的情况下，超过底价部分的成交价格都会成为所谓的"代理费"，且没有封顶。一房多卖的目的就是为了赚取更多的差价。对购房者来说，就是为此多支付若干无法增值的货币。

除以上需要注意的，购买二手房还要防止中介公司其他不规范的代理。

买断：由于业主急于出手，中介就利用业主这样的心情乘机杀价进行买断，然后再高价出手赚取更多利润。

暗卖：中介公司以房主自居，从中渔利。

假滞销：一面积极推销，一面向业主说房屋滞销，以达到业主主动降低房价，从中获取更多"代理费"。

看房费：收取一定看房费，即使之后没有成交，收入也相当可观。

当然还有两边吃、骗定金、虚报平方米数、谎报楼龄等，使购房人与卖房人对中介的信任大打折扣。

如何购买拍卖房产

房产拍卖目前对广大消费者来说还显得比较陌生，可以先来了解一下这种房产交易方式的最基本流程。假如买拍卖的房子，需要以下几个必要步骤：

（1）阅读拍卖品的目录及图录资料。

（2）根据所选择的竞买标的意向查看标的。

（3）办理参加竞买的相关登记手续，并按规定交纳竞买保证金，保证金一般不超过标的物价值的5%。

（4）凭保证金收据及时领取号牌并按规定时间准时参加拍卖会。

（5）拍卖会竞拍成交，及时签拍卖成交确认书，按规定在一定时间内交纳竞买成交标的全部价款和佣金，领取竞拍成交标的交割的相关法律文书并领取标的物。

（6）若拍卖会竞拍未成交，拍卖人将退还全部竞买保证金。

拍卖行接受客户委托后，房产的所有人就作为委托人与拍卖行签署委托拍卖合同，拍卖行是委托人的代理人，在接受委托后以拍卖行的名义主持拍卖。对拍卖房产进行鉴定和估价是拍卖前的第一项准备工作，核定房产价值的评估必须由房地产评估师进行，并对评估结果承担相应责任。且以此来确定拍卖房产的底价，底价过高会导致拍卖失败，过低又会使委托人受经济损失。底价确定后，当事各方应保守秘密。

此外还要确定拍卖日期，日期拟订和拍卖房产的类别、用途和数量都有关。从刊登广告到公开拍卖，间隔可在一周左右，展样时间不得少于 2 天。拍卖作为一种公开竞买活动，应该发布拍卖公告，主要反映拍卖房产的内容、拍卖时期、拍卖地点及其他必要事项。

对竞买人的资格也需要审查。参加房产拍卖的竞买人应是具有民事权利与相应民事行为能力的自然人或法人，拍卖主持单位提供相应的证明文件。在拍卖程序中，竞买人需要缴付保证金，竞买人竞价成功后，其保证金可转为价金；竞买未成功，保证金应被如数退还。拍卖的房产一旦成交，最终买家应及时付款，即完成了拍卖房产的权属转移。买受人从拍卖行或执行法院领取房产权利转移证明后，就取得了该房产的所有权或使用权。

要注意的是，有些拍卖的房产是政府有关部门罚没的房产，它们一般都经过法院核准后才进入拍卖公司的，这样的房产一般都很"干净"，不但不会有产权纠纷，办理手续也相对经济简便，有时比购买二手房还要划算。

至于质量问题，正规的拍卖公司应该事先对标的进行详细的了解，并应该在预展时为有意参拍的人员提供相关资料做参考。你咨询时不妨多问一些细节问题，拍卖公司有真实回答的义务。如果你准备参拍，那么拍卖公司可依法收取保证金，双方还要签署《竞买协议书》，里面条款除规范双方权利义务外，也会明确规定何种情况、何时退款。按照行规，小笔金额的退款应在拍卖结束后一周之内完成，因此如果你没有违规，对方却扣留你的保证金，你可以持该文件提起诉讼。但是需要特别提醒你的是，相关文件上一定要加盖公章。

业内人士还提醒消费者应该注意，如果标的物较多，那么现场看房时，要注意多看几种户型，在和家人商量的过程中，多确定几个目标。拍卖会上一旦第一个标的争夺比较激烈，那么还可以考虑参与第二个标的争夺，这样无疑给自己多了几个选择的机会，在参拍时也比较容易获得成功。

实际操作中，有的公司是从办理入住到产权过户，一路负责到底；如果不负责办理相关事宜，那么在拍卖前应当做出说明，因此打算参拍的消费者应在预展时询问清楚，否则办理今后的入住和过户有可能真会把自己拖得筋疲力尽，那就得不偿失了。

最后，消费者应该到一些有拍卖资格的大拍卖行进行拍卖房产的交易，现在有些不规范的房产中介机构也在没有任何资质的条件下，私下举行所谓的拍卖会，这对我们来说是没有任何保障的。所以消费者在走进拍卖行之前一定要找有信誉的大公司。

购买小产权房存在风险

"小产权房"并不是一个法律上的概念，通常是指村集体经济组织在集体土地上集中建设用于安置集体内部成员的农民住宅楼后，擅自将其中一部分房屋销售给本集体经济组织以外的成员，擅自销售的那一部分房屋。这类房屋无法办理房屋所有权证，仅有乡镇政府（街道办事处）或村委会（居委会）的盖章证明其权属。

近些年，随着房价的持续走高，许多购房者将目光转向了看似物美价廉的小产权房。殊不知，小产权房后面有很多不为人知的"雷区"。购买看似便宜的小产权房，实则可能要承担一系列风险。

1. 落户是大麻烦

因为难以在当地落户，交社会医疗保险、行使选举权等都不能与当地相关部门进行对接，从外地迁入的业主，很难融入当地的生活圈子。

2. 业主权益难保障

真正让小产权房业主们普遍困扰的是在正当权益受到侵犯时，无法得到及时保障。小产权房因房价低，不仅基础设施配套跟不上，物业管理也是十分混乱。直到出现纠纷需要调解时，他们才被相关部门告知，由于不具备房屋产权，恐怕难以得到法律支持。

因为"小产权房"业主拥有的实际上只是集体土地房的使用权，所以涉及房屋产权人才有的权益时，根本无权主张，"他们至多算是业主代表，维权时身份很尴尬"。

3. 无法申请办理房屋产权登记，不能依法上市交易

小产权房不是在国有建设用地上建设的，没有国有建设用地使用权证，不能办理相关的用地规划、建设工程规划、建筑施工许可等批准许可手续以及质量、消防、环保等竣工验收手续，最终无法办理房屋所有权证。相应的，买受小产权房后再次出卖，也就只可能是进行"地下交易"，无法在房管部门办理登记过户手续。

4. 无法办理继承手续

小产权房手续不全，若买受人购房后去世，其继承人也无法办理正式的继承和登记手续。

5. 无法办理抵押借款

小产权房手续不全，银行等金融机构将不会同意以小产权房作为合法的抵押物发放贷款。

6. 房屋质量无法保证

小产权房的地质勘察、建设工程设计、施工、监理等各个环节均不是严格按照《招标投标法》的规定进行操作的，对建设工程施工承包人的资质和工程施工质量等问题也难以进行有效的监控，相关各方为追求利益的最大化难免会牺牲买受人的利益。因此，小产权房存在质量问题的情况是很常见的。一旦质量问题暴露出来，可能又要面临档案不全、各方面敷衍、回避、施工单位无处追寻等问题。

7. 存在政策风险

"2009 年，北京通州 5 栋'小产权房'被强拆，这次事件应该引起所有'小产权房'拥趸的警觉。"小产权房如果遇到和国家规划相冲突，很可能就会被作为违章建筑拆除，而且很难得到拆迁补偿。"很多人当初购买'小产权房'，是出于一种侥幸心理，以为终会盼来'转正'的一天，但国家政策下步会怎样，谁也说不准，所以，购买'小产权房'肯定是步险棋。"

投资二手房需注意的问题

买新房似乎成了遥遥无期的梦想，所以二手房就成了一种被追捧的方式，只是在购买二手房时也有很多问题需要注意：

（1）看房子要有恒心，要做好艰苦的准备。因为大多数单价便宜的房子基本上都不会让人很满意。下面就有一个人历时半年看房，最终确定一套房子的亲身经历。

"在东莞工作几年后，我逐渐对这座城市有了一定的感情，并有了安家东莞的想法，甚至曾一度梦想能买一套新房，哪怕小一点。"来东莞 3 年，从事媒体工作的傅岩说，由于压力太大和房价日渐攀升等原因，原有的想法开始逐渐被放弃。"我开始换位思考，并打算在二手房中为自己挑选一个合适的家。"

于是在 2002 年底，每逢周末，他和女友就游走于城区的大街小巷之间，并光顾了无数家中介公司。"大约看了 20 多套房，当然收获也不小，基本上做到心中有底。"他以略带几分得意的口吻说，对于每个区域的二手房只要到现场一看，大致能摸准其处于什么价位，"中介公司压根别想浑水摸鱼"。

"看来看去，今年 5 月最终相中了南城老海关附近一套 116 平方米的二手房。"他认为，该房户型方正，空间利用不错且十分通透，公摊面积也相对较小，周边交通和购物场所均一应俱全，是比较理想的宜居之地。或许由于业主是本地人的原因，双方在杀价 1.5 万元之后，便于次日以 36 万元的价格爽快成交，真正做到了"该出手时就出手"，从而结束了搬来迁去的租住生活。

在首付之后，他每月只需月供 2000 元，并可在 5 年内还清尾款。"与买新房相比，差不多省下了一半的价钱，如果除去原来每月六七百元的月租，实际支出完全在自己的承受范围之内。"傅岩欣慰地表示，此举将可让自己轻松地过好"小日子"。

（2）长辈看房子眼光独到，看中好的房子，带长辈看一下，更能决定结果。因为长辈毕竟和房子打交道的时间比自己长，更能明白什么样的房子是好的，什么样的房子是金玉其外，败絮其中。

（3）好的房子不能犹豫太久，出手尽量要快。因为现在买房子的人毕竟是多数，如果你下手稍微晚了一点，就会被别人抢先，而给自己添了无穷悔恨。

（4）不能完全排斥中介公司的作用，虽然他们收的费用比较高，但是为我们省去了很多烦心事。比如说，中介公司会帮我们办理各种证件，水电煤气物业费都会和房东了清，原房主的户口也会迁出，这对外地人购房非常重要。中介公司的收费有商量的余地。如果同一房源挂了很多中介公司，那么为了争夺客户，他们会有适当优惠；如果房东只委托唯一的中介公司，那么就比较难了。

（5）房子周围的设施很重要。淘房中对二手房所处区位环境的选择十分重要，如果不想将时间浪费在上下班的途中，最好在自己工作单位附近选择一套相对合适的二手房，同时考察其周边的大型超市、菜市场以及医院学校等设施是否配套，通常多年的老社区一般都会形成较为成熟的社区服务环境。同时，购房者最好事先了解一些必要的购房知识，以便在看房时充分检查房屋的自身质量，比如，楼板是否有裂缝或厨卫是否漏水等。切记购买有产权的二手房，这样的房子才能真正属于自己。

（6）找一个老练的中介员工，如果诚心帮你买房，你看房子的成功率会提高许多。"实际上，买二手房只要多看多走，一定能够淘到自己满意的房子。"这是"过来人"的真实感受。在淘房过程中，与中介公司人员多交朋友很有必要，毕竟现在低价急抛的二手房已经不多，一旦有明显低于市场价的好房源，通常都会在几天之内便被卖掉。而中介人员为了提高成交率，自然也会事先通知自己熟悉并有购买诚意的客户，这样便可随时掌握第一信息。

（7）购买前，算好三笔账。

一是算好市场前景账。

二是算准购房经济账。据有关资料显示，大中城市地段较好的房屋每年的租金收入一般在房价的 6％～8％。楼房设计使用寿命一般为 50～70 年，按最低使用年限 50 年计算，年折旧率为 2％，扣除折旧因素实际年租金收入为房价的（即年收益率）4％～6％。投资二手房产比投资 5 年期国债收益高出 0.86～2.86 个百分点，即与年利 3.14％的国债相比增加 27.4％～91.1％的收益，比现行各类定期存款所得利息收益更高。二手房产价格受折旧和其他因素影响，比市场上新房价格便宜很多，实际所得收益会高于前述的平均收益。

三要算清房价变化账。随着取消职工福利分房和住房分配货币化进程的加快以及工薪阶层增资机制的进一步规范，城镇居民的收入水平逐步提高，物价指数自然是稳中有升。对于二手房的投资，要结合本地区的实际情况，留出选择空间和余地，有计划地把二手房产作为一种投资和理财渠道。贷款投资二手房在经济上收益并非都划算，存在着一定的风险。但是如果选择贷款还款额不超过家庭月收入的 40％、贷款总额占房产总额50％以下的，仍是一种好的理财方式。所以，投资者只要能找出投资的最佳切入点，获得收益当在情理之中。

如何规避二手房交易风险

二手房交易中有许多潜在的风险，了解二手房交易中的相关知识，不仅能增加二手房买卖的"保险系数"，规避交易风险，减少交易纠纷，同时还可以省心、省时、省力。

以下是一些典型案例分析，希望对二手房买卖双方能有所帮助。

1. 所有权不清的房屋不能购买

刘先生看中了陈女士的一套面积为62平方米两房一厅的房屋，双方约定成交总价为13万元。刘先生先预付40％的房款就可得到房屋钥匙，过户手续办完后，刘先生再将尾款付清。刘先生很爽快地付了52000元给陈女士，陈女士打了收条并将房门钥匙交给了刘先生，两人约好第二天去办理过户手续。没想到在办理过户手续时，陈女士前夫提出，这套房子是他和陈女士的共同财产，产权证上的产权人是他和陈女士两个人，他不同意将房子出卖，这笔交易不能进行。刘先生一下子恼了，满腔怒火向陈女士发泄，言语自然不好听，陈女士也不甘示弱，双方大吵了一场，刘先生向陈女士讨要预付的房款也没有结果，大家不欢而散。而后，刘先生以不归还房门钥匙为要挟，经过几番讨要，才终于要回了52000元，原本高高兴兴的买房却变成了一场劳心费神的闹剧。

上述案例中，刘先生没有查看对方有关房屋资料，也没有对房屋的所有权进行确认就草率地支付部分房款，如果卖方并非房屋所有权人，买方的房款可能一分钱也收不回来。案例中刘先生虽然大费周折才收回房款，已经算是比较好的结局。

为了有效地规避风险，在二手房交易中买方应注意以下几个重要问题：

（1）买方应查看卖方的房屋资料是否齐全。二手房交易是否成功，以办理完过户手续为标志，并非房屋到了买方手里就归买方所有，而办理二手房买卖手续需要不少的证件和资料。若买卖的房屋为商品房就需要房屋的产权证、土地证、契税证等，若买卖的房屋为房改房就需要房屋的产权证、上市证等，这些证件缺少任何一样都不能办理过户手续。本案例中的刘先生事前并不了解这些情况。

（2）不能购买所有权不清楚的房屋。二手房交易过程中，房屋所有权的情况对交易是否成功有着很大的关系。买方应了解出卖的房屋是否属继承的财产，是否有其他共同继承人，卖方要出示相关的继承公证证明。其次，买方要了解卖方的婚姻状况。卖方为单身需要出示单身证明；已婚的需要出示夫妻双方的身份证和卖方配偶同意出售该房的证明；离异或丧偶的则需要卖方出示相关的财产公证证明。

（3）没有办理过户手续不要支付全款。为了确保买方的利益，买方在办理过户手续前，最高只能支付 80％左右的房款给卖方，待办完过户手续方可支付尾款。

2. 未收到购房款不要办理过户手续

李先生在大街小巷张贴售房启事，打算出售一套 96 平方米的三房两厅房屋，售房启事贴出后不久，一位姓章的先生致电表示愿意购房，看房后双方签订了一份协议约定成交价为 10.3 万元，办理过户手续时产生的费用双方各付一半。协议签订后，李先生就将所有的过户资料都交到产权部门办理过户手续。过了 10 天左右，章先生致电李先生，说他急需用钱不能买房了，之后就再也没有出现。

在二手房交易中，对卖方而言最主要的风险即是在未收到购房款或任何抵押金的情况下，就办理过户手续，如上述案例中李先生这样，因为对方失约，导致交易夭折，因而需要办理二次过户手续，费时费事不说，还损失了一笔费用。

消费者在购房时，应着重注意：

（1）买卖双方在办理过户手续前，卖方应收取一定金额的购房款，在双方签订的买卖协议中约定如果买方失约，应承担一定的违约责任。

（2）卖方在办理过户手续之前交房给买方，应约定在没有收到全部房款前，房屋里的所有设施买方不得损坏，以避免交易不成功带来的不必要纠纷。

3. 先申请按揭再办理过户手续

金先生和吴小姐相互约定，吴小姐以 18 万元总价购买金先生的一套住宅，吴小姐先支付 8 万元给金先生，其余 10 万元按揭贷款，双方到产权部门办理了过户手续。吴小姐以过户后的产权证为抵押向银行申请贷款，不料，银行在审批过程中以吴小姐不具备相应的还款能力为由拒绝了贷款申请，两人都没有料到好端端的一宗买卖会泡汤。

在二手房按揭中，出现最多的问题就是借款人的贷款申请被银行拒绝，导致交易不能完成，给双方造成一定的经济损失，上述案例就是如此。吴小姐在不清楚自己能否申请到银行贷款前就同金先生办理了过户手续，最后功亏一篑，不仅买房不成，还要在办理过户手续中支付相关的费用。如果吴小姐在办理过户手续之前申请银行贷款就可以降低一些风险。

二手房交易的风险在二手房按揭过程中同样存在，交易双方应尽量规避。在办理按揭手续时存在的风险主要有：

（1）一般情况下，办理二手房按揭，交易双方应该在办理过户手续之前申请较好；而在办理过户手续之后再申请，就会造成交易不成的危险。银行在审批贷款时除了要调查买方的经济状况，有无还款能力外，还要求双方提供房屋的评估报告，取评估价和交易价中较低的价格确定其贷款金额。买方需要支付不少于 30％的首期款，同时，贷款年限还要以房屋的使用年限等因素进行确定。买卖双方不清楚这些环节都有可能导致交易失败。

（2）办理二手房按揭，需要办理完过户手续，产权人的名字由卖方更换为买方后，才能以该处房产作为抵押申请贷款。一般情况下，在办理过户手续前，买方只会支付首期款，如果买方恶意拖延办理按揭手续的时间，卖方也就迟迟不能收到卖房的尾款。卖方可要求买方提供担保人或质押等方式避免此类风险。

（3）为了有效地规避二手房按揭中的风险，建议使用银行提供的新业务。据建设银行的有关负责人介绍，建行推出了特色产品——"百易安"交易资金托管业务，由银行作为中间人确保卖房人收到全额的卖房款，即买卖双方在谈妥了交易价格签订买卖协议后，在银行的监督下办理过户等手续。首期款的支付以及尾款的收取等都通过银行进行，这样来保证买卖双方的利益，收费标准是 50 万元以下收取 3.5‰～5‰，低于 200 元的按 200 元收取。

投资社区底商的益处

买住宅社区底商相当于同时"购买"了庞大的顾客群，随着住宅区的逐渐成熟，附近客源像滚雪球一样积累，投资者回报率自然有了保障。相对于产权酒店、写字楼等项目来说，住宅底商更适合资金比较少的中小投资者。

一般来说，如果底商只占社区很小的面积比例，并且周边商业尚不成熟，住户对底商依赖性比较大，则投资者的投资回报率比较高。只要经营项目及风格与客户需求基本吻合，赢利前景才会一片光明。

低风险可谓是社区底商最吸引人的地方。社区底商最适合中小投资者，并且将成为新的投资热点。

1. 社区底商贵在"方便"

"方便"二字最能表达社区底商给居民带来的好处，对此，刚刚在买了房子的张女士感触颇多："小区附近配套设施齐全，不仅购物方便，平时有个头疼脑热，不用跑大医院，走两分钟就是社区医院；家里来个亲戚朋友，楼下就是饭店，省去了自己在家做饭的麻烦。"

房产专家认为，居民不仅需要繁华的城市、地区商业中心，更需要网点齐全、业态合理、功能完备、具备一定服务水平的社区商业。在未来几年内，社区商业将有较大的发展空间，那些地理位置优越、交通便利的大盘底商的增值潜力也会彰显出来。它们通常在服务小区居民的同时，还会对周边区域住户、学校等产生辐射作用，只要商铺业态定位准确，势必会吸引附近众多社区居民，从而提升社区底商的价格。

2. 最适合个人投资

一般住宅，特别是高层住宅的第一层、第二层销售都比较困难，其价格也较其他层位低，开发商通过转向做底商，可以把价格卖得更好，同时小区的商业配套也得以解决。目前的长春市场上，大盘社区因为有多而稳定的住户，商铺的经营胜算相对较高，投资风险相对小一些，其底商也率先受到投资者的青睐。

房产专家认为，社区底商作为市场基础最成熟的商业地产类型，很适合个人投资者。一方面，只要售价合理，投资风险相对较低，空租率较低，租金收益可以得到保证；另一方面，如果住宅项目规模大，居住人口消费能力强，其投资收益可以很好地得到保证。

3. 社区底商潜力不小

"如果选择房地产投资，社区底商非常有前景！"今年57岁的李女士，以6000元/平方米购买了一处170平方米的社区底商，一些洗衣店、超市、快餐店等的经营者争抢着租，现在每月租金1万元。

据预计，10年内我国社区消费将占到全社会商品零售额的1/3以上，这是一个潜力非常巨大的新兴市场，低风险是其最吸引人的地方，买社区底商相当于同时"购买"了庞大的顾客群。

投资底商虽然赢利前景看好，但并不是所有底商都能赚钱。无论投资者自营、出租，还是转手出售，时间都是中小投资者最大的敌人。商铺需要养铺的时间，在商业氛围尚不成熟的阶段，底商投资者将承受相当一段时间的低迷期，投资的前几年内，店铺有可能出现零收益。所以，投资社区底商也有门道。

相对于其他地产投资来说，社区底商的投资风险虽然相对较小，但如果不仔细考察，也很容易造成不必要的损失。如何把投资底商的风险降到最低？有以下一些建议：

社区规模：既然是社区商业，当然要先考虑社区规模。社区规模的大小决定了入住人口的数量，入住人口越多，消费的总量就越大，这样商铺投资的前景就越好。

停车条件：底商的停车条件依赖于社区自身的停车设施。考虑到可能吸引外部消费者，所以在依赖社区停车设施的基础上，沿街并且朝向外部的商业门面依然需要一定数量的停车位。

广泛适应性：社区底商项目的规划设计指标要遵循广泛适应性原则，这样的商铺可以适用各种业态投资的需要。如加入排烟通风系统以方便以后进行餐饮投资，整个项目规划设计的科学与否，对于社区底商价值至关重要，投资者需要特别的关注。

区域的整体规划及社区本身的商业规划：选商铺时，还要看区域的整体规划以及社区本身的商业规划。在规划上是内聚性的还是外延性的，这决定了整体商业商圈的服务半径，这里面包括了商业功能的规划、交通以及相关的配套设施等。服务半径越长，商铺价值就越高。

投资产权式商铺的风险

对于如何投资产权式商铺，房产专家认为3个原则是不可忽视的：首先是看位置，最基本的依据就是人流；其次是要看开发商目前的经营状况，不要相信未来的承诺和许诺；此外，还要调查开发商的实力、经营治理水平以及明确产权的分割情况等。

我们不妨看看北京碧溪家居广场的例子。有一天，一则招商广告引起了李女士的注意。北京碧溪家居广场在北京某都市报上刊登了一则半版的招商广告，广告声称投资碧溪家居广场的产权式商铺，年收益可以达到10％以上，一次性投入只有16万元，并且可以分期贷款。广告还称投资产权式商铺后，投资人无须自己治理，由专业的投资治理公司负责经营。

李女士觉得投资这个项目比较适合自己，一来投资回报率比银行利息高得多，二来也不需要自己亲自经营。但是毕竟投入不小，她还是专门赶到碧溪家居广场进行了实地考察。位于西南三环的碧溪家居广场位置很不错，规模也很大，有5万平方米的营业面积，产权式商铺被分割成几千个13.34平方米的标准摊位进行出售。

对于投资风险问题，李女士咨询了碧溪家居广场。碧溪家居宣称，以碧溪家居广场5万平方米的房产、营业收入以及碧溪温泉饭店的收入、购买者的收益做担保。碧溪家居还提出了保值、增值性回购办法——碧溪3年内可原价回购商铺，超过3年，每年递增原价的5％，截止第10年为原价的135％回购。

最后，李女士决定投资碧溪家居广场的产权式商铺。她拿出16万元交给碧溪家居广场的治理公司。第一个季度李女士如期拿到了治理公司——北京腾飞物业投资公司发给的租金，然而从第二个季度开始，治理公司以资金周转出了一些问题为理由推迟发放租金。从第三个季度开始，李女士就已经拿不到租金收益了。不得已，李女士把碧溪家居广场告上法庭。经过调查才发现原来碧溪家居广场由于资金出现问题而将李女士及其他投资人投资的产权式商铺早已抵押给了银行。

事实上，2002年之前，碧溪家居广场就以大楼为抵押，向银行借款2.88亿元。随后又将大楼化整为零出售商铺。但是碧溪在向投资者出售商铺时，隐瞒大楼被抵押的实情。这导致了业主投资的商铺产权问题无法办理。最后，碧溪家居广场只能和业主摊牌。而此时，碧溪已与2000多人签订合同，销售额达6亿多元。

产权式商铺是近年来兴起的物业形态，投资者出于投资目的，将商铺委托发展商或品牌经营商统一经营，以获得稳定的投资回报——租金收益。这种模式始于深圳等沿海城市，盛行之初的成功运作，着实让它风光了一把，制造了一个又一个"投资小、风险小、回报稳定"的投资神话。

然而，北京碧溪家居广场的失败案例让投资者看到，所谓的"投资小、风险小、回报稳定"只是一种理想，任何一种投资行为都存在不可预料的风险，要害是在投资前要做好分析和判定。

具体到北京碧溪家居广场这个项目，从零售治理学角度讲，就要引入目标商店和附着式商店的概念。显然碧溪家居广场是定位成目标商店，但是作为一个家居广场，把整个项目划分为几千个小摊位来经营，这种做法在专业人士看来是没有前途的，存在巨大风险。毕竟家居广场不是小商品批发市场，过多的摊位没有足够的人流支撑是很难经营下去的，而碧溪家居广场城乡结合地带的位置也决定了客流不可能很大，很难满足数千个摊位的经营需求。碧溪家居广场要想成为一个成功的目标商店显然并不容易，其经营模式和定位都存在问题。对于这一点，是被多数投资者忽略的。

因此，从实际的经营看，产权式商铺投资在目前是一种高风险、高回报率的投资品种，存在许多风险。有没有人来租、租金有多少、赢利的来源等一系列问题都要考虑到。同时，产权式商铺涉及了开发商、经营者和众多分散投资者，利益分割很细，情况复杂。假如开发商、经营者任何一方出现问题，对小业主都会带来重大损失。所以，业主应该自发成立一个统一的组织，有利于统一意见，对维权活动的进行比较有利。

房地产专家认为，附着式商店的投资风险相对小一些，只要找对了成功的目标商店，和目标商店形成错位经营，附着式商店一般都可以取得不错的投资回报。

警惕产权式商铺的陷阱

目前，越来越多的人选择投资产权式商铺，正是为所谓的"高回报率"所诱惑，但结果往往是纠纷频发。

近年来，北京、上海等地均出现过因产权式商铺而引起的纠纷事件。当年红极一时的北京某产权式商铺总投资6亿元，拥有4000个商铺铺位，但最终因无法兑现"高回报"承诺，结果让数百名投资者血本无归。

产权商铺的投资回报率究竟在何种区间才合理？投资专家说："谁也无法给出答案，商铺投资的回报率最终还要靠后期的经营管理来获得，预期收益有很大的不确定性。"产权式商铺对投资回报的承诺，本身就存在"泡沫"成分。当前国内零售业平均利润仅为2%，而多数产权式商铺会承诺6%～8%的年回报率，"本身就是一种比较虚的做法。"这也正是产权式商铺纠纷频发的根本原因。

而所谓的"售后包租"实际上是卖铺的一种噱头，更多的是开发商玩的一个财务技巧。从表面上看，开发商开出8%、10%甚至12%的售后包租收益率，但实际上，开发商通过提高商铺售价，已将今后要付给投资者的利息预提出来了。此外，"先售后租"也并非像商家承诺的那样是"绝对的零风险"。业内人士称，这种模式除了利于开发商短时间内快速回笼资金外，最大的好处是将企业经营的风险层层下放到业主那里。因为按照协议，产权和经营权是分开的，企业万一经营不佳了，意味着业主商铺的价值也开始大打折扣，但这对于无产权的管理者来说，却是损失全无。

业内专家有种普遍的看法，认为中国的产权式商铺带有一定的投机色彩。一般说来，产权式商铺投资者分为投资者、管理经营公司和业主，通行的做法是开发商只建不管，商铺售完后抽身，委托一家管理公司运作具体经营。开发商希望开发周期越短越好，尽快套现，不太重视商铺的后续经营，尽量将经营风险转嫁给业主；管理公司也存在短线投资的硬伤，缺乏足够经验和对行业本身的了解。从业主来看，购买产权商铺，一是转让投资，二是自己经营，三是靠出租获取收益。由于产权过于分散，尽管有业主委员会从中协调，但开发商丧失整体项目的掌控权，无法对大局进行调整，业主各自为战，经营品种混乱，不能形成规模效应；商铺还可能因为投资者专业化程度不高、与区域内消费者的购买力不协调等因素，造成后期经营困难。

与国内大多数产权商铺不同，在西方一些国家，产权商铺由开发商开发以后销售给中小投资者。但投资者不参与经营，而是共同委托给有信誉、有经营能力的运营商来运营。投资者购买商铺，实际上只是获得了特定期限、特定回报率的回报。

目前，国内开始有一些产权商铺开发商自己经营管理，在看到了"一售了之"带来的惨痛后果后，开发商在经营模式上开始摸索创新。如北京的不少产权商铺开始通过银行担保、包租、回购等多种模式保障投资回报，并建立专业运营团队进行管理。

那么，投资产权式商铺如何规避风险呢？

当前，一些房地产商为了使自己开发的商用楼盘尽快脱手，通过各种炒作，推出"产权式商铺"投资新理念。北京市上德律师事务所副主任骆巧玲律师提醒广大中小投资者，在当前商用房空置率较高的情形下，要特别警惕这种新的投资陷阱。

产权式商铺分为两种业态，中小投资者要注意识别。

一种是"虚拟产权式商铺"。开发商将超市、百货大楼等开放式卖场进行面积概念分割，小商铺之间无墙隔离，不划分实际区域，产权登记在投资者名下，并在一定期限包租，购房者无法自行经营。这种商铺本身不具有独立使用的价值，产权成了虚拟的收益权属。在这种情况下，投资者如期获得收益的前提是商场的整体经营必须良好，否则，一旦商场整体运作出现问题，投资者的回报就如同无本之木。目前，市场的商铺销售主要以"虚拟产权式商铺"为主，而事实也证明，"虚拟产权式商铺"纠纷频发。

另一种则是"独立产权商铺"。这种商铺与"虚拟产权式商铺"的根本区别是，真正拥有分割的独立产权的物业形态，购买这种商铺的投资者可以自营，也可以出租，或是让经营公司包租。这样投资者就真正拥有了处置权，拥有独立产权的独立商铺对投资者而言无疑是风险最低的。当然，投资者在选择这样的"独立产权商铺"时，还要综合考虑所选择商铺的各方面条件。一般而言，区位、交通物流、商业氛围、开发商背景、主力商户、项目规划、运营管理、升值潜力等要素，是每一个明智投资者在进行投资时都应考虑的。

产权商铺在销售中一般有以下 3 种模式：

第一种是委托经营。投资者买商铺，买后把商铺委托给开发商来经营，开发商把商铺出租给其他人，投资者坐等收益。开发商提出一个固定回报的保证，承诺如果收益达不到一定的比例，他会把房子买回来。从法律的角度看，这种模式的合法性是值得质疑的。

第二种是投资者直接把商铺出租给开发商，然后允许开发商转租，开发商会把商铺转交给经营单位。开发商按照通常房租的收益给投资者返钱，开发商会承诺，如果租金达不到承诺的比例，到时候可以把房子回购。回购是开发商对自己回报的担保方式，但这首先要看固定回报是否合法。从法律上来说，回购是一个担保合同，固定回报的做法本身是违法的。

第三种是房子卖给投资者，然后投资者又把房子委托给经营单位经营，开发商再给予一个保证。

专家认为，第二种模式相对还是比较可靠的。房子租给开发商，开发商给出一定回报，这是可以的。但是有一个大前提必须确定，产权商铺销售时必须是现房，不允许是期房。现房的意义是房子不单单是封顶，且要竣工，并已经是验收合格备案了的。

如何投资带租约商铺

目前商铺投资者选择投资购买商铺，一般有两种方式：一种是购买发展商的一手商铺；另一种是购买二手商铺。两种方式各有千秋，很多购买二手商铺的投资者，往往更看重稳定的租金回报，而二手商铺往往都带有租约，因此，受到了很多稳健型投资者的欢迎。那么，投资者该如何正确评估带租约商铺的投资价值呢？

2001 年 11 月有一个公司曾接受一家单位委托，出售一套面积为 401 平方米的底楼商铺。在签订买卖委托合同时，房东方同时提供了一份自 2000 年 7 月开始至 2005 年 6 月止，为期 5 年，租金为 30 万元人民币/年的租赁合同，租客是一家茶坊，出售委托价格为 450 万元人民币。

在推荐一些客户后，发现投资者都有兴趣实地去察看该商铺，但当了解到租约时，却普遍都表现出购买意愿不强，原因很简单：人们一致认为租金的投资回报率偏低。当时购买商铺的投资者，普遍心理预期均达到8%～10%，而该商铺的投资回报率仅为7%还不到。因此，投资者购买意愿显得不高。

经过实地调查，该商铺周边的商铺租赁行情当时达到4.00～4.50元/平方米/天，而委托商铺出租的单价仅达到2.04元/平方米/天，有明显被低估的嫌疑。

于是，在接下来继续向客户推荐时，该公司一方面说明租约的真实情况；另一方面，也着重介绍了实地市调的真实租金情况，同时请投资者亲自去实地市调，一则了解租客的实际经营情况，二来以证实租赁行情数据的真实性。

结果，没过多久，就有一位睿智的温州投资者果断地出手买下了该商铺。

当租期到期后，该商铺重新出租时，年租金已达80多万元，以后出售时，利润很可能会越来越高。

确定了正常市场租金单价，这位投资者获得了较高的市场回报。

购买带租约商铺注意要点：

（1）租约的真实性：既要防止房东方为获取高售价而刻意拔高租金的现象，又要查询租客的经营能力。相对而言，品牌连锁商家的履约能力较强。

（2）租期长短：租期太长，有利有弊；有利的一面是租金收益稳定，不利的一面是租金失去了上涨空间，对此投资者应有自己的打算。

（3）关于回报率：建议投资者分两部分计算投资回报率。

第一部分计算租期内的回报率，因为这一部分一般是固定不变的，除非租客中途退租。

第二部分是租约到期后未来预期投资回报率，对于这部分投资回报计算应建立在市场真实租金的基础上。

如何投资写字楼

随着写字楼市场的日渐火热，越来越多的投资者非常注意办公楼行情，在投资办公楼时到底怎样选择质量较好的产品？希望以下能给投资者一些帮助。

1. 在准备投资写字楼之前，如何计算该盘的年回报率？

年回报率＝（每平方米的租金÷每平方米的售价）×12个月。如果某个写字楼单位年回报率达到8%～10%，则可投资购买。超过10%的年回报率，自然最佳。

2. 哪些区域的写字楼投资及升值空间最大？

从地域分布看，一些正在规划升级中的城市副中心区和轨道交通便利的近郊地区正成为写字楼的扩张区，这些地方升值空间也相对较大。

3. 区域位置在投资中真的很重要吗？

区域位置在投资中的地位很重要。总的说来，交通便利且写字楼相对集中、办公氛围良好的地方投资价值更高。

4. 公共交通在写字楼投资中占据什么位置？

写字楼所处的交通位置及便利程度非常重要。如果某个写字楼地处偏远，交通不便，或交通拥挤，那肯定不适合投资。如写字楼处于地铁旁，周边交通线路发达，价格又合适，那就可以投资。除此外，写字楼所拥有的停车位多少，也很重要。

5. 写字楼层高及电梯容量、数量重要吗？周边配套设施呢？

很重要。高层的写字楼，在里面办公感觉心情舒畅。而电梯数量的多少，决定上下班时的便利度及拥挤度，电梯容量则决定载运货物时是否便利，以及载人的多少。至于周边配套，就更重要了。选择投资某个写字楼时，一定要周密考查周边配套设施，像银行、商店、餐饮、公寓等，功能是否齐全。

6. 写字楼周边自然景观及楼层小花园、绿化等，起什么作用？

如果某个写字楼周边全是高层建筑物，其视线必然被挡，就谈不上什么自然景观了。因为人工作到一定时候，势必疲惫。楼层里设置的公共小花园及小花园里的植被绿化，可以达到放松身心的目的。而写字楼外的自然景观，则可以让人凭栏远眺心旷神怡，以利于休息养神。

7. 写字楼的大堂和走廊重要吗？

当然重要。试想一下，如某个写字楼一楼大堂和走廊阴暗狭窄，客户进入该写字楼会怎么想？而宽敞明亮高空间的大堂和走廊，必让人心情舒畅，工作愉快。大堂也是决定写字楼档次的标志之一。

8. 为写字楼服务的物业公司重要吗？

非常重要。因为物业管理公司直接决定某个写字楼的用水、用电、垃圾清运、空调供应、车位管理等方方面面的问题。选择投资某个写字楼时，调查物管公司情况亦不容忽视。最好选择国际性的物管公司。

9. 如何办理写字楼租赁手续？

投资者购买了某写字楼后，如有租客求租，首先，买卖双方签署租赁合同；其次，将租赁合同原件、出租和承租人的身份证明、公司营业执照（复印件）、产权证原件出示给房屋所在地街道并做登记申请；最后，将租赁合同原件、出租和承租人的身份证明、公司营业执照（复印件）交至所在区房地产交易中心，办理租赁登记，并按规定缴付款项。

10. 选择带租约的二手写字楼如何？

这是明智之举，尤其带租约的升值潜力大。据统计，租约长达3～5年的二手写字楼，哪怕售价与附近写字楼相比高出2000～3000元/平方米也可以考虑购买。如几个月空置，管理费的损失对写字楼整体租金收入影响很大。

在投资办公楼时要综合各方面的情况，除了经验以外，最主要的是客观分析，多比较。最好能有专家的指点。

切忌盲目投资写字楼

一家贸易公司的老板廖先生信风水，最初因为希望能够在某个风水宝地固定下来，所以买了一套150平方米的写字楼。没想到，这笔投资给他帮上了大忙。在廖先生的公司扩大规模后，出现暂时资金周转困难，购置的写字楼就此变成了融资工具，到银行做抵押贷到了100万元。

类似廖先生这样的情况并不少，实际上，个人投资者购买写字楼用于投资的现象也有上升。房产专家介绍，因为写字楼的投资做短线并不实际，因此都是以长线投资为主。"即使100万元要投资写字楼并不是不可能，小面积、中低档的写字楼，或者早起的甲级写字楼也可以买得到。"写字楼的投资，唯有高端和低端之分。"要么买最贵的，要么买最便宜的。"

最便宜的写字楼，总价低，实用性强，管理费也不会太高，不是中央空调，管理费一般在10元以下，适用于资金有限的投资新手。高端写字楼，投资回报率高，客户群最多，同样质数的产品也最少，因此不担心空置时间太长，而且还可以享受升值的潜力。

投资写字楼，实际上租金是回报的重要组成部分，转手卖出则要看准时机。比如，某地区，一套80平方米的写字楼，现在买是200多万元。如果以1.1万元的租金出租，一年的租金回报大概是14万元。由于写字楼的转手税费比较重，因此一定要有足够的赢利空间，才能转手。如果转手写字楼，除了3个点的契税外，增值税部分就是增值部分的30%，营业税是增值部分的5.5个点。因此，转手有着高昂的成本，会去掉物业增值很大的一部分，也突显了写字楼租金收益的重要性。商业地产的持有风险也是必须考虑在内的。比如，写字楼的持有成本，主要来自于管理费、电费等。目前广州，一般乙级写字楼的管理费在10～15元/平方米，甲级写字楼的管理费在20～30元/平方米。此外，很多写字楼安装的都是中央空调。这表示如果你的写字楼物业没有出租，不仅要面临每个月的按揭费用，还有比较高额的管理费、电费等支出。

那么，如何规避写字楼投资风险？

首先，投资者必须认识到写字楼投资是一个资金较大的投资项目，它的交易税费要高于普通住宅。由于受到银行贷款成数、贷款年数的限制，以及高于住宅的贷款利率，投资的先期成本较高。写字楼的物业管理费也要高于普通住宅，这些费用在物业空置时期对投资者的影响是比较大的，要做好充分的心理准备。

其次，写字楼所处的地理位置是投资成败的重要因素之一。一般同等品质的楼盘而不同的区域位置，价格差异会很大。作为投资者来说，不能盲目考虑降低投资成本，去选择一些地理位置较偏，但售价相对便宜的物业，这样反而会加大投资风险。

最后，对投资者来说比较重要的一点，就是物业所属的发展商实力及物业管理公司在行业内的信誉。因为写字楼是一种长期持有物业，如何使其在若干年甚至更长一段时间内保持比较高的品质，这就需要发展商的高水平建设以及物业管理公司精心的维护，只有这样，投资才会真正令人放心。

小心房地产广告陷阱

只要打开报纸，总会发现林林总总的房地产广告占据不少版面，有山有水，有天有地，让众多有意置业者为之心动。其实，广告里面隐藏着很多"陷阱"，有些广告欺骗性很大，令人防不胜防。总结起来，主要有以下几种：

1. 比例"失调"

比例"失调"问题在房地产广告中比比皆是，其主要表现为：一是路程距离比例"失调"，二是楼盘规模比例"失调"。

为了让购房者明确楼盘的位置，房地产广告大都附有简单的图示。但到实地一看，发现这些图示颇有误导之嫌。比如，广州市天河区紧邻某名牌大学的一个楼盘，虽然其占地面积不足旁边大学1/3，但其广告图示却把该楼盘面积极尽"放大"：旁边的大学反而被挤得只剩下一丁点儿，此举无疑误导了买家，以为该盘规模比旁边大学还要大。

2. 盲目提速

购房置业，人们都希望住处离上班地点、上学地方更近，或者道路顺畅交通方便。然而仅听信广告却经常受骗。

3. 低价诱惑

价格是消费者购房置业考虑最多的因素。很多房地产广告抓住了人们追求"物美价廉"产品的心理，大打"价格战"，用低价招徕购房者。常见的有：推出20套特价房，或者最低每平方米××××元（起）。所标价格几乎是全市最便宜的。人们看了广告后蜂拥而至，却发现那只是商家的一个销售手段，无论去得多早，条件有多符合，根本就不可能买到广告上所说的特价房或以最低价买到房子。即便是第一个到达售楼现场的购房者，所得到的也只是售楼小姐一句很遗憾地告白："对不起，特价房早就卖完了。"或者是"最低价单位已被落定，剩下的单位由于朝向好结构较佳，售价每平方米增加500元。"总之一句话，广告上所示低价是消费者"可见不可求"的价格。

4. 图片"失真"

优美的园林环境：别具风情的小亭、精砌的泳池、青翠的绿草地……广告上楼盘优美的园林环境令人心驰神往。然而购房者到售楼现场一看则大失所望，现实环境远不是广告所示那么一回事——那只是一个"电脑拼图"。

房地产广告以"电脑拼图"突出楼盘小区优美的休闲环境，手法却相当拙劣。如在楼盘图片上硬生生地加上几个正在游玩的人，仔细一看，人与景的比例严重失衡，人工（电脑）加工痕迹太重。严重"失真"让买家的胃口大倒，令人感觉楼盘与粗劣的广告制作一样不可信。

5. 乱扯"关系"

附庸风雅乱攀关系，在很多房地产广告中极其"受落"，最常见的就是与楼盘旁边的自然风景区、市政建设攀扯关系。

人们购房除了看楼盘的地理位置、配套设施，还看重周边有否天然的风景区或市政配套设备。有些楼盘广告为此乱扯"亲戚关系"。例如，数公里外有万亩果园，就硬说自己与万亩果园比邻；位于南湖旁边，便说可以观览南湖全貌；楼盘所处位置虽只能遥望白云山一角，却瞎说处于白云山风景区内，负离子有多高多高。这种乱扯"关系"的广告并不少见，每每让人看了很不舒服。

6. 滥用"绿化"

随着人们对生活品质的追求，人们不仅更加注意卫生，也更在乎居住小区的绿化环境了。众多发展商也明了楼盘园林绿化环境对健康的重要，加大绿化的投入。

但一些楼盘广告宣传则滥用"绿化"做文章，例如，盲目夸大绿化地面积——一些楼盘的园林绿化面积本身并不大，但广告词偏说有数千万平方米的绿化面积；有的广告说楼盘里种有多少品种果树的果园，其实也就是一个小山头，密密麻麻地种了几种常见果树，图片上看郁郁葱葱，实地里密不透风，再加上杂草"乱七八糟"，令人大倒胃口。

7. 乱"搭"地铁

楼盘小区靠近地铁虽不是什么稀罕事，也算是一大优势。但一些楼盘广告却借此以乱"搭"地铁做文章。

8. 隐瞒规划

楼盘小区内，大片绿草地上一家大小欢聚其上，亲近大自然乐趣无穷。然而"幸福时光总是很短暂"，业主入住后不久，原本的大片绿地开始围上"护栏"，重新开发建造新项目。更有甚者，入住后不久，所有景观均"面目全非"：绿草地没了，湖景也被新建楼宇挡住了。众多业主受骗，只因发展商隐瞒了有关规划。

9. 滥用明星

影视明星受"追捧"，一些楼盘便利用明星大做文章。请明星搞现场秀，请当红明星代言，甚至送一套住房给某明星，然后打出"与某某明星为邻"，以此增加消费者购房的信心甚至满足与明星为邻的虚荣。

试问，有多家楼盘请了明星当代言人，但又有几个明星购买或入住了这些楼盘？

10. 乱挂"名校"

古有"孟母三迁"，今有"为子置业"。现时不少家庭购房置业首先考虑子女未来的入学升学问题，不少家长更是为了子女而选择楼盘。

于是，不少楼盘为了促销而与名校"挂靠"办学。然而"此名校非彼名校"，购买这些楼盘的业主子女，不仅需要付出较原名校高出不知多少倍数的高额学费，更重要的是，其永远无法享受到原名校那样的教育。毕竟，与这类楼盘学校"联合办学"，对那些名校而言只是一个"副业"，名校会为了"副业"而丢荒了"主业"吗？

以上是房地产商主要使用的一些陷阱，购房者一定要保持清醒的头脑、理智的心态，正确地从中获得信息。

防范期房隐患多

在有些网站上，购房者会看到这样一类房源，其房源描述为："现已交付定金，目前无房产证，房屋明年交付使用。"据了解，这类房源为尚未盖好的期房，"由于大多数楼盘实行'低开高走'的价格策略，在目前房价高涨时期，项目前期低价买入的投资客，便开始集中出手转卖房源。"

1. 房价迅速蹿升，差价巨大引发卖房潮

"最近房价涨得太快，而在网上看到转卖的期房，价格相对较低，项目的位置还不是很偏远，这种房子，买了怕因为证件不全而产生问题，不买它买别的正规房源又因为房价太高而承受不起。"正在为买房而发愁的王女士说。据了解，王女士看中的房源位于北京西五环外，业主售价为 10606 元/平方米，与目前 12800 元/平方米的均价相比较低，第二年 3 月交房。

"去年年底到今年年初，是北京房价的最低谷，不少在此期间上市的项目报价都很低，甚至还有不少特价房。而 2010 年 5 月份以来，房价迅速蹿升，有些项目有数千元的涨幅，使房子还没入住就获得了巨大的升值空间。现在卖房的这批人当初买房就是为了投资，看到目前房价高涨，便集中出手。"据中介工作人员介绍，这类房源近期在市场上明显增多，"虽然风险很大，但还是有很多购房者因为其价格低于目前在售项目，且位置相对较好而去购买。"

2. 期房转卖明显增多，购房者险购"二手"期房

据了解，目前的期房转卖与 2005 年之前相比，交易环节的费用不仅没有增加，反而在减少。2005 年之前需要缴纳给开发商 1%～2% 的更名费，2.5% 以内的中介费。而现在仅需缴纳 1% 或 1.5% 的契税，2.5% 以内的中介费，个税及营业税按照交易差额征收基本可以忽略，只要房价增幅超过 4% 就可以获得赢利。另外，"准业主"在期房阶段将房屋出售，还可以减少入住时契税、房屋公共维修基金及物业费等收房支出，这些都促使"准业主"将期房推入市场转卖。

"由于目前房地产市场销售情况较好，价格上涨比较快，同时，交易税费的减少，使更多人由投资转为投机，大量期房在市场中进行转卖，这加剧了市场投机氛围，不利于市场的规范运行。"房地产专家表示。

3. 购买"二手"期房隐患多

在二手房市场中转卖的期房能否购买，"按照规定，在预售商品房竣工交付、预购人取得房屋所有权证之前，房地产主管部门不得为其办理转让等手续。"据建委有关部门工作人员介绍，房屋只有在取得产权证的情况下才能进行交易，尚未盖好的期房是没有产权证的，不能进行产权的过户，因此并不具备交易的基础。买卖双方只能先签订合同，等到业主取得了产权证之后，再进行交易。

虽然政策上不允许，但市场中依然存在此类房源的买卖。房产专家认为，购买此类房源，涉及开发商改底单的问题。另外，由于业主没有房产证，不能确认他是否真正具有房产资格，购房者很容易受到欺诈。在购买时，双方签订的买卖合同，也存在一定的风险。如果在业主取得房产证后，由于房价上涨等原因，不想卖房，在法律上只能判定这种行为违约，业主承担一定的赔偿金，但房产仍然属于业主，不能过户到购房者的名下。

据了解，期房转卖中，购房纠纷时有发生，这主要在于购房者不够谨慎，缺乏风险意识，同时也没有明确的监管部门来监管。

有关专家表示，购房者尽量不要购买这类房源，以免出现不必要的损失。如果一定要购买，那么应尽量减少首付金额，合同中应规定买卖双方因税费改变等原因无法履行合同时，应该如何解约等细则，以减少购房风险。

识别房市中的"房托"

房地产业发展到今天，几乎每个楼盘都有营销的高招，雇佣"托儿"的事就层出不穷，作为投资者，一定要善于识别楼盘中的"托儿"。

房托常常指的是有些开发商或代理公司为了营造楼盘热销的场面，会在开盘前后或节假日，花钱请些装扮成客户的人，让这些人或者排队或者在售楼处装模作样地要买房产。简而言之，房托就是那些被开发商雇佣来假装买房的人。因此，一些买房者受到售楼处热闹气氛的影响，而更容易做出买房的决定。

据了解，在一些城市，尤其是在楼房买卖的关键时刻，房托生意甚是火爆。据一些媒体报道，现在的房托市场火爆，已经自我进行了升级。他们有半日班，也有全日班。半日班多是在楼盘开盘当日现身楼盘现场，装作很卖力地怕买不到房子似的，而他们迫不及待的样子则像极了集市上那些要买菜的大妈大爷大姊们。

这种情形一般会出现在楼盘开盘或认筹，也或者搞活动的时候，他们掺和在真正的购房者中间，扰乱他们的购房意识，以为房子真是热卖得不得了，买晚了就要扑空，于是赶紧出手，买过了知道了真实情况，后悔大概也晚了。

全日班有点类似坐班的工作者，他们需要全天守候现场，在现场或行或走，看看规划图、瞅瞅样板房，很有诚意要买的样子，但是永远不会出手。这种全日班的工作，相对而言会有些劳累，但是水涨船高报酬会高一些。

据一组调查数据显示，那些充当房托的一类是以周末闲来没事的大学生为主，一类是直接派人在建筑工地上雇佣一些城市劳动力来参与到这个有趣的活动中来，另一类则是一些退休在家闲来无聊的大爷大妈，相比较一些退休后躲在公园里闲聊的生活方式，他们或者更愿意去充当"托儿"，况且还有报酬，有时候连饭钱都给报销了。

今年25岁的小王2009年大学毕业，目前是一家国内知名房地产网站的发帖回帖专员。他透露，他现在每天上网约8个小时，任务就是在各大房地产论坛里大肆渲染房价上涨，制造楼市火爆、房价还要上涨的气氛，充当着"水军"的角色。

"网络房托"既有专职的也有兼职的，只要会上网发帖、懂点房市行情就能胜任。他们一般三五个人为一个小组，互相顶帖。当有质疑之声出现时，他们就紧紧抱团，在论坛上互相声援，造成房源少、上涨合理的假象。每个人一天至少发帖30条、顶帖1000条，每月底薪是1300元，如果业绩好还可以提成。据了解，"网络房托"所在的网络公司都与各家房地产开发商有业务往来，网站负责组织房托发帖、力挺房价，开发商花钱在网上登广告作为回报。如果房托为某个楼盘"专门服务"，还可得到额外赞助费用，主要根据帖子在各大房产论坛的覆盖率和跟帖数量来付钱。不少购房者表示，"网络房托"的所作所为其实也算一种变相的虚假宣传，在国家加紧政策调控的关键时期，不正确的舆论导向很容易误导消费者对调控政策预期，有关部门应该予以警惕。

不过，据说现在一些开发商更看好那些素质更高一点儿的雇佣军，这样会给那些真正的购房者一个更为真实的感觉，不至于太容易穿帮。

房托扰乱楼市，对于那些想要买房的人，请一定要认真看清了再下手，否则后悔莫及。

房托之一农民。此类房托级别最低，容易被识别，当别人问起时，一律说是替别人排队买房的。

房托之二学生。此类房托形象稚嫩，主要是起滥竽充数的作用。

房托之三离退休者。此类房托可以拿着自己家的户口本去签订购房合同，忽悠真正的购房者。

房托之四置业顾问。此类房托替你解惑除忧，你不懂的他都知道，你不了解的他都了解。

房托之五假按揭。这是最高级别的房托，开发商对这类房托的要求最高，给的薪水也高，日工资最高能达到数千元，而且此期间房托的责任和费用完全由开发商承担。

房托之六五毛党。是指那些受人之托，在网上发布一篇回帖能够赚取 5 毛钱的网民。他们的工作主要有 3 项：攻击唱空房价、唱衰楼市的博主或评论员，运用流氓语言对其进行辱骂或人身攻击；发帖、写软文鼓吹市场一片大好或房价上涨之类，详参一些博客或论坛里的相关文章；对于自家楼盘声誉不利的帖子，采取各种手段进行掩盖或消除，常见的办法有删帖、选择性删除回复、在帖子后面发布大量的垃圾帖子，让该帖子淹没在垃圾帖子的海洋里，业内俗称"沉贴"。

上面 6 类房托，前 3 种属业务型的，后 3 种属职业型房托，尤其是假按揭类的房托，按照法律规定已经是属于职业犯罪。

购房者在购房时一定要擦亮眼睛，小心"房托"迷了你的眼。

注意商品房投资中的风险

随着商品房市场的发展，目前商品房市场已与几年前不同，大部分商品房价值潜力已经被充分挖掘，整个政策环境、市场环境、市场结构、住房心理、投资理念等都在发生变化，仅靠商品房的区域性、稀缺性并不能支持其价格过猛上涨。

尤其在我国经济进入新常态后，目前商品房投资或炒房风险较大，主要有 3 大风险：

1. 政策性风险

我国的住房政策总体取向已经十分明朗，将突出商品房的自住消费功能，投资功能将受到抑制。由于房地产涉及广大群众的根本利益，对构建和谐社会具有重要影响，所以，房地产必将成为宏观调控的目标之一。

房地产是政策面和宏观调控重点关注的领域。从政策取向判断，住房的投资功能决不会受到鼓励，而只能是适度的，投机更要受到打击。从以往调控政策变化看，有关部门对房地产市场规律的认识不断提高，调控政策逐步完善，调控手段多样。从调控趋势看，我国房地产资源配置将存在政策性住房和商业化市场化两种配置形式并存的局面，以满足多层次需求。政策性住房主要针对低收入群体，商业化和市场化的配置主要满足中高收入群体。目前，对于商品房投资需求的控制和打击投机需求，增加投资成本，压缩投资收益率（包括租金收益）是主要思路之一。

为使房地产调控制度长效化，对房地产市场的规范和调控很可能从目前的行政命令，上升到法律层面。房地产市场管理政策和制度，一方面将不断增加适合广大中低消费群体需求的供给，也会根据市场需求，增加高品质商品房数量，市场结构将不断优化；另一方面，将更加支持自用型消费和梯度式改善型消费。这些措施都将不断改善市场结构，对价格起到平抑作用。

就当前看，投资买卖和炒房者的政策性风险主要体现在三方面：一是信贷政策的变化。在贯彻落实科学发展观和宏观调控政策的大背景下，加上美国次级债务危机的经验教训，银行对个人住房信贷政策在近期和未来一段时期会不断趋紧，尤其对多套住房投资者的信贷控制会更加严格。运用信贷杠杆进行商品房买卖投资的难度会愈来愈大。二是"增控逼存"政策进一步增强。如严控新增土地、盘活存量用地、打击"捂盘惜售"等政策，上海曾规定 3 万平方米以下新楼盘须一次预售，业内人士表示，这是防止开发商捂盘最具实质性的一招，由此市场供给将快速增加。所以，随着国家一系列政策的深入落实，市场结构和预期都会发生积极变化。三是交易转让环节限制政策逐步增强。如税收政策对持房者和交易成本的影响，对第二套房购买对象限制等，如有的地区限制外籍人士购买第二套和多套商品房等政策，这些政策对市场需求和交易具有一定的抑制作用。

2. 市场风险

商品房投资炒作最终要受市场实际需求制约，租金和房价的严重背离已是投资买房的最基本市场风险。投资和炒作商品房的获利前提是市场良好预期普遍看好，市场价格上涨，市场租金价格合理，具有投资回报的机会。

在数年前市场价格尚未充分挖掘的情况下，市场的确给投资和炒房者带来了较大的获利机会。但目前市场需求已发生显著变化，需求受到多种因素影响：一是租金收益和投资价格严重背离，已不具备投资的吸引力；二是利率风险。目前央行进入加息期，未来会增加住房需求成本，尤其是高价房和贷款数量较大的商品房，利率上升会增加不小的成本；三是其他投资的替代效应。金融投资渠道不断拓宽，投资产品不断丰富，良好的收益率和稳健性将产生较大的替代效应。相比之下，商品房投资受市场实际购买力、租金市场、房屋的维护成本、交易转让成本和政策性风险等制约，收益性、流动性都较几年前有明显下降。

3. 流动性风险

高价位的商品房面临变现的困难，多套购房者容易遭受资金链断裂而被迫平价和低价出售的风险。商品房变现比较顺利需要一些基本条件，如市场预期普遍看好、银行信贷转让和申请贷款相对宽松、交易环节政策限制较少且成本较低等。

目前情况下，高价房变现并不容易。一是股市效应对短期商品房价格上涨的刺激作用是有限的，未来商品房价格走势受政策、租金、购买者承受能力等影响，存在许多不确定性，投资商品房存在被套的可能性；二是随着银行贷款成本的增加和租金收益率的限制，投资的商品房债务压力和负担会不断增加，投资者面临收支缺口无法平衡的可能性增加。尤其是购买多套商品房的投资者，一旦收支缺口难以平衡，银行贷款难以及时偿还，资金链断裂的潜在风险会立刻显现，届时将使投资者被迫以不合理的价格出售商品房而遭受损失。事实上，脱离实际需求，尤其是自住性需求和租金承受能力，房价是难以持久支撑的。

第十六章

投资收藏，十年百倍不是梦

首先要调整自己的心态，不能总想着捡便宜，而应该建立一种真正的收藏理念；其次，业内流传着一句话，叫"只要买对了，不怕买贵了"，意思就是收藏不要先看价格，第一要素应该是辨别真伪。比如古董，它都会有一个或者多个诞生时代的明显特征，如果没有，那么这件艺术品是经不起真理考验的。一件假的东西，不管你花多少钱买，他都不会具有很高的收藏价值。

——李乐　北京大学博雅艺术品投资与经营高级研修班学员

为什么"盛世玩收藏"

俗话说："盛世玩收藏，乱世收黄金。"自古以来，古玩、名人字画就是官宦、富商和文人所看重的财富载体。至于富有天下的皇室、贵族，更是把其收藏作为炫耀、积累财富的手段。投资者从事收藏，除了收藏品自身珍贵的艺术、历史意义之外，收藏品的投资价值也越来越高。

某些收藏品的时空分为：高古、远古、明清、近代、现代，也有收藏横跨整个人类社会活动的时空的藏品。

随着经济文化的发展以及人们文化素质地不断提高，古玩、名人字画之类的收藏品也越来越受到投资者的重视。民间收藏现在已经成为收藏界的主力军。据介绍，目前全国已有民间收藏品交易市场和拍卖行200余家。

收藏物种有如下几个大类：书画、古籍善本、瓷器、陶器、玉器、赌石、奇石、家具、印钮、金石、各种材质的雕刻艺术品、古今钱币、邮品单证、各种刺绣、茶品、琴棋、古今兵器、车辆，还有火花、民间剪纸、皮影等民俗等，如果嗜好动物也算一种收藏行为的话，有些人也喜欢收藏名贵的品种，比如，古人有圈养良驹骏马的习惯。

收藏是一种涉及范围很广的人类社会活动和兴趣爱好。随着民间收藏的日益兴盛，收藏品种类越来越多，从过去的古玩工艺品、名人字画收藏已经发展到现在火花、票证、奇石、连环画等，连神舟飞船的一些实物都被爱好者收藏。

一些有实力的企业和个人也纷纷投入到前景看好的收藏行业，这些企业和个人收藏的数量之多、品种之全、品位之高令人瞠目，由收藏品众多而举办的民间博物馆也越来越多。而且，民间收藏有利于发掘、整理历史和文化资料。

据最新资料显示，目前我国收藏品的种类达 7400 多种，老式家具、瓷器、字画、毛泽东像章、文革票证、打火机、邮票、纪念币、拴马桩都成为新的收藏热点，在一些拍卖会上经常有藏品被拍出惊人高价。

投资过程中要特别强调的一点是：良好的心态。所谓的良好心态，就是积极的、理性的投资心态。在投资中，投资者要理性地分析要投资的项目，投资中的风险等等诸多因素。那些侥幸的、盲目乐观或过于谨慎的做法都是不可取的投资心理。

首先，保持一颗平常心。收藏需要热情与理性的和谐，热而不狂，迷而不痴十分重要。藏家应该具有淡泊素质，也就是要有一种平静的心态，不可浮躁，更不能不切实际、想入非非。捡漏最能体现藏家的一种成就感，同时也是一剂精神鸦片。它最容易撩动内心的浮躁，让你产生以最小付出获取最大利益的奢望，而在物欲面前迷失自我。

从客观上说，投资收藏品只能以自己的财力、精力、爱好为出发点，以平常心待之，有取有舍，量力而行。其实，收藏的意义不仅限于价值的考量，而应该将更多的注意力放在藏品的历史价值和所蕴藏的文化内涵上。通过对藏品的研究，人们可以在文化的田野里领略人类文明的博大精深，找到民族传统与精神的脉搏，更能拂去岁月的尘埃，让史籍记载的故事与细节鲜活地展示在面前。在每一件藏品面前，都要保持一颗平常心，心平气和地去把玩、去品味。

其次，学会在收藏中找到快乐。收藏无止境，乐在追求中。歌德说过："收藏家是最幸福和快乐的人。"其实收藏本身的过程赋予了投资者最大的幸福和快乐，所以投资者做收藏应该更多地从兴趣出发，学会把收藏与兴趣快乐相结合，这样才会乐此不疲，心情愉快。

判断收藏品的价值

近现代书画品类作品单件过亿元，就像一个"节点"性里程碑，这标志着国内收藏品市场在经过长久的蛰伏后，目前已经达到一定高度。

起拍价为 9000 万元的张大千的《爱痕湖》就曾吸引了人们的目光，在经过 60 轮各方叫价竞争后，《爱痕湖》最终以 1.008 亿元的天价被一位神秘买家收入囊中，从而标志着中国近现代书画品类作品首次突破亿元大关。

事实上，远不止张大千的《爱痕湖》受到疯狂的追逐，包括中国书画、瓷器玉器工艺品、现当代陶瓷及雕刻艺术、中国油画及雕塑、古籍善本、邮品钱币铜镜、珠宝翡翠等门类也受到不同程度的"追捧"。

在嘉德春拍卖场，不少藏品都被拍出天价，如古代书画、著录于石渠宝笈的清宫旧藏、罕见宋画《宋人摹郭忠恕四猎骑图》以 7952 万元的天价成交。"清乾隆青花红彩云龙纹贲巴壶"以 3584 万元折桂同类拍卖专场。而新"古钱王"存世孤品战国古钱武阳三孔布以 352.8 万元创下同类纪录；两整版猴票均拍出近百万元的高价。

对于收藏投资者而言，目前收藏市场全线飘红，各种收藏品的价格普遍上涨。随着种种利好消息不断在收藏界传播，对收藏品价格的研究显得越来越重要，可以说，在收藏界研究好了价格，就成功了一大半。

有人抱怨现在收藏品价格贵，如今才进入到收藏界为时已晚，如果当初知道收藏品价格涨得如此热烈，应该在价格未涨之前就进入收藏界。从另外一个角度来说，正是收藏品价格姐姐潘神，搞收藏才更具魅力，如果现在收藏品的价格仍与 5 年前一样，相信不会再有几个人愿意投资收藏。

值得注意的是，有些收藏品的价格已经物有所值，但更多的收藏品是物非所值。收藏品的价值取决于人们的认可程度，也取决于参与人数的多少，同时还取决于人们收入水平的高低。从总体上来说，收藏品价格是上涨的，但上涨的速度不一，这就需要投资者去甄别、去挑选。

艺术品都是集精神价值与商业价值于一体的。由于其中的精神含量和文化含量难以量化，所以，投资者在为艺术品定价时，往往会走入一种误区。主要表现为以下几个方面：

1. 依据艺术家知名度的高低定价位

通常来说，具有较高知名度的艺术家的作品相对比较成熟，其作品的价位也较高，但这并非绝对。在当今人们审美素质普遍不高的情况下，影响艺术家知名度的因素很多，其中不排除受他人眼光的影响，外界"包装""炒作"等。所以，艺术家的知名度不能与其艺术水平画等号。

2. 依据字画作品的规格定价位

一般人认为，画家创作大画费力，小画相对轻松。事实上，具有艺术字画创作实践经历的人都知道，同一题材在四尺三开、五尺三开乃至四尺整幅上创作其效果并没有太大差异，只是花费材料的数量有些不同而已。所以，如果仅以尺寸而为作品定价位就会导致画面越来越大，其艺术含量却越来越低。

3. 依据作画所用时间长短定价位

有些艺术成就极高的画家，往往能在半天就完成一幅"巨作"，照样能取得不朽的创造性的劳动成果。他们半天的"产品"，按照现在的价格来定，少说也要几十万元。但"半天"的背后是数十年的功力和超众的艺术才华。艺术家个人品质的修炼，其价值的含金量往往要大于技术修炼的含金量，况且两方面的修炼是互为影响的。这种漫长的人格锤炼和艺术锤炼的过程，是无法量化的。

4. 依据艺术品的构图疏密、用笔繁简或色彩多寡定价位

艺术品用笔的繁简和色彩的多少只是艺术表述方式，与其艺术质量无关。用笔简的画，可能是长时间构思的结果。它可能是艺术家长期积累、偶有一得，也可能是其彻夜不眠、反复推敲而得的力作。

5. 依据艺术家存世作品多少定价位

艺术品的收藏不能像古玩收藏那样，它的价格并不遵守"物以稀为贵"的商业规律。艺术大师可能终生勤奋不辍，为后人留下众多质量上乘、艺术价值极高的艺术作品。

判断收藏品的价值是一门学问，是收藏学中最重要的功力。一件收藏品的价格所反馈出来的信息是多方面的，存世量的多少、人气的强弱、个人对收藏品的了解程度等等都会暴露无遗。可以说，明确了收藏品的价格能指引收藏者如何做收藏，否则只能是盲人骑瞎马，到头来不是让人捡了漏就是高价买了伪藏品。

那么，收藏品价格如何鉴定呢？判断收藏品的价格需先判断收藏品的收藏价值：主要从真、精、稀这三方面入手，这里以人民币为例进行分析。

（1）真：真就是指收藏品的权威性。单纯的人民币已没有收藏价值，只有收藏这种有特殊性的东西才会在以后获得升值收益。例如：第五套人民币是国家货币，其权威性不容置疑。

（2）精：精就是指收藏品的珍贵性。目前为止，我国一共发行了五套人民币，第一套价值昂贵，但没有对号一说。第二套市面上见过小全套有二位对号的出现过，也很稀少。第三套大全套有三位对号，数量一般不多，价值不菲。第四套有四位对号的大全套，非常普遍，很容易买到，价格相对便宜，是目前收藏的主流。值得一提的是，第四套出现了全同号的大全套，但那是用连体钞裁开的，很多人怀疑它的收藏价值，但尽管有怀疑，价格也高居不下。真正全同号的人民币收藏品的珍贵性不言而喻，每一位收藏爱好者都是视为珍品，轻易不出手。

（3）稀：现在第五套人民币的1999版已经只收不付了，2005版是流通的主流，所以说要配成大全同号，1999版成为了制约瓶颈。再者，1999版全同号量也很小，再与2005版配成全同号，那量上更是稀少。

以上三点说明第五套人民币的收藏价值是很高的，现在收藏人民币的人越来越多了。试想，若干年后，第五套人民币不流通了，那这个全同号的价值肯定是相当高的，要珍惜现在收藏一套可以传世的东西的机会。

通过上述分析，相信大家可以明白在分析收藏品的收藏价值时，其实价格已经反映出来了。在收藏界，没有不增值的收藏品，一种收藏品一个时期的价格可能会出现波动，但从长远看，还是增值的，只是一个增值快慢的问题。现在一部分收藏品的价值还不能通过价格体现出来，有时差距还相当明显，有的仍是"藏在深闺人未识"，许多收藏品的价值还待有心人去挖掘。

另外，在收藏界对于收藏品来说，"只选对的，不选贵的"，因为只有品种选对了才能增值，搞收藏的人不一定非得家财万贯，但是普通投资者做收藏，希望通过投资收藏获利，需要用四两拨千斤的巧劲。普通投资者依靠大投资不现实，只要选对了品种，靠收藏加入到大款行列的时间就不远了。

有些收藏品现在买觉得贵，过一段时间回过头来看却觉得很便宜。基于此，有些含金量高的收藏品，即使购入价比市场价稍高点也不怕，只要东西对，时间不长就会物超所值。

投资收藏的准备工作

收藏品投资者如果能将其投资行为建立在有条不紊的基础上，就有利于抓住机会，减少差错。

为此，收藏品投资必须遵循一定的程序，否则，任一阶段的疏忽都可能造成巨大的损失。收藏品投资需要做好相关的准备工作：

1. 要具有收藏条件

（1）要具有一定的鉴别能力。想在收藏的过程中从一窍不通学起，要付出的代价太大，切不可尝试。在决定收藏某种品种前一定要先学习一定的相关知识。

（2）要有一定的资金储备。不然，在收藏爱好培养成后突然发现资金不足，使自己陷于遇到好东西买不起，放弃又不忍的痛心情况。所以收藏要量力而行。

（3）要有坚强的后方支持。进行收藏活动前一定要得到家人的支持，这样才能无后顾之忧，并且会得到众人拾柴火焰高的结果，还能与家人一起分享收藏的乐趣。

2. 确定收藏方向

（1）了解自己的爱好。

（2）了解哪种收藏品适合自己收藏。比如说，根据家里的收藏空间、收藏条件、经济条件、收藏渠道等等来进行收藏。

（3）不与国家政策相违背。比如，飞机、武器、弹药等在我国是禁止被民间收藏的。

（4）不影响自己的正常生活工作导致"玩物丧志"，不涉及别人的隐私。比如，照片等可以作为藏品，但哪些可以公开展示哪些不能，就涉及道德问题了。

（5）了解想要收藏藏品的升值趋向，当然非保值升值收藏品除外。

3. 选定艺术顾问

正如各个企业都有自己的生产、经营、技术方面的高级顾问一样，投资收藏品也需要专家给予指导。尤其是进行大宗、高价的艺术品投资，更缺少不了艺术顾问。艺术顾问的主要职责是帮助投资者选择所投资的收藏品种类、投资哪些艺术家的作品、投资时机及帮助投资者鉴定收藏品的真伪、质量等。

艺术顾问主要来自下述几种途径：

（1）艺术院校里的专家、教授。

（2）艺术研究机构及博物馆、美术馆等收藏机构的学者、专家。

（3）美术出版社或美术出版物的编辑。

（4）经常在艺术刊物上发表文章或出版艺术方面著作的作者。

（5）艺术公司专门研究艺术与市场发展规律的专家与学者。

（6）画廊、文物商店、珠宝商店、集邮用品商店等收藏品经营机构有经验的经营专家。

（7）熟悉艺术市场行情的艺术家及收藏品鉴定家。

如果收藏品投资者可能拥有一个涉及艺术领域各方面知识的艺术顾问小组，可以使投资者在收藏品投资中取得更大的收益。

4. 收藏品投资策划

收藏者根据自身各方面的情况及对艺术的了解，再结合艺术顾问的建议，在了解艺术市场行情的基础上制定收藏品投资决策。投资者所要掌握的艺术市场行情主要包括：

（1）艺术市场动向及其发展趋势。

（2）以前收藏品交易的成交价格情况。

（3）拟投资的艺术家情况及其发展潜力。

（4）有关法规对收藏品交易的规定。

在对上述艺术市场行情进行分析之后，投资者及其艺术顾问要做出如下决策：

1. 所投资收藏品的种类及其数量分布

无论是投资字画、珠宝，还是投资邮品、古董，各种艺术种类内部的投资选择，它们的数量分别是多少。

2. 艺术家选择

无论是购买国内艺术家还是购买海外艺术家的作品，他们的年龄结构如何等。

在此基础上，投资者对收藏品投资做出预算。投资预算不仅要考虑收藏品的赢利机会，也要考虑投资者自身的经济承受能力。

投资艺术品的基本原则

对于许多收藏爱好者来说，把握艺术品投资收藏的基本方向，使自己在浩瀚无边的艺术海洋中不会迷失方向，这才是最重要的问题。有一些老一辈收藏人士收藏效果不好，花大代价买入一大堆文化垃圾，在收藏领域屡屡折戟，不仅浪费自己的财力，更浪费自己的精力。究其根本的原因，是没有处理好艺术品投资的基本原则问题。

艺术品投资的基本原则简要概括为九字箴言：真、善、美、稀、奇、古、怪、精、准。其奥妙在于收藏的实践活动中能灵活运用，举一反三，融会贯通，要求对每一藏品都得用九字原则在九个方面或者更多方面上进行全方位评估。

投资艺术品的基本原则包括如下几点：

1. "真"：必须是真品

"真"是收藏的前提条件，任何伪劣藏品均无收藏意义，存真去伪永远是收藏的主旋律。在兴趣和嗜好的引导下，潜心研究有关资料，经常参加拍卖会，游览展览馆，来往于古玩商店和旧货市场之间。有机会也不妨"深入"到穷乡僻壤和收藏者的家中，多看、多听、少买，在实践中积累经验，不断提高鉴收藏真品水平，要求藏家要经常性地接触到真品实物，退一步讲，也是要大量地阅读古玩或艺术品图录，以学者的严谨态度认真研究，寻找同类规律或同时代风格等，这种严谨的态度是收藏成功的保证。

2. "善"：藏品的器形

藏品存在的形式体现了在藏家的心理地位。比如，帝王的印玺、名人的印章、官窑瓷品的创新精品、文房用品、宋元字画、玉雕神品、青铜重器、皇家或名人注录的藏品等等；对收藏品要树立长期投资的意识，只有长期持有，才能获利丰厚。

3. "美"：藏品的艺术性

藏品最好是能体现文化的载体。文物是文化之物，也是文化的载体，艺术性是评判文物价值最重要的准绳。秦兵马俑的雄伟，汉马踏飞燕铜奔马的洒脱以及姿态的优美，宋代书画线条描绘的繁华，人物的动感传神以及宋代字体独特字迹的稳重和狂草的不拘一格，宋代官瓷的宁静致远，小中见大等等，好的艺术精品会摄人魂魄，让人神交，产生共鸣。

4. "稀"：稀罕才珍贵

稀，对藏品的主观评测来讲，指稀有，也是存世量的小，稀有性要求以存量小来凸显藏品的存在价值。比如，玉的数量因受资源限制数量远远少于瓷器；唐宋元因年代久远的字画不易保存，数量往往珍稀；近现代字画存世量大，其价值往往不如古代字画珍贵等等。

5. "奇"：具有个性特征

"奇"是指艺术性中的个体特征，有特点，并且特点符合人的审美情趣，这样就越会吸引艺术市场细分化的艺术观众群体。有些古玩存世量不多，但价值始终上不去，这往往是不足为"奇"，因而影响力不足。

6. "古"：年代越古越好

"古"是时空的概念，也只有艺术性强的古代艺术品，才会有岁月沧海桑田的感受，才会有数量珍稀，制作难度大的联想。

7. "怪"：具有奇特性

"怪"与"奇"相似，"怪"更侧重于代表性，表现形式的张扬和个性的特别，如三星堆铜器的艺术表现的独特性。

8. "精"：珍贵性

在上文中，已经就精的含义做过介绍。

9. "准"：准确性

投资艺术品要看准了就要下手，要坚定自己的目光。

收藏品种类繁多、范围广，应根据个人兴趣和爱好，选择其中的两三样作为投资的对象。这样才能集中精力，仔细研究相关的投资知识，逐步变为行家里手。同时，选择收藏品还要考虑自身的支付能力。如果是新手，不妨选择一种长期会稳定升值的收藏品来投资或从小件精品入手。

如何进行古玩鉴赏

有的人曾经很形象地把投资古玩形容为"玩并赚着的投资方式"，确实如此，古玩投资不仅满足了投资者的个人爱好，又能给其带来丰厚的利润回报，岂不是一举两得的事情，何乐而不为呢？

1. 玉石翡翠的收藏

在我国历史上遗留下来的玉石翡翠珍品数量非常有限，但普通的古玉石翡翠种类繁多，差价很大，加上作伪者多，识别和辨伪的难度相当大。所以自古以来玉石翡翠非普通人所能及，都是作为皇亲国戚、富商大贾的掌中玩物被收藏的。现代社会随着人们生活水平地不断提高，老百姓手里有了闲余资金，玉石翡翠这些收藏品也逐渐为普通百姓所拥有，并作为投资对象。因此，对于想涉足玉石翡翠收藏的投资者来说，掌握一点儿玉石翡翠的鉴别与辨别真伪的基本知识是非常必要的。

由于玉石翡翠具有十分繁多的种类和形式，且有大量的伪作，所以，投资者一定要多读有关资料，掌握相关的知识，同时还要注意以下几个事项：

（1）对照实物，多看多比较。玉石翡翠收藏非常注重实践性，所以，要求投资者必须经常接触实物，从而积累大量的实践经验。如果条件允许，投资者可以经常到文物博物馆、古玩专卖店或大商场及旅游商场的工艺品柜台，了解玉石翡翠收藏品的具体市场行情，并牢记各种制作工艺、品色方面的感性特征。另外，还要有意地去逛一些旧货市场或街头地摊，平时对一些小件玉器翡翠饰物多加留意。

（2）具备长期投资的心理意识。玉石翡翠属工艺品，其价格主要受材质和制作工艺的影响，而这些标准又是比较客观的，所以玉石翡翠品的价格在国际国内一直处于稳中上升的趋势，少有大起大落，不像书画作品那样因作者名声的涨落而涨落。所以，除非投资者有非常方便又便宜的进货渠道，否则不适合进行短期投资。

（3）仔细鉴定藏品的真伪。通常投资者仅用肉眼和凭个人经验来鉴别玉石翡翠的真伪。这种方法的可靠性非常有限，单凭经验有可能看走眼，造成投资损失。因此，在决定买较大件的玉石翡翠作为收藏投资的对象之前，一定要尽可能地通过专业鉴别机构或专家，使用专门仪器对玉质进行科学鉴别，从而得出颜色、透明度、光泽强度、比重、硬度等玉石品质方面的分析指标，为玉石翡翠的收藏投资提供科学可靠的依据。

（4）密切关注国内外市场行情。由于我国是玉石的故乡，所以玉石制品基本上来源于国内。投资者既可以直接从商家购买，也可以在民间寻觅收集。然而，玉石制品的消费者主要集中在国外，特别是海外华人圈和西方的博物馆。尽管现阶段国内消费也逐渐扩大，但玉石制品的主流价格仍以海外市场为准。所以，有条件的投资者可以直接参与国际市场的拍卖活动，倘若没有这种条件，则要紧密注视国际市场的行情。

（5）以制作工艺作为选择的首要标准。在众多收藏品中，玉石制品的价格受其年代的影响较小，而主要受其制作工艺水平的影响。一般说来，一个年代久远但工艺简单的玉器，虽然有极高的考古学价值，但因为没有极高的艺术欣赏价值，所以，在国际市场上的价格往往不会很高。而一个现代玉石翡翠工艺品，只要工艺精湛，在国际市场上就可以卖出很高的价格。所以，投资者将玉器翡翠制品作为收藏投资对象时，一定要把制作工艺当作首要标准。

2. 青铜器的收藏

青铜是红铜与锡和铅的合金，因是青灰色，所以叫青铜。青铜器主要是指先秦时期用青铜铸造的器物。

从我国已发现的各类青铜器的造型和装饰来看，自夏始，中经商、西周、春秋、战国直到秦汉，每一时期既表现出各自的风格和特色，相互间又有沿袭、演变和发展，进而形成了独具特色的中国青铜文化艺术。我国青铜器艺术，在发展史上曾经有过商代晚期和战国时期两个发展高峰。商代晚期的青铜器，其质量和数量都得到空前发展和提高，制作精良，纹饰繁缛，形制奇诡，图案丰富多彩，体现了商代人尚鬼的神秘气氛。战国时期的青铜器，则富于生活气息，注重实用而别出心裁，华贵绚丽又不失文雅。此时的纹饰已从过去奔放的粗花变为工整的细花，并向图案化方向发展，已无神秘色彩。在制作工艺上，最突出的是错金银、嵌红铜、包金银、鎏金和细刻镂等新技术的发明和应用。

鉴于中国青铜器历史悠久，品种纷繁，人们对其进行了详细地分类，其目的在于更清楚地区别青铜器的性质和用途，以利于研究、鉴赏和收藏。

我国青铜器不仅种类丰富，而且别具艺术特色，历来是中外收藏家注意收藏的珍品。由于青铜礼器的造型最为多样，也最能体现青铜器的艺术特色，所以千百年来收藏家都重视鼎、彝、钟、簋、尊、爵、卣、豆等礼器方面的传统收藏，尤其是带铭文的礼器，更是追逐搜寻的重点。本来青铜礼器的传世量就不多，而需求者有增无减，僧多粥少，所以青铜器历来价格昂贵，尤其是珍稀精品，只有王宫贵族和巨富商贾才玩得起。青铜礼器虽说值钱，但并非所有的礼器都有较高的经济价值，特别是那些工艺粗糙、破损严重的礼器。

如果投资者想通过青铜器投资来实现致富的目标，就应该先学会识别真伪青铜器的窍门：

（1）眼看，即看器物造型、纹饰和铭文有无破绽，锈色是否晶莹自然。

（2）手摸，凡是浮锈用手一摸便知，赝品器体较重，用手一掂就知真假。

（3）鼻闻，出土的新坑青铜器，有一种略有潮气的土香味，赝品则经常有刺鼻的腥味，舌舐时有一种咸味。

（4）耳听，用手弹击，有细微清脆声，凡是声音混浊者，多是赝品或残器。

3. 古瓷器的收藏

"瓷器"的英文名称叫"China"，和"中国"用的是同一个英文单词。据说，在几个世纪前，当西方人第一次看到来自于中国的精美瓷器时，无不对它的精美绝伦大加赞赏，但却不知它为何物，只好以它的产地国名——"China"来称呼。自明代郑和七下西洋，将中国的瓷器带到世界各地之后，中国瓷器就一直成为全世界的收藏家们喜爱和追求的珍品。在西方人眼里，中国瓷器是不可多得的珍宝，宫廷贵族富翁们常常在宴会上使用中国瓷器，借此来展示自己的富有。假若偶尔失手打碎瓷器，其碎片万万不可丢掉，而是用黄金把它们镶嵌起来，供为珍品。所以，中国的古瓷器在国际市场上一直以来都具有很高的价格。

多少年来，中国瓷器在国际市场上价格一直居高不下，致使许多趋利之徒从清代起就大肆制作古瓷器赝品。目前，在全国旧货古玩市场上遇到的所谓明清瓷器绝大部分都是这类伪作。因此，古瓷器收藏者，如果想在拍卖场以外寻求投资机会，不但要了解各时期中国瓷器的风格特点，还要尽量掌握一些甄别瓷器新旧真伪的知识。

古瓷器之所以受中外收藏者喜爱，不仅是因为它具有极高的历史研究价值，更是因为它的质地、色彩和造型等制造工艺具有极高的艺术欣赏价值。可以说，收藏者看重的主要是瓷器的艺术性，而不是历史性。所以，判断一个瓷器的优劣既要看其年代，更主要的还是看它的制作工艺。如果是一个普通工艺制作的瓷器，即使具有悠久的历史，其收藏投资价值也不是很大。然而，如果是精工细作，能代表某时期工艺典型风格的瓷器，即使年代较近，也可能价值连城。比如，1997 年上海春季国际古瓷拍卖会上，有人将一对清代雍正年间制造的斗彩竹纹碗以 100 多万元人民币的成交价买走，而一只产于宋代的黑釉碗却以不足 5000 元人民币成交。两者价钱为何如此悬殊？其主要原因是工艺水平存在着极大的差异。那对清代的斗彩竹纹碗是官窑名瓷，工艺精美绝伦，那只宋代的黑釉碗则是一般民窑制作的普通瓷器用品。所以，对于古瓷器收藏者来说，在关注瓷器年代上的同时，还必须留心判断瓷器的精美程度。

如何进行字画投资

投资古字画历来是收藏投资界所热衷的宠儿，因为它具有以下优点：

（1）在各类投资市场中，字画投资风险较小。与投资字画相比，购买股票或期货两者风险较大。

（2）字画投资收益率极高。一般投资收益率与投资风险成正比，即投资风险愈大，投资回报率则愈大；反之，投资风险愈小，可能获得的投资回报率则愈小。但是由于字画具有不可再生性的特质，因而其具有极强的升值空间。字画本身的特征决定了字画投资风险小、回报率高的优势。

古字画收藏也具有一定的技巧。对于有心在古字画收藏中一展身手的投资者来说，应该注意以下几个方面：

1. 必须具备一定的书画收藏和欣赏知识

中国历代的书法和绘画在其发展过程中都具有较大的统一性，因此，画家也常常就是书法家。由此可见，欣赏字画的道理也是相同的，主要包括欣赏字画作品的笔法、墨法（色彩）、结构（构图）和字画所反映的历史知识以及作者的身世等方面的知识。

2. 详细了解字画作者的身份

中国历朝历代的名画家非常多，有史料记载的达数万人之多。对投资者来说，详细了解每个人的身份显然是不太容易的，但可以对每个时期最有代表性的人物身份做详细地了解，真正做到"观其画，知其人"。

3. 掌握一定的字画鉴别方法

对于一般的古字画收藏投资者来说，古字画鉴别的难度是极大的。由于中国古代的书画家极多，留下了许多优秀的书画作品，再加上各种临摹，各种假画伪画，以及后落款、假御题、跋、序等，是任何专业类图书都无法一一详细记载的。所以，即使国家级的鉴别大师在鉴别古字画时也不敢保证每次都千真万确。

古字画的鉴别虽说难度很大，但其中还是有一些基本规律供投资者参考。古字画的鉴别除了要注意字画的笔法、墨法、结构和画面内容等基本方面外，还须注意字画中作者本人的名款、题记、印章和他人的观款、题跋、收藏印鉴以及字画的纸绢等相关细节方面，这样才能减少鉴别失误。

4. 了解字画伪造的种种方法

古代字画作伪之风源于唐代的摹拓和临摹。所谓的"摹"是将较透明的纸绢盖在原件上，然后按照透过来的轮廓勾线，再在线内填墨完成。"临"是指将原件放在一旁，边比照边写画。尽管摹写出的作品表面上更接近原件，但往往无神，也容易将原件弄脏；而临写则比勾摹自由，可在一定程度上脱离原件，因此是更高级的作伪方法。

由于古字画市场上鱼龙混杂、良莠不齐，所以，对古字画收藏者来说是有一定风险的。古代没有专门的鉴定机构和专家，因此，收藏者自己就必须是鉴定行家，不然就会吃大亏。现在的情况已经发生了很大的改变，国家有专门的鉴定机构，拍卖行也必须在取得一定的鉴定证书后方能拍卖，所有这些都给古字画收藏者提供了一定的投资保证。

字画投资要掌握如下技巧：

1. 选择准确是关键

字画投资不像其他投资，可以从繁乱的报表中得到参考数据，要想掌握字画投资市场状况，只有靠多看、多问、多听，逐渐积累经验。投资者平时要常逛画廊，多与画廊的工作人员交谈，从中就会发现哪些画廊的制度较健全，哪些画家的创作力较旺盛，从而积累一定的信息，但切莫"听话买画"。字画的优劣往往是比较出来的，只要多听、多看、多问，自然就有判断的标准。

2. 注意国际行情

字画在国际上大体可分为两大系统：代表西方系统的以油画为主；代表东方系统的则是中国字画。

投资者选择字画投资时，必须要有国际公认的行情，并非在某个画展上，随便买几幅字画就认为是字画投资了。字画作品需要经过国际四大艺术公司拍卖认定才会有更高的价值，才会具有国际行情。这四大公司分别为苏富比、克里斯蒂、建德和巴黎APT。这四大国际艺术公司每年在全球各地拍卖高档字画，设定国际行情。

3. 优质字画选购常识

字画投资需要一定的金钱，但更需要的是独到的眼光。特别是收藏古字画，更要通晓这方面的知识和行情。古字画按类而分，价值不等。

（1）从绘画与书法的价值来说，绘画高于书法。道理很简单，绘画的难度大于书法。

（2）从质地来说，比较完整没有破损，清洁如新，透光看没有粘贴、托衬者为上品；表面上看完好无损，仔细看有托衬，但作品的神韵犹存者为中品；作品系零头片纸拼成，背后衬贴处，色彩也经过补描，即使是名家之作，也只是下品。

（3）从内容来说，书法以正书为贵。比如，王羲之的草书百字的价值只值行书一行的价值，行书三行值正书一行，其余则以篇论，不计字数。绘画以山水为上品，人物次之，花鸟竹石又次之，走兽虫鱼为下品。

（4）从式样来说，立幅高于横幅，纸本优于绢本，绫本为最小。立幅以高四尺、宽二尺为宜，太大或太小一般价值都不是很高；横幅要在五尺以内，横披要在五尺以外；手卷以长一丈为合格，越长价值越高；册页、屏条应为双数，出现单数则称失群；册页以八开算足数，越多越好；屏条以四面为起码数，十六面为最终数，太多则难以悬挂。

时代、作者名气、作品繁简、保存状况一般来说对古字画没有影响。按行情，宋代或宋代以上的作品，出自最著名几位大家的手笔，每件最低价在 10 万元以上。若作品完整、干净，内容又好，则可随交易双方自行议价，没有具体定价。元代以下作品价格稍低，但大名家的手笔最普通的也值几万元。

此外，带有名人题字、题跋，或曾有被著录、收藏的印鉴、证录的古字画，都有很高的价值。题字越多越好，一行字称一炷香。名人题跋则称为帮手。

至于近代字画，可以综合以下几点考虑：

（1）已成名的国内画家。推动近代美术发展的画家是目前身价最高的画家，如果以他们为重点，虽然需要的投资金额比较高，但是立即可以变现，风险较小。

（2）五六十岁的中坚画家。可就作品品质、价格、产量来评估。若其作品过去只有很少人收藏，则表示社会不易接受。

（3）风险最大的莫过于画价较低的年轻画家。虽然不必花费太多钱即可购得其作品，但其将来是否持续创作或成名，都会影响作品价值。

4. 评价字画的方法

（1）有时代感。不论任何作品，一定要与社会和时代相符。若让现代人画一幅清朝的画，根本不可能反映那个时代的状况潮流。

（2）有生命力。作品的生命力是从生动的线条中表现出来的，有灵性的作品就是有生命力的作品。

（3）自创一格。作品一定要有自己独特的风格，自成一家，模仿的字画是流传不了多久的。

中国字画的作者历来都以临摹为学习手段，技法崇尚古人。明清以来，画风因循守旧，书法则因科举影响而盛行馆阁体。书画家都以模仿前辈名家为荣，形成一种潮流，坊间画店多有模仿名家之作。书画家如果没能入仕途，没有功名，一般地位都比较低微，生活贫困，即使自身技法高超也不得不有意模仿名家之作，以维持生计。当然也有为牟取私利专造赝品者。因此，字画的鉴定辨别非常困难，只有经验丰富的专家才可以胜任。

古代字画历来流传有一定规律，名家精品多为帝王、达官贵族所收藏，历朝均有著录记载。但后因历代朝政的更迭，连年战乱，字画损失很大。许多有记载的名品实际上已经失传，余下的多为国内外博物馆或私人美术馆收藏。民间流传的字画，经历了近代鸦片战争、抗日战争、"文化大革命"等几次劫难，几乎损失殆尽。因此，古代名家精品在市场上流通量非常少。朝代越古、名气越大的名家，模仿其作品的人也越多。因此，对投资者来说，在投资古字画之前，若没有明确的专家鉴定，切不可以轻易投资。

现在在市场上流通的字画，大多数是近现代名家的作品。由于这部分作品中的精品市场价较高，且作者多已去世，因此收藏这些精品的机会比较少，所需资金与精力也比较大。虽然市场上有赝品充斥其中，但赝品与真品始终有距离，只要多请教专家、多看、多比较、多学习，就不难分辨其真伪。这些精品的投资虽大，但风险相对较小，是资金丰富的投资者的首选。

另外，目前在世的中青年画家作品许多已进入成熟期，其升值空间较大，此类作品是投资的重要选择。对投资者来说，投资这些作品需要的资金相对较少，但风险相对较大，回收期也较长。投资者要研究这些画家的经历、艺术轨迹和风格走向，评估其潜力和前景。投资者可以参照两个标准：一是学术标准，即其作品在国家权威艺术机构所举办的艺术活动中的学术地位和水准；另一标准是看其作品市场接受度、数量和质量，即收藏人数的多少。

如何进行邮票投资

邮票俗称"小市民的股票"。早在 20 世纪 40 年代，邮票便成为欧美等国家普遍欢迎的投资对象。自 20 世纪 80 年代以来，邮票在股票之前就已成为我国个人投资的热门货。

邮票的种类主要有以下几种：

1. 新票、盖销票、信销票

在邮票市场上，一般来说新票价格最高，盖销票次之，信销票最低。但在国外的集邮市场中，人们比较重视信销票，最看不上盖销票。人们传统的邮票投资观念认为只有收集信销票才算是真正集邮，认为购买新邮票不算集邮。

信销票的特点是难以收集，但是它作为邮资凭证使用过，有一定的邮政史料价值。对于较早期的邮票，中档以上的邮票新票和信销票价格的高低往往决定于收集难度的大小，并非只要是新票就价格高，信销票价格高于新票的现象也十分普遍。许多集邮者不重视信销票，而给予盖销票较高的地位，今后这种邮票投资观念将会改变。那些收集难度较大的高面值的成套信销邮票，价值很有可能高于新票。如果能够收集一个时期纪念或特种邮票的大全套信销票，其价值将是很高的。

2. 成套票和散票

一般而言，成套邮票价格都高于散票，但是散票同样具有一定的市场价值。人们可以利用散票价格比成套票低的特点，收集和购买散票，以便凑成套票，使其价值升值。

3. 单票、方连票、整版票（即全张票）

有些人在邮票投资中持有这样的一种观点，即收集方连票，甚至整版票，认为它们的相对市场价格会高一些。从邮票投资上来讲，收集方连票、整版票实无必要，因为投资要比收集单枚票贵几倍至几十倍。如果是中、低档邮票，方连票、整版票很多，比起单票来说，也就没有更高的价值了。

4. 单枚套票、多枚套票、大套票

单枚套票是指1枚1套的邮票。多枚套票是指2~6枚1套的邮票。大套票是指7枚以上1套的邮票。

在早期J、T邮票中，单枚套票的增值明显高于多枚套票和大套票。

多枚套票和大套票的成套信销票收集难度较大，这是许多集邮者都选择购买新票的重要原因；多枚套票和大套票面值较高，这是集邮者购买新票的消极因素。两两相抵，使多枚套票和大套票收集难度高，因此多枚套票、大套票具有近期增值慢，而远期增值较快的特点。

5. 低档邮票、中档邮票、高档邮票

在通常情况下，低档邮票的市场价格比较稳定；高档邮票的邮市价格上下差异很大，不稳定，其价格受时间、地点、邮商和购买者的认识和售票者特点的影响很大；中档邮票的价格介于两者之间。

在我国市场上，高档邮票特别是珍稀邮票的价格仍然偏低。随着人们生活水平提高，人们集邮层次普遍提高，高档邮票将出现迅速增值的趋势。它们与低档邮票之间的价格差距将更为悬殊。

6. 早发行的邮票和晚发行的邮票

邮票发行的时间对邮票的价值也有一定的影响。一般来说，邮票发行年代的早晚，在较短的时间内对邮票价格影响较大，往往发行早的邮票价格高，发行晚的邮票价格低。但是经过5年、10年，特别是过了20年以后，邮票发行年代的早晚对价格的影响已经微乎其微，甚至完全不起作用。有不少发行较晚的邮票会后来者居上，价格上涨得很高，也有不少早发行的邮票价格总是上不去。以长远的眼光看，邮票发行的早晚对价格的影响是很小的。

7. 纪念邮票与特种邮票

"J"字头纪念小型张邮票具有以下3个特点：

（1）作为纪念邮票，以人物或以事件为标志，每一张邮票都包含一定意义。

（2）"J"字头纪念邮票设计制作时使用的颜色比较鲜艳，其中使用金粉较多。

（3）这类邮票一般具有较浓的政治色彩，有一定的教育启发作用，受国家、地区限制，世界意义较小。

受这3种因素制约，纪念邮票的收藏价值和市场交易价格不如特种邮票。纪念邮票在市场上较畅销的是近期发行的邮票。如"孔子""西藏""建国""亚运会小型张"

和五号票"熊猫盼盼""孙中山""奥运会"等。

"T"字头特种邮票小型张，是一种市场畅销品种，它具有世界意义，市场价格也较高。其特点包括：

（1）特种票题材广阔、内容丰富。有山水、花、草、鸟、兽、鱼虫和濒临绝种的珍贵动植物，有名胜风景、古迹文物、文学故事等。由于此种邮票的艺术价值、欣赏价值高，包含的意义深刻，因此广受集邮者的青睐。

（2）特种票选择事物都具有典型意义，或者声望高，或者独一无二，对宣传中国文化具有重要作用。

（3）特种邮票的金粉少，易于保存，收藏风险较小，政治成分少而艺术价值大，适应性广，国内外集邮爱好者都喜爱。

"T"种邮票小型张可分为3大档次：

一是高档票，包括"奔马""工艺美术""公路拱桥""云南山茶花""万里长城""从小爱科学""齐白石""荷花""红楼梦""西厢记""牡丹亭""益鸟""辽彩"等，即1984年以前发行的"T"字头特种邮票都属于高档票。

二是中档票，从1985～1988年发行的邮票划归为中档票。

三是低档票，1989年以后发行的属低档票。其中，高档票中的"药用植物"，因其印数较多，落入中档票范围；"熊猫""白鹤"因其印量较大而落入低档票内。

8. 错票与变体票

有些邮票因设计上的错误或发行量很少等缘故，被集邮爱好者视为非常珍贵。这些邮票在历次拍卖和市场中价格一再上涨，成为集邮家争相搜集的对象。如1990年5月26日，香港旭力集邮公司在第26次通信拍卖中，1枚蓝色的"军人贴用"新票上有约一厘米的撕裂，底价15万港元。

如何进行钱币投资

钱币有很多种类。以形态来分，可分为纸币和金属币两大类，金属币又可分为贵金属币和普通金属币；以国别来分，可分为中国钱币和外国钱币；从时间上来分，可分为古代钱币、近代钱币和现代钱币。

古今中外发行过的钱币有数百万种之多，钱币收藏者只能量力而行，分类收藏。收藏专家认为，钱币收藏要注意看以下7个方面：

（1）钱币是否有面值。没有面值的只能称为"章"，而不能称为"币"。币，必须是可以或者曾经可以作为货币流通。

（2）钱币涉及的题材。钱币所涉及的题材多为历史人物、历史事件、文化艺术、体育、动物、植物、自然景物等。由于每个人的学识情趣、文化品位不同，对题材的偏好各异，所以，收藏者可以选择自己所喜爱的题材进行系列收藏。最好是选择大众喜闻乐见的而且发行量不能太大，这样的品种比较有生命力。比如，野生珍稀动物系列纪念币，每套发行量都为上百万枚，而且有 1/3 向国外发行。

（3）钱币的纪年版别。钱币上的纪年是指铸造在钱币上的年份。相同图案、面值的钱币，纪年不同，其价值差异颇大。

（4）钱币的出处。比如说，银元就分为云南龙版、北洋龙版、江南龙版、贵州竹版等。

（5）钱币齿边形状。钱币的齿边形状大致可以分为平光边、丝齿边、装饰边、铭文边和安全边 5 大类，是区分铸币不同版别的一个重要依据。

（6）钱币的制作工艺、钱币上的字迹是否自然流畅，与整个钱币是否和谐。做工精美的品种，容易引起市场好感，具有较大的增值潜力。

（7）钱币的成色。钱币的品相是按"成"来划分的，其实，只要有七八成新就可以收藏，如果是珍稀品种，成色差一点儿也行。当然，十成新的最好，这就表明钱币没有任何脏污斑点，没有任何破损、裂缝，而且重要的是没有经过人工处理。

对普通投资者来说，对钱币鉴别时需要在"看"上下工夫，钱币收藏者往往需要随身携带放大镜。

中国的古钱币有着长达 3000 多年的悠久历史，各种各样的古钱币中包含着极高的考古学价值和收藏价值。但是，古钱币投资与其他形式的投资一样，也存在着极大的风险。投资者在古钱币的实际投资过程中，应掌握以下几个要诀：

1. 专注于某一时期的钱币

我国历史上曾经出现过的货币形制成百上千，钱币版本更是成千上万，因此，对于各种各样的形制和版本，任何人都不可能做到一览无余，完全掌握。所以，涉足这一收藏领域的投资者，除了要下大工夫学习相关方面的专业知识之外，最好先从某一时期的钱币着手，这样涉及的钱币种类少，能够把握好一点儿。等熟悉了基本情况以后，再循序渐进地逐渐扩大收藏范围。

2. 了解有关各币种的市场价格

古钱币市场的价格体系复杂，文物价值与市场价格往往严重背离，很难准确把握。因此，古钱币投资者在确定了投资的具体方向后，还要详细了解有关币种的价格情况，要了解相同或相似种类的价格差别，以免遭受投资损失。

3. 时刻关注古钱币的出土情况

古钱币的出土情况对市场行情的影响很大，难以预测。由于古钱币没有很高的艺术欣赏价值和使用价值，所以购买者大都是专门的钱币收藏者。因此，市场上对某一类古钱币的需求量在一定时期内是比较稳定的。古钱币在社会上的存有量差别很大，不同的古钱币之间的差价也是巨大的。古钱币的社会存有量有时会增多，因为它有一个巨大的不可预测的地下埋藏库。古钱币的出土情况报纸上常有报道。一般说来，墓葬出土或考古遗址的零星出土，古钱币的数量普遍较小；古人的藏宝之处出土的数量往往较大，币种也比较集中。如果一次挖出同一币种钱币的数量极多，又由于管理不当而流入了市场，那么市场上的供需平衡很快就会被打破，价格随之就会下降。总之，把稀缺币种作为收藏投资的对象时，一定要密切注意最新的出土情况，如果发现有可能影响市场价格的考古出土方面的报道，就应马上采取适当的应对措施。

4. 练习相应的古币鉴别能力

古钱币因形制简单，铸造容易，从近代开始就有人专门从事古钱币造假，所以，古钱币的收藏投资者必须具备一定的识别能力。

保存最好的古钱币应该是带锈色而无锈蚀，表面光滑而发亮，各部分均完整无缺，字迹和花纹清晰可辨。

还有一点是投资者应该注意的，由于古钱币的铸造模具由手工雕刻，因此难免会有疏漏，版别漏验及试铸币便成为珍品。

5. 先从银元做起

银元的发行流通时间短，磨损少，保存完好，目前在民间尚有不少持有量。由于银元本身是贵金属，自身的价值有保证，多少年来一直随着国际市场的金银价格上涨而缓慢爬升。因此，投资于银元既稳妥可靠，又有一定的获利机会，是初涉古钱币投资者较为理想的选择。

如何进行珠宝投资

珠宝既是优美的饰品，又是一种特殊的财产。因此，所谓的"珠宝"也就是广义上的"宝石"或"宝玉石"。

广义的宝石除了单晶体宝石外，还包括各种玉石、雕刻石等。我国传统上将宝石与珍珠、琥珀、珊瑚等小件翡翠合称为珠宝。由于珠宝的存量稀少、体积小、价格高，并能长期保值，甚至增值较快，同时又便于携带和永久保存，因此古今中外都视珠宝投资为一种极有利润的投资工具。

在投资领域，影响珠宝价值的因素，主要表现为：漂亮、耐用性、稀少、市场需求、传统文化心理、便于携带等。

1. 珠宝的主要特点

（1）珠宝的珍贵性。因珠宝比较罕有，且深受人们认可，在不少国家和地区具有硬通货的功能。许多国家都将宝石资源划归国有，并将其作为国民经济发展的重点投资项目和国库储备的对象之一。

（2）珠宝易交易。全球珠宝贸易市场比较集中，其形式多种多样，贸易的对象也有原石、半成品和成品等。

（3）珠宝受认可。珠宝交易和其他商品贸易一样，但珠宝交易的一个显著特点是趋于保守和稳妥。

（4）珠宝业竞争激烈。由于珠宝贸易市场中的高额利润，珠宝市场的竞争十分激烈，欺诈、走私和黑市这些现象也就很难得到根本性控制。

2. 珠宝的主要品种

（1）钻石。在全世界的珠宝交易中，钻石占有相当大的市场份额。因钻石特有的物理性以及其稀缺性，近年来，钻石的价格每年都在稳步上升。

（2）有色宝石。一般来说，有色宝石包括红宝石、蓝宝石和祖母绿等。有色宝石的回报率不如钻石那样稳定且容易掌握，但是从长远看，有色宝石的供应量也相当少，所以价值胜负较大。

（3）名牌珠宝。经过品牌公司加工后的珠宝更具市场价值，世界上著名的珠宝公司如蒂佛尼、卡地亚、凡阿公司等的产品价格始终居高不下。

（4）古董首饰。目前古董首饰在市场上十分流行，也是值得投资的品种。

3. 珠宝投资的原则

（1）看供求关系。珠宝投资，必须选购具有市场价值的珠宝，即数量稀少，但需求量日益增加、价格不断上涨的珠宝。

（2）看珠宝品质。不论选购何种珠宝，最好到专业水平较高、信誉良好的珠宝店去选购，不要选购打过折的珠宝。投资珠宝必须选择佳品，才能确保其市场性与增值性。

（3）看珠宝真伪。珠宝的价格受色泽、做工、重量等诸多因素的影响。在购买时一定要索取国际公认的鉴定书，以确保珠宝的品质与价值。目前国际最权威的珠宝鉴定书有：美国宝石学院 GIA 的鉴定书、欧洲联盟的 HRD 鉴定书。

我国珠宝来源丰富，品种繁多，人们佩戴和收藏珠宝的历史也很悠久，市场中人们对珠宝的需求量很大。珠宝投资越来越受到大家的欢迎，普通投资者要做好珠宝投资需要做好相应的功课。

投资收藏的专业准备

随着经济的发展，在人们对物质的需求得以满足的同时，对精神文化的需求日益高涨起来，收藏风的刮起便是这现象的见证之一。

但与此同时，收藏品的选择也成了新兴收藏者的困惑。这里提供几点操作技巧：

1. 具备扎实的专业知识

投资者需要依靠平日的积累，学习系统的历史、民俗、文学、考古、工艺美术和社会知识。收藏的"慧眼"绝不是一朝一夕炼成的，它建立在相应的专业知识基础上，需要经过日积月累，不断学习、不断总结经验后才可能具备的。只有虚心学习，不耻下问，才能不断提高鉴赏水平。

首先，要学会以书为师，取经于书本。大量阅读收藏类书籍、报刊和浏览收藏类网站，尤其是要选择一些权威性著作精读、细读。

其次，要学会以物为师，取经于真品。不少收藏专家指出，仅仅只是学习相关理论是不够的，练就一双鉴宝的"慧眼"还需和真品古玩"亲密接触"。经常到博物馆、文物商店、古玩店、画廊、地摊和拍卖会，接触实物，增加感性认识，把书上抽象的文字转化成形象鲜活的内容，牢记在脑海里。

再次，做到以友为师，取经于藏友和专家。共同分享收藏知识和心得非常重要，藏友不论年龄长幼，职位高低，能者为师，有疑虑和不懂的地方，虚心向朋友求教。文博专家对收藏知识的系统性掌握，古玩商贩对藏品的识别能力和对行情的把握，藏友对某项收藏的知识经验，都是人们学习的内容。

比如说，书画鉴定，这门学问是人人都可以学的。只要你用心，长时间地对某一个书画家、某一个流派，或者是某一个时代的书画鉴定关注，能够获得许多的印象和心得，慢慢地积累、整理、校正，你就可以成为这方面的专家。所以，书画鉴定的学问，实际上跟其他的文物鉴定的学问一样，它首先是心得和经验的积累，这些是可以通过学习获得的。

2. 融入兴趣爱好

如果把原本是学问的研讨、人文的涵养、情操的陶冶，演化成仅仅是金钱的较量，如果花大价钱买回家的东西往保险柜里一放再也不看，就等着在市场的最高点出手，那还不如去做别的投资品种，还不存在真伪、好坏的问题。

古人是怎么玩书画的呢？在风和日丽的好天，窗明几净的书斋里，净手焚香，聚集三五知交，观书品画、纵论古今。现在有多少人把书画买回家之后会去细细品味、研究呢？

3. 谨防收藏风险

收藏风险不可不防，收藏市场纷繁复杂，有淘宝的机会，也有深深的陷阱，是一个高风险的市场，投资者还必须加深对艺术品市场地足够了解，才更有可能取得成功。这其中最基本的包括政策法规的风险、操作失误的风险和套利的风险。

政策法规的风险。文物商品是特殊商品，我国为此制定了相关的法律《文物保护法》。它对馆藏文物、民俗文物、革命文物都有具体的界定，尤其是对文物的收藏和流通所做出的相关具体规定，应引起市场参与者的重视。例如，《文物保护法》明令禁止买卖出土文物，地下出土文物归国家所有。但这一条被许多人视而不见。尽管有的出土文物经济价值不大，买卖价钱相当低廉，但这事情的严肃性不属于经济范畴。

操作失误的风险。就一般的古玩收藏爱好者而言，操作失误是指以真品的价格买了仿造品，或是以高出市场的价格买了真品。二者的区别在于后者有可能随着需求的变化，获得某些补偿、回报。而前者却只能使你亏损，回本无望。古玩收藏作为理财手段，具体由专业人士操作，在操作正确无误的情况下，尚且难免受到社会经济环境和供需要求等客观因素的影响导致回报预期无法兑现，更何况不具有专业鉴赏知识，对市场操作认识肤浅的爱好者，参与买卖古玩操作失误的风险就尤其明显了。

套利的风险。客观地讲，古玩市场毕竟是一个不健全、有待完善的交易市场。买与卖者之间能否做到公平、公正地交易较大程度上都要看参与者对市场的参与和认知程度。

时刻谨防赝品

赝品是指将一个知名品牌的特征复制到另一个产品上，并达到可以乱真的程度，该复制品以原品牌的名义按照较低的价格在市场上出售。

相对于原始的真品，赝品具有自己的特点，比如，赝品必须依附于真品而生存，如果没有真品本身的知名度，赝品根本没有生存的空间；此外，赝品与真品形似而神不似，形似可以使投资者享受部分真品所带来的视觉体验，而神不似体现了赝品与真品本质上的区别，于是赝品一般以较低的价格和便利的购买渠道便可获得等。购买赝品一般不能获得普遍社会认同。一方面，赝品侵害了真品的知识产权，为社会法律所不容；另一方面，一旦赝品的真相暴露，将降低购买者的品位及在他人眼中的形象。

赝品同真品相比有着本质的不同，粗劣的赝品自然谈不上什么价值，就是仿造得精美绝伦的赝品，也被玩家排斥。长期以来，收藏者对赝品的态度大都是敬而远之，甚至谈"赝"色变的。古玩是一次性的，流传到现在的很少。

赝品之所以广泛存在，是因为赝品市场是一个巨大的市场，其产生和发展不能脱离市场规律的作用。从供求关系看，只有将赝品销售出去，制造者才能获得利润，才有动机继续生产赝品。

那么，投资者为什么会购买赝品呢？从信息理论的角度出发，投资者在交易中处于信息不对称的弱势方，没有充分的信息辨别产品的真伪，从而给赝品以可乘之机。

从更广泛的角度分析，赝品之所以会在艺术品市场上出现，至少包括以下3个方面的原因：

1. 市场有需求

对于绝大多数艺术品的真品而言，供给量总是有限的。当人们对某种艺术品的需求量不断增加，而供给量的增加又难以满足需求量的增加时，这种艺术品的市场价格就可能会上涨。但即使如此，也常常不能满足艺术品市场的需求。如果收藏者仅仅希望得到心理上的满足和精神上的享受的话，那么，复制品和仿制品同样可以比较好地满足他们这些方面的需要。

此外，随着人们生活水平提高，居室装饰也越来越讲究。即使不喜欢收藏，许多人依然希望悬挂一些有品位的书画或摄影。但是，有品位的作品大多出自名家，由于名家作品的价格很高，令不少人望尘莫及。而且，现在的收藏已经成为了一种时尚。在这种情况下，大多数人只能退而求其次，购买名家书画的复制品或仿制品，以满足对高雅艺术的渴求或附庸风雅之心。这样一来，赝品的大量出现，也就不足为怪了。

成都市收藏协会的一位专家甚至直言："成都的假画应该比真画更有市场。"他认为，由于艺术品作伪技术的迅速发展，一般人甚至资深收藏者都很难分辨艺术品的真伪。赝品越来越多，一方面冲击了艺术品市场，打击了收藏者的信心，因为在一般人眼中，收藏一幅真画和收藏一幅工艺极高的假画，实际上并没有什么区别。即使收藏的是真迹，也可能得不到大众的认可，最后成了孤芳自赏，变得意义全无。另一方面，潜移默化地形成了一个"繁荣"的假画市场。反正"没有办法辨别，就干脆不辨别"，而且，现在还有很多人专门购买假画，一是因为不少赝品具有很高的工艺水平，可以用这些足以乱真的赝品来装饰自己的房间或者办公室；二是因为购买赝品的价格比较低廉。

2. 技术有进步

如果说市场的需要使赝品的出现成为可能的话，那么，技术的进步无疑使得赝品的出现由可能变为了现实。一方面，艺术品的复制技术和仿制技术有了长足进步；另一方面，艺术品的作旧技术也得到了迅猛的发展。因此，从某种意义上讲，正是技术的进步使得赝品的制作日渐精美，日益逼真。甚至可以认为，就目前的情况而言，实际上是艺术品鉴定技术的进步速度赶不上艺术品作伪技术的进步速度。

广东某海关就遇到过一件大规模的"文物走私案"。为了确定这批走私文物的真伪和价值，该海关特意请来了6位文物鉴定专家进行鉴定。这些专家在经过仔细鉴定后一致认定，这批明清瓷器是国内罕见的珍品，其中，有的还是国家一级文物。海关方面顺藤摸瓜找到江西景德镇的卖主家中。卖主得知来意后，不慌不忙地从床底下拖出一只大浴盆，里面装满了清三代官窑瓷器。公安人员问道："这些东西哪里来的？"卖主则理直气壮地回答道："本人仿着玩玩，犯什么法？"在场的鉴定专家听后大惊失色，惊呼："看不懂，真看不懂了！"直到公安人员和鉴定专家亲眼看到了卖主制作的尚未烧制的器物后，才消除了最后一丝疑虑。这个大宗"文物走私案"也以近乎喜剧的色彩而告终。

不仅如此，现在的艺术品作伪实际上正在日益专业化、集团化和规模化：有人专门负责寻找旧纸和老墨，有人专门负责打稿，有人专门负责上色，有人专门负责刻印，有人专门负责仿造落款，还有人专门负责销售。甚至还出现了艺术品作伪的产业集群（industrial cluster）。举例来说，假瓷器大多来自于江西景德镇。它们大多是在仿古样式生产后，使用药水蒸煮、烟熏、打磨、日照、土埋等方法加工而成的。假玉器则主要是安徽蚌埠、江苏扬州、河南南阳等地生产的。其中，以红山玉、汉玉和良渚玉居多。作旧方法则一般采用熏、烤、烧、煮、炸、蚀、沁色、酸蚀等等。此外，在艺术品市场上，河南生产的假陶器、河北生产的假木器、安徽生产的假铜镜也都是远近闻名。

3. 利润的驱使

在全国各地的艺术品市场上，唐寅的美人、郑板桥的竹子、徐悲鸿的奔马、齐白石的群虾，举目皆是。有时候，店主甚至在刚刚卖出一张书画后，就立刻从柜台内取出一张完全一样的"名人书画"挂上墙去。不过，总的来看，那些价格昂贵的艺术品的赝品多是复制品，而那些价格低廉的艺术品的赝品则以仿制品居多。

而且，精仿的复制品与低仿的仿制品的目标市场也是大不相同的。一般来说，精仿的复制品主要针对的是拍卖交易市场，而低仿的仿制品则主要针对的是地摊交易市场。

马克思在《资本论》一书中，曾经引用过邓宁格（Dunninger）的话来描述人们在追逐利润时的贪婪："一旦有适当的利润，资本就胆大起来。如果有10％的利润，它就保证到处被使用；有20％的利润，它就活跃起来；有50％的利润，它就铤而走险；为了100％的利润，它就敢践踏一切人间法律；有300％的利润，它就敢犯任何罪行，甚至冒绞首的危险。"对于"赚钱仅次于贩卖军火和毒品"的艺术品作伪而言，利润的吸引显然是赝品大量出现的重要原因。

事实上，现在的作伪者制作复制品或仿制品的动机，已经不仅是牟取丰厚的利润了。只要有利可图，不管利润多少，他们都会去复制或仿制艺术品，并且在适当的时候，将这些复制品或仿制品作为真品销售。

赝品与真品如影随形

尽管大多数收藏者对赝品的态度都是相当微妙的。然而，在赝品的治理这个问题上，人们的看法却显得见仁见智。

周倜认为："应该坚决打假。因为假货多了，一般人不敢轻易涉足艺术品市场。"所以，他主张应该对艺术品市场进行严格监管。

潘深亮也认为："必须坚决反对作假，并采取一些有力的措施。"就书画作伪而言，他建议："第一，要加强立法；第二，行政执法部门对于一贯作假、屡教不改的人，要进行严厉打击；第三，作者本人也要采取一些防伪措施，来保护自己的合法权益。"

盛茂柏指出："对于收藏者来说，如果他们花了很多钱，而买到的却是赝品，显然会极大地挫伤他们的收藏积极性。当然，对于艺术品市场的打假问题，应该具体问题具体分析。例如，以学习为目的的临摹等，是不反对的。但是，对于那些牟取暴利，危害他人的违法犯罪行为，应该坚决打击、取缔。"

朱国荣进一步指出："允许造假，等于是允许用欺骗的手段来获取利润。放任伪作赝品在艺术品市场存在，其后果将会促使艺术品市场走向毁灭性的衰竭，到头来还是三败俱伤。"

牛双跃则强调："现在的艺术品市场是鱼龙混杂的市场，必须打假。但是，打假的关键在于建立健全的管理和监督机制，并且以法律的形式来规范它，这是最根本的。这些问题不解决，打假永远是句空话。"

当然，除了造假者以外，还有很多人不赞成以打假的方式来治理艺术品市场上的赝品问题。例如，有人就主张："在艺术品市场上应该允许艺术品有真有假，彻底实行自由贸易。"他指出，自己之所以不主张在艺术品市场上进行打假，是因为这是私有制和市场经济条件下不可避免的产物。这种造假现象不但过去有，现在有，将来还会有。因而在一段相当长的历史时期内，只能允许真假并存，由市场优胜劣汰的竞争规律去解决，由顾客日益聪明的慧眼去鉴别。

今天，如果违反规律，强行打假，必然会打不胜打，甚至真假难辨，搅乱市场交易的正常秩序。当然，一经发现造假者，应该进行教育，加以劝止；对于情节恶劣，危害严重的作伪诈骗罪行，还应该依法惩处。还有人则指出：对于艺术品市场打假这一提法，他觉得可以提，但不要过度，而应该具体问题具体分析。因为"艺术品作为商品有其特殊性，如果要打假，那么，复制品和仿制品本身不应该算在其中，以假充真才算是假。从现实可操作性来看，打假也并不容易。打假不仅需要法规，也需要财力。规范艺术品市场所涉及的问题非常多，而且是一个渐进的过程。"

当然，有人也强调："艺术品不同于一般商品，它有一定的特殊性。从宏观上看，从改革的大环境看，从法律的角度看，艺术品市场的打假应该是一个如何管理的问题，是从机制上如何改革的问题，是一个如何立法，加强法律保护和制约的问题。"所以，他不主张"简单地以打假的方式来解决这个问题，因为单靠这种简单的方法是解决不了问题的。这是一个市场问题，市场有它自身的规律，单靠行政手段解决不了问题。应该从加强管理，从立法方面来解决，要多调查、多研究，逐步来完善艺术品市场。"马未都则认为："艺术品市场打假之事比较复杂。首先要弄清'假'的概念是什么？"

中国历史上出现过多次全国范围的收藏热，但情况不一样，例如，北宋年间仿古成风，但那时的仿古多是为了追求时髦，不是为了作伪；到了清乾隆时期，许多仿古行为的目的就是作伪，追求商业利益。今天打"假"，打的应是作伪之假。由于立法不完善等原因，提出打假，方向是对的，但在短期内尚没有操作性。

比较以上两种关于赝品治理的观点，不难发现，赞同强行打假者大都希望借助政府这只"看得见的手"来解决艺术品市场"失灵"的问题；而不主张强行打假者则大都希望凭借市场这只"看不见的手"来自动发挥调节作用。从本质上讲，这两种观点实际上并没有太大的分歧，只是分析的视角有所不同而已。前者强调的是规范意义上的"应不应该"，而后者关注的则是经验层面上的"可不可行"。事实上，艺术品打假是否可行，至少要受制于以下两个约束条件：

1. 打假有成本

开展打假活动，显然需要支付高昂的成本，这些成本包括：打假机构的日常运作费用、工作人员的培训费用、工作人员的薪水开支等等。从某种意义上讲，高昂的打假成本实际上是大规模开展打假活动的第一个障碍。

与此相关的一个重要问题是，艺术品打假的运作成本到底应该由政府部门承担，还是应该由因为打假而受益的收藏者来承担？虽然维护市场秩序是政府的重要职能之一，但显而易见的是，作为发展中国家的中国，政府部门还有许多更为重要和迫切的地方需要庞大的经费支出。在这种情况下，寄希望于政府部门来完全承担打假的成本，似乎是很不现实的。那么，由那些因为"有效打假"而受益的收藏者来承担这些成本又如何呢？

事实上，这个方案更不可行，原因如下：

第一，不同的收藏者从"有效打假"中获得的潜在收益是不同的。从理论上讲，收藏者的潜在收益不同，应该支付的相应成本自然也应该不同。但是，收藏者的这种潜在收益，无论在事前，还是在事后，都是难以准确度量的。例如，高端艺术品的收藏者与低端艺术品的收藏者在艺术品打假上的收益，就有很大的不同。而且，艺术品打假的实际效果究竟怎么样，实际上也是一个很难度量的问题。

第二，即使收藏者确实可以或多或少地从艺术品打假中受益。但是，一旦打假活动正式开始，每一个收藏者都会从中受益。换句话说，不管是由政府来支付打假的成本，还是由收藏者来支付打假的成本，不支付打假成本的收藏者照样可以坐享其成，获得因为打假而带来的收益，这就是所谓的"搭便车"现象，即收藏者通过隐瞒自己的偏好或意愿，以便从他人的支出中获得好处的行为。这就是说，部分收藏者实际上不必支付打假的成本，但仍然可以从其他人支付的打假成本中获得因为打假而带来的收益。

总而言之，艺术品打假的成本实际上相当高昂，而且很少有人愿意主动负担这种高昂的成本。

2. 鉴定有难度

从监管角度来说，艺术品真伪的鉴定问题也是一个大问题。艺术品真伪的鉴定至少面临以下两个问题：

（1）艺术品的真伪如何鉴定？众所周知，鉴定是一门很深奥的学问。以中国书画为例，几千年来，中国历史上有名有姓的画家数不胜数。仅仅拿海派画家来说，就有至少上千人。因此，由一位专家鉴定每一个书画家的作品，显然根本不可能。即使由一位鉴定专家专门鉴定某一位书画家的作品，实际上也具有相当大的难度。就一位书画家的艺术成长历程而言，大致可以分为学习期、成熟期、巅峰期和衰退期，每一个时期都有各自的特点。

从艺术品市场的现实情况来看，书画作伪的名目繁多、五花八门：既有作伪者自书自画冒充而成的（具体可分为摹、临、仿、造四大类）；又有作伪者以旧作改头换面、移花接木而成的（具体可分为改、添、减、割等）；还有妻子为丈夫代笔而成的，弟子为老师代笔而成的，儿子为父亲代笔而成的；更有作伪者利用现代高新技术仿真印刷而成的。与此相对应的是，艺术品的鉴定至今仍然没有被文物界和收藏界公认的鉴定方法，大多依靠鉴定专家的经验和眼力。

然而，"艺术品的鉴定非真即假，即使随便指真道假，都会有 50% 的命中率。这里的关键，无论说真道假，都要拿出负责任的证据。"问题是，就目前的艺术品鉴定现状而言，关于艺术品真伪的鉴定理论，在很大程度上仍然停留在"只可意会，不可言传"的微妙境地。在这种情况下，鉴定专家在艺术品真伪问题上的意见往往大相径庭、见仁见智。

（2）艺术品的真伪由谁判定？从某种意义上讲，现在的艺术品鉴定在很大程度上还停留在经验判断的"眼学"层面上。因此，鉴定专家是不是真的"目光如炬""洞烛幽明"，实际上是很难说的。总的来看，目前艺术品鉴定领域的情况是"屡出新闻，错鉴不断""你真我假，众口不一""各执己见，互不相让"，并且还呈现出"泛专家化"的趋势。最终则导致了目前的艺术品鉴定"毫无权威性，人人可鉴定"的混乱局面。

例如，虽然一些权威文博机构的著名鉴定专家对中国古代书画较为谙熟，但是，他们对中国近现代书画的认识，却不一定比那些专门研究近现代名家的普通鉴定专家高明。另外，还有一些鉴定专家"业务不专，全面开花，无所不通"。甚至还有个别在古陶瓷、玉器或青铜器领域具有一定专长的鉴定专家，也在其他领域大显身手。在这种情况下，无论是采取"专家集体鉴定，少数服从多数"的办法，还是采取"专家集体鉴定，一票否决"的办法，恐怕都未必能得到令人满意的结果。

总而言之，通过打假的方式来解决艺术品市场上的赝品问题，实际上很有可能收效甚微，甚至步履维艰。事实上，艺术品市场是一个"难得买卖不骗人，鲜有买货不受骗"的特殊市场。艺术品有真有假，收藏者的眼力各有不同。有人看真，有人看假；买主看真，卖主看假的事情多如牛毛。在艺术品市场上，如果以赝品的价格买到了真品，称为"捡漏"；如果以真品的价格买到了赝品，则称为"打眼"，统统不能称之为骗人或受骗，双方都认为是眼力问题。这是中国收藏界的传统"行规"。在这种情况下，治理赝品问题很可能只是一个美丽的神话。

投资者如何识别瓷器

瓷器是收藏"大项"。近年来，在拍卖会和古玩市场中，明清古瓷因量稀物美而广受追捧，价格屡创新高，连原先不为人关注的民国瓷器价格也不断走高。

但古玩市场上所售的瓷器很多都是赝品，那么怎样提防和识别瓷器赝品呢？

1. 从造型上来分辨

每个时代的瓷器造型是不同的，这是因为不同时代有不同的审美标准、生活习惯、风俗面貌和技术条件。每个时代生产出的瓷器也有不同的造型特点，一般带有鲜明的时代特色，这给鉴定古瓷提供了重要依据。

比如说"鸡头壶"，可以通过这种造型，了解到这应该是三国两晋南北朝的产物。假如是"宫式碗"，则应该知道这是明朝正德年间产品的一种造型。假如是"观音尊""棒槌瓶""太白缸""柳叶瓶"等，这些应是清朝康熙年间的器物。熟知各朝典型品种的各种器形，对于帮助我们鉴别真伪是非常重要的。只要我们头脑中有了准确的器形概念，对那些貌似的伪品，就能看出差别之处。这就好比手里拿了一把尺子，有了准确的尺寸，就不致出现"失之千里"的现象，将明代器物看成了唐代产品。

2. 从胎釉上来分辨

投资者可以通过观察胎体和釉面，作为判断年代、识别真伪的重要环节。不同时代、不同窑口烧制的瓷器，由于胎釉成分的烧制条件不同，烧成的器物质地与釉色也各不相同。例如，商周时代的青釉瓷器是青瓷的低级阶段，其胎为灰白色和灰褐色，胎质坚硬，瓷化程度高，其釉色青，釉层较薄，厚薄不均。这是当时采用洒釉方法进行施釉的缘故。再以明清两代瓷器为例。明朝永乐、宣德时，景德镇生产的青花瓷器釉色白腻、釉面肥润、隐现橘皮状的凹凸感，仔细观察，釉中可见大小不等的釉泡；而明朝末年生产的青花瓷，釉色迥然不同，薄而清亮，不可同日而语；明宣德时，大件琢器底部多无釉，露胎处常有红色点，俗称"火石红斑"，还有铁锈斑点；而清康熙、雍正的仿宣德瓷器，却无此特征。此外，明朝胎体瓷泥陶炼的纯净度及烧结密度则远逊于清朝。如清代康熙瓷器胎质清纯、细腻、坚硬，居明清两代之首，有"似玉"之誉，而且与各代同一器皿相比，其胎体最重。

3. 从纹饰上来分辨

鉴定古代瓷也可以通过纹饰来分辨。各个时代瓷器上的纹饰，无论是题材内容和表现手法，都强烈地反映着当时人们的审美观和当时的社会文化。它好像是一个人的衣冠，有着明显的民族性和时代性。譬如元代青花瓷的纹饰，布局繁密、层次较多，少则二三层，多则七八层；但到了明永乐年间，则趋于疏朗。

纹饰的内容，各个时代也不尽相同。比如明代正德瓷器多回文箴言及仙人朝圣、八宝图等图案，因为那时道教、佛教和伊斯兰教在社会广泛兴起。清代康熙瓷器常有各种刀马人物和清装射猎的图案，以及用诗词文字作为装饰的图案，这是由于皇帝吸取明亡教训，对"尚武"和"习文"极为重视。就是同一种常用的装饰，各个时期亦各有变化。如龙纹，有的叱咤风云，有的细软疲沓；有的威武雄壮，有的老态龙钟。这些都是鉴定古瓷的参考因素。

4. 从款识上来分辨

所谓款识，就是指刻、划、印或写在瓷器身上的文字，表明它的时代、窑口、制作者或使用者等等。投资者可以通过瓷器上的款式来鉴别瓷器的真伪。

款识以纪年款居多，此外还有堂名款（如"正和堂制"）、陶人款（如"某某造"）、赞颂款（如"美玉雅观"）、吉言款（如"寿山福海"）、花样款（如双鱼、白兔等纹样图案）等。纪年款一般是在瓷器的中央，书写某某皇帝的年号。纪年款在明代以前少，自明代开国至清末，共 500 多年，换了 27 个皇帝，这一时期的瓷器，大多书写皇帝的年号。对于瓷器上的款识，投资者在鉴定时，可以从中找出其规律性和特殊性。明清时的瓷器款识很多，但也有不少是托伪假款。

投资者在鉴定时应多加比较，掌握每个朝代的字体、风格及每一笔画的特征，这样才能准确地判断出真伪。例如，从明宣德至清康熙间的年号款，都是六字楷书款；但雍正一朝，则楷、篆书款同时使用，有六字款（大清雍正年制）和四字款（雍正年制）；乾隆时款识，篆书盛行，楷书渐少。嘉、道两朝以篆书款为主；但自咸丰至宣统三年，又回复到了楷书写款，篆书款已不使用。这是明清款识的基本规律。另外，历朝年款的字体和风格及色泽深浅等也各有特点。把握了这些要素，便能逐步提高鉴别能力。比如，同治时的写款应是楷书，而当发现一件同治瓷器的写款是篆书，那就应该对这件瓷器的真伪打个问号。又如清末民初有多款仿清代康熙民窑的瓷器，器底书"大清康熙制"款，但字体、笔法与康熙时不同，一看就知道这是后代的仿制品。

造型、胎釉、纹饰和款识，是鉴定古瓷的基本要素。这 4 个方面缺一不可。因此，鉴赏者不可仅据局部或偶然巧合而轻率地做出判断。我国古陶瓷鉴定专家耿宝昌先生对这 4 个要素各自的作用及相互联系，做了精辟的概括，这就是"造型为根本，胎釉是关键，纹饰辨时代，款识察真伪。"只有耳、目、手并用，细致观察、全面分析、慎重定论，才是正确的方法。

作为古瓷器收藏的爱好者，除了要多长见闻外，最重要的是多看真品，从真品入手再结合书本知识，才能形成鉴别经验。在收藏中学习鉴赏、鉴赏中指导收藏，这样才会逐步提高自己的鉴别能力。

投资者如何辨别钱币

随着人民生活水平提高，从事钱币收藏和投资的人越来越多。在钱币市场中，有些钱币珍品的价格非常高，这就引起了不法之徒的觊觎。他们置法律于不顾，依葫芦画瓢炮制出赝品来，以图谋不义之财。

凡钱币市场上交易活跃的品种几乎都有赝品出现，尤其是古钱币和近代银币更成了制假重灾区。在一般古玩市场里，各种摊位上出售的古钱币和近代银币里的绝大部分都是赝品，真品反而显得难觅了。在钱币市场上，普通古钱币和近代银币的伪品尽管没有一般古玩市场里那么多，但一些档次较高的古钱币和近代银币赝品仍是不少，其手法也高明许多，有夹馅、拼镶、挖补和改刻等形式。

过去人们一直以为古钱币和近代银币里伪品很多，当代币中赝品较少，但是随着科学技术的不断进步，现在这个观念发生变化了，因为制假者的水平也有了很大的提高。目前当代币中第二套人民币里的叁元券、伍元券和贰角券出现了伪品，连第三套人民币里的贰元券（车床工人图案）中也发现了仿制品，而且做工还很精致，连水印都很逼真。至于雕刻和印刷工艺原本就较为简单的民国纸币和第一套人民币里的伪品就更为常见了。

制假者的手法真是五花八门，各种钱币赝品神出鬼没，令人防不胜防。流通纪念币原来一直是收藏安全领域（过去从没有赝品），现在也不太安全了，钱币市场里已发现的品种有建行、宁夏、大熊猫、建国35周年等中高档币。

还有一些人以次充好，将已经流通过的纸币用邮票清洗剂漂洗后，再阴干夹平，冒充挺版出售。有些人将旧的流通纪念币用橡皮擦干净后，再轻轻抹上一层油，冒充新币坑人。现在有些识别钱币赝品特征的研究者都不敢在报刊杂志上公开发表揭伪的文章了，这是担心制假者改进后再祸害集币爱好者。但这种消极的做法，对整个钱币市场的发展毕竟不利。

由此可见，各种赝品已成为近年来钱币收藏中的毒瘤，依靠集币爱好者的辨伪能力来识别，毕竟是一种滞后的被动做法。所以应防患于未然，今后造币厂在各类新钱币制作时就应该加强防伪措施，同时政府对制假者和贩假者还应加大打击力度。

投资者如何识别书画

造赝品是书画家的功课，赝品是成功画家的扶手。靠扶手站起来的不知有多少成功的，甚至很杰出的书画家。倘若这个世界上，书画永远成为商品，那么所有的可以乱真的赝品，永远会给人带来销魂蚀骨的美感。

书画赝品，是书画家造出来的。因为不是确有些"能耐"的书画家，是造不出可以让人眼花缭乱的赝品的。

书画赝品的产生又几乎是和书画与生俱来的。因为绝大多数书画家总是先从临摹名作起笔的。而把名作临摹得惟妙惟肖，几乎是许多书画家成功的必由之路。何况，书画家还有文人的野趣逸兴。明代董其昌书画一时无两，于是陈继儒以银两求沈士充画幅山水大堂，充作董画。丹青史便是如此，一些书画家成功了，一批赝品也就诞生了。

在当今的书画市场上，古代书画赝品令藏家们非常苦恼。一些唯利是图的书画商为了牟取不法的高额利润，往往不择手段地造假。那么，如何鉴别书法和古画呢？以下是鉴别方法，供读者参考。

1. 书法鉴别

鉴别古书法，也是有一定的技巧，可以先看书法的结构、用笔、精神和照应，然后再看人为还是天巧、真率还是做作。投资者需要考证其作品的古今、相传和来历等，再辨别它的收藏、印色、纸色和绢素。凡是书法仅有结构而无锋芒者，摹本也；有笔意而无位置者，临本也；笔势不连续，犹如算盘珠者，集书也。假若它是采用双勾法描摹的书法作品，通篇作品无精彩、精气之处的，一看就是赝品。从古书法的墨色上亦能分辨真伪，古书法的墨色无论燥润、肥瘦，俱透入纸，而赝品则墨气浮而不实，古画亦是这样。

2. 古画鉴别

投资者鉴别古人物画，要看其顾盼语言，花卉果品要观其迎风带露，飞禽走兽要观其精神逼真。鉴别山水画要观其山水林泉清闲幽旷，屋庐深邃，桥约往来，石老而润，水淡而明，泉流洒落，云烟出没，野径迂回，松偃龙陀，竹藏风雨，山脚入水澄清，水源来脉分晓，这样的画即使不知出自何人之笔，亦为妙手佳作。若人物似尸似塑，花果类瓶中所插，飞禽走兽只取其皮毛，山水林泉布置迫塞，楼台模糊错杂，桥约强作断形，境无夷险，路无出入，石无立体之效果，树无前后左右仰俯之枝。或高大不称，或远近不分，或浓淡失宜，点染没有法度，或山脚浮水面，水源无来路，虽然落款为某某名家，定是赝品，用此种眼光去辨别古书画，一般不大会走眼。

此外，从古书画的绢纸上也能分辨真假。唐代的绢粗而厚，有独梭，绢阔四尺。五代绢粗如布。元代和宋代的绢，等第稍失匀净。有一种浙江嘉兴宓家所制的"宓家绢"，其绢细而匀净厚密，赵孟、盛子昭、王若水等古代书画名家多用这种绢作画。

古绢由于历经年代久远，它的基本丝绢性已经消失，同时经过装裱后，无复坚韧，用指在丝绢上微微拖过，则绢如灰堆般起纵，闻之有古香。若古绢有碎纹，则裂纹横直，皆随轴势作鱼口形，且丝不毛，伪作则反之。旧纸，色淡而匀，表旧里新，薄者不裂，厚者易碎，否则都为伪作。

规避艺术品收藏的风险

近年来，国内艺术品市场行情十分火爆，导致大批从未涉足过艺术品收藏领域的新人纷纷涌入。这些新入场的人士大多怀揣着投资升值的美好愿望，但由于对艺术品鉴赏缺乏基本的知识，常被制假贩假者所害。

所以，如何有效地规避投资风险，对初入艺术品收藏市场不久的新人来说显得十分重要。

1. 找专家咨询

作为投资者，如果你没有艺术品投资经验，就必须找专家咨询，这样你可以少走许多弯路，避免重大的投资失误与经济损失。一般专家可以分为鉴定家、书画家、收藏家等几种类型。他们的侧重点虽不相同，但都可以为你提供有价值的建议。但是投资者要警惕以下两类专家：

一类为头顶专家美名的"伪专家"，徒有虚名，一知半解，常引人误入歧途。

二类为职业道德发生偏离的真专家，为个人私利，迎合市场，指假为真，这样的例子在当今市场屡见不鲜，有必要认清这些人的真正面目与企图，以免轻信上当。

2. 远离市场热点

实践表明，远离市场热点，也就远离了风险，最火热的收藏门类往往风险也是最大的，对新人来讲，还是谨慎一点儿为好。时下，国内艺术品市场书画堪称投资的最大热门，但是赝品也最严重，风险也最大。特别是近现代中国书画。另外，随着市场的不断发展，造假的水平也水涨船高，逐渐升级，从以前拙劣的低仿变为如今极具欺骗性的高仿，令有些鉴定专家也大伤脑筋，更何况初入市场的投资者了。因此，对初次接触艺术品投资的人来说，远离这些陷阱密布的"重灾区"，是规避风险的最好办法。

3. 寻找低风险品种

目前市场上，油画的投资风险是最小的，收益又有一定的保障，最适合初入市场的人士进行投资与收藏。价格低、保真性强、投放量小、上升空间大，这些都是当代油画的投资优势。对于有实力的投资者可选择吴冠中、靳尚谊等老一辈油画家的作品或新中国革命历史画这些具有典型时代烙印的油画作品。

4. 抓紧时间学习

对艺术品投资者而言，了解与熟悉市场必不可缺，它可使你找准自己的定位。此外，更重要的是加强自身对艺术品真伪的鉴别能力，依赖别人的帮助终归不是长久之计。不练就一双火眼金睛，就只会沦为造假者的牺牲品。所以，抓紧时间了解市场，尽快提高自己的鉴别能力，对初入市场的新人至关重要。

对每一位艺术品投资者而言，规避风险才是最大的根本，投资回报应退居其次，不能有效地规避风险，一切都无从谈起。

走出投资收藏的误区

对于投资者来说，如果购入的物品既缺少艺术价值又不稀缺，很难算作真正的收藏品，更谈不上投资品。

收藏收资不仅仅是兴趣爱好，应全面看待，这里来讲述一下误区与应对策略：

1. 收藏不能光靠砸钱

由于藏品市场活跃，如今出现了大量浑水摸鱼的产品，不少并不精通收藏品市场的投资者，把粗制滥造、随意拼凑、制造概念的所谓"收藏品"当作稀世珍宝来收藏。这样的产品不但品质不能保证，而且由于根本没有市场，难以流通，压根儿不是投资品，最多只是工艺品。某市场一地摊上摆满了批发零售的器皿、字画、票证，最引人注目的是成堆的各式钱币，历朝历代的"通宝"几乎都有，每枚都红斑绿锈，颇似真品。问及"价格为什么那么低"，小贩私下的回答"都是仿制品"。

对于普通人来说，出于兴趣爱好可以参与收藏，但作为投资渠道风险极大，首先要有极高的鉴赏水平，第二要完全依赖市场，毕竟这些藏品都不是生活的必需品，其价值随着市场冷热随时转变。

2. 收藏投资要理性

虽然目前藏品市场"涨声一片"，但这个本来就应该很"小众"的市场，尽管造就过财富英雄，但也有过惨痛教训，尤其是将收藏的目的定位为投资增值，风险就更加突出。

有一位被戏称为"日落西山的老赵"从1982年开始涉足邮票的收藏与投资，他先后在广州、太原、郑州、石家庄等城市收购与投放庚申猴票，最多的时候拥有17个整版，从而得了一个"辽西猴王"的绰号。接着，在1988年和1991年，老赵因成功以24000元的价格购得"孙中山像"三款四方连邮票和13100元拍得"全国山河一片红"邮票，一时间名声大噪。

老赵自此认为自己"独具慧眼"，于是坚决地成为邮资卡投资的实践者。他不仅花光了自己的积蓄购买"香港中银大厦落成纪念"邮资卡（俗称"片蓝"），甚至还贷款收购"片蓝"，使自己变得一贫如洗。在收藏市场上折腾了20余年，手中为数不多的"片蓝"邮资卡早已用来抵了债务，后来他再也不敢涉足邮币市场了。

在投资对象选择上，既要遵循安全性与流动性原则，还要遵循小额投资原则。初期可先拿出少许资金进行尝试性投资，逐步摸索市场行情，积累操作经验，增加投资筹码。在资金配置上，坚持"三三制"原则，即1/3用于日常支出，1/3用于投资，1/3用于储蓄。这样，即便投资亏损也不至于"元气大伤"。

3. 藏品不是越久越值钱

是真品也并不是不会贬值的，20世纪90年代前后是日本泡沫经济的顶峰，日本艺术拍卖史上也经常出现从未有过的"天价"现象，一波接一波的浪潮冲晕了投资者的头脑。但随着日本经济泡沫的破灭，"价值连城"的收藏品也开始"打折"，银行里用于抵债的书画作品堆积如山，其价格只相当于原价格的1/5左右。

这样的例子表明，即使是真的藏品，也不是时间越久就会越值钱。藏品也是有可能出现价格跌落的情况，投资者必须要有这样的认知。

另外，需要再次提醒收藏投资者注意的是：投资收藏品存在"高风险"。参与者首先需多多学习观摩，在购入收藏品之前先请教专家；其次，要关注收藏品的艺术价值和稀缺程度，这两点也是鉴别收藏品价值的重要因素。

第十七章

发现商业机会，躺着也能让财源滚滚来

从投资的角度道理都是相通的。首先要追求高利润、低风险、高回报，特别在我们个人理财和公司理财都要讲一个货币时间价格，就是钱能生钱，我们的计算方法都是一样的，这些原理是相通的。

——王在全　北京大学投资理财中心主任

寻找市场需求

马克·扎克伯格现在已经成为互联网炙手可热的人物，他的第一份全职工作就让他拾得头彩，这在亿万富翁中十分罕见。2004 年，在扎克伯格还是个哈佛大二生的时候创建了社会化网站 Facebook。仿佛眨眼间，Facebook 迅速走红，扎克伯格自此便一飞冲天。

很多亿万富翁之所以能够成为亿万富翁，在于他们善于研究市场，善于发现市场需求。市场需求是客观的，你能够做到的是主观的，主观只有和客观一致起来，才能变成现实，才能有效益。因此，要尽你所能，研究市场，捕捉信息，把握商机。机会从来都是垂青有心人的，做一个有心人，就会发现处处有市场，遍地是黄金，你就会发现你拥有的资产的最佳用处。

对投资者而言，可以从以下几方面进行市场研究：

1. 研究别人都在做什么

如果你没有什么经商的经验，不知道该进入哪个行业，你不妨研究一下大家都在做什么，先随大流，也不失为一种切实可行的选择。看看市面上什么东西最畅销，什么生意最好做，你就迅速加入到这个行业中去。

当然，别人从事某行业能挣钱，并不见得你去做也挣钱，关键是掌握入门的要领。为此，不妨先做小工向做得好的人虚心学习，学习他们经营的长处，摸清一些做生意的门道，积累必要的经验与资金。学习此行业的知识和技能，体会他们经营的不足之处，在你做的时候力争进行改进。比如，有的下岗职工在开饭店前先到别人开的饭店去打工，虽然苦点累点，一两个月下来便掌握了开饭店的基本要领；有的下岗职工在开美容院前先去别人开的美容院打工学手艺，为自己开业积累知识和经验。

2. 看看自己需要什么商品和服务

寻找市场需求可以先从自己及家庭需求中发掘，因为你自己正是千千万万消费者中的一员，你有所需要，别人同样有所需要。首先，研究你家里每天什么东西消费得最多，在你居住小区购买方便吗？其次，研究你家里经常需要哪些服务，如家用设施维修、孩子上学路远、中午吃饭问题；子女学习辅导、理发、洗澡、量体裁衣等等，这些问题在你居住的社区方便吗？再次，研究一下周围的居民小区及新建小区这些大众需求的方方面面。中国人口众多，一人买一瓶醋，就是十多亿瓶醋，一人用一块肥皂就有十多亿块肥皂。普通老百姓衣食住行的日常需要是你稳定而广阔的市场。

3. 从社会热点、公众话题上寻找

社会在发展，热点会层出不穷，只要你留心观察，在你的周围都有大大小小的热点和公众的话题。

上世纪，英国王子查尔斯在伦敦举行了20世纪最豪华的婚礼。查尔斯王子的婚礼引起了全社会的瞩目，成为英国老百姓最关注的话题之一。而精明的商人都绞尽脑汁，想趁机赚一笔。糖果厂将王子、王妃的照片印在糖果纸和糖果盒上，纺织印染厂设计了有纪念图案的产品，食品厂生产了喜庆蛋糕与冰激凌。除此之外，还有纪念章等各类喜庆装饰品和纪念品，就连平常无人问津的简易望远镜，也在婚礼当天被围观的人群抢购一空，众多厂家为此大大地赚了一笔。

在我国，同样有社会热点，从奥运会热、足球热、二胎热等等，每年的全社会和地区热点不断。你所生活的城市和社区也会有局部的热点，如举鲜花节、啤酒节、旅游节、经贸洽谈会、申办卫生城市等热点，从这些热点上可以发掘商机。对官员来说，热点是政绩和社会繁荣的象征；对普通市民来说，热点是景象，是热闹，是茶余饭后的话题；而对精明的商人来说，热点就是商机，就是挣钱的项目和题材。抓住热点，掌握题材，独居匠心就能挣钱。同时，也注意潜在热点的预测和发现，在热点没有完全热起来之前，就有所发现，有所准备，在别人没有发现商机时，你能发现，就更胜一筹。

4. 关注社会焦点

20世纪80年代初期，经常外出办公和经商的人普遍感到住宿难、行路难、吃饭难，如今这三难已基本解决，解决这三难的过程同时也是商家赚钱的过程。比如方便面的产生就部分解决了吃饭难的问题；汽车出租等方式缓解了行路难的问题；各类高中低档酒店、宾馆如雨后春笋般涌现，解决了住宿难的问题。不同的时代，有不同的社会难题，而这些社会难点就是商机。比如，人口面临老龄化趋势、居民住房难、子女教育难等难点问题，围绕着上述难点问题的解决，同样充满了各种商机，就看你能找到什么样的切入点。比如，解决农村卖粮难，还可以搞粮食出口和粮食深加工等项目。解决国有企业困难，需要调整产业结构，优化资本结构，这就为搞资产经营提供了难得的机遇，盘活资产的过程同时也是挣钱的过程。为解决下岗职工再就业兴办一些市场，提供一些必要的服务，发挥下岗职工的优势，同样可以挣钱；至于解决住房难，搞房地产业更是一个前景广阔的行业。

5. 研究市场的地区性差异

中国地域广袤，不同地区之间存在差异。因为地理因素的限制会带来不同地区之间的市场差异。比如，外地有些好的产品和服务项目，本地还没有销售或开展业务。本地一些好的产品和服务项目在外地还没有推广，这就是商机。比如，在城市里过时的商品在农村不一定过时，也许刚刚开始消费；在发达地区过时的商品，也许在内地或边远地区依然畅销；在农村卖不出去的土特产品，也许在城市有广阔的市场。由此可见，市场的地区性差异是永远存在的，关键在于你能不能发现，发现差异并做缩小差异的工作，就是在满足市场需求，就是挣钱之道。

6. 生活节奏变化产生的需求

随着"快餐"文化的到来，现代人的生活节奏越来越快，越来越多的人接受了"时间就是生命"，"时间就是金钱"的价值观念。

快节奏的生活方式必然会产生新的市场需求，用金钱购买时间，是现代都市人的时髦选择。精明的生意人就会看到这一点，做起了各种各样适应人们快节奏生活需求的生意。比如，在吃的方面，中国人口众多，随着人们生活水平的提高和生活节奏的加快，必然要求快餐食品品种更多、数量更大、服务质量更好，这方面市场拓展不定期大有文章可做。在穿的方面，由于生活节奏加快，人们偏爱随意、自然、舒适、简洁的服装，非正式重要场合，较少穿着一本正经的西服。在行的方面，拥有私家车对先富起来的人来说已成为现实，出租业已由城市向乡村发展，围绕着交通和汽车备品市场开展生意，前景也十分广阔。通信业迅速崛起，各类通信工具不断更新，这方面的商品及服务需求也会不断增加。

另外，还可以围绕着适应生活快节奏开展一些服务项目，如家务钟点工、维修工、物业管理服务、快递、送货服务、上门装收垃圾、电话订货购物，预约上门美容理发、看病治疗等都是可以为的项目。

7. 因生活方式变化产生的市场需求

30 年前，人们还在为自己的温饱问题而奔波，当人们不再为温饱而忙碌时，人们更多地想到的是享受生活。围绕着人们生活方式、生活观念的改变就会产生更多新的市场需求。首先追求自身的美，希望能青春永驻、潇洒美丽，这以收入较高的城市中青年女性最为突出。她们需要各种各样的美容商品和美容服务。除了女性，男性也爱美，男人用美容商品，进美容院今天也不是新鲜事了。不仅年轻人爱美，老年人也爱美。人们不仅追求自身的美，也关注与自身有关的美，如自己穿的衣服、用的东西、住的房间，等等都会不断追求美。围绕着人们对美的追求做文章，你会发现市场潜力巨大。

人们不仅追求美，而且还会追求"健"。身体健康长寿是每个人良好的愿望，围绕着人们追求健康长寿的心理也会大有作为的，如现在都市兴起的各种健身房、健美俱乐部、乒乓球馆、保龄球馆等。随着人们生活水平的提高，这方面的需求还会增加。人们物质生活富裕了，自然要求丰富多彩的精神生活。高雅的精神文化产品和相关服务也正形成一种新的产业。节假日的增多，人们闲暇时间增多，走出家门，走出国门到外面世界走走看看的人越来越多，与此相关的旅游业务和产品发展前景也十分广阔。

8. 细化消费群体

不同的消费群体有不同的消费习惯和特性。盯住特定的消费群体，可以为自己寻找到商机。

商业界有句名言："盯住女人与嘴巴的生意就不会亏。"的确，如果你不做女士们的生意，那么你的市场空间就很狭小了。寻找挣钱之道，就必须想办法赚到女士们的钱。在现代社会，女性消费市场的范围日益广阔。女性已成为家庭日常消费品购买的主要决策者和购买者。至于女性专用商品，则基本由妇女自己决策购买。我国目前有15岁以上的女性3.5亿人，其中城镇15岁以上的女性约有1亿左右。因此，研究女性这一消费群体的消费心理、消费习惯和消费需求，开发女性消费品和服务市场，前景广阔。

儿童是又一重要的消费群体。独生子女在家庭中处于一种特殊的地位，据调查，现在很多已婚青年夫妇收入一半以上是用于子女消费的。我国目前14岁以下的儿童约有3.5亿，相当于美国与日本的人口总和，儿童消费品和服务市场是一个十分广阔的天地。

除此之外，还要研究青年消费群体、老年消费群体、男性消费群体等以人的生理特点和年龄划分的几种特殊消费群体的消费心理、购买行为、消费习惯、消费需求，开发不同群体的消费品和服务市场，不同消费群体市场需求的专业化生产经营和专业化服务项目。

社会在发展，人们的生活观念、生活方式在逐渐发生变化，与市场亲密接触。研究这些变化所带来的现实需求和潜在需求，就是你挣钱的着眼点。

建立雄厚的商业人脉

在好莱坞，流行一句话："一个人能否成功，不在于你知道什么，而是在于你认识谁。""人脉是一个营销人通往财富、成功的入门票！"就拿旅游行业来讲，刚进社会的年轻人，猛地进入旅行社做业务——认识的人顶多就是同学或同事，需要帮忙时常会陷入"求助无门"的窘境；就算是有工作经验的营销人，若不善于建立、维系关系，也很难进一步扩大人脉圈。

这也许是一个极端，但是了解人脉经营的另一个极端——就要了解一个新名词——"脉客"！"脉客"（mankeep）特指一些善于使用人脉、经营人脉的群体。mankeep译为"人脉经营"，我们称之为"脉客"。在台湾证券投资界，杨耀宇就是个将人脉竞争力发挥到极致的脉客。他曾是统一投资顾问的副总，后退出职场，为朋友担任财务顾问，并担任五家电子公司的董事。根据推算，他的身价应该有近亿元（台币）之高。为什么凭他一名从台湾南部北上打拼的乡下小孩，能够快速积累财富？"有时候，一通电话抵得上10份研究报告。"杨耀宇说，"我的人脉网络遍及各个领域，上千、上万条，数也数不清。"

同时，很多成功的商界人士都深深意识到了人脉资源对自己事业成功的重要性。曾任美国某大铁路公司总裁的A. H. 史密斯说："铁路的95％是人，5％是铁。"美国钢铁大王及成功学大师卡耐基经过长期研究得出结论说："专业知识在一个人成功中的作用只占15％，而其余的85％则取决于人际关系。"所以说，无论你从事什么职业，学会处理人际关系，你就在成功路上走了85％的路程，在个人幸福的路上走了99％的路程了。无怪乎美国石油大王约翰·D. 洛克菲勒说："我愿意付出比天底下得到其他本领更大的代价来获取与人相处的本领。"

从上面的事例中，可以看出：一个人思考的时代已经过去了，建立品质优良的人脉网为你提供情报，成了决定工作成败的关键。环绕四周的多半是共同寻乐和有利害关系的朋友，和他们交往虽然愉快，关系却不能长久。我们很容易分析得出结交朋友的过程，总不外乎因为某种缘分与别人邂逅，对对方产生好感，然后开始进行交流，于是进入"熟识"阶段。对朋友觉得有趣或愉快，通常都在这个阶段。熟识之后，开始有一种共患难的意识，彼此间产生友谊。认为朋友会对我们有帮助，通常是在这个阶段。这个阶段的友谊，联系性强，彼此间也容易产生超过利害关系的亲密感。说的更具体一点儿，交往的本质其实也就是互相启发和互相学习。彼此从不断摸索中逐渐改变逐渐成长，建立起稳固而深厚的友情。

在我们的工作和生活中，可以作为智囊的朋友，大抵可分为以下3类：

第一类：提供有关工作情报和意见的，称为"情报提供者"。这种人大都从事记者、杂志和书籍的编辑、广告和公关工作，即使你不频频相扰，对方也会经常提供宝贵的意见。

第二类：提供有关工作方式和生活态度的意见，称为"顾问"。这种人多半是专家，甚至是本行内的第一人，可以把他们视为前辈或师长。

第三类：则与工作无直接关系，称为"游伴"。原则上不是同行，通常是在参加研讨会、同乡会和各种社团认识的，有些也是"酒友"。他们不但可以是"后援者"，有时甚至是我们的"监护人"。

"人的情报"比"字的情报"重要得多。既然人脉如此重要。下面来讲述建立人脉的原则及方法。

建立人脉的原则：

（1）互惠：人与人之间都是相互的，所谓"赠人玫瑰手有余香"就是这个道理，如果我们只想拥有而不想给予，那将是一个自私的人，而自私的人是不会拥有真正的朋友的。主动地帮助对方，并且不要拒绝朋友的帮助，人是越帮忙越近，越不好意思越远。

（2）互赖：包括互相依赖、互相信赖。"人"字本身就是一撇一捺互相依靠，互相扶持。

如何建立人脉：

（1）建立你的价值，在盘点人脉关系前，冷静问问自己：你对别人有用吗？你无法被人利用，就说明你不具有价值（比如说，职业规划无非是提升你的"被雇佣价值"），你越有用，你就越容易建立坚强的人脉关系。

（2）向他人传递你的价值，世界第一的推销员乔·杰拉德在台湾演讲时把他的西装打开来，至少撒出了三千张名片在现场。他说："各位，这就是我成为世界第一名推销员的秘诀，演讲结束。"然后他就下场了。一个老好人，固然有趣但毫无用处，但一个总不愿被人利用的精明人，也难以建立真正的人脉关系。在人际交往中，要善于向别人传递你的"可利用价值"，从而促成交往机会，彼此更深入地了解和信任对方。在日常社交中，有两种心态不太可取：一是自我封闭，傲慢。二是愤青心态，以超脱自居。

（3）向他人传递他人的价值，成为人脉关系的一个枢组中心，你身边也有很多朋友各有自己的价值，那么为什么不把他们联系起来，彼此传递更多的价值呢？如果你只是接受或发出信息的一个终点，那么人脉关系产生的价值是有限的；但是，如果你成为信息和价值交换的一个枢纽中心，那么别的朋友也更乐意与你交往，你也能促成更多的机会，从而巩固和扩大自己的人脉关系。所以，寻找并且建立自己的价值，然后把自己的价值传递给身边的朋友，并且促成更多信息和价值的交流，这就是建立强有力的人脉关系的基本逻辑。

选择好行业的标准

"女怕嫁错郎，男怕入错行"，这一俗语道出了行业选择的重要性。其实，现代社会的每个人都应重视选择自身行业的重要性。

在科技迅猛发展的今天，行业的烦琐令很多人头晕眼花，无从下手。如今什么行业最赚钱？什么行业是热门？这个行业是否适合自己……这些问题无一不在困扰着人们，特别是针对初次创业的有志青年，当大量的心血付诸东流，负债累累的他们该拿什么去生存？所以投资适合的行业是至关重要的！

大多数的人都希望能拥有一个属于自己的能够长远经营稳健发展的事业，但是在物竞天择、竞争残酷的当今社会，却天天有人破产，天天有人失败，原因何在呢？除了经营与管理不善之外，还有另一个非常重要的因素：那就是没有正确选择所经营的行业。那么该如何来选择好的行业呢？

1. 尽量选择朝阳行业

朝阳行业相对于夕阳行业而言的，所谓的朝阳产业指的是：这个产业或产品在未来的 10～20 年中将很有前景、很有市场，将被消费者广泛地接受和使用。大多数的富豪都因为具有超前的智慧与眼光，选择了很有前景的朝阳产业才取得成功。

比如，世界首富比尔·盖茨：他在大学时期就具备了超人的智慧和眼光，他清晰地看到：在未来的生活中，人人将离不开电脑，家家户户都将拥有电脑，因而毅然放弃学业，创立了微软公司，致力于小型家庭电脑及应用软件的开发。因为他当初选择了世界上最有前景的朝阳产业，所以今天他是世界首富。

2. 尽量选择蓝海领域

所谓蓝海，就是尚未有很多人涉足的新兴领域。很多人在选择行业的时候，往往是看到别人在一个行业中赚到了钱，然后也跟着去从事那个行业，其实这是一种严重的错误。为什么呢？因为你不是在这个地域中最早从事这个行业的人，大块的市场和利润已经被别人所占领，你会模仿，其他人也会很快模仿竞争，最后的结局就是大鱼吃小鱼，实力小的被淘汰出局。

可以举个简单的例子，在十几年前，福建地区很少有人从事茶叶销售、开茶庄，所以短短的几年时间，早期的极少数经营茶叶生意的人赚了大钱，结果很多人看到卖茶叶能赚钱就蜂拥而上，竞相模仿，如今一个小小的城市往往有几百人、甚至上千人在开茶店，做茶叶生意。请问：这些人能赚大钱吗？当然不是完全不可能，但毕竟很难，因为整个市场利润都被瓜分了，因此选择好行业的第二个要素就是：市场空间大，竞争对手少，也就是说还没有人或很少人从事的时候，你要抢先一步，才有可能领先一路。

3. 尽量选择市场需求量大的行业

以下例子可以说明量大赚钱，要经营的行业及产品要尽可能是人人都要用、家家户户都需要的产品，量大就能赚大钱，这是行业选择的第三个要点。

劳斯莱斯轿车是专门针对社会最上层人士所设计的价格最昂贵的轿车，但这家公司并不是世界上最赚钱的汽车厂，反而比本田、丰田、福特等汽车厂赚的钱少，为什么呢？原因很简单：销量不大，99.99％以上的消费者买不起。

台湾的 7－11 便利店 24 小时通宵达旦营业，各地共有 2000 家分店，生意都很好，每家分店都有卖一种东西：茶叶蛋。假设每个茶叶蛋 7－11 赚 0.30 元，每家分店每天平均卖 500 个茶叶蛋，我们来计算一下 7－11 便利店每年光茶叶蛋的利润有多少？0.3 元×500 个×2000 家×30 天×12 月＝1.08 亿元/年。仅一项茶叶蛋 7－11 每年的利润就有上亿元！

4. 尽量选择投资少、高利润、高回报的行业

薄利多销当然也能赚大钱，但是如果两款产品同样的销售量但不一样的利润，是不是经营利润高的产品能赚更多的钱？所以，选择行业的第四个要素就是：尽可能去选择利润较高的行业或产品，而且最好能投资不大（投资越大风险越高），却又能带来长期的高回报利润。

5. 尽量选择售后服务少的行业

这也是衡量好行业的一个标准。如果你选择的是需要长期不断地做售后服务的行业，将会浪费很多宝贵的时间和精力，因为售后服务通常是不赚钱的，但为了长期拥有客户及良好的信誉，你必须随时准备为客户服务，随叫随到，而且经常会碰到一些不是很友善的客户，是不是很让人头疼？

具备上述 5 个条件中 2 个以上的就不错，同时具备 5 个条件的，更是最佳行业。当然，在时代飞速发展的今天，仅仅懂得如何选行业是不够的，还必须跟进社会的发展步伐，了解当前的行业需求。

几个具有发展前景的行业

"三百六十行，行行出状元"，话虽如此，在众多的行业中，对普通人而言，以下几种行业是最为普通，但也相对具有发展前景。

1. 美容健身行业

随着时代的发展，人们花在美容健身方面的时间和精力越来越多。近年来，美容健身经济一直以每年 15％以上的速度持续增长。《中国美容经济调查报告》显示，美容健身业正成为中国继房地产、汽车、旅游和电子通讯之后的第五大消费热点。有相关统计表明，我国美容健身服务性总收入将突破 3000 亿元。由于美容健身业导入连锁经营相对较晚，目前多以产品代理或设备销售为主，因而美容健身行业成功的关键在于其专业性和技术性以及售后服务的情况。

俗话说，女人和小孩的钱最好赚，所以时下里盯紧女人做生意的人越来越多了。阿菊就是在其中掘了一桶金的有心人之一。不到 3 年的时间，阿菊已经成了拥有 12 家化妆品专卖店的老板。至于其中的收益如何，你看她的开店速度就可略知一二了。

其实阿菊的起步很简单，但也经过了深思熟虑。3 年前，当一个知名品牌化妆品开始推出产品专卖店销售产品的方式时，阿菊仔细地观察了那些投资开店的人，然后自己暗地里偷偷算了一笔账：一是投资不算太大，自己还能承受得起；二是这个品牌口碑不错，在同档次产品当中拿货能得到的折扣还不少；三是现在人们的消费水平越来越高，女孩子们也越来越舍得为自己的脸面投资了。再加上阿菊觉得这个品牌为投资商提供的各种指导很全面……综合这些因素，阿菊觉得生意应该有得赚，而且她也看到身边已经有人在赚了。于是就投了第一笔资金，开了自己的第一个化妆品专卖店。阿菊自己也没有想到，不到 3 年，属于她的化妆品专卖店就增加到了 12 家。

2. 服装与饰品行业

服饰行业是连锁加盟的积极参与者和实践者。在传统行业中，服装、饰品行业是个永恒的朝阳产业。中国是世界上最大的服装、饰品消费国。很多城市月光族们的消费清单上，至少有 1/3 是为了追求靓丽而血拼服装、饰品的开支。与其他行业相比，服装、饰品行业的投资门槛低，不需要太多的专门技术，几万元就可以开个不错的小店，而且如果能选择一个正确的专业性加盟总部，即使没有创业开店的经验，也可在连锁总部的指导下较为轻松地创业成功，而面临的市场风险则相对较小。

3. 咖啡、奶茶等行业

近几年，中国饮料年产量以超过 20％的年均增长率递增，饮料市场已成为中国食品行业中发展最快的市场之一。未来很长的一段时期，国内饮料市场发展前景仍然看好。居民收入水平提高，使饮料生产量和消费量的持续增长成为可能；消费者对天然、低糖、健康型饮料的需求，促进了新品种的崛起。但增长点将会转移，碳酸饮料的传统主流地位已受到挑战，而咖啡、瓶装饮用水、茶饮料、果汁饮料、新鲜现做型饮料等将受到更多消费者的青睐。

4. 餐饮美食行业

餐饮连锁是连锁加盟的主导力量，在连锁经营领域的发展中一直起着火车头的作用。对于广大创业者来说，餐饮行业一直以来都是创业者关注的焦点行业。一直以来广大创业者最害怕的一个是进货渠道难找，人员培训复杂，店铺租金问题，顾客少，商品积压、过时，店铺选址不易等等难题，对于餐饮业来说完全不是问题！所以，对于创业新手来说，餐饮业应该是他们的首选创业行业。

5. 装潢家居行业

目前，我国家装行业的连锁经营还没有形成完整意义上的规范，整个家装市场还处于一个相对滞后、混乱的市场格局。但是，家装连锁经营模式前景十分广阔，其近 6000 亿元的巨大商业空间受到了越来越多投资者的青睐。目前，我国的住宅装饰装修业已经成为国民经济发展的重要支柱产业，每年家庭装修消费和装饰用品消费都是非常庞大的数字。家装行业开展连锁经营正式从 2001 年开始。而目前，企业也普遍地把精力从几年前的重数量扩张转向现有的重支持、提升连锁系统，实现系统的良性发展，从而为加盟商提供了更为广阔的利润增长空间。

6. 专卖零售行业

据业内有关人士透露，在我国，扣除各种开支之后，便利店毛利率也在 25％左右。除去每个月的工资、水电等高的相关费用后的净留存，加盟便利店的老板每个月挣点辛苦钱是没有问题的。这种稳定的收益，对不少人来说也还是一种诱惑，对加盟者的吸引力是可想而知的。但是，便利店的投资也不能盲目跟风，投资者一定要精心挑选总部。强大的总部应该有一套可供复制的开店支持系统，包括加盟店选址的市场调研、店铺陈列、区域物流配送等。

可能很多人会有疑惑，只要投资那些热门行业就一定有收获吗？当然是不可能的，不管做任何事情，都会有失败有成功。如果你对那些没有兴趣，甚至排斥的行业，只是一味地为了赚钱而投资，结果将是得不偿失的。你可以根据一个好的行业特性，结合热门行业的发展趋势，创造出自己喜爱的另类赚钱行业。

合伙投资的创业形式

合伙制经营是一种重要的公司经营方式，允许公司充当合伙人至少有以下好处：一是为公司法人提供多种投资机会和渠道。二是合伙人之间可以相互取长补短。发挥不同企业的各自优势，优化组合，充分实现社会资源的最优配置。三是有利于法人制度与合伙制度的相互借鉴。四是当公司作为普通合伙人时可以直接参与合伙企业的共同事务之管理，可以对自己的转投资财产的运用进行直接控制。五是利用合伙企业非法人身份的税收优惠之好处。这是公司法人选择投资合伙企业的最重要的根源所在。

投资大师巴菲特在公司的早期经营阶段，巴菲特就同奥马哈一位商人接洽并请求他投资1万美元。这个商人告诉他的妻子说他准备投资，但是，他的妻子并不同意，说他们拿不出1万美元。"我们可以借钱。"他说。"根本不可能。"他的妻子回答说。如今奥马哈的这位商人的儿子哀叹说他的父母因此而错失了成为百万富翁的机会。

查尔斯·海得尔是巴菲特早期的合伙人之一，今天，他是奥马哈市海得尔韦兹合伙公司中负无限责任的合伙人。海得尔说："我告诉我的家人说：'看呀！沃伦将时时刻刻为我们考虑如何用我们的钱进行投资。'"另外一个投资者是佛瑞德·斯坦班克，他在哥伦比亚见到巴菲特后，便对他留有深刻的印象。斯坦班克因为长期拥有伯克希尔公司的股票、福德赖恩公司的股票以及其他公司股票而闻名。

时光飞逝，原来的一些合伙人不断增加投资，另外一些合伙人进入到董事会中来。后来，其他一些合伙公司也加入到原来的合伙公司，到1961年年末，巴菲特把10个合伙公司联合起来并把原来的名字巴菲特联盟变更为巴菲特合伙公司。

1957年，巴菲特合伙公司创下了赢利31615.97美元的纪录和10.4%的增长率。这可能听起来并不怎么令人激动。但是和那年暴跌8.4%的道·琼斯工业指数相比，情况就相当不错了。

巴菲特，当他在1956年开始经营合伙公司的时候，只有10万美元的资产。但是到1959年，他的资产已经达到了40万美元。巴菲特合伙公司的利润率总是高于道·

琼斯工业指数的涨幅，从没有亏损的时候。平均来说，从 1957～1962 年间，尽管道·琼斯工业指数每年增长 8.3％，但是，巴菲特合伙公司的增长率却是在 26％。根据巴菲特的计算，巴菲特合伙公司的资产净值，即使在巴菲特家里经营的时候，也已达到 7178500 美元！

从上述例子可以看出，巧借"东风"，巴菲特合理巧妙地运用了合伙投资这种创业方式，从 10 万美元的净资产到如今 7178500 美元的净资产，让我们来分析一下合伙投资的优点，主要有以下几点：

（1）合伙企业的资本来源比独资企业广泛，它可以充分发挥企业和合伙人个人的力量，这样可以增强企业经营实力，使得其规模相对扩大。

（2）由于合伙人共同承担合伙企业的经营风险和责任，因此，合伙企业的风险和责任相对于独资企业要分散一些。

（3）法律对于合伙企业不作为一个统一的纳税单位征收所得税，因此，合伙人只需将从合伙企业分得的利润与其他个人收入汇总缴纳一次所得税即可。

（4）由于法律对合伙关系的干预和限制较少，因此，合伙企业在经营管理上具有较大的自主性和灵活性，每个合伙人都有权参与企业的经营管理工作，这点与股东对公司的管理权利不同。

如果公司转投资到其他有限公司或者股份公司，虽然可以享受有限责任制度的好处锁定自己的投资风险，但是，由于公司都是法人，需要以法人独立身份纳税，税后利润分配给公司法人股东时，公司法人要再次纳税。显然，双重征税大大降低了公司投资其他公司的吸引力。而公司法人加入合伙企业，就可以享受到合伙企业非法人不独立纳税的好处。

凡事有利有弊，对此应全面看待，合伙企业的缺点有：

（1）相对于公司而言，合伙企业的资金来源和企业信用能力有限，不能发行股票和债券，这使得合伙企业的规模不可能太大。

（2）合伙人的责任比公司股东的责任大得多，合伙人之间的连带责任使合伙人需要对其他合伙人的经营行为负责，更加重了合伙人的风险。

（3）由于合伙企业具有紧密联系的特点，任何一个合伙人破产、死亡或退伙都有可能导致合伙企业解散，因而其存续期限不可能很长。

合伙投资的优点自是不必多说，但缺点也是不容忽视的，如何巧妙运用，让利为我们所用，避开不利的一面，是我们走向成功投资的关键一步。

加盟连锁的投资方式

加盟连锁是一种很好的投资方式。先来详细了解一下什么是加盟连锁。加盟连锁经营是指总部将自己所拥有的商标、商号、产品、专利和专有技术、经营模式等以加盟连锁经营合同的形式授予加盟者使用，加盟者按合同规定，在总部统一的业务模式下从事经营活动，并向总部支付相应的费用。由于总部企业的存在形式具有连锁经营统一形象、统一管理等基本特征，因此也称之为连锁经营。

有人认为，加盟经营是商业形态的第三次革命。第一次是农业时代的杂货店，第二次是工业时代的百货超市，第三次是后工业时代的连锁——加盟经营。有资料表明，国际上著名的跨国公司，70％～80％的连锁店是通过连锁加盟经营方式建立的。国际上运用连锁加盟经营模式比较成功的有"可口可乐""麦当劳""肯德基""家乐福"等。

这种意义下的加盟经营，一般适用于商业企业，"3K"正是借鉴这些著名跨国公司的成功经验，实行了独特的"特许加盟，连锁经营"的经营模式。加盟经营是一种新的现代商业运营组织方式。它适应市场经济的发展，能够更好地为客户服务。它利用知识产权的转让，充分调动了一切有利的资本并将其实现了最优化的组合。

品牌维护费是加盟商取得某一连锁体系单店经营权的必要投资，在签约当时必须给付，相对总部也要提供开店经营管理的支援与协助，加盟商从此被授予该店品牌的使用权。加盟商可以用加盟总部的形象、品牌、声誉等，在商业的消费市场上，招揽消费者前往消费。而且加盟商在创业之前，加盟总部也会先将本身的技术、经营方案等教授给加盟商并且协助其创业与经营，双方都必须签订加盟合约，以达到事业之获利为共同的合作目标，而加盟总部则可因不同的加盟性质而向加盟商收取相应的费用。

特许经营连锁模式对加盟者的好处：

1. 可以降低创业风险，增加成功机会

在当今日趋激烈的竞争环境里，市场机会对于小资本的独立创业者来说已是越来越少。每年全国几万家中小企业倒闭的事实告诉我们：一个资金有限，缺乏经验的投资者要在高度饱和的市场环境中独立开创一份自己的事业是困难重重，风险万分的。而投资者若选择一家业绩良好、实力雄厚、信誉颇高的特许经营连锁企业，加盟其连锁网络，其成功的机会将大大提高。有句俗话：树大好乘凉。小投资者加盟特许经营网络，有个连锁总部做"靠山"，又可以从总部那里获得专业技术等方面的援助，这对于缺乏经验的创业者来说，的确是一条通往成功的捷径。

2. 加盟商可以得到系统的管理训练和营业帮助

一家新店要独自摸索出一套可行的管理办法，往往需要很长的时间，或许在这套管理方法成熟之前，该店就因为多走了弯路而无法维持下去。但如果投资者加入连锁总部，他就不必一切从头做起，尽管他完全没有专业知识和管理经验，他也可以立即得到总部的管理技巧、经营诀窍和业务知识方面的培训。而这些经验是总部经过多年实践，已被证明是行之有效的，并形成了一套规范的管理系统，加盟商照搬这些标准化的经营管理方式极易获得成功。

3. 加盟商可以集中进货，降低成本，保证货源

连锁经营最大的优势主要体现在集中进货与配送上。由于加盟总部规模大，实力雄厚，可以获得较低的进货价格，从而降低进货成本，取得价格竞争优势。同时，由于加盟总部是有组织的，在进货上克服了独立店铺那种盲目性，加上总部配送快捷，加盟者能将商品库存压到最低限度，从而使库存成本相应降低。而加盟者卸下了采购重担，只需将全部精力放在商品推销上，这就加速了商品流转，提高了利润水平。加盟者由总部集中统一进货后，另一大优点是可以充分保证货源，防止产品断档。补给不足、商品缺货是一些个体零售商的常见现象。长此以往，势必影响店铺的信誉及客源。而加盟者则不需要担心这一点，总部已经为其提供了快捷方便的产品配送服务。

4. 加盟商可以使用统一的商标和规范的服务

现代社会的消费者，关注的不仅仅是商品的价格。店铺良好的形象与高质量的服务已成了消费者关注的首选。因此，对于一个初涉商海的创业者来说，最头疼的问题就是不知如何提高自己的声誉，吸引消费者，即所谓的"打响招牌"。当然，他可以利用大量的广告展开宣传攻势。但一般的个体经营者，资金有限，他想要创出自己的招牌可谓难上加难。而绝大多数情况下，加盟总部已经建立了良好的公众形象和高品质的商品服务。若投资者加盟了连锁企业，可以分享到企业无形的资产，使自己的知名度和信誉随之提高。从消费者角度来说，一般也会把加盟者的分店看成是某大集团属下的企业，从而增加信赖感。因此，加盟者可以"借他人之梯，登自己发展之楼"，利用这种优势迅速稳固市场地位。

5. 加盟者可以减少广告宣传费用

个体经营者加盟连锁组织以后，可以坐享已经建立起来的良好信誉和知名度，省去初创业时"打响招牌"的广告宣传费用，这是不言而喻的。

6. 加盟者较易获得加盟总部的铺货支持

对于一个独立经营者或初创业者，最关心和最棘手的莫过于资金的筹集，他们往往会因为资金没着落或不足，而不能顺利开业，丧失良好的市场机会，或者因为资金周转不灵而陷入困境。如果他们一旦加入连锁组织，资金的筹集就相对来说容易得多。连锁总部对有良好经营能力的加盟者，但一部分资金又暂时不能到位的情况，会采取铺货支持的办法，支援新店铺的开业。而加盟者就可以在前期将店铺顺利运转。

7. 加盟者可以获得连锁总部的经销区保护

避免同商铺的恶性竞争，共同对付其他竞争者，保证双方的利益。

8. 加盟者可以获得更广泛的信息来源

由于加盟连锁总部会从各加盟店收集来的信息数据加工后及时反馈给加盟店，并随时对周围的各种环境做市场调查和分析，其中包括：消费水平的变动、消费倾向的改变等，使得各加盟者能及早采取应对措施。

当然，特许经营连锁对加盟总部也是有好处的。首先，加盟总部可以迅速扩张规模。总部指在加盟经营活动中，将自己所拥有的商标、商号、产品、专利和专有技术、经营模式及其他营业标志授予加盟商使用的事业者。

加盟总部看重的是加盟者在自己的区域内有一定的优势，如销售渠道及网络资源优势，人际关系及公共关系等优势。总部，作为一个外来者去开拓一个市场，很难在上述优势上有本质的超越。因而，加盟连锁总部可以在短时间内迅速扩张规模。

其次，加盟总部在确保全国销售网络的同时，集中精力提高企业的管理水平，改善加盟店的经营状况，开发新产品，挖掘新货源，做好后勤工作，加快畅销产品的培养；总部可以研究改进店铺设计、广告策划、商品陈列、操作规程、技术管理等一系列问题，使各分店保持统一形象，形成新特色，更好地吸引消费者。

特许经营连锁模式的好处是显而易见的。作为一个小资本的创业者，选择特许经营连锁组织不失为一个明智之举！自从将连锁加盟的概念传输给投资者以来，连锁加盟业在我国如雨后春笋般地冒了出来。今天，无论是马路上随处可见的红茶馆还是干洗店都已推出了连锁加盟，并且培养出了一批批加盟者。连锁加盟带给投资者的将是一种在享受他人成功模式的同时，也能给自己带来丰厚的投资回报。

"借鸡生蛋"的投资策略

俗话说得好，"近水楼台先得月，向阳花木早逢春"。1993 年，上海亚太影视公司来学校招业务员，每月 300 元工资，还在读大二的江南春利用自己是校学生会主席的这个优势捷足先登，欣然揣着招聘海报前去应聘。一个月后，招来的 30 名业务员只留下了两名，江南春是其中的一位。当时是卖东方电视台一个叫东视旋律的节目广告，江南春一个月能做好几个客户。到 1993 年的时候，一个人大概做了公司 1/3 的营业额，约 150 万元。

初次推销的经验，江南春经常重复利用。那时主要做的是商业方面的广告，而上海新的商业街淮海路刚刚修建，江南春就去横扫淮海路，一家一家拜访。刚开始几个月他仅做销售，后来就开始做全案了，自己当导演，自己写广告剧本，自己出创意，自己拍，也自己卖广告。凭着这样的干劲，不久后，江南春就成为这家公司的二老板。

生性好强的江南春并不想一直打工。1994 年 2 月，尚在读大三的他开始自己创业；同年 7 月，江南春与包括香港永怡集团在内的几个伙伴合资，注册成立永怡传播，注册资金 100 万元。作为中国最早一代的大学生创业者，可以肯定的是，他不是天生有钱的主儿。那么，这笔数额巨大的注册资金，究竟是从天而降还是另有隐情？其实，100 万元注册资金江南春得来全不费工夫。机警而充满商业智慧的江南春，把握住一次机会巧妙"借鸡生蛋"，快速积累了最初的创业资本。

1994 年，港资永怡集团老板为了整合旗下品牌，出资 100 万元让江南春组建永怡传播公司。这是一家以创意为主的广告代理公司。从公司成立之日起，除了身份证上的数字证明江南春只有 21 岁之外，言行举止以及生意场上的谈判风格已然是一个老练成熟的公司老板了。

尽管当时江南春只是拥有公司管理权，永怡传播公司不得不依附于永怡集团，但为了实现从管理权到所有权的转变，江南春又巧妙地两次"借鸡生蛋"，最终通过"还款""购买股份"方式让永怡传播公司改姓"江"。成为"江总"的江南春，开始马不停蹄地为自己的企业四处奔跑打拼。毕业前夕，江南春与一位志同道合的朋友合作成立了东广广告公司。这个公司的运作成功，在很大程度上展现了两个年轻人的商业远见和经营智慧。当时，无锡市正在大张旗鼓地进行市政建设，他们受上海南京路灯火通明的启发，搞了一个"让无锡亮起来"的策划方案，并想方设法说服对方，拿下了无锡的灯光工程。

以上海市的"灯光改造工程"游说无锡市政府在商业繁华地点建立灯箱广告，成本只有百万元，而收益却是六七百万元。事实上，江南春运作这个工程没有投入一分钱。500 个灯箱前期的制作费是无锡市财政局为市政工程贷的款。江南春没有投入一分钱，而是借别人的钱，然后做别人需要的产品，产品做好之后，再用他要求的价格让别人买回去。用江南春的话来说就是"我来的时候带着创意和能力，走的时候口袋里装满了钱"。

前后演绎的几个"借鸡生蛋"的故事，让江南春真真实实地拥有了第一个 50 万元，也让他从真正意义上拥有了永怡公司的管理权和所有权。

俗话说，最会投资的人是自己根本就没有钱，纯粹是靠借钱用于投资，并且不给任何人带来损失的人；第二会理财的人是除了把自己结余的钱用于投资还不够，还会借更多的钱用于投资的人；第三会理财的人是自己有多少钱就投多少资，但不会借钱用于投资的人；第四会理财的人是比较理性地买股票和基金的人。而江南春就属于第一种人。下面来分析一个"借鸡生蛋"的投资方式：

"借鸡生蛋"是所有投资者不能不选择的发财方式。比方说，"我"在年初借人家一只母鸡，在一年中下了 100 个蛋，到了年底，"我"将鸡还给人家的时候，还拿 50 个蛋做利息给他，结果"我"也赚了 50 个蛋。但是，如果"我"不去借鸡，"我"能有这 50 个蛋吗？也许有人要问，人家一年能下 100 个蛋的鸡为什么愿意借给你来下蛋呢？你问得好，理由是：那个鸡的主人根本就不会喂鸡，他如果自己亲自喂一年只能下 20 个蛋，现在借给"我"之后，不但不需要自己喂养，而且多得了 30 个蛋，此等美事，何乐而不为呢？

当然，"借鸡生蛋"也同样是有技巧的。要能够比较顺利地"借鸡生蛋"，就要做到以下几点：

（1）恪守信用，一个不守信用的人是很难借到钱的。

（2）要有良好的心态，要把借钱投资当作一件很光荣的事，不要有任何"不好意思"的感觉。在这个世界上，任何一个不会借钱的人几乎就是不会投资理财的人，至少可以说不是投资理财的高手。再大的老板也要借钱，李嘉诚也不例外。打个比方：李嘉诚有100亿元的现金，但他现在正准备投资一个200亿元的项目时，他同样要去银行借100亿元，他不可能等到自己赚了100亿元之后再去上那个项目。正因如此，所以李嘉诚特别喜欢去银行借钱，因为他借了钱后可以赚更多的钱。而那些银行也非常喜欢将钱借给李嘉诚，因为借给他又安全批量又大。

（3）不管借谁的钱都要付利息，哪怕是借你兄弟姐妹或岳母娘的钱。因为你借钱是为了去赚更多的钱，所以付利息是天经地义的。并且因为绝大多数人都是趋利的，再好的关系，如果人家觉得借钱给你无利可图，你下次就很难借到他的钱了。

（4）利息不能付得太高也不能付得太低，并随着你的实力和信誉度的提高而递减。对于一个创业初期的人借钱以月利率10‰左右为宜，利率太高你负担不起；利率太低你很难借到钱。

（5）借钱一定要向你的债权人说明用途。因为你的亲戚朋友只想支持你去干值得支持的事业，比方说，如果你是借钱去赌博，谁会借给你呢？

（6）学会"化整为零"。比方说，你想要借10万元去创业，你就不能向任何一个人开口说向他借10万元。如果这样，那你就永远也借不到10万元。你必须将10万元分解成2个5万，或者3个3万加1万，或者4个2.5万，或者5个2万，甚至10个1万去借。

（7）要不断地积累"信用记录"。因为一个从来没借过钱的人很难借到钱，一个借钱不按时归还的人更借不到钱，只有经常借又每次按时归还的人才最容易借到钱。不妨在你暂时不需要钱的时候，去你周围的人那里尝试一下借钱的能力，你借的钱即使暂时用不上，也可以帮你建立起你的"信用纪录"。你的"信用纪录"对你未来的投资一定是很有价值的！

（8）最好向不怎么会喂"鸡"的人去"借鸡"。"借鸡生蛋"要看对象，最好是吸收社会闲散资金和向那些只会将钱存到银行的人借。如果向商人和企业家去借钱就不是社会资源的优化配置，因为那些人都是养"鸡"高手，他们养的"鸡"也许比你养的"鸡"下的"蛋"还多，他们的"鸡"借给你就不会增加社会的新财富了。当然，临时应急借用几天还是可以的。

投资商业的成功秘诀

在中国大地上，活跃着一群成功的商人，他们被冠以"浙商"的名头。浙商如此成功，主要得益于一系列"吸金大法"。

1. 吃得起苦

孟子曰："故天将降大任于斯人也，必先苦其心志，劳其筋骨，饿其体肤，空乏其身，行拂乱其所为，所以动心忍性，增益其所不能。"这种吃苦的精神在浙商身上表现得淋漓尽致。浙商自白：人要想永远成功，在每一个阶段都很艰难，只是艰难的程度不一样而已。几乎所有的浙商都认为，"只要肯吃苦，满地都是金子。"每一个浙商，在工作中都是非常善于吃苦的。浙江人能吃苦、善于吃苦的精神，已经得到全国人民的公认。许多刚开始创业的浙商都非常善于吃苦，他们能够"白天当老板，晚上睡地板"。他们什么苦都肯吃，什么脏活、累活都愿意干。别人不愿干的苦活，诸如弹棉花、补鞋子、磨豆腐、配钥匙等，浙江人都抢着去干；别人不肯受的辛劳，诸如走南闯北、远走他乡，浙江人都乐意去受。因为他们深深懂得，"天下没有免费的午餐"，要想获取财富，必须付出艰辛的劳动。

在20世纪80年代中期，市场经济政策刚刚放开，浙江人就外出打工、做生意。20年来，这些远离故乡的棉花郎、修鞋匠、钥匙大王等人，不仅挣到了血汗钱，而且在市场经济的大潮中学会了经商的基本法则。当他们挖到第一桶金的时候，当他们的资本积累到一定程度的时候，这些人或回乡创业，或在异乡扎根发展，一个个成为了老板，走向了富裕。

例如，浙江001电子集团有限公司董事长兼总裁项青松出身农民。项青松从不避讳自己的身份，相反，他认为这是一个非常好的锻炼，因为从小种过地吃过苦，学了很多很多东西。他还举了一个例子说："1992年的时候，我在试制卫星天线，那个时候室外气温有40多度，有员工就讲，老板你要不要出去？我说没关系，我觉得我现在比种地好得多了。我一直有这样的心态，所以我做什么都不觉得苦。"

许多不愿意吃苦的人都认为浙商的行为很不可思议，甚至有点儿看不起浙商。但是，许多年后，这些睡地板的浙商都成功了，小企业成了大公司，小资本成了大财富。这时候，大家才意识到，"吃得苦中苦，方为人上人"这句古话在浙江商人的身上得到了验证。

2. 从小生意做起

浙商尤其是懂得聚少成多的道理，从白手起家，一点点拥有，最后聚集出惊人的财富。

1986年春节刚过，当许多人还沉浸在节日的欢乐气氛中，徐林义就已经在浙江老家打点行囊，准备来西部开创他精彩的人生，这一次他可是一点儿余地都没给自己留，信誓旦旦地说不闯出一番事业来绝不回乐清老家。几天几夜地折腾，先是汽车再是火车，晕头转向的徐林义终于到了青海省省会西宁。一下火车可把徐林义镇住了，早就听说青海是个"冰窟窿"，冻起来流出的鼻涕都能结冰，这一来还真是名副其实，南方早就已经春暖花开，可这里俨然一副冬天的景象，从小生活在江南温暖小镇的徐林义心里真是瓦凉瓦凉的。

可是，来都来了总不能打道回府吧，他想起当初离家的时候信誓旦旦地保证，就顾不了那么多了。徐林义就租了间房子，雇来几个工匠开始没日没夜地制作皮鞋，冷了就穿上厚厚的棉大衣接着干，虽然身子是暖和了，可手却又开始生冻疮了，再加上天天在散发着皮革、黏合剂气味的出租屋里干活，许多雇来的工匠都受不了苦，中途走了。员工少了，徐林义就自己既当老板又当伙计，晚上在出租屋里制作皮鞋，白天再一双双拿到街上去卖，那时候市场个体户摊儿上的皮鞋一双只卖15到20元，除去成本一双鞋只赚几块钱、甚至更少，但徐林义却说生意都是从小做大的，哪怕一角钱也得挣。也许正是凭借着这样一股韧劲，徐林义才有了日后的辉煌。

善做准备的人总是离成功最近。经过近10年的艰苦打拼，1993年徐林义终于有了足够的资金，他租了一个铺面，开了一家"三榆国货"，开始皮鞋自产自销，而这三棵榆树也成了日后他成立集团取名"三榆"的由来。尽管利润不多，但由于徐林义的皮鞋质量好，做生意又讲究诚信，他的生意是同行里最火的，很多顾客都成了回头客。经过几年的迅速发展，到了1997年徐林义再投入400万，扩充2000平方米卖场，形成了以皮鞋销售为主的百货经营大型卖场。从此，徐林义开始了自己的企业发展之路。

3. 做敢于第一个吃螃蟹的人

"山海并利"的地理优势使浙江兼具内陆文化与海洋文化的长处，因此浙江文化既表现出山的韧劲，又显示出海的胸襟，浙江人既吃苦耐劳、敢于拼搏，又包容万物、敢于开拓。同时，人多地少的省情，使浙江人为开拓生存空间不断向外发展，最具典型的就是温州。温州山多田少，资源严重不足的实际促使温州人不断向海洋拓展发展空间，从而塑造了开放、包容、冒险的海洋文化，形成了敢为人先、冒险拼搏的温州精神。

美特斯·邦威的创始人周成建也是一个敢于"吃螃蟹"的人。在20世纪90年代中期，一些国外品牌的服装专卖店开始在温州出现，由于外国品牌服饰让人在购买的时候比较放心，因此，生意特别火爆。周成建意识到温州休闲服业已经出现了一个方向性的转弯，像过去那样仿制名牌已经不能使企业获得发展了。于是，他果断地推出了"美特斯·邦威（Meters Bonwe）"商标，并先后在全国和10多个国家和地区注册了这个商标。周成建吃的第一只"螃蟹"让他在发展的道路上站到了新的起点，从此，"美丽、独特集中在这里！""扬故乡之威！扬中华之威！"传遍了大江南北。在美特斯·邦威的发展中，周成建第一次"吃螃蟹"的精神不断被表现出来，尤其是在广告宣传上。

4. 讲信誉

浙商对信誉的重视是其成功的要素之一。多数情况下，浙商都能够自我约束信誉。比方说，一个人想要做生意却缺少资金，能够得到亲戚朋友资金上的帮助。还钱的时间到了，即使他们还不上，也要从其他地方借来把钱还上。由于浙商之间的团结和浙商对信誉的重视，使民间资金越来越活，使他们在经营中越来越顺，因此快速取得巨大的成功。而其他地方的商人很难做到这两点。很多商人不能很好地团结起来，生意还没有做好就开始"窝里斗"，这样一来，本来个人的力量就比较小，也不容易做好事情，再互相消耗、互相拆台，做不好事也就不足为奇。再拿借钱的例子来看看这些人的信誉。只要借了钱，能准时还的并不多见。不要说没有，即使手里有钱，也不一定会还，而是能推就推，能赖就赖。由于信誉问题，民间资金被限制死了，走不动了；由于不团结的原因，大家的能力得不到最大程度的发挥，因此就难以获得快速发展。

5. 团结

浙商之间互相团结是其成功的要素之一。浙商之间通常会有互利的活动。一个人发现商机时，大家会把每个人的资金都拿出来凑在一起，共同去做。这是其他地方商人很难达到的商业境界，也体现了浙商高度团结的精神。人们都知道，一根筷子很容易被折断，但想折断一把绑在一起的筷子就非常难了。商人的团结是成功的基础，企业的团结也是发展壮大的基本要求，不团结的商人难以获得最大的利益，不团结的企业也就不能实现利益最大化。俗话说"勤借勤还，再借不难"，这句话也道出了信誉的重要作用，商人的信誉是成功的关键，企业的信誉是持续发展的生命线，不讲信誉的商人赚了今天的钱不一定能赚明天的钱，不讲信誉的企业赢得当前的客户，未必赢得未来长期的客户。

6. 及时总结别人成败的经验

不要羡慕别人的成功，更不要鄙夷别人的失败，你首要应该做的是学会分析和总结现象背后的本质，找出别人失败或者成功的全部原因，取其长，补其短。而类似微软的故事，离你实在太遥远，你大可以不去管它。

7. 不要太在乎金钱的得失

古训有云，有所得就有所失，而有所失就有所得。天下自然有赚不完的钱，基本上你应该没有时间去计较一时的得失才对，哪怕你有的是时间去品茗赏色。

8. 给自己留条后路

预防众叛亲离，后路包括藏起一个存钱罐，虽然里面只有几块钱，但将来就是要靠这几块钱东山再起；也包括一栋法律意义上并不在你名下的房子，更包括一个并不经常来往的，但很仗义而且你也给过他很多帮助的朋友。

9. 不要事必躬亲

在能把握全局的前提下，不要事必躬亲，不要把自己搞得没有时间与朋友交流，最要紧的是不要让自己没有时间放松与思考。所以，在牢牢掌握核心业务的同时，应该学会让别人帮你打点生意。同样，把事情交给别人去做的风险，一定是你能够预防的，不然，你会成为一名忙碌的救火队员。

10. 资本决定发言权

你不应该轻易让别人知道你有多大的发言权，男人的金钱应该和女人的年龄一样永远属于秘密，哪怕有一天连女人的年龄都已经不是秘密的时候，你的金钱也应该还是秘密。除非在你临死时即将捐献你的全部家产时，否则，你都绝对不要告诉别人！

11. 善于有创意地开拓市场

创意是创新的基础。如果说创新是行动，那么创意就是新的想法和新的思路，创新始于创意。创意是逻辑思维、逆向思维、形象思维以及灵感直感的综合结果。创新创意都是创造性劳动，劳动是光荣的，创造性劳动更光荣，创新创意能够使一个落后的国家变成先进的国家，也能够使一个落后的企业变成一个先进的企业。其实创意就在每个人身边，只有人人都重视创意创新，才能形成企业整体的多方面创新。总之一句话，缺乏创意创新的领导不是先进的领导，缺乏创意创新的干部不是先进的干部，缺乏创意创新的员工不是先进的员工，缺乏创意创新的企业不是先进的企业。

12. 不与任何人讲自己的商业机密

即使是你枕边的人，无论这个女人是你众多情人之中的一个更或者是你已经结婚多年的妻子，你都应该不和她们谈你的商业细节：第一，你谈了可能她们也不懂；第二，你谈的细节里面会有对你不利内容；第三，那涉及商业机密。

13. 有所为也有所不为

天下无事不可为，但商人有所为也有所不为。有句话说得好"勿以善小而不为，勿以恶小而为之"，说的是做人的道理，而生意也是如此：不要因为利润少就不去做，也不要因为风险小就去做。同样在中国，违背法律的事情和违背道义的事情则坚决不能做。

14. 不要轻易相信合约

哪怕合约让律师看过、公证处公证过都不要轻易相信。甚至当客户已经把钱汇入账户后，都必须确认，这笔钱能不能拿出来。而合约以外的涉及利益冲突的任何口头承诺都只是承诺，在对方兑现之前都不要沉湎其中。

投资项目三步走

瞄准投资项目，主要有以下 3 步：

（1）寻找到能投资的项目，利用自己的生活圈，先汇集所有能找到的信息。主要有以下四种渠道：

第一是媒体渠道。关于投资创业信息的刊载传播，是很多媒体乐此不疲的，包括财经媒体和大众媒体，像《中国经营报》这样的财经类权威媒体更是对此关注有加，经常提供大版面的投资项目介绍和投资市场进入机会的分析。

第二是朋友介绍。有时，一单好的生意是在闲聊中谈成的，投资创业有时也是这样。多和身边的人聊聊，从不同的角度去获取多类信息，这里面就有可能是你所需要的投资创业信息。有时，好朋友介绍的项目可信度更高。

第三是实践寻找。如果厌倦了在浩如烟海的媒体信息中淘沙的烦恼，那就不妨走出去做一番实践考察，看看哪些店铺经营得很成功，多与一些成功的经营者聊聊，从中去发现市场机会，寻找可以经营的项目，这样既能增长见识又能发现市场机会，可谓一举两得。

第四最好的办法是参加投资展会。如果真想更快、更直接、更全面、更可靠地考察投资创业项目市场，那不妨去参加投资创业类展会。投资者只要到投资展会现场，在很短的时间内，在同一场所就能考察诸多项目信息，也就不难发现适合自己投资创业的项目。当然，到展会上找项目还是要去大型、专业、品牌知名度高且可信赖的展会，诸如中国投资创业洽谈会、中国特许展等大型品牌展会，每一届推出数百上千个优质投资创业项目，很多人都是从这样的展会上找到适合自己的投资创业项目从而走上成功创业之路的。

中国创洽会推出的很多投资项目都受到投资者的青睐，在第五届中国创洽会上，奇旅网、黑猫卫士、巨源纱窗、扎西德勒藏饰及很多新兴科技项目等都有诸多投资者在现场洽谈签约并交付定金，场面十分火爆。像中国投资创业洽谈会这样由中国投资协会、中国经营报等权威机构联合主办的大型、专业的投资类展会，以其实力和信誉为投资者搭建起一个直接、快速、可靠的投资选项平台，可以全面、直观、自主地考察项目信息，投资者完全可以走这条便捷之路去获取自己的项目之需。

（2）结合自己的实际情况，对自己已寻找到的项目进行筛选。

①你是否对你所要创业的行业了解，了解程度如何，是否做到知己知彼！其次是你有没有做好创业的前期准备，这个前期准备包含心理准备和资金准备。自主创业肯定是比打工强的，生意是人做出来的，没有任何生意是用嘴说着做的。只要努力做，没有生意做不好。思路决定出路。

②了解自己的目标：赚钱？赚多少钱？无明确目标的理财，定会迷失方向。

③不要高估报酬，不要低估风险。

④设定获利满足点与赔钱的停顿点，拒绝在生意场中浮浮沉沉。

（3）经过了第一步和第二步，对已经筛选出的项目进行可行性分析，了解到项目所拥有的独特资源，为什么这一项目值得投资，这一领域的市场前景及市场需求等等。

①经济评估在可行性研究报告阶段进行，即完成了市场需求预测、规模选择、资源供应等研究论证，寻找到投资机会，及时提出项目投资的设想，并进一步通过对项目背景、需求预测、厂址选择、投资估算和效益评价等方面进行深入的研究，得到了"项目可行"的结论。这是投资前期的主要工作。

②项目投资分析案例以后，可在第一点的基础上进行设计、开工、施工，产生"竣工报告"这一投资期的工作。

③项目运行阶段，正常生产经营，回收投资并获取经济效益；企业能否达到预期的经济和社会收益，这点是非常重要的。结合众多项目投资分析的案例经验，不仅反映了投资前期可行性的质量和投资期的施工质量，也反映了生产运营期的管理水平，"后评价报告"对此将做一定的分析和论证。

可以适当做一些兼职

梅艳，女，29岁，机关文员，月薪2000元。致富途径：机关文员兼职自由撰稿人。梅艳读大学时就非常喜欢写作，曾经也是中文系有名的才女，所以业余时间梅艳便写点豆腐块文章投给报社。没想到这点爱好居然也给自己带来了不错的收入。因为把写稿当成一份"事业"来做，所以写稿的热情一下子被调动了起来，开始有针对性地给不同的报社、杂志社写稿。

现在梅艳每月的稿费收入在2000元左右，已经和工资差不多，而且生活也变得快乐而充实。既打发了无聊时光，更重要的是从自己喜欢的事情中赚钱。这种成就感真是让梅艳兴奋极了。

善意提醒：上班族在选择兼职的时候，一定要注意与自己的特长和未来发展的方向相结合。兼职是为了缩短自主创业的距离，缩短从打工者到老板的距离，如果陷入到为兼职而兼职，为眼前的一点儿蝇头小利斤斤计较，而忘记了对自己能力的锻炼和资源的积累，那就有点儿得不偿失了。

不知从什么时候开始，"只有当老板才能真正致富"的说法深入人心，于是越来越多压根儿就没有当"老板"野心的上班族开始为自己的"钱途"发愁，担心自己如果再不觉醒，一辈子都无法繁荣和富足。

其实，上班族大可不必感到"钱途"黯淡，只要针对自己的实际情况做出正确判断，照样有不少8小时之外的致富良方。做兼职、开小店、做直销已经成为积累家庭财富的不二选择，而且能被人们认可和接受的致富手段越来越多。理财专家提醒上班族，虽说为家庭财政建设添砖加瓦是每一个家庭成员应尽的义务，但选择时应因人而异，如果一味追求眼前利益而放弃了自身的长远规划是不明智的。在兼职的过程中，与本职工作总会遇到一些冲突。面对当前兼职者为了完成兼职工作，编出各种理由请假的现象，作为职业人，无论在哪个公司做，一旦在出现互相干扰的情况下，更要坚持不能突破法律、道德和伦理的底线。兼职者一定要分清主次，本职工作才是工作的重心，兼职出现冲突时一定要懂得舍弃，提前与兼职单位进行妥善的协商，兼职单位一般会谅解。

兼职，并不是说任何一个人想做就能做得了的，兼职是在做好本职工作的前提下，发挥余力而开拓的另一片领域。俗话说，鱼和熊掌不能兼得。若连本职工作都做不好，还要去做兼职，那只能是"竹篮打水一场空"。

中老年人比年轻人更适合从事"额外工作"。因为年轻人往往都是一个单位的核心力量，而且正是在工作中锻炼自己，提高自身业务素质的大好时机，如果分散过多精力在其他方面，势必会影响自己的职业发展，也会影响工作单位的整体利益。

另外，不要被短期的眼前利益所蒙蔽，从而放弃对自己本职工作的长远规划，到头来真正吃亏的还是自己。如果要选择8小时之外的工作方式，可以采用网上开店和兼职两种形式，因为相对于一般家庭来说，这两种方式风险较低。而做产品代理需要对产品、销售，以及产品的前景有正确的判断，一旦判断失误，损失较大，一般家庭承担不了这种潜在风险。

适合上班族兼职的项目

上班族有不少8小时之外的致富良方，即使是兼职，你也一样能捧出"金饭碗"来。

1. 做平面模特

如果你天生有一副好的容貌和身材，做平面模特是一条不错的路子。不仅收入丰厚，而且相对来说，依靠的知识技能比较少一些。但也有一些"不好"之处：因为这一行比较树大招风，最好能获得公司上司的许可；同时，由于露脸机会太多，难免有公众人物之嫌，得时时注意个人仪表，不可再如普通人一样，工作中也会平添一些来自同事或是外界的压力。

2. 开加盟店

开加盟店可以省却很多烦恼，在这个不断壮大的加盟连锁队伍里，还出现了这么一个群体：在职白领。他们大多头脑活络，有钱有闲，想"钱生钱"但又不愿意放弃现在的工作，于是许多人不约而同地把加盟连锁作为自己的第二条创业途径。据统计，加盟者中30％为在职白领。加盟的确是种不错的兼职方式，特别是对白领而言，只要选对项目，收回成本一般也不成问题。

3. 业余摄影

对摄影的爱好，也可转化为赚钱的机会。只要受过一定的专业培训，选取的角度或是遇到的事件具有相当独特性，一般都能卖得好价。现在图片库需要的图片种类很多，什么突发事件、图片故事、旅游民俗、都市风情，只要有内涵的统统照单全收。另外，不少财经类杂志需要一些题材类的照片，而不是事件类的，这也给了摄影爱好者以捷径，可以寻找那些有名气的企业，去拍他们的厂房、车间、领导、招牌、广告；或是不断参加各种会议，将这些财经领域的工作片断、典型形象拍摄入镜，一般都会有下家购买。

4. 做翻译

做翻译一般都是针对有英语特长的人，海归、专八、大学英语教师等人士比较适合此种职业，但为了规避风险，有心于兼职此道的专业人士，最好还是请朋友介绍业务关系比较妥当。现在外面不少所谓文化、咨询公司，都是三脚猫底子，说不定在你交了"作业"之后就开始赖账，而且对方看准你"文化人"身份，还是偷偷摸摸干的兼职，难免于酬劳上做些小动作。所以，最好是事先签合同，特别商议好一个双方都能接受的付款方式。

5. 业余撰稿人

"挣外快"是因人而异的，能找准自己的擅长，也一定要认清自己的专长在哪里。如果你擅长文字，不妨做业余的撰稿人，按照目前稿费 50～150 元/千字的均价，要是笔耕不辍，也将是一笔不菲的收入。

6. 销售和家教

不少兼职以做销售和家教最多。兼职的道路万万条，但基本上以可向社会外包的职业为主。调查显示，业余时间兼职从事销售和家教的比例最高，分别达 29％和 18％，其次依次为调查 14％、翻译和设计各 9％、贸易 7％、写作 6％、编程和导游各 4％。

7. 动画制作

目前，社会对动画及漫画的需求非常高。FLASH 制作是一个价格落差相当大的兼职工作，要获得高薪，需要有良好的平面设计功底，较好的创意，较多的设计作品和成功案例，在业内有相当的知名度。会三维动画的高手凤毛麟角。一般需要熟练操作 3DMAX 等软件（计算机三维动画软件发展迅速，除 3DMAX 外，还有其他有特色的三维软件，如 Rhino、Maya、Softimage 等），设计前卫大胆而有独创性，能够充分理解客户需求，最大程度地实现客户的各种设计理念，能胜任展览展示设计工作的要求。

8. 文案

文案类工作和普通秘书不同，一般来说，是为兼职公司撰写宣传软文或产品广告，也可能是为客户公司撰写形象类文章。需要兼职文案（策划）的公司以房地产和广告行业为主，主要工作是为销售的商品（楼盘或其他产品）写软、硬广告，这些工作创意性较强，故而需要兼职文案（策划）有很强的策划能力，富有创意，文字功底强，能写得一手"美文"；同时，也需要一定的相关行业知识。此类兼职形式灵活，一般每周去兼职单位"报到"一次即可。

9. 兼职会计

不少中小企业没有专业会计，需要聘请兼职会计。由于公司业务少，很难达到一个专职会计应有的工作量，因此为节约开支，聘请有经验的兼职会计人员是最好的方法。对兼职会计出纳的要求，是熟悉财务会计工作流程，具独立出具会计报表及制作增值税报表经验。由于会计属经验积累型职业，因此一般对兼职者的年龄要求是 35 岁以上，持会计上岗证，有多年会计从业经验，且熟悉国家各类相关法律、法规、政策。兼职会计的工作时间一般为每月月初 5 个工作日，或者每周平均 1 个工作日。

10. 财务咨询

财务税务咨询的主要工作是帮助企业财务人员了解相关会计、税务、金融政策。兼职人员最好能有注册税务师、注册会计师等资格证书。兼职财务咨询的薪酬不定，一般由双方协商，但比普通兼职会计的报酬要高。

小资金如何选择投资项目

对一般收入家庭而言，炒股、买房在资金上有些力不从心，谁都想让钱能生钱。有了 10 万元，存在银行，一年长不了几个钱，买债券，利息太低，时间太长，因此，你可以试试以下几招，这些是让一般家庭可着重考虑的致富之路。

1. 收藏

邮票、字画、珠宝、古玩和钱币投资品种进入寻常百姓家，在目前的市场上，收藏行业是一个阳光产业，即将会繁荣的产业。我国经济发展很快，人民生活大幅度提高。古话说："盛世兴藏。"就是这个道理。收藏这个行业，钱多，可以投资高档收藏品，赚大钱；钱少，可以对一些低档品投资，先小赚，再大赚。

收藏的物品只要不是赝品，保证有升值的潜力，特点就是稳妥。作为老百姓，只要能耗得起时间，就不必为之担惊受怕，提心吊胆也没有必要，因为收藏品随着时间的推移，只能越来越少，收藏的价值会上升，今年一个价，明年一个价。在收藏品中，最津津乐道的例子是 1980 年发行的猴年邮票，当时面值只有 8 分，现在翻了几千倍。稳妥是收藏的特点，买进一样东西，何时进，何时抛，赚多赚少，由你自己决定了。看着猴票投资回报率这么高，谁不会动心。有时候买进一个东西花了些小钱，换来回报却这么高，有些像"熊掌跟鱼翅可以兼得"，能不乐么？收藏投资回报远远高于任何产业，现在国力富强，人民安居乐业，收藏已经成为人们所追逐的最文明、最高雅、最保险、最佳增值和保值的对象。

当然，只要不买赝品，就能保值升值，这个不是绝对的。比如邮票，要买些精品、稀有品，不要见邮票就买，邮票的增值一般是受供求关系影响；二是邮票本身的珍贵，如"文革"邮票，邮票增值是有条件的。

现在人民生活水平好了，收藏事业也红火起来，赝品也满天飞。进入收藏品投资，最好自己多少也懂些相关藏品的鉴别能力，专门的知识更显得尤为重要，有的东西离开专业知识和经验，就寸步难行，搞不懂真假古玩，搞不懂收藏品价格高低，就不要轻易进入这个行业。有了相关的经验和专门知识，收藏东西的时候，可以到边远小城市收购、淘金，可以进入古玩小摊淘到宝物，称"捡漏"，这样的回报是很巨大的。

2. 做服装生意

做服装生意是身边最常见的创业选择，可要把这买卖做好，却不是一件简单的事儿。要立于不败之地，需要有创意，以下有一成功的例子。

张小姐另辟蹊径，专给年轻丰满的女性做"妃美人"衣裳，在一个几乎被人遗忘的生意场上打拼，使经营者也获得了较为可观的回报。琳琅满目的服装，总会让人心动。但当营业员歉意地说"对不起，这里没有适合你的尺码"时，这样的"打击"，胖人朋友一定是遭受过不少。随着"心宽体胖"的现代都市人不断增多，"重量级"的消费群体正在迅速扩大，肥胖产业的触角可谓无孔不入，减肥药、瘦身班、纤体食品甚至抽脂等层出不穷。然而相对来说，胖体服装市场却几乎成了一个被人遗忘的角落。商场无论大小，专门为胖人准备的衣服非常有限，这成了胖人生活中的一个尴尬场景。爱美之心，人皆有之，胖人也不例外，尤其是胖体女性。其实生活中从来都不缺少商机，许多商机正是来自对消费者的理解和关爱。在上海就有这样一家名为"胖胖秀"的胖体女装专卖店，致力于为胖妹找到合体时装，同时也为自己带来可观的收益，目前已有固定会员1600多名，月销售额在10万元以上。

3. 开特色产品小店

比如，在国内拥有50年历史的飞跃鞋，曾经是中国人最熟悉的样子，尘封着无数中国人的记忆。这个如今在国内已难寻踪迹的中国品牌，不仅登上许多国外著名时尚杂志封面，还成为不少国际影星、模特脚下的宠儿，在欧洲卖出了每双50欧元以上的高价。对于现在的年轻人而言，经历了各类西方大牌纷纷进入中国的过程，受到了来自西方物质消费文化的冲击，然而在用遍了各式进口化妆品，看遍了所谓"时尚"跻身潮人的时候，突然发现经典国货并不比外国货差。在这种风潮下，将怀旧与时尚相结合，将现代与复古混搭，在一段时间内会继续流行。

4. 进口礼品专卖店——小礼品玩转大生意

城市正在越来越国际化，新成长起来的一代人也越来越不能仅仅满足于本土商品。上海人民广场地铁商城一家进口礼品小店，以便宜的价格、新奇的异域风格和周到的服务为卖点，从零售做到大量批发，小店更是与2010年世博会建立了合作关系。小店最主要的消费群体有两大部分，一部分是追逐时尚的白领，另一部分便是颇为识货的老外。时尚白领们通常喜欢买些稀奇古怪的小玩意儿放在家里或办公室里，做生活的调味料。老外们则大多因为从未见过这些东西而驻足把玩。还有小部分群体是佛教信奉者，来买印度商品。小店的招牌是"来自世界的礼品专柜"，各式各样应有尽有，就好像店主收藏了全世界的小礼品。

5. 另类小型零食超市

大型超市里高高的货架上陈列着琳琅满目的零食，纷繁复杂得让人眼花缭乱。几乎所有的超市都千篇一律。因此，可开一家另类小型零食超市，让它与一般的超市有绝对的区别。即在所住的小区大门附近租一个大约20平方米的门面。既然是另类零食超市，就不能卖一些大众化的商品，要有特色。综合各大商场和超市的特色零食，精心在零食批发市场、专卖店等处选择适合自己经营的品种进货，同时拜托经常出差的亲友物色各地有特色的零食，批发买回来。超市开张时，建议增加卡通糖、昆布丸、牛油果、锡兰茶、功夫盐等颇具特色的零食。

这样，前期的开店准备、装修费加上进货费，大约10万元就可以拥有这个超市了。所有商品明码标价出售，概不打折。

6. 保健面包房

开一家面包店对许多人来说，因其投资不大，应该是很容易的事。但用传统的烤制方式再加上传统的配料，从现在的市场看来，生意已显得有些冷清。顾客普遍带有一种求新求变的心理，希望在作为早餐的面包中得到更多的营养，所以，不妨开一家保健面包房，租一个20平方米的店面简单装修，产销合一，买一些必备的设备和原料。不懂烤面包，可请一个专业师傅，在经营种类上，可以选择以小麦胚芽为主要原料制成的胚芽面包——适合胃肠功能弱的人；用60％的糙米、40％的黑麦粉烤制而成的糙米面包——特别适宜于肥胖、糖尿病、动脉粥样硬化和心脏病患者食用；藻类面包——可以促进血液循环；由麦麸制品为原料，含有大量纤维素的减肥面包等等。独具特色的保健面包房，每日销量一定不俗。

较多资金如何选择投资项目

中国互联网领域叱咤风云的5个人物，他们当初是怎么起家的呢？

1998年，马化腾等5人凑了50万元创办腾讯，而不是买房；就这样，腾讯现在发展为家喻户晓的上网工具。只要上网，都曾经用过QQ或现在一直在用QQ，腾讯现在有了自己的网站，有了自己的产品，事业做得很大。

1998年，史玉柱向朋友借了50万元搞脑白金，而不是买房；脑白金现在一直做得很火。史玉柱在经营过程中也遇到了很多困难，但是他克服了，有了现在的成绩。

1999年，漂在广州的丁磊用50万元创办163，而不是买房；163刚开始人们都在用，后来换成了收费的，用的人变少了。后来又开通了免费邮箱和博客，还有信息平台，一系列网络平台，还收购了126，他实在是个优秀的领导人。

1999年，26岁的陈天桥炒股赚了50万元，创办了盛大，而不是买房；26岁是一个刚刚毕业进入企业打工的年龄，而他用自己聪明的头脑，炒股不但挣了钱，而且投资的盛大也是他明智的选择，真是年少有为。

1999 年，马云团队 18 人凑了 50 万元，注册阿里巴巴，而不是买房；马云已经无人不知，无人不晓，从创业失败，到来到北京继续创业，真是精神可嘉。所以失败了并不可怕，可怕的是失败了站不起来了，马云拿着 18 个人凑的 50 万元纯粹是赌上一把，但是因为他的努力和聪明，他赌赢了。

他们用 50 万元创业成功，如果现在给你 50 万元，你能够创业成功吗？可能大多数人会不自觉地摇摇头。尽管有各种各样的理由，如货币贬值因素，机遇因素等，但他们无疑选择了正确的投资项目，才带来今后百倍千倍地增长。

如果当年他们用这 50 万元买了房，现在可能贷款都没还完。如果你有 50 万元，你会像他们一样聪明、努力，用智慧让事业成功吗？下面就具体地谈谈创业、经商、快速赚钱、赚大钱应该注意的几点：

（1）坚持不懈地加强学习，不一定非要学商业专业、营销专业，平时多看商业方面、管理方面、投资方面、社交方面的书籍杂志。比如说《商界》《现代营销》《创业指南》《大众投资指南》《演讲与口才》等；还可以在电视上多看财经新闻、营销辩论、经济管理讲座等；还可以在互联网上多看财经类博客，比如说，阿里巴巴、百度、腾讯博客里都有，包括投资理财的、经济管理的等；要知道水滴石穿，冰冻三日，决非一蹴而就，要坚持不懈，日积月累。

（2）要努力提高自己的口才。有句俗话说得好，茶壶里煮饺子，肚里有货倒不出。创业、经商卖得就是产品和服务，如果口才不好，产品再好，别人也难以了解和接受，所以说要努力提高自己的口才和语言表达能力。另外，还应该练就一口流利的普通话。

（3）想要创业、经商、赚大钱，必须要学会做人。要严格要求自己做一个正直的人、道德的人、诚信的人、谦和的人、有内涵的人和有尊严的人。要想成就一番事业，自己本身的素质是客户考核你的一大要素。

（4）还有很重要的一点是很多商人都会忽略的，那就是要学会充分地尊重自己的竞争对手。只有在有竞争对手的圈子里你才能不断做大做强，如果一个行业圈里只有你一个人，你不是能独食而肥，而是会止步不前，这就是生存威胁的道理。一个企业发展壮大，是在不断地提高自己，甩掉竞争对手从而晋及到前列甚至龙头老大的位置。

（5）另外就是要学会抉择。俗话说得好：女怕嫁错郎，男怕入错行。其实不管男女，只要自主创业、经商，都怕入错行。你看那街上经常有店开张、经常有人关张，其实店面、工厂转让 95% 是因为入错了行，抉择时因为认知高度不对、分析不透彻而失策。关于创业、经商抉择应该从多方面考虑：

①应当选时下比较热门的行业。

②应当选适合当地习俗，迎合当地消费者需要的行业；符合当地经济发展需要的

行业。这就必须在进入某行业以前进行大量的市场调查，赔点儿腿力和时间算得了什么，没有调查贸然入行导致最后赔进去大量的积蓄那才是最痛苦的。比如说，两广人的广味食品在很多地方就很难打开市场；对贵州人的烤火、做饭两用的铁煤炉在其他地区推广得开吗？现在在全国很多地方强制性推广的保温砂浆，在云南昆明推广得开吗？

③应当选国家政策鼓励的行业。因为国家政策鼓励的行业在税收、用地、资金等各方面都有优惠；而且国家政策鼓励发展的，恰恰说明该行业具有良好的市场空间。比如说，养猪，近年国家大力鼓励，养母猪还有补贴，而现在养猪行业确实很乐观。

④应当选投资规模比较小的行业，情愿等到资本积累到一定的程度再考虑扩大经营。想做那一行，再看好也不能把所有的积蓄一下子完全投入进去，这就是风险防范意识的一点。因为一个项目再好，你来做赚不赚钱，还要由很多个人因素和外力因素决定，比如说，你的为人、经营能力、社交能力、管理能力、亲和力、市场变化、政策变化都直接决定着你来做这个项目赚不赚钱。日本的无线电之父松下幸之助的流动资金永远都有40％在睡大觉，正是因为这一招让他经历了许多大风大浪，终成一代无线电之父。再比如说，有个四川人举债三百多万到昆明的阿拉乡公家村建厂房出租，后来由于公家村规划为城中村，划入经济开发区管辖，因此地皮从紧，建筑管理从严。刚好这家的土地许可证还没办下来，结果被政府的综合执法办推成平地。前车之鉴，希望广大创业者牢记。

⑤应当选资金回报率比较高的行业。资金回报率是任何一个创业者、经商者都不能忽视的一点，因为资本进入市场追逐的就是利润，追求的就是回报。这一点，广大的创业者必须谨慎，深入严格的分析，因为很多的项目方为了一己私利，他们绝大多数人都会把资金回报率很低的项目理想化甚至夸大几十倍几百倍。比如说，网上有很多人吹嘘投资几万元，能做几十个亿的市场，一年能赚几个亿，可能吗？倘真如此，他不会自己做，他不会自己扩大规模做？他自己的行为就向你证明了项目的不可行性；倘真如此，早就有大量的风险投资公司介入，还轮得到你吗？倘真如此，中国一年得冒出多少家世界五百强企业来呀？把你的口袋捂紧点，找个有谱点儿的吧。

⑥应当选成长性比较好的项目。通俗地说，就是比较有远景，很长时间内产品不会被消费者抛弃、市场不会饱和、国家政策不会变动、具有良好的做大做强的后续发展性的项目。举个比较小的例子，昆明市昆船菜市场，先后开了好多家叫化鸡、荷叶鸡、符离集烧鸡、重庆烧鸡公、道口烧鸡等熟食店，刚开始都很红火，可是好景不长，基本上是不到一年就关张，长一点儿的也就是两年。

⑦应当选技术门槛比较高的行业。技术门槛太低的行业就是很容易被跟风，甚至当地本来没这个行业，因为你做得很火，而又没有技术门槛，结果很快就会冒出很多家来。到头来先做者倒成了抛砖引玉的引路人，人情都没有。如果是技术门槛相对较

高的行业，情况就完全不一样。

⑧应当选项目方有区域保护的行业。一般有区域保护的行业，当你做得很火爆时，即使别人想要介入，也没有名额。这是一个创业者最起码的自我保护意识，千万不要马虎大意。

（6）当你通过市场调查和冷静分析后，确实看好某个项目时，一定要努力争取亲戚朋友的鼎力支持，否则，一意孤行的孤军作战一般是很危险的。甚至，很有可能会弄得众叛亲离。

（7）在入行以前，一定要做好风险预估，并想好、做好多种应对策略和方案，这就叫作风险预警机制。并且要做好失败的心理准备，有很多人仅仅一次失败就一蹶不振。

（8）选择项目一定要根据自己的资金实力来决定，有多大脚就穿多大鞋，千万不要好高骛远，不切实际。经过周密调查和深思熟虑确实看好自己资金势力不够的项目，可以借助其他忙人的闲散资金入股。拉别人的资金入股，可千万别小气，一定要多给别人股份，最好能承诺万一亏本只亏你自己不亏别人。也就是说，万一失败，别人投入的钱你要当债务来偿还他。要知道如果不是因为你，别人是不用承担这种风险的，别人把钱投到你这里来就是为了在无风险的情况下尽量地下蛋。如果你能做到这两点，别人也很乐意把资金投到你这里，但是你最好给别人一个书面保证。

（9）当你自己的资金或精力不够，确实需要他人合伙经营时，选择合伙人一定要慎重。要选那种有魄力、有度量、有能力、有诚信、有上进心的人；一旦选中人选在经营过程中要做到民主、透明、同心，千万不能有私心，合伙经营只有推心置腹才能打造辉煌的事业，否则，只会是分道扬镳或者陷入无休无止的纠纷。广东的顾地塑胶就是这样分家的典范。

（10）当你在有所收获想扩大经营时，一定要脚踏实地，量力而行，千万不可急功冒进。当年红红火火的沙市日化（就是活力28）就是急功冒进导致一夜间倒闭的。

投资商铺，主要有以下3种方案：

①购买专业街市上的新建铺位。商铺大小不等、位置不等、楼层不等，价格也不同，按现时行情测算，投资回报率为10%左右（不考虑商铺的自然增值）最好。

②购买社区型或便利型街市上的新建商铺。这类商铺因销售对象相对固定，稳定性较好，但上升空间有限。

③买一个二手商铺。旧城区里的商铺租金走势总体趋低，其投资价值在于获得动迁补偿，犹如"ST""PT"股票，部分人投资它的理由不是等待分红，而是等待重组。新的动迁实施细则对于商业补偿并不十分明朗，所以有些区政府要求动迁公司要落实一些小区内的商铺用于动迁补偿，以降低动迁难度。

很多资金如何选择投资项目

1992 年，中山市小榄镇 7 个没有任何背景、出身穷苦又想干大事的青年，怀着纯粹的理想凑钱创办了华帝公司。创业之初，7 名老板订下一个对日后稳定发展起至关作用的"君子协定"：在股权分配上，开发区所在村占总股本的 30％，余下 70％ 的股份 7 人平分，每人拥有 10％。中山市 7 个年轻人咬牙凑足 100 万元，招聘了 20 多个工人办起了生产灶具的小厂，点燃华帝的创业薪火，短短十余年，华帝之火烧遍全国，并成为一家社会广泛关注的公众公司。

接下来，他们对一些具体事务进行了磋商，并达成了共识：决策高度民主，求同存异，少数服从多数；年终分红一样多；不许亲戚进厂；不向妻子谈及企业的事，不准她们到公司来。

如今的华帝燃气灶已经成为中国知名品牌，连续多年稳坐灶具龙头老大的位置。随着华帝在行业内的地位和影响越来越大，7 名老板的创业故事经社会的传播，具有了强烈的传奇色彩。

这是 100 万元起家的故事。经过十几年的发展，现在已是一家非常优秀的企业。相对来说，当初的 100 万元属于一笔不小的资金。对于用较大资金投资兴业，必须慎重投资。

资金能否快速安全地生出更多的资金来，主要是看投资的项目优秀与否。优秀的投资项目主要是指科技项目，因为科技项目与传统项目相比，具有投资少产出大的优势，很多科技项目只要你看准了，前期开发费用一投下去，马上就能获得产业化效益了。但是国家每年有十几万的科技项目产生，到底哪些项目具有投资价值，哪些项目会发生投资风险，在没有投下去之前很难搞得清楚。换句话说，投资人都想寻找好的投资项目，但应该怎么找就不知道了。

为了更理性地投资，为了让投资不仅仅是一腔热血，那么，在寻找投资项目时，应该做好以下几点：

1. 与广大的重点高校、科研院所、科技部门、科技企业等建立紧密联系

从目前的科技市场情况来看，我国的科技成果与技术项目绝大部分是从以上几个地方研发出来的，因为这些机构不仅有着众多的科研人才，还在科研设施、国家政策、研发资金等方面都占有非常大的优势。同时，研发科技成果和技术项目也是这些机构的基本职责，所以如果能和这些机构建立好关系，那么得到优秀科技项目的可能性就增加了不少。而且即使是在外部寻找到的科技项目，你也可以通过这些机构来进行检验，消除你的投资风险。

2. 与各地科技中介机构建立合作关系

众所周知，目前科技中介机构已成为了我国科技成果转化的主要桥梁。虽然科技中介机构本身并不具有研发项目的功能，自己也没有所属的科技成果，但由于科技中介机构从事的技术转移、技术交易、成果转化、项目融资等工作，除了与投资机构和投资人打交道外，主要就是和各地的科研院校、科技企业合作，在科技中介机构手里，掌握着大批的科技项目资源，技术持有人希望通过科技中介机构来寻找投资，而投资人也希望通过科技中介机构来寻找好的项目。这样一来，科技项目和投资资金就都在科技中介机构处进行对接，技术交易的成功率自然比较高。

所以，作为要寻找好的投资项目的投资机构而言，应该尽量和各地的科技中介机构建立良好的合作关系，把自己的投资信息包括投资数额、投资领域、合作方式等都告知给科技中介机构，那么科技中介机构在为科技项目寻找投资的时候，就能够把适合的项目信息提供给投资机构，供投资人挑选对接。

3. 进入项目信息网站或参加项目对接会

投资机构一般都有许多投资经理，这些投资经理每天都在全国各地寻找好的投资项目，所需的商务成本非常高，而且由于目标并不固定，所以效果也并不是太好。而目前国内有许多专门发布科技项目信息的行业网站，其中有几个网站专业程度非常高，科技项目信息资源也非常多，这些大型专业信息网站与小网站相比，具有信息量大且真实性高的特点，其中有相当一部分的项目是由技术持有人委托给网站进行操作的，所以投资人可以到这些网站上寻找到好的项目。

除了行业网站之外，各地的项目推介会、融资洽谈会等也是非常好的项目来源。因为在这些展会上，一般都会集中展示一批质量比较好的项目成果，不仅项目非常好，数量也比较多，投资经理参加一次这样的会议就能够接触到非常多的项目，有时还能够直接与项目持有人进行沟通，有利于项目投资合作的开展。

选择你熟悉的领域投资

巴菲特提倡投资必须坚持理性的原则："如果你不了解它，就不要行动。一个人的精力总是有限的，不同的企业从事着不同的业务，这些业务不可能是我们都熟悉和了解的。不如将我们有限的精力集中在我们熟悉的企业上，尽可能多地了解这些企业的情况，这有利于我们的投资决策。"

巴菲特倡导的做自己熟悉的投资是比较普遍、容易被投资者运用的一种投资标准。投资熟悉的行业或公司，才有一定的准确性，对信息的真伪才有判断力，成功的概率也相对较高。投资的目的是为了使财富不贬值乃至数倍地增值，但我们也不能每天都像撑紧了的弹簧，没有放松的时候。最好的办法，就是从身边发现投资机会，全球著名公司大多已落脚中国，投资者应有更广阔的国际视野。

投资大师总有他们成功的原因，每个成功的投资者都有其标准，一些让他们引以为傲的投资法门，不见得适合其他人，于是投资出现了成功与失败。以自己不擅长的方式做投资，就如同一位政治家越过将军直接指挥一场战斗一样。巴菲特知道自己的长处，他说："我是一个非常现实的人，我知道自己能够做什么，而且我喜欢我的工作。也许成为一个职业棒球大联盟的球星非常不错，但这是不现实的。"在投资上，他也只是做自己熟悉的业务。巴菲特认为："当一个投资者不清楚自己本身的能力，去投资自以为是，其实一窍不通的企业时，往往是最具有风险的时候。"

投资活动是无形的，由于现在各种各样的推销策略和能把稻草说成金条的推销人才的产生，使许多投资项目能很容易从推销员手中转到投资者手中，而投资者似乎常常因为其高收益而不会拒绝。同时，对许多众所周知高收益的投资项目，投资者也缺乏可靠的充分的检测手段，因而投资者常常尚未体会到高收益就已先体验了因追逐高收益伴随而来的高风险。大家都应该根据上市公司的年度财务报告来分析判断某公司股价的应有水平，从而做出自己在股市中的各种决策。

但市场的情况往往是各种假消息、小道消息满天飞，这些都给投资收益的获得增加难度，而投资风险也正是暗藏其中。在选择投资项目时，越是对各种投资项目不了解、不熟悉的投资者越是习惯于打听何种投资项目回报率高，或听信其他人的介绍进行投资。在糊里糊涂中，投资者持有了一些对于他们来说很神秘的投资筹码，其风险可想而知。

通常情况下，投资者不熟悉、不了解自己进行的投资项目时，只能任其波动，放任自流，这正是风险发生的最大突破口。投资者不熟悉自己所进行的投资，也只能听信其他人的介绍或相关信息，而道听途说或轻信正是投资者进行投资的大忌。购买自己不熟悉的投资项目，其收益越高，风险也越大，此时，对收益的追求可以说是贪婪压倒担心和谨慎。

相对来说，选择自己熟悉了解的投资项目，充分利用自己已有的专业知识和成熟经验，是投资稳定成功、安全获益的有利因素。可行的办法是在每次投资前，投资者可将自己目前所掌握的有关投资信息列出清单，并依次分析自己的熟悉程度与获利可能性，避免投向那些趋于跌值（不论是突然下跌还是和缓下跌）并可能造成重大损失的捉摸不定的投资项目。

投资者也不要轻信那些听起来都不可能的事。投资不应该急躁，绝对不能在与他人第一次交谈时就同意投资。在与任何人进行投资交易之前，要完全弄清对方及其所代表的公司的详细情况，对其信誉等进行全面的考证。而对于一些自称的经纪人或代理人所提供的相对有吸引力的投资细节，要对其进行宏观层面的分析，即从大处着眼对其思考。如价格便宜的房地产是否存在着质量上的问题，而高收益的债券是否其信誉度很低。只有弄明白了有关问题，即投资者真正达到了熟悉该产品的程度时，才可下决心投资。

有一个简单的法则可以让你减少投资的忧虑，这个法则就是优先投资已知的领域、谨慎投资未知的领域；优先投资熟悉的领域、谨慎投资陌生的领域。这个法则的基本内容是：你必须将钱花在那些你知道的生活中需要的、或有义务支付的项目上，例如，食品、住房、交通、债务等，你必须先做到这一点，然后才能投资于那些未知领域，比如，更大的房子、房地产投资或非退休的股票账户。为什么呢？因为如果先投资于未知领域，然后才是已知领域，那么你就是在毁灭自己，毁灭你的安全、幸福和未来。

什么是已知的领域呢？

日常的固定开支是已知必须支付的，包括基本生活开支、房屋的水电管理费、交通通讯费、必须按合约支付的楼宇及汽车按揭付款；子女的养育费用是必须要支付的，由于教育支出的时间和费用刚性，你必须提前做出准备；养老生活是漫长、不能失去经济支持和生活尊严的。30年后谁来养你？必须提前做出财务安排。生老病死是已知的、还有各种各样预期外的意外事件是人生难以避免的，通过预留紧急预备金和保险计划，可以减少突发事件带来的财务困扰。理财专家说："Pay yourself first."首先投资的是自己的生活，其次才是未知的领域。未知的领域需要在做出生活安排之后，追求财富的成长，以实现其他人生目标。如果已经做好了固定支出、债务偿付、子女教育、养老和保险计划，又应该如何投资呢？优先投资熟悉的领域。市场的交易流程、游戏的潜规则、基本的技术分析方法、可信赖的投资经纪人是大额投资的必要前提。很多人买菜的时候还有兴趣讨价还价，在投资的时候却不愿意花时间和进行必要的学习。任何一项高额回报的投资都是风险投资，成要心中有数，败也要败个明白。

总的来说，如果你把大部分的资金用在可预见、可控制的事物上，然后再把额外的资金投进广泛以及未知的风险资产上，这样将为你的财务生活带来一种全新意义上的安全和秩序。

在生活中发现商机

人们在生活中免不了要与人交流闲谈，在交流闲谈中有不少值得挖掘的"潜在市场"，只要做有心人，其背后往往隐含着某种市场信息和经营胜机。

江苏某公司成功地开发出新型感冒药"白加黑"，就是该公司经理从一次偶然的闲谈中得到的产品开发灵感。一位工程师访美归来，在和总经理的闲谈之中谈到美国的一种白天和晚上服用，组方成分不同的片剂药，说者无意，听者有意。总经理顿时来了灵感：何不开发一种新型的感冒药呢？于是，他和他的智囊团研究决定，迅速开发这一创意产品，仅一年时间，"白加黑"就实现产品产值2亿多元，完成利税2000多万元，创造了我国医药史上的奇迹。

从"上帝"（消费者）的创意中寻找商机。日常生活中，消费者经常有这样那样的创意或妄想，而这种创意或妄想其实就是消费者的消费需求和愿望，往往也是市场的晴雨表和企业开发产品、打开销路的信号灯。经营者若能多询问了解，把握消费者的各种妄想，并不失时机地攻关夺隘，巧于开拓，往往能为企业带来巨大的商机。

海尔洗衣机销到四川农村后，听到农民异想天开地说："要是洗衣机能洗地瓜就好了。"聪明的海尔人独具慧眼，将这一妄想付诸实践，发明了深受农村欢迎的既能洗衣服又能洗地瓜的洗衣机，从而开拓出一片农村市场。还有"傻瓜"照相机、"电视遥控器"等新产品的研制推出，都是根据消费者的创意或妄想而带来的产品开发灵感，从而为企业带来了巨大的商机。

再比如，目前由于美容市场的竞争日益激烈，很多的发廊都在添加硬件设备、发廊装修方面下工夫。但却没有在软件、服务上做进一步思考。这样就造成了投入成本不断加大，而前来的客户并不多，员工的工作没有达到饱和状态。为什么会这样？原因是：坐在发廊里等机会，等着顾客上门，同时也没有好的办法吸引老顾客回头。这就是在坐商。如何改变？不仅要坐商，还要行商！就是要走出去，请进来！应该多思考一下如何扩大客源，如何保持老顾客的忠诚度，如何让顾客更加满意，如何让经营达到饱和状态。

这里就说明：在日常生活中，就有商机。尽管这个行业已进入了成熟期，还是有不少的商机，这里还有创业的机会。关键是如何发现它，如何能够做出差异化的服务。

激烈的市场竞争中，经营需要机遇，商机对于企业十分重要。商机无论大小，从经济意义上讲一定是能由此产生利润的机会。商机表现为需求的产生与满足的方式上在时间、地点、成本、数量、对象上的不平衡状态。旧的商机消失后，新的商机又会出现。没有商机，就不会有交易活动。商机转化为财富，必定满足 5 个"合适"：合适的产品或服务，合适的客户，合适的价格，合适的时间和地点，合适的渠道。

机遇就是目标，商机就是财富，谁能发现和把握商机，谁就能在商战中制胜。虽然随着当前买方市场的形成，市场商机越来越难觅，但在生活的方方面面仍然蕴藏着无限的商机，许多商机就存在于我们眼皮底下和日常生活中，只有用敏锐的"嗅觉"去发现它，去开发它，去利用它，才不至于使市场机遇与你擦肩而过，失之交臂。

总之，商机无处不在，而且稍纵即逝。但它有一个特点就是对每一个经营者都是平等的，谁心有灵犀，看得准，抓得及时，谁就会从纷繁复杂乃至平凡小事上获得商机。假如你反应迟钝，缺少眼光，就很难发现、抓住它，使许多很有价值的商机从自己的眼皮底下白白溜掉。只有眼观六路，耳听八方，大脑中时刻绷紧捕捉商机这根弦，做市场的有心人，才能及时发现商机，抓住商机，并为自己所用，从而为企业拓展出新的市场。

投资之前要有充分把握

马云成名之后，全球的著名学府，包括哈佛、沃顿、麻省理工等世界级顶尖名校都请马云去给它们做讲演。有一次，马云在哈佛做讲演的时候，曾有学生向马云请教阿里巴巴的成功秘诀是什么。马云很风趣地回答说："我为什么能够成功？原因有三，第一是我没有钱；第二是我对于 Internet 一窍不通；第三是我想得像傻瓜一样。"

马云说的是实话。他刚开始创业的时候的确没有资金，把自己和员工压箱底的钱都拿出来了，也才凑了 50 万元的起步资金。他的确不懂互联网技术，据说他的电脑水平只能够收发邮件，甚至连最简单的 Word 文档都不会打开，也许这种说法过于夸张了一点儿。但是对于马云来说，他投资之前一定做好了充分调研，这是他成功的一个关键因素。

马云第一次创业是搞了一个海博翻译社。为什么搞这个？因为马云的英语非常棒，毫不夸张地说，"可能当时在杭州是英语最好的一个人"。马云的夫人张瑛曾经开玩笑说："马云说梦话的时候都很少讲国语，80％的时候都是用英语。"马云的英语水平由此可见一斑。正是由于英语好，所以马云搞了一个海博翻译社。马云之所以搞阿里巴巴，原因就在于他对电子商务熟悉。马云正式下海后搞的第一个项目就是中国黄页，中国黄页实际上就是最早的电子商务。正是搞中国黄页的经历，使马云认识到了中国中小企业对于信息的迫切需求，使他对于电子商务的模式有了一定的了解，所以做起来才如鱼得水，最终取得了成功。

在《赢在中国》的点评现场，马云在点评一位选手的时候曾经披露过这样一件事："前段时间我跟吴鹰拜访了李嘉诚，他讲了一个事，在座的创业者可以思考一下。有人问李嘉诚凭什么到处投资，做这个，做那个，基本都成功，为什么中国绝大多数人都不成功，而你能成功？李嘉诚回答说：'手头上一定要有一样产品是天塌下来都能挣钱的。'因此，不一定做大，但一定要先做好。"

这就是马云的经营之道，做自己最熟悉的事情。马云尚且如此，只做熟悉的事情，何况，作为创业者，无论是从一个行业转入另外一个行业，还是初入商场从事一项新的行业，都应该先从自己熟悉的入手。各行各业都能赚钱，关键就在"熟悉"两字。熟悉一个行业到一定程度或相当的程度，创业成功的概率就会大大增加。如果自己没有这方面的能力，只凭主观臆断，想要"见食就吃"，一旦大意或者市场发生了变化，就无法应付，最后的结果是只能以失败而告终。常言说得好，隔行如隔山。有的事情即使你不懂也没什么，但是做生意如果你不懂，那么就要冒着血本无归的危险了。所以，创业需要谨慎，在开创事业或是拓展业务时，最好是有制胜的把握再动手。

首先，做好准备工作。在开始创业之前，就要做好深入细致的考察工作，根据具体情况做出可行的计划。还要做到知己知彼，无论做什么事情都要做好事前的调查工作，客观地分析创业所面临的困难，做最坏的打算，制定最好的对策，争取把损失降至最低。这样就算失败了也不会有致命的伤害。如果没有把握就盲目上马，过于乐观，一旦市场变化或自己大意就会陷入被动了，导致最后惨败。所以，真正想创业，就要做到心中有数，而不做没有把握的事情。这就是要求创业者一定要对某一行业摸熟吃透，不要光凭冲劲、激情、主观想象来做事情。

其次，创业要做到有把握，就必须深入钻研。如果真的看好了一个行业，但自己对该行业不是很熟悉，就一定要在创业之初好好研究它。

选择项目要精准定位

所谓"狼有狼道，蛇有蛇道"。新公司成立以后，一定要给企业一个明确的定位。实践中，在寻找商机的过程里，自然不会有人好心地告诉你哪里有钱赚，因此，要想寻找到适合自己的创业项目就得靠自己。

对创业者来说，项目的选择直接或间接地决定着其所创事业的将来。所以，创业者在进行选择时，一定要仔细斟酌，结合自身条件，选择一个适合自己创业的项目。

在公司刚开始的过程中，往往走过不少弯路，看似赚钱但实际并不赚钱，所以选择项目不是只靠勇气就能解决一切问题的，千万不能盲目。尤其在选择项目方面，更应该根据自己的实际情况来确定。

经营者应该找准适合自己的行业项目，千万不可人云亦云，盲目跟风，否则面临的可能就是创业失败。

在面对众多的创业项目信息时，创业者不要不愿意舍弃。要从市场以及自身实际条件出发进行选择。很多项目确实很好，但是其对投资者自身的要求已经超过了投资者自身能力范围之外。这样的选择就得不偿失了。

良好的创业项目，不是你到街上走一趟回来就能够发现的，而是要经过长期的考察，加上系统的分析才能够发现的。在寻找适合自己的项目时，切记关注以下几点：

1. 搞清楚你面临的市场是什么

寻找适合自己的项目，首先需要搞清楚你面临的市场是什么？然后就是你所做的项目在市场价值链的哪一端？只有提前确定好自己的市场的位置，才能比较得出是谁在和你竞争，你的机遇在哪里。

2. 对市场做出精确的分析

确定好你的市场位置之后，接下来你就要开始分析该市场了。你首先应该分析这个市场的环境因素是什么？哪些因素是抑制的，哪些因素是驱动的。此外还要找出哪些因素是长期的？哪些因素是短期的？如果这个抑制因素是长期的，那就要考虑这个市场是否还要不要做？还要考虑这个抑制因素是强还是弱？只有经过对市场的正确分析，你才能进一步做出更好的选择。

3. 找出市场的需求点

经过一番细致的市场分析，你就很容易找出该市场的需求点在哪里，然后对该需求点进行分析、定位，对客户进行分类，了解每一类客户的增长趋势。如中国的房屋消费市场增长很快，但有些房屋消费市场却增长很慢。这就要对哪段价位的房屋市场增长快，哪段价位的房屋市场增长慢做出分析，哪个阶层的人是在买这一价位的，它的驱动因素在哪里？要在需求分析中把它弄清楚，要了解客户的关键购买因素。

4、及时了解市场的供应情况

在了解了市场需求后，应该及时地了解市场的供应情况，即多少人在为这一市场提供服务？在这些服务提供者中，有哪些是你的合作伙伴，有哪些是你的竞争对手？不仅如此，作为一名创业者，你还要结合对市场需求的分析，找出供应伙伴在供应市场中的优劣势。

5. 寻找如何在市场份额中挖到商机的方法

作为一名经营者，在了解了市场需求和供应后，所应该做的下一步是研究如何去覆盖市场中的每一块，如何在市场份额中挖到商机。对市场空间进行分析的最大好处是，在关键购买因素增长极快的情况下，供应商却不能满足它。而新的创业模式正好能补充它，填补这一空白，这也就是创业机会。这一点对创业公司和大公司是同样适用的，对一些大公司成功的退出也是适用的。对新创公司来讲，这一点就是要集中火力攻克的一点，这也是能吸引风险投资商的一点。

6. 根据自身的资本进行项目选择

资本少的公司经营者可以选择一些最简单的方法。如在大城市批发些服装、杂货等去比较小的城市去出售。对于特色类的东西一般情况下市场虽小，但是利润还是很不错的。

资本中等的公司经营者可以选择依靠或者依托别人的现有资本、生产材料等方式创业。如现在很多的国有企业效益不是很好，你可以租赁他们的车间，或者在他们的企业附近生产制造同类的产品。因为你比他们的小，成本自然会低些，自然价格比他们的便宜，这样顾客很有可能会选择购买你的产品或者为选择你为他们的生产提供辅料、配件等。

资本雄厚者可以选择那些同类产品少的，项目的远期前景很好的。如环保行业、保健行业、妇幼行业等。这些行业市场的需求很大，但是产品很少或者不够完善，存在很大的发展空间。

7. 根据性格进行项目选择

经营者的性格是创业者是否成功的关键因素。如果经营者的性格是急躁型的，并且一时半会儿修正不了的话，适合做贸易型的项目。或许不太选择生产型的项目，因为生产的项目需要很长时间的市场适应期，需要具有坚强的耐力，需要在市场上炼狱，需要一个市场对公司品牌的认知过程。为了确保项目的生存和可持续发展，需要不断地扩大公司的规模，但是一旦创业者撑不住的时候，他的设备、半成品就一文不值了，经营者必然陷入累累纠纷的泥潭之中了。性情急躁的创业者也不能选择娱乐服务型的项目，因为现在的客户越来越挑剔了，有时候刁钻的客人会让创业者暴跳如雷，导致客户将越来越少，最终的结果必然是关门大吉。以上两类项目适合温柔耐力型的性格。当然，创业者如果有合伙人，并且他们的性格能够互补也是可以选择自己性格不允许的项目的。反之，千万不要冒险。

8. 根据专长进行项目选择

经营者的特长、专业、才智、阅历在某种情况下会成为选择项目的主要根据。这有利于经营者一开始就进入娴熟的工作状态，使他的初始创业成功率高出很多；当然，经营者如果具备较高的才智和较丰富的阅历，确认自己能力非凡，哪怕没有什么学历，也可以选择很好地适应创业者的初创项目，也不一定要选择自己熟悉的东西，事在人为，因为经营者会在短期内就会熟悉那个行业的，这样的成功案例也很多。

不主张一个人抛弃自己的专业特长来选项，要知道具备专业特长且不失才智和阅历的人比比皆是，他们在业内才是真正容易的成功者。

第十八章

投资保险，为财富筑一个避风港

比如说你是家里的主要收入来源，如果你有风险的话就会对家庭有很大的影响，所以你就可以买相关的保险。因为你很难保证 20 年不出事，我每年花 30 块买一个 20 年期、30 年期的保险还是核算的。买保险第一个是买保障，第二个是你有这种需求，不是说随便买。如果一个男性买女性险的话本身就是一种浪费。

——王在全　北京大学投资理财中心主任

风险与风险社会下的明智选择

约公元前 1000 年的地中海是东西方贸易的重要交通要道。有一次，海上电闪雷鸣、风雨交加，一支商船船队满载贸易货物在波涛汹涌的大海上时沉时浮。眼看狂风巨浪越来越猛烈，商船时刻都有倾覆沉没的危险。船队队长当机立断，命令全部商船向大海中抛弃货物！各船船舱中最靠近甲板的货物被扔进大海，船只重量变轻了，终于躲过一劫。风暴过后，各商船清点损失的货物，有的货主损失得多，有的则损失得少，为了公平起见，最终所有损失由所有货主共同分担。这种"人人为我，我为人人"的共同承担风险损失的办法，就是近代保险的萌芽。

保险就是投保人根据合同约定，向保险人支付保险费，保险人对合同约定的可能发生的事故发生后造成的财产损失承担赔偿责任，或者当被保险人死亡、伤残或达到合同约定年龄、期限时承担给付保险金责任的商业行为。

值得注意的是，保险中的可保风险仅指"纯风险"。纯风险的意思是说只有发生损失的可能，而没有获利的可能。比如财产被盗、身体得病等风险就是一种纯风险，只会遭受损失而不可能获利。投资股票亏损就不是纯风险，因为投资股票可能会赚大钱。所以，保险公司一般不为股票上保险。具体来说，可保风险必须具备以下条件：

（1）损失程度高。如果潜在损失不大，微不足道或者人们完全可以承受，这类风险根本不用采取"保险"。比如您根本不会因为担心遗失一个苹果而专门买保险。

（2）损失发生的概率小。如果损失发生的概率本身就很高，对这样的风险投保意

610

味着昂贵的保费，也就谈不上转移、分散风险了。比如，某地区新自行车失窃率高达40%，如果对新自行车投保，您需要支付40%的纯保费，外加保险公司为弥补营业开支而收取的保费（比如10%），那么总保费就达到了车价的一半！显然投这样的险很不划算。

（3）损失有确定的概率分布。保险公司在确定收取保险费时，需要明确这种风险发生的可能性有多大，发生后造成的损失有多大，然后才能据此计算应交纳的保费。因此，保险公司必须掌握风险损失发生的概率分布，还要根据外部环境的变化及时调整这些数据。

（4）存在大量具有同质风险的保险标的。任何一个险种，保险标的数量必须足够大，否则就起不到分散、转移风险的作用。另外，根据"大数定律"，投保的人越多，保险标的越多，风险发生的概率和损失程度越稳定，这显然更有利于保险公司测算风险，保证稳定经营。

（5）损失发生必须是意外的。如果故意为之，保险公司将不予赔付。

（6）损失必须可以确定和测量。损失一旦发生，保险公司需要明确损失价值并给予赔偿，若不能确定和测量，就无法进行保险。

可保风险与不可保风险的区别并不是绝对的。比如在过去，战争、地震、洪水等巨灾风险一旦发生，保险标的会普遍受损，而且损失相差很大，由于保险公司财力不足、保险技术落后及再保险市场规模较小，这类风险一般不列为可保风险。但是近年来随着保险公司实力日渐雄厚，加上再保险市场规模扩大，这类巨灾险也被某些保险公司列入保险责任范围之内。

保险实际上是一种分散风险、集中承担的社会化安排。对于整个社会经济而言，保险能够起到维持经济发展连续性的重要作用。在遇到重大灾害性事件时，巨大损失会严重冲击社会经济的稳定发展，甚至使社会经济发展的链条发生断裂，而保险则能够起到缓冲和补救作用，帮助社会渡过难关。2001年9月11日，美国遭遇严重的恐怖袭击，世贸大楼被撞塌，数千精英殒命，损失巨大。但由于完善的保险体系，全球保险业为此偿付保险金达数百亿美元之巨，美国经济也因此没有出现剧烈动荡。

我们常说保险就向蓄水池，每个人拿出一点儿保费，保险公司把这些资金集中起来可以弥补少数不幸者所遭受的损失。显然，如果参与这个蓄水池机制的人越多，蓄水池的作用发挥就会越稳定。

主要投保哪些类型的保险

有这样一个寓言故事：

从前在一座小岛上，住着10户以捕鱼到陆地出售为生的渔民。10户渔民每家都有一艘货船，这些货船经常要将货物运到陆地上出售，在运送过程中如果其中的一艘货船遇难，就会致使一个家庭几个月甚至半年的生活无所依靠。

后来大家想出了一个办法，把每家的货物分成 10 份，每艘船上装 1 份，这样一来，货船遇难的时候，每个家庭都会受到损失，但损失的只是全部财产的 1/10 而已。

这个寓言故事揭示了保险最原始的核心功能之一。

除了足够富有的人需要为"闭上眼睛的瞬间财产减少一半"而规避损失以外，普通人员需要为"意外、健康和养老"而转移损失。这就是人生必保的"三大风险"。

1. 意外风险

意外事件每天都在城市的大街小巷上演。风险已经不再是小概率事件，而事故造成的损失总要有人来埋单。

对于刚参加工作的年轻人或者收入不同的人群而言，购买高额的寿险是不现实的。经济能力使得他们没必要、也不乐意把所有的钱都放进保险公司的口袋里。但意外险是他们必备的一张保单。因为面对人生突如其来的意外，意外险能够较全面地构筑起保障被保险人利益的安全防线。

意外险的保费低，一份保额为 10 万元的保险，投保人只需交纳 100 多元的费用，可谓是"小投入大保障"。

意外险种类很多，人们可根据自身的特点及需要选择适合自己的险种。一般的意外险，保障范围广，保障期通常为一年、不限制出险地等。一份保额适中（10 万元到 20 万元）的意外险，适合所有人购买，作为意外保障；旅游意外险期限较短，对出险地也有严格限制，只保旅行期间的意外；交通工具意外险适合于经常出差的商务人士，保险公司对于被保险人在特定交通工具，如飞机、火车、汽车、轮船上发生的意外给予赔偿；航空意外险，适合每年坐飞机次数较少的人士，如很频繁则更适合投保交通工具意外险。

在低利率、低投资收益率的时代，购买意外险等纯保障险是非常必要的。

2. 健康风险

不知从什么时候起，我们开始害怕体检。尽管拿着不薄的薪水，但是内心里总有不安感。现代生活让一大半白领处于亚健康状态，大病发病率越来越高，年龄越来越低，这个问题谁也无法否认。客观而言，疾病的风险是任何人都难以回避的。

通过投保健康险可有效降低疾病对自己和家庭生活所带来的影响。被保险人以支付相对较少的保险费为代价，向保险公司转移和分散了无法预测的大额医疗费用的风险。

健康险是以被保险人身体的健康状况为基本出发点，以提供被保险人的医疗费用补偿为目的的一类保险。

健康险主要包括重大疾病保险和医疗保险等。重大疾病保险属于给付型保险，当保险人患保险合同中约定的疾病或发生其约定的情况时，保险人按合同所载金额一次性向被保险人给付保险金。

通常情况下，可以依照重大疾病保险管理长期重大风险，靠医疗保险应对平时短期风险。在金融危机时期，健康险可以说是人们必备的投资之一。

3. 年老风险

养老保险有社会养老保险和商业养老保险。大多数情况下，指的是社会养老保险。但是，仅仅靠社会养老保险并不能让你的晚年生活幸福，若是能再在社会保险体系外买一份商业养老保险作为补充，那你的老年生活就会过得安稳无忧。

商业养老金保险最早由中国人寿保险公司开设。在保险合同期内，被保险人获得的保障利益为：投保时选择一次性领取养老金的，被保险人按约定的养老金年龄一次领取；如选择定额领取养老金的，则被保险人从约定的领取年龄开始以月或年等额领取；如选择增额领取养老金的，则被保险人从约定的领取年龄开始以月或年增额领取养老金，并自领取的第二年开始按首年领取额的5％增加。

若被保险人中途身故，其受益人可继续领取该养老金至10年期满，保险合同终止；若被保险人在保险费交费期内身亡，公司向受益人给付身故保险金，保险责任终止。

凡年满16周岁至64周岁以下者，身体健康均可成为被保险人。自保险合同生效日起至规定领取养老金的前一日止为保险费交付期。被保险人从开始领取养老金日起至身故止为领取期。开始领取年龄为45、50、55、60、65周岁，由投保人在投保时选择。保险费交付有月交、年交和趸交（一次性交清）。

为了能让更多老人在退休后安度晚年，老年人应当趁早买份商业养老保险。养儿防老不如买份保险来养老。

保险应遵循一定的原则

保险必须遵循一定的原则，具体来说，主要包括如下几个方面：

（1）最大诚信原则

怎么算是最大诚信呢？最大诚信是要求当事人必须向对方充分而准确地告知有关保险的所有重要事实，不允许存在任何的虚伪、欺骗和隐瞒行为。如果一方隐瞒了重要事实，另一方有理由宣布合同无效或者不履行合同约定的义务或责任。

1996年，时年45岁的老龚患胃癌并住院治疗，为了不让老龚情绪波动太大，老龚的家属没告诉他真相。老龚手术出院后，继续正常工作。8月，老龚在某保险业务员的劝说下投了一份人身保险，但填写保单时并没有申报自己患有癌症的事实。1997年年5月，老龚旧病复发，医治无效身亡。老龚家属要求保险公司赔付，而保险公司审查事实后却拒绝给付。

探究这里面的情由，在于老龚家属违反了"最大诚信原则"。

之所以要规定"最大诚信原则"，是因为如果投保人不履行最大诚信原则，对保险公司来说将会产生很大的经济风险！人们买保险的时候都故意隐瞒一些重要事实，而这些事实可能增大保险标的发生损失的可能性，长此以往，保险公司就无法经营下去。

最大诚信原则不光保护保险公司的利益，对于投保人或被保险人保险人义务来说也有好处。因为保险合同很复杂，专业性很强，而且所有的条款都是保险人制定的，老百姓对保险合同中的有些问题不容易理解和掌握。比如，保险费率是不是过高，承保条件是不是过于苛刻等，如果保险公司不遵守最大诚信原则，您恐怕很容易上当受骗！

所以说，保险当事人都要遵守最大诚信的原则，保险这桩买卖才能公平合理。

（2）保险利益原则

所谓保险利益原则，就是您不能给与您"毫不相干"的财产或者他人买保险。"毫不相干"在这里当然不是说丝毫没有关系，而是说没有法律上承认的利益关系。这里的保险利益要满足三个条件：首先，保险利益必须是合法的利益，为法律认可，受法律保护；其次，保险利益必须是客观存在的、确定的利益，不能是预期的利益；第三，保险利益必须是经济利益，这种利益可以用货币来计量。

小张（男）和小王（女）大学时就是一对恋人，毕业后虽然在不同城市工作，但仍不改初衷，鸿雁传情。小王生日快到了，约好到小张那里相聚。小张想给她个惊喜，就悄悄买了份保单，准备生日那天送给小王。谁知在小王赶往小张所在城市的路上，遭遇车祸身亡。小张悲痛之余想起手里的保单，不料保险公司核查后却拒绝支付保险金。

为什么要讲究保险利益原则呢？试想，假如我们抛弃这个原则，任何人都可以随随便便给您上人身保险，同时指明受益人是他自己，那么您会不会觉得害怕？所以说，如果抛弃保险利益原则，就会产生极大的道德风险。

我国法律对人身保险的保险利益人范围做出了规定，"投保人对下列人员具有保险利益：本人；配偶、子女、父母；前项以外与投保人有抚养、赡养或者扶养关系的家庭成员、近亲属。除前款规定外，被保险人同意投保人为其订立合同的，视为投保人对被保险人具有保险利益。"

在上面的案例中，小张和小王虽然是恋爱关系，但并不是法律认可的保险利益，而且小张在小王不知情的情况下为其买保险，所以，不能认定小张对小王有保险利益，保险公司可以宣布合同无效。假如小张在买保险之前征得了小王的同意，情况就完全不同了，根据上述第三款规定，保险公司就应按照约定支付保险金。

（3）近因原则

造成保险事故的原因通常很多，有主要的也有次要的，有直接的也有间接的。近因就是引起保险事故或者保险标的损失的具有决定性作用的因素。近因原则的意思是说造成保险事故和保险标的损失的近因如果属于保险责任，保险公司就得赔偿；如果近因不属于保险责任之内，保险公司就可以不赔。

老李开了个杂货铺，还为自己的杂货铺和杂货铺里的货物买了财产保险。店铺保险金额15万元，店内货物保险全额5万元。一天杂货铺因电线老化失火，老李在无法将大火扑灭的情况下，奋力把店里的杂货搬了出来。孰料街上的人一哄而起。把货物抢了个精光。事故发生后，老李向保险公司提出索赔。保险公司经审查后确认，老李店铺完全烧毁，店内烧毁货物约1万元。抢救出来被哄抢的货物2万元；于是保险公司只答应赔付店铺损失和店内被烧毁的货物损失，共计16万元。而对于被哄抢的货物则拒绝赔付。理由是货物不是被火烧毁的。双方争执不下，诉至法院，结果法院判决保险公司败诉。应向老李赔偿全部损失18万元。

在上面的案例中，老李的店铺和在店铺内没有抢救出来的货物均被大火焚毁，火灾是近因，在保险责任之内，因而保险公司理应赔偿。但对于从店铺里抢救出来放在大街上、又被过路人哄抢而光的货物，保险公司却说损失不是由火灾引起的，这显然是违背近因原则的。因为搬出来的货物虽然不是烧毁的，但却是因为店铺发生火灾而搬出来的，也就是说，是火灾导致了最终的哄抢。因此，火灾是这些货物损失的近因，不论第二原因、第三原因是否在保险责任范围内，保险公司都应该照价赔偿。

（4）损失补偿原则

所谓"损失补偿原则"，就是说如果发生了保险事故，保险公司只补偿损失的部分，使被保险人的经济状态恢复到保险事故发生以前的状态。这里就有两层含义：一是只有当保险责任范围内的损失发生了，才补偿损失，没有损失就不补偿；二是损失补偿以被保险人的实际损失为限，不能因为保险公司的赔偿，使被保险人获得比以前更多的经济利益。

老刘刚买了一辆小轿车，他非常爱惜自己的汽车，就给自己的车上了"双保险"。他先在一家保险公司买了一份15万元的保险，后又在另一家保险公司买了一份同样的保险，两份保险合计保险金30万元。一天，老刘行驶中合法停靠路边，下车办事。不料刚走没多会儿，一辆飞驰而过的载重大卡车竟把老刘的爱车碾成"铁饼"，汽车彻底报废。老刘于是分别向两个保险公司索赔，要求两保险公司各赔付15万元。但两保险公司查明事实后，各自只赔付了7.5万。老刘不服，告上法院，法院却支持保险公司的做法。

保险的本意就是要通过集中保险资金补偿个别损失。坚持损失补偿的原则也是为了减少道德风险，如果人们可以通过保险获得额外利益，就会有很多人故意制造损失，以获取更多的赔偿。

而老刘为自己的爱车买了"双保险"，也就是为同一保险标的重复保险，这种情况下一旦发生保险事故，保险公司的总赔付也是按照损失补偿的原则，所以两家保险公司总赔偿额为 15 万元，而不是 30 万元。两家保险公司则按照一定方式，比如根据各自收取的保费比例，分摊赔偿的保险金。

如何选择保险公司

可提供相同保险产品的保险公司有很多，那么对于投保人来说应该选择什么样的保险公司呢？怎样评估一个保险公司呢？你可以参看如下的标准：

1. 公司实力放第一

建立时间相对较久的保险公司，相对来说规模大、资金雄厚，从而信誉度高，员工的素质高、能力强，他们对于投保人来说更值得选择。我国国内的保险业由于发展时间比较短，因此主要参考标准则为公司的资产总值，公司的总保费收入、营业网络、保单数量、员工人数和过去的业绩等等。消费者在选择保险公司的时候不应该只考虑保费高低的问题，购买保险不是其他货品，除了看价格，业务能力也很重要。较大的保险公司在理赔方面的业务较成熟，能及时为你提供服务，尽管保费较高，但是其能够保证第一时间理赔，仅这一点，就值得你选择。

2. 公司的大与小

作为一种金融服务产品，很多投保人在投保时，在选择大公司还是小公司上，犹豫不决。其实，在这一点上要着重看它的服务水平和质量。一般说来，规模大的保险公司理赔标准一般都比较高，理赔速度也快，但缺点是大公司的保费要比小公司的保费高一些；相比之下，小的保险公司在这方面就有不足，但保费会比较低，具有一定价格上的竞争优势。

3. 产品种类要考验

选择合适的产品种类，就是为自己选择了合适的保障。每家保险公司都有众多产品，想要靠自己的能力一点点淘出好的来，并不容易。不过，找到好的保险公司就不同了。因为一家好的保险公司能为你提供的保险产品都比较完善，可以从中选择应用广泛的成品，亦可省了众多的烦恼。而一家好的保险公司一般应具备这样几个条件：种类齐全；产品灵活性高；可为投保人提供更大的便利条件；产品竞争力强。

4. 核对自己的需要

保险公司合不合适最终都要落实到自己身上，你的需要是什么？该公司提供的服务是否符合你的要求？你觉得哪家公司提供的服务更完善？精心地和自己的情况进行核对、比较，这才是你做决策时最重要的问题。

如何节省保费

购买保险对资金进行合理安排和规划，可以有效防范和避免因疾病或灾难而带来的财务困难，同时可以使资产获得理想的保值和增值。但在当前省钱才是硬道理的经济形势下，如何才能让自己的保险买得经济又实惠呢？

1. 弄清自己买的是什么

很多保险公司都要求保险顾问不要用最直白的说法告诉潜在的客户，某种保险的真正含义是什么。比如说不少保险公司在谈论人寿保险的时候，避免直接说"人寿保险"这个词，总是会用一些委婉的说法，例如，用"保障抵押""退休养老计划"或"避税方案"等加以包装。

但是，投保人必须弄清自己在购买什么。保险顾问总是强调保险降低风险、规避纳税等方面的优势，但是他们会尽量掩盖保险的另一面：高手续费、长年累月地定期缴纳，以及一旦提前终止所受到的巨大损失。因此，不要被保险的包装所诱惑，一定要弄清某个保险方案是不是真正适合你。

2. 要考虑附加险

一般来讲，附加险具有交费低、保障高，最具保险的"以小钱换大钱"的特点。

例如，有一位女士，购买了主险"重大疾病终身保险"，同时投保附加险"附加住院医疗保险"，主险基本保额和附加险年保险金额均为 2 万元，两项保险费总共不到 1500 元。后来，这位女士不幸被医生诊断患有急性淋巴细胞白血病，住进了医院，共花费治疗费用 3 万多元。保险公司按照合同，支付了 6 万元的赔款。如果这位女士仅买主险的话，要想达到相同的保障至少要多花出 1 倍的钱。

3. 选择合理的缴费方式

保费的缴纳方式可以分为期缴和趸缴两种，顾名思义，期缴就是分期缴纳；趸缴是指一次性缴清，之后就不再负有缴费的义务而享受保障权利。不同的保险其缴费方式也不尽相同，选择合适的缴费方式不仅可以节省保费，还会影响到个人的理财习惯。

缴费期限不同，所缴保费总额也会有所不同。受利息影响，缴费期越短，利息成本越低，最终所缴纳的保费就越少；反之，缴费期越长，最终所缴纳的保费总额就越多。

期缴又分为月缴、季缴、半年缴和年缴，其中年缴又有 5 年缴、10 年缴、20 年缴或 30 年缴等方式。

保费大多会在每月或每年按时、自动地从账户上划走，非常方便。但是，在每月或每年对账单的时候，你还是要问问自己这种支付方式是否合适，这些钱花得是否值得。因为有的时候年付比按月支付要便宜15%～20%。所以，不要在不知不觉中被"咬"了一大口。

面对如此纷繁的选择，如何选择才最合适呢？

（1）以保障为目的，选择较长缴费期。一般而言，如果客户投保的目的是为了防范风险，以保障为目的，那么应该选择较长时间的缴费方式。比如，人寿保险、重大疾病保险。投保这一类保障型险种，有"以小博大"的优点。因为出现风险后保险公司的赔付与缴费方式无关，不论你选择了什么缴费方式，也不管保费缴纳了几期，只要是在保险期间发生意外，保险公司都有赔付的义务。

在购买传统保障型产品时，如果对多出的实际缴纳费用不是特别敏感的话，可以适当延长缴费期限，每年用较少的投入，将可能发生的重大经济损失风险转由保险公司来承担。

另外，有不少产品在保险责任设计中，还向消费者提供"豁免条款"，即当出现全残或某些约定的保险事故情况下，投保人可以免缴余下的各期保费，选择较长的缴费期就更能规避风险。

（2）以储蓄为目的，选较短缴费期。如果客户投保的主要目的是为了老有所养，所购买的保险属于储蓄性质，如两全险、养老险等，那么在经济能力允许的情况下，可以考虑选择较短的缴费期。因为相同的保额，或相同的储蓄目标，在缴费期较短的情况下，总的支付金额也较少。

此外，有些投保人面对长达二三十年的缴费要求，担心因为不能按期持续地缴费而影响保单的效力。这时，如果收入相对丰厚，或拥有一定的银行存款余额的客户，可选择在适当短的时间内完成保单缴费义务，以避免这种担心。

购买保险前的预备工作

在众多保险公司推荐的五花八门的产品中，你是否觉得无所适从？经过业务员的推荐，你在购买了某一寿险产品后，发现该产品并不像当初想象的有那么大的作用？在五花八门的保险产品中，你是否能够设计出最优的保险方案？

在购买保险产品之前，必须做好相应的准备工作：

1. 明确需求

没有能够做到面面俱到的保险。在购买保险以前，投资者要确定自己的保险需求。根据自己的需求大小做一个排列，优先考虑最需要的险种。一般情况下，保险公司都会根据人们日常生活中的6大类需求来设计保险产品，分别是投资、子女、养老、健康、保障和意外。

如果投资人正是青春年少，处于投资的初级阶段，那大家优先的需求应当是意外、健康、保障、养老、子女、投资（这个排序的前提是根据大家目前年龄段具有的特点来排列的），以健康需求为最大，购买保险以前一定要首先确定自己或家人将来要面临的医疗费用风险。

每个人面临的风险是不一样的，因此所需要的保险保障范围也不同。影响风险的因素有职业、收入、地域、年龄和家庭等。比如，享有社会医疗保险的人，在医疗费用支出较大的时候，需要商业保险的保障。而不享受社会医疗保险的人，则需要全面的商业医疗保险。经济条件好的人，在生病时有足够的承受能力。而经济条件一般的人，可能因一场大病陷入贫困。肩负家庭重担的人，在疾病期间可能需要额外的津贴。而单身贵族，则很可能不存在这个问题。因此你应该视自己的真正需求有选择地购买保险，而不需要面面俱到。

另外，除了确定自己的保险赔付需求以外，各保险公司的产品在投保条件、保险期间、缴费方式、除外责任和理赔方式等方面各有特色。消费者可选择与自己的收入特点、支付习惯及品牌偏好相适应的保险。未来收入不稳定的人，可选择短期内缴清或有保单贷款功能的保险。希望保险产品能够升级的人，可购买具有可转换功能的产品。

2. 确定方案

投保人在明确自己的保险需求以后，就需要通过对保险公司和保险产品的比较，综合确定一个保险方案。对此，业内专家认为，在保险产品的挑选上，保险公司占了很重要的位置。

人们平时买东西时，从一开始就会感觉到自己所购买的产品能够带来什么样的回报，售后服务如何。但与购买商品不同，大家只有等到需要它的时候，才是要跟保险公司打交道的时候。而在购买它的时候以及今后的一段时间内并不能体会到它的好坏，因此在购买以前选好保险公司很重要。

真正能维护你利益的时候，很大程度就在于这个保险公司的服务。人们在选择保险产品的时候也并不是"保险保障范围越大越好，功能越多越好"。专家指出，保险的价格和保障范围是成正比的，如果保险保障范围超出需要，则意味着支付了额外的价格。例如，一个教师发生工伤的机会微乎其微。如果其购买的保单范围包括工伤医疗费用，则白花了工伤保险的钱。请记住，要购买真正适合自己需要的保险产品。

因此，在购买保险之前一定要设计好一个能够保障长远利益的保险方案，这样才能得到物有所值的保险产品。

3. 签单时要注意

当前面的工作准备就绪以后，还需要做的一份作业就是要了解填写保单的时候应该注意哪些问题，不要因为自己的一个小疏忽，最后影响保险产品发挥其本身的作用。业内人士说，把握好5个关键步骤，就可以顺利地签署保险合同。

首先，当业务员拜访你时，你有权要求业务员出示其所在保险公司的有效工作证件。

其次，你应该要求业务员依据保险条款如实讲解险种的有关内容。当你决定投保时，为确保自身权益，还要再仔细地阅读一遍保险条款。

再次，在填写保单时，必须如实填写有关内容并亲笔签名，被保险人签名一栏应由被保险人亲笔签署（少儿险除外）。

再有，当你付款时，业务员应当当场开具保险费暂收收据，并在此收据上签署姓名和业务员代码，也可要求业务员带你到保险公司付款。

最后，投保一个月后，如果未收到正式保险单，应当向保险公司查询。

保险投资应遵循的步骤

保险是现代家庭投资理财的一种明智选择，是家庭未来生活的保障。购买保险要根据自己的经济实力，选择最适合自己的保险项目及保险金额。从保险的回报来看，购买的保险最好不是单一的，以组合为佳。为此，要遵循以下步骤：

1. 明确投保目的，选择合适险种

投保人在准备投保之前，应该首先明确自己的投保目的，有了明确的目的才能选择合适的险种。

你究竟是需要财产保险还是人身保险？是人寿保险还是意外伤害保险？如果为了自己退休后生活有保障，就应选择个人养老保险；为了将来子女受到更好的教育，就要选择少儿保险等。要避免因选错险种而造成买了保险却得不到预期保障的情况出现。

选择合适险种，投保人应从 3 个因素考虑：

（1）适应性。投保要根据自己或家人需要保障的范围来考虑。例如，没有医疗保障的人，可买一份"重大疾病保险"，这样一旦因重大疾病住院而使用的费用就转嫁给了保险公司，适应性很明确。

（2）经济支付能力。买保险是一项长期性的投资，每年都需要缴存一定的保费，每年的保费开支必须取决于自己的收入能力，一般来说以家庭年收入的 10%～20% 较为合适。

（3）选择性。无论是家庭还是个人都不可能投保保险公司开办的所有险种，只能根据家庭的经济能力和适应性选择部分险种。在经济能力有限的情况下，为成人投保比为独生子女投保更实际，因为作为家庭的"经济支柱"，其生活的风险总体上要比小孩高。

2. 量力而行，确定保险金额

一般来说，财产保险金额应当与家庭财产保险价值大致相等，如果保险金额超过保险价值，合同中超额部分是无效的；如果保险金额低于保险价值，除非保险合同另有约定，否则，保险公司将按照保险金额与保险价值的比例承担赔偿责任或只能以保险金额为限赔偿。

重复投保，即同种保险标的，向多家保险公司投保，法律虽然不禁止这种行为，但同样的重复投保的累计保险金额超过保险价值的，超过部分无效。一旦出险，保险公司将采取分摊赔偿金的办法，防止被保险人获得超额保险金。所以，为了得到多份赔偿而重复投保行为是不可取的。

人身保险的保险金额一般由投保人自己确定，可以投保多份，投保人必须考虑自己的支付能力，不能为追求高额保险金而不考虑自己的经济能力。否则，一旦出现不能承担保险费的情况，不但保险成了泡影，已缴的保险费也将蒙受很大损失，得不偿失。

确定适度的保险金额可从两方面来考虑：

（1）根据实际需要来确定。

（2）根据投保人缴付保险费的能力来确定。

3. 保险期限长短相配

保险期限长短直接影响到保险金额的多寡、时间的分配、险种的决定，直接关系到投保人的经济利益。比如，意外伤害保险、医疗保险一般是以一年为期，有些也可以选择半年期，投保人可在期满后选择续保或停止投保。人寿保险通常是多年期的，投保人可以选择适合自己的保险时间跨度、交纳保费的期限以及领取保险金的时间。

4. 合理搭配险种

选择人身保险可以在保险项目上进行组合，如购买一两个主险附加意外伤害、疾病医疗保险，使保障性更高。在综合考虑所有需要投保的项目时，还需要进行全面安排，应避免重复投保，使投保的资金能够发挥最大作用。例如，因工作需要经常出差的人，就应该买一项专门的人身意外保险，而不要每次购买乘客人身意外保险，这样不但可以节省保费，而且在其他情况下所出现的人身意外，也会得到赔偿。如果你正准备购买多项保险，应当尽量以综合的方式投保。因为它可以避免各个单独保单之间可能出现的重复，从而节省保险费，得到较大的费率优惠。

如何看懂保险合同

在你做好投保的准备工作后，业务人员就会提供给你一份保险合同，让你填写相关信息。千万不要小看这份合同，它是你最终能受到切实保障的依据。

在签这份合同时，你一定要弄清楚一些关键性的东西，否则，很可能在受到损失后，你却没能得到合理的赔偿。

1. 条款的解释

填写保险合同时，你要仔细查看合同的每个条款，甚至是要带着研究的态度去一条条分析。业务人员的片面之词不足取信，你要随时提问，问清楚每条都对你有什么作用，是否适合你。不要相信业务人员的任何承诺，那些都不如落实在纸面上的东西实际。不要怕麻烦，只要是心里觉得有疑问的地方都可以提出来，而回答这些问题也是业务人员职务范围内的事。

2. 保障是否全面

在通读过一遍保险合同后，你要再想想，它提供的保障是否全面，如果不全面，你还需要投保些什么？如果别的保险公司有更全的保障，何不再多比较一下？思考得越全面越好，因为这样，当你遇到特殊情况的时候，保险就越能为你出力。

3. 明确保单金额

你到底要保多少钱，每年要出多少钱，应是你十分关注的事情。明确好保单的金额，计算好要投保的数字，你才能规划好自己的保险方案，也能将其合理地安排到自己的理财计划当中。

4. 是否有附加险

有的公司提供的险种除了主险之外还有附加险，这一点虽然细微，但你应当关注一下，能以较少的钱来弥补更多的风险，十分经济实惠。投保了主险之后，可能还会有些许疏漏，附加险就可以针对这种情况进行补充。

5. 注意除外责任条款

除外责任条款，有的也叫"例外条款"，即保险公司不保哪些情况，这条你应仔细琢磨一下。很多投保人在事后才发现，自己受的伤害属于除外责任，那保险跟没保险一样！而很多保险合同中，这条规定可能会有些模糊，不一定能展开其中的内容，因此，这条你一定要向业务人员问个清清楚楚才能签字。

填写保险合同，是具有法律效力的，为了你的利益能真正受到法律的保护，请务必要仔细阅读，弄懂合同中各项条款的含义！

如何应对保费支付危机

全面的保险保障会让人们的生活更加安稳，但高额的保费同样会引发危机，尤其是受金融危机的影响导致失业或股市投资巨额浮盈变为巨额浮亏的时候。保费的支付也可能遇到危机，面临即将断供的保单，不少投保人都无所适从，有些只能放弃缴费，任保单自生自灭。

其实，还有不少积极应对的措施值得借鉴。虽然保险期间的保险金额可能并不如从前，但保险保障总算可以继续。以下是 3 种不同情况的应对之策：

1. 短期周转困难

保险的断供期在 60 天内，属于宽限期限，保险责任是不受影响的。如果遭遇短时间内经济周转困难，建议采取自动垫付保费的方式解决问题。如果投保人希望继续拥有保险保障，可以申请自动垫缴功能。就一些投资型保险而言，2007 年度结算时都有较高的返利、分红额或收益，投保人可将这些返利、收益作为续交保费缴纳，还可以将保单的现金价值垫缴应缴保费，以维持合同效力，减轻经济压力，缓解一时的危机。但由于使用了保单现金价值，如在补上现金价值前发生理赔，一旦赔付的保险金与保单现金价值挂钩，那么保险金就会减少，保障就会受到影响。

此外，也可以停止缴纳保费，令保单效力暂时中止，等到问题解决后再将保单复效，即在可以恢复保单效力的有效期内重新让保单"复活"。需要注意的是，一般复效的有效时间为两年，超过这个期限则再缴费也不能恢复保障功能。

此方式可以解决一时经济危机，并能在一定时间内恢复保障，不让保单彻底失效。但缺点是在保单复效前，保单短暂处于失效状态，一旦发生保险事故，保险公司不负责理赔。

2. 长期财务困境

对于有些投保人来说，有可能会出现长期财务困境，特别是对保险期间要求较高的人士，可以利用减额缴清的方式。即在保险合同具有现金价值的情况下，按合同当时的现金价值再扣除欠缴的保险费及利息、借款及利息后的余额，作为一次缴清的全部保费，以相同的合同条件减少保险金额，使保单继续有效。但需注意，"减额缴清"后的保险金额将会大幅降低，投保人的保险权益，即享受的保额必然也会比原先保险合同规定的相应减少。在出险后可能有违投保人寻求保障的初衷。

经济问题较长的人士也可办理展期保险，它是指投保人用现有的保单现金价值作为一次性保费，购买保额不变、保险期间变短的定期保险。保险期间减掉多长，要视投保人所拥有的现金价值的多少而定。虽然此种方式可以更好地满足出险后的理赔需要，赔付金额更能达到投保人的需求，但因为保险期间变短，能享受的保障时间未必理想。

此外，降低保额也是一种可行的办法。即通过降低保额的办法减少每年的保费支出。例如，将年缴保费 2 万元降低到 1 万元，当然，其相应的保险金额也会降低。这相当于部分退保，投保人会有一定的经济损失，但相对于全额退保，降低保额的损失较小，而且保单可以继续有效。

3. 突发财务危机

突发的财务危机，也许谁都有可能遇上。由此而导致临时的短期经济周转不灵，可以通过质押保单获得贷款。对于投保人来说，采用保单质押的方式向银行贷款，一方面可以满足资金短期周转的需要；另一方面，保单贷款后其原有的保障功能仍有效，年底同样能够参与分红。

只要有现金价值且条款上有保单贷款这一项的保单，都可以进行质押贷款。通常来说，一些短期消费型险种，如意外险、医疗险、健康险等不能办理保单质押贷款；已经发生保费豁免的保单也不能办理质押贷款。

如此看来，保单质押贷款的功能在一定程度上盘活资金，但保单质押贷款只适合于短期资金周转，而炒股等高风险投资则不宜使用保单质押贷款。因为若贷款不能及时归还，保单将会失效。所以，采取此办法的投保人应对自己的经济前景有所把握。

财产保险让你高枕无忧

财产损失保险是以承保客户的财产物资损失危险为内容的各种保险业务的统称，也是保险公司最传统、最广泛的业务。常见的是火灾保险，如团体火灾保险、家庭财产保险等；各种运输保险，如机动车辆保险、飞机保险、船舶保险、货物运输保险等；各种工程保险，如建筑工程保险、安装工程保险、科技工程保险等。

财产保险是指以各种财产物资和有关利益为保险标的，以补偿投保人或被保险人的经济损失为基本目的的一种社会化经济补偿制度。财产保险是包括财产损失保险、责任保险、信用保证保险和农业保险四大类在内的财产保险体系。

责任保险的保险标的是某种民事赔偿责任，具体说来是致害人（被保险人）对受害人（第三者）依法应承担的民事损害赔偿责任或经过特别约定的合同责任，当被保险人依照法律需要对第三者负损害赔偿责任时，由保险人代其赔偿责任损失。责任保险包括：公众责任保险、产品责任保险、雇主责任保险及职业责任保险等。

信用保证保险包括信用保险和保证保险。比如，你的公司向国外某企业出口了一批货物，但是你对买方能不能守信心里没底，你就可以向保险公司购买一份保险合同，约定你支付保费后，如果对方破产或赖账，就由保险公司代替买方企业向你偿还货款，这就是信用保险。再比如你想贷款买一部车，可是银行并不知道你姓甚名谁，对你的信用状况没有把握，银行就会要求你到保险公司为自己购买一份保险合同，约定如果你不能偿还贷款，由保险公司承担偿还责任，这就是保证保险。

农业保险则是指专为农业生产者在从事种植业和养殖业生产过程中，对遭受自然灾害和意外事故所造成的经济损失提供保障的一种保险。

财产保险的一个很大特点是损失补偿，它强调保险人要按照约定赔偿损失，而不允许被保险人通过保险获得额外利益。这就是我们所了解的损失补偿原则。

而对大多数人来说，买一份家庭财产保险是最值得关注的事。如果财产受损，就可以从保险公司获得经济补偿。为了保障自己的利益，购买家庭财产保险时，你需要多留心、多注意。

（1）应当清楚为哪些财产投保财产险。这既要看自身的保险需求和财产险所能发挥的作用，也要结合保险公司的要求。比如，并不是所有的财产都能投保财产险，保险公司对可承保的财产和不保的财产都有明确的规定。像房屋、家具、家用电器、文化娱乐用品等可以投保财产险，而金银、珠宝、字画、古玩等的实际价值不易确定，这类家庭财产必须由专门的鉴定人员作出鉴定，经投保人和保险公司特别约定后才能作为保险标的。另外，保险公司通常还对一些家庭财产不予承保财产险，具体包括：损失发生后无法确定具体价值的财产，如票证、现金、有价证券、邮票等；日用消费品，如食品、药品、化妆品之类；法律规定不允许个人收藏保管的物品，如枪支弹药、毒品之类。

（2）要注意家庭财产险的保险责任。一般的家庭财产综合险只承担两种情形造成的损失，一种是自然灾害，另一种是意外事故，如果财产被偷，这不是财产综合险的责任范围，保险公司不会给你赔偿，所以你最好给财产投保盗窃附加险。

除了上面提到的保险范围和保险责任外，你还需要了解除外责任、赔付比例、赔付原则、保险期限、交费方式、附加险种等内容，明确未来所能得到的保障。

（3）确定保险金额，避免超额投保和重复投保。按照保险公司的赔付原则，如果财产的实际损失超过保险金额，最多只能按保险金额赔偿；如果实际损失少于保险金额，则按实际损失赔偿。所以，在确定保险金额时，保险金额不要超出财产的实际价值，不然你就得白白地多交保险费。有些人将同一财产向多家保险公司投保，这也是不可取的，因为财产发生损失时，各家保险公司只是分摊财产的实际损失，投保人得不到什么额外的好处。

（4）仔细填写保单，办好投保手续。保险公司会要求你提供一些证明材料，你事先要做好准备。填写保险单据时，明确姓名、地址、财产项目及各项目的保险金额等内容。如果你的财产存放在多个地点，最好分别进行投保。如果你的地址有所变更，需到保险公司办理变更手续。

（5）及时按约定交保险费，妥善保存保险单。保险合同里已经约定好交费方式，如果你没有遵照约定，保险公司是可以不承担赔付责任的。

（6）出险后的注意事项。财产一旦出险，应当积极抢救，避免损失扩大。与此同时，应保护好现场，及时向公安、消防等部门报案，向他们索取事故证明。还要尽快向保险公司报案，向保险公司提供保险单、事故证明等必要单证。

人身保险与你共渡难关

人身保险就是以人的寿命和身体为保险标的的一种保险。投保人按照保险合同约定向保险人交纳保险费，当被保险人在合同期限内发生死亡、伤残、疾病等保险事故或达到合同约定的年龄、期限时，由保险人依照合同约定承担给付保险金的责任。

财产保险强调损失补偿，但是人身保险就明显不同，它的标的是人的生命和身体，可人的生命和身体是不能用货币来衡量的，更不可能要求保险公司向车祸中失去双腿的被保险人"补偿损失"。也就是说，人身保险合同的保险金额不像财产保险那样以保险标的价值为依据，而是依据被保险人对保险的需求程度、投保人的缴费能力以及保险人的可承受能力来确定的。只要您愿意，您就可以为自己或他人购买多份人身保险合同。人身保险讲究保险受益人应依法受益，除了医药费不能重复给付外，您可以获得多份保险金。

传统人身保险的产品种类繁多，但按照保障范围可以划分为人寿保险、人身意外伤害保险和健康保险。

而人寿保险又可分为定期寿险、两全保险、年金保险、疾病保险等，健康保险则又可分为疾病保险、医疗保险、失能收入损失保险、护理保险等。其中，年金保险因其在保险金的给付上采用每年定期支付的形式而得名，实际操作中年金保险还有每季度给付、每月给付等多种形式。养老年金保险可以为被保险人提供老年生活所需的资金，教育年金保险则可以为子女教育提供必要的经费支持。

同时，消费者可能会在人身意外伤害保险和定期寿险的选择上难以抉择，其实两者还是有较大不同的。首先意外伤害保险承保因意外伤害而导致的身故，不承保因疾病而导致的身故，而这两种原因导致的身故都属于定期寿险的保险责任范围。其次，意外伤害保险承保因意外伤害导致的残疾，并依照不同的残疾程度给付保险金。定期寿险有的不包含残疾给付责任，有的虽然包含残疾责任，但仅包括《人身保险残疾程度与保险给付比例表》中的最严重的一级残疾。最后，意外伤害保险一般保险期间较短，多为一年及一年期以下，而定期寿险则一般保险期间较长，可以为五年、十年、二十年甚至更长时间。

而随着经济的发展，资本市场化程度的日益提高，近几年在国内投资市场上又出现了将保障和投资融于一体的新型投资型险种，主要包括分红型、万能型、投资连结型等三种类型。

分红型保险，是指保险公司将其实际经营成果优于定价假设的盈余，按照一定比例向保单持有人进行分配的人寿保险。与普通型产品相比，分红型产品增加了分红功能。但需要注意的是，其分红是不固定，也是不保证的，分红水平与保险公司的经营状况有着直接关系。通常来说，在保险公司经营状况良好的年份，客户可能分到较多的红利，但如果保险公司的经营状况不佳，客户能分到的红利就可能比较少甚至没有。

万能型保险指包含保险保障功能并设立有保底投资账户的人寿保险，它具有以下特点：一是兼具投资和保障功能。保费的一部分用于提供身故等风险保障，扣除风险保险费以及相关费用后，剩余保费在投资账户中进行储蓄增值。二是交费灵活、收费透明。通常来说，投保人交纳首期保费后，可不定期不定额地交纳保费。同时，与普通型又称传统型人身保险产品及分红保险不同，保险公司向投保人明示所收取的各项费用。

三是灵活性高，保额可调整。账户资金可在一定条件下灵活支取。投保人可以按合同约定提高或降低保险金额。

四是通常设定最低保证利率，定期结算投资收益。此类产品为投资账户提供最低收益保证，并且可以与保险公司分享最低保证收益以上的投资回报。

投资连结型保险是指包含保险保障功能并至少在一个投资账户拥有一定资产价值的人寿保险，其具备万能险第一、第二项的特点，但两者之间也有不同。投连险灵活性高，账户资金可自由转换。由于投资连结保险通常具有多个投资账户，不同投资账户具有不同的投资策略和投资方向，投保人可以根据自身偏好将用于投资的保费分配到不同投资账户，按合同约定调整不同账户间的资金分配比例，并可以随时支取投资账户的资金。

另外，投连险通常不设定最低保证利率。投资收益可以在账户价格波动中反映出来，目前我国保险公司通常不少于一周公布一次账户价格，因此，若具体投资账户运作不佳或随股市波动，投入该投资账户的投资收益可能会出现负数。

人身保险合同与其他保险合同一样，要求投保人、被保险人和保险人做到最大诚信。如果您误报、漏报、隐瞒年龄和身体健康状况等事实，保险公司有权更正，如果您少缴保费了，就得补缴；如果您多缴了，保险公司就得退还。如果保险公司认为您没有尽到最大诚信原则，保险公司可以解除合同。当然，在国外，法律规定保险公司只能在两年内要求解除合同，两年之后就不可以了，这也是为了防止保险公司滥用最大诚信原则，随便解除合同。

万能险不一定"万能"

万能险，指的是可以任意支付保险费，以及任意调整死亡保险金给付金额的人寿保险。也就是说，除了支付某一个最低金额的第一期保险费以外，投保人可以在任何时间支付任何金额的保险费，并且任意提高或者降低死亡给付金额，只要保单积存的现金价值足够支付以后各期的成本和费用就可以了。而且，万能保险现金价值的计算有一个最低的保证利率，保证了最低的收益率。

"万能保险"是翻译过来的一个词汇。在这种"万能保险"保险方式下，消费者缴纳的保险费分为两部分，一部分是用来保险的，一部分是用来投资的，投资部分的钱可以由消费者自主选择是否转换为保险，这种转换可能表现为改变缴费方式、缴费期间、保险金额等。在国外，一般说来，投资部分的风险是由消费者自己承担的；在国内的万能险，一般给定一个最低保证收益率，消费者自己可以将最低保证收益率和银行活期存款利率做个权衡比较。万能保险，是保险公司提供的一种更好的服务方式，绝对不是汉语词汇中的"无所不能"的意思。

所谓保险，就是通过缴纳保险费，将潜在风险发生后的结果转移给保险公司承担，风险本身是无法转移的。而随着对保险的接触，会增强人们的风险意识，从这个意义上可能降低了风险发生的可能。

万能险存取灵活方便，收益稳定，而且息涨随涨，息降有保底。其特色主要表现在：

1. 有保底年收益，每月公布收益情况

万能险产品一般都有年保底收益。万能险通常按月公布收益率并进行结算，其收益水平在保底的基础上会随当时存款利率水平的上涨而上涨，实现"息涨随涨"。但各家保险公司万能险产品每月公布的收益率参差不齐。另外，万能险有保单管理费，但也有公司不收取该费用，这样可以让客户有限的资金获得更大的收益。

2. 万能险相比分红险在收益结算上更具优势

从收益结算方式上看，分红险的红利是按年度分配的，而万能险收益一般按日复利的方式进行计算，并每月进行一次结算，客户随时可以通过电话等方式查询自己的账户价值。

3. 保险期间长短不一，资产增值稳定

从持有期限上看，分红险期限相对固定，大部分产品为5年期产品，中途不能进行追加。大部分万能险的期限则是不固定的，客户可以终身持有，中途也可以根据实际需要进行追加投资，这是真正意义上的万能险独有的特色。另外，有些保险公司会对长期持有的客户进行一定的奖励。

4. 灵活而且方便，可借款

万能险存取灵活方便，急用时可以借款。如有的万能险保单生效就可以借款，借款的时间为一年，而市场上的很多产品要等到保单生效满一年才可以借款，借款的时间大部分为半年。

5. 享有保险保障，尽显高贵身价

保险公司推出的投资理财型产品根本上还是保险产品，所以都有保险保障。这样的话，客户购买了该产品以后，不仅享有稳健的投资收益，而且还有高额的保险保障，一举两得。

万能险交费灵活，保额可调整，保单价值领取方便，很适合那些收入不稳定的人。加之万能险对利率有较高的敏感度，能够抵御一定的加息风险。因此，时下万能险正在成为人们抵抗通胀，稳定收益的"利器"。

然而，万能险并非万能，有专家指出，4种人不宜投资万能险。

1. 没有足够风险准备的人

万能险本质上是一种投资型保险，会面临利率上扬、保险公司投资收益率走低等

风险。如果没有足够的风险准备，购买万能险时投资人还是要慎重考虑。

2. 自身风险不完善的人

万能险能任意提高或降低死亡给付金额，但其基本保障主要为身故保障和全残保障，对于意外、医疗、重疾保障，万能险通常不能覆盖。所以，从保障需求出发的人，在投资万能险之前还是要确保自身风险的完善。

3. 希望短期获益的人

保险公司所公布的万能险收益（一般每月公布一次）只包括投保者所缴的保费中投资部分，而不是整体缴纳费用。除了保障费用，要被扣除的包括初始费用、风险保险费等费用，有的公司还要收取部分领取手续费和退保手续费。因此，头几年万能险的整体收益不会高，甚至会出现亏损。

4. 老年人

从费率计算来看，万能险对老年人相当不利。一般情况下，投保人交足基本保险费后，保险公司先扣除几项费用，再将剩余的钱用来投资。这其中，保险公司用于支付保险保障的风险保险费会随年龄的增长而提高。比如，投保人每年缴保费 1 万元，他在 33 岁时，要从中扣除风险保险费 252 元；如果到了 58 岁，则要被扣 2494 元，差别非常大。

万能险是集投资理财、保险保障于一体的理财产品，它灵活方便，收益稳健，每月一公布收益就直接计入客户的个人账户，让客户的收益落袋为安。它是当前市场上比较适合大众的一款投资理财产品。

投资联结保险的特色

通俗地说，所谓"投资联结"，就是将投资收益的不确定性（风险）"联结"给客户。

投资联结保险是一种投资型的保险险种，相对于传统寿险产品而言，除了给予客户生命保障外，更具有较强的投资功能。购买者缴付的保费除少部分用于购买保险保障外，其余部分进入投资账户。投资账户中的资金由保险公司的投资专家进行投资，投资收益将全部摊到投资账户内，归客户所有，同时客户承担相应的投资风险。

与传统人寿保险产品比较，投资联结保险的差异性在于：

1. 将部分或全部保险资产投资于资本市场

传统型的寿险产品，它在资金运用上，追求的是稳定、可以预期的投资回报。俗话说，甘蔗没有两头甜。保险公司在资金的运作上，如果追求的是稳定的，可以预期的投资回报，即投资风险较小的投资回报。那么，与此相适应，投资的收益率相对于风险投资也就低一些。从国内的情况看，传统型的寿险积聚的资金，其投资渠道和种类绝大多数集中在风险较低，收益也不太高的包括回购市场在内的债券市场，包括协议存款在内的货币市场，以及收益较为稳定的包括房地产在内的不动产市场，其中只有很小一部分进入风险较高，收益率波动也较大的证券投资基金市场。近年来，这些资金运作的投资收益率大约在 $4\%\sim6\%$。

而投资联结保险，它作为一种以投资为主，兼顾保障的大众投资工具，追求的是投资的高收益、高回报。与此相适应，投资联结保险它所积聚的资金将投向资金投资回报率较高的领域。在我国，主要是投向证券市场中的证券投资基金，以及传统型寿险资金投资所涵盖的方方面面。这些投资，大多为风险性投资，其投资收益率有可能大大高于债券、银行存款利息，具有潜在的高收益特点。

2. 投资收益具有不确定性

传统型寿险产品，它的收益是在投保人与保险人（保险公司）签订合同时，双方就已明确并固定下来了的，一般情况下，不受保险人经营成果的影响。即使近年在市场上推出的寿险分红型产品，在投保人与保险公司签订合同时，双方业已明确了最低的投资收益，并且这部分收益在一般情况下，不受保险公司经营这个险种的收益影响。只有当保险公司经营这个险种的收益高于投保人与保险公司双方约定的保证利率时，保险公司应当将高于保证利率的部分，按照一定的比例，以红利分配的方式分配给投保人，通常情况下，投保人将获得不低于 70% 的部分。这也就是说，投保人与保险公司签订合同后，不承担保险公司经营亏损的风险，但可与保险公司共享其经营带来的赢利。

而投资联结保险则不同，保险公司收取保险费，扣除风险成本和管理费用后，余额按投保人的意愿投资，虽然投保人承担投资收益波动的风险，但可能得到较高的回报。这也就是说，投资联结保险将投资的风险和投资的收益转给了投保人，保险公司的收入主要是靠资产管理费，不再承担利差损风险。因此，投资联结保险不承诺投资回报，投保人在可能获得高收益的同时，也可能承担投资账户资产损失的风险。如果国家宏观经济面趋好，资本市场健全、规范，证券市场行情看好，加之保险公司运作得法，那么，保险公司经营投资联结保险将可能出现较多的赢利，从而使购买了投资联结保险的客户获得较高的收益；如果国家宏观经济面走势不佳，资本市场管理混乱无序，证券市场行情持续低迷，或保险公司资金运作不当，甚至出现重大失误，那么，保险公司经营投资联结保险将可能出现投资亏损，从而使购买了投资联结保险的客户出现相应的亏损。

与证券投资基金比较，投资联结保险的差异性在于：

1. 为投资者提供保险保障

投资联结保险产品，它的两只脚，一只踩在保险保障上，另一只踩在证券投资市场上。也就是说，客户在购买这个产品时，他缴费的一部分已作为保险金，为客户提供生命和身体方面的保障。而这种保险保障的功能，是证券投资基金所不具备的，因而也是投资联结保险产品相对于证券投资基金的优势。

2. 税收挡板能使投资者实施合理避税

按照目前世界各国的惯例，投资证券市场，投资者一般应缴纳印花税和所得税，同时还应向证券公司支付一定比例的佣金。在我国，证券市场交易的印花税税率为3‰，个人收入所得税还暂缓开征。但是，按照国际惯例，按照我国资本市场的发展方向，一旦证券市场持续看好，国家很可能将开征所得税。在证券交易市场中，印花税和交易佣金对投资者的收益来说，影响不是很大，但所得税对于投资赢家则是一笔不小的费用。在国外，投资联结产品为什么能走红，它的动力何在？关键点就在于，投资联结保险将保险保障与证券投资基金巧妙地结合在一起，充分利用了保险赔款在个人收入所得税中的免税优惠，从而为那些既想跻身于证券市场获取风险投资收益，又想规避投资收益征税的人们，打开了一道获取财富的较佳通道。

3. 投资联结保险有如下特点

（1）投联保险更强调客户资金的投资功能。

（2）投联产品当中可包含多个不同类型（根据投资对象分类）的投资账户供客户选择，客户购买后资金将直接进入其选择的投资账户。

（3）投联产品同时可以向客户提供人身风险保障功能，保障责任可多可少，客户购买保障发生的费用及其他投联产品规定向客户收取的管理费用均定期从客户的投资账户中扣除。

（4）同股票、基金类似，投联账户中的资产由若干个标价清晰的投资单位组成，资金收益体现为单位价格的增加。

（5）客户享有投联账户中的全部资金收益，保险公司不参与任何收益分配而只收取相应管理费用，同时客户要承担相应的投资风险。

尽管国内自开办投资联结保险以来，总体市场情况很好，但该产品仍存在众多风险因素，需要引起足够的重视。这些风险因素包括对投资联结保险的认识风险。如果对投资联结型产品的高风险缺乏全面的认识，而对该产品有过高的期望值，则有可能造成保险双方的利益损失，不利于投资联结产品的长远发展。其次是投资联结保险本身存在着投资风险。一方面，我国保险企业缺乏具有丰富经验和专业素质的投资人才；另一方面，我国目前的资本市场离规范成熟的资本市场还有很大的距离。这些问题使投资联结保险所积聚的保险资金，能否获得令人满意的投资收益成了问题。此外，投资联结保险也存在技术风险，有产品开发技术风险和售后服务技术风险。

投资联结保险产品的进一步发展，需要相对成熟的资本市场做支撑。目前，我国的资本市场还不够发达，金融投资工具还很有限，这将大大限制保险资金的投资规模和灵活性。我国对保险资金运用的限制也比较严，保险资金的投资渠道过窄，也使保险公司投资的灵活性和收益性受到很大限制。

如何投资分红险

市面上林林总总的保险种类有不少，每个种类又有不同设计的产品若干款，让人眼花缭乱。那么，对于投保人来说，该如何挑选出最实惠、最急需的产品保障财务状况和生活质量？

在选择保险产品时，建议以各险种的分红型产品为主，因为这类产品往往可以通过保额分红的方式增加保额，抵御通货膨胀，防止保单贬值。

分红险指保险公司在每个会计年度结束后，将上一会计年度该类分红保险的可分配盈余，按一定的比例、以现金红利或增值红利的方式，分配给客户的一种人寿保险。

分红险起源于保单固定利率在未来很长时间内和市场收益率变动风险在投保人和保险公司之间共同承担。例如，在 1994～1999 年期间，保单预定利率一般在 8%～10% 左右，这是当时的银行存款利率。保单的这个预定利率意味着保险公司要按照这个利率给付投保人，也必然要求保险公司的投资收益率高于这个水平。但事实上，后来银行连续 7 次下调利率，导致保险公司的投资收益率达不到预定的 8%～10%，假定投资收益率是 3.5%，则保险公司需要对这个差额进行贴补，这对保险公司很不利，而假定后来的投资收益率是 15%，对客户又很不利，所以为了应付这个问题，就把利率（主要是利率）波动带来的风险由双方共同承担，由此就产生了分红险的概念。它意味着投资收益不好时没有分红，好的时候有分红。为了避免分红在不同年度间的波动，保险公司一般会把红利在不同年份之间平滑。

分红保险的红利到底从哪里来呢？保险公司的利润主要来自三个方面：利差益、死差益和费差益。所谓"利差益"是指保险公司实际的投资收益高于预计的投资收益所产生的盈余。所谓"死差盈"是指预定死亡给付高于实际死亡给付所产生的盈余。所谓"费差益"是指保险公司预定的经营费用高于实际的经营费用所产生的盈余。在一般情况下，由于保险公司的经营费用不会产生大的波动，因此这部分的盈余可以忽略不计。红利的主要来源是利差益和死差益。由这两部分收益产生的可分配盈余经董事会批准，70% 可用于分配给持有分红保单的客户。

那么红利又是如何分配的呢？目前客户中有一些错误的认识，他们认为红利的派发是按照每个人所交纳的保费或者投保的保险金额来计算的。实际上这是一种错误的理解，真正的红利分配是根据每一保单的年度末现金价值（或叫作解约金）进行计算，分配给投保人。

另外，也应该看到由于保险资金受投资渠道的限制，并不是所有的分红保险都能产生红利，也就是说，不是所有的投资保险都可以赢利。

分红险依据功能，可以分为投资和保障两类。投资型分红险以银保分红产品为代表，主要为一次性缴费的保险，通常为 5 年或 10 年期。它的保障功能相对较弱，多数只提供人身死亡或者全残保障，不能附加各种健康险或重大疾病保障。在给付额度上，意外死亡一般为所交保费的两到三倍，自然或疾病死亡给付只略高于所缴保费。保障型分红险主要是带分红功能的普通寿险产品，如两全分红保险和定期分红保险等。这类保险侧重人身保障功能，分红只是作为附加利益。以两全分红保险为例，在固定返还生存金的同时，还有固定保额的身故或全残保障，红利将按照公司每年的经营投资状况分配，没有确定额度。保障型的分红保险通常都可作为主险附加健康险、意外险和重大疾病保险，能形成完善的保障计划。

分红险到底适合什么样的人群呢？保险专家指出，前提是家庭较为富裕、有稳定收入，且不太急于用此部分资金的人群，如夫妻双方均为国家公务员、经营夫妻店等收入稳定的家庭，短期内又没有大宗购买计划的，考虑到未来资产保值或者给孩子储备未来的生活资金，买分红保险是一种较为理想的投资。也有一种特殊情况，比如，要抚养丧失劳动能力的人，如残疾智障儿。残疾儿或智障儿由于身体的因素，很难买到其他保障型的险种。而且残疾儿或智障儿也不适合拥有太多的现金，通过年年定额返还年金满足这类情况。

另外，保险专家指出，保险的本质在于保障，购买分红险还是应该把保障放在第一位，然后再考虑收益状况。同时，还要考虑把资产放在多个篮子里，不可能一款保险就把所有投资需求囊括在内。

对于收入不稳定的家庭，比如，做大宗生意和打零工以及在效益不太稳定的公司企业就职者，不宜多买分红保险。这部分家庭应以储蓄存款为主，入保险时最好选择一年期短险，因为短险不占用资金，一旦发生意外其赔偿金额也较高。

不论是哪种类型的家庭，投资时一定要理智，切莫盲目跟风，一定要看到储蓄具有安全可靠、收益稳定、兑付资金能力强等多种优点，在拥有相当比例的储蓄的基础上，再根据自己情况去投资分红保险。

需要说明的是，分红险有一个特点是替代性，也就是说，它和其他金融产品可以相互替代。这个特点决定了人们在很大程度上将其作为投资理财的一种方式，一旦证券、基金等投资市场转好，人们就会把钱从分红险上转入其他投资项目中去。银行保险保费曾经一度下滑，主要就是由于证券、基金市场的牛市所造成的。而当证券、基金等投资市场环境恶劣时，人们又会选择将钱投入到分红险中来，这也是我们即将看到的趋势。

如何合理选择健康险

健康是人类最大的财富。疾病带给人们的除了心理、生理的压力外，还会面临越来越沉重的经济负担。有调查显示，77％的人对健康险有需求，但是健康险包括哪些险种，又应该如何购买，不少人对此懵懵懂懂。以下是保险专家为你如何购买健康险提出的一些建议：

1. 有社保宜买补贴型保险

刘先生买了某保险公司 2 万元的商业医疗保险。他住院花费了 12000 余元，按照保险条款，他应得到保险公司近 9000 元赔付。但由于他从社会基本医疗保险中报销 7000 余元药费，保险公司最后赔付他实际费用与报销费用的差额部分 5100 元。这让刘先生很不理解。

商业健康险主要包括重疾险和医疗险两大类，重疾险是疾病确诊符合重疾险理赔条件后就给予理赔的保险，不管投保人是否医治都会给予理赔；而医疗险是对医治过程中发生费用问题给予的补偿。如果没有医治并发生费用，医疗险也无法理赔。

医疗险又分为费用型住院医疗险与补贴型住院医疗险。刘先生购买的是费用型保险。

所谓费用型保险，是指保险公司根据合同中规定的比例，按照投保人在医疗中的所有费用单据上的总额来进行赔付，如果在社会基本医疗保险报销，保险公司就只能按照保险补偿原则，补足所耗费用的差额；反过来也是一样，如果在保险公司报销后，社保也只能补足费用差额。

而补贴型保险，又称定额给付型保险，与实际医疗费用无关，理赔时无须提供发票，保险公司按照合同规定的补贴标准，对投保人进行赔付。无论他在治疗中花多少钱，得了什么病，赔付标准不变。

实际上，对于没有社保的人而言，投保费用型住院医疗险更划算，这是因为费用型住院医疗险所补偿的是社保报销后的其他费用，保险公司再按照 80% 进行补偿。而没有社保的人则按照全部医疗花费的 80% 进行理赔，商业保险补偿的范围覆盖社保那一部分，理赔就会较多。反之，对于拥有社保的人而言，不妨投保津贴型住院医疗险。

2. 保证续保莫忽视

江女士已步入不惑之年，生活稳定，工作也渐入佳境，两年前为自己投保了缴费 20 年期的人寿保险，并附加了个人住院医疗保险。今年年初，江女士身体不适，去医院检查发现患有再生障碍性贫血。经过几个月的治疗，病情得到了控制，医疗费用也及时得到了保险公司的理赔。

不料，几天前，江女士忽然接到保险公司通知，称根据其目前的健康状况，将不能再续保附加医疗险。她非常不解，认为买保险就是图个长远保障，为什么赔了一次就不能再续保了呢？

虽然江女士投保的主险是长期产品，但附加的医疗险属于 1 年期短期险种，在合同中有这样的条款："本附加保险合同的保险期间为 1 年，自本公司收取保险费后的次日零时起至约定的终止日 24 时止。对附加短险，公司有权不接受续保。保险期届满，本公司不接受续约时，本附加合同效力终止。"

目前，不少保险公司根据市场需求陆续推出了保证续保的医疗保险。有些险种规定，在几年内缴纳有限的保费之后，即可获得终身住院医疗补贴保障，从而较好地解决了传统型附加医疗险必须每年投保一次的问题。对于被保险人来说，有无"保证续保权"至关重要。所以，你在投保时一定要详细了解保单条款，选择能够保证续保的险种。

3. 根据不同年龄选择不同的健康保险

购买健康险也应根据年龄阶段有针对性地购买。专家建议：学生时期，学生好动性大，患病概率较大。所以，选择参加学生平安保险和学生疾病住院医疗保险是一种很好的保障办法。学生平安保险每人每年只需花几十元钱，可得到几万元的疾病住院医疗保障和几千元的意外伤害医疗保障。

单身一族也该购买健康保险。刚走向社会的年轻人，身体面临的风险主要来自于意外伤害，加上工作时间不长，受经济能力的限制，在医疗保险的组合上可以意外伤害医疗保险为主，配上一份重大疾病保险。

结婚成家后的时期。人过 30 岁就要开始防衰老，可以重点买一份住院医疗保险，应付一般性住院医疗费用的支出。进入这个时期的人具备了一定的经济基础，同时对家庭又多了一份责任感，不妨多选择一份保障额度与经济能力相适合的重大疾病保险，避免因患大病使家庭在经济上陷入困境。

4. 期交更合适

健康保险也是一种理财方式，既可以一次全部付清（即趸缴），也可以分期付（即期缴）。但是跟买房子不一样，保险是对承诺的兑现，付出越少越好。所以一次性缴费就不太理性，理性的做法是要争取最长年限的缴费方式。这样每年缴费的金额比较少，不会影响正常生活支出，而且在保险合同开始生效的最初年份里保险保障的价值最大。

如何购买意外伤害保险

俗话说："月有阴晴圆缺，人有旦夕祸福。"随着国人生活质量的提高，越来越多的人打破传统"忌讳"开始理性解读人生中的生死病残，这不仅是民众人生观念的巨大转变，更是中国人抛开传统束缚迈入理性消费时代的开始。

这不，刚刚结婚的张小姐计划和丈夫一起去蜜月旅行。素来擅长未雨绸缪的她，准备在出行前为自己和丈夫购买一定数额的意外伤害险，可上网一查，发现意外伤害险有很多种，且购买方式五花八门，她一时没了主意。于是，打电话咨询。经过联系，专家为她支了招，最终满足了她明明白白买保险、安安心心度蜜月的愿望。

如何区分意外伤害保险的种类？

目前，市场上主要分3种：

（1）短期出游旅行全程保障的旅游类意外伤害保险，主要保险责任是旅行期间的意外伤害医疗、伤残、身故保障。

（2）乘坐交通工具期间的交通工具意外伤害保险，例如，航空意外保险、汽车乘客意外保险，主要保险责任是乘坐交通工具期间的意外伤害伤残、身故保障。

（3）一年有效的普通意外伤害保险，主要保险责任是全天24小时有效的意外伤害医疗、伤残、身故保障。

鉴于张小姐及丈夫此前已有普通寿险并附加过普通意外险，此次，专家建议她只购买前两种类型的险种。

那么，如何购买意外伤害保险呢？

意外伤害保险是一种比较简单的保险产品，价格低、保障额度高，与传统的一些保险相比，购买手续相对简单，主要有以下几种：

1. 到专业保险公司销售柜面购买

消费者填写投保单，保险公司收到保险费后出具保险凭证，保险生效。

2. 联系有资质的个人代理人购买

消费者填写投保单，通过个人代理人购买保险，保险公司收到保险费后出具保险凭证，保险生效。

3. 通过有资质的代理机构购买

保险公司将系统终端装置在代理机构，印刷好空白保险凭证交代理机构保管，客户提供投保信息并向代理机构交付保险费后，代理机构通过保险公司系统打印保险凭证给消费者，保险生效。

4. 通过网站购买

消费者在网上完成填写投保信息和付费，保险公司出具电子保险凭证通过电子邮箱或短信发送给客户，保险生效。

5. 通过保险公司电话销售中心购买

消费者在电话上提供投保信息，保险公司出具保险凭证后递送给消费者时，再要求消费者刷卡成功缴费后，保险生效。

现在骗保的情况很多，如何辨识中介或其他渠道购买到的保单是真还是假呢？

由于保险公司提供购买意外险的方式越便利，购买保险的人越多，觊觎保险费、侵占保险当事人合法权益的不法之徒就会越多。

为保护投保人、被保险人和保险人的合法权益，严厉打击制售假保单的违法行为，保险监管部门和公安部门分别制定了多项制度和专项打击措施；同时，也要求保险公司改善经营标准，实行"见费出单、自助查询"等措施，减少假保单的生存空间。具体如何检核所投保单的真伪，专家建议如下：

（1）由于监管要求投保信息实时进入保险公司系统，2010 年 1 月 1 日起，保险公司出具的意外险保单凭证都是通过保险公司核心系统实时记录，手工填写的保单通常无效。

（2）拿到意外险保单后，应查看是否有保单号、险种名称、保单生效时间、保险期间、保险金额、被保险人姓名及身份证号等关键内容，注意购买的是哪家保险公司的保单，查看保单印章是否清晰，是否印有该保险公司的客户服务电话和保单查询方式。

（3）收到保险凭证后，立即通过保险公司公告的服务电话和门户网站，查询保单是否真实有效，各保险公司的全国统一客服电话通常为"95"开头的 5 位号码，不要轻信其他号码。

（4）在销售航空客票、汽车票、公园门票等售票点购买意外保险的，查看该售票机构是否有保监局颁发的《保险兼业代理业务许可证》，以及《工商营业执照》经营范围含有代理销售保险业务。

（5）通过个人营销员购买意外险的，应在本地区保险行业协会网站上核查该营销员是否具备"保险代理人资格证书"。

（6）网上购买或激活的保单，应该收到保险公司的短信或邮件承保通知或电子保单，而非销售网站的通知，且在保险公司门户网站上能够自行根据保单号码等信息核查出保单真实性。

（7）与自己购买的意外险保单一样，通过票务公司或其他渠道获赠的意外险保单也请消费者注意查看保险凭证是否有保单号、险种名称、保单生效时间、保险期间、保险金额、被保险人姓名及身份证号等关键内容，是否告知保险公司的客户服务电话和保单查询方式；并到售出保单的保险公司的门户网站核查即可。

没想到几元钱或几十元钱就能购买到的小小意外保险竟蕴藏着这么大的学问，看来将来购买此类险的时候，还真的要核实信息，确保万无一失！